Joachim Burdack, Günter Herfert und Robert Rudolph (Hrsg.): *Europäische metropolitane Peripherien*
Beiträge zur Regionalen Geographie 61

D1728126

BEITRÄGE ZUR REGIONALEN GEOGRAPHIE

Herausgeber
Sebastian Lentz
Ute Wardenga

Joachim Burdack, Günter Herfert und Robert Rudolph (Hrsg.)

Europäische metropolitane Peripherien

61 · Leibniz-Institut für Länderkunde Leipzig · 2005

Inhaltsverzeichnis

Einleitung

Neue Entwicklungen in der metropolitanen Peripherie

Neue ökonomische Pole

Restrukturierungspole

Resümee

Hinweis zu den Abbildungen I-XXIX:
Die Farbabbildungen I-XXIX befinden sich im mittleren Teil des Bandes.

Einleitung

Die metropolitane Peripherie zwischen suburbanen und postsuburbanen Entwicklungen
Diskurse und Methodik der Untersuchung

Joachim Burdack

1 Diskurse über die metropolitane Peripherie

Das disperse, flächenhafte Wachstum im Umland der Städte gehört bereits seit Jahrzehnten zu den bestimmenden Stadtentwicklungstendenzen im westlichen Europa und in Nordamerika. In der Raumforschung hat dieses Phänomen vor allem in den siebziger Jahren unter Leitbegriffen wie Suburbanisierung, Periurbanisation, Rurbanisation oder *urban sprawl* eine starke Beachtung erfahren. Hierbei ist bemerkenswert, dass Untersuchungen aus dieser Zeit ganz überwiegend einer eng begrenzten Zahl von Fragestellungen und Forschungsperspektiven folgen. Als wichtige Themen lassen sich u.a. identifizieren:

* die Bestimmung von Determinanten der Suburbanisierung und die Erklärung unterschiedlicher Prozessverläufe,
* Analysen von Teilprozessen der Bevölkerungs-, Industrie- und Einzelhandelssuburbanisierung,
* die Auswirkungen der Randwanderung auf die Kernstadt („Stadtflucht", „Veröden der Stadtzentren", „Ausbluten der Städte"),
* die Auswirkungen auf das ländliche Umland („Zersiedlung", „Siedlungsbrei").

Die begrenzte Themenwahl lässt sich als Ergebnis eines wissenschaftlichen Diskurses interpretieren. Ein wissenschaftlicher Diskurs dient „der Begründung problematischer Geltungsansprüche von Meinungen".[1] In Diskursen werden „Arrangements von Deutungsmustern" erzeugt (Kühn 2001, S. 402). Sie versehen materielle und soziale Phänomene mit Bedeutung und begründen dadurch ihre gesellschaftliche Realität. Im wissenschaftlichen Diskurs formt sich eine meist temporär gültige, etablierte Sichtweise, mit der Phänomene interpretiert werden. Zentrale Fragestellungen und „Forschungslücken" werden benannt. In diesem Sinne wirken Diskurse wie Linsen oder Filter, die bestimmte Aspekte des untersuchten Phänomens hervorheben und andere in den Hintergrund verweisen oder ausblenden. Oft stehen wissenschaftliche Diskurse und empirische Befunde – und dies gilt auch für die Stadtforschung – in einem Spannungsverhältnis. Zwar beziehen sich Diskurse in der Regel auch auf empirische Tatbestände und weben sie in ihre Argumentationszusammenhänge ein, der Diskursverlauf produziert dann jedoch oft Resultate, die sich eher als „Eigenwerte", also als Ergebnis des Diskursvorgangs selbst kennzeichnen lassen. Realräumliche Entwicklungen müssen „als empirische Prüfinstanz der wissenschaftlichen Begriffsbildung dienen" (Blotevogel 2000, S. 500). Diskurse sollten also immer wieder auf ihren empirischen Gehalt überprüft und „geerdet" werden.

In den 1960er und 1970er Jahren wurde das disperse randliche Wachstum der Städte im Wesentlichen als eine Degenerationsform der europäischen Stadt und als Zeichen ihrer Krise und Auflösung interpretiert. Man könnte den diesbezüglichen Diskurs dementsprechend als „Auflösungsdiskurs der Stadt" oder „Suburbanisierungsdiskurs" bezeichnen. Arbeitsergebnisse der so inspirierten Suburbanisierungsforschung sind u.a. die Identifikation von Entmischungsprozessen der Bevölkerung durch selektive Wanderungsströme nach dem sozioökonomischen Status und der Stellung im Familienlebenszyklus und die Zunahme von Pendlerdistanzen durch eine räumliche Funktionstrennung von Arbeiten, Wohnen und Versorgen. Bevölkerungssuburbanisierung lässt sich danach als Ergebnis gesellschaftlicher, sozialer und ökonomischer Entwicklungen interpretieren. Das Entstehen einer kaufkräftigen Mittelschicht, ein zunehmender Wohlstand und daraus resultierende größere Wohnraum- und Flächenansprüche, gestiegene Mobilität durch Kraftfahrzeugbesitz und neue Kommunikationstechnologien sind wichtige Faktoren. Die scheinbar chaotischen Siedlungsstrukturen und die „schlechte Lesbarkeit" der Raummuster am Stadtrand resultieren z.T. aus der Überlagerung der verschiedenen zen-

---

[1] Zitiert nach: Weimar, K. (Hrsg.) (1997): Reallexikon der deutschen Literaturwissenschaft, Band 1. Berlin, S. 373.

trifugal gerichteten Prozesse von Bevölkerungs-, Einzelhandels- und Industriesuburbanisierung. Im industriellen Sektor führten u.a. die Verlagerung vom Bahnverkehr zum Lkw-Verkehr und der Bau flächenextensiver eingeschossiger Fabrikanlagen zur Bevorzugung randstädtischer Standorte (v. ROHR 1971). Großformen des Einzelhandels (z.B. Verbrauchermärkte, Fachmärkte) bei denen Personal durch Fläche substituiert wird, bevorzugten ebenfalls die städtische Peripherie. Dabei lässt sich eine anhaltende Tendenz der Maßstabsvergrößerung der Betriebseinheiten feststellen. Die „sperrigen" Einheiten sind für innerstädtische Standorte immer weniger integrationsfähig. Ähnlich wirkt die Tendenz zur Rationalisierung und Optimierung innerbetrieblicher Abläufe. Kostensenkungsstrategien veranlassen vor allem überregional und international operierende Unternehmen zu einer Präferenz für Standardlösungen und damit zu einer abnehmenden Bereitschaft und Fähigkeit, sich in bestehende städtebauliche Strukturen zu integrieren (HESSE u. SCHMITZ 1998). Die Produktions-, Verkaufs- und Büroflächen werden dann noch durch komplementäre Verkehrsflächen für Erschließung, Güterumschlag und Kundenparkplätze ergänzt, was extensive Flächennutzungen zur Folge hat.

Für wissenschaftliche Diskurse trifft in gewisser Hinsicht auch zu, was der Wissenschaftstheoretiker Thomas KUHN (1970, S. 121) über das umfassendere Konzept eines Paradigmenwechsels bemerkte: „Though the world does not change with a change in paradigm, the scientist afterwards works in a different world". Ein neuer Diskurs über die städtische Peripherie ist im letzten Jahrzehnt vor allem in Zusammenhang mit Forschungen entstanden, die sich am sog. Regulationsansatz orientieren. Dem städtischen Umland wird im Regulationsansatz eine besondere Bedeutung bei der Ausbildung eines „postfordistischen" Modells der Raumentwicklung zugeschrieben (MOULAERT u. SWYNGEDOUW 1990). Die städtische Peripherie erscheint „als dynamischer Ort" (RONNEBERGER u. KEIL 1993; KEIL 1994). Unter dem Einfluss neuer Technologien und Globalisierungstendenzen lösen sich die starren fordistischen Organisationen der Produktion auf und flexible Strukturen mit neuen Standortmustern entstehen. Die postfordistische „Metropole der flexiblen Akkumulation" entspricht nicht mehr dem Raummodell der fordistischen Stadt mit ringförmigen und sektoralen Strukturmustern, sondern wird zu einem polyzentrischen Gebilde, das aus einem Geflecht von spezialisierten Standorten mit fragmentiertem Charakter besteht. So bilden sich z.B. neue regionale Produktionskomplexe (*new industrial districts, flexible production complexes*) (SCOTT 1988), die häufig in den Randzonen der Metropolen liegen. Diese neuen Standorte („Retortenstädte", „City-Satelliten") sind untereinander durch leistungsfähige Infrastruktur wie Autobahnen, Schnellbahnen und Glasfasernetze verbunden. Die schlecht angebundenen Zwischenräume werden – im raumökonomischen und sozialen Sinn – zur neuen Peripherie (RONNEBERGER 1997; HITZ et al. 1992). In den peripherisierten Zwischenräumen liegen die Wohngebiete benachteiligter Bevölkerungsgruppen, industrielle Brachflächen und großflächige Infrastruktureinrichtungen. Die Entwicklung von Stadtregionen kreist nicht mehr um einen einzigen Pol, sondern „die neue Metropole ist vielmehr zunehmend ‚dezentral' organisiert und besteht mehr und mehr aus einem Mosaik ungleich entwickelter Siedlungsbereiche, die eine neue Geographie erzeugen" (SOJA 1993, S. 213).

Leitbegriff des neuen Diskurses ist die „Postsuburbia" oder die „postsuburbane" Entwicklung. Diese Phase (ARING 1999, S. 20ff.) ist nicht mehr nur durch quantitatives Wachstum, sondern zunehmend auch durch qualitatives Wachstum geprägt, durch eine funktionale Aufwertung der Peripherie mit einem breiteren Spektrum qualifizierter Tätigkeiten. KLING et al. (1995, S. 6) betonen die „fundamentally de-centered or multicentered nature of these emerging regions". Bezeichnend ist, dass im Diskurs über Postsuburbia negativ besetzte Begriffe wie „Siedlungsbrei", „Speckgürtel" und „krebsartiges Wachstum" durch eine Raumsemantik von „Knoten", „Netzen", „Patchworks" bzw. „Netzstadt" und „Zwischenstadt" ersetzt werden. Abgeleitet aus Untersuchungen von KLING et al. (1995) lassen sich folgende Kennzeichen von Postsuburbia benennen, die auch relevante Forschungsthemen darstellen:

- funktionale Anreicherung der städtischen Peripherie, die nicht mehr nur Wohnort und Nahversorgungsbereich ist, sondern auch Arbeitsort, Freizeitort und Bildungsort;
- erweiterte wirtschaftliche Basis, die nicht mehr ausschließlich Arbeitsplätze in haushaltsbezogenen Dienstleistungen und Fertigungsberufen, sondern auch hochwertige Dienstleitungen umfasst und zum Standort der „Wissensökonomie" wird;
- Bildung neuer ökonomischer Pole. Einige empirische Studien wie die von CERVERO (1989) z.B. unterscheiden bereits eine breite Palette von neuen Strukturen an der Peripherie: *office parks* und *office concentrations, mixed-use developments (MXD), sub-cities* und *suburban corridors.* Edge

Themenbereich	Suburbia (Stadt der Moderne/ fordistische Stadt)	Postsuburbia (Stadt der Postmoderne/ postfordistische Stadt)	Postsozialistische metropolitane Peripherie (postsozialistische Stadt)
	Entwicklungstendenzen		
1. Wohnen und Bevölkerung: Wanderungen und sozial-räumliche Strukturmuster	Starkes Bevölkerungswachstum der Peripherie durch Zuwanderung aus der Kernstadt Selektivität der Wanderungsströme der Stadt-Umland-Wanderung	„Rückwanderung" statushoher Bevölkerung in die Kernstadt („Gentrification") Zunehmende Segregation und Polarisierung in der gesamten Stadtregion	Transformation als „nachholende Modernisierung" („westernization"), tlw. auch Annäherung an Strukturmuster von Großstädten der „Dritten Welt" Wanderungsgewinne der Peripherie gegenüber der Kernstadt Zunehmende Segregation u. Polarisierung in der gesamten Stadtregion
	Neue Raummuster und räumliche Strukturen		
	Entstehen eines suburbanen Wohlstandsgürtels Sektorale und ringförmige Raumstrukturen	Zunehmende sozialräumliche Polarisierung: Entstehen von „Gated communities", und Armutsinseln in der Peripherie „Fragmentierte" Raumstrukturen	Degradierung der peripheren Großwohnsiedlungen, Differenzierung der Peripherie: tlw. „nachholende" Suburbanisierung, Entstehung von „Gated communities" und Armutsinseln in der Peripherie
	Entwicklungstendenzen		
2. Wirtschaft und Beschäftigung: Rolle der Peripherie in der intraregionalen Arbeitsteilung	Ausgeprägte funktionale Abhängigkeit der Peripherie vom Zentrum (Hierarchie, Unterordnung) Einfache Tätigkeiten und haushaltsorientierte Dienstleistungen dominieren in der Peripherie	Wechselseitige funktionale Abhängigkeit (Netzwerk, nur schwach hierarchisch geordnet) Quantitatives und qualitatives Arbeitsplatzwachstum der Peripherie (zunehmend breiteres Spektrum qualifizierter Tätigkeiten)	Ausgeprägte funktionale Abhängigkeit der Peripherie vom Zentrum (Hierarchie, Unterordnung) „Basarisierung": Entstehung von Transformationsstrukturen als Formen des „Übergangs", „nachholende" Entwicklungen führen mit zunehmender politischer und ökonomischer Stabilisierung zu Angleichungen der Strukturmuster an westliche Stadtentwicklungsmodelle
	Neue Raummuster und räumliche Strukturen		
	Eher monozentrische Struktur „Commercial strips" und Einkaufszentren Disperse Gewerbesuburbanisierung	Entstehung polyzentrischer Strukturen Nodale u. korridorartige Wachstumsräume (z.B. High-Tech-Parks, Büroparks, Edge Cities, Freizeitparks) Neue Zentren und Nutzungskonzentrationen innerhalb der dispersen Strukturen der Peripherie	Deindustrialisierung und Ausbreitung eines investitionsschwachen low-level-Sektors, (mit ökonomischer Stabilisierung) Entstehung von „Commercial strips" und Einkaufszentren, disperse Gewerbesuburbanisierung

Cities werden nach GARREAU (1991) als neu gewachsene Zentren mit umfangreichen Büro- und Einzelhandelsflächen und mindestens 24.000 Arbeitsplätzen definiert.

- Interaktionsmuster und Verkehrsströme orientieren sich nicht mehr vordringlich auf die Kernstadt. Interaktionen mit Quell- und Zielorten innerhalb der Peripherie gewinnen immer größere Bedeutung gegenüber zentripetal, auf die Kernstadt ausgerichteten Strömen.
- Entstehung einer heterogenen Bevölkerungsstruktur mit einer Vielfalt von Lebensstilen.

In der beigefügten Tabelle (*Fig. 1*) sind theoretische Aussagen zu suburbanen, postsuburbanen und postsozialistischen Entwicklungen der metropolitanen Peripherie schlagwortartig zusammengefasst. Die Ausführungen stellen keine empirisch abgesicherten Sachverhalte dar, sondern sind Produkt theoretischer Diskurse über postmoderne, postfordistische und postsozialistische Stadtentwicklungen.

2 Theoretische Ansatzpunkte einer vergleichenden Analyse der metropolitanen Peripherie

Eine international vergleichende Studie von Entwicklungen in der Peripherie europäischer Städte kann auf verschiedene theoretische Forschungstraditionen zurückgreifen. Es lassen sich hier vor allem drei makroanalytische Grundperspektiven unterscheiden, aus denen die großstädtische Peripherie untersucht werden kann:

- die funktionalistische Perspektive,
- die strukturalistische Perspektive,
- die kulturräumliche Perspektive.

Einer *funktionalistischen Perspektive* lassen sich hier vor allem der sozialökologische Ansatz der sog. Chicagoer Schule und ökonomische Modelle städtischer Landnutzungen zuordnen. Gemeinsam ist diesen Ansätzen u.a., dass sie von Gleichgewichtsannahmen der räumlichen Entwicklung und vom Wettbewerb verschiedener Nutzungen um optimale Standorte ausgehen. Die räumliche Struktur der Stadt zu einem bestimmten Zeitpunkt reflektiert demnach einen ökonomischen oder „natürlichen" Gleichgewichtszustand. Der städtische Bodenmarkt oder der „städtische Organismus" reagieren in vorhersehbarer Weise auf externe Störungen. Wird das räumliche Gleichgewicht durch externe Einflussfaktoren verändert, so passen sich die Raumnutzungen der neuen Situation an und streben einem neuen Gleichgewichtszustand zu. Städtische Raumorganisation ist in dieser Perspektive also vor allem eine Funktion externer Determinanten unter den Bedingungen der Standortkonkurrenz. Als wichtige Determinanten werden u.a. die Bevölkerungsentwicklung und der technologische Wandel, vor allem die Entwicklung der Verkehrs- und Kommunikationstechnologien identifiziert. Bevölkerungswachstum führt z.B. zu Druck auf dem Wohnungsmarkt, neue Verkehrs- und Kommunikationstechnologien verändern die Lagegunst von Standorten. Beide Entwicklungen können Standortverlagerungen von Haushalten und Betrieben hervorrufen. VAN DEN BERG (1999, S. 540) führt hierzu aus: „The dynamics of the overall urban system is propelled first of all by fundamental changes in technology, social values, demography and politics, which make varying and continuous impacts on spatial and urban growth from one period of history to another."

In Analogie zur biologischen Konkurrenz um Standorte in der Pflanzenökologie geht der sozialökologische Ansatz von einer ökonomischen Konkurrenz um räumliche und soziale Positionen in der menschlichen Gesellschaft aus. Im Modellansatz von BURGESS' (Modell der konzentrischen Ringe) führen Zuwanderung und wachsender Raumbedarf zentraler Funktionen im Stadtzentrum zu einem Nutzungsdruck, der sich in Prozessen von „Invasion" und „Sukzession" entlädt. Dies führt schließlich zur Expansion der städtischen Siedlung ins Umland. In der städtischen Peripherie liegen nach dem Ringmodell die Zonen der Mittelschichthaushalte und ein äußerer Ring von Pendlerhaushalten. Im Sektoren-Modell von HOYT wird die randliche Expansion der Städte auf *Filtering-down*-Prozesse im Wohnungsmarkt zurückgeführt. Neubauten für statushöhere Zielgruppen entstehen am Stadtrand und lösen entsprechende Umzugsketten aus.

Einen ökonomischen Ansatz zur Erklärung der räumlichen Stadtstruktur stellen Bodenrentenmodelle dar. Räumliche Nutzungsdifferenzierung ist ein Ergebnis von Mechanismen des Bodenmarkts. Die Nutzung mit der höchsten „Lagerente" setzt sich durch. Implizit liegt den funktionalistischen Ansätzen die These von international weitgehend einheitlich verlaufenden Urbanisierungstendenzen und städtischen Entwicklungsprozessen zugrunde (HÄUSSERMANN 1997, S. 21ff.). FRIEDRICHS (1978) kommt z.B. in einem Stadtentwicklungsvergleich von fünf ost- und westeuropäischen Metropolen zu dem Ergebnis, dass die Städte grundlegend ähnliche Entwicklungstendenzen aufweisen. Der Einfluss der unterschiedlichen Planungs- und Wirtschaftssysteme sei danach von geringerer Bedeutung als grundlegende Bedingungen wie die Erreichbarkeit von Standorten, der Stand der Transport- und Kommunikationstechnologie und die historisch bedingte Verteilung der Bausubstanz.

Strukturalistische Ansätze gehen im Gegensatz zur funktionalistischen Perspektive nicht von Gleichgewichtsvorstellungen des Marktes, sondern von Ungleichgewichtsannahmen aus. Die Wirkungsweise von Zugangsbeschränkungen zu Teilmärkten, gesellschaftliche Institutionen und soziale Konflikte führen danach zu dauerhaften Marktungleichgewichten. Im Unterschied zur funktionalistischen Perspektive legt die strukturalistische Perspektive stärkeres Augenmerk auf die Angebotsseite als auf die Nachfrageseite. Städtische Raumstrukturen sind danach nicht das Ergebnis von gleichsam „natürlichen" Marktprozessen und Präferenzen autonomer Konsumenten, sondern Resultat gesellschaftlicher Konflikte und gesellschaftlicher Machtverteilung. Politökonomische Ansätze (HARVEY 1985) betonen z.B. den monopolistischen Charakter des Bodenbesitzes. Durch Teilmärkte mit hohen Zugangsbarrieren wird eine künstliche Knappheit des Gutes „Boden" erzeugt und das Erzielen von „Monopolrenten" ermöglicht. Eine ungleiche Verteilung von Infrastruktureinrichtungen zugunsten statushöherer Bevölkerungsgruppen kann Disparitäten der Lebensbedingungen zusätzlich verstärken (CASTELLS 1972). Der strukturalistischen Perspektive lässt sich auch der Regulationsansatz zuordnen. Dieser Ansatz interpretiert gesellschaftliche Entwicklung als eine Abfolge von historischen *Formationen*. Jede Formation („Fordismus", „Postfordismus") ist durch das Zusammenwirken eines ökonomischen *Akkumulationsregimes* mit einer politisch-institutionellen *Regulationsweise* gekennzeichnet. Das *Akkumulationsregime* umfasst die Austauschprozesse und Beziehungen zwischen einer bestimmten Produktionsstruktur (z.b. Arbeitsorganisation, Arbeitsteilung, industrielles Paradigma) und einem zugehörigen Konsummuster. Die *Regulationsweise* beinhaltet die „vorherrschenden Normen, Regeln, Gesetze, Politiken, Machtverhältnisse, gesellschaftlichen Bedürfnisse und kulturellen Gewohnheiten und definiert somit den wirtschaftlichen, gesellschaftlichen und politischen Handlungsrahmen bzw. den Kontext, innerhalb dessen die Austauschprozesse zwischen Produktion und Konsum ablaufen" (BATHELT 1994, S. 64). Stadtforschung innerhalb des Regulationsansatzes betont den Zusammenhang von Gesellschafts- und Raumentwicklung und untersucht, inwieweit eine spezifische historische Formation sich in spezifischen Raumstrukturen niederschlägt (KRÄTKE 1991). Städte werden als gesellschaftlich produzierte Räume verstanden, denen jedoch verschiedene entwicklungspolitische Optionen offen stehen (KRÄTKE et al. 1997). Typisch für die fordistische Stadt sind u.a. die Dominanz eines standardisierten Massenwohnungsbaus, eine großräumige Segregation sozialer Gruppen und das Entstehen eines Gegensatzes von Zentrum und Vorortgürtel durch Prozesse der Suburbanisierung. In den Siedlungen am Stadtrand entstehen als standardisierte Wohnformen „Einfamilienhäuser für die Mittelklassen und Wohnblockghettos für die ArbeiterInnen" (HITZ et al. 1992, S. 72). Die „postfordistische" Stadt „zerfällt" dagegen in ein Geflecht spezialisierter Standorte und fragmentierter Raummuster.

Die *kulturräumliche Perspektive* versteht sich als Alternative zu Vorstellungen von global einheitlich verlaufenden Stadtentwicklungsprozessen und betont die regionalen Eigenarten von Städten im Sinne von kulturraumspezifischen Stadtentwicklungsmodellen (siehe z.B. LICHTENBERGER 1998, S. 60ff.). Die regionalgeographische Forschung hat in diesem Sinne vor allem in den 1970er und 1980er Jahren eine Vielzahl von regionalen Stadtentwicklungsmodellen hervorgebracht (z.B. Modell der orientalischen Stadt, Modell der lateinamerikanischen Stadt). Stadtentwicklung wird in dieser Perspektive als Resultat von historisch-kulturellen Faktoren (Normen, Wertvorstellungen, gesellschaftliche Organisationsformen, materielle Tatbestände) interpretiert. Kultur erscheint in diesem Erklärungszusammenhang damit „essenzialistisch" als stabile Größe. GOLDBERG u. MERCER (1986) unterscheiden z.B. eine individualistische und marktorientierte Grundhaltung der Stadtentwicklung in den USA (*private cities*) von einer historisch-kulturell bedingten, stärkeren Betonung des Gemeinwesens in Kanada. Die kanadischen „*public cities*" verfügen dementsprechend über eine effektivere Stadt- und Regionalplanung. Dies führe u.a. zu einer geringeren Ausprägung von Erscheinungen des *urban sprawl* in kanadischen Städten als in US-amerikanischen *metropolitan areas*.

Eine modernisierungstheoretisch begründete Verbindung zwischen funktionalistischer und kulturräumlicher Perspektive stellt die „Konvergenzthese" dar. Sie greift das Max Webersche Konzept vom Durchsetzen von Rationalität im Zuge der Modernisierung von Gesellschaften auf. Nach der Konvergenzthese sind Städte durch die globalen technologischen Entwicklungen heute mit ähnlichen Herausforderungen konfrontiert. Durch den Zwang zu rationalen Problemlösungen für die gleichen Probleme nähern sich die Städte und ihre Raumstrukturen deshalb sukzessive aneinander an. Das Kern-Rand-Gefälle in vorindustriellen Gesellschaften, in denen die städtischen Peripherien eher von unterprivilegierten Bevölkerungsgruppen bewohnt werden, passt sich danach mit zunehmender Industrialisierung dem „modernen" Muster des suburbanen Wohlstandsgürtels an (BÄHR 1983). Neu belebt worden ist die kulturräumliche Perspektive durch den sog. „*cultural turn*" in den Sozialwissenschaften. Die Betonung liegt beim „*cultural turn*" jedoch eher auf dem veränderlichen und prozessualen Charakter von Kultur, die als „symbolische Ordnung" immer wieder durch Handlungen produziert und reproduziert wird, während in traditioneller kulturräumlicher Perspektive Kultur eher als statische – oder nur in langen historischen Zeiträumen veränderliche – Bezugsgröße erscheint. MATTHIESEN und NUISSL (2002) fordern z.B. im Sinne des „*cultural turn*" eine systematische Einbeziehung von *soft structures* wie Lebensstile, Milieus, Mentalitäten und alltagsräumlichen Codierungen in die Untersuchung von Suburbanisierungsprozessen.

3 Ein konzeptioneller Rahmen zur Analyse der metropolitanen Peripherie

Die Erörterung theoretischer Modellvorstellungen der Stadtentwicklung zeigt, dass funktionalistische, strukturalistische und kulturräumliche Ansätze zwar als Orientierungsrahmen zur Analyse von Stadtentwicklungsprozessen dienen können, aber für vergleichende empirische Stadtanalysen auf internationaler Ebene mit zu groben Argumentationsrastern operieren. Vor allem enthalten die genannten Ansätze nicht genügend „Tiefenschärfe" hinsichtlich der Berücksichtigung unterschiedlicher institutioneller Rahmenbedingungen und spezifischer regionaler Handlungsspielräume. DIELEMAN und HAMNETT (1994) lehnen in diesem Zusammenhang z.B. eine strukturalistische Argumentation ab, die davon ausgeht, dass aus übergeordneten Entwicklungstendenzen (z.B. „Globalisierung"), zwangsläufig die gleichen sozialen und ökonomischen Probleme oder auch raumstrukturellen Entwicklungen resultieren. Sie betonen dagegen den kontingenten Zusammenhang von globalen Trends und Stadtentwicklung:

„The links are contingent, and depend to a significant extent on the scale and structure of welfare state intervention, income distribution, planning policy ... and the structure of what is termed (in regulationist theory), the mode of social regulation, both national and local" (DIELEMAN u. HAMNETT 1994, S. 359).

Eine vergleichende Analyse der Peripherien europäischer Metropolen muss regional spezifische Handlungsmuster, Gestaltungsspielräume und institutionelle Arrangements berücksichtigen, die trotz der angeblich nivellierenden Wirkung von Globalisierungsprozessen weiterhin bestehen. Die Art und Weise der „regionalen Regulation", die *regional governance* (FÜRST 2001) einer Metropolregion, kann nicht allein aus Zwängen übergeordneter Einflüsse (Restrukturierungs- und Transformationsprozesse auf globaler Ebene) abgeleitet werden. Stadtentwicklung ist ein komplexer und kontingenter Prozess, dessen Bedingungen sich durch das Handeln einer Vielzahl von Akteuren, die unterschiedlichste Interessen verfolgen, immer wieder neu konstituieren. Aus der Existenz flexibler, postfordistischer Produktionssysteme kann ebenso wenig auf die Wirkung einer flexiblen, „postfordistischen" Regulation der Stadtentwicklung geschlossen werden, wie die Entstehung innovativer Unternehmensnetzwerke nicht unmittelbar durch politische Akteure initiiert werden kann. Regionale Regulation sollte mit KRÄTKE (2002, S. 30) als „Ausdruck des (ebenso strukturierten wie strukturierenden) Handelns sozialer Akteure" aufgefasst werden. SPIEGEL (1998, S. 49) sieht das größte Erklärungspotenzial in einer Mehr-Ebenen-Analyse, die „sowohl die Entstehung und Entwicklung (stadt)räumlicher Strukturen aus dem Handeln der Subjekte erklärt, wie das Handeln der Subjekte (auch) aus den sozialräumlichen Strukturen, aus denen heraus sie handeln":

Sozialwissenschaftlich inspirierte Theoriebildungen, die sich u.a. auf M. WEBER und A. GIDDENS berufen, betonen die Bedeutung von Akteuren und Akteurskonstellationen, die Spielräume nutzen, Prozesse beeinflussen und räumliche Strukturen durch ihr Wirken nicht nur identisch reproduzieren, sondern auch verändern. Andererseits sind Handlungsspielräume durch – beabsichtigte und unbeabsichtigte – Folgen vorangegangener Entscheidungen eingeengt. Akteurszentrierte, handlungstheoretische Ansätze (z.B. SCHEINER 1998) betonen, dass Akteure immer innerhalb eines vorgegebenen sozialen und physisch-materiellen Kontextes agieren, also unter Bedingungen, die nicht frei wählbar sind und die Handlungsmöglichkeiten einschränken.[2] Akteure verfügen zur Durchsetzung ihrer Handlungsziele über allokative und autoritative Ressourcen. Allokative Ressourcen sind z.B. Finanzmittel oder Eigentums- und Verfügungsrechte über Boden, Immobilien oder Produktionsmittel. Autoritative Ressourcen beinhalten im städtischen Kontext u.a. Entscheidungsrechte über Zutrittsbeschränkungen, Ansiedlungsbeschränkungen oder Baugenehmigungen. Eine Konsequenz akteurzentrierter Perspektiven ist eine Betonung der *Kontingenz* von Entwicklungen und eine Ablehnung deterministischer Erklärungen. Kontingenz impliziert, dass in menschlichen Handlungen und ihren Folgen immer ein Element der Unbestimmtheit und Unvorhersehbarkeit enthalten ist. Die künftige Entwicklung einer Stadt ist also nur begrenzt vorhersehbar und lässt sich beispielsweise nicht vollständig aus ihrer Ver-

---

[2] Ziel des handlungstheoretischen Zugangs ist es, „die Komplexität gesellschaftlicher Sachverhalte und Problemsituationen von Handlungen der Gesellschaftsmitglieder her aufzuschlüsseln" (WERLEN 1987, S. 50). Handeln lässt sich als ein „bewusst erwogener, nicht determinierter, absichtlich auf ein Ziel hin orientierter Akt" (WERLEN 1987, S. 38 nach FARWICK) definieren.

gangenheit ableiten. BATHELT und GLÜCKLER (2002, S. 28) fassen die oben skizzierten theoretischen Orientierungen zu einem Plädoyer für eine *kontextuelle, pfadabhängige und kontingente* Forschungsperspektive in der (Wirtschafts-)Geographie zusammen. Diese Perspektive steht im Widerspruch zu „theoretischen Programmen, deren Konzepte auf universellen Gesetzen, linearen Entwicklungen und geschlossenen Systemen basiert". *Kontextabhängigkeit* bedeutet bezogen auf stadtgeographische Fragestellungen, dass das Handeln von Akteuren im städtischen Raum stets auf einen spezifischen Handlungszusammenhang bezogen ist und in einer spezifischen sozialen Situation stattfindet, die zugleich eine physisch-räumliche Situation ist („situiertes Handeln"). MATTHIESEN und NUISSL (2002, S. 38) warnen in diesem Zusammenhang vor Modellvorstellungen, die Kontextbedingungen ausblenden und einem „pfad- und kontextfreien Zyklendeterminismus" verfallen. Folgen von Entscheidungen der Vergangenheit wirken in der Gegenwart fort und stellen Ausgangsbedingungen künftiger Entwicklungen dar, hieraus ergibt sich eine spezifische Pfadabhängigkeit: „Situierte Entscheidungen und Interaktionen in der Vergangenheit bedingen spezifische Handlungskontexte in der Gegenwart und richten somit Handlungsziele und -möglichkeiten entlang eines historischen Entwicklungspfads aus" (BATHELT u. GLÜCKLER 2002, S. 28). Die spezifische Geschichte eines städtischen Entwicklungspfads kann jedoch nicht als die Zukunft determinierend verstanden werden. Aktuelle Aushandlungs- und Entscheidungsprozesse, unvorhergesehene Ereignisse und unbeabsichtigte Folgen intendierter Handlungen können den Entwicklungspfad modifizieren. Das Ausmaß der globalen Integration einer Stadtregion führt zu einer neuen Dimension der Kontingenz, da „weit entfernte" und von der lokalen Welt losgelöste Entscheidungen und Ereignisse Stadtentwicklungen maßgeblich beeinflussen können.

Probleme der Einbeziehung einer Akteursperspektive in die Untersuchung der Stadt betreffen vor allem die Aggregation von Einzelhandlungen, um Phänomene der Makroebene zu beschreiben, sowie das Zurechnungsproblem von Handlungen (KLÜTER 1999) und Fragen der unbeabsichtigten Folgen absichtsvollen Handelns. In der Regel ist eine Vielzahl von Akteuren an städtischen Entscheidungsprozessen beteiligt, so dass sich Entscheidungen und Ereignisse nicht einzelnen Akteuren zuordnen lassen. Vor allem bei der Kumulation raumbezogenen Handelns können die unbeabsichtigten Wirkungen „die beabsichtigten Wirkungen nicht nur weit übertreffen, sondern ihnen auch diametral entgegenlaufen" (SPIEGEL 1998, S. 53).

Die Analyse von Stadtentwicklung, die vor allem auf dem aggregierten Handeln einer Vielzahl von Akteuren beruht, macht es notwendig, modellhaft vereinfachte Annahmen hinsichtlich der beteiligten sozialen Akteure und ihrer Handlungsmaximen vorzunehmen. VAN DEN BERG (1999) unterscheidet z.B. drei hauptsächliche Akteursgruppen, deren Raumverhalten der Stadtentwicklung zugrunde liegt: Haushalte, Unternehmen und Akteure im öffentlichen Sektor (*public authorities*). Im metropolitanen Kontext ist eine zusätzliche Unterscheidung zwischen einer regionalen und einer lokalen Ebene öffentlicher Akteure sinnvoll. Als stadtregionale Akteure sind hier nicht nur individuelle Akteure, sondern auch „korporative Akteure" (Organisationen) zu verstehen, die über kollektive Handlungsfähigkeit verfügen. Idealtypisch lassen sich den Akteursgruppen nutzenorientierte und normenzentrierte Basisorientierungen im Sinne einer *bounded rationality* zuordnen: Akteuren der stadtregionalen Planungsebene kann z.B. ein normenzentriertes Handlungsinteresse unterstellt werden, wenn sie Gesamtinteressen der Metropole/Stadtregion („Nachhaltigkeit", „Wettbewerbsfähigkeit") gegenüber vermeintlichen lokalen Partikularinteressen („Kirchturmpolitik") oder Gruppenegoismen artikulieren. Das Handeln von Wirtschaftsunternehmen ist primär als ökonomisches Handeln mit Zielen wie Kostenminimierung, Gewinnmaximierung und der Sicherung dauerhafter Gewinne zu verstehen. Haushalte folgen in ihrer Wohnstandortwahl vor allem Strategien der Nutzenmaximierung (Streben nach sozialer Wertschätzung, physischem Wohnbefinden, Vermeidung von Verlust). Sie streben nach guten Wohn- und Wohnumfeldbedingungen innerhalb der sozialen, ökonomischen und räumlichen Rahmenbedingungen.

Neuere Institutionenansätze lenken den Blick stärker auf regionale und lokale Netzwerke, die zu regional und lokal spezifischen institutionellen Formen führen. Die Institutionenansätze betonen, dass es keine abstrakte *rational choice* gibt, sondern dass Handeln immer sozial und institutionell „situiert" ist (SCHAMP 2002). Für eine vergleichende Analyse ist es daher notwendig, das Zusammenwirken von nationalen, regionalen und lokalen Organisationen und Institutionen zu berücksichtigen, um die wesentlichen „Triebkräfte" metropolitaner Strukturierungsprozesse zu erfassen. Im Allgemeinen versteht man unter Institutionen „Spielregeln", die auf zweierlei Weise zustande kommen: die formalen, d.h. die in Gesetzen, Abkommen und anders dokumentierten und durch formale Organisationen sanktionierten Regelsysteme und die informellen Gewohnheiten, Regeln und Konventionen (SCHAMP 2002). Die institutionelle Einbindung ist eine Voraussetzung für die Konstitution korporativer Akteure, mit der das Handeln individueller Akteure mit unterschiedlichen Interessen auf ein gemeinsames Ziel hin verpflichtet wird. Erst durch die institutionelle Verfasstheit eines korporativen Akteurs, etwa eines Unternehmens, kann diesem beispielsweise eine bestimmte Zielorientierung, etwa ökonomische Rationalität, zugeschrieben werden. Die Problematik institutioneller Akteursbindungen berührt etwa die Identifizierung und Charakterisierung von Akteursgruppen in Gesellschaften, in denen die formalen Institutionen schwach entwickelt bzw. im Umbruch begriffen sind. Während der Transformationskrise der russischen Wirtschaft und Gesellschaft in den 1990er Jahren, verloren z.B. die formalen Institutionen an Bedeutung, während die Netzwerke und informellen Kommunikationsstrukturen weiter wirkten und sich unter den Bedingungen gravierender staatlich-institutioneller Defizite als stabil erwiesen (RUDOLPH 2003; RUDOLPH u. BRADE 2003). Eine Zuordnung der Akteure einer Akteursgruppe zu einer Basisorientierung erweist sich unter den Bedingungen der starken Position informeller Netzwerke, die ausschließlich Eigeninteressen verpflichtet sind, als schwierig.

Die unterschiedlichen raumbezogenen und raumbeanspruchenden Interessen von städtischen Akteuren führen zu Konkurrenz- und Konfliktsituationen, die in Aushandlungsprozessen gelöst werden müssen. Wenn sich feste Interaktions- und Kommunikationsmuster der Aushandlungsprozesse etablieren, dann entstehen oft informelle institutionelle Arrangements bzw. Institutionen der Stadtentwicklung. Dies kann sich schließlich in bestimmten Grundorientierungen der Stadtpolitik, in so genannten *urban regimes* oder in bestimmten Formen von *regional governance* niederschlagen. Institutionen reduzieren Unsicherheit in Handlungssituationen und schaffen verlässliche Maßstäbe des Handelns. Sie bilden sich als handlungsleitende Regeln durch Nachahmung und „Informations-Feedback" (SCHAMP 2002). Sie strukturieren die Erwartungen der Akteure, sind selbstverstärkend und liefern Wertungen und normative Orientierungen über „richtiges" oder akzeptierbares Verhalten.[3] Jeder Beteiligte weiß, was in einer bestimmten Situation von ihm erwartet wird und was er von seinem Gegenüber erwarten darf. Für die Fragestellung der Raumentwicklung der metropolitanen Peripherie bietet sich im Zusammenhang mit der Bedeutung von Institutionen z.B. das Konzept des „Territorialverhältnisses" bzw. des „territorialen Kompromisses" (SCHMID 1996) an. Auseinandersetzungen um die Stadtentwicklung konstituieren nach SCHMID: „... jeweils spezifische gesellschaftliche Konstellationen, in die einerseits der lokale Staat, andererseits verschiedene formelle und informelle Koalitionen, Bündnisse und Allianzen involviert sind. Resultat der Auseinandersetzung um das Territorialverhältnis sind spezifische Arrangements, die auch die Form von ‚territorialen Kompromissen‘ annehmen können. Derartige Arrangements über die Entwicklung eines bestimmten Territoriums (Stadt, Quartier, Gemeinde, urbane Region) können von Übereinkünften über die bauliche Entwicklung bis hin zu Fragen der Alltagskultur und der Benützung des öffentlichen Raumes reichen" (SCHMID 1996, S. 29).

Globale wirtschaftliche, technologische oder politische Entwicklungstrends wirken nicht unmittelbar auf den städtischen Raum, sondern nur vermittelt durch städtische Akteure, die in spezifischen sozialen Situationen, die zugleich räumliche Situationen sind, agieren. Stadtentwicklung lässt sich zusammenfassend als kontingenter Prozess auffassen, der von städtischen Akteuren bestimmt wird, die unter Bezug auf den Entwicklungspfad der Stadt innerhalb des von externen Rahmenbedingungen gesetzten Spielraums und innerhalb eines spezifischen institutionellen Kontextes handeln. Aus den obigen Ausführungen lässt sich ein konzeptioneller Rahmen zur vergleichenden Untersuchung der metropolitanen Peripherie formulieren. Der Rahmen muss allgemein gefasst sein, um unterschiedliche Entwicklungskontexte und international variierende Institutionengefüge zu berücksichtigen. Er muss es z.B. ermöglichen, die offensichtlich unterschiedlichen Ausgangs- und Rahmenbedingungen west- und osteuropäischer Städte zu fassen, ohne eine einfache Ost-West-Dichotomie vorauszusetzen, die andere Differenzierungslinien überdecken könnte. Zur Konkretisierung der städtischen Handlungssituation erscheinen drei Faktorenkomplexe bzw. Aspekte von besonderer Bedeutung (*Fig. 2*):
- Einflussfaktoren überregionaler Reichweite (*national and global scales*),

---

[3] Planungsdokumente wie Stadtentwicklungskonzepte oder regionale Entwicklungspläne haben nicht per se den Charakter von Institutionen der Stadtentwicklung im oben beschriebenen Sinne. Erst wenn sich städtische Akteure handlungsleitend darauf beziehen und sie dadurch „Realitätsgehalt" gewinnen, erlangen sie Institutionencharakter.

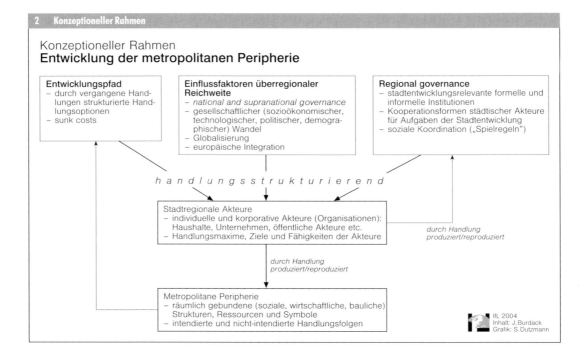

Konzeptioneller Rahmen
Entwicklung der metropolitanen Peripherie

Entwicklungspfad
– durch vergangene Hand-
lungen strukturierte Hand-
lungsoptionen
– sunk costs

Einflussfaktoren überregionaler Reichweite
– *national and supranational governance*
– gesellschaftlicher (sozioökonomischer,
technologischer, politischer, demographischer) Wandel
– Globalisierung
– europäische Integration

Regional governance
– stadtentwicklungsrelevante formelle und
informelle Institutionen
– Kooperationsformen städtischer Akteure
für Aufgaben der Stadtentwicklung
– soziale Koordination („Spielregeln")

h a n d l u n g s s t r u k t u r i e r e n d

Stadtregionale Akteure
– individuelle und korporative Akteure (Organisationen):
Haushalte, Unternehmen, öffentliche Akteure etc.
– Handlungsmaxime, Ziele und Fähigkeiten der Akteure

*durch Handlung
produziert/reproduziert*

*durch Handlung
produziert/reproduziert*

Metropolitane Peripherie
– räumlich gebundene (soziale, wirtschaftliche, bauliche)
Strukturen, Ressourcen und Symbole
– intendierte und nicht-intendierte Handlungsfolgen

IfL 2004
Inhalt: J.Burdack
Grafik: S.Dutzmann

- *regional governance* (stadtentwicklungsrelevante Institutionen/institutioneller Rahmen),
- städtische Entwicklungspfade als langfristiges Handlungsergebnis.

Der Komplex „Einflussfaktoren überregionaler Reichweite" artikuliert vor allem die Relevanz nationaler und globaler Maßstabsebenen. Von Bedeutung sind in diesem Zusammenhang die Folgen überregionaler Einbindungen, z.B. die Wettbewerbsposition der Stadt, die Position in überregionalen Netzen und die Auswirkung von „objektiven" Prozessen wie Globalisierung und europäischer Integration.
Die Pfadabhängigkeit der Stadtentwicklung ergibt sich aus den intendierten und nicht-intendierten
Folgen vorangegangener Handlungen, die in die Gegenwart hereinreichen. Diese Handlungsfolgen
stellen zugleich die Ausgangsbedingungen der künftigen Entwicklung dar. Der Entwicklungs schlägt
sich u.a. nieder in städtischer Wirtschaftsstruktur, sozialer und sozialräumlicher Struktur, baulicher
Struktur, physisch-materieller Infrastruktur und räumlich gebundenen *„assets"*, Ressourcen und Sym-
bolen. Der Komplex *„regional governance"* bezeichnet „schwach institutionalisierte, eher netzwerkar-
tige Kooperationsformen regionaler Akteure für Aufgaben der Regionalentwicklung" (FÜRST 2001, S.
370), die „Spielregeln" auf die sich städtische Akteure in ihren Handlungen beziehen. Institutionen
wirken handlungsstrukturierend und werden ihrerseits durch Handlungen produziert und reproduziert.

4 Methodische Grundlagen und Begriffe
4.1 Zur Auswahl der Untersuchungsstädte

Die Untersuchung berücksichtigt mit den Stadtregionen Berlin, Budapest, Madrid, Moskau, Paris und
Randstad Holland sechs europäische Metropolen von internationaler Bedeutung in verschiedenen
europäischen Teilräumen. Da neue Wachstumstendenzen in der Regel zuerst in den *primate cities* auftreten und sich dann entlang der Städtehierarchie ausbreiten, ist eine Konzentration auf die oberste
Schicht der Städtehierarchie sinnvoll, um neue Entwicklungstendenzen der städtischen Peripherie
umfassend zu ermitteln. Mit Paris und der Randstad sind zwei Metropolen vertreten, die im wirtschaftlichen Kernraum der europäischen Global Integration Zone (GIZ) liegen, also in dem Raum
der z.B. nach MEHLBYE (2000) als Raum stärkster Wirtschaftskraft und globaler Wettbewerbsfähigkeit

identifiziert wird. Die Randstad wurde berücksichtigt, um neben eher monozentrisch strukturierten Metropolregionen auch eine polyzentrisch angelegte Metropolregion zu berücksichtigen. Madrid ist ein Beispiel für eine Metropole im westlichen Europa außerhalb der GIZ. Mit Budapest und Moskau wurden Metropolen im östlichen Europa berücksichtigt, deren Entwicklung in den 1990er Jahren stark von Transformationsprozessen beeinflusst wurde. Den Rahmen der Budapester Entwicklung bilden die rasch fortschreitende Transformation und die zunehmende Annäherung Ungarns an die EU. Dagegen ist die Entwicklung von Moskau gekennzeichnet von Transformation unter unsicheren makroökonomischen und politischen Rahmenbedingungen. Berlin nimmt in vielerlei Hinsicht eine Zwischenposition ein. Die 40 Jahre geteilte Stadt liegt randlich zur europäischen GIZ und erfuhr durch die rasche Wiedervereinigung und die Wiederbelebung der Hauptstadtfunktion besondere Rahmenbedingungen. Die Fallstudien reflektieren in ihrer Gesamtheit die wichtigsten Bedingungen und räumlichen Situationen, unter denen sich die Entwicklungen der metropolitanen Peripherien in Europa vollziehen.

4.2 Begriffe zur Untersuchung der metropolitanen Peripherie

In der Fachliteratur existiert keine Definition der metropolitanen Peripherie, die eine geeignete Basis für die Untersuchung abgeben kann. Es war deshalb notwendig, begriffliche und methodische Grundlagen für die weitere empirische Bearbeitung zu schaffen. Für eine vergleichende internationale Studie der Peripherie ist beispielsweise eine A-priori-Orientierung an der administrativen Grenze der Kernstadt – wie sie in der deutschen Suburbanisierungsforschung weit verbreitet ist – wenig sinnvoll. Die Kernstadt in ihren Verwaltungsgrenzen ist in den Untersuchungsgebieten von sehr unterschiedlicher Ausdehnung und häufig nicht annähernd kompatibel mit Konzepten von Kernraum/innerer Stadt/kompakter Stadt und Stadtrand/äußerer Stadt/metropolitaner Peripherie. Während z.B. die Stadtgrenzen von Berlin (1920) und Budapest (1950) im 20. Jahrhundert erheblich ins Umland verschoben wurden und den Siedlungskörper der morphologischen Stadt einschließlich erheblicher Flächenreserven umschlossen, ist dagegen in Paris in den letzten eineinhalb Jahrhunderten keine Anpassung der Kernstadtgrenzen an das enorme Siedlungswachstum vorgenommen worden. Die Industrie- und Wohngürtel des späten 19. Jahrhunderts, die in Budapest und Berlin Teil der Kernstadt sind, liegen in der Pariser Region bereits in der Banlieue. Eine formalistisch verkürzende Begriffsbildung würde die historische Pariser Banlieue bereits als „suburbanen Raum" einordnen (*Fig. 3*).

Zur Vergleichbarkeit der Aussagen der internationalen Fallstudien wurden in den untersuchten Stadtregionen gleiche Raumkategorien bestimmt und abgegrenzt. Die Abgrenzungskriterien lehnen sich dabei an Indikatoren und Schwellenwerte internationaler europäischer Metropolstudien an (z.B. N.U.R.E.C. 1994; GEMACA 1996). Das von der Forschungsgruppe GEMACA (1996) nach CHESHIRE und HAY (1989) entwickelte Konzept der Functional Urban Regions (FUR) stellt eine Basisdefinition für die international vergleichende Metropolenforschung bereit. FURs werden danach anhand von Bevölkerungs- und Arbeitsplatzkonzentrationen und den damit verbundenen Pendlereinzugsbereichen abgegrenzt. Die FUR umfasst einen ökonomischen Kern (*economic core*) und den zugehörigen Verflechtungsraum. In Ergänzung des FUR-Konzepts lässt sich das zusammenhängende Siedlungsgebiet der morphologischen Stadt (*morphological agglomeration*) bestimmen und außerdem die „kompakte Stadt" als innerer, hoch verdichteter Teil der morphologischen Stadt. VANDERMOTTEN et al. (1991, S. 90) geben hier einen Orientierungswert von etwa 5.000 Ew./km^2 an. Der Vorteil dieser abstrakten Definitionen liegt vor allem darin, dass hierdurch ein Bezugsrahmen geschaffen wird, der eine internationale Vergleichbarkeit von Metropolregionen ermöglicht. Einschränkend muss erwähnt werden, dass es sich überwiegend nur um statistische Konstrukte handelt, die keine politische oder planerische Institutionalisierung der Stadtregion reflektieren. Die FURs stellen also keine Bezugsräume für das Handeln öffentlicher Akteure dar. Für die Verwendung amtlicher statistischer Daten ist eine Anpassung der Raumabgrenzungen an statistische Berichtseinheiten notwendig. Für die Datenanalyse muss deshalb z.T. auf die administrative Grenze der Kernstadt als Abgrenzung der „inneren Stadt" zurückgegriffen werden. Der Untersuchungsraum „metropolitane Peripherie" lässt sich folgendermaßen bestimmen:
- Die metropolitane Peripherie (äußere Stadtregion) ist das außerhalb der hoch verdichteten inneren Stadt („kompakte Stadt") liegende Gebiet der funktionalen Stadtregion.
- Kompakte Stadt bezeichnet in diesem Untersuchungskontext den räumlich zusammenhängenden

IfL 2004
Kartographie: S.Dutzmann

0 10 20 30 km
Maßstab 1:1,6 Mio.

kompakte Stadt   innere Peripherie   äußere Peripherie

hoch verdichteten Kern städtischer Bebauung. Die Abgrenzung erfolgt auf der Basis der Ergebnisse entsprechender lokaler Planungsberichte. Eine internationale Richtgröße (VANDERMOTTEN et al. 1991) stellt hier eine Einwohnerdichte von über 50 Ew./ha (5.000 Ew./km^2) dar.

- Die „funktionale Stadtregion" (Stadt-Umland-Region) umfasst den Verflechtungsraum der Stadt. Aus datentechnischen Gründen wurde bei der Bestimmung oft auf die jeweilige regionalplanerische Abgrenzung als Handlungsraum regionalplanerischer Maßnahmen zurückgegriffen. In einigen Untersuchungsstädten konnten Verflechtungsbereiche (Pendlereinzugsgebiete) ausgewiesen werden.

Als ergänzende Differenzierung lässt sich innerhalb der metropolitanen Peripherie eine „innere Peripherie", die den Randbereich der morphologischen Stadt umfasst, von einer „äußeren Peripherie" unterscheiden:

- Die „*morphologische Stadt*" umfasst die Stadt als räumlich zusammenhängenden Siedlungskörper, abgegrenzt auf der Basis der kleinsten Verwaltungseinheiten. Eine internationale Richtgröße, die im Wesentlichen der N.U.R.E.C.-Definition entspricht, stellt hier eine Einwohnerdichte von mindestens 7 Ew./ha (700 Ew./km^2).
- „*Innere Peripherie*" bezeichnet das Gebiet der morphologischen Stadt außerhalb der „kompakten Stadt".
- „*Äußere Peripherie*" bezeichnet das Gebiet der funktionalen Stadtregion außerhalb der morphologischen Stadt.

4.3 Analyseraster der metropolitanen Peripherie

Theoretische Ausführungen und vereinzelte empirische Studien legen die Schlussfolgerung nahe, dass neue suburbane, postsuburbane und postsozialistische Entwicklungen der metropolitanen Peripherie in verschiedenen räumlichen Konfigurationen auftreten können, sowohl dispers bzw. netzartig als auch in Form von räumlich zusammenhängenden, visuell identifizierbaren Standortkomplexen. Eine grundsätzliche Differenzierung der neuen räumlichen Strukturen betrifft ihre Größenordnung und räumliche Erscheinungsform. Hier ist es zweckmäßig, zwei Ebenen von neuen räumlichen Clustern zu unterscheiden: Wachstumsstandorte und größere ökonomische Pole/Wachstumsräume. Als Wachstumsstandorte werden räumlich zusammenhängende Arbeitsplatz- und Nutzungskomplexe wie z.B. einzelne Büroparks, Gewerbeparks oder Einkaufszentren bezeichnet. Neue ökonomische Pole oder Wachstumsräume sind dagegen Konzentrationen bestimmter Funktionen oder Nutzungen auf der Ebene von städtischen Teilgebieten. Die ökonomischen Pole sind Räume funktionaler Spezialisierung, die keine geschlossenen bzw. zusammenhängenden Areale bilden, sondern zumeist als Bestandteile von Mischnutzungsgebieten oder Wachstumskorridoren in Erscheinung treten. Um die möglichen räumlichen Ausprägungen peripheren Wachstums zu erfassen, wird in der Untersuchung ein Analyseraster auf drei Betrachtungsebenen verwendet:

Ebene I: metropolitane Peripherie (äußere Stadtregion)
Auf dieser Ebene werden überblicksartige Darstellungen der raumwirtschaftlichen Entwicklung der metropolitanen Peripherie anhand von Trendanalysen und Indikatoren der ökonomischen und sozioökonomischen Entwicklung erstellt.

Ebene II (Mesoebene):
Neue ökonomische Pole
Neue/dynamische ökonomische Pole sind größere Teilräume der Functional Urban Region, die sich durch Wachstum so stark verändert haben, dass sie als etwas qualitativ Neues betrachtet werden können, also emergente Eigenschaften aufweisen. Es sind neue Aktivitätspole von Produktion/Konsum in der großstädtischen Peripherie mit überlokaler Bedeutung und sekundäre Arbeitsplatzzentren. Sie reduzieren die auf die innere Stadt gerichteten Interaktionsströme und sind selbst Ziel zunehmender Interaktionsströme. Neue/dynamische ökonomische Wachstumsräume bestehen in der Regel nicht aus räumlich zusammenhängenden Flächen, sondern aus Netzen von Standorten. Sie sind oft nur als Konzentrationsräume, als Räume hoher Verdichtung bestimmter Nutzungen oder Aktivitäten erkennbar. Für eine quantitative Bestimmung und Abgrenzung der ökonomischen Pole wurden beschäftigungs-

bezogene Indikatoren verwendet. Die quantitative Bestimmung der Pole stellt einen ersten Zugang zum Problem dar. Für eine genauere Bewertung der Entwicklungen sind innerhalb des so gesetzten Rahmens jedoch weitere, vertiefende Untersuchungen notwendig:

- *Zahl der Arbeitsplätze*: Die Schwellenwerte der Abgrenzung müssen aufgrund der unterschiedlichen regionalen Entwicklungen aus dem Kontext der Untersuchungsstadt abgeleitet werden. Einen unteren Schwellenwert stellt jedoch die Richtgröße von 5.000 Arbeitsplätzen dar.
- *Arbeitsplatzentwicklung*: Neue/dynamische ökonomische Pole zeigen eine deutlich über dem regionalen Durchschnitt liegende Wachstumsdynamik.
- *Pendlerverflechtungen*: Neue/dynamische ökonomische Pole haben einen Arbeitsplatzüberschuss, d.h. einen positiven Pendlersaldo (ohne Berücksichtigung der Pendlerverflechtungen mit der Kernstadt).

Obwohl regionalplanerische Vorgaben und Projektskizzen auch hier eine Rolle spielen, sind die Entwicklungspfade der neuen ökonomischen Pole häufig wesentlich komplexer. Einzelne Standortentscheidungen können zwar als Auslöser oder *„small event"* bedeutsam sein, die Entwicklungspfade lassen sich jedoch insgesamt nicht auf Einzelentscheidungen oder eine stringente Planung zurückführen. Neben das planerische Element treten hier Selbstorganisation und die Emergenz räumlicher Strukturen aus der wechselseitigen Verstärkung einer Vielzahl individueller Entscheidungen. Eine theoretische Erklärung für das Entstehen neuer ökonomischer Pole bieten Befunde der neueren Regionalökonomie. Regional vernetzten Produktionskomplexen wird als „eingebetteten" Strukturen die komplementäre Funktion zu den „Entbettungstendenzen" der globalisierten Wirtschaft zugesprochen (u.a. STORPER 1997). Einen zweiten, eher siedlungsstrukturellen Ansatzpunkt stellt der von GARREAU (1991) geprägte Begriff der Edge City dar. Als Edge Cities werden große Büro- und Einzelhandelskonzentrationen am Rande der US-amerikanischen Metropolregionen bezeichnet, die eine Alternative zu den traditionellen Downtowns darstellen. Eine Klassifikation von neuen/dynamischen ökonomischen Polen nach dem Entstehungszusammenhang kann demnach räumliche Cluster, die um funktionale Cluster entstehen, von räumlichen Clustern unterscheiden, die auf nicht-funktionalen Clustern basieren. Die nicht-funktionalen Cluster beruhen also nicht auf einer lokalen Vernetzung der Unternehmen, sondern z.B. auf der ähnlichen Beurteilung der Lagegunst (*„unrelated clustering"*).

Restrukturierungspole in der inneren Peripherie

Neben den neuen ökonomischen Polen auf Green-Field-Standorten ist in europäischen Metropolregionen auch die Ausprägung von ökonomischen Polen auf Brown-Field-Standorten (z.B. altindustrielle Standorte, Verkehrs- und Gewerbebrachen) der „inneren Peripherie" von Bedeutung. Durch das politisch-planerisch gewollte und geförderte „Umlenken" zentrifugaler Entwicklungstendenzen auf Flächenreserven in den Randbereichen der morphologischen Stadt entstehen Restrukturierungspole gleichsam als Alternative zu neuen Polen der äußeren Peripherie.

Ebene III: Neue Wachstumsstandorte

Neue periphere Wachstumsstandorte sind räumlich zusammenhängende Nutzungskomplexe von überlokaler Bedeutung, wie z.B. einzelne Büroparks, Gewerbeparks oder Einkaufszentren. Es handelt sich um deutlich im Raum erkennbare und abgrenzbare Komplexe, die oft als ein zusammenhängendes Projekt mit einer überschaubaren Zahl beteiligter Akteure beschrieben werden können. Als Richtwert dient hier eine Größenordnung von mindestens 1.000 neuen Arbeitsplätzen bzw. eine Nutzungsfläche, die auf eine entsprechende Größenordnung der Arbeitsplätze schließen lässt, z.B.

- Gewerbepark/Büropark: 40 ha (belegte Fläche) oder 25.000 m^2 Bürofläche (großer Wachstumsstandort: 2.500 Beschäftigte oder 100 ha belegte Fläche oder 50.000 m^2 Bürofläche),
- Einkaufszentrum: 30.000 m^2 Einzelhandelsfläche (großer Wachstumsstandort: 60.000 m^2 Einzelhandelsfläche).

5 Zielstellung und Aufbau

Ziel der Studie ist es, aktuelle Entwicklungstendenzen an den Rändern europäischer Metropolen unter den Leitbegriffen Postsuburbia und postsozialistische metropolitane Peripherie bzw. postsuburbane und postsozialistische Entwicklungen zu untersuchen. Im Mittelpunkt steht keine Inventarisierung metropolitaner Randzonen, sondern eine Analyse von räumlichen Prozessen und Strukturen, in denen sich postsuburbane und postsozialistische Entwicklungen konkretisieren und materialisieren, sowie deren spezifische politische, soziale, ökonomische und kulturelle Bedingungen. Es sollen dabei sowohl Gemeinsamkeiten wie auch Unterschiede zwischen den Untersuchungsstädten verdeutlicht werden und in einen Kontext konvergenter bzw. divergenter Entwicklungspfade eingeordnet werden. Die Kernfrage lautet daher: Lässt sich jenseits der individuell geprägten städtischen Entwicklungspfade ein möglicherweise in verschiedenen Varianten ausgeprägtes europäisches Entwicklungsmodell metropolitaner Peripherien erkennen?

Die sechs Fallstudien im Kapitel „Neue Entwicklungen in der metropolitanen Peripherie" analysieren die postsuburbanen bzw. postsozialistischen Entwicklungen in der metropolitanen Peripherie insgesamt (Ebene I). Die einzelnen Fallstudiendarstellungen folgen dabei einem einheitlichen Schema:

- Im Abschnitt „Grundzüge der Entwicklung der metropolitanen Peripherie" werden die historischen Entwicklungen umrissen und wichtige pfadbestimmende Einschnitte und Weichenstellungen aufgezeigt.
- Städtische Akteure und ihre institutionelle Einbindung in Formen von *regional governance*, die Stellung der metropolitanen Peripherie in der intraregionalen Arbeitsteilung und in der sozialräumlichen Struktur der Metropolregion sind Themen der folgenden Abschnitte.
- Schließlich erfolgt ein Überblick über die Entwicklung neuer räumlicher Strukturmuster in den metropolitanen Peripherien anhand der Begriffe „neue ökonomische Pole" (Ebene II) und „Wachstumsstandorte" (Ebene III).

Ein Maßstabswechsel der Betrachtung erfolgt in den beiden anschließenden Kapiteln Hier werden regionale Beispiele neuer postsuburbaner/postsozialistischer Nutzungskonzentrationen exemplarisch untersucht. Das Kapitel „Neue ökonomische Pole" behandelt neue Raumstrukturen der äußeren Peripherie mit Schwerpunkt auf Green-Field-Entwicklungen. Im Kapitel „Restrukturierungspole" stehen dagegen die alten Industrieflächen in der inneren Peripherie der Metropolregionen (Brown-Field-Entwicklungen) im Zentrum der Betrachtungen. Die Darstellung der Restrukturierungspole konzentriert sich einheitlich auf

- Aspekte der Genese,
- entwicklungsbestimmende Akteure,
- funktionale Spezialisierungen,
- Formen der Institutionalisierung bzw. Etablierung als neue subregionale Raumeinheiten im stadtregionalen Gefüge und auf
- Perspektiven der Entwicklung.

Abschließend erfolgt ein Zusammenfassung und Wertung der Ergebnisse im „Resümee".

Literatur

ARING, J. (1999): Suburbia – Postsuburbia – Zwischenstadt. Die jüngere Wohnsiedlungsentwicklung im Umland der großen Städte Westdeutschlands und Folgerungen für die regionale Planung und Steuerung. Hannover (= Akademie für Raumforschung und Landesplanung Arbeitsmaterial 262).

BÄHR, J. (1983): Bevölkerungsgeographie. Stuttgart (= UTB 1249).

BATHELT, H. u. J. GLÜCKLER (2002): Wirtschaftsgeographie in relationaler Perspektive: Das Argument der zweiten Transition. In: Geographische Zeitschrift 90, H. 1, S. 20 - 39.

BATHELT, H. (1994): Die Bedeutung der Regulationstheorie in der wirtschaftsgeographischen Forschung. In: Geographische Zeitschrift 82, H. 2, S. 63 - 91.

BLOTEVOGEL, H.-H. (2000): Zur Konjunktur der Regionsdiskurse. In: Informationen zur Raumentwicklung, H. 9/10, S. 491 - 506.

CASTELLS, M. (1972): La Question urbaine. Paris.

CERVERO, R. (1989): America's Suburban Centers. The Land Use-Transportation Link. Boston.

CHESHIRE, P. u. D. HAY (1989): Urban Problems in Western Europe: An Economic Analysis. London.

DIELEMAN, F. M. u. C. HAMNETT (1994): Globalisation, Regulation and the Urban System. Editors' Introduction to the Special Issue. In: Urban Studies 31, H. 3, S. 357 - 364.

FARWICK, A. (2001): Segregierte Armut in der Stadt. Ursachen und soziale Folgen der räumlichen Konzentration von Sozialhilfeempfängern. Opladen.

FRIEDRICHS, J. (Hrsg.) (1978): Stadtentwicklungen in sozialistischen und kapitalistischen Ländern. Reinbek.

FÜRST, D. (2001): Regional governance – ein neues Paradigma der Regionalwissenschaft? In: Raumforschung und Raumordnung 59, H. 5/6, S. 370 - 380.

GARREAU, J. (1991): Edge City: Life on the New Frontier. New York.

GEMACA (Group for European Metropolitan Area Comparative Analysis) (1996): North-West European Metropolitan Regions. Geographical boundaries and economic structures. Paris.

GOLDBERG, M. A. u. J. MERCER (1986): The Myth of the North American City: Continentalism challenged. Vancouver.

HARVEY, D. (1985): The Urbanization of Capital. Oxford.

HÄUSSERMANN, H. (1997): Von der kapitalistischen zur sozialistischen Stadt In: KOVÁCS, Z. u. R. WIESSNER (Hrsg.): Prozesse und Perspektiven der Stadtentwicklung in Ostmitteleuropa. Passau (= Münchner Geographische Hefte 76), S. 21 - 31.

HELBRECHT, I. (1996): Stadtstrukturen in Kanada und den USA im Vergleich: Die Dialektik von Stadt und Gesellschaft. In: Erdkunde 50, H. 3, S. 238 - 251.

HESSE, M. u. S. SCHMITZ (1998): Stadtentwicklung im Zeichen von Auflösung und Nachhaltigkeit. In: Informationen zur Raumentwicklung, H. 7/8, S. 435 - 453.

HITZ, H., C. SCHMID u. R. WOLFF (1992): Zur Dialektik der Metropole: Headquarter Economy und urbane Bewegung. In: Geographische Zeitschrift 80, S. 67 - 83.

HITZ, H., C. SCHMID u. R. WOLFF (1994): Urbanization in Zurich: Headquarter economy and city-belt. In: Environment and Planning D: Society and Space 12, S. 167 - 185.

KEIL, R. (1994): Global sprawl: Urban form after Fordism? (Editorial). In: Environment and Planning D: Society and Space 12, S. 131 - 136.

KEIL, R. u. K. RONNEBERGER (1994): Going up the country: Internationalization and urbanization on Frankfurt's northern fringe. In: Environment and Planning D: Society and Space 12, S. 137 - 166.

KLING, R., S. OLIN u. M. POSTER (Hrsg.) (1995): Postsuburban California: The Transformation of Postwar Orange County. Los Angeles.

KLÜTER, H. (1999): Raum und Organisation. In: MEUSBURGER, P. (Hrsg.): Handlungszentrierte Sozialgeographie. Stuttgart, S. 187 - 212.

KRÄTKE, S. (1991): Strukturwandel der Städte. Städtesystem und Grundstücksmarkt in der postfordistischen Ära. Frankfurt a.M.

KRÄTKE, S. (1995): Stadt – Raum – Ökonomie. Einführung in aktuelle Problemfelder der Stadtökonomie und Wirtschaftsgeographie. Basel.

KRÄTKE, S. (2002): Medienstadt. Urbane Cluster und globale Zentren der Kulturproduktion. Opladen.

KRÄTKE, S. et al. (1997): Regionen im Umbruch. Frankfurt/Main.

KÜHN, M. (2001): Regionalisierung der Städte. Eine Analyse von Stadt-Umland-Diskursen räumlicher Forschung und Planung. In: Raumforschung und Raumordnung 59, H. 5/6, S. 402 - 411.

KUHN, T. (1970): The structure of scientific revolutions. Chicago (2. Auflage).

KÜHNE, O. (2001): Transformation und kybernetische Systemtheorie. Kybernetisch-systemtheoretische Erklärungsansätze für den Transformationsprozeß in Ostmittel- und Osteuropa. In: Osteuropa, H. 2, S. 148 - 169.

LICHTENBERGER, E. (1998): Stadtgeographie 1: Begriffe, Konzepte Modelle, Prozesse. 3. Aufl. Stuttgart u. Leipzig.

MATTHIESEN, U. u. H. NUISSL (2002): Suburbanisierung und Transformation: Zum Stand der der methodischen und theoretischen Durchdringung gegenwärtiger Stadterweiterungen. In: MATTHIESEN, U. (Hrsg): An den Rändern der deutschen Hauptstadt. Opladen, S. 35 - 46.

MEHLBYE, P. (2000): Global Integration Zones – Neighbouring Metropolitan Regions in Metropolitan Clusters. In: Informationen zur Raumentwicklung, H. 11/12, S. 755 - 762.

MOULAERT, F. u. E. SWYNGEDOUW (1990): Regionale Entwicklung und die Geographie flexibler Produktionssysteme. Theoretische Auseinandersetzungen und empirische Belege aus West-Europa und den USA. In: BORST et al. (Hrsg.): Das neue Gesicht der Städte. Basel, S. 89 - 108.

MÜLLER, W. u. R. ROHR-ZÄNKER (1995): Neue Zentren in den Verdichtungsräumen der USA. In: Raumforschung und Raumordnung 53, H. 6, S.436 - 443.

MÜLLER, W. u. R. ROHR-ZÄNKER (1997): Die Städte und ihr Umland. Plädoyer für einen Perspektivenwechsel. In: RaumPlanung 78, S. 153 - 158.

N.U.R.E.C. (Network of Urban Research in the European Union) (1994): Atlas of Agglomerations in the European Union. Duisburg.

ROHR, H.-G. v. (1971): Industriestandortverlagerungen im Hamburger Raum. Hamburg.

ROHR-ZÄNKER, R. (1996): Neue Zentrenstrukturen in den USA. Eine Perspektive für dezentrale Konzentration in Deutschland? In: Archiv für Kommunalwissenschaft 35, H. 2, S. 196 - 225.

RONNEBERGER, K. (1997): Peripherie – Die Zukunft des Städtischen? In: Nachrichtenblatt zur Stadt- und Regionalsoziologie 12, H. 1, S. 8 - 13.

RONNEBERGER, K. u. R. KEIL (1993): Frankfurt: Tendenzen der räumlichen Regulation auf dem Weg in den Postfordismus. In: KREIBICH, V. et al. (Hrsg.): Rom – Madrid – Athen. Die neue Rolle der städtischen Peripherie. Dortmund, S. 229 - 246 (= Dortmunder Beiträge zur Raumplanung 62).

RUDOLPH, R. (2003): Wissenschaftsstädte der Moskauer Region – hochspezialisierte F&E-Standorte oder Industrieruinen? Postsowjetische Entwicklungspfade sowjetischer Technologiezentren. In: KUJATH, H.-J. (Hrsg.): Knoten im Netz. Zur neuen Rolle der Metropolregionen in der Dienstleistungswirtschaft und Wissensökonomie. Münster, Hamburg, London (= Stadt- und Regionalwissenschaften/Urban and Regional Sciences, 4).

RUDOLPH, R. u. I. BRADE (2003): Die Moskauer Peripherie – postsowjetische Entwicklungspfade und globale Integration. In: Osteuropa, H. 9, S. 1400 - 1415.

SCHAMP, E. W. (2002): Evolution und Institution als Grundlagen einer dynamischen Wirtschaftsgeographie: Die Bedeutung von externen Skalenerträgen für geographische Konzentration. In: Geographische Zeitschrift 90, H. 1, S. 40 - 51.

SCHEINER, J. (1998): Aktionsraumforschung auf phänomenologischer und handlungstheoretischer Grundlage. In: Geographische Zeitschrift 86, H. 1, S. 50 - 66.

SCHMID, C. (1996): Headquarter Economy und territorialer Kompromiss – Überlegungen zum Regulationsansatz am Beispiel Zürich. In: Zeitschrift für Wirtschaftsgeographie 40, H. 1/2, S. 28 - 43.

SCOTT, A. (1988): New industrial spaces. Flexible production organization and regional development in North America and Western Europe. London.

SCOTT, A.-J. u. M. STORPER (Hrsg.) (1986): Production, Work, Territory. The geographical anatomy of industrial capitalism. London.

SEGBERS, K. (1997): Transformations in Russia: A neoinstitutionalist interpretation. Berlin (= Osteuropa-Institut der Freien Universität Berlin – Arbeitspapiere des Bereichs Politik und Gesellschaft 11).

SOJA, E. (1993): Los Angeles, eine nach außen gekehrte Stadt: Die Entwicklung der postmodernen Metropole in den USA. In: KREIBICH, V. et al. (Hrsg.): Rom – Madrid – Athen. Die neue Rolle der städtischen Peripherie. Dortmund, S. 213 - 228 (= Dortmunder Beiträge zur Raumplanung 62).

SPIEGEL, E. (1998): „doch hart im Raume stoßen sich die Sachen" – Zur Aktualisierung eines Schiller-Zitats im Grenzbereich zwischen Soziologie und Sozialgeographie. In: HEINRITZ, G. u. I. HELBRECHT (Hrsg.): Sozialgeographie und Soziologie, Dialog der Disziplinen. Passau (= Münchner Geographische Hefte 78), S. 43 - 56.

STORPER, M. (1997): The regional world. Territorial development in a global economy. New York.

VAN DEN BERG, L. (1999): The urban life Cycle and the Role of a market-oriented Revitalization Policy in Western Europe. In: SUMMERS, A., P. C. CHESHIRE u. L. SENN (Hrsg.): Urban Change in the United States and Western Europe. Washington, D.C., S. 539 - 558.

VANDERMOTTEN, C. et al. (1991): Ville d'Europe. Cartographie comparative. Brüssel.

WERLEN, B. (1987): Gesellschaft, Handlung und Raum. Grundlagen handlungstheoretischer Sozialgeographie. Stuttgart.

Neue Entwicklungen in der metropolitanen Peripherie

Berlin

GÜNTER HERFERT

1 Einleitung

Berlin entwickelte sich im Laufe eines langen Metropolisierungsprozesses, beginnend mit dem Kaiserreich über die Weimarer Republik bis ins Dritte Reich zu *der* dominanten Metropole in Deutschland. Als Folge des Zweiten Weltkrieges, der Teilung Berlins und der Einbindung beider Stadthälften in unterschiedliche gesellschaftliche Systeme verlor die Stadt den Großteil ihrer metropolitanen Funktionen. Berlin-West als „Hauptstadt im Ruhestand" (ZIMM 1991, S. 103) und Berlin-Ost als Hauptstadt der DDR konnten sich jedoch bis zur Wende besonderer Vergünstigungen der jeweiligen Regierungen erfreuen – im Westteil gab es Steuervergünstigungen, im Ostteil v.a. Investitionen und Versorgungsvergünstigungen – und somit in eingeschränktem Maße an die metropolitane Vergangenheit anknüpfen. In West-Berlin führten die erheblichen finanziellen Zuwendungen aus dem Staatshaushalt neben der Herausbildung nationaler wie auch europäischer Positionen in Wissenschaft und Kultur zu einer innovationsfeindlichen „Versorgungsmentalität" und – auch infolge der Abwanderung der Konzernzentralen in der Nachkriegszeit nach Westdeutschland – zu einer subventionsgestützten Wirtschaftsstruktur (SEITZ 1998, S. 133ff.). Ost-Berlin als politisches Zentrum der DDR war sowohl Standort industrieller Führungspositionen – wenn auch nur mit geringer internationaler Konkurrenzfähigkeit (Zimm 1991, S. 104) – als auch hochwertiger Forschungseinrichtungen. Mit der Auflösung wesentlicher Führungsstrukturen nach 1990 entstand auch hier eine bedeutende wirtschaftliche Erblast für Berlin (GEPPERT 1999).

Nach der Wiedervereinigung wurde Berlin im Jahre 1995 wieder Hauptstadt mit Regierungs- und Parlamentssitz. Die Stadt mit ihrem Umland, der engere Verflechtungsraum Berlin-Brandenburg, zählt heute zwar zu den sog. europäischen Metropolregionen, ist innerhalb Deutschlands jedoch nur eine unter sieben. Nach der Wende blühten die Träume von der schnellen Wiedererlangung der Metropolenfunktion, teilweise hoffte man sogar, zu einer Global City aufzusteigen. Davon ist Berlin jedoch heute noch weit entfernt. Der nüchterne Blick auf diese Metropolenträume zeigt, dass „Berlin allenfalls nach der Einwohnerzahl und nach der wiedergewonnenen politischen Zentralität als Metropole betrachtet werden kann" (KRÄTKE 2001, S. 78). So fehlen vielfach die hochwertigen unternehmensbezogenen Dienstleistungen und sind die Kontrollfunktionen des Kapitals nur schwach ausgeprägt. Zudem erwies sich die Hoffnung, dass es mit dem Regierungsumzug nach Berlin auch zu einem verstärkten Zuzug von Unternehmen kommen würde, als trügerisch.

Angesichts des Strukturbruches und der wirtschaftlichen Schwäche der Kernstadt ist es wenig verwunderlich, dass trotz einer temporären Entwicklungsdynamik im Berliner Umland Mitte der 1990er Jahre eine „Suburbanisierung auf Sparflamme" (BEYER u. SCHULZ 2001, S. 123ff.) erfolgte. Trotz real fehlenden Wachstumsdrucks war dennoch ein dynamischer, insbesondere durch Fördermaßnahmen induzierter Suburbanisierungsprozess zu beobachten. Es haben sich neue suburbane Strukturen im Berliner Umland ausgeprägt. Diese räumlichen Dekonzentrationsprozesse waren gleichzeitig mit Schrumpfungsprozessen gekoppelt, was den Blick auf einen eigenständigen Pfad der Stadtregionsentwicklung öffnet.

2 Grundzüge der Entwicklung in der metropolitanen Peripherie
2.1 Die Struktur der Stadtregion Berlin

Die Stadtregion Berlin ist keine eigenständige administrative Einheit (*Fig. 1*). Sie wird in aktuellen stadtregionalen Analysen zumeist gleichgesetzt mit dem von der Gemeinsamen Landesplanung Berlin-Brandenburg ausgewiesenen „engeren Verflechtungsraum Berlin-Brandenburg" (eVr). Dieser ist eine regionalplanerische Raumkategorie, die die Kernstadt Berlin und den Teil des Landes Brandenburg umfasst, der am engsten funktionsräumlich mit der Kernstadt verflochten ist (GL 1998, S. 6f.). Letzterer wird im Weiteren auch als Berliner Umland bezeichnet.

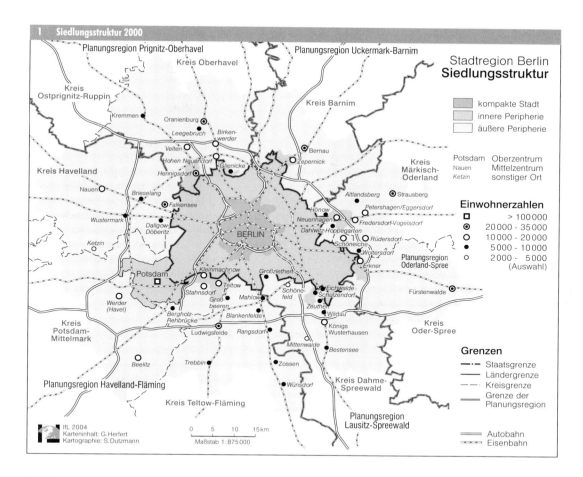

1 Siedlungsstruktur 2000

Planungsregion Prignitz-Oberhavel
Kreis Oberhavel
Planungsregion Uckermark-Barnim

Stadtregion Berlin
Siedlungsstruktur

Kreis Ostprignitz-Ruppin
Kremmen
Oranienburg
Leegebruch
Birkenwerder
Velten
Hohen Neuendorf
Glienicke
Hennigsdorf
Kreis Havelland
Nauen
Brieselang
Falkensee
Wustermark
Dallgow-Döberitz
Ketzin
BERLIN
Potsdam
Kleinmachnow
Großziethen
Werder (Havel)
Stahnsdorf
Teltow
Groß beeren
Mahlow
Schönefeld
Bergholz-Rehbrücke
Blankenfelde
Zeuthen
Kreis Potsdam-Mittelmark
Ludwigsfelde
Rangsdorf
Königs Wusterhausen
Beelitz
Trebbin
Zossen
Planungsregion Havelland-Fläming
Wünsdorf
Kreis Teltow-Fläming

Kreis Barnim
Bernau
Zepernick
Kreis Märkisch-Oderland
Altlandsberg
Strausberg
Petershagen/Eggersdorf
Hönow
Neuenhagen
Fredersdorf-Vogelsdorf
Dahlwitz-Hoppegarten
Rüdersdorf
Schöneiche
Woltersdorf
Erkner
Planungsregion Oderland-Spree
Eichwalde
Schulzendorf
Fürstenwalde
Wildau
Mittenwalde
Bestensee
Kreis Oder-Spree
Kreis Dahme-Spreewald
Planungsregion Lausitz-Spreewald

kompakte Stadt
innere Peripherie
äußere Peripherie

Potsdam — Oberzentrum
Nauen — Mittelzentrum
Ketzin — sonstiger Ort

Einwohnerzahlen
▫ > 100 000
◉ 20 000 - 35 000
○ 10 000 - 20 000
● 5 000 - 10 000
○ 2 000 - 5 000
(Auswahl)

Grenzen
—·— Staatsgrenze
——— Ländergrenze
— — — Kreisgrenze
——— Grenze der Planungsregion

IfL 2004
Karteninhalt: G. Herfert
Kartographie: S. Dutzmann

0 5 10 15 km
Maßstab 1:875 000

═══ Autobahn
┄┄┄ Eisenbahn

Siedlungsstrukturell kann man die Berliner Stadtregion, die sich durch ein hohes Dichtegefälle auszeichnet, in drei Teile untergliedern (*Fig. 2*):

- *Die kompakte Stadt:* Sie ist extrem dicht besiedelt, mit überwiegend geschlossener Blockbebauung, hochwertigen Funktionen der Verwaltung, des Handels sowie der Dienstleistungen und hat – infolge der langjährigen Teilung Berlins – zwei Citystandorte. Die kompakte Stadt wird im Wesentlichen durch den inneren S-Bahnring abgegrenzt.

- *Die innere Peripherie:* Sie besteht aus Siedlungsbereichen mit einer vorwiegend lockeren Wohnbebauung, teilweise mit starken Verdichtungen in Stadtbezirkszentren und in größeren (Ost-Berlin) und kleineren (West-Berlin) Großwohnsiedlungen in randstädtischen Lagen. Zugleich ist dieser Raum sowohl durch große Wald- und Wasserflächen für die Naherholung als auch durch einen Kranz von Industrie- und Gewerbestandorten geprägt. Letztere waren größtenteils bereits durch die Randwanderung der Berliner Industrie Anfang des 20. Jahrhunderts entstanden. Die innere Peripherie, die sich vom inneren S-Bahnring bis zur Stadtgrenze erstreckt und nur vereinzelt in Form achsenartiger Verdichtungen auch darüber hinaus reicht, bil-

2 Stadtregion Berlin – Raumkategorien 1999

Raumeinheit	Einwohner Personen	Fläche km²	Bevölkerungs- dichte Einwohner/km²
kompakte Stadt [1]	852 705	82	10 399
innere Peripherie	2 796 233	1 092	2 561
äußere Peripherie	654 254	4 196	156
Stadtregion Berlin [2]	4 303 192	5 370	801
äußerer Entwicklungsraum Brandenburg (äEr) [3]	1 684 680	24 999	67

[1] Berliner Bezirke 1-6,11
[2] engerer Verflechtungsraum Berlin-Brandenburg (eVr)
[3] Land Brandenburg ohne äußere Peripherie (zum Vergleich)

Quelle: Statistische Landesämter Berlin und Brandenburg

dete nach der Wende mit ihren umfangreichen Frei- wie auch Altindustrieflächen ein großes Potenzial für die Suburbanisierung der inneren Peripherie.

- *Die äußere Peripherie:* Sie war bis zur Wende ein überwiegend ländlich geprägter Raum mit einem Ring von Mittelzentren um die Kernstadt, teilweise durch eine scharfe Stadtkante von der inneren Peripherie getrennt. Die axialen Verteilungsmuster der Siedlungsflächen der Stadtregion Berlin, die sternartig in die äußere Peripherie hineinragen, sind bereits anfangs des vorigen Jahrhunderts entlang von Eisenbahnstrecken entstanden und gegenwärtig noch strukturbildend. Die äußere Begrenzung der Stadtregion entspricht weitestgehend dem funktionalen Verflechtungsraum (Auspendlerquote der Gemeinden nach Berlin > 10 %). Diese Grenze zerschneidet die sektorenhaft an die Hauptstadt angrenzenden Kreise (8) wie auch Planungsregionen (5).[1]

Mit einer durchschnittlichen Bevölkerungsdichte des Berliner Umlandes von 205 Ew./km² besteht auch heute noch, trotz dynamischer Suburbanisierungsprozesse in den 1990er Jahren, ein sehr hohes Dichtegefälle zur Kernstadt. Damit blieb das demographische Potenzial der äußeren Peripherie im Verhältnis zur Kernstadt (21 : 79) weiterhin sehr gering. Auch innerhalb des Berliner Umlandes setzt sich das starke Dichtegefälle zum ländlich geprägten äußeren Entwicklungsraum fort. Das betrifft nicht nur die Bevölkerungsdichte, sondern auch die Dichte der neuen suburbanen Gewerbestandorte. Aus ökonomischer Sicht bildet der Autobahnring heute eine markante Grenze wirtschaftsräumlicher Entwicklung innerhalb der äußeren Peripherie – 10 km jenseits davon brechen Angebot und Nachfrage regelrecht weg. Physiognomisch sind in diesem in den 1990er Jahren stark überprägten Wirtschaftsraum deutliche kleinräumige Entwicklungsunterschiede erkennbar, die vereinzelt ein Bild von „HighTech-Kathedralen im märkischen Sand" (MATTHIESEN 2002, S. 338f.) erzeugen.

2.2 Entwicklungsphasen der Peripherie
2.2.1 Die Peripherie vor 1990

Als 1920 die Einheitsgemeinde „Groß-Berlin" durch die Eingemeindung vor allem der unmittelbar angrenzenden Groß- und Mittelstädte (u.a. Charlottenburg mit 189.000 Einwohnern) geschaffen wurde, verdoppelte sich die Einwohnerzahl auf 3,8 Mio. Berlin wurde damit zur damals zweitgrößten Stadt der Welt (ZIMM 1991, S. 100). An den erweiterten hochurbanen Kernraum von Groß-Berlin schloss sich ein neuer, locker bebauter Außenraum an, der sowohl Standort der Großindustrie (z.B. Siemensstadt) als auch von Konzentrationen wissenschaftlicher Einrichtungen war und über große Landwirtschafts-, Entsorgungs- und Erholungsflächen verfügte. Die Randwanderung der Berliner Industrie reichte jedoch auch über die neuen Stadtgrenzen Groß-Berlins hinaus und führte zur Entstehung und funktionellen Verstärkung von Industrievororten (Hennigsdorf, Velten, Oranienburg im Nordwesten; Teltow, Ludwigsfelde im Südwesten; Wildau im Südosten; Erkner, Rüdersdorf im Osten) (SCHERF 1998, S. 19). Der weitere metropolitane Aufstieg Berlins bewirkte, nicht zuletzt durch die Elektrifizierung der S-Bahn Ende der 1920er Jahre, in der Zwischenkriegszeit eine sehr dynamische Verdichtung des Berliner Umlandes entlang der Verkehrsachsen und die Ausbildung eines eng mit der Metropole verflochtenen Arbeitspendlerraumes. In dieser Phase entstanden entlang der S- und Vorortbahnen gartenstadtähnliche Vorortsiedlungen, vorwiegend großflächige Einzelhausbebauungen mit geringer infrastruktureller Erschließung, u.a. Falkensee im Westen, Kleinmachnow und Zeuthen im Süden, Neuenhagen und Schöneiche im Osten sowie Hohen Neuendorf und Birkenwerder im Norden (SCHERF 1998, S. 19) (*Fig. 3*). Das Berliner Umland entwickelte sich zu einem Ergänzungsraum für die Metropole, insbesondere hinsichtlich seiner Wohn-, Erholungs- und Entsorgungsfunktion.

Die Nachkriegsentwicklung mit der politischen Teilung Berlins und die Abschottung Westberlins von seinem Hinterland führte zur Halbierung des historisch gewachsenen Berliner Umlandes. Während der östliche Teil weiterhin über Arbeitspendlerbeziehungen mit Ost-Berlin eng verbunden blieb,

---

[1] Damit erschwert sich, soweit nicht Daten auf Gemeindebene vorliegen, die Durchführung statistischer Analysen für das Berliner Umland. Derzeit werden erste Datenbanken der beteiligten Statistischen Landesämter für den Raum Berlin-Brandenburg inkl. des Brandenburger Teils des engeren Verflechtungsraumes erstellt (www.statistik-berlin-brandenburg.de).

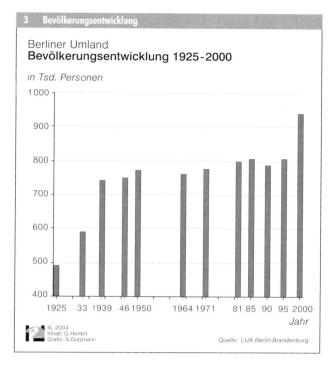

3 Bevölkerungsentwicklung

Berliner Umland
Bevölkerungsentwicklung 1925-2000

in Tsd. Personen

IfL 2004
Inhalt: G.Herfert
Grafik: S.Dutzmann

Quelle: LUA Berlin-Brandenburg

nahm das westliche Umland im „Windschatten" von West-Berlin nach dem Mauerbau 1961 eine relativ eigenständige Entwicklung, weitestgehend losgelöst von der Ostberliner Entwicklung, mit dominanten Pendlereinzugsbereichen der Bezirksstadt Potsdam und der westlich gelegenen Kreiszentren und Industriestädte. Generell kam es zu einer Stärkung der industriellen Funktion im Berliner Umland, während das Bevölkerungspotenzial seit dem Mauerbau bis Ende der 1990er Jahre weitestgehend konstant blieb. Nur einige ausgewählte Zentren wie z.B. Potsdam, Hennigsdorf, Oranienburg und Ludwigsfelde hatten durch die Errichtung von Großwohnsiedlungen zugleich deutliche Bevölkerungsgewinne, die Landgemeinden hingegen anhaltende Bevölkerungsverluste durch selektive Abwanderungsprozesse in die Zentren des Wohnungsneubaus, insbesondere nach Ost-Berlin. Diese vorrangig urbane Entwicklungsphase in der Berliner Stadtregion wurde durch eine spezifische Ersatzform der Wohnsuburbanisierung im Realsozialismus, die Datschensiedlungen, ergänzt (Kühn 2001). Die Vorwendeentwicklung jedoch einem sozialistischen Suburbanisierungstypus zuzuordnen, scheint eher fraglich, wenngleich es durch die Großwohnanlagen am östlichen Stadtrand Berlins zu einer Verlagerung des Bevölkerungsschwerpunktes von der historischen Mitte in den Ostraum der Stadt kam (Zimm 1991). Die Raumstruktur der Ostberliner Arbeitsplätze blieb hingegen weitgehend unverändert (Scherf 1998, S. 23ff.).

2.2.2 Die Peripherie nach der Wende

Die ersten Jahre nach der Wende wurden getragen von exorbitanten Erwartungen von Politik und Wirtschaft an das demographische und wirtschaftliche Wachstum der Metropolregion. Allein bis 2010 wiesen die euphorischen Prognosen einen Bevölkerungszuwachs von einer Million Einwohnern aus. Anfang der 1990er Jahre setzte auch – wie generell in Ostdeutschland – ein dynamischer Suburbanisierungsprozess ein, der sich aber infolge stark rückläufiger Stadt-Umland-Wanderungen Ende des Jahrzehnts bereits wieder deutlich abschwächte (*Fig. 4; 5*). Derzeit entwickeln sich die Bevölkerungsgewinne im Berliner Umland tendenziell gegen Null. In vielen Gemeinden hat bereits ein demographischer Schrumpfungsprozess eingesetzt. Dieses Szenario ist bisher in den wiederholt korrigierten Bevölkerungsprognosen noch nicht enthalten (SenStadt 1998). Derzeit geht man weiterhin von einem anhaltenden Wachstum des Berliner Umlandes bis 2010 auf 1,07 Mio. Einwohner (2001: 0,95 Mio.) aus.

Voraussetzung für die dynamischen Wanderungsströme während des vergangenen Jahrzehnts – das Berliner Umland hatte von 1993 bis 2002 einen Wanderungsgewinn von rund 176.000 Personen – war ein signifikant ansteigender Wohnungsbau. Aber bereits in der zweiten Hälfte der 1990er Jahre kam es aufgrund einer sich deutlich abschwächenden Nachfrage auf dem suburbanen Wohnungsmarkt zu einem Überhang im mittleren Marktsegment. Wenngleich die Bauintensität (Wohneinheiten/Ew.) in den Umlandgemeinden etwa dreimal so hoch wie in der Kernstadt war, blieb der absolute Schwerpunkt der Neubautätigkeit in Berlin (Overwien 2003, S. 92ff.). Hier entstanden fast zwei Drittel aller Neubauten der Stadtregion, insbesondere in den Randbezirken, also der inneren Peripherie. Viele potenzielle Stadt-Umland-Wanderer blieben so innerhalb der Kernstadt. Zentrifugale Wanderungsströme in die innere Peripherie kennzeichnen diese Migrationsmuster (KAPPHAHN 2002). Folglich ist der Dekonzentrationsprozess der Bevölkerung in der Stadtregion wesentlich höher, als er sich durch den Vergleich Kernstadt-Umland darstellt.

Analog der Bevölkerungssuburbanisierung hatte man in der Nachwende-Euphorie in der Berliner Stadtregion auch einen dynamischen Suburbanisierungsschub im gewerblichen Sektor erwartet. Dieser war jedoch – gemessen an der Beschäftigtenentwicklung – quantitativ nur gering. So hatte das Berliner Umland einzig zwischen 1993 bis 1996 einen Zuwachs von rund 45.000 Beschäftigten – einschließlich des Stellenabbaus in der öffentlichen Verwaltung wäre er sogar noch wesentlich geringer ausgefallen – bei gleichzeitig fast doppelt so hohen Beschäftigtenverlusten in der Kernstadt. Der quantitativ eher schwache Prozess der Gewerbesuburbanisierung erfolgte somit in einem transformationsbedingt schrumpfenden stadtregionalen Arbeitsmarkt. Dieser Tatbestand wurde in der Berliner Stadtregion durch die teilungsbedingte Deformation der Wirtschaftsstruktur noch verstärkt. Strukturell wurde der Suburbanisierungsprozess vor allem vom Dienstleistungssektor, insbesondere vom Handel und Verkehr getragen, nicht vom Verarbeitenden Gewerbe, was angesichts des weit überdurchschnittlichen Arbeitsplatzabbaus in der Industrie erklärbar ist. Da sich in Berlin die Erwerbstätigenzahl im Produzierenden Gewerbe von 1991 bis 2000 halbierte – in Ostberlin war der Deindustrialisierungsprozess wesentlich stärker als in Westberlin – brachen wesentliche Potenziale einer möglichen Berliner Randwanderung der Industrie weg (SCHULZ 1998, S. 9). KRÄTKE (2001, S. 88) sprach in diesem Zusammenhang nicht von der Suburbanisierung der Berliner Industrie, sondern von einer Beschäftigungskrise.

Die Suburbanisierungsphase von Handel und Gewerbe im Berliner Umland Mitte der 1990er Jahre blieb bis zur Gegenwart eine kurze Episode. Ansonsten stagnierte die Beschäftigtenentwicklung weitestgehend, lässt man den anhaltenden Beschäftigtenrückgang des während des Baubooms nach der Wende überdimensional aufgeblähten Baugewerbes unberücksichtigt (*Fig. 6*). Generell setzte sich der Tertiärisierungsprozess im Berliner Umland fort, wovon in den letzten Jahren insbesondere die unternehmensorientierten Dienstleistungen profitierten – der absolute Zuwachs blieb jedoch gering. Im Produzierenden

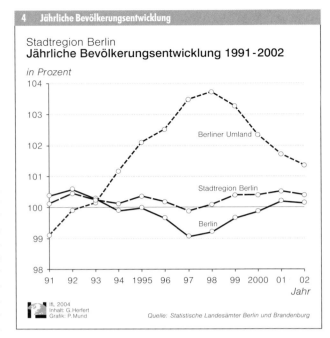

4 Jährliche Bevölkerungsentwicklung

Stadtregion Berlin
Jährliche Bevölkerungsentwicklung 1991-2002

in Prozent

IfL 2004
Inhalt: G. Herfert
Grafik: P. Mund

Quelle: Statistische Landesämter Berlin und Brandenburg

5 Zu- und Fortzüge

Berliner Umland
Wanderungen von/nach Berlin 1990-2002

in Tsd. Personen

Fortzüge nach Berlin
Zuzüge aus Berlin
Wanderungssaldo

IfL 2004
Inhalt: G. Herfert
Grafik: P. Mund

Quelle: Statistisches Landesamt Berlin

Berliner Umland
Einpendler, Auspendler und Beschäftigte 1994-2001

Index (1994 = 100%)

Auspendler

Einpendler

Beschäftigte insgesamt

Beschäftigte am Wohnort

1994 1995 1996 1997 1998 1999 2000 2001

Jahr

IfL 2004
Inhalt: G. Herfert
Grafik: R. Bräuer

Quelle: Landesarbeitsamt Berlin-Brandenburg

Gewerbe hatte nur der Maschinen- und Fahrzeugbau trotz des sich generell deutlich abschwächenden Wirtschaftswachstums in den neuen Bundesländern leichte Beschäftigtenzuwächse. Insgesamt reduziert sich die wirtschaftliche Entwicklung im Berliner Umland damit im Wesentlichen auf einen qualitativen Strukturwandel.

Seit dem Jahr 2000 zeigen sich in der Stadtregion Berlin leichte Tendenzen für eine Trendwende der Raumentwicklung von der Sub- zur Reurbanisierung. Anzeichen dafür sind das wieder einsetzende Bevölkerungswachstum Berlins, der anhaltende Anstieg der Einpendler nach Berlin bei gleichzeitigem Rückgang der Beschäftigtenzahlen im Berliner Umland auf das Niveau von 1994 und letztlich auch das erstmalige Schrumpfen des realen Wirtschaftswachstums (BIP)[2] in Brandenburg seit 1992, während sich in Berlin leichte wirtschaftliche Stabilisierungsansätze zeigen. Entgegen allen Prognosen hat das Berliner Umland in der zweiten Hälfte der 1990er Jahre somit seine Funktion als dynamischer Wachstumsraum der Stadtregion zunehmend verloren: Das Bevölkerungswachstum flachte deutlich ab, die Beschäftigungsentwicklung verlief sogar degressiv. NUISSL und JOERK (2002) sprechen wegen der regionalen und historischen Besonderheiten des engeren Verflechtungsraumes Berlin-Brandenburg von einem Sonderfall peripherer Entwicklung in Ostdeutschland, da die Dekonzentration von Bevölkerung und Kapital hier deutlich hinter den Erwartungen blieb. So hatte Berlin die geringsten relativen Bevölkerungsverluste durch Stadt-Umland-Wanderungen unter den ostdeutschen Oberzentren (HERFERT 2001, S. 116). Insgesamt bildet die Stadtregion Berlin heute weniger eine Wachstums- als vielmehr eine der wenigen Stabilitätsinseln in einem ansonsten demographisch schrumpfenden ostdeutschen Raum (HERFERT 2004). Generell ist nach Einschätzung vorliegender Gutachten zur Wirtschaftsentwicklung davon auszugehen, dass sich die Rahmendaten für die Stadtregion Berlin in den nächsten 10 Jahren nicht wesentlich ändern werden und ein Aufholprozess bezüglich der prosperierenden Stadtregionen in den alten Bundesländern nicht bzw. nur in geringem Maße zu erwarten ist (u.a. PFEIFFER 1999). Geht man davon aus, dass ökonomisches Wachstum in der Kernstadt eine wesentliche Voraussetzung für den Suburbanisierungsprozess darstellt, so sind vorerst, nicht zuletzt angesichts der schwachen wirtschaftlichen Konjunktur in Deutschland, keine wesentlichen Suburbanisierungstendenzen in der äußeren Peripherie der Berliner Stadtregion zu erwarten.

Auch wenn im aktuellen Diskurs zu Stadt-Umland-Prozessen seit den 1990er Jahren ein Perspektivenwechsel erfolgt ist (u.a. MÜLLER u. ROHR-ZÄNKER 1997), der die Entwicklung der Peripherie großer Städte nicht mehr allein als Effekt kernstädtischer Prozesse darstellt, sondern mehr auf eine zunehmend eigenständige Dynamik im suburbanen Raum orientiert ist, so dürfte für die Berliner Stadtregi-

---

[2] BIP-Daten speziell zum Berliner Umland liegen nicht vor. Es ist aber davon auszugehen, dass das jährliche Wirtschaftswachstum in Brandenburg, das sich seit 1994 ständig verringert hat, in seinem Trend entscheidend durch die Wirtschaftsentwicklung im Berliner Umland beeinflusst wurde. Noch bis Mitte der 1990er Jahre gehörte Brandenburg deutschlandweit zu den Bundesländern mit den höchsten wirtschaftlichen Wachstumsraten, seit 2002 liegt Brandenburg an zweitletzter Stelle – nur noch vor Sachsen-Anhalt.

on weiterhin die Dynamik in der Kernstadt für die Entwicklung im Berliner Umland entscheidend sein. Dass dennoch ca. 70 % der Kommunen des engeren Verfechtungsraumes nicht dominant auf Berlin, sondern intraregional auf andere Zentren ausgerichtet sind (JÄHNKE u. WOLKE 2000, S. 137), ist weniger auf aktuelle Entwicklungstrends als vielmehr auf eine zu DDR-Zeiten geförderte und auch durch die Teilung Berlins erzwungene eigenständige Regionalentwicklung zurückzuführen.

3 Rahmenbedingungen und Einflussfaktoren peripheren Wachstums

Die Entwicklung der metropolitanen Peripherie in der Stadtregion Berlin wurde seit 1990 durch die ostdeutsche Variante postsozialistischer Transformation geprägt. Besondere Auswirkungen auf die Dynamik des Wandels in der Peripherie hatten vor allem die völlige Restrukturierung des Verwaltungsapparates mit dem damit verbundenen zeitweiligen Fehlen raumplanerischer Einflussnahme, die besonderen Förderbedingungen einschließlich der einmaligen steuerlichen Vergünstigungen für Investitionen und die Restitution laut Einigungsvertrag.

3.1 Regional governance: Rahmenbedingungen und Akteure

Rechtsunsicherheit, Institutionentransfer West-Ost, Akteurssubstitution in höherrangigen Administrationen und Bildung neuer Eliten auf lokaler Ebene (MATTHIESEN u. NUISSL 2002) sind jene Rahmenbedingungen, die einen ersten Suburbanisierungsschub mit den renditeträchtigsten Projekten begünstigten: Die großflächigen Einkaufszentren auf der „grünen Wiese". Diese erste Phase wurde fast ausschließlich von westlichen Großunternehmen getragen, die in der äußeren Peripherie klare Eigentumsverhältnisse und riesige Flächenpotenziale vorfanden, unterstützt von lokalen Akteuren, die eine expansive Entwicklung in ihren Kommunen anstrebten. Grundlage dafür war die Einführung des Baugesetzes 1990 in den neuen Ländern, wodurch die Gemeinden plötzlich die Planungshoheit erhielten und damit in die Lage versetzt wurden, eigenständig vorgezogene Vorhaben- und Erschließungspläne planungsrechtlich festzuschreiben – und dies zu einem Zeitpunkt, wo verbindliche räumliche Planungsgrundlagen noch fehlten (BEYER u. SCHULZ 2001, S. 124). Im Ergebnis dessen und in Erwartung eines exorbitanten Wachstums war eine hohe Planungsintensität im Berliner Umland zu beobachten. So war hier der Anteil der Erweiterungsflächen an der Gesamtfläche siebenmal höher als im äußeren Entwicklungsraum Brandenburg (NUISSL 1999, S. 251ff.).

Die Planungs- und Entwicklungsstrategien der meisten Gemeinden in der äußeren Peripherie waren bis Mitte der 1990er Jahre sehr expansiv ausgelegt – insgesamt entstanden 246 Gewerbegebiete mit 4.500 ha Netto-Gewerbefläche, davon zwei Drittel auf neu erschlossenen Standorten (Aengevelt Immobilien KG 1998, S. 9). Kommunale Vertreter extensiver Entwicklungspolitiken[3] verhalfen im Rahmen von Wachstumskoalitionen mit westlichen Investoren Großprojekten ohne große öffentliche Debatten zum Planungsrecht. Im Wettstreit der Kommunen um Investoren entstand sehr schnell ein Überangebot an Gewerbeflächen[4], deren Erschließung zumeist über GA-Mittel[5] gefördert wurde. Da die Kommunen dazu jedoch ihren Eigenanteil leisten mussten, sind heute viele infolge der „beleuchteten Wiesen" hoch verschuldet. Neben diesen „Pro-Growth-Koalitionen" entstanden in den folgenden Jahren, insbesondere in den attraktivsten Lagen des Berliner Umlandes, auch „No-Growth-Koalitionen": Zugezogene der ersten Generation in Interessengemeinschaft mit Alteingesessenen, die eine weitere Zuwanderung von Bevölkerung wie auch Gewerbe verhindern wollten. Unterschiedliche kom-

---

[3] Insbesondere Mitglieder der technischen Intelligenz, die zu DDR-Zeiten ein Nischendasein fristeten, spielten beinahe flächendeckend eine wichtige Rolle auf der lokalen Akteursebene (MATTHIESEN u. NUISSL 2002).

[4] Ende der 1990er Jahre lag die durchschnittliche Belegungsquote der Gewerbegebiete bei 56,4 %. Ca. 60 % der Gewerbegebiete waren zur Hälfte, ein Viertel fast voll belegt (Aengevelt Immobilien KG 1998, S. 15).

[5] Vom Bund und den Ländern finanzierte Gemeinschaftsaufgabe „Verbesserung der regionalen Wirtschaftsstruktur", aus der neben den Investitionsvorhaben der gewerblichen Wirtschaft auch die kommunale wirtschaftsnahe Infrastruktur gefördert wird (HEINE 1999).

munale Entwicklungs- und Planungsstrategien führten somit zu signifikanten intraregionalen Disparitäten.

Wenngleich die erste Nachwendephase weitgehend durch eine „Planungsleere" gekennzeichnet war – „Die Landes- und Regionalplanung sind so spät gekommen, dass sie keinerlei Einfluss mehr ausgeübt haben, die Entwicklung weder gefördert noch behindert haben" *(Zitat eines Regionalplaners[6])* –, gab es mit der 1990 gebildeten Planungsgruppe Potsdam frühzeitig Ansätze für eine abgestimmte, länderübergreifende Landesentwicklung. Nach der Institutionalisierung einer Gemeinsamen Landesplanungsabteilung (GL) Berlin-Brandenburg im Rahmen eines Staatsvertrages 1996 erarbeitete diese GL als eine ihrer vordringlichsten Aufgaben einen speziellen Landesentwicklungsplan für den engeren Verflechtungsraum (LEP eV), der 1998 rechtwirksam wurde (BEYER u. SCHULZ 2001, S. 124f.). Darin wird eine raumverträgliche Siedlungsentwicklung angestrebt, u.a. durch Ausweisung von Schwerpunkten der Siedlungsentwicklung, den potenziellen Siedlungsbereichen. Eine erste Evaluierung der bisherigen Siedlungsentwicklung zeigt, dass sich zwar der überwiegende Teil der genehmigten Wohnbauflächen in den planerisch bevorzugten Siedlungen konzentriert (SCHULTE 2000, S. 725), jedoch mehr als 40 % sich in den überwiegend kleineren Gemeinden befinden. Dass dennoch Fehlentwicklungen größeren Ausmaßes verhindert werden konnten – fast die Hälfte der beantragten Wohnbauflächen in den kleineren Gemeinden wurden durch GL-Stellungnahmen abgelehnt – ist aus planerischer Sicht ein wesentliches Fazit der 1990er Jahre. Insgesamt wird jedoch die Wirksamkeit der GL von Interessenvertretungen der Wirtschaft wie auch von Planungsträgern teilweise sehr kritisch eingeschätzt. Insbesondere hinsichtlich des raumplanerischen Leitbildes der dezentralen Konzentration, das einen Interessenausgleich zwischen Berlin, dem Berliner Umland und dem äußeren Entwicklungsraum Brandenburg über eine polyzentrale Landesentwicklung anstrebt, gibt es im planungswissenschaftlichen Diskurs sehr unterschiedliche Standpunkte.[7] Einst unter großen Wachstumserwartungen entwickelt, besteht heute angesichts nicht nur einer Sättigung, sondern eines Überangebotes an entwickelten Flächen kein ökonomisches Verteilungspotenzial an die planerisch festgelegten Entlastungszentren. Die reale Entwicklung zeigt zudem eine deutlich polarisierende Raumentwicklung zwischen dem Berliner Umland und dem äußeren Entwicklungsraum Brandenburg (BEYER u. BIRKHOLZ 2003). Konsens bei Planungs- und wirtschaftlichen Akteuren besteht weitestgehend darin, dass die Entwicklung auf der „grünen Wiese" vorerst abgeschlossen ist und eine Neuorientierung auf Berlin eingesetzt hat, zumal dort genügend Flächen auf Revitalisierungsstandorten zur Verfügung stehen – „Seit Jahren werden keine neuen suburbanen Standorte mehr gefördert" (Vertreter des Ministeriums für Wirtschaft, Mittelstand und Technologie des Landes Brandenburg 2001).

Neben den formalen Planungen entwickelten sich im Randbereich von innerer und äußerer Peripherie informelle Planungen. Es sind interkommunale Kooperationen wie z.B. vier Nachbarschaftsforen zwischen Brandenburger Kreisen, Gemeinden und Berliner Bezirken zur Formulierung von Entwicklungszielen, die versuchen, eine gegenseitige ruinöse Konkurrenz zwischen Stadt und Umland zu umgehen.

3.2 Soziale Einflussfaktoren

Das dynamische demographische Wachstum im Berliner Umland resultierte in den 1990er Jahren entscheidend aus Stadt-Umland-Wanderungen *(Fig. XVIII)*. Ergänzt wurde es durch leichte Wanderungsgewinne aus dem äußeren Entwicklungsraum Brandenburg und den anderen neuen Bundesländern, was auf die höhere Attraktivität des Berliner Arbeitsmarktes zurückzuführen war. Die erwarteten hohen Wanderungsgewinne aus den alten Bundesländern in Zusammenhang mit der Verlagerung des

---

[6] Die durchgeführten Befragungen in der Stadtregion Berlin erfolgten zusammen mit M. Hesse (FU Berlin), der an seiner Habilitation zum Thema „Der Einfluss der Logistik auf den Prozess der Sub- und Desurbanisierung. Erkundungen in der postmodernen Stadtlandschaft" arbeitete. Der Verfasser bedankt sich an dieser Stelle für die gute kollegiale Zusammenarbeit.

[7] VON EINEM (1993, S. 95f.) spricht bezüglich des Leitbildes von einer landesplanerischen Illusion.

Regierungssitzes nach Berlin blieben hingegen aus. Die wenigen Zuzüge konzentrieren sich in einzelnen „Enklaven", vor allem im südlichen und westlichen Umland, also jenen Sektoren, die an Westberlin angrenzen (LUA 1998).

Wesentlich für den im Berliner Umland einsetzenden Suburbanisierungsschub war die Freisetzung der über Jahrzehnte angestauten Nachfrage der Berliner Bevölkerung nach suburbanen Wohnformen. Die Umsetzung dieser Nachfrage wurden durch den rasant ansteigenden Motorisierungsgrad und den Ausbau der Verkehrsinfrastruktur begünstigt. Entscheidend forciert wurde diese Entwicklung aber insbesondere durch die steuerlichen Sonderabschreibungen für Kapitalanleger (Fördergebietsgesetz Ost). Private Bauträgergesellschaften, die das Baugeschehen von der Erschließung bis zum Verkauf kontrollierten, gehörten in dieser Phase zu den wichtigsten Akteuren. Weit mehr als die Hälfte der neuen Wohnungen wurden bis zum Auslaufen der Sonderabschreibungen im Jahre 1997 von Kapitalanlegern aus den alten Bundesländern erworben. Restitution[8] und Planungsvereinfachungen begünstigten zudem den Bauboom auf der „grünen Wiese". Abweichend von klassischen Suburbanisierungsmustern dominierte somit im Berliner Umland nicht der Eigentums-, sondern der neue Mietwohnungsmarkt, und es entstanden vor allem Wohnanlagen urbanen Typs. Dieser vorrangig angebots-, nicht nachfrageorientierte Mietwohnungsbau hatte ein starkes Überangebot und zunehmenden Leerstand von Wohnraum zur Folge. Vielfach fanden Teile dieser Wohnanlagen bis heute keinen Mieter (KAPPHAHN 2002). Außerdem wächst infolge zunehmender Wohnunzufriedenheit auch die Wegzugsbereitschaft aus den Wohnparks, so dass sich diese zu potenziellen Problemräumen in der äußeren Peripherie entwickeln könnten. Unter anderem sind unter ehemaligen Westberliner Haushalten, denen vor Ort von den bodenständigen Wohnmilieus zuweilen sogar Ablehnung entgegenschlug, bereits Rückwanderungen zu beobachten (NUISSL 1999). Nach dem wegen fehlender Nachfrage fast vollständigen Wegbrechen des Mietwohnungsbaus reduziert sich die Wohnungsbautätigkeit im Berliner Umland fast nur noch auf den selbst genutzten Eigenheimsektor, begünstigt durch die Eigenheimzulage des Bundes und die Eigentumsförderung des Landes Brandenburg sowie durch die sehr stark zur Peripherie abfallenden Bodenpreise. Aber auch der Eigenheimbau ist seit Ende der 1990er Jahre rückläufig (HERFERT 2002, S. 339f.).

Generell zeichnet sich aktuell in der Berliner Stadtregion infolge der Umlandwanderung und insbesondere der hohen innerstädtischen Mobilität das Bild einer zunehmenden sozialräumlichen Differenzierung ab. Zu den Gewinnern dieser Entwicklung zählen vor allem die gehobenen innenstadtnahen Gründerzeitquartiere und die suburbanen Einfamilienhaussiedlungen. Zu den aktuellen Verlierern mit steigenden Leerstandsquoten gehören viele einfache innerstädtische Gründerzeitquartiere und insbesondere die peripheren Plattenbaugebiete (KAPPHAHN 2002), hinzu kommen vereinzelt auch suburbane Wohnparks in ungünstigen Lagen. Die soziale Polarisierung schreitet in der Stadtregion Berlin zwar voran, die Ausprägung extremer Strukturen wie Armutsinseln in der äußeren Peripherie oder gated communities – wie in vielen MOE-Staaten – ist aufgrund des ausgeprägten Mietermarktes jedoch noch nicht zu beobachten. Die „wirklich Reichen" in Berlin blieben in der Regel in der inneren Peripherie, z.B. in Grunewald oder Zehlendorf, da sie dort suburbane Qualitäten, wenn auch zu höheren Preisen, vorfanden (KAPPHAHN 2002).

Auch innerhalb des Berliner Umlandes hat sich die sozialräumliche Differenzierung infolge der räumlich und sozial selektiven Zuwanderung zwischen wie innerhalb der Gemeinden verstärkt, was sich insbesondere in der höheren Qualifikations- und Einkommensstruktur widerspiegelt. Dennoch ist um Berlin kein Wohlstandsgürtel entstanden. Viele Kommunen kamen trotz vielfach wesentlich gestiegener Steuereinnahmen und relativ niedriger Arbeitslosenquoten nicht zu Reichtum. Sie sind durch Infrastrukturmaßnahmen infolge des Bevölkerungswachstums heute z.T. hoch verschuldet.

---

[8] Festlegung im Einigungsvertrag betreffs der Rückgabe von enteignetem Wohneigentum vor einer Entschädigung. In einigen Gemeinden des Berliner Umlandes erreichte der Anteil restitutionsbelasteter Grundstücke über 70 % (MATTHIESEN u. NUISSL 2002, S. 82ff.). In einzelnen Siedlungen kam es zur Verdrängung ortsansässiger Bevölkerung, wodurch mehr als die Hälfte der „Vor-Wende-Bevölkerung" ausgetauscht wurde.

3.3 Wirtschaftliche Entwicklung und deren Einflussfaktoren

Die wirtschaftliche Entwicklung in der Stadtregion Berlin wurde nach der Wiedervereinigung wesentlich durch die Änderung alter und die Schaffung neuer Wirtschaftsfördermaßnahmen[9] beeinflusst. So war nach der Wende der schnelle Abbau des Berlinförderungsgesetzes[10] – galt seit 1970 für West-Berlin – mit entscheidend für den wirtschaftlichen Abstieg West-Berlins. Gleichzeitig erzeugte das Fördergebietsgesetz Ost[11], ergänzt durch die gemeinsam von Bund und Ländern finanzierte Gemeinschaftsaufgabe „Verbesserung der regionalen Wirtschaftsstruktur" (GA)[12], aufgestockt durch Mittel aus dem „Europäischen Fond für regionale Entwicklung" (EFRE), günstige Rahmenbedingungen für die wirtschaftliche Entwicklung in der Stadtregion. Dass diese Fördertöpfe vorrangig zu einem dynamischen Wirtschaftswachstum in der äußeren Peripherie führten, hängt mit einer Vielzahl von Faktoren zusammen, insbesondere mit ungeklärten Restitutionsansprüchen, mit Planungsvereinfachungen auf der „grünen Wiese", mit den sehr expansiv operierenden Akteuren in den suburbanen Kommunen und nicht zuletzt mit den in- und ausländischen Investoren, die in der Nachwendeeuphorie so schnell wie möglich Marktanteile in der Hauptstadtregion erlangen wollten.

Neue Einzelhandelsstrukturen

Der wirtschaftliche Boom in der äußeren Peripherie Anfang der 1990er Jahre wurde zuerst von der Einzelhandelssuburbanisierung getragen (*Fig. 7*). Hauptakteure waren Einzelhandelsketten, die auf den von den Umlandgemeinden großzügig bereitgestellten Flächen, in der Regel auf nicht integrierten Standorten, Fachmarktagglomerationen und Shopping-Center errichteten (KULKE 2001). Der Einzugsbereich dieser Einzelhandelszentren, zumeist in unmittelbarer Randlage zu Berlin, erstreckt sich vorrangig auf die Kernstadt. Von 1989 bis 1997 verfünffachte sich im Berliner Umland die Verkaufsfläche von absolut 234.000 auf 1.172.000 m², stieg

---

[9] Die Förderlandschaft ist derart vielfältig, dass hier nur der grundlegende Rahmen dargestellt wird, nicht die spezielle Förderung auf Landesebene (HEINE 1999).

[10] Der Anteil der Bundeshilfe am Berliner Haushaltsvolumen fiel von 50,5 % (1990) auf 12,5 % (1994) (SCHULZ 1998, S. 5). Um dieses Defizit etwas auszugleichen, wurde der westliche Teil Berlins 1997 auch zum GA-Fördergebiet, wie bereits der restliche Teil des engeren Verflechtungsraumes Berlin-Brandenburg seit 1990.

[11] Das Fördergebietsgesetz enthält alle Regelungen über Sonderabschreibungen und Abzugsbeträge in so genannten „Fördergebieten". Zum Fördergebiet wurden nach der Wiedervereinigung die Länder Berlin, Brandenburg, Mecklenburg-Vorpommern, Sachsen, Sachsen-Anhalt und Thüringen nach dem Gebietsstand vom 3. Oktober 1990 erklärt. Die auslaufenden Vorschriften des Fördergebietsgesetzes sind durch das Investitionszulagengesetz 1999 ergänzt worden.

[12] Die GA zielt auf den Ausgleich regionaler Disparitäten und sieht insbesondere Investitionszuschüsse für die gewerbliche Wirtschaft und für kommunale Infrastrukturen vor. Die Förderung erfolgt auf Antrag, es besteht kein gesetzlicher Anspruch.

deren Anteil je Einwohner von 0,27 auf 1,42.[13] Dieser extensive Entwicklungstrend ist aufgrund des entstandenen Überangebotes wie auch der aktuell sehr restriktiven Planungspraxis der GL Berlin-Brandenburg so gut wie abgeschlossen.[14] Ein wesentlicher Faktor dafür dürfte auch die Errichtung von Shopping-Centern in Ost-Berlin gewesen sein – auch hier dominieren vielfach dieselben Filialisten wie in der äußeren Peripherie – und die damit verbundene Reorientierung der Käufer auf innerstädtische Lagen. Dass der Run auf die „grüne Wiese" vorbei ist, zeigt auch die schwache Käuferresonanz auf das bisher einzige im westlichen Berliner Umland gelegene Factory Outlet Center in Wustermark. Weitere geplante FOCs – es gab insgesamt 15 Anträge! – kamen nicht über die Planungsphase hinaus.

Gewerbesuburbanisierung
Während die Expansion des Einzelhandels fast ausschließlich durch Neuansiedlungen von Filialisten aus den alten Ländern und dem Ausland getragen wurde, waren an der Gewerbesuburbanisierung auch Berliner Betriebe beteiligt, wenn auch nicht dominant. Schätzungsweise 100 Betriebe verlagerten ihren Standort ins Umland (BEYER u. SCHULZ 2001, S. 147). Die gewerbliche Entwicklung in der äußeren Peripherie wurde somit entscheidend durch interregionale und internationale Akteure getragen, weniger durch die Randwanderung Berliner Betriebe. Dies ist zum einen der Deindustrialisierung in beiden Stadtteilen nach der Wende geschuldet. Zum anderen verblieben viele Westberliner Betriebe auch an ihren Altstandorten, da sie über genügend Reserveflächen verfügten. Teilweise errichteten sie auch nur Filialen im Umland, um ihre Berliner Adresse – ein bedeutender Imagefaktor – zu erhalten. Eine Randwanderung in die äußere Peripherie erfolgte nur, wenn durch günstige Grundstückspreise im Umland, ergänzt durch Mitnahmeeffekte bei Fördermitteln an den neuen Standorten, und gleichzeitig relativ hohe Gewinne beim Verkauf kernstädtischer Liegenschaften ein aus betriebswirtschaftlicher Sicht qualitativer „Quantensprung" erreicht wurde. Die Verlagerung erfolgte zumeist entlang des jeweiligen räumlichen Sektors, da die Arbeitgeber daran interessiert waren, ihren Arbeitskräftestamm zu erhalten. In diesem Zusammenhang war auch die Anbindung an den neuen Standort per Straße wie auch über den ÖPNV ein signifikanter Faktor. Wohnortverlagerungen von Arbeitnehmern im Zusammenhang mit Betriebsverlagerungen erfolgten nur in geringem Maße.

Der generell dominante Standortfaktor für Neuansiedlungen im Berliner Umland war das Erreichbarkeitskriterium, die Verkehrsanbindung an den Berliner Autobahnring, gefolgt vom schnellen Handeln kommunaler Behörden bei der Schaffung von Planungsrecht. Über 90 % der neuen Gewerbegebiete liegen heute weniger als 10 km von einem Autobahnanschluss entfernt, ein Drittel in unmittelbarer Nähe (*Fig. 8*). Da der Zeitfaktor bei der Gewerbesuburbanisierung nach der Wende jedoch eine entscheidende Rolle spielte – es ging letztlich um die schnellstmögliche Aufteilung eines neuen Absatzmarktes –, sind angesichts der niedrigen durchschnittlichen Ansiedlungsquote[15] von 45 % (Aengevelt Immobilien KG 1998, S. 16) in den Gewerbegebieten nicht jene Standorte in unmittelbarer Nähe zum Autobahnanschluss (Lagekategorie A) am besten ausgelastet, sondern jene in der Lagekategorie B in bis zu 10 km Entfernung mit ca. 60 %, weil sie rechtzeitig zur Verfügung standen. Preisvorteile waren somit zweitrangig. So findet man z.B. viele große Logistikunternehmen nicht in den geförderten drei neuen Güterverkehrszentren[16], da diese erst verspätet auf den Markt kamen. Zur Zeit öffnen sich die GVZ – auch infolge der aktuell geringeren Nachfrage seitens der Logistikbranche – Betrieben

[13] Im selben Zeitraum erhöhte sich die Verkaufsfläche pro Einwohner in West-Berlin nur gering auf 1,05 m², in Ostberlin hingegen um mehr das Doppelte auf 0,79 m² (KULKE 2001, S. 65).

[14] Im Rahmen der Anpassung an die Ziele der Landesplanung wurde die beantragte Verkaufsfläche um rund 600.000 m² reduziert (BEYER u. SCHULZ 2001, S. 128).

[15] Die Ansiedlungsquote (45 %) ist wesentlich niedriger als die Belegungsquote (56 %) der Gewerbegebiete, da die Ansiedlung der Unternehmen erst zeitversetzt nach der Vertragsunterzeichnung (Belegung) erfolgt.

[16] Nur ca. 20 % des Straßengüterverkehrsaufkommens nach Berlin werden über die drei Güterverkehrszentren (GVZ) im Berliner Umland abgewickelt (HESSE 2003). Die Entwicklung der GVZ lag in den Händen der Landesentwicklungsgesellschaft (LEG) Brandenburg, einer 100%igen Tochter des Landes Brandenburg. Aufgabe der LEG Brandenburg, die sich in Auflösung befindet, war es, Flächen für Industrie, Gewerbe, Dienstleistungen, Infrastruktur und Wohnen zu erschließen und zu verwerten.

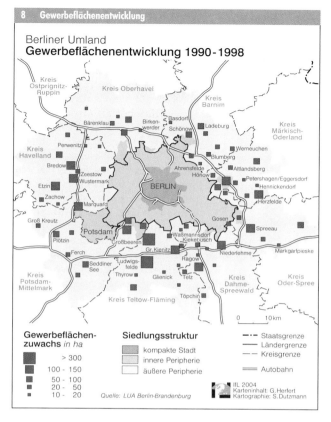

Berliner Umland
Gewerbeflächenentwicklung 1990-1998

Kreis Ostprignitz-Ruppin · Kreis Oberhavel · Kreis Barnim · Kreis Märkisch-Oderland · Kreis Havelland · Kreis Potsdam-Mittelmark · Kreis Teltow-Fläming · Kreis Dahme-Spreewald · Kreis Oder-Spree

Bärenklau · Basdorf · Birkenwerder · Schönow · Ladeburg · Perwenitz · Werneuchen · Bredow · Blumberg · Zeestow · Ahrensfelde · Altlandsberg · Wustermark · Hönow · Petershagen/Eggersdorf · Etzin · Hennickendorf · Zachow · BERLIN · Marquard · Herzfelde · Groß Kreutz · Gosen · Potsdam · Spreeau · Plötzin · Großbeeren · Waßmannsdorf · Ferch · Kiekebusch · Gr. Kienitz · Niederlehme · Markgarfpieske · Seddiner See · Ludwigsfelde · Ragow · Thyrow · Glienick · Telz · Töpchin

0   10 km

Gewerbeflächen-
zuwachs *in ha*

- > 300
- 100 - 150
- 50 - 100
- 20 - 50
- 10 - 20

Siedlungsstruktur

- kompakte Stadt
- innere Peripherie
- äußere Peripherie

--- Staatsgrenze
·--· Ländergrenze
-- Kreisgrenze
Autobahn

Quelle: LUA Berlin-Brandenburg

IfL 2004
Karteninhalt: G.Herfert
Kartographie: S.Dutzmann

anderer Wirtschaftsbereiche. Sie werden damit zu Konkurrenten vieler kommunaler vom Leerstand geprägter Gewerbegebiete.

Charakteristisch für das Gros der Gewerbegebiete der äußeren Peripherie sind Mischnutzungen. Nur vereinzelt gibt es Standorte mit Branchenschwerpunkten, teilweise geprägt durch sog. Ankerbetriebe. Am Autobahnring A10 sind es verstärkt Ansiedlungen logistikintensiver Branchen, die vorrangig den Berliner Markt, teilweise auch größere Teile Ostdeutschlands beliefern. Von einer Drehscheibe Richtung Osteuropa – wie vielfach prognostiziert – kann hingegen z.z. nicht gesprochen werden.

Neben der Vielzahl kommunaler Gewerbegebiete entstanden auch einige privatwirtschaftlich erschlossene, vielfach von ausländischen Investoren realisierte Gewerbeparks[17], deren Flächen in der Planungsphase zu zwei Dritteln für Büronutzungen projektiert wurden. Dieser Anteil wurde auf Grund des auf Jahre hinaus entstandenen Überangebotes von Büroflächen in der kompakten Stadt[18] (SenStadt 1998) und der fehlenden Nachfrage in der äußeren Peripherie drastisch reduziert und zu Service-, Lager- und auch Wohnbauflächen umgewidmet. Große Büroparks sind im Berliner Umland selbst in der spekulativen Phase der Suburbanisierung erst gar nicht entstanden und werden vorerst auch nicht entstehen (VOGLER 1998). Großprojekte wie der Europarc Dreilinden, der erst nach 1995 fertig gestellt wurde, füllen sich nur langsam. Auch im 220 ha großen Brandenburg Park in Ludwigsfelde, wo erst ca. 50 % der Flächen verkauft sind, stagniert die Entwicklung. Derzeit ist die Umlandwanderung Berliner Betriebe kein Thema mehr, und auch die interregionale/internationale Nachfrage ist lt. Experten der Wirtschafts-, Immobilien- und Planungsbranche gering. Die Hoffnung auf einen nächsten Entwicklungsschub zielt auf die Osterweiterung der EU, aber auch hier sind die Erwartungen eher verhalten.

Deindustrialisierung und Tertiärisierung des Umlandes

Anfang des neuen Jahrhunderts setzt sich im Berliner Umland der Trend in Richtung Deindustrialisierung und Tertiärisierung weiter fort[19], jetzt jedoch, nachdem sich die wirtschaftliche Entwicklung seit Mitte der 1990er Jahre grundlegend abgeschwächt hat, bei schrumpfenden Beschäftigten- und

[17] Gewerbeparks sind meist von privaten Investoren planmäßig entwickelte, einer durchdachten Nutzungskonzeption unterworfene Gewerbegebiete mit in Grünflächen integrierten Büro-, Lager- und Servicegebäuden. Das Gewerbeparkkonzept hat sich im Vergleich zu westdeutschen Metropolregionen erst an wenigen Standorten des Berliner Umlandes durchgesetzt, schwerpunktmäßig im südlichen Umland (Aengevelt Immobilien KG 1998).
[18] In Berlin hat sich der Bestand an Büroflächen von 11 Mio. (1990) auf 17,5 Mio. m² (1999) erhöht. Die Stadt hat z.z. die absolut größten Bürohalden in Deutschland und die höchste Preisamplitude nach der Wende erfahren – 1993 lagen Büromieten in Berlin infolge überzogener Erwartungen noch über dem Niveau von Frankfurt/Main.
[19] Im Jahre 2001 waren 71,6 % der Beschäftigten des Berliner Umlandes im Dienstleistungssektor tätig, in Berlin waren es 79 %.

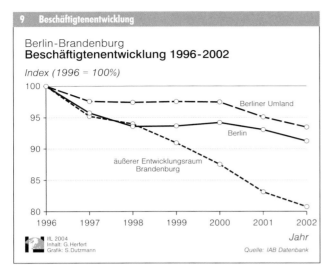

IfL 2004
Inhalt: G. Herfert
Grafik: S. Dutzmann

9 Beschäftigtenentwicklung

Berlin-Brandenburg
Beschäftigtenentwicklung 1996-2002

Index (1996 = 100%)

Berliner Umland

Berlin

äußerer Entwicklungsraum
Brandenburg

Jahr

Quelle: IAB Datenbank

Einpendlerzahlen sowie bei steigender Arbeitslosigkeit (*Fig. 9*). Diese blieb im Berliner Umland mit 15 % (2002) dennoch deutlich unter der von Berlin mit 17,5 % und dem äußeren Entwicklungsraum Brandenburg mit 22,3 % (BEYER u. BIRKHOLZ 2003, S. 3). Entscheidend wurde der Beschäftigtenrückgang im Berliner Umland vom Baugewerbe getragen, während die Dienstleistungen, ohne diese Verluste ausgleichen zu können, weiterhin leicht wuchsen (*Fig. 10*). Im Produzierenden Gewerbe blieb nur der durch Restrukturierungen und Neugründungen geprägte Maschinen- und Fahrzeugbau als stabiles Element erhalten. Im Dienstleistungsbereich wurden neben dem Bereich Verkehrs- und Nachrichtenübermittlung auch Unternehmensdienstleistungen wie Ingenieurbüros, Rechtsberatung und Werbung zu Gewinnern der aktuellen Beschäftigtenentwicklung. Damit wurden im Berliner Umland die im Vergleich zu anderen deutschen Metropolregionen bestehenden Defizite bei den Unternehmensdienstleistungen zumindest teilweise verringert (KRÄTKE u. BORST 2000). Analoge Veränderungen zeigen sich auch bei den Einpendlerstrukturen in den Arbeitsmarkt des Berliner Umlandes, d.h. auch hier sind Zunahmen bei den Dienstleistungen und Verluste im Verarbeitenden Gewerbe zu verzeichnen. Insbesondere die unternehmensnahen Dienstleistungen erreichten im Jahre 2001 überdurchschnittlich hohe Einpendleranteile, so die Bereiche Ingenieurbüros, Rechtsberatung, Werbung (41,1 %), Verkehr und Nachrichtenübermittlung (40,8 %) und das Kredit- und Versicherungsgewerbe (36,5 %). Das spiegelt sich letztlich auch im Ausbildungsniveau der Pendlerstrukturen wider. Obwohl das Berliner Umland absolut deutliche Pendlerverluste aufzuweisen hat, sind die Qualifikationsstrukturen der Ein- und Auspendler weitestgehend ausgeglichen, d.h. dass das Berliner Umland keineswegs nur Zielraum routinisierter, sondern auch höherwertiger Dienstleistungen ist.

Pendlerverflechtungen
Die Restrukturierungsprozesse in der Stadtregion Berlin waren in den 1990er Jahren gleichzeitig mit einer stärkeren wechselseitigen Verflechtung des regionalen Arbeitsmarktes verbunden. Das Berliner Umland wurde sowohl für Berliner als auch für Erwerbstätige aus anderen Teilen Brandenburgs attraktiv. Zugleich stiegen jedoch die Auspendlerströme nach Berlin und zudem wesentlich dynamischer, da die überwiegende Mehrheit der aus Berlin zugezogenen Erwerbstätigen ihren alten Arbeitsplatz in der Kernstadt behielt (*Fig. XIX; XX*). Die Kernstadtorientierung im engeren Verflechtungsraum Berlin-Brandenburg blieb somit nicht nur weitestgehend bestehen, sie verstärkte sich sogar deutlich. Als Ergebnis hat das negative Pendlersaldo des Berliner Umlandes mit der Kernstadt zwischen 1995 und 2001 um mehr als zwei Drittel zugenommen. Insgesamt haben sich die Pendlerverluste des Berliner Umlandes sogar mehr als verdoppelt, weil sich dessen Bevölkerung aufgrund der aktuell schwierigen Arbeitsmarktlage zunehmend auf die Kernstadt wie auch – trotz der großen Entfernung – auf die alten Länder orientiert. Dementsprechend verharrte auch die Einpendlerquote des Berliner Umlandes seit 1995 bei rund 30 %, während die Auspendlerquote bis 2001 auf 42 % anstieg. Da sich die Pendlerverflechtungen zwischen Kernstadt und Umland in der Berliner Stadtregion – teilungs- und transformationsbedingt – vergleichsweise noch auf einem relativ niedrigen Niveau befinden[20], dürfte sich dieser Trend verstärken. Das Berliner Umland besitzt somit als Ganzes keine Anzeichen einer Loslösung, sondern eher einer zunehmenden funktionalen Verflechtung mit Berlin, jedoch nicht

---

[20] Die Ein-/Auspendlerquoten lag im Jahre 2002 in Berlin bei 11 %/18 %, in München bei 22 %/45 % (IAB-Datenbank).

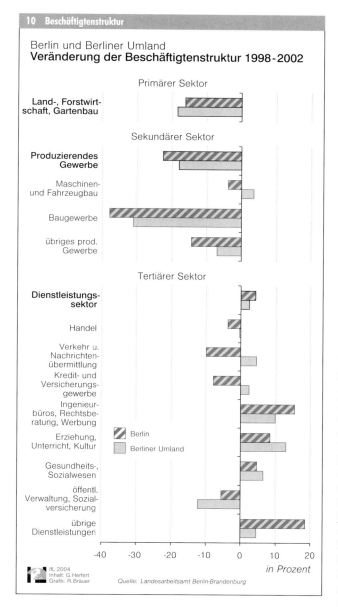

Berlin und Berliner Umland
Veränderung der Beschäftigtenstruktur 1998-2002

IfL 2004
Inhalt: G. Herfert
Grafik: R.Bräuer

Quelle: Landesarbeitsamt Berlin-Brandenburg

nur als Ergänzungsraum für die Kernstadt, sondern gleichzeitig auch als Zielraum neuer Gewerbe- und Dienstleistungsstrukturen.

Wirtschaftliche Profilierung des Berliner Umlandes

Als Resümee der wirtschaftlichen Entwicklung in den 1990er Jahren stellt sich nun die Frage, ob und inwieweit das Berliner Umland trotz der nur kurzzeitigen wirtschaftlichen Dynamik bereits ein spezifisches Profil in der intraregionalen Arbeitsteilung entwickelt hat. Anhand von Lokalisationskoeffizienten, die die Abweichungen der Wirtschaftsstrukturen einzelner Teilräume vom Regionsdurchschnitt[21] widerspiegeln, zeigt sich im Berliner Umland zwar keine stark überdurchschnittliche Konzentration des Produzierenden Gewerbes insgesamt, dafür in einzelnen Branchen wie im Maschinen-/Fahrzeugbau und im Baugewerbe (*Fig. 11*). Während jedoch der restrukturierte F&E-intensive Maschinen-/Fahrzeugbau heute zu den ökonomischen Standbeinen des Berliner Umlandes gehört, verliert das nach der Wende überdimensional aufgeblähte Baugewerbe aufgrund des anhaltend hohen Beschäftigtenabbaus zunehmend an Bedeutung. Stark überdurchschnittliche Lokalisationskoeffizienten bestehen weiterhin in den Dienstleistungsbereichen Handel und Verkehr – ein typisches Abbild der jungen suburbanen Entwicklung. Dass die unternehmensorientierten Dienstleistungen sowie das Gesundheits- und Sozialwesen im Berliner Umland trotz leichten Wachstums noch Lokalisationsdefizite aufweisen, ist auf die hohe Dominanz dieser Branchen in der Stadt Berlin zurückzuführen.

Noch prägnanter zeigt sich die Profilierung des Berliner Umlandes, wenn man die neuen ökonomischen Pole[22] der äußeren Peripherie herausfiltert. Deren wirtschaftliches Profil zeichnet sich durch teilweise extrem hohe Lokalisationskoeffizienten in speziellen Wirtschaftszweigen aus: Das betrifft zum einen im Produzierenden Gewerbe die teils auf revitalisierten, teils auf Grüne-Wiese-Standorten

---

[21] Um die Spezifik des Berliner Umlandes auch gegenüber dem äußeren Entwicklungsraum Brandenburg besonders hervorzuheben, wurde als Berechnungsgrundlage für die Lokalisationskoeffizienten der Gesamtraum der Länder Berlin und Brandenburg zugrunde gelegt.
[22] Zur Definition und Abgrenzung der neuen ökonomischen Pole (= neue dynamische/stagnierende Pole) siehe folgende Seiten.

11 Wirtschaftsräumliche Differenzierung in Berlin-Brandenburg 2000

Wirtschaftsbereich/Wirtschaftszweig	Kernstadt Berlin	Berliner Umland			Äußerer Entwicklungsraum Brandenburg
		insgesamt	neue ökonomische Pole	ohne neue ökonomische Pole	
Land-, Forstwirtschaft, Gartenbau	--	+	-	++	+++
Produzierendes Gewerbe			+		+
Maschinen-, Fahrzeugbau		+	+++	--	
Baugewerbe	-	+		+	+
übriges produzierendes Gewerbe					+
Dienstleistungssektor					
Handel			++		
Verkehr und Nachrichtenübermittlung		+	++		
Kredit- und Versicherungsgewerbe	+	+	--	-	-
Ingenieurbüros, Rechtsberatung, Werbung	+	-		-	-
Erziehung, Unterricht, Kultur		-	--		
Gesundheits-, Sozialwesen			-		
öffentl. Verwaltung, Sozialversicherung	-	-			
übrige Dienstleistungen			--		-

Lokalisationskoeffizienten
Durchschnitt Berlin-Brandenburg LQ=100

+++ extrem starke Konzentration (LQ>300)
++ sehr starke Konzentration (150 >LQ>300)
+ starke Konzentration (120>LQ<150)
- starkes Defizit (50>LQ<80)
-- sehr starkes Defizit (LQ<50)

Quelle: Landesarbeitsamt Berlin-Brandenburg, eigene Berechnung

entstandenen Neuansiedlungen industrieller Großbetriebe des Maschinen- und Fahrzeugbaus wie z.B. DaimlerChrysler mit ca. 1.250 Beschäftigten in Ludwigsfelde, Rolls-Royce mit ca. 1.000 Beschäftigten in Dahlewitz und Bombardier Transportation (ehemals Adtranz) mit ca. 3.000 Beschäftigten in Hennigsdorf. Zum anderen konzentrieren sich in diesen neuen ökonomischen Polen die neuen Standorte des großflächigen Einzelhandels und der großen Logistikunternehmen. Unternehmensorientierte Dienstleistungen besitzen in diesen Polen geringe Lokalisationsdefizite. Gleichzeitig bestehen in anderen Dienstleistungsbereichen jedoch deutliche Lokalisationsdefizite, was auf eine funktional eher einseitig strukturierte Standortentwicklung schließen lässt.

Die neuen ökonomischen Pole des Berliner Umlandes besitzen somit ein sehr spezifisches Profil und prägen damit entscheidend dessen Ökonomie. Im Gegensatz dazu ähneln die Wirtschaftsstrukturen des restlichen Teiles des Berliner Umlandes eher denen des äußeren Entwicklungsraumes Brandenburg. Damit zeichnet sich eine deutliche räumliche Differenzierung innerhalb des Berliner Umlandes ab.

4 Entwicklung neuer Raumstrukturen in der metropolitanen Peripherie

Die sehr expansive Gewerbeflächenentwicklung im Berliner Umland seit 1990 mit 246 neuen Standorten erzeugt auf den ersten Blick das Abbild eines Speckgürtels um die Kernstadt. Aber bereits die sektorale Angebotsorientierung der Immobilienbranche lässt ein deutliches Südwest-Nordost-Gefälle erkennen (*Fig. 12*). Danach besitzt der Südraum des Berliner Umlandes – hier sind auch die größten Gewerbegebiete (> 70 ha) lokalisiert – mit rund 40 % die größte Nettogewerbefläche, gefolgt vom Westraum mit 22 %. Diesem Angebotsgefälle entspricht weitestgehend auch ein Nachfragegefälle, das von einem Regionalplaner Ende der 1990er Jahre sehr prononciert analysiert wurde: „Der Süden explodiert ... der Nordosten hat eine Durststrecke ... da beginnt die Tundra". Wenngleich der Süd- und Westraum von

12 Kennziffern von Gewerbegebieten im Berliner Umland 1998 nach Teilräumen

Teilraum	Flächenangebot in %	Verfügbares Bauland in ha	Belegungsquote in % der Nettofläche	Ansiedlungsquote in % der Nettofl.	durchschnitt. Grundstückspreis in DM/m²
Norden	18,9	324	56,6	47,3	118
Osten	18,3	290	60,2	52,2	120
Süden	40,8	723	55,4	38,2	210
Westen	22,0	484	44,6	35,9	145
insgesamt	*100,0*	*1821*	*56,4*	*45,0*	

Quelle: Aengevelt Immobilien KG 1998

den Investoren bisher am meisten präferiert wurden, so liegen hier auch die größten noch nicht vermarkteten Baulandflächen.

Generell folgte das hohe Gewerbeflächenwachstum im Berliner Umland eher spekulativen als wirtschaftlichen Prämissen und ist somit auch nicht zwingend Ausdruck ökonomischer Prosperität. Es korreliert folglich nur gering mit dem Beschäftigten- bzw. Einpendlerzuwachs der Gemeinden, ebenso wenig mit dem Gewerbesteuerzuwachs. Letzteres ist vielfach auch darauf zurückzuführen, dass viele der neu angesiedelten Betriebe von den steuerlichen Abschreibungsmöglichkeiten Gebrauch machten. Als signifikantes Merkmal für die räumliche Differenzierung ökonomischer Prosperität erwies sich das Beschäftigtenwachstum der Gemeinden (*Fig. XVII*). Dieses konzentrierte sich unmittelbar am Stadtrand von Berlin oder entlang des Autobahnringes. Selbst das sehr moderate Bodenpreisniveau (ca. 65 bis 105 DM/m²) außerhalb des Ringes konnte die Lagedefizite nicht kompensieren. Das Berliner Umland unterteilt sich somit aus ökonomischer Sicht in einen kernstadtnahen, dynamisch wachsenden und einen kernstadtfernen, eher schrumpfenden Teil.

Neue ökonomische Pole
Diese wirtschaftsräumliche Gliederung differenziert sich weiter durch die Ausweisung von ökonomischen Polen, definiert als Konzentrationen von mehr als 5.000 Beschäftigten am Arbeitsort[23] (1998) mit Einpendlerüberschuss ohne Berücksichtigung der Pendlerbeziehungen zu Berlin/Potsdam[24]. Auf Grundlage dieser Kriterien konnten insgesamt 12 ökonomische Pole im Berliner Umland ausgewiesen werden, wovon – analog der Beschäftigtenentwicklung im Zeitraum von 1994 bis 2002 – drei als dynamische, vier als stagnierende und fünf als schrumpfende Pole identifiziert wurden (*Fig. 13; 14*).

Zu den *schrumpfenden ökonomischen Polen* gehören mit Nauen, Oranienburg, Bernau, Strausberg und Fürstenwalde fast alle ehemaligen Kreisstädte[25] im Berliner Umland. Nur Königs-Wusterhausen – auch diese Stadt verlor von 1994 bis 2002 fast ein Viertel ihrer Beschäf-

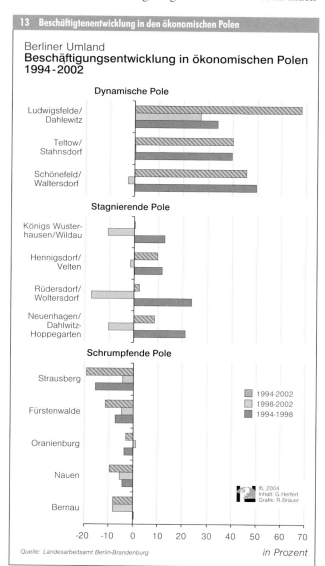

13 Beschäftigtenentwicklung in den ökonomischen Polen

Berliner Umland
Beschäftigungsentwicklung in ökonomischen Polen 1994-2002

Dynamische Pole
Ludwigsfelde/Dahlewitz
Teltow/Stahnsdorf
Schönefeld/Waltersdorf

Stagnierende Pole
Königs Wuster-hausen/Wildau
Hennigsdorf/Velten
Rüdersdorf/Woltersdorf
Neuenhagen/Dahlwitz-Hoppegarten

Schrumpfende Pole
Strausberg
Fürstenwalde
Oranienburg
Nauen
Bernau

1994-2002
1998-2002
1994-1998

IfL 2004
Inhalt: G. Herfert
Grafik: R. Bräuer

-20 -10 0 10 20 30 40 50 60 70

Quelle: Landesarbeitsamt Berlin-Brandenburg

in Prozent

[23] Weitere Abgrenzungskriterien: Ein Hauptkern mit mindestens 2.500 Beschäftigten und angrenzende Gemeinden mit mindestens 500 Beschäftigten können einen Pol bilden.
[24] Die Großstadt Potsdam wird hier entsprechend dem Konzept der Functional Urban Regions (GEMACA-Studie 1996) zum ökonomischen Kern der Metropolregion und somit nicht zum Verflechtungsraum gerechnet.
[25] Die ehemalige Kreisstadt Zossen, die nicht Teil eines ökonomischen Pols ist, verlor von 1994 bis 2002 ein Drittel ihrer Beschäftigten.

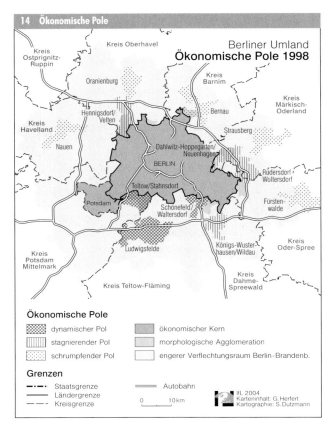

Berliner Umland
Ökonomische Pole 1998

Kreis Ostprignitz-Ruppin
Kreis Oberhavel
Kreis Barnim
Oranienburg
Kreis Märkisch-Oderland
Hennigsdorf/Velten
Bernau
Kreis Havelland
Strausberg
Nauen
Dahlwitz-Hoppegarten/Neuenhagen
BERLIN
Rüdersdorf/Woltersdorf
Teltow/Stahnsdorf
Potsdam
Fürsten-walde
Schönefeld/Waltersdorf
Kreis Potsdam Mittelmark
Ludwigsfelde
Königs-Wuster-hausen/Wildau
Kreis Oder-Spree
Kreis Teltow-Fläming
Kreis Dahme-Spreewald

Ökonomische Pole

dynamischer Pol
ökonomischer Kern
stagnierender Pol
morphologische Agglomeration
schrumpfender Pol
engerer Verflechtungsraum Berlin-Brandenb.

Grenzen

Staatsgrenze
Autobahn
Ländergrenze
Kreisgrenze
0   10 km

IfL 2004
Karteninhalt: G.Herfert
Kartographie: S.Dutzmann

tigten – ist durch den gemeinsamen Pol mit der sich dynamisch entwickelnden Stadt Wildau davon ausgenommen. Damit gehört fast der gesamte erste mittelstädtische Zentrenring um Berlin (außer Ludwigsfelde) zu den ökonomischen Verlierern der Nach-Wende-Entwicklung. Diese ehemaligen Kreisstädte[26], die nicht nur Verwaltungszentren, sondern auch industrielle Zentren und z.T. auch Garnisonsstandorte waren, konnten den Wegfall der alten Wirtschaftsstrukturen nur in geringem Umfang durch den Aufbau neuer Strukturen kompensieren. Dieser Trend setzt sich bis in die Gegenwart fort. Dennoch bilden diese Zentren auch heute noch bedeutende Arbeitsplatzkonzentrationen im Berliner Umland.

Die *dynamischen Pole* konzentrieren sich einzig im südlichen Berliner Umland, dem neuen ökonomischen Kernraum der äußeren Peripherie, was sowohl die Bewertung seitens der Immobilien- als auch der Planungsbranche verifiziert. Die besondere Attraktivität des Südraumes erklärt sich vorrangig aus der Optik internationaler/interregionaler Standortverlagerer, die die optimale Verkehrslage zu den alten Bundesländern bei der völligen Neugestaltung der Distributionsverflechtungen in der Berliner Region wie auch die Nähe zum zukünftigen Großflughafen Berlin-Brandenburg besonders hoch bewerteten. Mit ihrem Beschäftigtenwachstum von über 40 % (1994 - 2002) heben sich die drei dynamischen Pole Ludwigsfelde/Dahlewitz, Teltow/Stahnsdorf und Schönefeld/Waltersdorf deutlich von den anderen Polen ab. Jedoch resultiert das dynamische Beschäftigtenwachstum dieser Pole nur aus der Boomphase der 1990er Jahre. Zurzeit herrscht weitestgehend Stagnation vor, was angesichts des aktuell stark schrumpfenden ostdeutschen Arbeitsmarktes jedoch eher als Ausdruck von ökonomischer Stabilität zu werten ist. Diese Stabilität beruht vorrangig auf den neu angesiedelten bzw. restrukturierten Wirtschaftsstrukturen: dem Fahrzeugbau, dem großflächigen Einzelhandel sowie dem Bereich Verkehr/Nachrichtenübermittlung (*Fig. 15*).

Neben den dynamischen bilden auch die *stagnierenden Pole* – stagnierend hinsichtlich der Beschäftigtenentwicklung 1994 bis 2002 insgesamt – wesentliche neue Elemente der Ökonomie des Berliner Umlandes. Auch sie hatten in den 1990er Jahren eine bedeutende Wachstumsdynamik zu verzeichnen. Dass hier in den zurückliegenden Jahren der Entwicklungstrend ins Negative umgeschlagen ist, lässt sich vor allem aus der wirtschaftlichen Profilierung erklären. Insbesondere die Pole Rüdersdorf, Dahlwitz-Hoppegarten/Neuenhagen und auch Hennigsdorf/Velten besitzen noch sehr hohe Lokalisationskoeffizienten im Baugewerbe, einem Wirtschaftsbereich, der von anhaltend hohen Beschäftigtenverlusten betroffen ist.

Generell resultieren die dynamischen/stagnierenden Pole im Berliner Umland sowohl aus Neugründungen auf der „grünen Wiese" als auch aus Restrukturierungen alter Wirtschaftsstandorte. Es sind zum einen altindustrielle Zentren wie die Industriestadt Ludwigsfelde, wo der alte Automobilstandort (Industriepark Ost mit DaimlerChrysler) völlig modernisiert und durch Flächenneuauswei-

---

[26] Nur Oranienburg behielt den Kreisstadtstatus.

15 Lokalisationskoeffizienten dynamischer/stagnierender Pole im Berliner Umland 2000

Wirtschaftsbereich/ Wirtschaftszweig	dynamische Pole			Hennigs-dorf/Velten	stagnierende Pole		
	Schönefeld/ Waltersdorf	Teltow/ Stahnsdorf	Ludwigs-felde/ Dahlewitz		KWH/ Wildau	Rüdersdorf/ Woltersdorf	Neuenhagen/ Dahlwitz-H.
Produzierendes Gewerbe	--		++	++		++	+
Maschinen-, Fahrzeug-bau	++		+++	+++	-	-	--
Baugewerbe	--			+		++	++
übriges prod. Gewerbe	--	-	-	++	-	++	+
Dienstleistungssektor	+	-	-		-		
Handel	++	+	++		++		++
Verkehr und Nachrich-tenübermittlung	+++	++	++			++	-
Kredit- und Ver-sicherungsgewerbe	--	+	--	--		--	--
Ingenieurbüros,Rechts-beratung, Werbung	+					--	++
Erziehung, Unterricht, Kultur	-	--	-	-		--	--
Gesundheits-, Sozial-wesen	--	--	--	-	++	++	
öffentl.Verwaltung, Sozialversicherung	--	++				--	--
übrige Dienstleistungen	--	--	--	--	--	--	--

Lokalisationskoeffizienten
Durchschnitt
Berlin-Brandenburg LQ=100

+++ extrem starke Konzentration (LQ>300)   − starkes Defizit (50<LQ<80)
++ sehr starke Konzentration (150 >LQ>300)   −− sehr starkes Defizit (LQ<50)
+ starke Konzentration (120>LQ<150)

Quelle: Landesarbeitsamt Berlin-Brandenburg, eigene Berechnung

sungen (Industriepark West) erweitert wurde und wo zugleich auch riesige neue Gewerbegebiete an den Autobahnabfahrten (Brandenburg-Park mit 220 ha und Preußenpark mit 110 ha) geschaffen wurden. Zum anderen entstanden auch völlig neue „Grüne-Wiese-Konglomerate" wie an der Autobahnabfahrt (A10) bei Dahlewitz, u.a. mit dem Industriegebiet von Rolls-Royce (Entwicklung und Montage von Flugzeugtriebwerken) nördlich und dem angrenzenden Einkaufs-Center Groß Machnow (63.000 m² Verkaufsfläche) südlich der Autobahn. Generell gibt es jedoch keine neuen Pole, die ausschließlich aus „Grüne-Wiese-Konglomeraten" bestehen und sich funktional unabhängig von der Kernstadt profilieren. Die neuen Pole, die zwar eigene Pendlereinzugsgebiete aufweisen *(Fig. XIX)*, liegen zumeist selbst im Pendlerdominanzbereich von Berlin. Einzig die Pole Schönefeld/Waltersdorf (Flughafen Berlin-Schönefeld und Fachmarktzentrum Waltersdorf mit 90.000 m² Verkaufsfläche) und Teltow/Stahnsdorf besitzen auch gegenüber Berlin ein positives Pendlersaldo. Durch die relativ hohe Spezialisierung reicht der Einzugsbereich des Pols Teltow/Stahnsdorf, dessen Kern der neue Technologiepark TechnoTerrain Teltow[27] mit über 6.000 Beschäftigten bildet, sogar über den gesamten engeren Verflechtungsraum. Beide Pole sind aber aufgrund ihrer unmittelbaren Randlage zu Berlin eher Stadterweiterungen als autarke Pole der äußeren Peripherie. Generell zeichnen sich die Interaktionsmuster der neuen Pole sowohl durch verstärkte Einpendlerströme aus dem ökonomischen Kernraum (Berlin/ Potsdam) – mehrheitlich sogar als Hauptquellgebiet – als auch durch die Zunahme und räumliche Ausdehnung tangentialer Verflechtungen aus.

Die neuen ökonomischen Pole liegen heute alle innerhalb der von der gemeinsamen Landesplanung Berlin-Brandenburg ausgewiesenen potenziellen Siedlungsbereiche *(Fig. 16)*. Dies erzeugt von vornherein den Eindruck von einem weitestgehend geplanten Suburbanisierungsprozess im engeren Verflechtungsraum. Da die planerisch ausgewiesenen Siedlungsbereiche im Landesentwicklungsplan für den engeren Verflechtungsraum jedoch erst 1998 in Kraft traten, handelt es sich hier vielfach eher um eine Anpassung der Planung an die geschaffenen Realitäten. Positiv ist zumindest zu bewerten, dass es gelang, die seitens der Landesplanung gesetzten Prioritäten zum Erhalt der großen Altindus-

---

[27] Der Technologiepark in Teltow ist ein Restrukturierungsstandort. Er entstand auf dem Gelände ehemaliger DDR-Großbetriebe (Geräte- und Reglerwerke und Elektronische Bauelemente Teltow). Teltow/Stahnsdorf war vor der Wende eines der Zentren der Elektrotechnik/Elektronik der DDR.

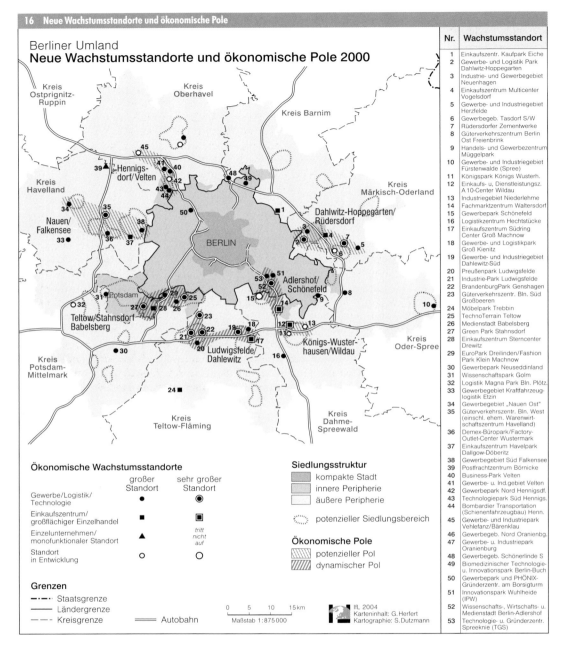

Berliner Umland
Neue Wachstumsstandorte und ökonomische Pole 2000

Nr.	Wachstumsstandort
1	Einkaufszentr. Kaufpark Eiche
2	Gewerbe- und Logistik Park Dahlwitz-Hoppegarten
3	Industrie- und Gewerbegebiet Neuenhagen
4	Einkaufszentrum Multicenter Vogelsdorf
5	Gewerbe- und Industriegebiet Herzfelde
6	Gewerbegeb. Tasdorf S/W
7	Rüdersdorfer Zementwerke
8	Güterverkehrszentrum Berlin Ost Freienbrink
9	Handels- und Gewerbezentrum Müggelpark
10	Gewerbe- und Industriegebiet Fürstenwalde (Spree)
11	Königspark Königs Wusterh.
12	Einkaufs- u. Dienstleistungsz. A10-Center Wildau
13	Industriegebiet Niederlehme
14	Fachmarktzentrum Waltersdorf
15	Gewerbepark Schönefeld
16	Logistikzentrum Hechtstücke
17	Einkaufszentrum Südring Center Groß Machnow
18	Gewerbe- und Logistikpark Groß Kienitz
19	Gewerbe- und Industriegebiet Dahlwitz-Süd
20	Preußenpark Ludwigsfelde
21	Industrie-Park Ludwigsfelde
22	BrandenburgPark Genshagen
23	Güterverkehrszentr. Bln. Süd Großbeeren
24	Möbelpark Trebbin
25	TechnoTerrain Teltow
26	Medienstadt Babelsberg
27	Green Park Stahnsdorf
28	Einkaufszentrum Sterncenter Drewitz
29	EuroPark Dreilinden/Fashion Park Klein Machnow
30	Gewerbepark Neuseddinland
31	Wissenschaftspark Golm
32	Logistik Magna Park Bln. Plötz.
33	Gewerbegebiet Kraftfahrzeuglogistik Etzin
34	Gewerbegebiet „Nauen Ost"
35	Güterverkehrszentr. Bln. West (einschl. ehem. Warenwirtschaftszentrum Havelland)
36	Demex-Büropark/FactoryOutlet-Center Wustermark
37	Einkaufszentrum Havelpark Dallgow-Döberitz
38	Gewerbegebiet Süd Falkensee
39	Postfrachtzentrum Börnicke
40	Business-Park Velten
41	Gewerbe- u. Ind.gebiet Velten
42	Gewerbepark Nord Hennigsdf.
43	Technologiepark Süd Hennigs.
44	Bombardier Transportation (Schienenfahrzeugbau) Henn.
45	Gewerbe- und Industriepark Vehlefanz/Bärenklau
46	Gewerbegeb. Nord Oranienbg.
47	Gewerbe- u. Industriepark Oranienburg
48	Gewerbegeb. Schönerlinde S
49	Biomedizinischer Technologieu. Innovationspark Berlin-Buch
50	Gewerbepark und PHÖNIXGründerzentr. am Borsigturm
51	Innovationspark Wuhlheide (IPW)
52	Wissenschafts-, Wirtschafts- u. Medienstadt Berlin-Adlershof
53	Technologie- u. Gründerzentr. Spreeknie (TGS)

Kreis Ostprignitz-Ruppin

Kreis Oberhavel

Kreis Barnim

Kreis Havelland

Kreis Märkisch-Oderland

Nauen/Falkensee

Hennigsdorf/Velten

BERLIN

Dahlwitz-Hoppegarten/Rüdersdorf

Potsdam

Teltow/Stahnsdorf Babelsberg

Adlershof/Schönefeld

Kreis Oder-Spree

Kreis Potsdam-Mittelmark

Königs-Wusterhausen/Wildau

Ludwigsfelde/Dahlewitz

Kreis Teltow-Fläming

Kreis Dahme-Spreewald

Ökonomische Wachstumsstandorte

	großer Standort	sehr großer Standort
Gewerbe/Logistik/Technologie	●	◉
Einkaufszentrum/großflächiger Einzelhandel	■	▣
Einzelunternehmen/monofunktionaler Standort	▲	*tritt nicht auf*
Standort in Entwicklung	○	○

Grenzen

–·–·– Staatsgrenze
——— Ländergrenze
– – – Kreisgrenze

Siedlungsstruktur

kompakte Stadt
innere Peripherie
äußere Peripherie
potenzieller Siedlungsbereich

Ökonomische Pole

potenzieller Pol
dynamischer Pol

0   5   10   15km
Maßstab 1:875 000

IfL 2004
Karteninhalt: G. Herfert
Kartographie: S. Dutzmann

======= Autobahn

triestandorte Hennigsdorf/Velten, Teltow/Stahnsdorf und Rüdersdorf – sie wurden als Orte mit besonderem Handlungsbedarf ausgewiesen – in gewissem Grade umzusetzen. Insgesamt ist in Form der neuen ökonomischen Pole ein deutlicher Trend zur dezentralen Konzentration im Berliner Umland zu beobachten – hier konzentrieren sich ca. 80 % des Beschäftigtenwachstums (1994 - 1998) des Berliner Umlandes. Die Nähe zu Berlin wie auch die optimale Erreichbarkeit hatten hier entscheidenden Einfluss auf die Ansiedlungsentscheidungen. An den Mittelstädten im ersten Siedlungsring, die ebenfalls als Handlungsschwerpunkte ausgewiesen wurden, ging diese Entwicklung weitestgehend vorbei.

Auf der Ebene der einzelnen neuen Wachstumsstandorte zeigt sich noch dezidierter der Einfluss der Verkehrsanbindung für die Standortwahl der Betriebe. Hier treten neben den ringartigen verstärkt die axialen Raumstrukturen entlang von Autobahnen und B-Straßen deutlicher hervor. Sie knüpfen vorrangig an den alten Siedlungsstern der Berliner Stadtregion an und ragen teilweise bis in die innere Peripherie hinein. Das betrifft insbesondere die dynamischen Pole im Südraum wie die seitens der Planung prognostizierte Technologieachse Adlershof-Schönefeld-Wildau im Südosten und den Raum Teltow/Babelsberg im Südwesten. Weitere größere Konzentrationen neuer Wachstumsstandorte entstanden entlang der Siedlungsachsen Dahlwitz-Hoppegarten-Rüdersdorf im Osten, Velten-Hennigsdorf im Norden und Falkensee-Nauen im Westen. Sie bilden potenzielle ökonomische Pole der zukünftigen Entwicklung. Das dürfte durch den weiteren Ausbau der Verkehrsinfrastruktur auch für die havelländische Siedlungsachse Falkensee-Nauen[28] zutreffen, wenngleich derzeit in der ehemaligen Kreisstadt Nauen noch die Wachstumsdynamik fehlt und der berlinnahe Raum um Falkensee sich trotz bedeutender Standortneugründungen (u.a. GVZ Berlin West (195 ha) und EKZ Havelpark mit 42.000 m² Verkaufsfläche) bisher stärker als Wohn- denn als Arbeitsstandort profilierte.

Funktionale Spezialisierung

Ansätze für die Ausprägung von Leitfunktionen in den neuen Polen hatten sich bereits bei den Lokalisationskoeffizienten gezeigt. Zum einen sind das die modernen neuen Produktionskomplexe des Fahrzeugbaus in Ludwigsfelde, Dahlewitz und Hennigsdorf, zum anderen die überregionalen Distributionszentren, ergänzt durch Logistikeinrichtungen des Großhandels wie z.B. im GVZ Berlin-Süd (Großbeeren). Im Pol Teltow/Stahnsdorf zeigen sich mit dem Technologiepark TechnoTerrain Teltow – einschließlich eines Gründer- und Innovationszentrums –, dem Frauenhofer-Institut IZM sowie vielen Neuansiedlungen aus der IT-Branche (u.a. VIAG Intercom, Mannesmann Mobilfunk, eBay) Ansätze zu einer technologieorientierten Entwicklung. Weitere Themenparks in der äußeren Peripherie sind u.a. der Technologiepark Hennigsdorf mit dem Biotechnologiezentrum[29] sowie dem Technologiezentrum Verkehrstechnik und das im Bau befindliche Technologiezentrum für Luft- und Raumfahrt Wildau in der Nähe des Autobahnkreuzes Schönefeld. Diese strukturpolitische Hinwendung zu innovativen Technologiefeldern, gefördert durch bedeutende GA-Mittel, sind ein Versuch, auf Grundlage der besonderen regionalen Kompetenzen die Produktionspotenziale auch mittels räumlicher Cluster-Bildungen zu stärken.

Auch außerhalb der neuen ökonomischen Pole zeichnen sich Tendenzen einer funktionalen Spezialisierung ab. Im Jahre 1997 entstand acht Kilometer westlich von Potsdam in einer ca. 1.900 Einwohner zählenden Gemeinde auf der „grünen Wiese" der Wissenschaftspark Golm, in dem sich vier außeruniversitäre Forschungsinstitute und die Naturwissenschaftliche Fakultät der Universität Potsdam befinden. Derzeit bietet er ca. 1.000 Arbeitsplätze (Kühn 2003). Zukünftig ist hier auch die Ansiedlung eines Technologieparks bzw. Gründerzentrums geplant. Solche von der Wissenschafts- und Wirtschaftspolitik geplanten und geförderten Ansiedlungen von suburbanen Wissensstandorten könnten jedoch angesichts fehlender Wachstumskräfte in Ostdeutschland scheitern, zumal mit der Entwicklung eines High-Tech-Campus in Potsdam[30] begonnen wurde und in Berlin-Adlershof mit der „Stadt der Wissenschaft, Wirtschaft und Medien" ein weit größer dimensionierter Konkurrent auch auf weitere Ansiedlungen wartet.

---

[28] Lt. Bundesverkehrswegeplan 2003 ist der vierspurige Ausbau der A10 in diesem Bereich wie auch der Ausbau der B5 bis Nauen vorgesehen – das Teilstück von Berlin-Spandau bis zur A10 ist bereits fertig.

[29] Im eVr Berlin-Brandenburg gibt es insgesamt 6 Bio-Technologieparks, zwei im Berliner Umland (Hennigsdorf und Biotech Campus in Potsdam), vier in Berlin: der Campus Berlin-Buch, der BioTechPark Charlottenburg (Schering AG), der Focus Mediport Steglitz und das Umwelttechnikzentrum im WISTA (Adlershof). Die Region Berlin-Brandenburg hat damit die größte Dichte an Biotech-Unternehmen in Deutschland (www.biotop.de). Die gemeinsame Initiative von Berlin und Brandenburg, die Region als international anerkanntes Kompetenzzentrum für Biotechnologie zu entwickeln, ist ein Schwerpunkt zur Herausbildung von innovativen Technologiefeldern. Als weitere Kompetenzfelder gelten die Medizintechnik, die Kommunikationstechnologie sowie die Verkehrstechnik. Keines der ausgewiesenen Kompetenzfelder besitzt derzeit „Weltruf". Ein wesentlicher Impuls zur Beschäftigtenentwicklung ist nach Meinung von Experten aus dieser Initiative nicht zu erwarten (Berliner Bankgesellschaft 2001).

[30] Der High-Tech-Park „Campus am Jungfernsee" ist das größte private Investitionsvorhaben in der Stadt Potsdam. Auf einem 36 ha großen ehemaligen Kasernengelände in attraktivster Lage am Jungfernsee soll bis 2013 ein völlig neuer Stadtteil, ein Mischgebiet aus Wohnungen, Büros und insgesamt 3.000 bis 4.000 Arbeitsplätzen, entstehen.

5 Perspektiven der Entwicklung

Berlin zählt derzeit zu den eher wachstumsschwachen europäischen Metropolregionen. Die Entwicklungsdynamik im Berliner Umland war folglich nach der Wende – trotz der Hauptstadt-Euphorie – vergleichsweise moderat. Dies war zum einen auf die doppelte wirtschaftliche Transformation der Kernstadt – sowohl Ost- als auch Westberlin – (KOHLER 2001) zurückzuführen, zum anderen auch darauf, dass ein großer Teil der Suburbanisierung in der inneren Peripherie stattfand – *Das Umland ist in der Stadt!*", so ein Vertreter der IHK Berlin.

Dennoch wurde das Berliner Umland durch neuartige Nutzungen stark überformt, lassen sich neue ökonomische Raumstrukturen erkennen, nicht in Form des oft postulierten Speckgürtels, sondern durch die Herausbildung dynamischer Pole. Sie konzentrieren sich im Südraum des Berliner Umlandes, zum einen kernstadtnah gelegen, zum anderen entlang von Verkehrskorridoren, generell jedoch innerhalb des Autobahnringes. Weitere potenzielle Pole entstanden entlang alter Siedlungsachsen. Die Nähe zu Berlin wie auch die optimale Erreichbarkeit waren entscheidende Determinanten dieses Raummusters.

Verlierer der Nachwendeentwicklung waren vor allem die Mittelzentren im ersten Zentrenring um Berlin, die den Wegfall der alten Wirtschaftsstrukturen nur in geringem Umfang durch den Aufbau neuer kompensieren konnten. Auch wenn die betrieblichen Neuansiedlungen vorrangig auf Grüne-Wiese-Standorten erfolgten, sind die neuen Pole in hohem Maße auch Restrukturierungsräume, insbesondere dort, wo durch die Kopplung von Landes-, Bundes- und EG-Fördermitteln moderne Industriestrukturen entstanden. Sie bilden somit Konglomerate aus Altem und Neuem, sind letztlich nicht neue, sondern revitalisierte Pole mit mehr oder weniger ausgeprägten Leitfunktionen. Dies sind moderne Produktionskomplexe, überregionale Distributionszentren sowie technologieorientierte Standortkomplexe. Gleichzeitig entstanden außerhalb der Pole aber auch große suburbane Einzelstandorte, insbesondere großflächige Einzelhandels- und große Logistikzentren, abseits von bestehenden Siedlungsstrukturen.

Die aktuellen Entwicklungstendenzen im Raum Berlin-Brandenburg beschreiben zugleich ein Bild stark wachsender sozioökonomischer Disparitäten: Die sich allmählich stabilisierende und profilierende Hauptstadt Berlin, das engere Berliner Umland, das seine Wachstumsdynamik zwar verloren hat, aber mit seinen neuen, modernen Wirtschaftsstrukturen ökonomische und demographische Stabilität besitzt, und der restliche Raum[31] des Landes Brandenburg, der von starken demographischen und ökonomischen Verwerfungen (Arbeitslosigkeit > 20 %) betroffen ist und zunehmend sein wird (BEYER u. ZUPP 2002, S. 90f.; SEITZ 2001, S. 145ff.).

Angesichts der aktuellen wirtschaftlichen Situation sind selbst die neuen ökonomischen Pole im Berliner Umland im eigentlichen Sinne keine Wachstums-, sondern eher Stabilitätspole in der ostdeutschen Schrumpfungslandschaft (HERFERT 2004; STIENS 2003). Mittelfristig dürfte nur Schönefeld mit dem geplanten neuen Großflughafen Berlin-Brandenburg International (voraussichtlicher Baubeginn 2005) der einzige Pol im Berliner Umland sein, wo demnächst eine wirtschaftliche Dynamik zu erwarten sein wird. Inwieweit dann eine Aeroville entstehen könnte, ist aufgrund der Reurbanisierungstendenzen in der Stadtregion – siehe auch Knowlege City in Adlershof und High Tech Park in Potsdam – eher fraglich. Von einem funktionalen Archipel europäischer Stadtregionen à la KUNZMANN (2001) ist die Stadtregion Berlin noch weit entfernt. Eine Funurbia ist in Ansätzen vorhanden, u.a. begann der Bau eines Tropenparks.[32] Von einem Kap der guten Hoffnung kann man vorerst noch nicht sprechen. Potenzielle Armutsgebiete sind derzeit noch auf die peripheren Großwohnsiedlungen be-

---

[31] Gemeint ist der periphere Teil des Berliner Umlandes einschließlich des äußeren Entwicklungsraumes Brandenburg.

[32] Ein britisch-malaysisches Konsortium hatte im Sommer 2003 die mit großen Fördermitteln gebaute insolvente Cargolifter-Werft in Brand, rund 60 Kilometer südlich von Berlin, gekauft. Die Umbauarbeiten zum Freizeitpark „Tropical Islands" haben bereits begonnen. Hier soll eine Tropenlandschaft mit Sandstränden, Regenwald, Lagune und ganzjährigem Tropenklima in einer 360 Meter langen, 210 Meter breiten und 107 Meter hohen Halle einschließlich zweier Hotels und eines Restaurants entstehen. Das Konsortium will in einer ersten Phase rund 70 Mio. Euro investieren und rund 500 Arbeitsplätze schaffen.

grenzt, im Rahmen der prognostizierten Schrumpfungsprozesse dürften jedoch auch periphere Lagen des Berliner Umlandes bald dazugehören.

Perspektivisch wird sich die Wachstumsdynamik in der Berliner Stadtregion vorrangig auf die innere Stadt reduzieren, basierend auf dem beachtlichen endogenen Potenzial der Hauptstadtfunktion (PFEIFFER 1999; 2000).[33] Erste Anzeichen für eine Trendwende der stagnierenden Wirtschaftsentwicklung sind vorhanden: So ist der Beschäftigtenrückgang in Berlin zum Stillstand gekommen, hat sich durch die Modernisierung der Berliner Industrie deren Wettbewerbsposition verbessert[34] und gehören einige Bereiche der überregional orientierten Dienstleistungen zu denen mit der dynamischsten Entwicklung in Deutschland (PFEIFFER u. RING 2002; GEPPERT u. GORNIG 2003). Zwar steigen im Finanzsektor sowie bei den Rechts- und Wirtschaftsberatungen noch die Abstände im Vergleich zu den führenden deutschen Wirtschaftsregionen Rhein-Main und München[35], dennoch zeigen sich sehr positive Entwicklungen in den Bereichen Datenverarbeitung, Werbung, Wirtschaftsorganisationen sowie Medien (Verlagswesen und Film-/Fernsehwirtschaft). Hier dürfte die Chance Berlins liegen, überregionale Dienstleistungsfunktionen zu übernehmen bzw. vorhandene Entwicklungspotenziale auszubauen (BRENKE et al. 2002). Davon könnte dann auch das Umland profitieren. Trotz gemeinsamer Landesplanung und teilweise abgestimmter Wirtschaftsförderung (Biotechnologie und Verkehrstechnik) gibt es jedoch bisher nur getrennte Zukunftsstrategien für die jeweiligen Teilräume (Forum Zukunft Brandenburg und BerlinStudie). Auch fehlt ein Konzept zur Präsentation eines einheitlichen Wirtschaftsraumes Berlin-Brandenburg. Ein zweiter Anlauf zu einer Fusion der Länder Berlin und Brandenburg – die Volksabstimmung ist für 2006, der Zusammenschluss für 2009 geplant – wäre aus ökonomischer Sicht deshalb sinnvoll, wenngleich die daraus resultierenden Impulse für ein Wirtschaftswachstum nicht überschätzt werden dürfen (BRENKE et al. 2002).

Die Entwicklung im Berliner Umland weist spezifische Eigenheiten auf: Das Nebeneinander von Schrumpfung und Wachstum, der „künstlich" über steuerliche Sonderabschreibungen induzierte temporäre Suburbanisierungsschub, die Überlappung von Transformation und Globalisierung mit dem Wegbrechen der industriellen Basis, die speziell ostdeutsche Restitutionsproblematik wie auch die Gleichzeitigkeit von Sub- und Reurbanisierungstendenzen. Diese Mischung von Strukturen und Prozessen in der Stadtregion Berlin bezeichnet MATTHIESEN (2002, S. 327ff.) als postsozialistische Hybridbildungen, einerseits getragen vom sozialistischen Erbe, andererseits geprägt von aktuellen Globalisierungsprozessen, gebrochen durch die spezielle Optik der ostdeutschen Entwicklung.

[33] Auch in einer Studie über das Image des Berliner Wirtschaftsstandortes, das die Partner für Berlin Marketinggesellschaft 2001 nach Befragung von 651 international tätigen Unternehmen aus dem Ausland erstellte, wurde die wirtschaftliche Situation des Standortes Berlin für die nächsten 10 Jahre überwiegend positiv bewertet.

[34] Es ist eine Zunahme des Anteils wissensintensiver Produktionslinien und ein wachsender Leistungsaustausch mit dem Dienstleistungsbereich zu verzeichnen. Dennoch ist Berlin vom Niveau der führenden Großstadtregionen Deutschlands noch weit entfernt (PFEIFFER u. RING 2002; BRENKE et al. 2002).

[35] Dieser Tatbestand wird u.a. dahingehend interpretiert, dass es bei diesen Dienstleistungen nicht zu einem Aufholprozess Berlins kommen wird, da diese in den etablierten Regionen bereits in kompetenter und ausreichender Form erbracht werden (BRENKE et al. 2002).

Literatur

Aengevelt Immobilien KG (1998): Gewerbegebiet-Report Region Berlin-Brandenburg Nr. 1. Der Markt für Industrie- und Gewerbeflächen im engeren Verflechtungsraum Berlin-Brandenburg. Berlin.

ARING, J. (1997): Die dezentrale Konzentration – ein tragfähiges regionales Leitbild gegen die Auflösung der Stadt in die Region? In: BOSE, M. (Hrsg.): Die unaufhaltsame Auflösung der Stadt in die Region? Hamburg, S. 101 - 118.

ARING, J. u. G. HERFERT (2001): Neue Muster der Wohnsuburbanisierung. In: BRAKE, K., J. S. DANGSCHAT u. G. HERFERT (Hrsg.): Suburbanisierung in Deutschland – Aktuelle Tendenzen. Opladen, S. 43 - 56.

Berliner Bankgesellschaft (2001): Die Wirtschaftsregion Berlin-Brandenburg zwei Jahre nach dem Regierungsumzug. Regionalreport. Berlin.

BEYER, W. u. K. BIRKHOLZ (2003): Strukturräumliche Entwicklungstrends in Brandenburgs Randregionen. In: IRS aktuell 41, S. 2 - 4.

BEYER, W. u. M. SCHULZ (2001): Berlin – Suburbanisierung auf Sparflamme?! In: BRAKE, K., J. S. DANGSCHAT u. G. HERFERT (Hrsg.): Suburbanisierung in Deutschland – Aktuelle Tendenzen. Opladen, S. 123 - 150.

BEYER, W. u. W. ZUPP (2002): Langfristige Bevölkerungsentwicklung Brandenburger Städte bis zum Jahre 2040. In: Raumforschung und Raumordnung, H. 2, S. 89 - 99.

BEYER, W. et al. (2002): Die Metropolregion Berlin-Brandenburg. In: Institut für Länderkunde (Hrsg.): Nationalatlas Bundesrepublik Deutschland. Bd. 5: Städte und Dörfer. Leipzig, S. 166 - 167.

BRENKE, K. et al. (2002): Bausteine für die Zukunft Berlins. DIW-Wochenbericht 10. Berlin.

Der Regierende Bürgermeister von Berlin (2000): Die BerlinStudie: Strategien für die Stadt. Berlin.

EINEM, E. VON (1993): Die Illusion der berlin-brandenburgischen Landesplanung. In: Raumforschung und Raumordnung, H. 7/8, S. 481 - 488.

GEMACA (= Group for European Metropolitan Area Comparative Analysis) (1996): North-West European Metropolitan Regions. Geographical boundaries and economic structures. Paris.

GEPPERT, K. (1999): Berlin – Dienstleistungszentrum der Zukunft? In: MOMPER, W. et al. (Hrsg.): Berlins zweite Zukunft. Aufbruch in das 21. Jahrhundert. Berlin, S. 85 - 110.

GEPPERT, K. u. M. GORNIG (2003): Die Renaissance der großen Städte – und die Chancen Berlins. In: DIW-Wochenbericht 26. Berlin.

GL (Gemeinsame Landesplanung Berlin-Brandenburg) (1998): Gemeinsam planen für Berlin und Brandenburg. Hrsg. vom Ministerium für Umwelt, Naturschutz und Raumordnung des Landes Brandenburg und von der Senatsverwaltung für Stadtentwicklung, Umweltschutz und Technologie.

HEINE, M. (1999): Wirtschafts- und Strukturförderung in Berlin. In: MOMPER, W. et al. (Hrsg.): Berlins zweite Zukunft. Aufbruch in das 21. Jahrhundert. Berlin, S. 111 - 134.

HERFERT, G. (2001): Stadt-Umland-Wanderung in den 1990er Jahren. In: Institut für Länderkunde (Hrsg.): Nationalatlas Bundesrepublik Deutschland. Bd. 4: Bevölkerung. Leipzig, S. 116 - 119.

HERFERT, G. (2002): Disurbanisierung und Reurbanisierung – Polarisierte Raumentwicklung in der ostdeutschen Schrumpfungslandschaft. In: Raumforschung und Raumordnung, H. 5/6, S. 334 - 344.

HERFERT, G. (2004): Die ostdeutsche Schrumpfungslandschaft. In: Geographische Rundschau, H. 2, S. 57 - 62.

HERFERT, G. u. M. SCHULZ (2002): Wohnsuburbanisierung in Verdichtungsräumen. In: Institut für Länderkunde (Hrsg.): Nationalatlas Bundesrepublik Deutschland. Bd. 5: Städte und Dörfer. Leipzig, S. 124 - 127.

HESSE, M. (2003): Gütertransport und Logistik im Urbanisierungsprozess. Untersuchungen zur Standortdynamik und zu den siedlungsräumlichen Implikationen des Strukturwandels in der Logistik, mit zwei Fallstudien in Berlin-Brandenburg und Nordkalifornien. Habilitationsschrift (unveröff.), Fachbereich Geowissenschaften der Freien Universität Berlin. Berlin.

HOFMEISTER, B. (1990): Berlin (West). Eine geographische Strukturanalyse der zwölf Westbezirke. Gotha.

JÄHNKE, P. u. M. WOLKE (2000): Sozialräumliche Mobilität in der Stadtregion Berlin. In: RaumPlanung 90, S. 132 - 137.

KAPPHAHN, A. (2002): Das arme Berlin. Opladen.

KARSTEN, M. u. H. USBECK (2001): Gewerbesuburbanisierung – Tertiärisierung der suburbanen Standorte. In: BRAKE, K., J. S. DANGSCHAT u. G. HERFERT (Hrsg.): Suburbanisierung in Deutschland – Aktuelle Tendenzen. Opladen, S. 71 - 80.

KOHLER, D. (2001): Wirtschaftsraum Metropole, Wandel der Wirtschaft in der Hauptstadt, Einführung. In: DUHEM, G. et al. (Hrsg.): Paris – Berlin. Ein neuer Blick auf die europäischen Metropolen. Frankfurt am Main, S. 61 - 65.

KRÄTKE, S. (2001): Berlin: Dienstleistungsmetropole oder Produktionsraum im Umbruch? In: DUHEM, G. et al. (Hrsg.): Paris – Berlin. Ein neuer Blick auf die europäischen Metropolen. Frankfurt am Main, S. 77 - 102.

KRÄTKE, S. u. R. BORST (2000): Berlin: Metropole zwischen Boom und Krise. Opladen.

KÜHN, M. (2001): Regionalisierung der Städte. In: Raumforschung und Raumordnung, H. 5/6, S. 402 - 411.

KÜHN, M. (2003): Wissensstädte – Wissensparks. In: Raumforschung und Raumordnung, H. 3, S. 139 - 149.

KULKE, E. (2001): Entwicklungstendenzen suburbaner Einzelhandelslandschaften. In: BRAKE, K., J. S. DANGSCHAT u. G. HERFERT (Hrsg.): Suburbanisierung in Deutschland – Aktuelle Tendenzen. Opladen, S. 57 - 70.

KULKE, E. (2002): Bundeshauptstadt Berlin. Wirtschaftliche und räumliche Transformation. In: Geographie und Schule 136, S. 9 - 14.

KUNZMANN, K. R. (2001): Welche Zukünfte für Suburbia? Acht Inseln im Archipel der Stadtregion. In: BRAKE, K., J. S. DANGSCHAT u. G. HERFERT (Hrsg.): Suburbanisierung in Deutschland – Aktuelle Tendenzen. Opladen, S. 213 - 221.

LUA (Landesumweltamt Brandenburg) (1998): Wanderungsverflechtungen des Landes Brandenburg in den Jahren 1991 bis 1996 (internes Arbeitsmaterial).

MATTHIESEN, U. (2002): Fremdes und Eigenes am Metropolen-Rand – Postsozialistische Hybridbildungen in den Verflechtungsmilieus von Berlin und Brandenburg. In: MATTHIESEN, U. (Hrsg.): An den Rändern der deutschen Hauptstadt. Berlin, S. 327 - 352.

MATTHIESEN, U. u. H. NUISSL (2002): Phasen der Suburbanisierung seit 1989: Stichpunkte zum Berlin-Brandenburger Verflechtungsprozess. In: MATTHIESEN, U. (Hrsg.): An den Rändern der deutschen Hauptstadt. Berlin, S. 79 - 92.

MÜLLER, W. u. R. ROHR-ZÄNKER (1997): Die Städte und ihr Umland. Plädoyer für einen Perspektivenwechsel. In: RaumPlanung 78, S. 153 - 158.

NUISSL, H. (1999): Suburbanisierung und kommunale Entwicklungsstrategien an den Rändern der Hauptstadt. In: Archiv für Kommunalwissenschaften, H. II, S. 237 - 257.

NUISSL, H. u. C. JOERK (2002): Die Ränder der Hauptstadt – gemessen und kartographiert. In: MATTHIESEN, U. (Hrsg.): An den Rändern der deutschen Hauptstadt. Berlin, S. 61 - 78.

OVERWIEN, P. (2003): Planungsbezogenes Konfliktmanagement unter Transformationsbedingungen. Ein empirischer Beitrag zur Erklärung von Suburbanisierungstendenzen in der Stadtregion Berlin. Abhandlungen – Anthropogeographie, Institut für Geographische Wissenschaften, Bd. 64.

PFEIFFER, U. (1999): Die Zukunft der Region Berlin-Brandenburg. In: BerliNews, 14.10.99.

PFEIFFER, U. (2000): Berlin 2000 – Zerstobene Hoffnungen ... oder neue Perspektiven mit dem Regierungsumzug. In: BerliNews, 13.05.00.

PFEIFFER, I. u. P. RING (2002): Modernisierung der Industrie stärkt Wirtschaftsstandort Berlin. DIW-Wochenbericht 36, Berlin.

SASSEN, S. (1998): Global Cities und ihr Hinterland. In: ZÖPEL, C. (hrsg. mit Unterstützung der Staatskanzlei des Landes Brandenburg): 2. Forum Zukunft Brandenburg – 2025 in der Mitte Europas. Potsdam, S. 13 - 15.

SCHERF, K. (1998): Die Metropolregion Berlin. Genese und Niedergang, Revitalisierung und Innovation. In: ISR-Forschungsberichte, H. 17. Wien.

SCHULTE, W. (2000): Die gemeinsame Landesplanung für den Metropolraum Berlin-Brandenburg. In: Informationen zur Raumentwicklung, H. 11/12, S. 719 - 726.

SCHULZ, M. (1998): Berlin – Abschied von einer geteilten Stadt? In: Europa Regional, H. 1, S. 2 - 14.

SEITZ, H. (1998): Die Hauptstadt Berlin in der Nachwendezeit. In: EGELN, J. u. H. SEITZ (Hrsg.): Städte vor neuen Herausforderungen. Baden-Baden, S. 131 - 162.

SEITZ, H. (2001): Demographischer Wandel und Infrastrukturaufbau in Berlin-Brandenburg bis 2015. Gutachten für die Vereinigung der Unternehmensverbände in Berlin und Brandenburg e.V. In: BerliNews, 17.03.01.

SenStadt (Senatsverwaltung für Stadtentwicklung) (1998): Dienstleistungsstandort Berlin. Vierter Büroflächenbericht. Berlin, Stadtentwicklung 16.

STIENS, G. (1997): Sub- und Exurbanisierungsprozesse und die Reaktionen der Raumordnung darauf. In: KRÄMER-BADONI, T. u. W. PETROWSKY (Hrsg.): Das Verschwinden der Städte. Bremen, S. 30 - 38.

STIENS, G. (2003): Szenarien zur Raumentwicklung. Raum- und Siedlungsstrukturen Deutschlands 2015/2040. In: Forschungen, H. 12, Bonn.

VOGLER, G. (1998): Gewerbeparks im Berliner Umland. In: PRIGGE, W. (Hrsg.): Peripherie ist überall. Frankfurt, New York, S. 158 - 163.

ZIMM, A. (1991): Raum-zeitliche Etappen der Metropolenbildung Berlins, ein Blick zurück nach vorn. In: Petermanns Geographische Mitteilungen 135, S. 99 - 111.

ZÖPEL, C. (hrsg. mit Unterstützung der Staatskanzlei des Landes Brandenburg) (1998): Forum Zukunft Brandenburg – 2025 in der Mitte Europas. Potsdam.

Budapest

Zoltán Dövényi und Zoltán Kovács

1 Einleitung

Die Donaumetropole Budapest hat in ihrer langen Geschichte oft eine Brückenfunktion zwischen Ost und West eingenommen. Mit der politischen und wirtschaftlichen Transformation und der Integration in die Europäische Union, die oft als „Rückkehr nach Europa" bezeichnet wird, hat sich Budapest wieder nach Westen geöffnet. Die Budapester Stadtregion gehört heute ohne Zweifel zu den Gewinnern der mittelosteuropäischen Transformation: Mehr als 50 % des in Ungarn von 1990 bis 2001 investierten Auslandskapitals von 23 Mrd. US-$ wurden in dieser Region angelegt.

Der Aufschwung von Budapest nach der Wende führte nicht nur in der Hauptstadt, sondern auch in ihrem Umland zu räumlich differenzierten, tiefgreifenden Umgestaltungen. Seine früher ziemlich homogene Raumstruktur veränderte sich grundlegend. Angesichts der neuen postsozialistischen Entwicklungen in der Randzone der Budapester Stadtregion stellt sich die Frage, ob hier ähnliche räumliche Prozesse und Entwicklungsmuster auftreten, wie sie die metropolitanen Peripherien westlicher Städte in den letzten Jahrzehnten maßgeblich geprägt haben. Folgt die Budapester Peripherie also im Wesentlichen westlichen suburbanen und postsuburbanen Entwicklungsmustern im Sinne einer „nachholenden Entwicklung" oder beschreitet die Stadt einen eigenständigen Entwicklungspfad?

Budapest, das nach der Stadtvereinigung von 1872 (Óbuda, Buda und Pest) zum Zentrum der industriellen Entwicklung in Ungarn und zum Hauptort des Karpatenbeckens wurde, gehörte bis Anfang des 20. Jahrhunderts zu den sich sehr dynamisch entwickelnden Städten Europas. In dieser *take-off*-Periode entstand auch eine ausgedehnte Vorortzone um Budapest. Die Wirtschafts-, Verkehrs- und Sozialverflechtungen zwischen Budapest und seinem Umland – dazu gehörten damals etwa 20 Städte und Dörfer – waren vor dem Ersten Weltkrieg so stark, dass deren Eingemeindung schon in dieser Zeit zur Diskussion stand. Neben diesem engeren Umland existierte noch eine äußere Umlandzone mit etwa 50 Gemeinden, die durch lockere Beziehungen mit der Hauptstadt verbunden waren. In dieser Stadtregion mit Budapest, der Vorort- und der äußeren Zone lebten etwa 1,3 Mio. Einwohner (Berényi 1986, S. 126).

Mit dem Zerfall der Österreich-Ungarischen Monarchie verlor Budapest seine Rolle als makroregionales Wirtschafts- und Organisationszentrum in der Karpatenregion. Gleichzeitig wurde die Stadtregion Budapest innerhalb des neuen verkleinerten Staatsterritoriums zum bestimmenden Element der Siedlungsstruktur Ungarns. Nachdem sich die Bevölkerungszahl der Vorortzone um Budapest in der Zwischenkriegszeit weiter bedeutend erhöht hatte, nahm der Anteil der Budapester Stadtregion an der Landesbevölkerung von 15,2 % (1920) auf 18,4 % (1941) zu; hier lebte also fast jeder fünfte Einwohner Ungarns.

Im Jahre 1950 wurde die Vorortzone – 7 Städte und 16 Dörfer – durch eine politische Entscheidung nach Budapest eingemeindet. Auf der jetzt 525 km² großen Fläche von Groß-Budapest lebten 1,6 Mio. Einwohner. Zugleich verstärkten sich die Agglomerationsverflechtungen mit der ehemals äußeren Umlandzone, insbesondere wegen der Zuzugsbeschränkungen nach Budapest. Stufenweise wurden die verkehrstechnisch in günstiger Lage befindlichen Gemeinden an die Hauptstadt raumstrukturell angeschlossen. In diesem Prozess spielte die Pendlerwanderung eine bedeutende Rolle: Die aus den ländlichen Regionen in die Agglomerationszone eingewanderte Bevölkerung fand Arbeitsplätze hauptsächlich in Budapest. Der raschen Bevölkerungszunahme im Verdichtungsraum konnten aber andere Prozesse nicht folgen: Mangelhafte technische und soziale Infrastruktur, Arbeitsplatzdefizit und funktionelle Entleerung waren die charakteristischen Zeichen dieser Entwicklung. So entstand um Budapest eine breite grundlegend monofunktionelle Zone (Wohnfunktion), die einseitig auf die Hauptstadt orientiert war. Die Ausdehnung und äußere Abgrenzung dieses Verflechtungsraumes war Anfang der 1970er Jahre noch ziemlich diffus, es waren ca. 44 Gemeinden. Nachdem die Umlandzone der Hauptstadt sich weiter ausdehnte, wurde im Jahre 1997 die Agglomeration Budapest gesetzlich – einschließlich weiterer 34 Gemeinden – auf 78 Umlandgemeinden festgelegt. Heute leben in der ca. 2.500 km² großen Stadtregion (Budapest und Agglomeration) etwa 2,45 Mio. Einwohner, d.h. ein Viertel der Landesbevölkerung. Die ungarische Siedlungsentwicklungspolitik strebt seit den 1980er Jahren nach einer Verringerung des Übergewichts der Hauptstadt bzw. der Stadtregion, doch deren Rolle und Gewicht blieben unverändert hoch (ENYEDI 1999).

2 Grundzüge der Entwicklung in der metropolitanen Peripherie
2.1 Die Struktur der Stadtregion Budapest

Die Budapester Stadtregion ist keine administrative Einheit: Während die Kernstadt Budapest eine eigenständige Verwaltungseinheit bildet, sind die 78 Gemeinden der Agglomeration Teil des Komitates Pest. Somit ist die äußere Grenze der Stadtregion keine administrative, sondern nur eine raumplanerische. Die Schaffung eines einheitlichen Raumentwicklungs- und Raumordnungsplanes für die Stadtregion wurde zwar per Gesetz festgelegt, die notwendige Ratifizierung durch das Parlament ist bis Ende 2003 jedoch noch nicht erfolgt. Zur Zeit müssen die Raumentwicklungspläne sowohl für Budapest als auch für die Agglomeration einzeln erstellt werden, wodurch sich das Planungs- und Entwicklungsproblem der Stadtregion weiter verstärkt.

Die Makrostruktur der Budapester Stadtregion differenziert sich in drei Zonen (*Fig. 1; 2*):
- Die *kompakte Stadt* besteht aus dem Zentrum, der City, mit den daran anschließenden gründerzeitlichen Bauten, außen begrenzt durch die Stadtgrenze bis 1950. Charakteristisch für das sog.

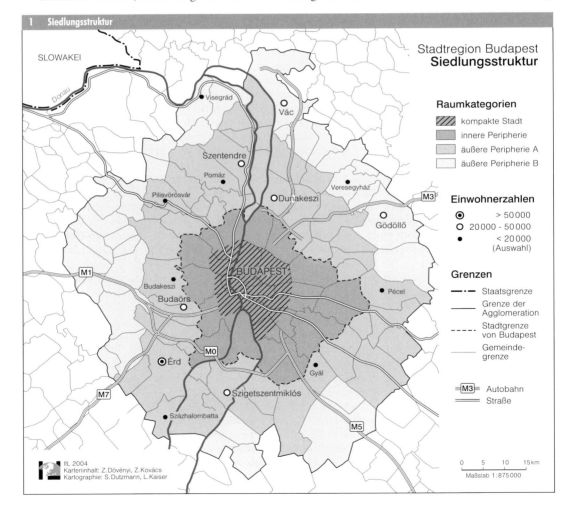

Klein-Budapest sind hauptsächlich die großstädtische Bebauung, hochrangige Wirtschaftsfunktionen und eine hohe Urbanität. Die Grundfläche der kompakten Stadt beträgt ca. 106 km², das sind mehr als 20 % der Gesamtfläche der Hauptstadt. In der kompakten Stadt wohnten 2001 ca. 867.000 Personen, somit fast die Hälfte der Einwohner der Hauptstadt (49 %). Die Bevölkerungsdichte liegt

2 Stadtregion Budapest – Raumkategorien			
Raumeinheit	Einwohner Personen	Fläche km²	Bevölkerungs- dichte Einwohner/km²
kompakte Stadt	867 474	106	8 184
innere Peripherie	908 914	419	2 169
äußere Peripherie ¹	674 401	2 013	335
Stadtregion Budapest	2 450 789	2 538	966

¹ Agglomeration Budapest   Quelle: Volkszählung 2001

bei durchschnittlich 8.200 Ew./km², differenziert sich aber in einzelnen Teilräumen sehr stark. Am dichtesten bevölkert ist der sog. innere Wohnbereich direkt an der City (Erzsébetváros mit 31.000 Ew./km²), während die Bevölkerungsdichte in der City selbst ca. ein Drittel dieses Wertes beträgt. Am dünnsten bewohnt sind die Randgebiete der kompakten Stadt wegen ihrer zwar geschlossenen, aber niedrigen Bebauung.

- Die *innere Peripherie* besteht hauptsächlich aus den im Jahre 1950 eingemeindeten Siedlungen und wird überwiegend durch die heutige Stadtgrenze nach außen abgeschlossen. Sie ist eine gemischte Zone: Hier befinden sich ehemalige Vorstädte in der Größe einer Mittelstadt (z.B. Újpest), Wohngebiete, die vor dem ersten Weltkrieg gebaut wurden, sozialistische Großwohnsiedlungen mit mehreren Zehntausenden von Einwohnern, gehobene Wohngebiete der Budaer Seite, Altindustriegebiete, ausgedehnte rurale Gebiete und sogar großflächige Agrarräume. Die durchschnittliche Bevölkerungsdichte der inneren Peripherie erreicht etwa die Hälfte des Wertes der kompakten Stadt. Diese relativ hohe Dichte resultiert aus der Bevölkerungskonzentration in den Neubaugebieten. Zugleich erreicht die Bevölkerungsdichte in einigen Stadtteilen der inneren Peripherie nicht einmal 500 Ew./km².

- Zur *äußeren Peripherie,* dem Umland der Hauptstadt, gehören 13 Städte und 65 Dörfer. Diese Zone wird in der ungarischen Fachliteratur als Agglomeration bezeichnet. Auf mehr als 2.000 km² wohnten hier im Jahre 2001 ca. 674.000 Einwohner, davon mehr als 50 % in den Dörfern. Da die äußere Peripherie in zwei Phasen entstand, kann man sie auch zwei genetisch unterschiedlichen Teilräumen zuordnen: Die äußere Peripherie „A" – durch enge funktionale Verflechtungen mit der Hauptstadt verbunden – schließt 44 Gemeinden im direkten Umland von Budapest ein. Sie entstand bereits nach der ersten Eingemeindungswelle im Jahre 1950. Die äußere Peripherie „B" verfügt über weniger intensive funktionale Verflechtungen mit Budapest. Es ist jener Teilraum mit 34 Gemeinden, die im Jahre 1998 aufgrund eines Regierungsbeschlusses zusätzlich in den Agglomerationsraum aufgenommen wurden.

Die Abgrenzung der Budapester Agglomeration ist letztlich nur eine statistische, die Agglomeration selbst ist nur ein Planungsraum. Ihre funktionale Ausdehnung erreicht aufgrund der Pendlerbeziehungen, insbesondere entlang der wichtigeren Eisenbahnlinien, einen Radius von bis zu 60 km.

2.2 *Entwicklungsphasen der Budapester metropolitanen Peripherie*

Die Peripherie vor 1990

Die Entstehung der Stadtregion Budapest hängt eng mit der Industrialisierung Ungarns zusammen. In der *take-off*-Periode der letzten Jahrzehnte des 19. Jahrhunderts entstanden ausgedehnte Vorortzonen. Die Entwicklung der Vorstädte erreichte einen ersten Höhepunkt durch den Ausbau eines modernen ÖPNV mit Vorortbahn- (HÉV) und Straßenbahnlinien. Arbeitskräfte, die in Budapest keinen Wohnraum fanden, zogen jetzt in die Vororte. Günstige Standortbedingungen, wie z.B. niedrigere Steuern, preiswertere Grundstücke und weniger strikte Bauvorschriften, waren auch attraktiv für Industrieansiedlungen. Vor dem 1. Weltkrieg hatten sich bereits vier bedeutende Industriegebiete im Budapester Umland ausgeprägt (BELUSZKY 1999, S. 42): Újpest im Norden mit chemischer Industrie, Textilindustrie und Elektroindustrie, Kispest-Pestszentlőrinc-Erzsébetfalva im Südosten mit einem Schwerpunkt im Maschinenbau, Csepel im Süden als Zentrum der Rüstungsindustrie und Metallverarbeitung und Budafok (Südbuda) mit dem Hauptgewicht in der Nahrungsmittelindustrie. Zwischen den industrialisierten Vororten lagen noch ausgedehnte ländlich strukturierte Gebiete, so Békásmegyer, Rákoscsaba,

Cinkota, Nagytétény und Soroksár. Hier wurden vor allem Obst und Gemüse für die Versorgung der Hauptstadt angebaut. Die Stadtregion Budapest hatte vor dem Ersten Weltkrieg bereits etwa 1,3 Mio. Einwohner (BERÉNYI 1986).

In der Zwischenkriegszeit wuchs die Peripherie explosionsartig. Sowohl das Bevölkerungs- als auch Wirtschaftswachstum übertrafen deutlich die Entwicklungen der Kernstadt Budapest. Durch den Wohnungsmangel in Budapest wurde die Masse der Zuwanderer ins Umland abgedrängt. Der jährliche Bevölkerungszuwachs der Vorortzone lag zwischen 1920 und 1930 bei 4,4 %, in Budapest dagegen nur bei 0,8 %. Die Einwohnerzahl der Vorortzone wuchs zwischen 1900 und 1945 von 130.000 auf 540.000 (KOVÁCS 1998). Dementsprechend erhöhte sich die Arbeitspendelwanderung nach Budapest zwischen 1930 und 1939 von 33.000 auf 40.000 Personen (BEREND u. RÁNKI 1961). Als Ergebnis der Zwischenkriegsentwicklung prägte sich auch der industrielle Charakter der Vorortzone noch deutlicher aus. Während der Anteil der Peripherie an der industriellen Produktion von Budapest 1926 bei 36 % lag, stieg der Wert bis 1938 auf 48 %. Durch das rapide Wachstum der peripheren Gemeinden wurde einigen der Stadtstatus zuerkannt, so z.B. Újpest (bereits vor dem Ersten Weltkrieg), Kispest, Pesterzsébet, Rákospalota, Budafok und Pestszentlőrinc.

In der sozialistischen Nachkriegsperiode wurde die Selbstverwaltung der Gemeinden durch ein Rätesystem nach sowjetischem Beispiel abgelöst. Im Rahmen der Neuordnung des Verwaltungssystems kam es 1950 mit der Eingemeindung von 7 Städten und 16 Gemeinden zur Gründung von Groß-Budapest. Die Fläche Budapests wuchs von 198 km² auf 525 km² (KIEHL 1985, S. 579). Während der sozialistischen Phase wurden in Budapest etwa 260.000 Wohnungen erbaut, ca. ein Drittel des gesamten Wohnungsbestandes. Ein großer Teil des Wohnungsbaus erfolgte in Form von Großwohnsiedlungen (EGEDY 2000, S. 178ff.), die in den 1970er und 1980er Jahren fast ausschließlich mit Hochhaustechnologie „auf der grünen Wiese" in den Randbezirken entstanden. Hieraus resultierte auch ein erheblicher Bevölkerungszuwachs am Stadtrand. Ende der 1980er Jahre wohnte jeder zweite Budapester in der inneren Peripherie (Budapester Außenbezirke). Die rasante bauliche Entwicklung hat zugleich den ursprünglich ländlich-kleinstädtischen Charakter der Zone stark verändert. Ende der 1980er Jahre zeigte die innere Peripherie sehr heterogene bauliche Strukturen. Gartenstadtartige Einfamilienhaussiedlungen, zehnstöckige Hochhausblöcke und Agrarflächen lagen dicht nebeneinander. 1985 wurden noch 28 % der Gesamtfläche Budapests landwirtschaftlich genutzt.

Die Eingemeindung der Budapester Vorortzone im Jahre 1950 förderte auch die Ausprägung einer neuen Randzone außerhalb der Stadtgrenzen, der äußeren Peripherie. Eine entscheidende Rolle spielten hier administrative Zuzugsbeschränkungen. Nur Personen, die fünf Jahre in Budapest gearbeitet oder studiert hatten, konnten eine Wohnung in der Stadt erhalten. Als Folge des Zuzugsstopps wichen Zuwanderer nun auf die neuen Umlandgemeinden aus – eine neue Pendlerzone bildete sich. Bereits in den 1960er Jahren pendelten täglich etwa 200.000 Personen nach Budapest. 1970 übertraf der Auspendleranteil in vielen Umlandgemeinden 80 % der erwerbstätigen Wohnbevölkerung, z.B. in Verseg (84,7 %), Gyál (81,1 %), Üröm (80,4 %), Göd (80,3 %) und Isaszeg (80,2 %). In den Gemeinden der neu entstandenen Peripherie dominierte meist die Wohnfunktion, es entwickelten sich jedoch auch einzelne wirtschaftliche Schwerpunkte. In Szigethalom wurde anstelle der ehemaligen Flugzeugfabrik aus der Zwischenkriegszeit die Automobilfabrik Csepel gegründet, in Diósd begann eine neue Kugellagerfabrik die Produktion. Anfang der 1960er Jahre wurden in Százhalombatta die erste Raffinerie Ungarns und ein Kraftwerk erbaut. Die Anzahl der in der Industrie beschäftigten Erwerbstätigen in der Agglomeration stieg dementsprechend stark an.

Seit Mitte der 1970er Jahre entwickelten sich verstärkt Erholungs- und Freizeitfunktionen. Vor allem in den Gemeinden der westlichen und nördlichen Peripherie entstanden tausende Wochenendhäuser. Meist handelte es sich dabei um Holzhütten auf kleinen Grundstücken ohne jeglichen Komfort. Die Besitzer stammten in der Regel aus einfachen sozialen Verhältnissen und wohnten häufig in Großwohnsiedlungen der inneren Peripherie. Die Erholungsgebiete im Norden und Westen verzeichneten seit Mitte der 1980er Jahre eine neue Dynamik und einen Funktionswandel, als Wochenendhäuser zu festen Wohnsitzen ausgebaut und zum Ziel einer ersten Abwanderungswelle aus Budapest wurden (BERÉNYI 1997, S. 264). Trotzdem blieb das Wachstum der äußeren Peripherie während der sozialistischen Phase im Vergleich zu westeuropäischen Suburbanisierungstendenzen gering. 1990 lebten in der Agglomerationszone 413.000 Einwohner, was nur 17 % der Stadtregionsbevölkerung entsprach. Eine stärkere Randwanderung von Bevölkerung und Gewerbe wurde durch zahlreiche Faktoren verhindert, vor allem durch die staatliche Kontrolle des Wohnungs- und Grundstücksmarkts, den geringen Motorisierungsgrad der Haushalte, das Fehlen einer marktorientierten Standortwahl von Betrieben und die fehlende Planungshoheit der Gemeinden.

Die Peripherie in der postsozialistischen Transformation

Die politische Wende brachte einen tief greifenden politischen, wirtschaftlichen und gesellschaftlichen Wandel in der Budapester Stadtregion, der neue Rahmenbedingungen für die Stadtentwicklung, insbesondere für die Entwicklung der großstädtischen Peripherie setzte (FASSMANN u. LICHTENBERGER 1995).

Für die *innere Peripherie* waren die ersten zehn Jahre der Transformation vorwiegend eine Zeit des gesellschaftlichen und wirtschaftlichen Verfalls. Hier konzentrieren sich die Großwohnanlagen, die nach 1990 einen beachtlichen Prestigeverlust erlitten. Ihre Lage auf dem Wohnungsmarkt verschlechterte sich wesentlich. Erste selektive Abwanderungen aus den Neubaugebieten und der steigende Anteil sozial schwächerer Schichten sind Anzeichen eines geschädigten Images. Als Folge dessen sinkt die Einwohnerzahl der Neubaugebiete seit 1990 kontinuierlich (EGEDY 2000). Ein neues Segment des Wohnungsmarktes der inneren Peripherie stellen die von privaten Entwicklungsgesellschaften errichteten Wohnparks dar (*Fig. 3*). Damit erfolgte eine Diversifikation des Wohnungsmarktes, und das ermöglichte die Ansiedlung kapitalkräftiger Schichten in diesem Segment. Seit 1990 entstanden 51 neue Wohnanlagen in Budapest, weitere vier sind noch in der Bauphase (BÉRES 2002). Durchschnittlich umfasst ein Wohnpark 150 bis 200 hochwertig ausgestattete Wohnungen, einige haben jedoch auch 400 und mehr Wohneinheiten. Die Wohnparks konzentrieren sich überwiegend in den attraktiveren Lagen der Budaer Stadthälfte. Bei den Bewohnern handelt es sich meist um jüngere Haushalte mit höherem Einkommen.

Besonders geprägt wurde die innere Peripherie Budapests von wirtschaftlichem Niedergang (LICHTENBERGER et al. 1993, S. 47ff.). Der Zusammenbruch der sozialistischen Industrie hat große brachliegende Industriegebiete hinterlassen, die einen nahezu geschlossenen „Rostgürtel" bilden (*Fig. 4*). In Budapest werden heute etwa 15 % der Gesamtfläche von stillgelegten alten Industrie- und

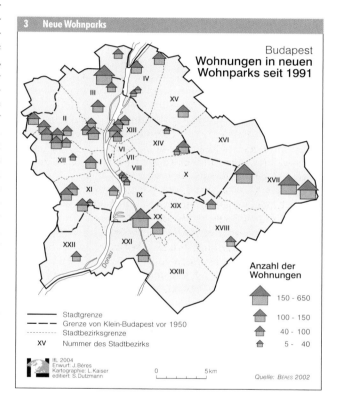

Verkehrsflächen eingenommen, die ganz überwiegend in der inneren Peripherie liegen. Die altindustrielle Zone zieht sich von Kelenföld im Süden über die Inselspitze von Csepel, das äußere Ferencváros, Kőbánya, Angyalföld und Újpest bis nach Óbuda (KISS 1997, S. 29f.). Der Niedergang der Industriezone setzte bereits in den 1970er und 1980er Jahren mit der Schließung oder Verlagerung von umweltbelastenden Industriebetrieben und der Stilllegung eines Teils der überdimensionierten Bahnanlagen ein. Die Einführung der Marktwirtschaft beschleunigte diese Entwicklung. Viele Betriebe stellten Anfang der 1990er Jahre die Produktion ein. Eine Nachnutzung der Industriegebäude erfolgte nur teilweise, vorwiegend durch großflächigen Einzelhandel wie Möbelhäuser oder Baumärkte (STANDL 1998, S. 9). Erst seit Mitte der 1990er Jahre erfolgten positive Veränderungen: Entlang der wichtigeren Straßen begann die Revitalisierung der Altindustriegebiete.

Im Gegensatz zur inneren Peripherie ist der Wandel in der äußeren Peripherie – zumindest in Teilräumen – seit 1990 mit einer boomenden Entwicklung verbunden. Als erstes setzte eine intensive Wanderung der Bevölkerung aus Budapest in die äußere Peripherie ein. Wenngleich das Komitat Pest bereits einige Jahre vor der Wende leichte Wanderungsgewinne aus der Kernstadt hatte, erreichte das Wanderungssaldo gegenüber Budapest seit Mitte der 1990er Jahre ein Plus von jährlich 10.000 Personen (*Fig. 5*). Insgesamt sank die Einwohnerzahl von Budapest zwischen 1990 und 2000 von 2,016 Mio. auf 1,776 Mio. Der Bevölkerungsverlust von 12 % resultierte zu 50 % aus der Stadt-Umland-Wanderung, die andere Hälfte aus der negativen natürlichen Bevölkerungsbewegung. Gleichzeitig stieg die Einwohnerzahl der Agglomeration in diesem Zeitraum um 19,1 % (*Fig. 6*). Damit erhöhte sich der Anteil der Agglomeration an der Einwohnerzahl der Budapester Stadtregion auf 27,5 %.

Zielgebiete der Randwanderung waren hauptsächlich ländliche Gemeinden in den Hügellandschaften nördlich bzw. westlich von Budapest, die eine hohe landschaftliche Attraktivität und Wohnqualität bieten. In diesen Orten boomte in den vergangenen Jahren der Wohnungsbau in Form von Einfamilienhäusern, Reihenhäusern oder auch vereinzelten Wohnparkprojekten. Meistens sind es jüngere Mittelschichthaushalte mit Kindern, die aus der Kernstadt zuziehen. Durch die Zuwanderung stieg die Wohnbevölkerung einiger Umlandgemeinden zwischen 1990 und 2001 stark an (*Fig. XIII*): Telki (100 %), Nagykovácsi (53 %), Veresegyház (61 %), Budajenő (62 %) und Diósd (56 %). Die

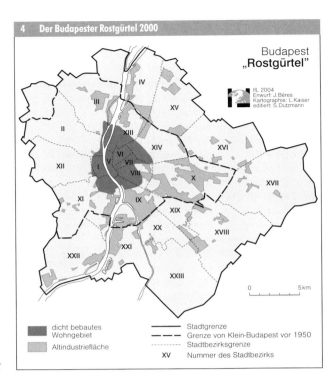

4 Der Budapester Rostgürtel 2000

Budapest
„Rostgürtel"

IfL 2004
Entwurf: J.Béres
Kartographie: L.Kaiser
editiert: S.Dutzmann

| | dicht bebautes Wohngebiet |
| | Altindustriefläche |

Stadtgrenze
Grenze von Klein-Budapest vor 1950
Stadtbezirksgrenze
XV Nummer des Stadtbezirks

0   5 km

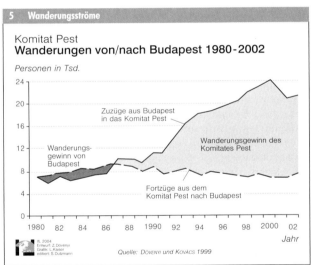

5 Wanderungsströme

Komitat Pest
Wanderungen von/nach Budapest 1980-2002

Personen in Tsd.

Zuzüge aus Budapest in das Komitat Pest

Wanderungsgewinn des Komitates Pest

Wanderungsgewinn von Budapest

Fortzüge aus dem Komitat Pest nach Budapest

IfL 2004
Entwurf: Z.Dövenyi
Grafik: L.Kaiser
editiert: S.Dutzmann

Quelle: DÖVÉNYI und KOVÁCS 1999

6 Bevölkerungsentwicklung in der Budapester Stadtregion 1990 - 2001

Raumeinheit	Einwohner 1990 *Personen*	Einwohner 2001 *Personen*	Bevölkerungsentwicklung *Index (1990=100)*
kompakte Stadt	1 045 149	867 474	83
innere Peripherie	971 532	908 914	94
äußere Peripherie [1]	566 223	674 401	119
Stadtregion Budapest	2 582 904	2 450 789	95

[1] *Agglomeration Budapest*   *Quelle: Volkszählung 1990 und 2001*

Einwohnerzahl der Gemeinden der östlichen und südlichen äußeren Peripherie, die weniger attraktive natürliche Wohnbedingungen bietet, stagnierte dagegen, z.B. Kistarcsa (4 %), Vecsés (3 %). Dieser Raumsektor war bereits in den 1960er und 1970er Jahren Ziel von Zuwanderern mit geringerer beruflicher Qualifikation aus ländlichen Gebieten.

In der äußeren Peripherie ist also eine deutlich ausgeprägte sozialräumliche Zweiteilung zu erkennen: Die nördlichen und nordwestlichen Sektoren dienen als Wohnstandorte wohlhabenderer Schichten, in den südlichen und östlichen Sektoren dominieren dagegen statusniedrigere Bevölkerungsgruppen.

Ab Mitte der 1990er Jahre traten neben die Wohnsuburbanisierung allmählich auch Prozesse der räumlichen Dekonzentration wirtschaftlicher Aktivitäten. Es waren weniger Budapester Unternehmen, die sich in der äußeren Peripherie ansiedelten, als vielmehr Betriebsneugründungen, meist mit ausländischer Kapitalbeteiligung. So gründeten Sony, Lear Corporation und Caterpillar Niederlassungen in Gödöllő, General Electric in Veresegyház, Tetra Pack in Budaörs und Astra Zeneca in Törökbálint. Einkaufszentren von Auchan, Tesco, Metro, Praktiker, Brico Store oder Baumax entstanden an verkehrsgünstigen Standorten. Die dynamische Gewerbeentwicklung erfasste jedoch nicht die gesamte äußere Peripherie, vielmehr prägten sich die räumlichen Disparitäten noch deutlicher aus als in der sozialistischen Periode. Wohnsuburbanisierung und zeitlich versetzte Gewerbesuburbanisierung führten in den 1990er Jahren aber zu keiner grundlegenden Veränderung der Pendlerverflechtungen zwischen der Kernstadt und der äußeren Peripherie (*Fig. 7*). Die Pendlerströme sind nach wie vor auf die Stadt Budapest mit ihrem boomenden Arbeitsmarkt konzentriert. Im engeren Umland (äu-

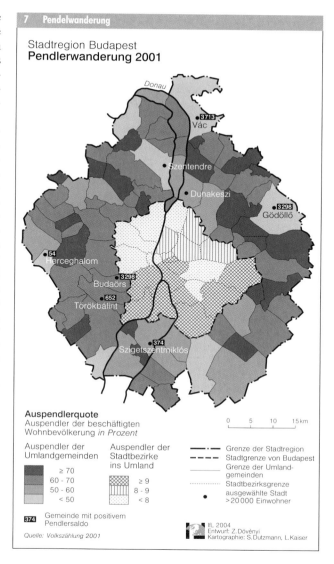

7 Pendelwanderung

Stadtregion Budapest
Pendlerwanderung 2001

Auspendlerquote
Auspendler der beschäftigten
Wohnbevölkerung *in Prozent*

Auspendler der
Umlandgemeinden

≥ 70
60 - 70
50 - 60
< 50

Auspendler der
Stadtbezirke
ins Umland

≥ 9
8 - 9
< 8

0   5   10   15km

——·—— Grenze der Stadtregion
– – – – Stadtgrenze von Budapest
——— Grenze der Umland-
        gemeinden
·········· Stadtbezirksgrenze
   •   ausgewählte Stadt
        >20 000 Einwohner

374 Gemeinde mit positivem
Pendlersaldo

Quelle: Volkszählung 2001

IfL 2004
Entwurf: Z.Dövényi
Kartographie: S.Dutzmann, L.Kaiser

ßere Peripherie A) erreichte die durchschnittliche Auspendlerquote der Gemeinden 61 %, im weiteren Umland trotz einiger lokaler Einpendlerzentren (Gödöllő, Vác) und größerer Distanzen zur Hauptstadt immer noch 52 %. Budapest hatte 2001 ein positives Pendlersaldo von über 110.000 Beschäftigten. Generell sind seit 1990 die funktionalen Verflechtungen zwischen der Stadt und ihrem Umland sowohl durch die Arbeitspendler als auch durch die wirtschaftliche Kooperation noch enger geworden.

3 Einflussfaktoren peripheren Wachstums
3.1 Regional governance: Rahmenbedingungen und Akteure

Die Verwaltung und administrative Gliederung der Stadtregion Budapest gehören gegenwärtig zu den brennensten Entwicklungsproblemen der Stadtregion. Mit der politischen Wende wurde eine grundlegende Umgestaltung des Verwaltungssystems mit der Einführung einer Gemeindeselbstverwaltung vorgenommen. In Budapest erhielt dabei nicht nur die Stadt Verwaltungsbefugnisse, sondern auch alle

22 Stadtbezirke. Die Bezirke wie auch die Stadt Budapest hatten somit den gleichen gesetzlichen Status, ohne dass die Verteilung von Kompetenzen und Aufgaben eindeutig abgegrenzt war. Es war zwar geregelt, dass die Stadtbezirke für Grundversorgung wie z.B. Wasserversorgung, Pflichtschulsystem und die untere Stufe des Gesundheitswesens verantwortlich sind und die Stadt dagegen überbezirkliche und gesamtstädtische Aufgaben wahrnimmt. Budapest hatte jedoch keine Weisungsbefugnis gegenüber den Stadtbezirken. Zudem war die Finanzierung der verschiedenen Aufgaben nicht eindeutig. Deshalb wurde 1994 in einem neu formulierten Gesetz die Kompetenz der Hauptstadt bei Beibehaltung der gesetzlichen Gleichheit zwischen Hauptstadt und Stadtbezirken modifiziert. Die Verwaltung der Hauptstadt erhielt so die Möglichkeit, die Stadtbezirke zur Abstimmung ihrer Maßnahmen zu zwingen und letztlich auch Entscheidungen zu treffen. Nach der neuen Regelung erhielt die Hauptstadt auch die Planungshoheit, d.h. theoretisch gibt es die Möglichkeit, einen Raumentwicklungsplan für Budapest zu erstellen. In der Realität besitzen die Stadtbezirke aber noch immer legale Mittel, um dessen Umsetzung zu verhindern. Infolge dieser inkonsequenten Regelung konnten mehrere Projekte nur sehr langsam durchgeführt werden. Ein Paradebeispiel dafür ist, dass die Hauptstadt nach mehr als zehn Jahren immer noch keinen gültigen sog. allgemeinen Entwicklungsplan hat. Ähnliche Probleme sind auch bei einigen Großprojekten wie z.B. bei der Weiterführung der Stadtautobahn und Projektierung der neuen U-Bahnlinie aufgetaucht.

Eine Zeitbombe bezüglich weiterer Kompetenzstreitigkeiten liegt darin, dass die Stadtbezirke das Recht haben, sich als selbstständige Einheit aus der Hauptstadt herauszulösen. Die Entscheidungskompetenz dafür liegt beim ungarischen Parlament.

Das Koordinierungsproblem setzt sich auf der Ebene der Stadtregion fort. Nach einer Neuabgrenzung der Budapester Agglomeration von 1997 agieren hier 102 unabhängige Selbstverwaltungseinheiten: die Hauptstadt Budapest, 23 Stadtbezirke und 78 Agglomerationsgemeinden. Zur Förderung der Zusammenarbeit der Gemeinden gründete sich auf der Basis des Gesetzes für Regionalentwicklung aus dem Jahre 1996 ein Entwicklungsrat der Stadtregion. Der Rat hätte tatsächlich eine historische Bedeutung erlangen können, denn nie zuvor gab es eine administrative Verknüpfung von Kernstadt und umliegenden Gemeinden. Er konnte jedoch keine größere Wirkung entfalten, da er nach dem Regierungswechsel im Jahre 1999 bereits wieder aufgelöst wurde. Die (konservative) Regierung begründete diesen Schritt damit, dass in Vorbereitung des EU-Beitritts eine neue Regionalisierung Ungarns mit sieben Regionen vorgenommen werde, bei der die „Zentralregion" mit Budapest und dem Komitat Pest in etwas weiterer Abgrenzung der Budapester Stadtregion entsprechen würde.

Wegen der sehr komplizierten Gegebenheiten und historischen Erfahrungen in der Stadtregion lässt sich eine Umgestaltung der administrativen Organisation nur sehr behutsam durchführen. Das Instrument der Eingemeindung ist z.B. nahezu ausgeschlossen, denn es verbinden sich zu viele negative Erfahrungen mit der Zwangseingemeindung von 1950. Das Fehlen einer effektiven Raumplanung auf der städtischen Ebene *und* der Ebene der Stadtregion stellt eine wichtige institutionelle Rahmenbedingung der Entwicklung der metropolitanen Peripherie dar. Im Wettbewerb von 78 selbständigen Umlandgemeinden um Investitionen, Arbeitsplätze und Wohnbevölkerung erlangen Gemeinden mit guter Verkehrsanbindung und einer effizienten, investorenorientierten Verwaltung entscheidende Wettbewerbsvorteile.

3.2 Wirtschaftliche und soziale Einflussfaktoren

Entscheidend für die Umwandlungsprozesse in den osteuropäischen Städten waren die Veränderungen der ökonomischen und sozialen Rahmenbedingungen. Ungarn hatte im Vergleich zu anderen osteuropäischen Ländern länger angelegte Vorteile auf dem Gebiet des ökonomischen Systems. Mit dem Ausbau des „Gulaschkommunismus" und dem damit verbundenen Aufschwung entwickelten sich schon am Anfang der 1960er Jahre frühe Ansätze einer Marktwirtschaft. Mit dem Zerfall des RGW begann die Reintegration des Landes in den Kreislauf der Weltwirtschaft. Dies führte zur Intensivierung der „Gateway"-Funktion von Budapest als Haupttor der ungarischen Modernisierung durch das ausländische Kapital (ENYEDI 1999; WIESSNER 1995). Die Privatisierung der staatlichen Großbetriebe beseitigte alle rechtlichen Hindernisse auf dem Wege in die Marktwirtschaft. Für die Veränderungen des ökonomischen Systems waren der Abbau der Industrie und parallel dazu die massive Tertiärisierung charakteristisch. Mit dem tief greifenden industriellen Strukturwandel verloren die in den 1980er Jahren noch wichtigen und auf den Ostexport ausgerichteten Großbetriebe an Bedeutung. Ihre Stelle wurde von anpassungsfähigen, postfordistischen Kleinunternehmen und Unternehmen mittlerer Größe eingenommen. Der Strukturwandel bewirkte auch eine schnelle Reduzierung der in der Industrie Beschäftigten und die Differenzierung bzw. Polarisierung des Arbeitsmarktes.

Ein wichtiger sozialer Aspekt der Umwandlungsprozesse nach 1990 in Budapest und seinem Umland ist, dass sich die Unterschiede zwischen der Hauptstadt und der Agglomeration – in Hinsicht auf die demographische Zusammensetzung der Bevölkerung – weiter vergrößerten. Die zunehmende Überalterung der Budapester Bevölkerung wurde während der 1990er Jahre immer deutlicher. Sie wurde durch die Wohnsuburbanisierung weiter verstärkt. In der Budapester Stadtregion steht somit der rapide alternden Stadtbevölkerung eine sich verjüngende Gesellschaft der Vorortzone gegenüber.

Die Umstrukturierung des Wohnungsmarkts beeinflusste die Entwicklung der großstädtischen Peripherie ebenfalls. Die Stadt Budapest verfügte 1990 noch über 400.000 Mietwohnungen, das waren 50 % des gesamten Wohnungsbestandes. Deren Mehrzahl befand sich in den gründerzeitlichen Miethäusern der kompakten Stadt bzw. in den sozialistischen Neubaugebieten. Nach der stürmischen Wohnungsprivatisierung verblieben im sozialen Mietwohnungssektor nur 80.000 Wohnungen, dies sind 10 % des Gesamtbestandes. Die Wohnungsprivatisierung beeinflusste durch das plötzlich erweiterte Angebot auf dem Wohnungsmarkt die Stadtentwicklung stark. Die Befreiung dieses lange Zeit verschlossenen Segments des Wohnungsbestandes regte einerseits die Wohnmobilität der Bevölkerung an, und damit die Segregation, andererseits veränderte sie die städtische Bodennutzung bzw. die räumliche Verteilung städtischer Funktionen (KOVÁCS u. WIESSNER 1999).

Zwischen Wohnungsprivatisierung und Wohnsuburbanisierung bestand in den 1990er Jahren ein eindeutiger Zusammenhang. Viele der neuen Wohnungsbesitzer, die ihre Mietwohnungen in den inneren Bezirken Budapests gleich nach der Wende weit unter den Marktpreisen kaufen konnten, boten diese später für einen dem Wohnungsmarkt entsprechenden Marktpreis oft kleineren Unternehmen als Büroraum zum Kauf an. Aus dem so realisierten Gewinn wurde der Umzug in den suburbanen Raum finanziert. So ist es kein Zufall, dass die Wohnsuburbanisierung ihren Höhepunkt Mitte der 1990er Jahre erreichte, als die Hauptphase der Wohnungsprivatisierung abgeschlossen war.

4 Entwicklung neuer räumlicher Strukturen in der Budapester Peripherie
4.1 Die innere Peripherie

In der inneren Peripherie Budapests, die fast ein Jahrzehnt vom gesellschaftlichen und wirtschaftlichen Verfall geprägt war, setzte Ende der 1990er Jahre ein Funktionswandel ein. Es begann – auch wenn nur sporadisch – die Revitalisierung der Rostzone einschließlich der Verbesserung ihrer Umwelt. Nach der Schließung vieler Industriebetriebe siedelten sich in den näher zur kompakten Stadt liegenden und damit besser erreichbaren Gebieten der Rostzone in den letzten Jahren verstärkt moderne Dienstleistungseinrichtungen an. Besonders dynamisch entwickelten sich die Achsen entlang der aus der Stadt herausführenden Hauptstraßen wie an der Váci út, Üllői út, Soroksári út, Budafoki út, Szentendrei út und an deren Schnittpunkten mit großen Querstraßen wie z.B. dem Ring Hungária und der Határ út (*Fig. 8*). Neben der Ansiedlung von großflächigen Einzelhandelseinrichtungen sind große Bürostandorte Zeichen dieses Aufwertungstrends. Unter anderem entstand ein neuer Bürokomplex des Informatikunternehmens Graphisoft auf dem Gelände der ehemaligen Òbudaer Gaswerke und dient mehreren multinationalen Großunternehmen wie Siemens und LG Electronics als Headquarter (*Fig. 9*). Aufgewertet wird der Standort durch die Kombination mit neuen Wohnparks und Luxuswohnungen, die zunehmend repräsentativer werden (z.B. MOM Park).

Auch in den peripheren Teilen der Rostzone gibt es vereinzelt Voll- bzw. Teilrevitalisierungen von Altindustrieflächen und die Neuansiedlung moderner Industrien. Dies ist besonders für die Industriegebiete im Süden und Südosten der Stadt typisch, z.B. entlang der Méta utca im 13. Bezirk. Neuansiedlungen auf Green-field-Standorten befinden sich im 15. Bezirk an der Szántóföld utca und Cservenka út (BARTA 1999, S. 133).

4.2 Die äußere Peripherie

Der wirtschaftliche und raumstrukturelle Wandel in der Stadtregion Budapest erreichte in der äußeren Peripherie die größte Intensität. Durch die Transformation verwandelten sich nicht nur die mehr

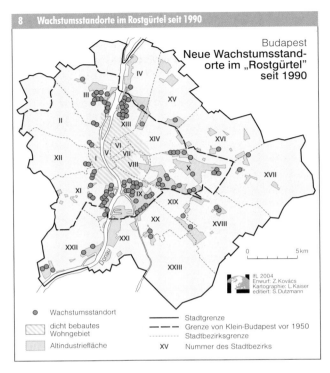

8 Wachstumsstandorte im Rostgürtel seit 1990

Budapest
**Neue Wachstumsstand-
orte im „Rostgürtel"
seit 1990**

0   5 km

IfL 2004
Enwurf: Z.Kovács
Kartographie: L.Kaiser
editiert: S.Dutzmann

●   Wachstumsstandort

▨   dicht bebautes
Wohngebiet

▨   Altindustriefläche

———   Stadtgrenze

— — —   Grenze von Klein-Budapest vor 1950

·········   Stadtbezirksgrenze

XV   Nummer des Stadtbezirks

oder weniger bereits bestehenden funktionalen Räume, sondern die Disparitäten verstärkten sich sogar. Es entstanden neue ökonomische Wachstumsräume mit neuartigen funktionalen Spezialisierungen (Kovács et al. 2001, S. 202ff.). Im Ergebnis der Umstrukturierungsprozesse sind in der äußeren Peripherie drei neue ökonomische Pole – Budaörs-Törökbálint, Szigetszentmiklós-Dunaharaszti-Soroksár und Gödöllő – entstanden, die sich hinsichtlich ihrer wirtschaftlichen Dynamik, Genese und Struktur wesentlich unterscheiden (*Fig. 10*).

Budaörs-Törökbálint ist der bedeutendste ökonomische Wachstumsraum der äußeren Peripherie von Budapest *(Fig. II)*. Der neue ökonomische Pol im Westen der Hauptstadt zeichnet sich durch eine herausragende Verkehrslage aus, er liegt am Schnittpunkt dreier Autobahnen. Besonders die Autobahn M1 Richtung Wien bildet hier die dominante Entwicklungsachse, wo sich neue Unternehmen mit großer Intensität ansiedeln. Unter ihnen herrschen Joint Ventures mit ausländischer Dominanz vor. Das Gebiet um Budaörs und Törökbálint wandelte sich in den 1990er Jahren in kürzester Zeit zu *dem* dynamischen Wirtschaftsraum der Budapester Stadtregion. Vor der Wende verzeichneten Budaörs und Törökbálint noch deutliche Pendlerdefizite, und besonders Törökbálint hatte den Charakter einer Schlafstadt. Heute ist Budaörs eines der größten Einpendlerzentren, gehören beide Gemeinden zu den wichtigsten Arbeitsplatzzentren der äußeren Peripherie. Von standortprägender Bedeutung sind insbesondere Einzel- und Großhandel, Beherbergungsgewerbe und haushaltsorientierte Dienstleistungen. Aber auch Industriebetriebe wie Tetra Pack und Schöller, die voll auf den hauptstädtischen Absatzmarkt orientiert sind, und große Bürokomplexe sind hier vertreten. Letztere machen deutlich, dass hier der Anteil der Personen mit Hochschulabschluss im Vergleich zu den anderen Wachstumsräumen am höchsten ist. Die sehr dynamische Entwicklung in den letzten 10 Jahren im neuen ökonomischen Pol Budaörs-Törökbalint erinnert z.T. sogar an nordamerikanische *Edge Cites* (Kovács et al. 2001, S. 206).

Das Gebiet um *Gödöllő* ist ein weiterer Wachstumsraum in der äußeren Peripherie. Der ökonomische Pol

9   Der Graphisoftpark in Obuda

Foto: Civertan GmbH 2002

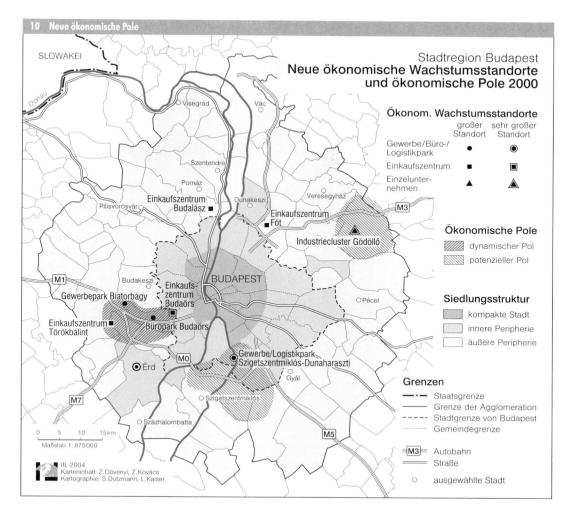

Stadtregion Budapest
Neue ökonomische Wachstumsstandorte und ökonomische Pole 2000

unterscheidet sich insbesondere dadurch von Budaörs-Törökbálint, dass er nicht „auf der grünen Wiese" sondern durch Restrukturierung eines älteren Wirtschaftsraumes entstanden ist. Gödöllő war mit 30.000 Einwohnern vor der Wende ein eher bescheidenes Mittelzentrum. Von regionaler Bedeutung war nur die im Jahre 1950 hierher verlegte agrarwissenschaftliche Universität, die heutige Szent-István-Universität. Industrielle Aktivitäten hatten während der sozialistischen Phase, abgesehen von wenigen Klein- und Mittelbetrieben, kein großes Gewicht. Nach der Wende siedelten sich hier neben vielen kleineren High-Tech-Firmen auch einige Großbetriebe wie Sony, Caterpillar und die Lear Corporation an. Es sind in der Mehrheit rein ausländische Unternehmen. Trotz High-Tech-Industrie ist das Bildungsniveau der Angestellten jedoch eher gering, was auf einfache Fließbandarbeit schließen lässt. In Verbindung mit der Universität entstand ein biotechnologisches Forschungsinstitut in Gödöllő. Langfristiges Entwicklungsziel ist es, durch Synergien von wissensorientierter Industrie, privater und universitärer Forschung eine „Technopolis" zu formen. Auch der Tourismus spielt im Raum um Gödöllő eine zunehmende Rolle, vor allem in Verbindung mit der Formel-1-Rennstrecke Hungaroring, dem königlichen Schloss in Gödöllő und dem Thermalbad in Veresegyház.

Der Raum *Szigetszentmiklós-Dunaharaszti-Soroksár* im Süden der Stadtregion entwickelte sich zu einer Logistikachse, die aus der inneren in die äußere Peripherie hineinreicht. Massive Investitionen der letzten Jahre und aktuelle Großprojekte ließen diesen Abschnitt an der südlichen Peripherie zum größten Logistikzentrum im östlichen Mitteleuropa werden. Im November 2003 nahm das Logistikzentrum in Soroksár seinen Betrieb auf. Bereits heute stellt die Logistikzone eine wichtige Drehscheibe des Güterverkehrs zwischen dem Balkan/Westasien und Westeuropa dar, was die immer größere Bedeutung der Logistik im Suburbanisierungsprozess belegt (HESSE 2000).

Außerhalb der drei Wachstumsräume bilden die großen Einkaufszentren Fót und Budakalász ein neues Raumstrukturelement in der nördlichen Budapester Peripherie. Das sich an der Autobahn M3 erstreckende Einzelhandelszentrum Fót könnte in nächster Zukunft mit dem teilweise traditionellen, sich aber trotzdem dynamisch entwickelnden Wirtschaftsraum um Dunakeszi zusammenwachsen. Dazu wäre aber in erster Linie die Realisierung der Autobahn M0 in dieser Zone erforderlich: So könnte zwischen der Donau und der Autobahn M3 ein neuer Wachstumsraum entstehen.

Die neuen funktionalen Strukturen decken nur Teilräume der äußeren Peripherie ab (*Fig. 11*). So genannte Grauzonen, wo der Wandel noch nicht sichtbar ist, sind vor allem im Osten der Budapester Agglomeration in größeren Ausmaßen vorzufinden. Im Gegensatz zu Gödöllő hat in den anderen größeren Zentren der äußeren Peripherie wie Vác und Szentendre der funktionale Wandel erst in geringem Umfang stattgefunden, sie bewahrten weitestgehend ihr Profil. Potenzielle Entwicklungsachsen befinden sich entlang der drei Autobahnen und der Bundesstraße 4 zum Flughafen Ferihegy. Der Ausbau des Autobahnrings M0 dürfte auf einen Teil der Grauzone vitalisierend wirken.

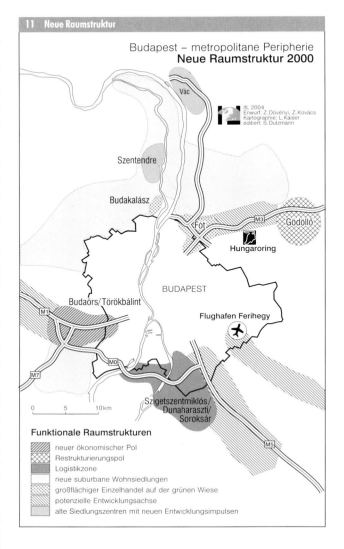

11 Neue Raumstruktur

Budapest – metropolitane Peripherie
Neue Raumstruktur 2000

IfL 2004
Enwurf: Z.Dövényi, Z.Kovács
Kartographie: L.Kaiser
editiert: S.Dutzmann

Vác
Szentendre
Budakalász
Fót
M3
Gödöllő
Hungaroring
BUDAPEST
Budaörs/Törökbálint
M1
Flughafen Ferihegy
M0
M7
Szigetszentmiklós/
Dunaharaszti/
Soroksár
M5

0   5   10km

Funktionale Raumstrukturen

neuer ökonomischer Pol
Restrukturierungspol
Logistikzone
neue suburbane Wohnsiedlungen
großflächiger Einzelhandel auf der grünen Wiese
potenzielle Entwicklungsachse
alte Siedlungszentren mit neuen Entwicklungsimpulsen

Perspektivisch sind folgende Szenarien der Raumstrukturentwicklung in der Budapester Stadtregion möglich:

- Die bereits bestehenden Wachstumsräume – hauptsächlich entlang wichtiger Verkehrsachsen – expandieren weiter. An der Autobahn M1 ist dieser Prozess heute schon zu beobachten, er wird sich aber demnächst auch entlang der M3 zwischen Gödöllő und Budapest bemerkbar machen.
- Die Zone der Wohnsuburbanisierung wird sich in der Zukunft ebenfalls ausbreiten und damit werden sich auch die Schattenseiten der Suburbanisierung zeigen. Die Wegzüge aus der Kernstadt werden noch entfernter liegende Orte erreichen. Die ersten Zeichen dafür sind im Galga-Tal bereits zu erkennen. Inwieweit auch Reurbanisierungstendenzen auftreten werden, ist fraglich. Bisher sind nur sehr sporadische Anzeichen eines Reurbanisierungsprozesses in Budapest zu beobachten.
- Neue bislang nicht vorhandene Raumstrukturen können demnächst entstehen, z.B. gentrifizierte ländliche Räume oder große Freizeitparks.

Auch wenn sich die Richtung und die Dynamik der Prozesse schwer prognostizieren lassen, kann trotzdem mit großer Sicherheit behauptet werden, dass sich sowohl der gesellschaftliche als auch der wirtschaftliche Schwerpunkt innerhalb der Budapester Stadtregion in den nächsten Jahrzehnten weiterhin Richtung Peripherie verlagern wird. Aufgrund dessen werden sich auch die Grenzen der äußeren Peripherie nach außen verlagern.

5 Perspektiven der Entwicklung

Die in der sozialistischen Periode eher homogene Raumstruktur hat im Zuge der Transformation starke Veränderungen erfahren. Dabei war im vergangenen Jahrzehnt hauptsächlich die äußere Peripherie Schwerpunkt der Neugestaltung. Infolge der zunehmenden sozial- und wirtschaftsräumlichen Differenzierungen entstanden neue funktionsräumliche Segmente, die die räumlichen Disparitäten verstärkten: suburbane Wohnsiedlungen, großflächige Einzelhandelszentren, Logistikzentren und – auch wenn nur in geringem Umfang – neue industrielle High-Tech-Aktivitäten und Büronutzungen. Das Entstehen dieser neuen Wachstumsräume war bisher nicht mit der Ausprägung demographischer wie ökonomischer Schrumpfungsräume gekoppelt, wenngleich eine sozioökonomische Differenzierung der Peripherie zwischen statushöheren Wohngebieten im Norden und Westen und statusniedrigeren in der südöstlichen Peripherie zu verzeichnen ist.

Eine der wesentlichsten Folgen der Transformation ist der weit fortgeschrittene Tertiärisierungsprozess. Als Motor dieser Umwandlung sind die ausländischen Direktinvestitionen zu nennen. Die dominanten Akteure sind somit die ausländischen Investoren; die Rolle der Kommunen und einheimischer Investoren blieb hingegen ziemlich gering. Die Mehrheit der betrieblichen Ansiedlungen erfolgte durch interregionale Verlagerungen; eine Randwanderung des produzierenden Gewerbes und des Dienstleistungssektors war nur sporadisch zu beobachten.

Nach der Wende kamen die zuvor wenig bedeutsamen Lagevorteile wieder voll zur Geltung. Gebiete mit hoher Entwicklungsdynamik entstanden dort, wo eine Kombination aus optimaler Erreichbarkeit und relativ günstigen Standortkosten bestand. Dementsprechend wurde der Raum Budaörs-Törökbálint zum bedeutendsten Wachstumsraum der Budapester Agglomeration, bedingt durch die günstige geographische Lage – Tor zum Westen – und die ausgezeichnete Verkehrsanbindung (Autobahndreieck).

Im Gegensatz zur Budapester Agglomeration war die wirtschaftliche Dynamik der *inneren Peripherie* wesentlich geringer. Die Transformationsprozesse verlaufen hier langsamer und in anderer Form. Wesentlich in diesem Zusammenhang war, dass der Schwerpunkt der Entwicklung in der Kernstadt in der kompakten Stadt lag. Ein grundlegendes, aber bis heute kaum gelöstes Problem ist die Modernisierung der inneren Peripherie. Ganz typisch ist die punktförmige Revitalisierung. So entstanden hier bisher hauptsächlich kleinere und größere Inseln der Modernisierung, dominant sind noch immer präsozialistische und sozialistische Raumstrukturelemente (Rostgürtel/Großwohnsiedlungen).

„Die Frage, ob es sich in der Budapester Stadtregion um eine nachholende oder eine eigenständige Entwicklung handelt, ist nicht eindeutig zu beantworten. Es handelt sich einerseits um einen eigenständigen Entwicklungspfad in dem Sinne, dass die Entwicklungen von besonderen historischen Ausgangsbedingungen, speziellen Transformationsbedingungen und spezifischen institutionellen Arrangements geprägt sind. Die Peripherie der Budapester Stadtregion weist andererseits heute zahlreiche Raumelemente und Raummuster auf, die auch prägend für westliche Stadtentwicklungen sind. Insgesamt überwiegen die konvergierenden Entwicklungstrends" (BURDACK et al. 2004, S. 38).

Literatur

BARTA, G. (1999): Gazdasági folyamatok a budapesti agglomerációban (Wirtschaftliche Prozesse in der Budapester Agglomeration). In: BARTA, G. u. P. BELUSZKY (Hrsg.): Társadalmi-gazdasági átalakulás a budapesti agglomerációban. Budapest, S. 131 - 139.

BELUSZKY, P. (1999): A budapesti agglomeráció kialakulása (Die Entstehung der Budapester Agglomeration). In: BARTA, G. u. P. BELUSZKY (Hrsg.): Társadalmi-gazdasági átalakulás a budapesti agglomerációban. Budapest, S. 27 - 67.

BEREND, T. I. u. G. RÁNKI (1961): A Budapest környéki ipari övezet kialakulásának és fejlődésének

kérdéséhez (Zur Frage der Entstehung und Entwicklung von Industriezonen um Budapest).
Budapest (= Tanulmányok Budapest múltjából 14).

BERÉNYI, I. (1986): Conflicts in land use in suburbia – the example of Budapest. In: HEINRITZ, G. u.
E. LICHTENBERGER (Hrsg.): The take-off of suburbia. Stuttgart, S. 125 - 134.

BERÉNYI, I. (1997): Auswirkungen der Suburbanisierung auf die Stadtentwicklung von Budapest. In:
KOVÁCS, Z. u. R. WIESSNER (Hrsg.): Prozesse und Perspektiven der Stadtentwicklung in
Ostmitteleuropa. In: Münchener Geographische Hefte 76. Passau, S. 259 - 268.

BERÉNYI, I. u. Z. DÖVÉNYI (1996): Historische und aktuelle Entwicklungen des ungarischen
Siedlungsnetzes. In: MAYR, A. u. F.-D. GRIMM (Hrsg.): Städte und Städtesysteme in Mittel- und
Südosteuropa. Beiträge zur Regionalen Geographie 39. Leipzig, S. 104 - 171.

BÉRES, J. (2002): A lakáspiac feltörekvő szegmensei – a lakóparkok terjedése Budapesten (Die
aufstrebenden Segmente des Wohnungsmarktes – die Verbreitung der Wohnparks in Budapest).
Diplomarbeit. Eötvös Loránd Universität, Budapest.

BURDACK, J., Z. DÖVÉNYI u. Z. KOVÁCS (2004): Am Rand von Budapest – Die metropolitane
Peripherie zwischen nachholender Entwicklung und eigenem Weg. In: Petermanns
Geographische Mitteilungen 148, H. 3, S. 30 - 39.

BURDACK, J. u. G. HERFERT (1998): Neue Entwicklungen an der Peripherie europäischer Großstädte.
In: Europa Regional, H. 2, S. 26 - 44.

DEITERS, J. (2000) Budapest und Prag – Stadtentwicklung in der Marktwirtschaft. Osnabrücker
Jahrbuch Frieden und Wissenschaft. Band VII. Osnabrück, S. 195 - 210.

DÖVÉNYI, Z. u. Z. KOVÁCS (1999): A szuburbanizáció térbeni-társadalmi jellemzői Budapest
környékén (Sozialräumliche Aspekte der Wohnsuburbanisierung im Umland von Budapest). In:
Földrajzi Értesítő 48, H. 1/2, S. 33 - 57.

EGEDY, T. (2000) The situation of high-rise housing estates in Hungary. In: KOVÁCS, Z. (Hrsg.): Hungary
Towards the 21st Century. The Human Geography of Transition. Studies in Geography in Hungary
31. Geographical Research Institute, Hungarian Academy of Sciences. Budapest, S. 169 - 185.

ENYEDI, G. (1999): Budapest – Gateway zum südöstlichen Europa. In: Geographische Rundschau 51,
H. 10, S. 542 - 547.

FASSMANN, H. u. E. LICHTENBERGER (1995): Märkte in Bewegung. Metropolen und Regionen in
Ostmitteleuropa. Wien.

FÓNAGY, Z. (1998): Budapest gazdasága 1873 - 1944 (Die Wirtschaft von Budapest 1873 - 1944). In:
Budapest gazdaságának 125 éve. Budapest, S. 22 - 45.

HESSE, M. (2001): Mobilität und Verkehr in (Post-) Suburbia – ein Ausblick. In: RaumPlanung, H. 95,
S. 65 - 69.

KIEHL, K. (1985): Budapest. In: FRIEDRICHS, J. (Hrsg.): Stadtentwicklungen in West- und Osteuropa.
Berlin u. New York, S. 577 - 762.

KISS, É. (1997): Budapest – Industrieller Wandel und seine Auswirkungen auf die Stadtstruktur. In:
Europa Regional, H. 4, S. 23 - 30.

KOVÁCS, Z. (1998): Die Stadtentwicklung von Budapest in der postsozialistischen Übergangsphase.
In: ALBRECHT, V. u. G. MEZŐSI (Hrsg.): Ungarn in Europa. Frankfurt am Main, S. 107 - 123.

KOVÁCS, Z. (2000): Städte Ostmitteleuropas in der postsozialistischen Transformation. Osnabrücker
Jahrbuch Frieden und Wissenschaft. Band VII. Osnabrück, S. 181 - 193.

KOVÁCS, Z., Z. SÁGI u. Z. DÖVÉNYI (2001): A gazdasági átalakulás földrajzi jellemzői a budapesti
agglomerációban (Die wirtschaftliche Umwandlung der Budapester Agglomeration aus
geographischer Hinsicht). In: Földrajzi Értesítő 50, H. 1 - 4, S. 191 - 217.

KOVÁCS, Z. u. R. WIESSNER (1999): Stadt- und Wohnungsmarktentwicklung in Budapest – Zur
Entwicklung der innerstädtischen Wohnquartiere im Transformationsprozeß. Beiträge zur
Regionalen Geographie 48. Leipzig.

LICHTENBERGER, E., Z. CSÉFALVAY u. M. PAAL (1993): Stadtverfall und Stadterneuerung in Budapest.
Beiträge zur Stadt- und Regionalforschung 12. Wien.

OESTERER, M. u. P. MEUSBURGER (1998): Die Situation der ungarischen Zigeuner auf dem
Arbeitsmarkt beim Übergang von der sozialistischen Planwirtschaft zur Marktwirtschaft. In:
KEMPER, F.-J. u. P. GANS (Hrsg.): Ethnische Minoritäten in Europa und Amerika. In: Berliner
Geographische Arbeiten 86. Berlin, S. 141 - 158.

STANDL, H. (1998): Der postsozialistische Transformationsprozess im großstädtischen Einzelhandel Ostmittel- und Osteuropas. In: Europa Regional, H. 3, S. 2 - 15.

TIBOR, T. (2002): Az 1990-es évek társadalmi-gazdasági átalakulása a budapesti agglomerációban (Soziale und wirtschaftliche Transformation der Budapester Agglomeration in den 1990er Jahren). Diplomarbeit. Eötvös Loránd Universität, Budapest.

WIESSNER, R. (1995): Der politische, ökonomische und soziale Umbruch in Osteuropa – das Beispiel Ungarn. In: Geographische Rundschau, H. 3, S. 156 - 161.

WIESSNER, R. (1997): Sozialräumliche Polarisierung der inneren Stadt in Budapest. In: KOVÁCS, Z. u. R. WIESSNER (Hrsg.): Prozesse und Perspektiven der Stadtentwicklung in Ostmitteleuropa. Passau (Münchener Geographische Hefte 76), S. 189 - 201.

Madrid

SABINE TZSCHASCHEL

1 Einleitung

Madrid ist mit rund 5 Mio. Einwohnern die größte Stadtregion Spaniens. Die Stadt verfügt über mehrere Vorteile, die ihre Rolle als „Primate City" weiterhin fördern. Dabei gehören der Hauptstadt-Status, die zentrale Lage im nationalen Verkehrsgefüge und die großen Platzreserven für repräsentative Bauvorhaben wie das Messegelände, der Flughafen etc. zu den wichtigsten Faktoren. In der Metropolregion konzentrieren sich

- 13,2 % der Landesbevölkerung (2001),
- über die Hälfte der Hauptsitze der 500 größten Unternehmen des Landes,
- 85 % der nationalen Börsengeschäfte,
- etwa 60 % der nationalen Bankgeschäfte und
- 50 % der Auslandsinvestitionen,
- über 40 % der nationalen Investitionen in Forschung und Entwicklung (CARAVACA u. MENDEZ 1994).

Neben der rasanten Entwicklung des tertiären und quartären Sektors ist es gelungen, auch industrielles Kapital zu binden, so dass die Region Madrid nach wie vor die zweitgrößte Industrieregion des Landes ist. Die Kernstadt hat dabei ihre herausragende Stellung in der Metropolregion behalten. Die Konzentration von rund 500.000 quartären Arbeitsplätzen in den Bürovierteln der Kernstadt – sie weist insgesamt etwa doppelt so viele Arbeitsplätze wie erwerbstätige Einwohner auf – unterstreicht, dass die Entwicklungen an der Peripherie die Kernstadt nicht schwächen.

Im Gegensatz zu anderen großen europäischen Metropolen hat die Entwicklung der Stadt zur Metropole und besonders die Verdichtung der Peripherie erst Mitte des 20. Jahrhunderts begonnen. Damals hatte die Stadt 1,6 Mio. Einwohner, die restliche Provinz gerade einmal 200.000 mehr. Heute (2002) liegt die Einwohnerzahl der Kernstadt bei 3 Mio., die des inneren metropolitanen Rings (Corona Metropolitana) bei 2 Mio. und die der Außenzone der Autonomen Region (Comunidad Autónoma de Madrid (CAM), früher Provinz) bei 600.000 (*Fig. 1*).

Nach Ende des spanischen Bürgerkriegs 1939 verlief die Madrider Stadt- und Metropolregionsentwicklung im Wesentlichen parallel zu den Veränderungen der politischen Rahmenbedingungen. Vier Phasen lassen sich unterscheiden:

- 1939 - 1959: Politische Isolation und wirtschaftliche Autarkie
- 1959 - 1974: Wirtschaftliche Öffnung zum Weltmarkt, ökonomischer Boom mit „Spätindustrialisierung"
- 1975 - 1986: Transition von der Franco-Ära zur europäischen Integration
- ab 1986: Anpassung an den EU-Markt, Spanien empfängt die höchsten Netto-Zahlungen des gemeinsamen Wirtschafts- und Strukturfonds.

Der wichtigste Motor für die Zuwanderung nach Madrid war bis zum Ende der internationalen Isolation Spaniens die Freisetzung von Arbeitskräften in der Landwirtschaft sowie die staatsgesteuerte

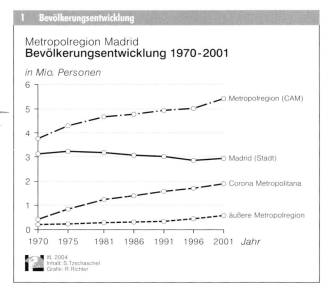

1 Bevölkerungsentwicklung

Metropolregion Madrid
Bevölkerungsentwicklung 1970-2001

in Mio. Personen

IfL 2004
Inhalt: S. Tzschaschel
Grafik: R. Richter

Wirtschaft, die mit der Einrichtung von 17 großen Staats-Industrieunternehmen ein deutliches Signal setzte. In den 1950er Jahren befanden sich rund 10 % aller industriellen Arbeitsplätze in der Hauptstadt.

Mit der Aufnahme Spaniens in die UNO 1959 und der Öffnung für den Weltmarkt begann die Phase der beschleunigten Industrialisierung und des sehr raschen Bevölkerungswachstums der Stadtregion. Madrid wurde zum national führenden Standort für Maschinenbau und Autoindustrie und entwickelte sich gleichzeitig zum wichtigsten nationalen Finanz- und Verwaltungszentrum; ca. drei Viertel aller nationalen Unternehmen hatten ihre Zentralen in Madrid. Dennoch blieb das Industriewachstum in der Größenordnung hinter anderen europäischen Metropolen zurück. Dies lag sowohl an der relativen Isolation und der räumlich peripheren Lage Spaniens als auch am Mangel an Kapitalakkumulation aufgrund des späten Industrialisierungsbeginns (CAM, Consejería de Economía 1994, S. 26).

Die Metropolregion Madrid zählte über 310.000 Industriearbeitsplätze, als Mitte der 1970er Jahre in Spanien die erste große Restrukturierungsphase der Industrie einsetzte, die zum einen durch die Privatisierung der Staatsbetriebe bedingt war, zum anderen durch die internationale Wirtschaftskrise. Gleichzeitig vollzog sich in Spanien der Prozess der Tertiärisierung der urbanen Zentren, wobei Madrid als Hauptstadt einen besonders hohen Dienstleistungsanteil auf sich vereinigt (1970: 61 %; LÓPEZ GÓMEZ 1981, S. 175) und alleine 20 % der im öffentlichen Dienst Beschäftigten des Landes bindet (VALENZUELA RUBIO u. OLIVERA 1994, S. 59).

Madrid ging aus der Restrukturierungsphase der 1970er Jahre gestärkt hervor, obwohl die Stadt erhebliche Arbeitsplatzverluste in den älteren Industrien verzeichnete (VALENZUELA RUBIO 1992a, S. 17). Stattdessen fanden jedoch Großinvestitionen des internationalen Kapitals statt, die sich überwiegend an der Peripherie ansiedelten, und es etablierte sich eine diversifizierte Struktur von Klein- und Mittelbetrieben, die die lokalen, regionalen, nationalen und internationalen Märkte bedienen und damit relativ flexibel und weniger krisenanfällig sind. In den 1980er Jahren wurde die regionale Ökonomie durch einen wachsenden Sektor von Unternehmensdienstleistungen ergänzt. Unterstützend wirkte das nationale Programm der Reindustrialisierung ZUR (Zonas de Urgente Reindustrialización 1985 - 1988), mittels dessen sowohl die strukturell von der Krise betroffenen Gebiete im Süden und Osten der Region wie auch neue Investitionsräume für Hochtechnologien (Tres Cantos) eine massive staatliche Förderung erfuhren.

Ab Mitte der 1980er Jahre, ausgelöst durch den EU-Beitritt 1986 und die insgesamt verbesserte Weltwirtschaftslage, machte sich wieder ein deutlicher Aufschwung bemerkbar. Die erste Hälfte der 1990er Jahre war dagegen geprägt von wirtschaftlicher Krise und dem Zusammenbruch des Gewerbeimmobilienmarktes. Viele der ausgewiesenen Gewerbeflächen blieben leer. In der zweiten Hälfte der 1990er Jahre zog das Wirtschaftswachstum wiederum deutlich an, begleitet von einem neuen Zuwanderungsschub in die Region, der auch ein erneutes Bevölkerungswachstum mit sich brachte (CAM 1996 - 2001: +8 %).

2 Grundzüge der Entwicklung der metropolitanen Peripherie
2.1 Siedlungsstrukturelle Entwicklung und räumliche Gliederung

Dank einer großzügigen Eingemeindungspolitik mit zwei großen Eingemeindungen 1948 bis 1954 und 1981 lassen sich innerhalb der Stadtgrenze in den äußeren Distrikten noch Räume geringerer Bebauungsdichten ausweisen. Dabei ist jedoch auch zu berücksichtigen, dass es zu einem Prinzip der spanischen Stadtplanung gehört, zwischen Siedlungen, Verkehrsachsen und Gewerbeflächen Abstandsflächen zu wahren, die – ehemals landwirtschaftlich genutzt – überwiegend Brachflächen sind und vor allem als Belüftungsschneisen und Reserveflächen für Sportanlagen, Bildungseinrichtungen und Infrastruktureinrichtungen gedacht sind. Dies ist sowohl in den Stadtvierteln im Süden und Südosten der Stadt zu bemerken, die in den 1950er und 1960er Jahren als geschlossene Hochhaussiedlungen entstanden, wie auch bei den Abstandsflächen zwischen Stadtgrenze und suburbanen Gemeinden. Speziell im Norden und Nordwesten Madrids schlägt außerdem zu Buche, dass ca. 90 % der Fläche des Stadtviertels Fuencarral-El Pardo vom Schutzgebiet des ehemaligen königlichen Jagdparks El Pardo eingenommen werden.

Nach den Kriterien der geschlossenen Siedlungsstruktur und der Wohndichte von mehr bzw. weniger als 5.000 Ew./km² definiert sich die kompakte Stadt als der von 15 Stadtvierteln belegte zentrale Siedlungsraum der Kernstadt (*Fig. 2*), während die 6 Stadtviertel im Südosten und Norden, die geringere städtische Dichten aufweisen, der siedlungsstrukturellen inneren Peripherie zuzurechnen sind. Diese innere Peripherie setzt sich in der sog. Corona Metropolitana fort. Die siedlungsstrukturelle äußere Peripherie umfasst die gesamte Außenzone der Autonomen Region Madrid (CAM) (*Fig. 3*).

Für Zwecke der Datenanalyse ist eine Unterscheidung von Kernstadt und metropolitaner Peripherie sinnvoll. Die metropolitane Peripherie besteht in diesem Sinne aus dem Gebiet der CAM ohne die Kernstadt Madrid. Sie lässt sich dann weiter in die Corona Metropolitana (innerer metropolitaner Ring) und die (periurbane) Außenzone der CAM unterteilen. Diese Außenzone

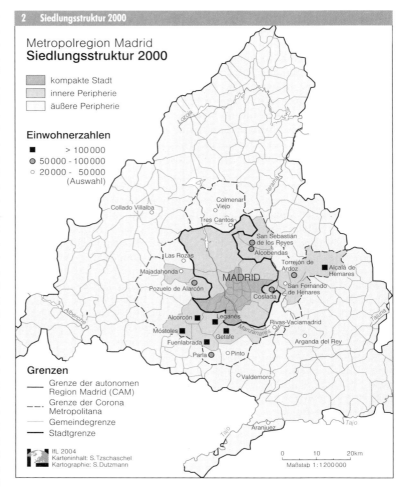

ist im Wesentlichen nur noch durch Pendler- und Naherholungsbeziehungen auf die Metropole bezogen. Sie konnte in den Jahren 1996 bis 2001 einen Bevölkerungszuwachs von 30 % verzeichnen, in den zehn Jahren von 1991 bis 2001 sogar von 63 %. Bezeichnend für diese Entwicklung ist die zunehmende Umwandlung von Zweit- in Erstwohnsitze im Bereich der metropolitanen Ausflugsgebiete. Nicht ohne Grund beklagt VALENZUELA RUBIO bereits Anfang der 1990er Jahre die zunehmende Zersiedlung der Sierra (Guadarrama-Gebirge) und ihrer Landschaftsschutzgebiete sowie das stetige Näher-aneinander-Rücken von Siedlungs- und Erholungsgebieten (VALENZUELA RUBIO 1992b) (*Fig. 4*).

Das „urbane Gewebe" (*tejido urbano*) umfasst den geschlossen bebauten Zentralraum innerhalb der Stadtgrenzen von der Zeit vor 1948 und weitere auf die grüne Wiese gebaute Stadtviertel aus einheitlichen Großwohnanlagen (z.B. Usera, San Blas). Es schließt sich ein erster Kranz der Umlandgemeinden an (*primera corona metropolitana*),

3	Metropolregion Madrid: Raumkategorien			
Raumkategorie		Einwohner in Tsd. Personen	Fläche km²	Bevölkerungsdichte Einwohner/km²
1	kompakte Stadt	2426	162	14883
2	innere Peripherie	2046	1200	1705
3	äußere Peripherie	500	6667	75
1+2+3	Stadt-Umland-Region	4972	8029	619
1+2	morphologische Stadt	4472	1362	3283
2+3	Peripherie	2546	7867	324
Innere Stadt (Madrid)		3010	607	4559

Quelle: CAM 1999a

die in den 1960er und 1970er Jahren an bestehende kleine Ortskerne angelagert wurden (z.B. Leganés, Móstoles, Alcobendas) und schließlich ein zweiter Kranz von Umlandgemeinden (*segunda corona metropolitana*), der teilweise aus stark gewachsenen Klein- und Mittelzentren (z.B. Colmenar Viejo, Arganda del Rey) und teilweise aus neuen Siedlungen mit exklusiven Eigentumswohnungs- und Reihenhausanlagen besteht (z.B. Las Rozas, Rivas Vaciamadrid).

Privatinitiativen individueller Eigenheimbauer sind – wenn nicht im obersten Luxussegment – so gut wie unbekannt. Stets waren und sind die Wohnungsbauprojekte öffentliche oder kombiniert öffentlich-private Entwicklungsprojekte in Größenordnungen von meist vielen tausend Wohneinheiten. Seit den 1960er Jahren handelt es sich dabei fast ausschließlich um Eigentumsanlagen. Aufgrund der hohen Eigentumsquote (ca. 86 %) ist der Woh-

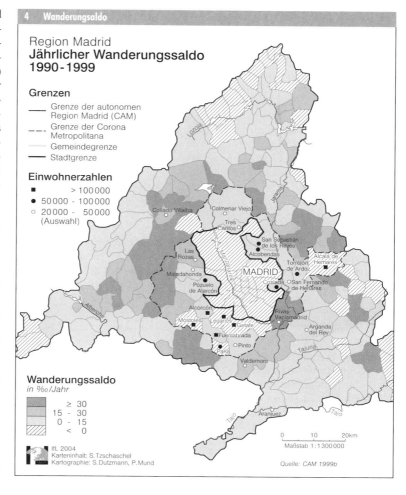

nungsmarkt sehr unflexibel und durch steigende Wohnansprüche sehr angespannt, so dass die Preise für Wohnungen ungebrochen steigen.

Seit den 1980er Jahren ist verstärkt eine soziale Segregation innerhalb des Metropolengebiets festzustellen, die dadurch gekennzeichnet ist, dass sich eine neue obere Mittelschicht im Nordwesten, im Norden und Nordosten der Peripherie konzentriert. Dort sind kleinere Neubausiedlungen, erste *gated communities* und in den 1990er Jahren vermehrt Reihenhaussiedlungen entstanden (WEHRHAHN 2003). Entsprechende Dienstleistungen wie kleine exklusive Shopping-Malls, Privatschulen und -universitäten lassen sich ebenfalls in diesen Vierteln nieder. In den sich nördlich und westlich anschließenden Landschaftsschutzgebieten mehren sich Golfplätze, Country-Clubs und Reitställe. Die dort liegenden Vorortgemeinden sind kleiner als die im Süden und Osten und deutlich schlechter mit dem öffentlichen Verkehr angebunden, so dass vielfach zwei Pkw im Haushalt nötig sind, um eine hinreichende Mobilität zu gewährleisten.

2.2 Zur Entwicklung von Einzelhandels- und Gewerbestandorten an der Peripherie

Seit den 1970er Jahren werden Industrie, Gewerbe und Großhandel in Gewerbegebieten konzentriert, die besonders in der ersten Zeit einheitlich mit großen Hallen (*naves*) bebaut wurden, die dann einzeln zur Verpachtung anstanden. Die neueren Gewerbeparks (z.B. in Las Rozas, San Sebastián de los Reyes, Alcobendas) werden ebenfalls einheitlich erschlossen, die Bebauung wird jedoch dem einzelnen Investor überlassen. Daneben werden kleinere Flächen auch gezielt nur als Büropark oder nur als Technologiepark ausgewiesen. Die Erschließung erfolgt überwiegend von der öffentlichen Hand bzw. von ausgelagerten Gesellschaften der Regionalplanung (ARPEGIO, IMADE), nur in wenigen Fällen übernehmen dies private Entwicklungsgesellschaften (z.B. der Parque Empresarial in San Fernando). Damit hat die Regionalplanung auch einen hohen Einfluss auf die Lokalisierung von Investitionen, wobei in Einzelfällen die Eigeninteressen der Kommunen nicht unbedingt konform mit den Planungsvorstellungen laufen.

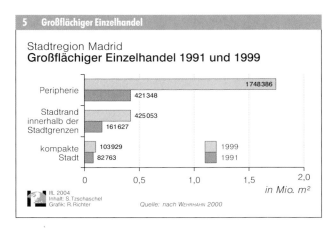

Der moderne großflächige Einzelhandel fasste in ganz Spanien erst spät Fuß. Das erste größere Zentrum im Stil der amerikanischen Shopping-Malls, Madrid2-La Vaguada, eröffnete 1983 im Madrider Stadtviertel Fuencarral. Erst in den 1990er Jahren kam es zu einer größeren Verbreitung von Einkaufszentren, großen Supermärkten (Hipermercados) und Fachmärkten meist französischer Kapitalgesellschaften, erstere sowohl am Stadtrand wie auch an der inneren Peripherie, letztere überwiegend an der äußeren Peripherie. Über ein Viertel der großflächigen Einzelhandelsflächen Spaniens befinden sich in der Metropolregion Madrid. WEHRHAHN (2000, S. 230) gibt eine umfassende Übersicht, nach der die Verkaufsflächen insgesamt von 1991 bis 1999 um das 3,5fache anstiegen, wobei der Anteil der an der Peripherie angesiedelten Flächen von 63 auf 77 % anstieg (*Fig. 5*).

Die Standorte der Großmärkte an der Peripherie folgen meist den großen Ausfallstraßen und konzentrieren sich an deren Kreuzungspunkten mit den Autobahnringen. Neben dem großflächigen Einzelhandel hat sich in den statushöheren Wohnvierteln im Norden und Nordwesten ein Typus der suburbanen Shopping-Mall herausgebildet, der oft schon durch seine Namensgebung auf eine gewisse Exklusivität hinweist (Sixth Avenue). Diese überdachten kleinen Einkaufszentren mit eigenem Parkhaus setzen auf die lokale Kundschaft und ersetzen damit das Spektrum von Geschäften des alltäglichen Bedarfs, das normalerweise in einem gewachsenen Wohnviertel zu erwarten ist.

Trotz der Dynamik des Immobilienmarktes ab Mitte der 1990er Jahre sind die Verwaltungs- und Headquarterfunktionen im Großraum Madrid nach wie vor überwiegend in der Kernstadt konzentriert. Die prestigeträchtige Adresse am Paseo de la Castellana hat nichts von ihrer Attraktivität eingebüßt, was dazu führt, dass der 8 km lange Boulevard in den nächsten Jahren um ca. 3,5 km verlängert wird und entlang dieser Achse zunehmend Hochhäuser entstehen. Die innerstädtischen Büroviertel haben sich fast ausschließlich im Umfeld dieses Boulevards von der City aus nach Norden angesiedelt, eine Tatsache, die die höhere Bewertung der nördlichen Wohnviertel innerhalb und außerhalb der Stadtgrenze unterstreicht, da diese von den Bürostandorten besser zu erreichen sind als die südlichen. Sicherlich ist jedoch die Persistenz der Verwaltungs- und Headquarterfunktionen in der Stadt nicht nur auf Traditionen und Fühlungsvorteile zurückzuführen, sondern hat auch mit kulturellen Vorlieben für eine urbane Umgebung zu tun. Trotz der Verdreifachung der durchschnittlichen Pendelwege innerhalb von 10 Jahren (1986 - 1996) (HEITKAMP 1997) und einer immer chaotischer werdenden Verkehrslage auf den Ein- bzw. Ausfallstraßen sind nur wenige Bürobetriebe zu Auslagerungen an die Peripherie bereit.

3 Einflussfaktoren peripheren Wachstums
3.1 Die wirtschaftliche und soziale Entwicklung

Die soziale Entwicklung der Peripherie muss im Zusammenhang mit der Land-Stadt-Wanderung der 1960er und 1970er Jahre und dem Abriss der randlichen Substandard-Wohnsiedlungen gesehen werden. Die Bewohner der Barackensiedlungen stammten oft aus einem ländlichen Bezirk und zogen nun gemeinsam in einen genossenschaftlich erbauten Neubaublock. Diese Entwicklung schuf feste soziale Gefüge, die das gesellschaftliche Leben vieler Vororte bis heute steuert (s. dazu HEITKAMP 1997). Die Abwanderung der zweiten Generation, die – zu Geld gekommen – entweder in innerstädtische Lagen oder in die Vororte im Norden oder Nordosten zog, wird von diesen Gruppen besonders skeptisch gesehen und setzt erst die wirkliche Entfremdung von den ländlichen Lebensstilen der Elterngeneration durch. Die hohe Eigentumsquote bedingt eine relativ geringe Umzugs-Mobilität, die im Lebenslauf deutlich niedriger liegen kann als die Zahl der Job-Wechsel. Diese Faktoren deuten auf eine im Lebenszyklus relativ frühe Entscheidung für einen Wohnstandort hin, der passend für alle Lebensphasen sein muss.

3.1.1 Bevölkerungs- und Beschäftigungsentwicklung an der metropolitanen Peripherie

Die Bevölkerungszahl der metropolitanen Peripherie wächst seit den 1970er Jahren stetig. Im Zeitraum von 1970 bis 2001 haben sich die relativen Anteile deutlich verschoben: 1970 entfielen auf die Kernstadt noch 82 % der Einwohner der gesamten CAM. 2001 waren es dagegen nur noch 54 %. Die Stadt Madrid ist der dominante Arbeitsort der Region. Weit über 50 % der Arbeitsplätze der gesamten CAM konzentrieren sich dort, allerdings mit sinkender Tendenz. Während die Stadt inzwischen nur noch rd. 40 % der Arbeitsplätze im produzierenden und verarbeitenden Gewerbe auf sich vereint, sind es über 80 % der Arbeitsplätze in unternehmensbezogenen Dienstleistungen.

Die metropolitane Peripherie ist durch ein polarisiertes quantitatives und qualitatives Arbeitsplatzwachstum charakterisiert: Während in der südlichen und östlichen Peripherie Zuwächse bei traditionellen Arbeitsplätzen in Industrie und Gewerbe zu verzeichnen sind, entstehen in der nördlichen Peripherie zunehmend neue, qualitativ höherwertige Arbeitsplätze in Forschung und Entwicklung. Bei den ausgelagerten Arbeitsplätzen handelt es sich vorwiegend um operative Unternehmensfunktionen und haushaltsorientierte Dienstleistungsarbeitsplätze. Strategische Unternehmensfunktionen sowie unternehmensorientierte Dienstleistungen verbleiben in der Kernstadt und konzentrieren sich in den nördlich der Altstadt gelegenen Erweiterungsstandorten im Büroviertel Azca und in dem breiten Süd-Nord-Boulevard Castellana.

3.1.2 Die metropolitane Peripherie in der intraregionalen Funktions- und Arbeitsteilung

Eine Berechnung von Lokalisationskoeffizienten weist deutliche Muster einer intraregionalen Arbeitsteilung nach (*Fig. 6*). In der Kernstadt konzentrieren sich Kommandofunktionen wie Finanzdienstleistungen und andere unternehmensbezogene Dienstleistungen. Industrielle Fertigung ist dagegen vor allem in der metropolitanen Peripherie angesiedelt.

Die starke Konzentration von höherwertigen Dienstleistungen in der Stadt Madrid und einigen unmittelbar angrenzenden Gemeinden zeigt sich auch in *Fig. XXI*.

Der Süden, der Westen und der Osten der Peripherie weisen relativ geringe Werte auf, während in der nordwestlichen Gemeinde Majadahonda sowie in den drei nördlichen Gemeinden Tres Cantos, Alcobendas und San Sebastián de los Reyes die höchsten Werte erzielt werden. Zudem befinden sich dort die größten Betriebe dieser Art sowie die höchsten relativen Werte im Verhältnis zu den Beschäftigten im produzierenden Sektor bzw. im sonstigen Dienstleistungssektor (CAM Consejería de Hacienda 2000b, S. 12 - 15). Einen besonderen Stellenwert nehmen die Kommunikations- und Informationstechnologien bei den externen Dienstleistungen ein. Sie sind am stärksten im Nordsektor der Peripherie vertreten. Traditio-

6 Metropolregion Madrid: Wirtschaftsräumliche Differenzierung 1998			
Branchen	**Innere Stadt** Madrid	**Äußere Stadtregion** (metropolitane Peripherie)	
		Corona metroplitana	Außenzone der CAM
Industrie	–	++	++
Bauwesen	o	o	+
Handel	o	+	o
Tourismus	o	o	o
Transport und Kommunikation	o	o	– –
Finanzdienstleistungen	+	– –	– –
unternehmensbezogene Dienstleistungen	+	–	– –
Bildung	o	o	o

Lokalisationskoeffizienten
Regionsdurchschnitt
LQ=100

++ sehr starke Konzentration (LQ>140)
+ starke Konzentration (120>LQ<140)
o keine starke Konzentration (80>LQ<120)
– starkes Defizit (50>LQ<80)
– – sehr starkes Defizit (LQ<50)

Quelle: CAM 1999b, eigene Berechnungen

nell sind die großen Industriebetriebe der Madrider Region an der südlichen und östlichen Peripherie angesiedelt. In den 1990er Jahren befanden sich von den rund 300.000 Industriearbeitsplätzen nur noch ca. 20 % im Stadtgebiet, 25 % in der östlichen Peripherie (Corredor de Henares) und 33 % im „Gran Sur" (*Fig. XXII*).

Die Peripherie ist auch ein klassischer Standort für Logistikeinrichtungen. Dabei haben sich in den letzten 15 Jahren einige Standorte herausgebildet, die zentral für die gesamte nationale Logistik sind. Neben dem Flughafen Barajas sind das der Großmarktkomplex Mercamadrid und der Container- bahnhof im Südosten der Stadtregion sowie der neue „Trockenhafen" (Puerto Seco) von Coslada. All diese Standorte liegen im Osten der Stadtregion – was nicht nur den dort größeren Platzreserven, sondern auch den Hauptrichtungen der Transporte entspricht – und lenken zum einen Infrastruktur- und Verkehrsausbau in diesen Sektor, zum anderen weitere Investitionen in Güterzentren und Gewer- begebiete. Gleichzeitig verstärkt diese Entwicklung die relativ geringe Attraktivität dieser Gebiete für den gehobenen Wohnungsbau.

Der Bürosektor der Stadtregion wird für 1990 mit rund 13 Mio. m² und knapp 600.000 Angestellten beziffert. Bürostandorte und Standorte der öffentlichen Verwaltung (Staat, Land, Stadt) ballen sich im Zentrum, in den überwiegend östlich und nördlich des Zentrums liegenden Stadterweiterungsgebie- ten der Gründerzeit sowie entlang der Achse der Castellana nach Norden (CAM Consejería de Políti- ca Territorial 1995c, S. 280/281). In den 1990er Jahren entstanden jedoch auch zunehmend Büroflächen an der Peripherie. So kamen ca. 500.000 m² im Bereich der Nordwestachse hinzu sowie 1,2 Mio. m² im Norden (San Sebastian de los Reyes, Alcobendas, Tres Cantos u.a.).

3.2 Regional governance: Rahmenbedingungen und Akteure

Eine Besonderheit des Beispiels Madrid mit weit reichenden Auswirkungen sind der für die öffentli- che Hand unproblematische Zugriff auf den und die Verfügbarkeit von Boden. Das extensiv bewirt- schaftete Agrarland im Zentrum Kastiliens, das Madrid umgibt, wurde zwar sukzessive in Bau- und Gewerbeflächen umgewidmet, doch waren dabei jeweils immer sehr wenige Eigentümer betroffen. Hinzu kommt eine relativ einfache gesetzliche Möglichkeit der Enteignung für öffentliche Zwecke. Da der überwiegende Teil der neu erschlossenen Flächen für den Wohnungsbau wie auch für Gewerbe von öffentlichen oder teils öffentlichen, teils privaten Gesellschaften konsolidiert, erschlossen und dann zur Bebauung wieder verkauft wird, ist in fast allen Fällen formal der öffentliche Zweck gegeben. Dieses bietet die einmalige Chance, großflächige Planungen vorzunehmen, Abstimmungen zwischen Entwicklungen verschiedener Sektoren der Peripherie herbeizuführen und deutliche räumliche Ak- zente zu setzen.

Nach der Demokratisierung Spaniens wurde die Provinz Madrid 1983 zum autonomen Bundesland. Besonders in den ersten Jahren der „demokratischen Transition" folgten die planungspolitischen Maß- nahmen und Programme dem idealistischen Ziel, soziale Disparitäten abzubauen, das Wohnen er- schwinglich für alle zu machen – in dieser Zeit wurde der Grundstock für die hohe Eigentumsquote gelegt – und alle Stadtviertel mit genügend Grünflächen, Bildungs- und Versorgungseinrichtungen auszustatten. Die Aktivitäten konzentrierten sich deshalb überwiegend auf die großen Arbeiterwohn- viertel im Süden und Osten der städtischen Peripherie. Neben dem Wohnungsbau, der vielfach in nachbarschaftlichen Organisationsformen realisiert wurde, wurden Umstrukturierungsmaßnahmen angestoßen, die u.a. die bislang als Individuen auftretenden suburbanen Satellitengemeinden im Sü- den Madrids zu einer gemeinsamen Strategie und Entwicklungspolitik bewegen sollten. In diesem Zusammenhang wurde für 7 Gemeinden[1] der Name „Gran Sur" kreiert. Die Gemeinden waren in einer von der autonomen Landesregierung geschaffenen Regionalplanungsgesellschaft vertreten. Die Regionalplanungsgesellschaft verfolgte eine Strategie, die auf eine Kombination von Round-Table- Gesprächen („konzertierte Aktionen"), öffentlichen Infrastrukturinvestitionen und Großprojekten setzte (ARÍAS 1999). HEITKAMP interpretiert diese Phase der Madrider Stadtentwicklung als „eine Art Zwangsmodernisierung von oben" (1997, S. 11). Ab 1987 wurde die Entwicklung einer Metropolitanre- gion von der Regionalregierung als Projekt formuliert, das bis 1995 mit sektoralen Einzelplänen im- plementiert wurde (CAM Consejería de Política Territorial 1989a). Dahinter stand zum einen das Ziel

---

[1] Alcorcón, Móstoles, Leganés, Fuenlabrada, Getafe, Parla, Pinto

der Dekonzentration in Richtung auf eine polyzentrische Agglomeration, zum anderen das Ziel des Abbaus von Disparitäten zwischen den verschiedenen Sektoren der Peripherie (ARÍAS 1999). Nach 1995 ließ die neue konservative Regionalregierung davon ab, integrierte Entwicklungspläne für Groß-räume wie den Corredor de Henares oder den „Gran Sur" zu formulieren, und ging zu Einzelverhand-lungen mit Gemeinden und *ex-post*-Maßnahmen nach erfolgten gemeindlichen Entscheidungen und Investitionen über. Nach wie vor wird jedoch Großprojekten eine Schlüsselrolle zugemessen. Ihre Entwicklung wird als Motor von Wachstum und Transformation für die ganze Region angesehen (z.B. Ciudad de Imagen in Pozuelo de Alarcón). Hervorzuheben sind die von der Regionalplanung bereits 1995 als wichtigste „grandes operaciones territoriales" ausgewiesenen Projekte: der funktionale Zu-sammenschluss der Gemeinden des „Gran Sur", der Flughafenausbau „Operación Aeropuerto" und die Restrukturierung des „Corredor de Henares" (CAM Consejería de Política Territorial 1995c, S. xxiii). Insgesamt haben Stadt wie auch autonome Region inzwischen eine flexible, deregulierte Pla-nungsstrategie angenommen, die sich auf Einzelvorhaben konzentriert und auf spezielle Initiativen von einzelnen Investoren und Gemeinden eingeht. „Es geht vor allem um einen strategischen, nicht um einen bürokratischen Umgang mit Raum mit dem Ziel, Lösungen für die wichtigsten Probleme der Region zu finden" (EZQUIAGA 1993, S. 167). Die Regionalplanung ist von den großen Zielen einer sozial gerechteren Raumstruktur – so wie sie von den sozialistischen Regierungen der Nach-Franco-Zeit formuliert worden waren – explizit abgerückt (COMPITELLO 2003). Die postmoderne Stadtent-wicklung setzt der Planung von oben den individuellen Aushandlungsprozess entgegen und beschleu-nigt damit räumliche Segregationsprozesse sowie die Herausbildung privatwirtschaftlich ausgewähl-ter und von der Konsumgesellschaft geprägter Standortkomplexe.

Die Planungshoheit liegt bei den einzelnen Gemeinden inklusive der Stadt Madrid. Es besteht eine Abstimmungspflicht mit dem Strategieplan der Region und eine Genehmigungspflicht für Projektvor-haben durch die Regionalplanungsverwaltung der Autonomen Region Madrid (CAM). Die regionale Planungspolitik ist aufgrund des Selbstverständnisses der Hauptstadtregion Madrid als Primatstadt in Konkurrenz mit europäischen Metropolregionen auf kontinuierliches Wachstum ausgerichtet: Die dominanten Stadtentwicklungsdiskurse sowie die Planungsdokumente wie der Strategieplan Madrid 2019 (CAM Consejería de OPUT 1999a) sind wachstumsorientiert und verstärken sowohl die inner-städtische Verdichtung als auch das periphere Wachstum. Die wichtigsten Akteure auf der obersten Ebene sind, neben dem Staat, der bestimmte Infrastrukturinvestitionen tätigt, das Land und die Stadt Madrid. Seit 1994 werden Stadt und Land konservativ regiert, was sich besonders hinsichtlich der Liberalisierung gegenüber Investoren ausgewirkt hat. Während die Strategien der Regionalregierung im Schwerpunkt auf dem Ausbau der Verkehrsinfrastruktur und der Koordination des periurbanen Wachstums liegen, konzentriert sich die Stadtplanung auf die Nachverdichtung, die Anwerbung von hochwertigen Dienstleistungsbetrieben in Businessparks und die Entwicklung einzelner Großprojek-te um Flughafen, Messegelände und Logistikzonen. Auf regionaler Ebene wurde inzwischen mit dem neuen Bodenrecht und dem strategischen Regionalplan für Madrid (CAM Consejería de Política Ter-ritorial 1995a) die dazugehörige Gesetzgebung erlassen. Die straffe *top-down*-Planungsstrategie der sozialistischen Regierungen wurde durch flexible Aushandlungen zwischen den Akteuren abgelöst.

Die CAM hat seit den 1980er Jahren verschiedene Planungs- und Erschließungsgesellschaften ein-gerichtet, die zu den wichtigsten Akteuren in der Regionalentwicklung gehören, u.a.:

- ARPEGIO ist eine öffentliche Entwicklungsgesellschaft (des regionalen Planungsamtes), die Flä-chen für Großprojekte aufkauft und erschließt, um sie für neue Industrien, Forschungseinrichtun-gen und Gewerbe bereitzustellen; die Gesellschaft übernimmt die Akquisition von Investoren, die Abstimmung zwischen allen Beteiligten und die Koordination der Durchführung der Maßnahmen wie bei der Medienstadt Ciudad de la Imagen (37,2 ha) oder dem Freizeitpark Parque Temático (527 ha). Als größtes Vorhaben erwarb ARPEGIO das Land für das Projekt Arroyo Culebro (s.u.) und war mit den Erschließungsaufgaben betraut; gleichzeitig führte das Büro die Verhandlungen mit möglichen Investoren, besonders für ein Einkaufszentrum, ein Logistik-Zentrum, mehrere grö-ßere Industrien sowie den Trägern für ein neues Krankenhaus und einen Universitäts-Campus.
- Die öffentliche Madrider Wohnungsbaugesellschaft IVIMA (Instituto de la Vivienda de Madrid) wurde gegründet, um dem ständigen Druck auf den Wohnungsmarkt mit einigen groß angelegten Projekten schnell und relativ preiswert entgegenzukommen. Sie kauft, erschließt und verkauft Wohn-bauland.

- IMADE (Instituto Madrileño de Desarrollo) ist eine Entwicklungsgesellschaft des regionalen Wirtschaftsamtes zur Erschließung von Flächen (z.B. Cantueña, Fuenlabrada) und für Sanierungsmaßnahmen.
- CRTM ist das regionale Madrider Transportkonsortium, in dem Busse, U-Bahnen und Vorortzuglinien zu einem regionalen Verkehrsverbund zusammengeschlossen sind.

Als weitere nur teilweise organisierte Akteursgruppen sind die Investoren sowie die Bürger zu nennen. Für die Investoren hat es sich als wesentlich ausgewirkt, dass der Großraum Madrid von der Zentralregierung auch seit der Demokratisierung gefördert und durch verschiedene Maßnahmen immer zentraler im nationalen und internationalen Verkehrsnetz positioniert wird. Ausländische wie auch nationale Investoren folgen nach wie vor häufig der Tradition, die zentrale Verwaltungs- und Entscheidungsschaltstelle an einer prestigeträchtigen Adresse in der Kernstadt zu haben, während die Produktion, Lager- und Dienstleistungsflächen in der Peripherie untergebracht werden. Von den Investoren wird das Prinzip der von Konsortien in *public-private-partnership* verwalteten Gewerbegebiete in der Regel gegenüber der mühseligen Verhandlung mit individuellen Grundbesitzern, Nachbarn, Erschließungsgesellschaften und Gemeinden deutlich vorgezogen. Besonders Großvorhaben wie die im Bereich der Flughafen- und Logistikentwicklung werden ausschließlich von solchen Konsortien entwickelt. Während bei der Auflösung von Substandardbehausungen durch großmaßstäblichen Wohnungsbau die Selbstorganisation der Bürger eine große Rolle spielte, ist die *bottom-up*-Strategie in der derzeitigen Wachstumsphase so gut wie ohne Bedeutung. Die Einsprüche von Naturschutzverbänden gegen Umwidmungen von geschützten Arealen für Verkehrs- und Baumaßnahmen verlangsamen eventuell Projekte, können sie aber in der Regel nicht verhindern.

4 Entwicklung neuer räumlicher Strukturen in der Peripherie
4.1 Wachstumsstandorte

Viele der in jüngerer Zeit ausgewiesenen Gewerbe- und Büroparks bilden den Kern von Wachstumsstandorten an der Peripherie (*Fig. 7*); oft sind sie, nach Bereichen getrennt, für eine gemischte Nutzung von produzierendem Gewerbe, Handwerk, Einzelhandel und Bürostandorten ausgewiesen, wobei die Nutzungen innerhalb des Gewerbegebietes wiederum in Sektoren getrennt sind. Es handelt sich – je nach Standort – um sehr unterschiedliche Größenordnungen, von denen viele mit EU-Strukturmitteln grundfinanziert wurden (CAM Consejería de Economía y Empleo 1998). Dadurch, dass die Ansiedlung von Gewerbe fast ausschließlich in ausgewiesenen Gewerbegebieten stattfindet, ist die Identifizierung von Wachstumsstandorten eng an diese gebunden. Eine Aussage über nachhaltige Wachstumsimpulse ist folglich eher daraus zu ziehen, wie schnell sich solche Gewerbeparks füllen und an welche Standorte weitere Gewerbe- und Büroparks angeschlossen werden, d. h. wo sich solche häufen. Die kartographische Darstellung dieser Standorte weist mehrere solcher Ballungen aus: Es sind die vier großen peripheren Schwerpunkträume Gran Sur, Corredor de Henares, Carretera de La Coruña und im Norden Tres Cantos, Alcobendas und San Sebastián de los Reyes. Die Standorte liegen nicht nur an den bekannten Ausfallstraßen, sondern auch in geringem Abstand von den Autobahnringen M-40 und M-50, die zunehmend für die Orientierung von Bedeutung sind.

Einige der ausgewiesenen Wachstumsstandorte sind als spezialisierte Standorte geplant, so der Freizeit- und Büropark „Parque Temático" oder der Medienstandort „Ciudad de la Imagen". Während solche spezialisierten Projekte in der Regel von der Regionalplanung in die Wege geleitet und durchgeführt werden, entstehen herkömmliche Gewerbe- und Büroparks auch in kommunaler oder privater Regie. Unter den speziellen Wachstumsstandorten verdienen die Logistikzentren ein besonderes Augenmerk (Operación Barajas, Puerto Seco Coslada), da hier neben den regionalen Interessen und einer Reihe von Konsortien und Institutionen (Cargozentrum des Flughafens, Polígono de Actividades Logísticas PAL, Internationales Transportzentrum u.a.) auch nationale Investitionen eingebunden sind, um beide Bereiche gemeinsam als Logistikzone (Zona de Actividades Logisticas, ZAL) zu entwickeln.

4.2 Ökonomische Pole in der metropolitanen Peripherie

Es lassen sich insgesamt fünf größere Aktivitätscluster an der Peripherie der Metropolregion identifizieren, die als ökonomische Pole bezeichnet werden können (*Fig. 7*): die neuen/dynamischen ökonomischen Pole „Nordwesten – Achse entlang der Carretera de Galicia" und „Nordsektor – Alcobendas/ San Sebastián de los Reyes und Tres Cantos" sowie die älteren/stagnierenden ökonomischen Pole „Corredor de Henares", „Gran Sur" und „Südwesten – Carretera de Valencia". Obwohl die älteren Pole Gran Sur und Corredor de Henares insgesamt keine Arbeitsplatzüberschüsse aufweisen, rechtfertigen die Arbeitsplatzkonzentrationen in Teilgebieten und die absolute Zahl der vorhandenen Arbeitsplätze die Klassifikation als ökonomische Pole. Die älteren Industriegebiete der südlichen und östlichen metropolitanen Peripherie aus den 1950er und 1960er Jahren sind seit den 1980er Jahren bereits von Umstrukturierungs- und Modernisierungsprozessen betroffen. Die Zahl ihrer Arbeitsplätze wie auch

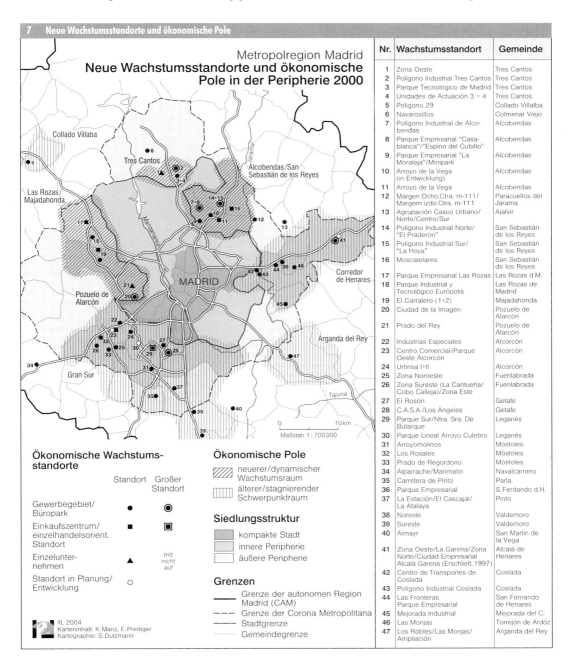

7 Neue Wachstumsstandorte und ökonomische Pole

Metropolregion Madrid
Neue Wachstumsstandorte und ökonomische Pole in der Peripherie 2000

Nr.	Wachstumsstandort	Gemeinde
1	Zona Oeste	Tres Cantos
2	Poligono Industrial Tres Cantos	Tres Cantos
3	Parque Tecnológico de Madrid	Tres Cantos
4	Unidades de Actuación 3 + 4	Tres Cantos
5	Poligono 29	Collado Villalba
6	Navarosillos	Colmenar Viejo
7	Poligono Industrial de Alcobendas	Alcobendas
8	Parque Empresarial "Casablanca"/"Espino del Cubillo"	Alcobendas
9	Parque Empresarial "La Moraleja"/Minipark	Alcobendas
10	Arroyo de la Vega (in Entwicklung)	Alcobendas
11	Arroyo de la Vega	Alcobendas
12	Margen Dcho.Ctra. m-111/ Margem izdo.Ctra. m-111	Paracuellos del Jarama
13	Agrupación Casco Urbano/ Norte/Centro/Sur	Ajalvir
14	Poligono Industrial Norte/ "El Praderón"	San Sebastián de los Reyes
15	Poligono Industrial Sur/ "La Hoya"	San Sebastián de los Reyes
16	Moscatelares	San Sebastián de los Reyes
17	Parque Empresarial Las Rozas	Las Rozas d.M.
18	Parque Industrial y Tecnológico Európolis	Las Rozas de Madrid
19	El Carralero (1+2)	Majadahonda
20	Ciudad de la Imagen	Pozuelo de Alarcón
21	Prado del Rey	Pozuelo de Alarcón
22	Industrias Especiales	Alcorcón
23	Centro Comercial/Parque Oeste Alcorcón	Alcorcón
24	Urtinsa I+II	Alcorcón
25	Zona Noroeste	Fuenlabrada
26	Zona Sureste (La Cantueña/ Cobo Calleja)/Zona Este	Fuenlabrada
27	El Rosón	Getafe
28	C.A.S.A./Los Ángeles	Getafe
29	Parque Sur/Ntra. Sra. De Butarque	Leganés
30	Parque Lineal Arroyo Culebro	Leganés
31	Arroyomolinos	Móstoles
32	Los Rosales	Móstoles
33	Prado de Regordono	Móstoles
34	Alparrache/Marimatin	Navalcarnero
35	Carretera de Pinto	Parla
36	Parque Empresarial	S.Ferdando d.H.
37	La Estación/El Cascajal/ La Atalaya	Pinto
38	Noreste	Valdemoro
39	Sureste	Valdemoro
40	Aimayr	San Martin de la Vega
41	Zona Oeste/La Garena/Zona Norte/Ciudad Empresarial Alcalá Garena (Erschließ. 1997)	Alcalá de Henares
42	Centro de Transportes de Coslada	Coslada
43	Poligono Industrial Coslada	Coslada
44	Las Fronteras Parque Empresarial	San Fernando de Henares
45	Mejorada Industrial	Mejorada del C.
46	Las Monjas	Torrejón de Ardóz
47	Los Robles/Las Monjas/ Ampliación	Arganda del Rey

Maßstab 1 : 700 000
0   10 km

Ökonomische Wachstumsstandorte

	Standort	Großer Standort
Gewerbegebiet/ Büropark	●	◉
Einkaufszentrum/ einzelhandelsorient. Standort	■	◼
Einzelunternehmen	▲	tritt nicht auf
Standort in Planung/ Entwicklung	○	

IfL 2004
Karteninhalt: K.Manz, E.Prediger
Kartographie: S.Dutzmann

Ökonomische Pole

▨ neuerer/dynamischer Wachstumsraum
▥ älterer/stagnierender Schwerpunktraum

Siedlungsstruktur

▨ kompakte Stadt
▨ innere Peripherie
☐ äußere Peripherie

Grenzen

— Grenze der autonomen Region Madrid (CAM)
– – – Grenze der Corona Metropolitana
— Stadtgrenze
— Gemeindegrenze

die Bevölkerung wachsen weniger als andere Bereiche der Peripherie, obwohl das Wachstum der Madrider Metropolregion fast alle Gemeinden im Umland der Stadt ergriffen hat. Besonders die letzten Wachstumsschübe und Planungen beziehen sowohl industriell geprägte Räume wie auch tertiär geprägte Räume in die Planung für neue Wohngebiete, Gewerbe- und Büroparks mit ein. Dennoch sind – nicht nur von den Wachstumzahlen, sondern auch bezogen auf das Image – zwei große Entwicklungsräume als die deutlich moderneren, von neuen Technologien und Dienstleistungsfunktionen geprägten Pole auszumachen: „Nordwesten – Achse entlang der Carretera de Galicia" und „Nordsektor – Alcobendas/San Sebastián de los Reyes und Tres Cantos". Die beiden neuen ökonomischen Pole verzeichnen deutliche Arbeitsplatzüberschüsse. Im Nordwesten liegt die Zahl der Arbeitsplätze (Arbeitsort) bei etwa 40.000 (1998) und das Verhältnis von Arbeitsplätzen zu erwerbstätiger Wohnbevölkerung bei 1,12. Im Nordsektor beträgt die Zahl der Arbeitsplätze 61.000 und die Relation Arbeitsplätze zu erwerbstätiger Wohnbevölkerung 1,34.[2]

4.2.1 Stagnierende Pole: Die alten industriellen Kerne im Süden

• Gran Sur

Die ehemaligen Schlafstädte an der südlichen Peripherie mit rd. 1 Mio. Einwohner waren bis in die 1990er Jahre infrastrukturell deutlich unterausgestattet: Es gab nur ein Krankenhaus, wenige Vorortzug-Stationen, keine Universität und nur ein größeres Einkaufszentrum. Die industrielle Restrukturierung, die Krise der spanischen Automobilindustrie und die hohe Arbeitslosigkeit machten sich in diesen Städten zuerst und besonders stark bemerkbar. Für die Planung war der Name „Großer Süden" Programm, die Region sollte aus ihrer Masse Kapital schlagen. Ein Mittel dafür soll der bandförmige Entwicklungspark Arroyo Culebro mit einer Gesamtfläche von 7.676 ha sein. Die Planung besteht seit den frühen 1990er Jahren, die Realisierung wurde jedoch durch die Veränderungen der politischen Gewichte in dem Maße verlangsamt, wie öffentliche in private Investitionen umgewandelt wurden und dafür Investoren gefunden werden mussten. Die riesige Fläche entlang des 3. Autobahnrings M-50 soll rund 1.000 ha Grünflächen, auf 2.500 ha öffentliche Einrichtungen, auf 500 ha 5.000 Wohnungen und 1.000 ha für Gewerbeflächen und neue Industrien erhalten. Damit erhofft man sich einen neuen Entwicklungsimpuls für die fünf „alten" Satellitenstädte Getafe, Leganes, Fuenlabrada, Alcorcón und Móstoles (2001 zusammen 847.400 Einwohner).

Im Anschluss an die älteren Gewerbeparks des Gran Sur und die konsolidierten Wohngebiete dieser südlichen Satellitenstädte sind in den 1990er Jahren bereits weitere Wohngebiete und Gewerbegebiete entstanden. Die neu angesiedelten Betriebe sind kleiner als die alten und haben einen Schwerpunkt im Logistiksektor sowie in der Versorgung der lokalen Bevölkerung. Die Gemeinden Humanes, Parla, Pinto und Valdemoro (zusammen 153.900 Einwohner 2001) sind die derzeitigen Wachstumsschwerpunkte im Süden, die jedoch überwiegend in traditionellen Industrien und Gewerben, dem Handwerk und der Bauwirtschaft expandieren.

Die wirtschaftliche Rezession der frühen 1990er Jahre hatte gezeigt, dass in Zeiten eines Überangebots an Gewerbeflächen und damit einer relativ freien Wahlmöglichkeit des Betriebsstandortes Planungen für Büroparks als Standorte der Hochtechnologie in den Gemeinden des Gran Sur nicht realisierbar waren. Die Flächen wurden größtenteils für den Wohnungsbau umgewidmet. Von der Dominanz des traditionellen Gewerbes und der Wohnnutzung weicht in den Gemeinden des Gran Sur lediglich der randlich gelegene sog. Parque Temático in San Martín de la Vega ab, ein Freizeitpark auf 527 ha, auf dem ab April 2004 u.a. ein Filmpark der Warner Brothers einen Publikumsmagneten bildet.

• Corredor de Henares

Die Rohstoffe für die Altindustrien kamen in den 1950er und 1960er Jahren noch überwiegend auf der Schiene und gelangten über die Bahnstrecke im Tal des Henares zur Hauptstadt. Entlang der Schnellstraße zwischen Alcalá und Madrid siedelten sich deshalb Zwischenlager, Umladebahnhöfe, rohstoffverarbeitende Betriebe und verschiedene Unternehmen der Schwerindustrie an. Die Funktionen verloren sich mit dem Bedeutungszuwachs der Straße und dem Ausbau der sieben von Madrid aus strahlenförmig das Land erschließenden Autobahnen ab den 1970er Jahren. Gleichzeitig wuchs Torrejón

---

[2] eigene Berechnungen auf der Basis von CAM Consejería de Hazienda 1999b

zum wichtigsten amerikanischen Luftstützpunkt in Südwesteuropa mit einem großen Flugplatz, der heute zivil genutzt wird, und wichtigen militärischen und zivilen Dienstleistungen. Seit Aufgabe des Stützpunktes in den 1990er Jahren und mit der vorläufigen Entscheidung gegen eine Flughafenverlagerung des internationalen Madrider Flughafens fielen die Entscheidungen der Regionalplanung, im Bereich von Coslada und San Fernando den Haupt-Logistikknotenpunkt der Region (Puerto Seco und Ciudad Aeroportuaria) auszubauen. Der Bau eines Büroparks (Parque Empresarial) in San Fernando, ein Hochtechnologie- und Büropark in Torrejón (Polígono de Las Monjas) und andere Initiativen weisen darauf hin, dass die Zone in der Umstrukturierung steckt. In den fünf Gemeinden des Corredor de Henares wohnen 405.400 Einwohner (2001).

- Südwesten – Carretera de Valencia

Die Gemeinden an der Autobahn III nach Südwesten (Richtung Valencia), die Wohngemeinde Rivas-Vaciamadrid und das traditionell von Baugewerbe und Lebensmittelindustrie geprägte Arganda del Rey (2001 zusammen 69.100 Einwohner), weisen zwar seit den 1990er Jahren ein starkes Bevölkerungswachstum auf, und Arganda hat als Mittelzentrum für die kleinen Umlandgemeinden im Südwesten der CAM auch einen recht hohen Arbeitsplatzüberschuss, aber die Gemeinden haben sich nicht durch neue Dienstleitungen profilieren können. Trotz einer geringen Attraktivität der Umgebung sind teilweise hochwertige Wohngebiete und einige *gated communities* entstanden, die die geringe Umlandqualität durch exklusive Gestaltungen der Anlagen kompensieren.

4.2.2 Dynamische ökonomische Pole

- Der Nordwesten – Achse entlang der Carretera de Galicia

Die Gemeinden Pozuelo de Alarcón, Majadahonda und Las Rozas entlang der Autobahn VI nach Galizien (Carretera de Galicia), die den Siedlungsraum zwischen Landschaftsschutzgebieten und der Kernstadt zunehmend ausfüllen, lassen sich als ein zusammenhängender ökonomischer Pol einstufen. Er zeichnet sich durch ein starkes Bevölkerungswachstum aus, das sich weitgehend auf die obere Mittelschicht beschränkt (zusammen 182.300 Ew. 2001, Bevölkerungswachstum von 25 % seit 1996). Der Wohnungsbau hat hier – neben hochwertigen Eigentumsanlagen – die in Spanien wenig verbreitete Form des Reihen-Einfamilienhauses in großer Zahl entstehen lassen. Dazu entstanden kleinere Einkaufszentren und großflächiger Einzelhandel des gehobenen Niveaus, die sich, genau wie die Gewerbe- und Büroflächen, vorwiegend in bandförmiger Struktur entlang der Autobahn bzw. der parallel laufenden Landstraße angesiedelt haben. Trotz merklicher Platzbeschränkungen setzen die Gemeinden auf ein qualitativ hoch stehendes Wachstum, das sich besonders auf Bürofunktionen und den Mediensektor spezialisiert. Zwei größere Büro- und Gewerbeparks in der Gemeinde Las Rozas haben sich in den letzten Jahren weitgehend gefüllt, wenn auch teilweise aufgrund der Krise der frühen 1990er Jahre von dem ursprünglichen exklusiven Nutzungskonzept abgegangen werden musste (HEITKAMP 1997, S. 165ff.). Für das Image des ökonomischen Pols sind die Einrichtungen der nationalen Fernsehgesellschaft RTVE in Prado del Rey sowie der Gewerbe- und Freizeitpark Ciudad de la Imagen (Medienstadt) – beide in der Gemeinde Pozuelo de Alarcón gelegen – ausschlaggebend. Letzterer wurde in den 1990er Jahren von ARPEGIO auf 372 ha angelegt und ist zwar noch nicht voll ausgelastet, vereint aber bereits eine ganze Anzahl von prestigeträchtigen Einrichtungen des Mediensektors (Telemadrid, Filmoteca Española, Filmhochschule u.a.) wie auch den Publikumsmagneten eines Multiplexkinos mit 25 Sälen (9.200 Plätze!) (ARPEGIO/CAM 1999). In Anbetracht der geringen Platzreserven weist der ökonomische Pol Expansionstendenzen entlang der Achse stadtauswärts wie auch in die bislang noch überwiegend als Naherholungsziele genutzten Orte südwestlich am Fuß der Sierra auf. In den Übergangsgebieten befinden sich Golfplätze und andere Oberschicht-Freizeitanlagen sowie einige private Universitäten und Schulen. Es ist absehbar, dass dieser Raum in Zukunft ein moderates Wachstum im gehobenen Sektor erfahren wird, sowohl was die Wohnnutzung wie auch Gewerbe, Büros, großflächigen Einzelhandel und Freizeiteinrichtungen anbetrifft.

- Der Nordosten: Alcobendas und San Sebastián de los Reyes

Entlang der Autobahn N I Richtung Baskenland und Südwestfrankreich sind die ehemals kleinen Landgemeinden Alcobendas und San Sebastián de los Reyes zu großen suburbanen Wohn- und Arbeitszentren angewachsen (zusammen 154.000 Ew. 2001) und zu einem Siedlungsgebiet verschmolzen.

In den 1970er und frühen 1980er Jahren noch eher auf Standorte traditioneller Gewerbe und des Handwerks ausgerichtet, haben beide Gemeinden seit den späten 1980er Jahren ein enormes Wachstum in Gewerbeparks erlebt, das sich durch eine zunehmende Ausrichtung auf großflächigen Einzelhandel (IKEA, Mediamarkt), Büros und saubere Industrien auszeichnet *(Fig. VI).* Die Faktoren für die Attraktivität dieses Standortes liegen in der guten Verkehrsanbindung, der Nähe zu den Bürozentren der Kernstadt und der allgemein höheren Attraktivität des Nordens, die u.a. durch das zu Alcobendas gehörende Oberschicht-Villengebiet La Moraleja belegt wird.

Auch die hohen Bodenpreise weisen auf die große Attraktivität des Nordsektors hin. So gehören bspw. die Bodenpreise in Alcobendas 1999 mit Spitzenwerten von 150.000 Pts./m^2 (= ca. 900 Euro)[3] zu den höchsten der Metropolregion Madrid. Dieses hohe Preisniveau lässt nur flächenintensive Nutzungen rentabel erscheinen und bedingt daher eine Ansiedlungskonzentration von hochrangigen Dienstleistungsunternehmen.

- Insel im Norden: Tres Cantos

Durch Schutzflächen des Regionalparks getrennt, grenzt nordöstlich an die beiden Gemeinden das Gebiet der noch unter Franco angelegten Planstadt Tres Cantos (von 1986 rd. 7.000 Ew. auf 2001 37.000 Ew. angewachsen, 12.600 Arbeitsplätze). Im Zuge des zur Bewältigung der Wirtschaftskrise von 1979 bis 1984 initiierten Wirtschaftsförderungsprogramms ZUR (s.o.) wurde dort 1986 von der IMADE ein Technologiepark gegründet, der zu den größten High-Tech-Gewerbeparks Spaniens gehört. Der Park umfasst 210.000 m^2 Fläche, auf denen 76 Firmen angesiedelt sind (Ayuntamiento de Tres Cantos 1999) und der noch einige Erweiterungsflächen vorsieht. Daneben befindet sich ein Großbetrieb der Telekommunikationsbranche (Lucent Technologies Microelectrónica, S. A., ehemals AT&T). Die landschaftlich attraktive Lage der Planstadt sowie ihre Nähe zur Regionaluniversität (Universidad Autónoma) und einer weiteren privaten Universität fördern sowohl die Ansiedlung von finanzkräftiger Bevölkerung wie auch von unternehmensbezogenen Dienstleistungen, Forschung und Entwicklung, jedoch sind die Wachstumsmöglichkeiten der Gemeinde in alle Himmelsrichtungen aus Natur- und Landschaftsschutzgründen limitiert. Die Lage von Tres Cantos an der Schnellstraße M-607 und die Nähe zum Autobahnring M-40 sowie der geplante Ausbau der Landstraße zwischen Tres Cantos und Alcobendas lassen jedoch vermuten, dass ein Zusammenwachsen der Nordregion fortschreiten wird.

Ein besonderer Standortvorteil der nördlichen Peripherie besteht in den Bauvorhaben am nordöstlichen Madrider Stadtrand. Der Ausbau des Madrider Flughafens Barajas bis 2005 durch den Bau von zwei weiteren Start- und Landebahnen sowie der Bau des Logistikzentrums der Ciudad Aeroportuaria nördlich des bisherigen Flughafengeländes sind mit dem Bau von Zubringerstraßen nach Norden zur Autobahn N I bis Alcobendas/San Sebastián de los Reyes und nach Westen zum städtischen Entwicklungsgebiet der Operación Chamartín verbunden. Nach Südosten sind die Flughafeneinrichtungen in einen sog. Logistikbogen (Arco Logístico) eingebunden, der bis zu den Einrichtungen vom Puerto Seco von Coslada (CTC-PAL Centro de Transportes de Coslada, Poígono de Actividades Logísticas) (Straße/Schiene) reicht. Er grenzt zudem an den Messepark (IFEMA = Institución Ferial de Madrid, neu: REFEMASA), der mit einem Umsatzwachstum um 10 % pro Jahr, 140.000 m^2 Hallen-Ausstellungsfläche und 30.000 m^2 im Freien zusammen mit dem Büropark des Campo de las Naciones (438 ha, 390.000 m^2 Geschossfläche) einen weiteren Wachstumsschwerpunkt bildet.

5 Perspektiven der Entwicklung

Die Region Madrid profiliert sich als einzige Wachstumsregion im spanischen Binnenland und setzt als Hauptstadtregion mit flexibler Planungshandhabung auf Wachstum und auf eine gute Position im Wettstreit der europäischen Metropolen. Während die Stadt mittels Nachverdichtung am Wachstum der Region teilnimmt, versucht die Regionalplanung, den Konkurrenzkampf zwischen den Umlandgemeinden durch deregulierte Projekte in *public-private-partnership* und eine thematische Konzentrati-

---

[3] 1999, nach Aussage von Nieves Cuesta, Ayuntamiento de Alcobendas

on von Investitionen zu lenken. Die Konkurrenz zwischen den administrativen Einheiten von Stadt und Region wirkt sich nicht negativ aus, sondern wird bei einigen wichtigen Projekten in Zusammenarbeit umgemünzt, die es ermöglicht, die Region mit einem modernen Verkehrssystem und leistungsfähigen Logistikeinrichtungen auszustatten. Die Corona Metropolitana ist dafür ohne Zweifel die Haupt-Wachstumszone. Mit dem wirtschaftlichen Wachstum und der Positionierung der Metropolregion im internationalen Standortwettbewerb geht eine zunehmende sozioökonomische Differenzierung der Stadtregion und ihrer Bewohnergruppen einher. Wenn der Präsident der Madrider Industrie- und Handelskammer formuliert, dass die große Herausforderung der metropolitanen Region in der Zukunft darin bestehe, dass „jeder Elitismus und jede exklusive Beanspruchung von Mitteln vermieden werden müsse" (PIERA 1991, S. 334), dann weist er weitsichtig darauf hin, dass die Förderung der neuen Pole mit der Ausrichtung auf neue Medien, High-Tech und quartäre Dienstleistungen nicht auf Kosten der breiten Masse von Bevölkerung und Betrieben geschehen darf, ohne dass sich dies früher oder später für den Gesamtraum positiv auswirkt.

Literatur

ARAS, F. (1999): The Gran Sur of Madrid: an inter-governmental metropolitan development stategy. Unveröff. Paper zum Workshop „Regulation of urban growth: new territorial systems in the metropolises of the Southern edge of Europe" an der Universität Dortmund. Dortmund.

ARPEGIO/CAM Consejería de Política Territorial (Hrsg.) (1991): Madrid - Región Metropolitana. Estrategía territorial y actuaciones. Madrid.

ARPEGIO/CAM Consejería de Política Territorial (Hrsg.) (1995): Madrid - Gran Sur Metropolitano. Territorio, desarrollo regional y medio ambiente. Madrid.

ARPEGIO/CAM Consejería de Obras Públicas, Urbanismo y Transportes (Hrsg.) (1999): De Madrid el suelo. Madrid.

Ayuntamiento de Alcobendas (Hrsg.) (1998): Plan estratégico de Alcobendas. Alcobendas.

Ayuntamiento de Madrid (Hrsg.) (1985): Plan general de ordenación urbana de Madrid. Madrid.

Ayuntamiento de Madrid (Hrsg.) (1989 - 2000): Anuario estadístico 1989-2000. Madrid.

Ayuntamiento de San Sebastián de los Reyes (Hrsg.) (1999): Plan general de ordenación urbana, Tomo I. Memoria. San Sebastián de los Reyes.

Ayuntamiento de Tres Cantos Consejalía de Comercio e industria (Hrsg.) (1999): Estudio sobre la zona industrial de Tres Cantos. Tres Cantos [Buch und CD-ROM].

CAM (Comunidad Autónoma de Madrid) Consejería de Economía (Hrsg.) (1992): El distrito industrial de la periferia metropolitana del noreste. Madrid (= Documentos de trabajo).

CAM Consejería de Economía (Hrsg.) (1994): Atlas de la industria en la Comunidad de Madrid. Madrid.

CAM Consejería de Economía y Empleo (Hrsg.) (1998): Localizador de áreas industriales, Tomo I: Madrid Municipio, Tomo II: Municipios de la Comunidad de Madrid. Madrid.

CAM Consejería de Hacienda (Hrsg.) (1998a): Anuario estadístico de la Comunidad de Madrid 1998 - 1999. Madrid.

CAM Consejería de Hacienda (Hrsg.) (1998b): El futuro de la industria en la Comunidad de Madrid. Madrid (= Estudios y analisis).

CAM Consejería de Hacienda (Hrsg.) (1998c): Índice de producción industrial de la Comunidad de Madrid. Madrid (= Documentación y estadística).

CAM Consejería de Hacienda (Hrsg.) (1998d): Cuentas del sector de servicios a empresas en la Comunidad de Madrid – 1996. Madrid (= Documentación y estadística).

CAM Consejería de Hacienda (Hrsg.) (1999a): InfoMuni 1998. Información municipal de la Comunidad de Madrid. Padrón municipal y estadística de población 1996. Madrid [CD-ROM].

CAM Consejería de Hacienda (Hrsg.) (1999b): La población de la Comunidad de Madrid en cifras. Madrid. (= Difusión estadística) [www.comadrid.es/iestadis/. Abruf: 09.08.2004].

CAM Consejería de Hacienda (Hrsg.) (2000a): Anuario estadístico de la Comunidad de Madrid 2000. Madrid.

CAM Consejería de Hacienda (Hrsg.) (2000b): Oferta y demanda de servicios a empresas en la Corona Metropolitana de la Comunidad de Madrid. Madrid.

CAM Consejería de Obras Públicas, Urbanismo y Transportes (OPUT) (Hrsg.) (1999a): Madrid 2019. Plan estratégico director regional de ordenación. Madrid.

CAM Consejería de Obras Públicas, Urbanismo y Transportes (OPUT) (Hrsg.) (1999b): Los consorcios urbanísticos en la Comunidad de Madrid (1995 - 99) – La construcción de los nuevos barrios residenciales. Madrid.

CAM Consejería de Política Territorial (Hrsg.) (1989a): Estrategía territorial para el Corredor de Henares. Madrid.

CAM Consejería de Política Territorial (Hrsg.) (1989b): Parque central de Tres Cantos. Madrid.

CAM Consejería de Política Territorial (Hrsg.) (1995a): Plan Regional de Estrategia Territorial – Madrid. Documento preparatorio de las bases. Madrid.

CAM Consejería de Política Territorial (Hrsg.) (1995b): La economía en Madrid. Analisis espacial de las actividades económicas de la región desde 1980. (Plan Regional de Estrategía Territorial – Madrid). Madrid.

CAM Consejería de Política Territorial (Hrsg.) (1995c): La economía en Madrid. Analisis espacial de las actividades económicas de la región desde 1980 (Plan Regional de Estrategía Territorial – Madrid). Madrid.

CAM Consejo Económico y Social (Hrsg.) (1998): Situación económica y social de la Comunidad de Madrid 1997. Madrid.

CARAVACA, I. u. R. MENDEZ (1994): Industrial revitalization of the metropolitan areas in Spain. In: International Journal of Urban and Regional Research, Vol. 18, H. 2, S. 220 - 233.

CELADA, F. (1991): Puntos débiles y fuertes en el crecimiento madrileño. In: Alfoz 76, S. 31 - 34.

CIN, A. d., J. d. MESONES u. J. FIGUEROA (1994): Madrid. In: Cities 11, S. 283 - 291.

COMPITELLO, M. A. (2003): Designing Madrid, 1985 - 1997. In: Cities 20, S. 403 - 411.

CUADRADO ROURA, J. R. (1999): El sector servicios y el empleo en España. Evolución reciente y perspectivas de futuro. Madrid.

DÍAZ, A. M. (1993): El territorio postindustrial madrileño. Reestructuración y estrategías territoriales. In: Economía y sociedad 9, S. 21 - 39.

El Pais (Hrsg.) (1994 - 2000): Anuario El Pais 1994/1995/1996/1997/1998/1999/2000. Madrid.

EZQUIAGA, J. M. (1993): Die Entwicklung der metropolitanen Region Madrid. In: KREIBICH, V. et al. (Hrsg.): Rom – Madrid – Athen. Die Rolle der städtischen Peripherie. Dortmunder Beiträge zur Raumplanung 62. Dortmund, S. 162 - 168.

GARCÍA BALLESTEROS, A. (1981): El sector terciario. In: Instituto Juan Sebastián Elcano (Hrsg.): Madrid. Estudios de Geografía Urbana. Madrid, S. 101 - 133.

HEITKAMP, T. (1993): Die neue Rolle der metropolitanen Peripherie: Madrid. In: KREIBICH, V. et al. (Hrsg.): Rom – Madrid – Athen. Die Rolle der städtischen Peripherie. Dortmunder Beiträge zur Raumplanung 62. Dortmund, S. 155 - 161.

HEITKAMP, T. (1997): Die Peripherie von Madrid: Raumplanung zwischen staatlicher Intervention und privater Investition. Dortmunder Beiträge zur Raumplanung 79. Dortmund.

HEITKAMP, T. et al. (Hrsg.) (1996): Strukturen und Planung der metropolitanen Entwicklung in Madrid. Dortmund (= IRPUD, Die Regulierung des städtischen Wachstums Texte 9).

LEAL, J. (1993): Madrid: Eine erfolgreiche Wirtschaft für eine ungleiche Gesellschaft. In: KREIBICH, V. et al. (Hrsg.): Rom – Madrid – Athen. Die Rolle der städtischen Peripherie. Dortmunder Beiträge zur Raumplanung 62. Dortmund, S. 169 - 180.

LLES LASZO, C. (1993): Periferias y metrópolis postindustrial: el caso de la periferia obrera del municipio de Madrid. In: Economía y Sociedad 8, S. 63 - 87.

LÓPEZ GÓMEZ, A. (1981): La población de Madrid en los últimos cincuenta años. In: Instituto Juan Sebastián Elcano (Hrsg.): Madrid: Estudios de Geografía Urbana. Madrid. S. 163 - 187.

MÉNDEZ, R. (1990): Crecimiento periférico y reestructuración metropolitana: el ejemplo de Madrid. In: Alfoz 71, S. 47 - 53.

MÜLLER, S. (1996): Raum-Zeit-Maschinen der Metropolen: Airportcities in Lyon, Barcelona, Madrid. In: WENTZ, M. (Hrsg.): Stadt-Entwicklung. Frankfurt/M (= Die Zukunft des Städtischen, Frankfurter Beiträge Band 9).

PIERA, A. (1991): Madrid, área metropolitana. In: Madrid. Punto seguido. Una propuesta de lectura (1985 - 1990). Madrid, S. 330 - 334.

REVILLA DÍEZ, J. (2003): Regionale Disparitäten in Spanien. In: Geographische Rundschau 55, H. 5, S. 4 - 11.

ROYO, E. (1991): Madrid, región europea. In: Alfoz 76, S. 20 - 28.

SCHEIFLER ALÁCANO, M. A. (1996): Tendencias y retos de la indústria madrileña. In: Economía de Madrid, S. 576 - 582.

TEIXIDOR ALONSO, L.F. et al. (1993): Madrid 1993, su modelo metropolitano como gran ciudad de la Comunidad Europea. Madrid.

TERÁN, F. de (1999): Madrid – Ciudad – Region. Vol. II: Entre la ciudad y el territorio, en la segunda mitad del siglo XX. Madrid (Hrsg. von der Consejería de Obras públicas, urbanismo y transporte).

VALENZUELA RUBIO, M. (1992a): La Comunidad de Madrid y la Construcción del territorio metropolitano. In: Boletín de la Asociación de Geógrafos Españoles 11, S. 15 - 40.

VALENZUELA RUBIO, M. (1992b): El Guardarrama de los Noventa o lo Metropolitano como riesgo. In: CAM, Agencia de Medio Ambiente (Hrsg.): La Sierra Guadarrama. Madrid, S. 291 - 311.

VALENZUELA RUBIO, M. u. A. OLIVERA (1994): Madrid, capital city and metropolitan region. In: CLOUT, H. (Hrsg.): Europe's Cities in the Late Twentieth Century. Utrecht/Amsterdam, S. 51 - 68 (= Netherlands Geographical Studies 176).

WEHRHAHN, R. (2000): Zur Peripherie postmoderner Metropolen: Periurbanisierung, Fragmentierung und Polarisierung. Untersucht am Beispiel Madrid. In: Erdkunde 54, S. 221 - 237.

WEHRHAHN, R. (2003): Postmetropolis in Spanien? In: Geographische Rundschau 55, H. 5, S. 22 - 28.

Moskau

Robert Rudolph und Isolde Brade

1 Einleitung

Im Verlaufe des 20. Jahrhunderts bekam die funktionale Dominanz Moskaus eine exponierte Position innerhalb des russischen Städtesystems. Nach der Übernahme der Funktion als Hauptstadt Sowjetrusslands 1918 wurde Moskau das Zentrum einer Musterregion der sowjetischen Modernisierung. Die gezielte Umsetzung gesellschaftlicher Leitbilder der Stadtentwicklung hatte einen dominanten Einfluss auf die Herausbildung der räumlichen Strukturmuster und auf die ästhetischen Formen des Städtebaus, wobei die sowjetische Modernisierung und Industrialisierung im Mittelpunkt der Intentionen der jeweiligen Leitbilder standen. Der Umbau Moskaus zur Hauptstadt des ersten sozialistischen Staates der Welt galt als zivilisatorisches Großprojekt (RUDOLPH 2002, S. 225).

Seit dem Beginn der Stalinschen Industrialisierung ab dem Ende der 1920er Jahre war die Moskauer Region gewaltigen Wachstums- und Urbanisierungsprozessen ausgesetzt. Ende der 1920er Jahre betrug das jährliche durchschnittliche Wachstum der Bevölkerung etwa 6 %, ein Wert, der den Wachstumsraten heutiger Megastädte in den Entwicklungsländern gleicht. Der gewaltige Bevölkerungszustrom führte zu schweren Krisen der Stadtwirtschaft und des Wohnungswesens, da für derart stürmische Industrialisierungs- und Verstädterungsprozesse weder ein annähernd adäquater Wohnraum noch eine entsprechende technische Infrastruktur vorhanden waren. Mit dem ersten Generalplan zur Umgestaltung Moskaus von 1935 setzte eine systematische und kompakte Entwicklung, infrastrukturelle Technisierung und repräsentative Gestaltung der Stadt ein. Moskau wurde zunehmend durch charakteristische Elemente der stalinzeitlichen Variante des sozialistischen Städtebaus überprägt, indem etwa große neoklassizistische Ensembles und Straßenachsen das Stadtbild zu dominieren begannen. Für das Wachstum Moskaus als moderne Metropole war jedoch vor allem der Aufbau einer leistungsfähigen Transportinfrastruktur (insbesondere in Gestalt der Metro) von vorrangiger Bedeutung.

Ab den 1960er Jahren wurde die flächenhafte Stadterweiterung und die Errichtung immer neuer Großsiedlungen an der städtischen Peripherie und in den Umlandstädten der Region zum vorherrschenden räumlichen Entwicklungsmuster. Die ausgedehnten Industriezonen, die teilweise schon seit dem 19. Jahrhundert am Rande der inneren Stadt bestanden, blieben im Wesentlichen erhalten. Fehlender Umnutzungsdruck und Kapitalmangel begünstigten eine Standortpersistenz der Industriebetriebe. An der Peripherie Moskaus und in den Umlandstädten wurden immer neue großflächige Industrieareale, Forschungs- und Produktionskomplexe mit den dazugehörigen Wohnsiedlungen gebaut. Die Entwicklung der Moskauer Region zum administrativen, wissenschaftlichen und industriellen Zentrum des Landes und der enorme Bevölkerungszustrom führten zu einer raschen Verstädterung des Umlandes bei gleichzeitigem Fortbestehen schwach urbanisierter Gebiete innerhalb der Stadtregion. Die von planerischer Seite immer wieder unternommenen Versuche, das Wachstum der Agglomeration zu drosseln und die innerstädtischen Industriegebiete in das Moskauer Umland zu verlagern, blieben im Wesentlichen erfolglos (LEUPOLT 1988; GLUSCHKOWA 1999, S. 197f.).

2 Grundzüge der Entwicklung der metropolitanen Peripherie
2.1 Die räumliche Gliederung der Moskauer Stadtregion

Dem urbanen Wachstum der Region liegt eine radial-konzentrische Grundstruktur zugrunde, die sich in historisch sehr langen Zeiträumen seit der mittelalterlichen Stadtentstehung herausgebildet hat.

Das wichtigste Strukturelement zur Abgrenzung des Moskauer Stadtzentrums ist die innere Ringstraße, der „Gartenring". Gegenwärtig entsteht innerhalb Moskaus ein neuer Autobahnring, der sog. „3. Ring", dessen Ausbau 2005 abgeschlossen sein soll. Dieser Ring schließt das Stadtzentrum und fast den gesamten Zentralen Stadtbezirk (Zentralny Okrug) ein. Das Gebiet innerhalb des 3. Ringes erfasst im Wesentlichen das bis in die 1930er Jahre bebaute Territorium Moskaus, welches durch eine vergleichsweise dichte, geschlossene Bebauung und eine gute verkehrsinfrastrukturelle Erschließung gekennzeichnet ist. Dieses Gebiet wird hier definiert als Territorium der kompakten Stadt innerhalb der Metropolregion. Die kompakte Stadt nimmt jedoch nur etwa 6 % der gesamten administrativen Fläche Moskaus ein (siehe Karte Moskau im Farbteil).[1]

Die innere Peripherie Moskaus besteht aus den Gebieten, die sich außerhalb der kompakten Stadt bis zum Moskauer Autobahnring (MKAD)[2] erstrecken. In diesem Gebiet befinden sich ausgedehnte Industrie-, Verkehrs-, Grün- und gemischte Bauflächen, außerdem riesige Großwohnsiedlungen, in denen der größte Teil der Moskauer lebt. Sie reichen bis unmittelbar an den Autobahnring heran.

1 Der Moskauer Autobahnring

Die administrative Grenze Moskaus verläuft zu großen Teilen entlang des während der 1960er Jahre gebauten und in den 1990er Jahren sanierten Autobahnrings. Dabei gehört die Straßentrasse selbst noch zum Moskauer Territorium.
Foto: RUDOLPH 1999

Die heutige administrative Grenze zwischen Moskau und der Moskauer Oblast verläuft zu großen Teilen entlang des Autobahnringes, der Anfang der 1960er Jahre fertiggestellt wurde und eine bedeutende städtebauliche Grenze darstellt. Ursprünglich sollte der Moskauer Autobahnring die endgültige administrative Grenze Moskaus bleiben (LEUPOLT 1988). Inzwischen greift die Stadtgrenze in einigen Bereichen weit über den Ring hinweg, da im Zuge einer extensiven Stadterweiterungspolitik seit den 1960er Jahren immer neue Gebiete, auch außerhalb des MKAD, der administrativen Hoheit Moskaus unterstellt wurden. Die Karte Moskaus zeigt daher Exklaven und „Auswüchse" des Moskauer Territoriums außerhalb des Autobahnringes. Das Wachstum der administrativen Fläche Moskaus endete Anfang der 1990er Jahre *(Fig. 1)*.

Die äußere Peripherie Moskaus setzt sich aus den angrenzenden Städten und Kreisen (Raiony) der Moskauer Oblast und den zu Moskau gehörenden Territorien, die außerhalb des Autobahnrings liegen, zusammen. Diese Zone wird auch als „Waldschutzzone" bzw. „Pufferzone" bezeichnet (BABURIN et al. 1986, S. 5; 1987, S. 3), da ihr gemäß den ursprünglichen Planungen die Funktion als ökologischer Ausgleichsraum für die Metropolregion zugedacht war. Inzwischen ist dieser Waldgürtel jedoch großflächig zersiedelt. Das Siedlungsmuster dieser Zone entspricht einem System von radial verlaufenden Achsen, die aus Städten, Industriesiedlungen und Sommerhausgebieten in der Umgebung überregionaler Verkehrsadern bestehen.

Im Jahre 2002 lebten nach offiziellen statistischen Angaben in Moskau ca. 10,1 Mio., in der Moskauer Oblast ca. 6,6 Mio. Einwohner (Goskomstat 2002), in der gesamten Moskauer Region (ca. 47.000 km²) somit 16,7 Millionen Einwohner *(Fig. 2)*.[3]

Die Pendlerzone dehnte sich während der letzten Jahrzehnte immer weiter aus. 1939 erstreckte sie sich bis zu einer Linie, die etwa 30 km von der damaligen Moskauer Stadtgrenze entfernt lag, 1970 erreichte diese Zone bereits 100 km (GLUSCHKOWA 1999, S. 197). Ende der 1990er Jahre pendelten täglich etwa 650.000 bis 700.000 Bewohner der Moskauer Oblast überwiegend mit der Vorortbahn zur Arbeit nach Moskau, während in umgekehrter Richtung etwa 200.000 Moskauer unterwegs waren

---

[1] Als statistische und administrative Abgrenzung der „kompakten Stadt" dient der Zentrale Stadtbezirk, der sich größtenteils innerhalb des 3. Ringes befindet, in einigen Bereichen jedoch über diesen hinausreicht.

[2] Russ.: *Moskowskaja kolzowaja awtomobilnaja doroga*

[3] Die Stadt Moskau und die Moskauer Oblast (*Moskowskaja Oblast*) sind heute zwei eigenständige administrative Einheiten innerhalb der Russischen Föderation. Beide Föderationssubjekte haben jeweils eine Exekutive (Bürgermeister/Gouverneur, Regierung) und eine Legislative (Duma). In der russischen geographischen Literatur werden die Stadt Moskau und die Moskauer Oblast zusammen auch als „Moskauer Hauptstadtregion" (*Moskowski stolitschny region*) oder Moskauer Region bezeichnet (BABURIN et al. 1986).

(vgl. *Fig. 3*). Während in Moskau die Zahl der Arbeitsplätze die vorhandenen Arbeitsmarktressourcen weit überschreitet, sind die Möglichkeiten des Arbeitsmarktes der Moskauer Oblast begrenzt und lokal sehr unterschiedlich. Die Anziehungskraft des Moskauer Arbeitsmarktes reicht weit über die regionalen und nationalen Grenzen hinaus (RUDOLPH 2002, S. 245). Innerhalb Moskaus verfügt die kompakte Stadt über einen gewaltigen Arbeitsplatzüberschuss. Hier konzentrieren sich 26 % aller Arbeitsplätze Moskaus und 23 % der Metropolregion.

2	Stadtregion Moskau: Raumkategorien 2000			
Raumkategorie		Einwohner *in Tsd.* *Personen*	Fläche *km²*	Bevölkerungs- dichte *Einwohner/km²*
1	kompakte Stadt	565,7	66	8 571,2
2	innere Peripherie	7 240,1	813	8 905,4
3	äußere Peripherie	2 353,9	2 153	1 093,3
1+2+3	Stadt-Umland-Region	10 159,7	3 032	3 350,8
1+2	morphologische Stadt	7 805,8	879	8 880,3
2+3	metropolitane Peripherie	9 594,0	2 966	3 234,7

Quelle: Mosgorkomstat 2001

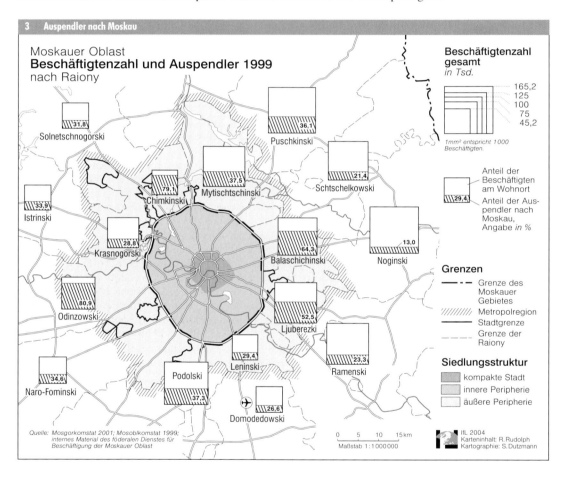

3 Auspendler nach Moskau

Moskauer Oblast
Beschäftigtenzahl und Auspendler 1999
nach Raiony

2.2 Die Entwicklung der Peripherie der Moskauer Stadtregion

Die Peripherie Moskaus während der sowjetischen Zeit
Die gewaltige Ausdehung der Siedlungsfläche Moskaus und die Urbanisierung der Stadtregion zu sowjetischer Zeit führte zur Verdichtung der Wohnbevölkerung und zur Bildung von großräumigen Industriekonzentrationen außerhalb der kompakten Stadt. Noch in den 1930er bis 1950er Jahren folgte die Stadterweiterung im Wesentlichen einem axialen Grundmuster. Das Leitbild der stalinzeitli-

chen Variante der Stadtentwicklung war die Kompaktheit der städtischen Bebauung. Die stalinzeitlichen Achsen, die vor allem in radialer Richtung vom Stadtzentrum ausgehen, weisen eine hohe bauliche Dichte, Kompaktheit und Funktionsmischung auf, die während der späteren städtebaulichen Phasen nicht mehr erreicht wurden. Nach 1960 wurde mit der Durchsetzung des industrialisierten Wohnungsbaus die flächenhafte Stadterweiterung zum charakteristischen Merkmal der Stadtentwicklung. Die großen Wohnkomplexe in Plattenbauweise schoben sich immer weiter in die Peripherie vor, die administrative Stadtgrenze wurde mehrmals nach außen verschoben.

Die unmittelbar an der Stadtgrenze gelegenen Siedlungen wurden durch das extensive Wachstum der Moskauer Region von Großsiedlungen und Industriestandorten überprägt. Die Randstädte um Moskau sind städtebaulich und funktional direkte Fortsetzungen der innerstädtischen Siedlungsachsen. Hier befinden sich einige hoch spezialisierte Städte, deren ökonomische und soziale Basis große Forschungs- und Technologieunternehmen, etwa der Luft- und Raumfahrttechnik, bilden. Andere Städte der Moskauer Stadtregion sind dagegen reine „Schlafstädte", deren Bewohner täglich nach Moskau zur Arbeit pendeln. Die Städte in der äußeren Peripherie der Stadtregion erlebten während der sowjetischen Zeit insbesondere aufgrund der administrativ verfügten Zuzugsbeschänkungen nach Moskau ein stürmisches Wachstum. Im nahen Moskauer Umland ließen sich diejenigen nieder, die in Moskau arbeiteten, aber keine Berechtigung hatten, in Moskau zu leben.

In der Wahrnehmung der Moskauer tritt das Umland in erster Linie als Ort der Erholung in Erscheinung. Riesige Datschen- und Gartensiedlungen, die rund eine Million Grundstücke umfassen, begleiten die radial verlaufenden Eisenbahnstrecken der Vorortbahn. Ein großer Teil der äußeren Peripherie der Moskauer Stadtregion wurde militärisch genutzt. In der Waldschutzzone befand sich daher eine Vielzahl gesperrter Territorien mit Militärbasen, militärischen Forschungs- und Entwicklungskomplexen, Flughäfen und Kommandostellen (RODOMAN 2000, S. 8f.). Insgesamt ist die äußere Peripherie der Moskauer Metropolregion durch eine Gemengelage verstädterter Zonen in Gestalt von Siedlungs- und Verkehrsachsen, Datschen- und Erholungsgebieten, Territorien mit vorwiegend militärischer Nutzung, ausgedehnten Waldflächen und ländlich geprägten Räumen mit traditionellen Dörfern geprägt.

Weit reichende Dekonzentrationsprozesse hatten während der zweiten Hälfte des 20. Jahrhunderts zu einer kontinuierlichen Abnahme der hohen Bevölkerungsdichte in der kompakten Stadt geführt: von ca. 50.000 Einwohner/km^2 im Jahre 1959 auf 10.000 Einwohner/km^2 im Jahre 1992 (LEUPOLT 1988; Mosgorkomstat 2001). Gleichzeitig fand eine Konzentration der Bevölkerung an einigen Orten der Peripherie statt. Seit den 1970er Jahren befinden sich die Standorte mit der höchsten Bevölkerungsdichte nicht mehr im Zentrum, sondern in den Großwohnsiedlungen am Stadtrand, d.h. im äußeren Gürtel der inneren Peripherie (LAPPO 1997, S. 21) (*Fig. 4*). Das Wachstum der Großsiedlungsperipherie wurde neben der Randwanderung der Bevölkerung aus der kompakten Stadt vor allem durch die starke Zuwanderung aus den Regionen der gesamten Union verursacht. Trotz des rigiden Melderegimes gelang es nie, den Zuzug nach Moskau dauerhaft einzuschränken und das Wachstum der Agglomeration effektiv zu begrenzen (vgl. RUDOLPH 2002, S. 226).

Die innere und äußere Peripherie Moskaus blieb in spezifischer Weise *suburban*. Dies betraf vor allem die Monostrukturierung der neu erschlossenen Territorien am Stadtrand und die funktionale Abhängigkeit der Peripherie vom Zentrum. Die Dienstleistungs- und infrastrukturelle Ausstattung der Großsiedlungen an der Peripherie blieb unzureichend, die Verkehrswege zum Zentrum unterentwickelt und überlastet und waren fast ausschließlich auf die Kernstadt gerichtet. Zwar unterschieden sich die suburbanen Strukturen des Moskauer Umlandes gravierend von jenen Einfamilien- und Reihenhausgürteln der westeuropäischen Stadtregionen, doch spielte der Garten im Umland, die „*datscha*", eine wichtige Rolle als großzügige ländliche Ergänzung des eingeengten urbanen Alltags der Moskauer. Die Intensität und die Dimension der jahrzehntelangen Zersiedlung des Moskauer Umlands durch die saisonal genutzten Siedlungen lassen sich als Form einer spezifischen „sozialistischen Suburbanisierung" beschreiben, deren Erscheinungbild und soziale Kontexte sich erheblich von der Suburbanisierung westlichen Typs unterscheiden (BRADE u. NEFJODOWA 1998, S. 32f.).

Die postsowjetische Peripherie Moskaus – eine neue Entwicklungsphase?
Die Folgen der postsozialistischen Transformation der Gesellschaft und die zunehmende Integration Russlands in die Weltwirtschaft führten seit Beginn der 1990er Jahre zu dynamischen Veränderungen

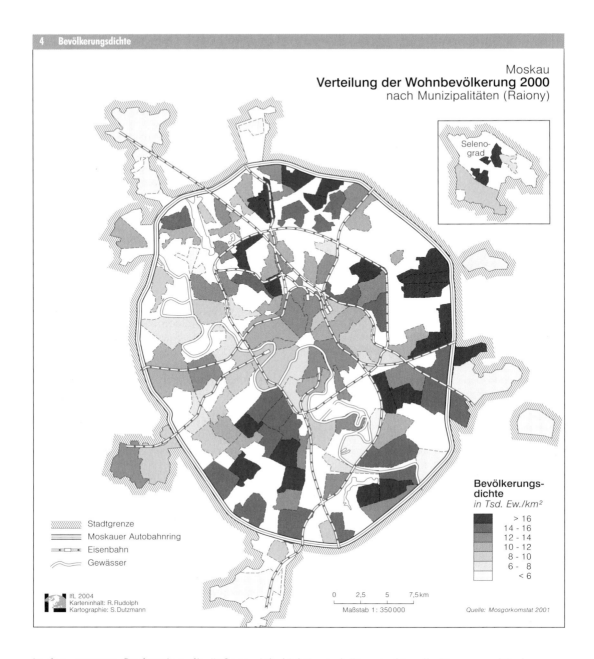

Moskau
Verteilung der Wohnbevölkerung 2000
nach Munizipalitäten (Raiony)

Seleno-grad

Stadtgrenze
Moskauer Autobahnring
Eisenbahn
Gewässer

IfL 2004
Karteninhalt: R.Rudolph
Kartographie: S.Dutzmann

Bevölkerungs-dichte
in Tsd. Ew./km²

> 16
14 - 16
12 - 14
10 - 12
8 - 10
6 - 8
< 6

0   2,5   5   7,5 km

Maßstab 1 : 350 000

Quelle: Mosgorkomstat 2001

in der gesamten Stadtregion, die äußerst vielschichtig sind. Der strukturelle Vorsprung Moskaus gegenüber den übrigen russischen Regionen, die Konzentration sämtlicher machtpolitischer, organisatorischer und finanzieller Ressourcen in der Hauptstadt setzten sich mit dem Beginn der Transformation in ökonomische Entwicklungsvorteile um.

Die ökonomische und soziale Polarisierung ließ sich sowohl auf der Ebene des gesamten Landes als auch innerhalb der Metropolregion beobachten, wobei die Wachstums-, Stagnations- und Zerfallsprozesse zu starken räumlichen Differenzierungen führten. Eine ausgeprägte Divergenz in der Dynamik der Investitionsentwicklung innerhalb der Metropolregion existierte vor allem zwischen der kompakten Stadt, insbesondere dem Stadtzentrum, und der metropolitanen Peripherie. Die Investitionsschwäche Russlands und das unsichere makroökonomische Umfeld der 1990er Jahre führten dazu, dass ein Groß-

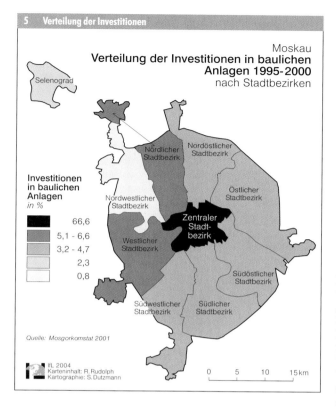

Moskau
Verteilung der Investitionen in baulichen Anlagen 1995-2000
nach Stadtbezirken

Selenograd

Nördlicher Stadtbezirk

Nordöstlicher Stadtbezirk

Nordwestlicher Stadtbezirk

Östlicher Stadtbezirk

Zentraler Stadtbezirk

Westlicher Stadtbezirk

Südöstlicher Stadtbezirk

Südwestlicher Stadtbezirk

Südlicher Stadtbezirk

Investitionen in baulichen Anlagen
in %

- 66,6
- 5,1 - 6,6
- 3,2 - 4,7
- 2,3
- 0,8

Quelle: Mosgorkomstat 2001

IfL 2004
Karteninhalt: R.Rudolph
Kartographie: S.Dutzmann

0   5   10   15km

teil der Investitionen nur in einigen ausgewählten Bereichen getätigt wurden. Immobilieninvestitionen im Moskauer Zentrum, die etwa bei Büroimmobilien Renditen von mehr als 20 % erreichten, gehörten dazu (RUDOLPH 2001, S. 48; JLL 2002a).

In den 1990er Jahren entwickelte sich Moskau sehr dynamisch zum Geschäftszentrum des postsowjetischen Raumes. Die Konzentration der internationalen und ökonomisch erfolgreichen russischen Unternehmen in Moskau, die die Grundlage eines global orientierten Geschäftslebens bilden, war während der 1990er Jahre mit Großinvestitionen verbunden, in deren Folge ganze Standorte und Stadtquartiere innerhalb der kompakten Stadt umgestaltet wurden. Neue spektakuläre Großprojekte wurden begonnen, die dem Repräsentationsbedürfnis des russischen Staates, der Stadt Moskau und der neuen auf nationaler und internationaler Ebene agierenden Unternehmensgruppen dienten. Der Wandel der funktionalräumlichen Strukturen der kompakten Stadt, der bereits während sowjetischer Zeit eingesetzt hatte, beschleunigte sich. Der Rückgang der Wohnbevölkerung setzte sich fort, es kam zu Verdrängungsprozessen der einfachen Versorgungsfunktionen und zu einer Ausbreitung citytypischer Nutzungen (Büro- und Geschäftsfunktionen, Unternehmensrepräsentanzen, gehobener Einzelhandel, Hotels und Restaurants sowie Apartments der Luxusklasse). Nach statistischen Angaben entfielen von 1995 bis zum Jahre 2000 etwa 67 % aller in der Stadt getätigten Investitionen auf den zentralen Stadtbezirk (*Fig. 5*). Die offizielle Zahl der Beschäftigten in der kompakten Stadt (zentraler Stadtbezirk) wuchs von 1991 bis 2000 um 21 %, während sie in der inneren Peripherie um 13 % abnahm (Mosgorkomstat 2001) (*Fig. 6*).

Entwicklungsimpulse in Form von Investitionen, die zu Aufwertungsprozessen führten, blieben bis 2001 im Wesentlichen auf die kompakte Stadt und einige stalinzeitliche Achsen beschränkt (*Fig. 7*). Die räumliche Struktu-

NEFJODOWA (2001) hat eine Zonierung der Moskauer Region nach siedlungsstrukturellen Kriterien und administrativen Grenzen vorgenommen und dabei verschiedene konzentrische Zonen identifizieren können, wobei Zone 0 der kompakten Stadt, Zone 1 der inneren Peripherie und Zone 2 der äußeren Peripherie entspricht. Auf dieser Grundlage konnten die Raumkategorien der Stadtregion nach verschiedenen Indikatoren auf der Grundlage der Verwaltungseinheiten (Stadtbezirke, Kreise und Städte) untersucht werden.

Moskau
Direktinvestitionen in baulichen Anlagen 1998

11,7
16,0
15,5
18,8
538,6
14,0
5,4
13,0
19,5

- kompakte Stadt
- innere Peripherie
- äußere Peripherie

Angaben der Investitionen in Mio. RR/km²

flächenproportionale Darstellung

IfL 2004
Inhalt: R.Rudolph
Grafik: S.Dutzmann

Quelle: NEFJODOWA 2001

Moskau
Neu entwickelte Bürozentren „internationalen Standards" 1996-2002
(ohne selbstgenutzte Firmenstandorte)

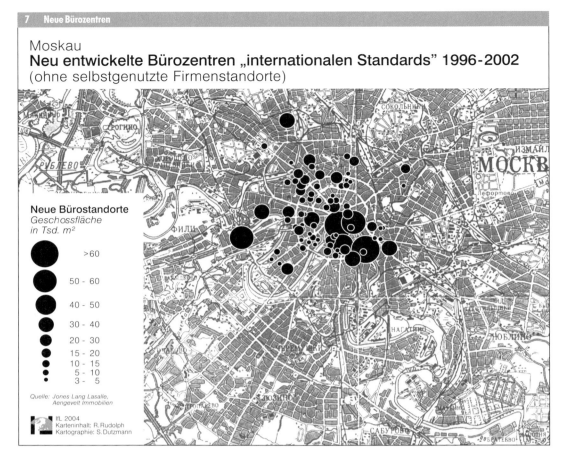

Neue Bürostandorte
*Geschossfläche
in Tsd. m²*

- >60
- 50 - 60
- 40 - 50
- 30 - 40
- 20 - 30
- 15 - 20
- 10 - 15
- 5 - 10
- 3 - 5

*Quelle: Jones Lang Lasalle,
Aengevelt Immobilien*

IfL 2004
Karteninhalt: R.Rudolph
Kartographie: S.Dutzmann

rierung der inneren und äußeren Peripherie war demgegenüber durch widersprüchliche Prozesse gekennzeichnet. Neben einer generellen Informalisierung und Basarisierung der ökonomischen Aktivitäten, der Ausbreitung von offenen Märkten und kleinen Gewerbebetrieben mit einem äußerst niedrigen Investitionsniveau war die Peripherie vor allem durch Deinvestitionsprozesse gekennzeichnet, die zum Zusammenbruch ganzer Industriezweige und zur Entstehung von ausgedehnten Industriebrachen führten.

Der Zeitraum seit der Konsolidierung neuer postsozialistischer Regulationsformen ist relativ kurz, und den partiellen Wachstumsprozessen an der Peripherie standen in den 1990er Jahren ausgeprägte Prozesse des ökonomischen Zerfalls gegenüber. Konturen nachhaltiger großflächiger Entwicklungen an der Peripherie der Moskauer Stadtregion sind erst seit wenigen Jahren erkennbar und können somit erst für diesen Zeitraum systematisch beschrieben werden. Es deutet sich jedoch eine neue Entwicklungsphase der Peripherie an, deren Wandel mit einiger zeitlicher Verzögerung zu jenem der kompakten Stadt bereits eingesetzt hat.

3 Einflussfaktoren peripheren Wachstums
3.1 Regional governance: Rahmenbedingungen und Akteure

Die regionalen und lokalen Machtstrukturen orientieren sich in Russland stark an präsidial-autoritären Modellen, in denen dem Gouverneur oder dem jeweiligen örtlichen Chef der Administration eine besonders gewichtige Rolle zukommt. Der Moskauer Administration mit dem mächtigen, städtebaulich und architektonisch ambitionierten Bürgermeister Lushkow gelang es während der 1990er Jahre, politische Positionen gegenüber den zentralstaatlichen Institutionen aufzubauen und einen starken Einfluss auf die Privatisierung des Staatsvermögens zu nehmen.[4]

Kennzeichnend für die Konfiguration der Macht auf regionaler und lokaler Ebene ist eine enge Verschmelzung zwischen politischen und ökonomischen Akteuren und Interessen. Zu den wichtigsten Akteuren des Investitionsgeschehens sowohl in Moskau als auch in der Moskauer Oblast zählen einige nationale Finanz- und Industriegruppen, insbesondere die Gas- und Ölgesellschaften, die Bauunternehmen und Bankengruppen, die als strategische Investoren die bauliche Entwicklung der Hauptstadtregion wesentlich bestimmen. Auch verschiedene gesellschaftliche Verbände, militärische Organisationen und landwirtschaftliche Großbetriebe stellen Akteure dar, die jeweils ihre eigenen Interessen am Raum verfolgen. Ausländische Investoren spielen erst in den letzten Jahren eine Rolle als bemerkenswerte Akteure in der Region. Die Administration, die die Stadt wie ein Unternehmen führt, verfügt über eine überaus starke Position gegenüber der Legislative. Eine unabhängige Verwaltungsgerichtsbarkeit und eine wirksame Kontrolle der Administration existieren praktisch nicht.

Die lokale Verwaltungsebene wird in *Moskau* durch die 9 Stadtbezirke (*Okrugi*) repräsentiert, die ihrerseits in 123 Munizipalitäten unterteilt sind. Die Verwaltungen der *Okrugi* sind lediglich territoriale Exekutivorgane der gesamtstädtischen Verwaltung. Die Präfekten werden vom Bürgermeister ernannt. Die Stadtbezirke besitzen eine Vielzahl von Verwaltungsorganen als ausführende Behörden entsprechender Organe auf gesamtstädtischer Ebene. Die kleinsten territorialen Einheiten innerhalb Moskaus, die Munizipalitäten, besitzen eigene Verwaltungsorgane (*raionnaja uprawa*), deren Befugnisse sich auf die lokalen Angelegenheiten der jeweiligen Wohngebiete beziehen. Dies betrifft hauptsächlich kommunalwirtschaftliche und soziale Aufgaben.

Die territorial-administrative Struktur der *Moskauer Oblast* wird durch Kreise und kreisfreie Städte gebildet, die gleichzeitig die Träger der kommunalen Selbstverwaltung sind. Im Moskauer Gebiet gliederten sich viele Städte administrativ aus den Kreisen aus und sind nunmehr direkt der Gebietsverwaltung unterstellt.

Ein entscheidender Faktor für die Anziehungskraft und den ökonomischen Erfolg eines Kreises oder einer Stadt ist die Fähigkeit der lokalen Administration, eine effektive Verwaltung aufzubauen, realistische Leitbilder zu entwickeln und diese gegenüber möglichen Widerständen von Seiten lokaler Betriebsdirektoren, Vertretern der Gebietsverwaltung oder der Moskauer Administration durchzusetzen. Insgesamt haben die Kreise der Moskauer Oblast jedoch einen relativ geringen Einfluss auf die Standortentwicklung, da die wichtigen ökonomischen Akteure auf der Gouverneursebene operieren und strategische Investoren zunächst mit dem Gouverneur der Moskauer Oblast verhandeln.

Die grundlegenden Beziehungen zwischen der Stadt Moskau und der Moskauer Oblast sind im Wesentlichen durch Absprachen und bilaterale Verträge geregelt. Seit 1999 besteht ein Vertrag „Über die gegenseitige Verständigung und Zusammenarbeit der Administrationen von Moskau und der Moskauer Oblast", der von einem seit 1997 bestehenden „Gemeinsamen Rat der Verwaltungsorgane Moskaus und der Moskauer Oblast" erarbeitet wurde. Der Vertrag sieht die Umsetzung gemeinsamer Aufgaben und Problemlösungen vor, etwa bei der städtebaulichen und Siedlungsentwicklung Moskaus und der Moskauer Oblast sowie der Umstrukturierung der regionalen Wirtschaft, z.B. bei der Konversion der militärischen Industrien und der Sicherung des wissenschaftlich-technischen Potenzials. Der „Gemeinsame Rat" verfügte auch die Erarbeitung einer einheitlichen Stadt- und Regionalplanungspolitik für den zentralen Teil der Moskauer Oblast. Konkret geht es hierbei um regionalplanerische Programme und Generalpläne sowohl für Moskau als auch für das Umland. Zwar können die Städte und Kreise der stadtnahen Zone eigene Planungen in Absprache mit der Verwaltung der Mos-

---

[4] In den 1990er Jahren herrschte weitgehende Unklarheit über den genauen Status des staatlichen Eigentums, d.h. die Aufteilung in das gesamtstaatliche Eigentum, das Eigentum der Föderationssubjekte und das kommunale Eigentum. Die Föderationssubjekte, so auch Moskau und das Moskauer Gebiet, schufen eigene Gesetze über die Privatisierung von Gebäuden und die Übertragung von Verfügungsrechten an Grund und Boden. Die Tatsache, dass die regionalen Machthaber Verordnungen und Gesetze erließen, die der föderalen Gesetzgebung z.T. widersprachen, verdeutlicht die Schwäche des zentralstaatlichen Rechtsrahmens in den 1990er Jahren. Obwohl eine Verschiebung des Eigentums an Immobilien und Grundstücken zugunsten einzelner, nichtstaatlicher Akteure erfolgte, blieb bis heute die Administration der hauptsächliche Eigentümer.

kauer Oblast erarbeiten, doch hat die Administration der Stadt Moskau weiterhin einen entscheidenden Einfluss.

Die Intentionen der Stadtpolitik, Moskau zu einer Global City mit einer international orientierten
Geschäftsinfrastruktur zu entwickeln, spiegeln sich auch im neuen Generalplan für Moskau wieder
(KUSMIN 1999; 2001; vgl. RUDOLPH 2002, S. 233). Der Generalplan von 1999 ist ein langfristiger Stadt-
entwicklungsplan, der bis zum Jahr 2020 gelten soll. Die Rahmenplanung erstreckt sich dabei auf die
gesamte Stadtregion, d.h. auch auf die angrenzenden Kreise und Städte der Moskauer Oblast. Die
traditionell stark sektoral ausgerichtete Planung wurde zugunsten einer integrierten, querschnittsori-
entierten Planung geändert. Wachstumsbegrenzung, die Nachhaltigkeit der baulichen Entwicklung,
die Verdichtung der Wohnsiedlungen, die Verlagerung industrieller Nutzungen an die Peripherie und
die Ausweisung eines Zentrensystems sind dabei zentrale Elemente der Planungsstrategie. Der bisher
geltende Modus einer extensiven Entwicklung soll zugunsten einer intensiveren Flächennutzung geändert werden. Die Stadtmitte soll als politisches, ökonomisches und kulturelles Zentrum sowie als
„historische Zitadelle" der Hauptstadt (KUSMIN 1999) durch die Erhaltung der historischen Bebauung
und die Entwicklung des Dienstleistungssektors, der organisatorischen und Managementfunktionen
gestärkt werden. Gleichzeitig wurden Standorte für die Entwicklung neuer Subzentren für neue Han-
dels-, Freizeit- und Dienstleistungsfunktionen außerhalb der kompakten Stadt ausgewiesen.

Offensichtlich unterlaufen lokale Interessen die Intentionen des Generalplans. Dies betrifft vor
allem die fortschreitende und ungebremste Zersiedlung des Moskauer Umlandes. Auch die Grünach-
sen innerhalb Moskaus werden zunehmend durch neue Siedlungsprojekte, insbesondere im Westen
und Südwesten, weiter zersetzt. Neue Großprojekte sind auf Flächen geplant, die eigentlich – laut
Generalplan – dem Naturschutz vorbehalten bleiben sollten. Aufgrund der starken Durchsetzungs-
kraft von Gruppeninteressen innerhalb der Administration, der Undurchsichtigkeit und geringen An-
fechtbarkeit administrativer Entscheidungen erweist sich der Generalplan trotz seiner zukunftsweis-
senden Absichten als ein relativ unverbindliches Dokument, das von der Administration leicht über-
gangen oder geändert werden kann.

3.2 Soziale Faktoren

Die Moskauer Stadtregion ist das bevorzugte Zielgebiet der Migration in Russland. Nachdem seit
dem Ende der 1980er Jahre die statistisch erfassbare Einwohnerzahl Moskaus aufgrund der negativen
natürlichen Bevölkerungsentwicklung zurückgegangen war, steigt sie seit dem Jahre 2000 wieder an.
Insbesondere die an Moskau angrenzenden Kreise und Städte des Moskauer Gebietes verzeichnen
einen starken Zustrom, da das nach wie vor restriktiv gehandhabte Melderegime (*propiska*) in Moskau eine Ansiedlung innerhalb der administrativen Stadtgrenzen erschwert. Von den Städten des
Umlands ist der begehrte Moskauer Arbeitsmarkt immer noch gut erreichbar. Die starke Anziehungskraft Moskaus für Migranten und die administrativen Barrieren des Zuzugs nach Moskau tragen dazu
bei, dass sich ein Großteil der Migration in einem unkontrollierten und informellen Rahmen bewegt.
Die tatsächliche Zahl der Einwohner Moskaus, also unter Berücksichtigung jener Bewohner ohne
einen offiziellen Aufenthaltsstatus, ist statistisch nur schwer zu erfassen (GLUSCHKOWA 1999).

Ein wesentlicher Faktor neuerer Entwicklungen an der Peripherie sind die sozialen Polarisierungs-
prozesse. Steht Moskau bei den durchschnittlichen Einkommen schon innerhalb der Russischen Föderation mit weitem Abstand an erster Stelle, so sind die Einkommensunterschiede innerhalb der Moskauer Bevölkerung gewaltig. Die Polarisierung der Einkommen hat während der letzten Jahre beständig zugenommen.[5]

Eine Folge der sozialen Polarisierung nach Einkommen und Besitzverhältnissen ist die wachsende
sozialräumliche Differenzierung. Zwar vollzieht sich der räumliche Entmischungs- und Separierungs-
prozess aufgrund der Art und Weise der Privatisierung des Wohnungsbestandes relativ langsam, doch
haben insbesondere in der Innenstadt flächenhafte Aufwertungsprozesse eingesetzt, in deren Folge

---

[5] Der Gini-Koeffizient, ein Maß für die Verteilung der Einkommen, nähert sich im Falle Russlands (0,4) mehr jenem
lateinamerikanischer Länder an (0,5 - 0,6 = stärkere Ungleichheit) als demjenigen Europas (0,25). Im Dezember
2001 betrugen die durchschnittlichen nominalen Einkommen in der Föderation 4.000 RR (ca. 138 US-$) im Monat,
in Moskau jedoch 16.600 RR (572 US-$) (GOLOWATSCHEW 2002). Es ist davon auszugehen, dass die verdeckten
Einkommen aufgrund des hohen Anteils informeller Einkommen wesentlich höher sind.

die Bevölkerungszahl durch Wegzug stark abnimmt und neue Bewohnergruppen die Quartiere zu dominieren beginnen (RUDOLPH u. LENTZ 1999, S. 34ff.). Auf dem Wohnungsmarkt, der sich während der 1990er Jahre außerordentlich schnell heraus bildete, lassen sich mittlerweile deutlich hoch bewertete Lagen erkennen. Diese befinden sich vor allem im Stadtzentrum, das ein überaus hohes Prestige genießt, und im sauberen und durchgrünten westlichen Sektor Moskaus. Die hohe Bewertung der gesamten westlichen Richtung setzt sich auch im angrenzenden Gebiet der Moskauer Oblast fort, da hier das Umland noch vergleichsweise wenig zersiedelt ist. Die gering bewerteten Wohngebiete mit einem niedrigen sozialen Prestige befinden sich vorwiegend im Osten und Südosten der Stadt, vor allem in jenen Bereichen, in denen auch die riesigen Industriegebiete liegen.

Im Westen der Stadt Moskau deuten sich zunehmend Prozesse der „Privatisierung des Raumes" durch die Entstehung abgeschlossener Siedlungen (*gated communities*) an, vor allem auf bisher unbebauten Flächen, etwa in der Flussniederung der Moskwa. Obwohl die geschlossenen Wohnkomplexe schon auf vorrevolutionäre und sowjetische Wurzeln zurückgehen, bekommt die sozialräumliche Separierung der inneren Peripherie Moskaus eine neue Dimension. Neben den traditionellen regierungsnahen Eliten bevorzugt auch die neue Schicht der erfolgreichen Geschäftsleute und Unternehmer Prestigesiedlungen im Westen als Wohnstandort (LENTZ u. LINDNER 2003, S. 50ff.).

Im Umland entstehen viele neue Siedlungen mit Einfamilienhäusern (*kottedshi*). Dieser Bauboom dient vor allem der Absorption akkumulierten Kapitals angesichts eines instabilen Bankensektors und einer risikoreichen gesamtwirtschaftlichen Lage. Die soziale Entwicklung der postsowjetischen Gesellschaft bildet sich sichtbar in den räumlichen Strukturen der Peripherie der Moskauer Metropolregion ab. Suburbanisierungsprozesse nach westlichem Muster, bei denen breite Bevölkerungsschichten ihren Hauptwohnsitz und das gesamte Lebensumfeld ins Umland verlegen, sind bisher kaum zu erkennen. Neben dem infrastrukturellen Defizit der Peripherie stellt das Prestige Moskaus als Wohnstandort eine wesentliche mentale Barriere eines Umzugs über die administrative Stadtgrenze dar (BRADE u. NEFJODOWA 1998, S. 33).

3.3 Ökonomische Einflussfaktoren – Charakteristika der „Ökonomie im Übergang"

Die ökonomische Entwicklung der Metropolregion war während der 1990er Jahre durch eine starke Deindustrialisierung, eine schnelle Tertiärisierung und eine außerordentlich dynamische Entwicklung des kleinbetrieblichen Sektors geprägt. Innerhalb von nur 6 Jahren (von 1990 bis 1996) schrumpfte die Industrieproduktion in Moskau auf 37 %, in der Moskauer Oblast auf 43 % gegenüber dem Niveau von 1990 (Goskomstat Rossii 1999; 2000). Anders als in den meisten russischen Regionen ließen sich in der Moskauer Metropolregion wenige Jahre nach dem Beginn der ökonomischen Liberalisierung eine erfolgreiche Investitionsentwicklung und wirtschaftliche Dynamik feststellen.

Die schnelle Expansion der Kleinbetriebe am Anfang der 1990er Jahre erfolgte im Wesentlichen durch die Wirkung ökonomischer Beziehungen auf der Mikroebene, da ein ordnungspolitischer Rahmen und marktwirtschaftliche Institutionen nur unzureichend entwickelt waren. Netzwerke und informelle Kommunikationsstrukturen erwiesen sich auch unter den Bedingungen gravierender politischer, makroökonomischer und staatlich-institutioneller Defizite als stabilisierend und trugen zur Lösung ökonomischer Regulationsprobleme bei. Der wirtschaftliche Strukturwandel war mit einer starken Differenzierung des Dienstleistungssektors verbunden. Ein bedeutender Teil der neu entstandenen kleinen Betriebe wies ein nur geringes Investitionsniveau auf. Die schnelle „Improvisation" eines „Kapitalismus ohne Kapital" („Low-Level-Sektor") stellte für viele Menschen eine Überlebensstrategie unter den Bedingungen erodierender sozialer Sicherungssysteme dar. Viele der neuen Kleinbetriebe sind aus den großen Industrieorganisationen hervorgegangen. Sie begannen ihrerseits den Stadtraum zu prägen und eigene räumliche Strukturmuster auszubilden.

Etwa ab Mitte der 1990er Jahre setzte die dynamische Entwicklung Moskaus zum internationalen Geschäftszentrum des postsowjetischen Raumes ein. Neben dem „Low-Level-Sektor" entstand in Moskau ein „High-Level-Sektor", der in sehr viel stärkerem Maße in weltwirtschaftliche Zusammenhänge eingebunden und mit umfangreicheren Investitionen verbunden ist. Die Expansion von Finanz- und Dienstleistungsunternehmen, die finanzstarken russischen Konzerne des Rohstoffsektors und die in Moskau präsenten internationalen Unternehmen begannen das Investitionsgeschehen in der Hauptstadt zu prägen. Seit dem Ende der 1990er Jahre sind die Konturen einer sich stabilisierenden ökonomischen Restrukturierung der Moskauer Stadtregion erkennbar. In ordnungspolitischer Hinsicht hat in den letzten Jahren eine bemerkenswerte Entwicklung stattgefunden, die mit der Entstehung eines stabileren Rechtsrahmens und marktwirtschaftlicher Institutionen verbunden ist. Nach einem Jahrzehnt des industriellen Niedergangs und andauernder Diversifizierungsprozesse des produzierenden Sektors haben am Ende der 1990er Jahre industrielle Wachstumsprozesse eingesetzt. Im Jahre 2000 verzeichnete die Industrieproduktion Moskaus ein Wachstum von etwa 12 %, die Moskauer Oblast von 15 %.[6] Die ausländischen Direktinvestitionen stiegen nach 1999 in Moskau und der Oblast stark an. Die Investitionsentwicklung der letzten Jahre begünstigt auch eine zunehmende Integration des ausgeprägten informellen Sektors. Ebenso haben sich veränderte Mechanismen der räumlichen Strukturierung durchgesetzt, wobei der Standort, d.h. die räumliche Lage, durch die Privatisierung des Immobilienbestandes zunehmend in Marktprozesse einbezogen wird und einer monetären Bewertung unterliegt (WENDINA u. BRADE 1996, S. 17; WENDINA 1997). Es deutet sich eine langsame räumliche Diffusion der Investitionen an, die nunmehr auch an der metropolitanen Peripherie Strukturmuster erkennen lässt, die internationalen Vorbildern folgen.

4 Entwicklung neuer räumlicher Strukturen in der metropolitanen Peripherie
4.1 Die innere Peripherie

Der weitaus größte Teil der Moskauer wohnt in den Großwohnsiedlungen der inneren Peripherie, in der sich auch riesige Industriezonen befinden (*Fig. 8*). Deren räumliche Verteilung führt zu bedeutenden lokalen Differenzierungen der inneren Peripherie. Während sich im westlichen und südwestlichen Sektor kaum Industriebetriebe befinden und diese Gebiete eher als bevorzugte Wohn-, Freizeit- und Naherholungsgebiete gelten, ist der Anteil der Industrieflächen im östlichen und südöstlichen Sektor am höchsten. Im südlichen und nördlichen Sektor dominieren einfache Wohnfunktionen sowie Industrie- und Forschungskomplexe. Besonders hoch ist hier der Anteil der Forschungsinstitute und Betriebe der Rüstungsindustrie (GLUSCHKOWA 1999, S. 118).

Die Deindustrialisierung Moskaus der 1990er Jahre wirkte sich auf die Produktionsbetriebe in besonders dramatischer Weise aus. Viele der Industriezonen waren von einem massiven Rückgang der Beschäftigten-

8 Der innere Industriegürtel am Ufer der Moskwa

Diese Zone soll verstärkt zur Entwicklung neuer Standorte des Dienstleistungssektors und für die Errichtung neuer Büro- und Apartmenthäuser genutzt werden. Der neue Büroturm in der Nähe der Metrostation Tulskaja ist ein Gebäude der föderalen Steuerinspektion.
Foto: RUDOLPH 2001

[6] unveröffentl. Material des deutsch-russischen Seminars „Wissenschaftsstädte als Grundlage für die wirtschaftliche Entwicklung der Moskauer Oblast" in Moskau, November 2001; Goskomstat Rossii 2002

zahlen und starken Produktionseinbrüchen betroffen.[7] Die Betriebsflächen und baulichen Anlagen werden jedoch vielfach durch neu entstandene Kleinunternehmen genutzt, deren Mieten oftmals die einzige Einnahmequelle der Großbetriebe darstellen.[8] An der Umnutzung der Industrieflächen sind vor allem Bauunternehmen beteiligt, die durch den Ankauf von Aktienanteilen bereits privatisierter Produktionsbetriebe die Kontrolle über diese und vor allem über die Grundstücke erlangen und durch die Liquidierung der Unternehmen und Beseitigung der Fabriken wertvolles Bauland gewinnen. Die Deindustrialisierung der Stadtregion lässt viele der Industrieflächen des vergangenen Jahrhunderts als „verbrauchte Standorte" zurück. Die Aussiedlung der bis heute in der kompakten Stadt und inneren Peripherie vorhandenen zahlreichen Industriebetriebe und die Nutzung der frei werdenden Flächen für die Entwicklung von „Geschäfts- und Dienstleistungszonen" ist erklärtes Ziel des Generalplans von 1999. Die innere Peripherie stellt danach mittelfristig die am stärksten von Bau- und Infrastrukturprojekten betroffene Zone dar. Ein großdimensioniertes langfristiges Entwicklungsvorhaben zur Errichtung einer Bürocity („*Moskwa City*") auf einer ehemaligen Industriefläche befindet sich im westlichen Randbereich der kompakten Stadt. Bis zum Jahre 2015 sollen hier 2,5 Millionen m^2 Fläche für Büro-, Einzelhandels-, Hotel- und Freizeitnutzungen entstehen.

Der am Ende der Dekade einsetzende industrielle Aufschwung führt nur partiell zu einer Revitalisierung der alten Industriestandorte. Neue Industriebetriebe, vor allem jene, die unter Beteiligung ausländischer Investitionen errichtet wurden, siedeln sich bevorzugt auf der grünen Wiese an. Es gibt innerhalb Moskaus noch genügend freie Flächen für neue Gewerbestandorte, insbesondere in den äußeren Randzonen der inneren Peripherie. Eine erfolgreiche Umnutzung alter Industriestandorte zu Büro- und Geschäftszentren gelingt vor allem kleineren Betrieben in einer verkehrsgünstigen Lage in der Nähe der kompakten Stadt. Beispiele für derartige erfolgreiche Diversifizierungs- und Umnutzungsprojekte finden sich jedoch bisher nur vereinzelt.

Die Ausbreitung neuer unternehmensorientierter Dienstleistungsstandorte führt zu einer stärkeren räumlichen Differenzierung der inneren Peripherie. Die räumliche Entfernung vom Stadtzentrum und die Art der Bebauung haben dabei einen wesentlichen Einfluss auf die neu entstehenden Gewerbekonzentrationen. An den stalinzeitlichen Achsen breiten sich die neuen Geschäfte und Büros innerhalb der vorhandenen Bebauung aus. Anzeichen einer besonders intensiven Entwicklung neuer Standorte des Einzelhandels und wirtschaftsnaher Dienstleistungen weisen die großen Magistralen der südwestlichen, westlichen und nordwestlichen Richtung auf.

So haben im südwestlichen Stadtbezirk einige der großen russischen Banken und Firmen der Gas- und Ölbranche ihre neuen Unternehmenszentralen errichtet (*Fig. 9*).[9] Die wichtigsten Faktoren für deren Standortpräferenz im Südwesten sind die ökologisch vergleichsweise sauberen Bedingungen und vor allem das hohe soziale Prestige, das der südwestliche Stadtbezirk als Konzentrationsraum der Bildung und Forschung mit seiner Vielzahl von Hochschulen und Instituten genießt. Im Jahre 2002 ist mit der Realisierung eines Gewerbe- und Wohnparks auf einem Gelände von insgesamt 123 ha in Krylatskoje an der Rublewsker Chaussee am westlichen Stadtrand begonnen worden. Mit den projektierten Büroflächen von 40.000 m^2 soll vor allem ein Angebot für Technologiefirmen entwickelt werden. Auch dieser Standort zeigt eine hohe Affinität zu sowjetischen Vorgängerstandorten. Die Chaussee am westlichen Stadtrand Moskaus war während der sowjetischen Zeit als Wohnort von Partei- und Regierungsmitgliedern bekannt, das Regierungskrankenhaus lag in der Nähe. Ein modernes Herzzentrum wurde 1990 südlich der Chaussee in unmittelbarer Nähe des Autobahnrings eröffnet, in den 1990er

[7] Siehe hierzu R. RUDOLPH „Moskwa City" in diesem Band.
[8] Interview mit Igor W. Presnjakow, Administration des Südlichen administrativen Okrugs, Leiter der Abteilung für Ökonomie und Investitionen, und Pawel Filippow, Administration des Südöstlichen administrativen Okrugs, Leiter der Abt. für ökonomische Entwicklung, Nov. 2001
[9] Die großen Gas- und Ölunternehmen, die sich auch in Zeiten schwerster makroökonomischer Krisen in einer relativ stabilen Situation befanden, gehören zu den wichtigsten Investoren für Büro- und Einzelhandelsimmobilien in der Moskauer Region. Außerhalb der kompakten Stadt werden die neuen Bürogebäude jedoch hauptsächlich zur Eigennutzung durch die Unternehmen gebaut. Allein im südwestlichen Stadtbezirk haben sich 5 - 6 große Unternehmen der Branche (*Gasprom, Itera, Sibirsko-Uralski Neftegas* u.a.) angesiedelt (Interview mit Michail Tischenko, Administration des Südwestlichen administrativen Okrugs, Leiter der Abt. für ökonomische Entwicklung, Nov. 2001).

Foto: BRADE 1997

Jahren entstand eine weitere „geschlossene" Wohnsiedlung für eine statushohe Nachfrage. Der neue Gewerbe- und Wohnpark setzt die Spezialisierung des Stadtteils als Kur- und Klinikbereich fort, da auf dem Gelände auch ein privates Hospital- und Hotelzentrum errichtet werden soll (JLL 2002b; MUNRO 2002). Der gesamte Westen Moskaus erweist sich als bevorzugter Allokationsraum nicht nur elitärer Wohnprojekte, sondern auch einiger geplanter Prestigeobjekte der Stadt, vor allem neuer Freizeitanlagen und „Eventparks".

Die ökonomischen Wachstumsprozesse in der metropolitanen Peripherie erfolgten während der 1990er Jahre zunächst durch eine „spontane" Ausbreitung von kleinen und kleinsten Betrieben des Einzelhandels- und Dienstleistungssektors. Die „Basarisierung" Moskaus war während der ersten Phase der ökonomischen Transformation Träger des ökonomischen Strukturwandels. Die offenen Märkte und schnell errichteten Markthallen orientierten sich räumlich vor allem an den Bevölkerungsströmen; ihre bevorzugten Standorte lagen daher entlang der großen Verkehrsachsen und vor allem auf den Freiflächen an den Metrostationen. Innerhalb der peripher liegenden Großwohnsiedlungen siedelten sich Anfang der 1990er Jahre riesige Kioskmärkte, offene Lebensmittel- und Warenmärkte an. Diese „nachträgliche Urbanisierung" der Peripherie durch die Ansiedlung von Einzelhandels- und Dienstleistungsfunktionen vollzog sich innerhalb eines ökonomisch risikoreichen Umfelds unter Einbeziehung eines ausgeprägten informellen Wirtschaftssektors. Die Einzelhandelsstrukturen passten sich dieser Situation durch ein niedriges Investitionsniveau an. Durch das schnelle Anwachsen derartiger Strukturen konnte das krasse Defizit an Einzelhandelsflächen der sowjetischen Zeit auch unter den Bedingungen einer allgemeinen Investitionsschwäche schnell überwunden werden. Diese improvisierten Einrichtungen reagierten äußerst flexibel auf sich verändernde Standortbedingungen. Gleichzeitig bewirkte der Markthandel eine primäre Kapitalakkumulation.

In der zweiten Hälfte der 1990er Jahre begannen sich neue Formen des Einzelhandels äußerst dynamisch zu entwickeln. Es entstanden große russische Einzelhandelsunternehmen, die begannen, Filialnetze aufzubauen. Der Anteil des Markthandels geht seit 1998 beständig zurück (*Fig. 10*). Während sich die kapitalintensiven Formen (Boutiquen, Passagen) Anfang der 1990er Jahre zunächst ausschließlich im Stadtzentrum konzentrierten, breiten sich seit dem Ende der 1990er Jahre Malls mit statushohen Geschäften, Autohäuser und Supermärkte (High-Level-Standorte) zunehmend auch in der Peripherie aus. Die Moskauer Stadtregierung verfolgt gegenüber den offenen Märkten eine repressive Politik mit dem Ziel, sie allmählich in „zivilisierte" Formen des Einzelhandels zu überführen, die dem Leitbild Moskaus als Global City entsprechen sollen (JLL 2000). Die Eröffnung von Shopping Centern in den peripheren Stadtgebieten ist einer der wichtigsten Trends der Gewerbeentwicklung seit 1999, wobei sich sowohl russische als auch ausländische Filialisten aktiv an der Erschließung der Moskauer Peripherie durch neue Einzelhandelsstandorte beteiligten (JLL

10 Verkaufsfläche der offenen Märkte

Moskau
Entwicklung der Verkaufsflächen der offenen Märkte 1992-2001

in Tsd. m²

IfL 2004
Inhalt: R.Rudolph
Grafik: S.Dutzmann

Quelle: JLL 2002a

1999; Putschkow 2002). Am Ende der 1990er Jahre prägten im Wesentlichen folgende Typen großflächiger Einzelhandelsstandorte die Moskauer Peripherie:

- offene Märkte, Kioskmärkte: Diese Märkte sind teilweise dem informellen Sektor zuzuordnen und werden oftmals durch ethnische Gruppen kontrolliert.
- Märkte mit Verkaufsständen in umgenutzten Gebäuden (Produktionshallen, Sportkomplexe). Sie stehen zumeist in Verbindung mit offenen Märkten in unmittelbarer Nachbarschaft.
- spezialisierte Handelskomplexe (*torgowyje zentry*) mit neu errichteten baulichen Anlagen. Auch die

11 Das Handelszentrum Konkowo

Das Handelszentrum im Südwesten von Moskau wurde 1993 gegründet und war eines der ersten, das einen offenen Markt zu einer Markthalle entwickelte. Foto: Rudolph 2000

Vorläufer dieser Handelszentren waren oftmals Kioskmärkte gewesen, deren Betreiber schrittweise begannen, Hallen zu errichten und Läden zu vermieten *(Fig. 11)*.

- neue Passagen mit zumeist statushohen Geschäften. Dieser Typ war ursprünglich lediglich innerhalb der kompakten Stadt vorhanden und begann sich erst ab 1999 in der inneren Peripherie auszubreiten.
- großflächige Einzelhandelskomplexe westlichen Typs (Supermärkte, Autohäuser).

4.2 Der Autobahnring (MKAD) und die äußere Peripherie

Mit der Errichtung des ersten großen westlichen Einrichtungshauses (IKEA) im Frühjahr 2000 erreichte das Wachstum der großflächigen Standorte die Moskauer Oblast, wobei insbesondere große internationale Unternehmen zum Aufschwung beigetragen haben *(Fig. VIII)*. Noch deutlicher als bei den neuen Malls und Shopping Centern zeigen die Standorte der internationalen Einzelhandelsunternehmen eine starke Neigung zur Ansiedlung nahe dem Moskauer Autobahnring, der sich innerhalb weniger Jahre zur gegenwärtig wichtigsten Investitionszone außerhalb der kompakten Stadt entwickelt hat. Einige große Möbel- und Einrichtungshäuser, ausschließlich russische Investitionen (*Grand, Twoi dom, Tri kita*), existierten bereits am Ende der 1990er Jahre im Moskauer Umland, doch wurde das Investitionsgeschehen ab dem Jahre 2000 zunehmend durch westliche Unternehmen geprägt (*Ikea, Metro, Auchan, Marktkauf*). Die Investitionsdynamik der russischen Firmen hat dabei keineswegs nachgelassen. Das Take-off der großflächigen Standortentwicklung dauert bis in die Gegenwart an. Immobilienanalysten erwarten, dass der Flächenbestand der Shopping Center mit „internationalem Standard" von 80 m² pro 1.000 Einwohner im Jahre 2003 auf 150 m² im Jahre 2005 anwachsen wird (JLL 2003) *(Fig. 12)*.

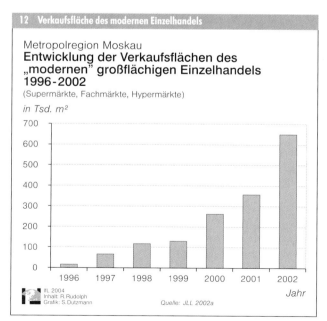

12 Verkaufsfläche des modernen Einzelhandels

Metropolregion Moskau
Entwicklung der Verkaufsflächen des „modernen" großflächigen Einzelhandels 1996-2002
(Supermärkte, Fachmärkte, Hypermärkte)

in Tsd. m²

IfL 2004
Inhalt: R.Rudolph
Grafik: S.Dutzmann

Jahr

Quelle: JLL 2002a

Auch im Umfeld des Autobahnringes war zu Beginn der Transformationsphase eine Gewerbeentwicklung zu beobachten, die sich auf einem sehr niedrigen Investitionsniveau bewegte. Vor allem offene Baumärkte, Gebrauchtwagen- und Großmärkte gehörten zum Bild der Gewerbestandorte an den Kreuzungspunkten des Autobahnrings mit den Ausfallstraßen. Die Ansiedlungen erfolgten zumeist ungeplant, doch bestimmten die vormaligen Nutzungen die weitere gewerbliche Entwicklung (*Fig. 13*). Die Investitionsentwicklung seit dem Jahre 2000 führte zu einem Wandel der Gewerbestrukturen im Umfeld des Autobahnrings, vor allem durch die Ausbreitung großflächiger Einzelhandelzentren, Supermärkte, Bau-

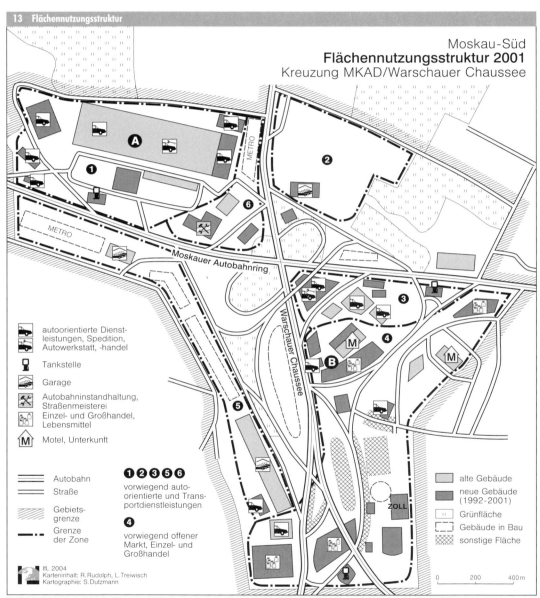

13 Flächennutzungsstruktur

Moskau-Süd
Flächennutzungsstruktur 2001
Kreuzung MKAD/Warschauer Chaussee

autoorientierte Dienst-
leistungen, Spedition,
Autowerkstatt, -handel

Tankstelle

Garage

Autobahninstandhaltung,
Straßenmeisterei

Einzel- und Großhandel,
Lebensmittel

M   Motel, Unterkunft

Autobahn
Straße
Gebiets-
grenze
Grenze
der Zone

❶❷❸❺❻ vorwiegend auto-
orientierte und Trans-
portdienstleistungen

❹ vorwiegend offener
Markt, Einzel- und
Großhandel

alte Gebäude
neue Gebäude
(1992-2001)
Grünfläche
Gebäude in Bau
sonstige Fläche

ZOLL

0   200   400 m

IfL 2004
Karteninhalt: R. Rudolph, L. Treiwisch
Kartographie: S. Dutzmann

Die Kartierung zeigt ein Gemenge vielfältiger, vor allem autoorientierter Nutzungen, die im Allgemeinen ein niedriges Investitionsniveau aufweisen. In dem Gebäude einer ehemaligen staatlichen Straßenmeisterei (1) hat sich eine Vielzahl kleiner Werkstätten und Läden für Autoersatzteile und Industriewaren angesiedelt, der Komplex wurde durch mehrere kleine Gebäude ergänzt. Auf dem Großhandelsmarkt (2) wird vorwiegend Gemüse und Obst aus den südlichen Regionen gehandelt. Auf dem Markt begegnet man vor allem Angehörigen kaukasischer Nationalitäten.

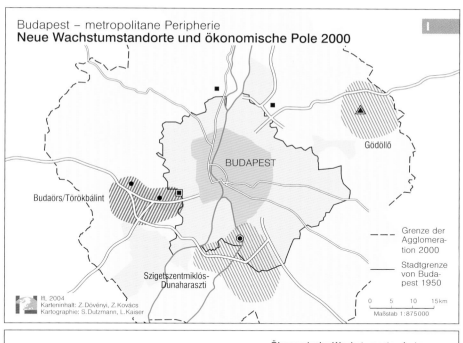

Budapest – metropolitane Peripherie
Neue Wachstumstandorte und ökonomische Pole 2000

I

BUDAPEST

Gödöllő

Budaörs/Törökbálint

Szigetszentmiklós-
Dunaharaszti

IfL 2004
Karteninhalt: Z.Dövényi, Z.Kovács
Kartographie: S.Dutzmann, L.Kaiser

– – – Grenze der
Agglomera-
tion 2000

——— Stadtgrenze
von Buda-
pest 1950

0   5   10   15 km
Maßstab 1:875000

Legende für Abbildungen

Siedlungsstruktur

kompakte Stadt
innere Peripherie
äußere Peripherie

IfL 2004
Kartographie: S.Dutzmann

Ökonomische Pole

dynamischer Pol
potenzieller Pol

═══ Autobahn
─── Straße

Ökonomische Wachstumsstandorte

	großer Standort	sehr großer Standort
Gewerbe/Logistik/ Technologie	●	◉
Einkaufszentrum/ großflächiger Einzelhandel	■	▣
Einzelunternehmen/ monofunktionaler Standort	▲	◮
Standort in Entwicklung	○	○

II Das Gewerbegebiet Budaörs an der Autobahn M1

Foto: Civertan GmbH 2003

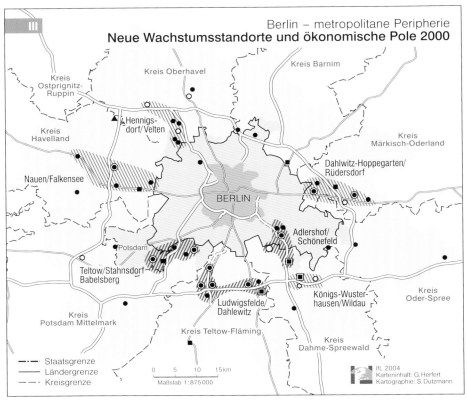

III

Berlin – metropolitane Peripherie
Neue Wachstumsstandorte und ökonomische Pole 2000

Kreis Oberhavel

Kreis Barnim

Kreis
Ostprignitz-
Ruppin

Hennigs-
dorf/Velten

Kreis
Havelland

Kreis
Märkisch-Oderland

Nauen/Falkensee

Dahlwitz-Hoppegarten/
Rüdersdorf

BERLIN

Adlershof/
Schönefeld

Potsdam

Teltow/Stahnsdorf-
Babelsberg

Königs-Wuster-
hausen/Wildau

Kreis
Oder-Spree

Ludwigsfelde/
Dahlewitz

Kreis
Potsdam Mittelmark

Kreis Teltow-Fläming

Kreis
Dahme-Spreewald

-··-··- Staatsgrenze
——— Ländergrenze
— — - Kreisgrenze

0   5   10   15 km

Maßstab 1:875000

IfL 2004
Karteninhalt: G.Herfert
Kartographie: S.Dutzmann

IV   Ludwigsfelde - Der Brandenburg Park am südlichen Berliner Ring

LUDWIGSFELDE   MTU   DaimlerChrysler

B 101 (n)

AS Ludwigsfelde Ost

BAB 10 Berliner Ring

AS Genshagen

Blick nach Westen über den Brandenburg Park mit den großen Freiflächen an der 4-spurigen B101n. Im Hintergrund der Logistikpark Birkengrund und das Industriegebiet Ludwigsfelde.
Foto: Büro Brandenburg Park 2002

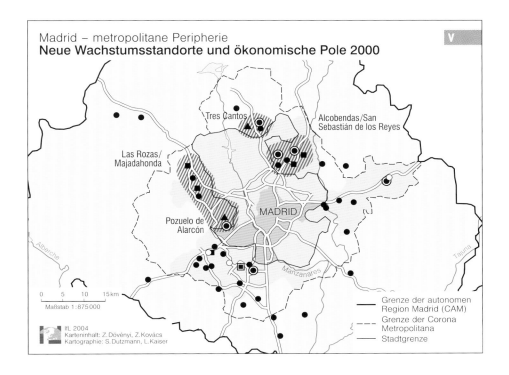

Madrid – metropolitane Peripherie
Neue Wachstumsstandorte und ökonomische Pole 2000

V

Tres Cantos

Alcobendas/San
Sebastián de los Reyes

Las Rozas/
Majadahonda

MADRID

Pozuelo de
Alarcón

Alberche

Manzanares

Tajuña

0 5 10 15 km

Maßstab 1 : 875 000

IfL 2004
Karteninhalt: Z.Dövényi, Z.Kovács
Kartographie: S.Dutzmann, L.Kaiser

——— Grenze der autonomen
Region Madrid (CAM)
- - - - Grenze der Corona
Metropolitana
——— Stadtgrenze

VI Der dynamische Pol Alcobendas und San Sebastián de los Reyes

Am südwestlichen Siedlungsrand befindet sich das traditionelle Gewerbegebiet, am nordöstlichen westlich der
Autobahn ein neuer Gewerbepark mit großflächigem Einzelhandel und Fachmärkten und am südöstlichen
Siedlungrand Gewerbe- und Büroparkflächen (im Bau).
Foto: Municipio de Alcobendas 2000

BRG 61

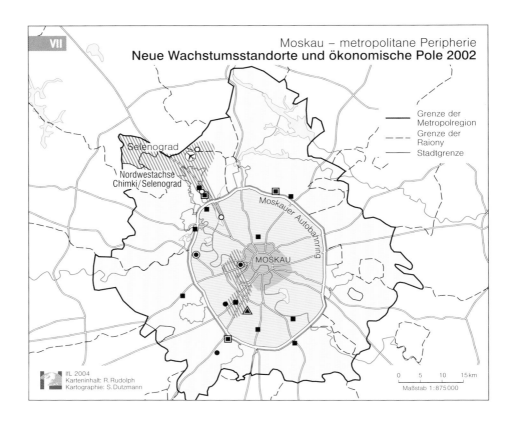

VII

Moskau – metropolitane Peripherie
Neue Wachstumsstandorte und ökonomische Pole 2002

Selenograd

Nordwestachse
Chimki / Selenograd

Moskauer Autobahnring

MOSKAU

Grenze der
Metropolregion
Grenze der
Raiony
Stadtgrenze

IfL 2004
Karteninhalt: R.Rudolph
Kartographie: S.Dutzmann

0   5   10   15 km

Maßstab 1:875 000

VIII   Die "Mega-Mall" am südlichen Moskauer Autobahnring

Die im Jahre 2003 eröffnete Mega-Mall ist mit mehr als 100.000 m² Verkaufsfläche und über 250 Geschäften (u.a. Auchan, IKEA und Mega) eines der größten Einkaufszentren der Stadtregion.
Foto: Nefjodowa 2004

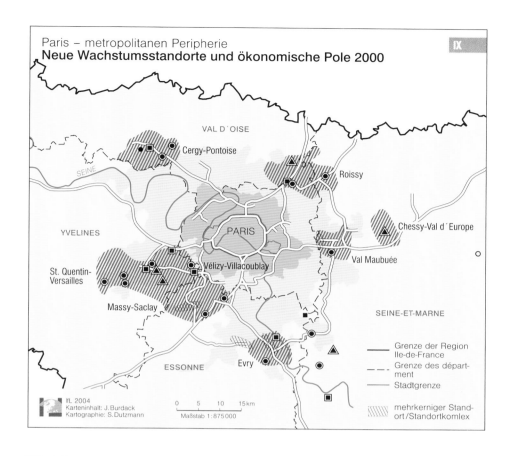

Paris – metropolitanen Peripherie
Neue Wachstumsstandorte und ökonomische Pole 2000

IX

VAL D´OISE

Cergy-Pontoise

SEINE

Roissy

Chessy-Val d´Europe

YVELINES

PARIS

Val Maubuée

St. Quentin-
Versailles

Vélizy-Villacoublay

SEINE-ET-MARNE

Massy-Saclay

Grenze der Region
Ile-de-France

Grenze des départ-
ment

Stadtgrenze

mehrkerniger Stand-
ort/Standortkomlex

ESSONNE

Evry

IfL 2004
Karteninhalt: J.Burdack
Kartographie: S.Dutzmann

0   5   10   15km
Maßstab 1:875 000

X Technocentre Renault in Guyancourt/Paris

Am Rande der ville novelle Saint-Quentin-en-Yvelines am westlichen Rand der Agglomeration Paris entstand in den 1990er Jahren das Forschungs- und Entwicklungszentrum des Automobilherstellers Renault.
Foto: Etablissement Public d`Aménagement de Saint-Quentin-en-Yvelines

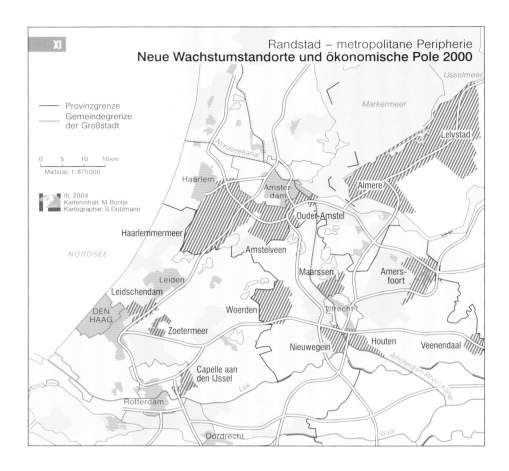

Randstad – metropolitane Peripherie
Neue Wachstumstandorte und ökonomische Pole 2000

—— Provinzgrenze
—— Gemeindegrenze
der Großstadt

0   5   10   15 km

Maßstab 1 : 875 000

IfL 2004
Karteninhalt: M.Bontje
Kartographie: S.Dutzmann

IJsselmeer

Markermeer

Lelystad

Haarlem

Amster-
dam

Almere

Ouder-Amstel

Nordseekanal

Haarlemmermeer

NORDSEE

Amstelveen

Leiden

Maarssen

Amers-
foort

Leidschendam

DEN
HAAG

Woerden

Utrecht

Zoetermeer

Nieuwegein

Houten

Veenendaal

Capelle aan
den IJssel

Lek

Amsterdam-Rhein-Kanal

Rotterdam

Dordrecht

Waal

XII   Der ökonomische Pol Almere 1994

Foto: Aviodrome Luchtfotografie, Lelystad 1994

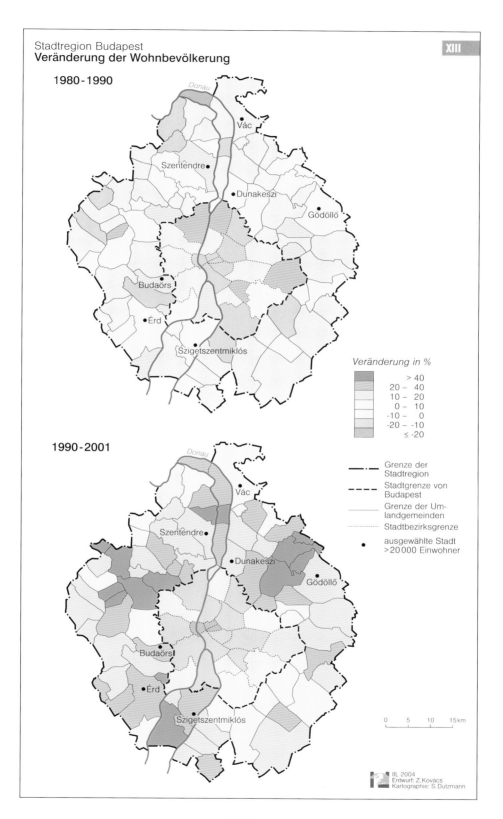

Stadtregion Budapest
Veränderung der Wohnbevölkerung

1980-1990

Donau

Vác

Szentendre●

●Dunakeszi

Gödöllő
●

Budaörs

●Érd

Szigetszentmiklós

Veränderung in %

> 40
20 – 40
10 – 20
0 – 10
-10 – 0
-20 – -10
≤ -20

1990-2001

Donau

Vác

Szentendre●

●Dunakeszi

Gödöllő
●

Budaörs●

●Érd

Szigetszentmiklós

—·—·— Grenze der
          Stadtregion

– – – – Stadtgrenze von
          Budapest

———— Grenze der Um-
          landgemeinden

············ Stadtbezirksgrenze

● ausgewählte Stadt
   >20000 Einwohner

0   5   10   15km

IfL 2004
Entwurf: Z.Kovács
Kartographie: S.Dutzmann

BRG 61

Budaörs-Törökbálint
Flächennutzung 1968 und 2000

1968

Budaörs

Törökbálint

2000

Budaörs

M1

M0

M7 Törökbálint

bebaute Fläche 1968	Wald	Moor	Gewerbegebiet
bebaute Fläche 2000	Wiese, Weide	Wasserfläche	einzelnes Unternehmen
Zweitwohnsitz-Siedlungen	Obstgarten	Steinbruch	
	Ackerland		

IfL 2004
Inhalt: Z.Kovácz
Kartographie: R.Bräuer

0   5 km

Eisenbahn
Autobahn
Straße

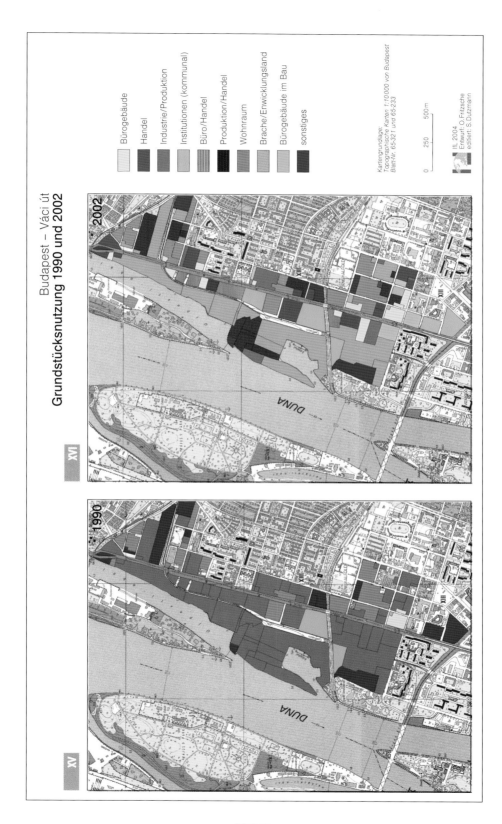

Budapest – Váci út
Grundstücksnutzung 1990 und 2002

Bürogebäude
Handel
Industrie/Produktion
Institutionen (kommunal)
Büro/Handel
Produktion/Handel
Wohnraum
Brache/Entwicklungsland
Bürogebäude im Bau
sonstiges

Kartengrundlage:
Topographische Karten 1:10000 von Budapest
Blatt-Nr. 65321 und 65-233

0   250   500 m

IfL 2004
Entwurf: O.Fritzsche
ediliert: S.Dutzmann

2002

1990

DUNA

DUNA

XVI

XV

XIII

XIII

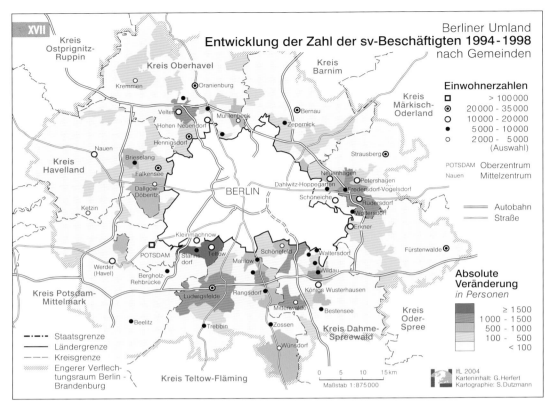

Berliner Umland
Entwicklung der Zahl der sv-Beschäftigten 1994-1998
nach Gemeinden

XVII

Kreis Ostprignitz-Ruppin
Kreis Oberhavel
Kreis Barnim
Kreis Märkisch-Oderland
Kreis Havelland
Kreis Potsdam-Mittelmark
Kreis Oder-Spree
Kreis Dahme-Spreewald
Kreis Teltow-Fläming

Kremmen
Oranienburg
Velten
Mühlenbeck
Bernau
Hohen Neuendorf
Zepernick
Nauen
Hennigsdorf
Brieselang
Strausberg
Falkensee
Neuenhagen
Dallgow-Döberitz
Dahlwitz-Hoppegarten
Petershagen
BERLIN
Fredersdorf-Vogelsdorf
Ketzin
Schöneiche
Rüdersdorf
Woltersdorf
Kleinmachnow
Erkner
POTSDAM
Stahnsdorf
Teltow
Schönefeld
Waltersdorf
Fürstenwalde
Werder (Havel)
Mahlow
Wildau
Bergholz-Rehbrücke
Ludwigsfelde
Rangsdorf
Königs Wusterhausen
Beelitz
Mittenwalde
Bestensee
Trebbin
Zossen
Wünsdorf

Einwohnerzahlen
□ > 100 000
⊙ 20 000 - 35 000
○ 10 000 - 20 000
● 5 000 - 10 000
○ 2 000 - 5 000
(Auswahl)

POTSDAM Oberzentrum
Nauen Mittelzentrum

Autobahn
Straße

Absolute Veränderung
in Personen
≥ 1500
1000 - 1500
500 - 1000
100 - 500
< 100

—·—·— Staatsgrenze
———— Ländergrenze
— — — Kreisgrenze
///// Engerer Verflechtungsraum Berlin - Brandenburg

0 5 10 15 km
Maßstab 1:875000

IfL 2004
Karteninhalt: G. Herfert
Kartographie: S. Dutzmann

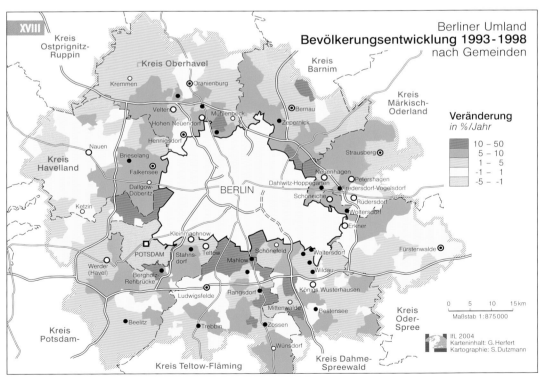

Berliner Umland
Bevölkerungsentwicklung 1993-1998
nach Gemeinden

XVIII

Kreis Ostprignitz-Ruppin
Kreis Oberhavel
Kreis Barnim
Kreis Märkisch-Oderland
Kreis Havelland
Kreis Potsdam-
Kreis Oder-Spree
Kreis Dahme-Spreewald
Kreis Teltow-Fläming

Kremmen
Oranienburg
Velten
Mühlenbeck
Bernau
Hohen Neuendorf
Zepernick
Nauen
Hennigsdorf
Brieselang
Strausberg
Falkensee
Neuenhagen
Dallgow-Döberitz
Dahlwitz-Hoppegarten
Petershagen
BERLIN
Fredersdorf-Vogelsdorf
Ketzin
Schöneiche
Rüdersdorf
Woltersdorf
Kleinmachnow
Erkner
POTSDAM
Stahnsdorf
Teltow
Schönefeld
Waltersdorf
Fürstenwalde
Werder (Havel)
Mahlow
Bergholz-Rehbrücke
Wildau
Ludwigsfelde
Rangsdorf
Königs Wusterhausen
Beelitz
Mittenwalde
Bestensee
Trebbin
Zossen
Wünsdorf

Veränderung
in %/Jahr
10 – 50
5 – 10
1 – 5
-1 – 1
-5 – -1

0 5 10 15 km
Maßstab 1:875000

IfL 2004
Karteninhalt: G. Herfert
Kartographie: S. Dutzmann

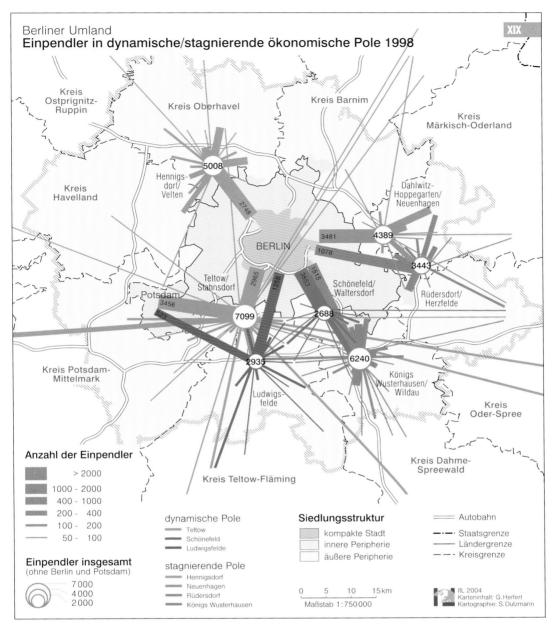

Berliner Umland
Einpendler in dynamische/stagnierende ökonomische Pole 1998

XIX

Kreis Ostprignitz-Ruppin

Kreis Oberhavel

Kreis Barnim

Kreis Märkisch-Oderland

Hennigs-dorf/Velten

5008

Dahlwitz-Hoppegarten/Neuenhagen

Kreis Havelland

2748

BERLIN

3481   4389

1078

3443

Teltow/Stahnsdorf

Potsdam
3456

2965

1238

1515

3853

Schönefeld/Waltersdorf

Rüdersdorf/Herzfelde

523

7099

2688

6240

2935

Ludwigs-felde

Königs Wusterhausen/Wildau

Kreis Potsdam-Mittelmark

Kreis Oder-Spree

Kreis Dahme-Spreewald

Kreis Teltow-Fläming

Anzahl der Einpendler

- ▬ > 2000
- ▬ 1000 - 2000
- ▬ 400 - 1000
- ▬ 200 - 400
- — 100 - 200
- — 50 - 100

dynamische Pole
- ▬ Teltow
- ▬ Schönefeld
- ▬ Ludwigsfelde

stagnierende Pole
- ▬ Hennigsdorf
- ▬ Neuenhagen
- ▬ Rüdersdorf
- ▬ Königs Wusterhausen

Siedlungsstruktur
- ▨ kompakte Stadt
- ▢ innere Peripherie
- ▢ äußere Peripherie

Einpendler insgesamt
(ohne Berlin und Potsdam)
- 7000
- 4000
- 2000

═══ Autobahn
—·—·— Staatsgrenze
——— Ländergrenze
— — — Kreisgrenze

0   5   10   15 km
Maßstab 1:750 000

IfL 2004
Karteninhalt: G. Herfert
Kartographie: S. Dutzmann

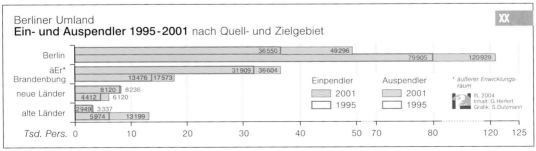

Berliner Umland
Ein- und Auspendler 1995-2001 nach Quell- und Zielgebiet

XX

Berlin	36550 49296	
	79905	120929
äEr* Brandenbung	13476 17573	
	31909 36604	
neue Länder	8120 8236	
	4412 6120	
alte Länder	2949 3337	
	5974 13199	

Tsd. Pers. 0   10   20   30   40   50   70   80   120   125

Einpendler   Auspendler

■ 2001   ■ 2001
□ 1995   □ 1995

* äußerer Entwicklungs-raum

IfL 2004
Inhalt: G. Herfert
Grafik: S. Dutzmann

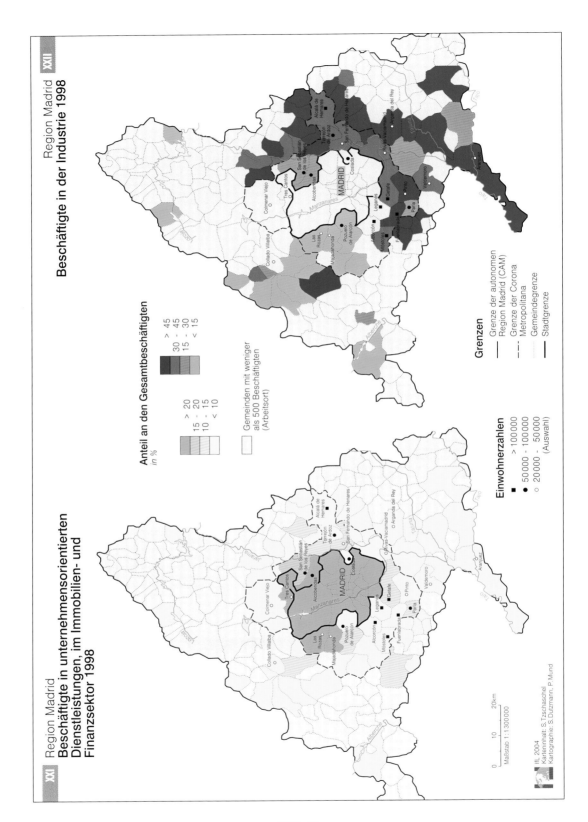

Beschäftigte in der Industrie 1998

Anteil an den Gesamtbeschäftigten
in %

- > 45
- 30 - 45
- 15 - 30
- < 15

- 15 > 20
- 20 - 15
- 10 - 15
- < 10

Gemeinden mit weniger als 500 Beschäftigten (Arbeitsort)

Grenzen

— Grenze der autonomen Region Madrid (CAM)
— Grenze der Corona
–·– Metropolitana
········ Gemeindegrenze
— Stadtgrenze

Beschäftigte in unternehmensorientierten Dienstleistungen, im Immobilien- und Finanzsektor 1998

Einwohnerzahlen

- ■ >100000
- ● 50000 - 100000
- ○ 20000 - 50000
  (Auswahl)

0   10   20km
Maßstab 1:1 300 000

IfL 2004
Karteninhalt: S. Tzschaschel
Kartographie: S. Dutzmann, P. Mund

Foto: Aviodrome Luchtfotografie, Lelystad 1994

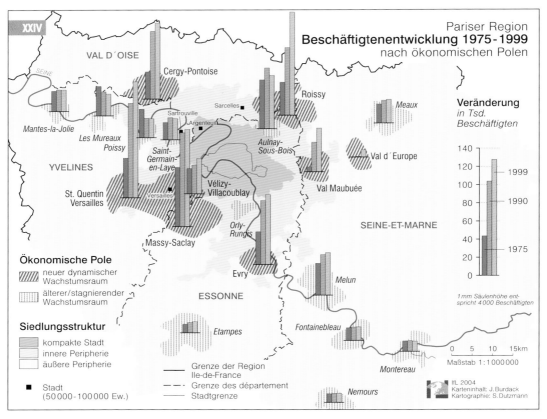

XXIV

Pariser Region
Beschäftigtenentwicklung 1975-1999
nach ökonomischen Polen

VAL D´OISE

Cergy-Pontoise

Roissy

Sarcelles ■

Meaux

Veränderung
in Tsd.
Beschäftigten

Mantes-la-Jolie

Sartrouville
Argenteuil

Les Mureaux
Poissy

Saint-
Germain-
en-Laye

Aulnay-
Sous-Bois

Val d´Europe

YVELINES

Vélizy-
Villacoublay

Val Maubuée

St. Quentin
Versailles

Versailles

Orly-
Rungis

SEINE-ET-MARNE

Massy-Saclay

Ökonomische Pole

| | neuer dynamischer Wachstumsraum |
| | älterer/stagnierender Wachstumsraum |

Evry

Melun

ESSONNE

Siedlungsstruktur

	kompakte Stadt
	innere Peripherie
	äußere Peripherie

Etampes

Fontainebleau

■ Stadt
(50000-100000 Ew.)

Grenze der Region
Ile-de-France
--- Grenze des département
Stadtgrenze

Montereau

Nemours

140
120 ┤ 1999
100 ┤ 1990
80
60
40
20 ┤ 1975
0

*1 mm Säulenhöhe ent-
spricht 4 000 Beschäftigten*

0 5 10 15km

Maßstab 1:1 000 000

IfL 2004
Karteninhalt: J. Burdack
Kartographie: S. Dutzmann

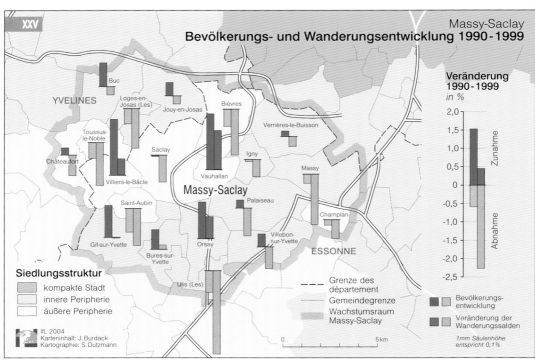

XXV

Massy-Saclay
Bevölkerungs- und Wanderungsentwicklung 1990-1999

Buc

YVELINES

Loges-en-
Josas (Les)

Jouy-en-Josas

Bièvres

Verrières-le-Buisson

Toussus-
le-Noble

Saclay

Igny

Châteaufort

Villiers-le-Bâcle

Vauhallan

Massy

Massy-Saclay

Saint-Aubin

Palaiseau

Champlan

Gif-sur-Yvette

Bures-sur-
Yvette

Orsay

Villebon-
sur-Yvette

ESSONNE

Ulis (Les)

Veränderung
1990-1999
in %

2,0
1,5 ┐ Zunahme
1,0
0,5
0
-0,5 ┐ Abnahme
-1,0
-1,5
-2,0
-2,5

Siedlungsstruktur

	kompakte Stadt
	innere Peripherie
	äußere Peripherie

--- Grenze des
département
Gemeindegrenze
Wachstumsraum
Massy-Saclay

| ■ | Bevölkerungs-
entwicklung |
| ■ | Veränderung der
Wanderungssalden |

*1mm Säulenhöhe
entspricht 0,1%*

0 5km

IfL 2004
Karteninhalt: J. Burdack
Kartographie: S. Dutzmann

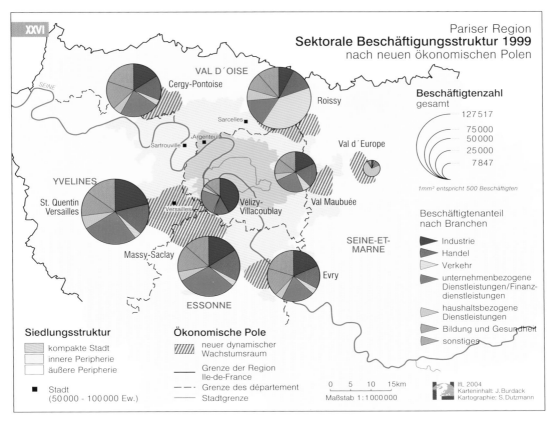

Pariser Region
Sektorale Beschäftigungsstruktur 1999
nach neuen ökonomischen Polen

VAL D´OISE

Cergy-Pontoise

Roissy

Sarcelles

Argenteuil

Sartrouville

Val d´Europe

YVELINES

St. Quentin
Versailles

Versailles

Vélizy-
Villacoublay

Val Maubuée

SEINE-ET-
MARNE

Massy-Saclay

Evry

ESSONNE

Beschäftigtenzahl
gesamt

127 517
75 000
50 000
25 000
7 847

1mm² entspricht 500 Beschäftigten

Beschäftigtenanteil
nach Branchen

Industrie
Handel
Verkehr
unternehmenbezogene
Dienstleistungen/Finanz-
dienstleistungen
haushaltsbezogene
Dienstleistungen
Bildung und Gesundheit
sonstiges

Siedlungsstruktur

kompakte Stadt
innere Peripherie
äußere Peripherie

Stadt
(50 000 - 100 000 Ew.)

Ökonomische Pole

neuer dynamischer
Wachstumsraum

Grenze der Region
Ile-de-France
Grenze des département
Stadtgrenze

0   5   10   15km

Maßstab 1:1 000 000

IfL 2004
Karteninhalt: J.Burdack
Kartographie: S.Dutzmann

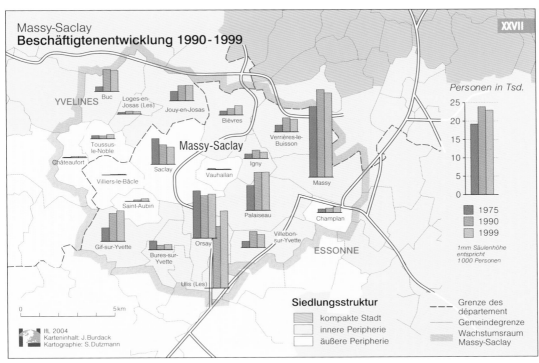

Massy-Saclay
Beschäftigtenentwicklung 1990-1999

YVELINES   Buc

Loges-en-
Josas (Les)

Jouy-en-Josas

Bièvres

Toussus-
le-Noble

Châteaufort

Saclay

Massy-Saclay

Vauhallan

Igny

Verrières-le-
Buisson

Villiers-le-Bâcle

Massy

Saint-Aubin

Palaiseau

Champlan

Gif-sur-Yvette

Orsay

Villebon-
sur-Yvette

Bures-sur-
Yvette

ESSONNE

Ulis (Les)

Personen in Tsd.

25
20
15
10
5
0

1975
1990
1999

*1mm Säulenhöhe
entspricht
1000 Personen*

0   5km

IfL 2004
Karteninhalt: J.Burdack
Kartographie: S.Dutzmann

Siedlungsstruktur

kompakte Stadt
innere Peripherie
äußere Peripherie

Grenze des
département
Gemeindegrenze
Wachstumsraum
Massy-Saclay

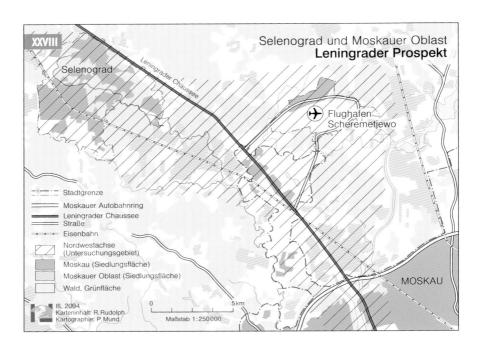

XXVIII

Selenograd und Moskauer Oblast
Leningrader Prospekt

Selenograd

Leningrader Chaussee

✈ Flughafen
Scheremetjewo

Stadtgrenze
Moskauer Autobahnring
Leningrader Chaussee
Straße
Eisenbahn
Nordwestachse
(Untersuchungsgebiet)
Moskau (Siedlungsfläche)
Moskauer Oblast (Siedlungsfläche)
Wald, Grünfläche

IfL 2004
Karteninhalt: R. Rudolph
Kartographie: P. Mund

0   5 km
Maßstab 1:250 000

MOSKAU

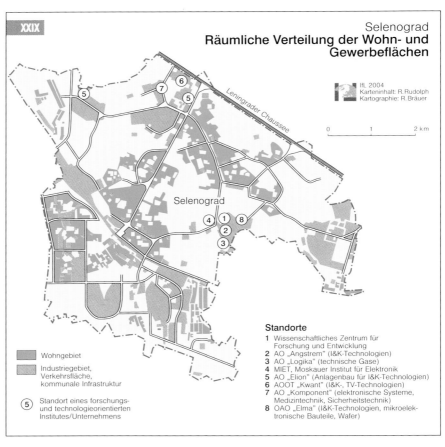

XXIX

Selenograd
**Räumliche Verteilung der Wohn- und
Gewerbeflächen**

Leningrader Chaussee

IfL 2004
Karteninhalt: R. Rudolph
Kartographie: R. Bräuer

0   1   2 km

Selenograd

Wohngebiet

Industriegebiet,
Verkehrsfläche,
kommunale Infrastruktur

⑤ Standort eines forschungs-
und technologieorientierten
Institutes/Unternehmens

Standorte
1 Wissenschaftliches Zentrum für
Forschung und Entwicklung
2 AO „Angstrem" (I&K-Technologien)
3 AO „Logika" (technische Gase)
4 MIET, Moskauer Institut für Elektronik
5 AO „Elion" (Anlagenbau für I&K-Technologien)
6 AOOT „Kwant" (I&K-, TV-Technologien)
7 AO „Komponent" (elektronische Systeme,
Medizintechnik, Sicherheitstechnik)
8 OAO „Elma" (I&K-Technologien, mikroelek-
tronische Bauteile, Wafer)

märkte, Auto- und Einrichtungshäuser (*Fig. 14*). Doch auch weiterhin entstehen offene Märkte im Umfeld der Autobahn, vor allem aufgrund der Verdrängung von Märkten aus der kompakten Stadt.

Der Aufschwung der Einzelhandelsinvestitionen während der letzten Jahre hat mehrere Ursachen:

- Neben der merklichen makroökonomischen Konsolidierung seit der Finanzkrise 1998 und dem überdurchschnittlichen Anstieg der Einkommen in der Hauptstadt entwickelte sich Moskau während der 1990er Jahre zum Marktplatz für ganz Russland. Bei einem Bevölkerungsanteil von 5,8 % betrug der Anteil Moskaus am gesamtrussischen Einzelhandelsumsatz im Jahre 2000 etwa 30 % (Goskomstat Rossii 2001). Zu dieser Konzentration tragen auch die Zwischenhändler aus den russischen Regionen bei, die sich in Moskau mit Waren versorgen (SCHULZE et al. 2002, S. 75).
- Aufgrund des geringen Vertrauens in den Bankensektor nach mehreren Finanzkrisen ist die Sparquote der Bevölkerung außerordentlich niedrig. Ein vergleichsweise großer Teil des Einkommens wird für den Konsum aufgebraucht.[10] Insbesondere Wohnungen und Einfamilienhäuser (*kottedshi*) haben eine weit reichende Bedeutung als relativ sichere Kapitalanlage. Von dieser Entwicklung profitiert der gesamte Bausektor, der während der letzten Jahre einen beispiellosen Boom erlebte, sowie die Baufachmärkte und Einrichtungshäuser.
- Die schnell ansteigende Automobilisierung begünstigt ebenfalls die Standorte an der Peripherie, vor allem angesichts der chronisch verstopften inneren Stadt. In Moskau erhöhte sich der Bestand an Kfz von 11 (1991) auf 28 (2000) pro 100 Einwohner.[11]
- Ein weiterer Faktor sind die globalen Expansionsstrategien der großen internationalen Einzelhandelsunternehmen. Während der zweiten Hälfte der 1990er Jahre entstanden in relativ kurzer Zeit großflächige Einzelhandelsagglomerationen an der Peripherie der ostmitteleuropäischen Hauptstädte. Die Investitionsdynamik der „*big boxes*" verlagert sich derzeit in die weiter östlich gelege-

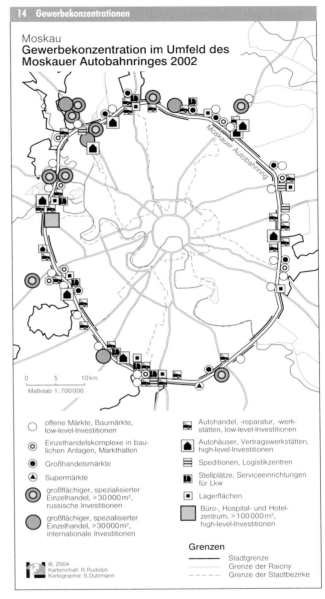

14   Gewerbekonzentrationen

Moskau
Gewerbekonzentration im Umfeld des Moskauer Autobahnringes 2002

0   5   10 km
Maßstab 1 : 700 000

○ offene Märkte, Baumärkte, low-level-Investitionen

◉ Einzelhandelskomplexe in baulichen Anlagen, Markthallen

● Großhandelsmärkte

▲ Supermärkte

◎ großflächiger, spezialisierter Einzelhandel, >30 000 m², russische Investitionen

⬤ großflächiger, spezialisierter Einzelhandel, >30 000 m², internationale Investitionen

Autohandel, -reparatur, -werkstätten, low-level-Investitionen

Autohäuser, Vertragswerkstätten, high-level-Investitionen

Speditionen, Logistikzentren

Stellplätze, Serviceeinrichtungen für Lkw

Lagerflächen

Büro-, Hospital- und Hotelzentrum, >100 000 m², high-level-Investitionen

Grenzen

───── Stadtgrenze
────── Grenze der Raiony
– – – – Grenze der Stadtbezirke

IfL 2004
Karteninhalt: R. Rudolph
Kartographie: S. Dutzmann

---

[10] Nach Angaben von JLL (2002c) betrug im Jahre 2002 der Anteil der Ausgaben für den Konsum an den Einkommen 85 %.
[11] Argumenty i fakty 2001

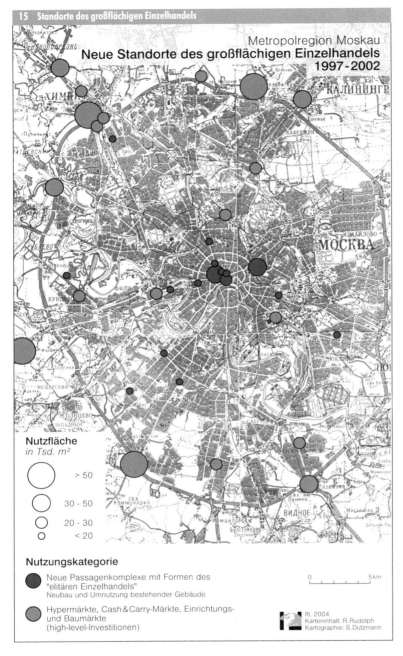

Metropolregion Moskau
Neue Standorte des großflächigen Einzelhandels
1997-2002

Nutzfläche
in Tsd. m²

◯ > 50

◯ 30 - 50

◯ 20 - 30

○ < 20

Nutzungskategorie

⬤ Neue Passagenkomplexe mit Formen des
"elitären Einzelhandels"
Neubau und Umnutzung bestehender Gebäude

⬤ Hypermärkte, Cash & Carry-Märkte, Einrichtungs-
und Baumärkte
(high-level-Investitionen)

0 ⊢——⊣ 5 km

IfL 2004
Karteninhalt: R.Rudolph
Kartographie: S.Dutzmann

nen Transformationsländer, unter anderem nach Moskau. Der Erfolg des ersten westlichen Einrichtungshauses (*Ikea*), dessen Umsätze im ersten Jahr die Erwartungen um das Zweifache übertrafen, mögen zum gegenwärtigen Investitionsboom beigetragen haben (LUKJANOWA u. CHASBIJEW 2001).

Im Bereich der großräumigen Siedlungsachsen, die sich weit in die Moskauer Oblast erstrecken, lassen sich Ansätze neuer Gewerbeentwicklungen feststellen (*Fig. 15*). Auch hier werden die überdimensionierten Industrieflächen von einer Vielzahl kleiner Unternehmen gepachtet, die nicht nur im Handel und Transportwesen, sondern auch im produzierenden Bereich tätig sind. Die Auflösung der großen Produktionsbetriebe, die Ausgründung einer Vielzahl kleiner Unternehmen und die Ansiedlung neuer Firmen ist Ausdruck der spontanen Strukturierung der neuen postsowjetischen Ökonomie. Der Investitionsaufschwung der letzten Jahre betraf vor allem die verarbeitende Industrie, insbesondere die Nahrungsmittel- und Baumaterialienindustrie. Eine Reihe von ausländischen Großinvestitionen in neue Produktionsstandorte auf der „grünen Wiese" im Umfang von jeweils 50 bis über 200 Millionen US-$ in einigen Städten und Kreisen der Moskauer Oblast hatte Ende der 1990er Jahre am Wachstum des produzierenden Sektors bedeutenden Anteil. Für die Unternehmen ist die schnelle Erreichbarkeit von Moskau und damit eines räumlich konzentrierten Absatzmarktes mit rd. 10 Millionen Einwohnern ein wichtiger Standortfaktor. Gleichzeitig nutzen sie die geringeren Kosten einer Ansiedlung in der Oblast und den direkteren Zugang zur Administration.

Die spezialisierten Technologie- und Industriestädte des Moskauer Umlandes sind insgesamt von sehr unterschiedlichen Entwicklungsimpulsen betroffen. Viele der Städte, die sich unter den sowjetischen Bedingungen der Autarkie bzw. der „Geschlossenheit" relativ unabhängig von ihrem regionalen

Umfeld entwickelten und im Verantwortungsbereich zentralstaatlicher Ministerien befanden, müssen sich heute den vorhandenen regionalen Strukturen und Bedingungen anpassen.[12] Die räumliche Lage, d.h. die „harten Standortfaktoren", bekommen für diese Städte nunmehr eine neue Bedeutung.

Die ehemals bevorzugten Forschungs- und Technologieunternehmen stehen angesichts der chronischen Unterfinanzierung vor der Frage des ökonomischen Überlebens, anderen ist es gelungen, internationale Kooperationen aufzubauen, sich durch eine Diversifizierung ihrer ökonomischen Aktivitäten zu profilieren und betriebsstrukturell zu reorganisieren.[13]

Es sind vor allem die vorhandenen, in sowjetischer Zeit entstandenen Strukturen, die Ausgangspunkt einer „additiven" Gewerbentwicklung in der äußeren Peripherie der Moskauer Stadtregion sind. Die Fernverkehrsstraßen sind bevorzugte Ansiedlungsräume des autoorientierten Einzel- und Großhandels und des Transportwesens, ebenso nutzen die neuen Kleinbetriebe die Betriebsflächen der teilweise bankrotten Industriebetriebe. Das Kapital der Gas- und Ölbranche führte auch in der Moskauer Oblast zur Modernisierung bereits vorhandener Standorte der Branche durch den Bau neuer Bürokomplexe. Insgesamt führt die geringe Dichte und der mangelhafte Ausbau der Infrastruktur in der äußeren Peripherie Moskaus zu einer starken Orientierung neuer gewerblicher Entwicklungen an den vorhandenen Strukturen, die Erreichbarkeit der Kernstadt ist nach wie vor eines der wichtigsten Standortkriterien.

5 Perspektiven der Entwicklung

Der gegenwärtige struktur- und funktionsräumliche Wandel der Moskauer Peripherie, insbesondere die einsetzendeninvestitionsintensiven Wachstumsprozesse (Take-off des großflächigen Einzelhandels) lassen sich mit Transformationskonzepten erklären, wobei nicht der spezifisch politische Systemwechsel im Vordergrund steht, sondern die gesellschaftlichen Entwicklungen im Kontext eines übergeordneten globalen Integrationsprozesses. Die schnelle Ausbreitung der Low-Level-Standorte war eine Folge des Zusammenbruchs der bisherigen Produktions-, Distributions- und Versorgungssysteme bei gleichzeitigem Fehlen stabiler marktwirtschaftlicher Institutionen. Die sich seit Ende der 1990er Jahre ausbreitenden High-Level-Standorte, die auf umfangreichen, strategischen Investitionen einzelner Unternehmen beruhen, deuten auf die Entwicklung eines stabileren Ordnungsrahmens hin. Damit verliert der spezifische Aspekt des postsozialistischen Wandels, der Ökonomie des Übergangs, an Bedeutung. Vielmehr beginnen universelle und global wirksame ökonomische Mechanismen und Strategien die Moskauer Peripherie zu prägen. Bis heute existiert jedoch in der metropolitanen Peripherie eine gemischte Struktur aus einerseits „improvisierten" und andererseits investitionsintensiven, an globalen Vorbildern orientierten Standorten, wobei sich die Bedeutung der ersteren zugunsten der letzteren seit 2000 insgesamt verringert hat (*Fig. 16*).

Die rasante Deindustrialisierung der 1990er Jahre ließ insbesondere in der *inneren Peripherie* ausgedehnte Altindustrieflächen zurück. Teilweise entstehen auf diesen Flächen neue kleinbetriebliche Gewerbestrukturen. Investitionsintensive Standortentwicklungen auf altindustriellen Brown-Field-Flächen finden sich bisher nur punktuell und sind relativ dispers innerhalb der Peripherie verteilt. Ein groß dimensioniertes Restrukturierungsvorhaben auf einem ehemaligen Industrieareal, das derzeit realisiert wird, ist *Moskwa City*, ein Entwicklungsprojekt im westlichen Innenstadtrandbereich. Die

---

[12] Die großen Produktions- und Forschungskomplexe sind nach der Transformation zum Teil innerhalb der staatlichen Ministerialbürokratien, insbesondere wenn sie dem Rüstungsbereich, der Kernforschung oder der Luft- und Raumfahrt angehören, verblieben.

[13] In der ehemaligen Wissenschaftsstadt Frjasino im nordöstlichen Moskauer Umland gab es Anfang der 1990er Jahre vier große Forschungs- und Produktionskomplexe der Elektronik, Radio- und Lasertechnik mit insgesamt 25.800 Mitarbeitern, 1999 waren es noch etwa 5.900. Mehr als ein Drittel der Beschäftigten pendelten im Jahre 2000 täglich nach Moskau oder in andere Städte zur Arbeit. In der zweiten Hälfte der 1990er Jahre kam es zu einigen gewerblichen Neuansiedlungen. Bevorzugt wurde in die Lebensmittelindustrie und in den Gemüsegroßhandel investiert, d.h. vor allem in importsubstituierende Branchen (Interview mit Georgi Rowenski, Administration der Stadt Frjasino, Pressedienst, März 2000).

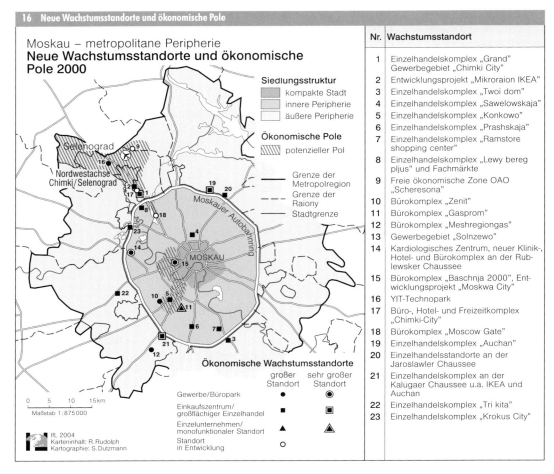

Moskau – metropolitane Peripherie
Neue Wachstumsstandorte und ökonomische Pole 2000

Siedlungsstruktur
- kompakte Stadt
- innere Peripherie
- äußere Peripherie

Ökonomische Pole
- potenzieller Pol

- Grenze der Metropolregion
- Grenze der Raiony
- Stadtgrenze

Ökonomische Wachstumsstandorte

	großer Standort	sehr großer Standort
Gewerbe/Büropark	●	◉
Einkaufszentrum/ großflächiger Einzelhandel	■	▣
Einzelunternehmen/ monofunktionaler Standort	▲	▲
Standort in Entwicklung	○	

0   5   10   15 km
Maßstab 1:875 000

IfL 2004
Karteninhalt: R. Rudolph
Kartographie: S. Dutzmann

Nr.	Wachstumsstandort
1	Einzelhandelskomplex „Grand" Gewerbegebiet „Chimki City"
2	Entwicklungsprojekt „Mikroraion IKEA"
3	Einzelhandelskomplex „Twoi dom"
4	Einzelhandelskomplex „Sawelowskaja"
5	Einzelhandelskomplex „Konkowo"
6	Einzelhandelskomplex „Prashskaja"
7	Einzelhandelskomplex „Ramstore shopping center"
8	Einzelhandelskomplex „Lewy bereg pljus" und Fachmärkte
9	Freie ökonomische Zone OAO „Scheresona"
10	Bürokomplex „Zenit"
11	Bürokomplex „Gasprom"
12	Bürokomplex „Meshregiongas"
13	Gewerbegebiet „Solnzewo"
14	Kardiologisches Zentrum, neuer Klinik-, Hotel- und Bürokomplex an der Rublewsker Chaussee
15	Bürokomplex „Baschnja 2000", Entwicklungsprojekt „Moskwa City"
16	YIT-Technopark
17	Büro-, Hotel- und Freizeitkomplex „Chimki-City"
18	Bürokomplex „Moscow Gate"
19	Einzelhandelskomplex „Auchan"
20	Einzelhandelsstandorte an der Jaroslawler Chaussee
21	Einzelhandelskomplex an der Kalugaer Chaussee u.a. IKEA und Auchan
22	Einzelhandelskomplex „Tri kita"
23	Einzelhandelskomplex „Krokus City"

Differenzierung der Raumsektoren der inneren Peripherie, die bereits in sowjetischer Zeit vorhanden war, gewinnt an Bedeutung. Die westlichen und südwestlichen Gebiete entwickeln sich zu bevorzugten Ansiedlungsräumen statushoher Wohnkomplexe, von Freizeitanlagen und Hauptquartieren großer russischer Unternehmen.

Das starke Wachstum investitionsintensiver Handels- und Servicestandorte im Umfeld des Autobahnringes und in der *äußeren Peripherie* lässt sich als konvergente Entwicklung zu westlichen Großstadtregionen interpretieren, doch sind bisher die Gemengelagen aus Low- und High-Level-Standorten charakteristisch.

Der in sowjetischer Zeit entwickelte Technologiesektor im Moskauer Umland bietet Ansätze einer künftigen technologieorientierten Entwicklung, die zu einer räumlichen Konzentration entsprechender Unternehmen führen könnte, doch sind derartige Überlegungen derzeit eher hypothetischer Art, da gerade die technologieintensiven Branchen während der 1990er Jahre vorrangig von Deinvestitionsprozessen betroffen waren und der Strukturwandel noch in keiner Weise abgeschlossen ist.

Trotz der schnell anwachsenden Investitionstätigkeit in der äußeren Peripherie zeigen die gegenwärtigen Tendenzen nach wie vor eine vorrangige räumliche Orientierung an der vorgegebenen Infrastruktur, die das axiale Grundmuster der Stadtregion verstärken und bisher nicht zur Entwicklung eigenständiger Kerne in der Peripherie mit eigenen, von der Kernstadt weitgehend losgelösten Arbeits- und Lebenswelten geführt haben. Zunehmende Differenzierungen entstehen eher zwischen den verschiedenen Siedlungsachsen, wobei die generelle Orientierung auf die kompakte Stadt bisher erhalten bleibt. Das vorrangige Standortkriterium neuer Gewerbeansiedlungen ist vor allem die existierende Infrastruktur, wie an der nordwestlichen Achse im Umfeld der Leningrader Chaussee und dem internationalen Flughafen Scheremetjewo sichtbar wird *(Fig. VII)*. Zwar sind Kopplungseffekte zwischen den verschiedenen Strukturen im Nordwestraum bisher nicht erkennbar, doch deuten die außerordentlich dynamischen und flächenhaften Investitionsprozesse an der Peripherie seit den Jahren 2000/2001 auf Veränderungen in den räumlichen Strukturen hin, die für die Zukunft die Entstehung komplexerer Raummuster mit funktional differenzierten und interagierenden Standorten erwarten lassen.

Die ökonomischen Entwicklungen unter den Bedingungen eines neuartigen Regulationsmodells wurden nur für einen historisch kurzen Zeitraum betrachtet. Auch in den 1990er Jahren hielt das „hypertrophe" Wachstum der Moskauer Stadtregion durch die Zersiedlung des Umlands weiter an. Die Abgrenzung neuer *ökonomischer* Wachstumsräume kann zwar bisher nur ansatzweise erfolgen. Unter den gegenwärtigen Bedingungen der anhaltenden Wachstumsdynamik und fortschreitender Diversifizierung der ökonomischen Aktivitäten, die in räumlicher Hinsicht nicht nur mehr „Leuchttürme" darstellen, lassen sich jedoch bereits Konturen entwickelter peripherer Wachstumspole in einer frühen Entwicklungsphase erkennen.

Literatur

Argumenty i fakty (2001): Nr. 45.

BABURIN, W. L., W. N. GORLOW u. W. E. SCHUWALOW (1986): Ekonomiko – geografitscheskije problemy raswitija moskowskowo regiona w uslowijach intensifikazii (Wirtschaftsgeographische Probleme der Entwicklung der Moskauer Region unter den Bedingungen der Intensivierung). In: Westnik Moskowskowo uniwersiteta, H. 4, S. 3 - 8.

BABURIN, W. L., W. N. GORLOW u. W. E. SCHUWALOW (1987): Raswitije lesoparkowowo saschtschitnowo pojasa Moskwy (Die Entwicklung des Waldschutzgürtels um Moskau). In: Westnik Moskowskowo uniwersiteta, H. 6, S. 3 - 8.

BRADE, I. u. T. NEFJODOWA (1998): Entwicklungstendenzen und Perspektiven der Stadt-Umland-Prozesse in Russland. In: Europa Regional, H. 4, S. 23 - 34.

GOLOWATSCHEW, W. (2002): Rossijanje rasslaiwajutsja (Die Bürger Russlands differenzieren sich). In: Ekonomika i shisn, Nr. 21, S. 32.

Goskomstat Rossii (1999): Regiony Rossii (Die Regionen Russlands). Moskau.

Goskomstat Rossii (2000): Rossiski statistitscheski jeshegodnik (Russisches statistisches Jahrbuch). Moskau.

Goskomstat Rossii (2001): Rossiski statistitscheski jeshegodnik (Russisches statistisches Jahrbuch). Moskau.

Goskomstat Rossii (2002): O predwaritelnych itogach Wserossiskoi perepisi naselenija 2002 goda (Über die vorläufigen Ergebnisse der gesamtrussischen Volkszählung des Jahres 2002). http://www.gks.ru/perepis/osn_itog.htm. Abruf: 12.06.04.

GLUSCHKOWA, W. G. (1999): Sozialny portret Moskwy na poroge XXI weka (Soziales Porträt Moskaus an der Schwelle zum 21. Jahrhundert). Moskau.

JLL (Jones Lang LaSalle) (1999): The Moscow Fortnight December 6th 2000 - December 19th 2000. Moskau.

JLL (Jones Lang LaSalle) (2000): The Moscow Fortnight September 25th 2000 - October 8th 2000. Moskau.

JLL (Jones Lang LaSalle) (2002a): Moscow Real Estate Market 2002. Moskau (CD-ROM).

JLL (Jones Lang LaSalle) (2002b): The Moscow Fortnight June 3rd 2002 - June 16th 2002. Moskau.

JLL (Jones Lang LaSalle) (2002c): The Moscow Fortnight December 2nd 2002 - December 22nd 2002. Moskau.

JLL (Jones Lang LaSalle) (2003): The Moscow Fortnight March 31st 2003 - April 13th 2003. Moskau.

KUSMIN, A. W. (1999): Raswitije Moskwy kak globalnowo goroda i gradostroitelnoje oformlenije postindustrialnych sdwigow w jejo ekonomike (Die Entwicklung Moskaus als Global City und die städtebauliche Gestaltung der postindustriellen ökonomischen Prozesse). In: Architektura Stroitelstwo Disain, H. 4, S. 4 - 7.

KUSMIN, A. W. (Hrsg.) (2001): Gradostroitelstwo Moskwy: 90-e gody XX weka (Der Städtebau

Moskaus in den 90er Jahren des 20. Jahrhunderts). Moskau.

LAPPO, G. M. (1997): Geografija gorodow (Geographie der Städte). Moskau.

LENTZ, S. u. P. LINDNER (2003): Privatisierung des öffentlichen Raumes – soziale Segregation und geschlossene Wohnviertel Moskaus. In: Geographische Rundschau, H. 12, S. 50 - 57.

LEUPOLT, B. (1988): Entwicklung und Struktur von Moskau, Hauptstadt der UdSSR. In: Geographische Berichte 129, H. 4, S. 217 - 232.

LUKJANOWA, JE. u. A. CHASBIJEW (2001): „Ikea" stroitsja („IKEA" wird weiter gebaut). In: Expert, 19.02.01.

Mosgorkomstat (Moskowski gorodskoi komitet gosudarstwennoi statistiki) (2001): Administratiwnyje okruga g. Moskwy w 2000 godu (Die administrativen Bezirke Moskaus 2000). Moskau.

Mosoblkomstat (Administrazija Moskowskoi oblasti – Moskowski oblastnoi komitet gosudarstwennoi statistiki) (1999): Sozialno-ekonomitscheskoje poloshenije gorodow i raionow Moskowskoi oblasti - 1998 god (Soziale und ökonomische Lage der Städte und Raions des Moskauer Gebietes im Jahre 1998). Moskau.

Mosoblkomstat (Moskowski oblastnoi komitet gosudarstwennoi statistiki) (2001): Sozialno-ekonomitscheskoje poloshenije gorodow i raionow Moskowskoi oblasti - 2000 god (Soziale und ökonomische Lage der Städte und Raions des Moskauer Gebietes im Jahre 2000). Moskau.

MUNRO, R. (2002): Krylatsky Hills to Get City's First Business Park. In: The Moscow Times, 04.06.02.

NEFJODOWA, T. (2001): Rossiskije prigorody. Goroshane w selskoi mestnosti (Russische Umlandregionen. Städter an ländlichen Orten). In: NEFJODOWA, T., P. POLJAN u. A. TREIWISH (Hrsg.): Gorod i derewnja w Jewropeiskoi Rossii: sto let peremen (Stadt und Dorf in Russland. 100 Jahre Wandel). Moskau.

PUTSCHKOW, O. (2002): „Wtoroi dom" – po preshnemu w zene (Das „zweite Haus" ist, wie auch immer, teuer). In: Ekonomika i shisn, Nr. 8, S. 8.

RODOMAN, B. B. (2000): Moskowskaja oblast segodnja – Portret bes prikras (Das Moskauer Gebiet heute – ein wahres Porträt. In: Geografija, H. 1, S. 7 - 10.

RUDOLPH, R u. S. LENTZ (1999): Segregationstendenzen in russischen Großstädten: Die Entwicklung elitärer Wohnformen in St. Petersburg und Moskau. In: Europa Regional, H. 2, S. 27 - 40.

RUDOLPH, R. (2001): Stadtzentren russischer Großstädte im Prozess der Transformation – St. Petersburg und Jekaterinburg. Leipzig (= Beiträge zur Regionalen Geographie 54).

RUDOLPH, R. (2002): Die Moskauer Region zwischen Planung und Profit – Postsowjetische Faktoren und Prozesse der Raumentwicklung. In: BRADE, I. (Hrsg.): Die Städte Russlands im Wandel. Raumstrukturelle Veränderungen am Ende des 20. Jahrhunderts. Leipzig (= Beiträge zur Regionalen Geographie 57).

SCHULZE, M., I. BRADE u. D. PITERSKI (2002): Postsowjetische Entwicklungen der russischen Zentrenstruktur. In: BRADE, I. (Hrsg.): Die Städte Russlands im Wandel. Raumstrukturelle Veränderungen am Ende des 20. Jahrhunderts. Leipzig (= Beiträge zur Regionalen Geographie 57).

WENDINA, O. u. I. BRADE (1996): Der Immobilienmarkt in Moskau – Grundtendenzen der 90er Jahre. In: Europa Regional, H. 2, S. 17 - 28.

WENDINA, O. (1997): Moskwa 90-ch: W poiskach nowoi logiki gorodskowo raswitija (Moskau in den 90er Jahren: auf der Suche nach einer neuen Logik der städtischen Entwicklung). In: Geografija Nr. 39, H. 10, S. 1 - 7.

Paris

JOACHIM BURDACK

1 Einleitung

Paris nimmt eine überragende Position im französischen Städtesystem ein (*Fig. 1*). In keinem anderen großen europäischen Land ist der Abstand zwischen der Primate City und den nachfolgenden Agglomerationen so groß wie in Frankreich. Lyon hat als zweitwichtigster Großraum (*aire urbaine*) mit etwa 1,6 Mio. Einwohnern (1999) nur einen Bruchteil der Größe von Paris. Noch signifikanter ist jedoch die qualitative Bedeutung der Metropole. Die Funktion als wirtschaftliches, politisches und kulturelles Zentrum Frankreichs lässt sich mit einer Vielzahl von Indikatoren belegen. Während in der Pariser Metropolregion (Ile-de-France) „nur" etwa 19 % der Gesamtbevölkerung leben, beträgt der Anteil der Wirtschaftsleistung (Bruttoinlandsprodukt) 26,5 %, der Anteil der Akademiker und Führungskräfte (*cadres supérieures*) an den Beschäftigten 40 %, der des Finanzsektors 40 % und der an Forschung und Entwicklung 55 %. Nahezu die Hälfte aller Theater und Museen liegen in der Hauptstadtregion (PIERCY 1997, S. 127). Langjährige Versuche des Zentralstaates die Pariser Dominanz mit Hilfe interven-

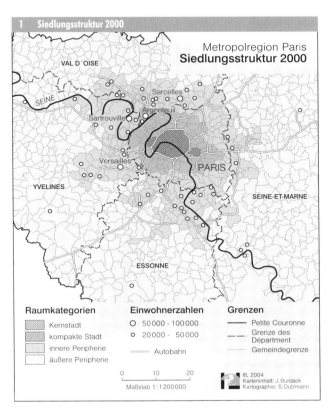

tionistischer Maßnahmen – etwa durch Ausbau der Regionalstädte zu „Ausgleichsmetropolen" (*métropoles d'équilibre*) – zu verringern, waren nur zum Teil erfolgreich. Beschränkungen des quantitativen Wachstums beschleunigten den wirtschaftlichen Strukturwandel und erhöhten dadurch letztlich die Konzentration von Aktivitäten mit hoher Wertschöpfung in Paris. So hat z.B. die Politik der *décentralisation industrielle*, in deren Folge in den 1960er und 1970er Jahren 200.000 Arbeitsplätze im Fertigungsbereich aus der Pariser Region verlagert wurden, letztlich nicht zu einer wirtschaftlichen Schwächung geführt. Paris wurde noch mehr zur Schaltstelle und Kommandozentrale der französischen Wirtschaft. Auch die seit Mitte der 1970er Jahre andauernden Wanderungsverluste (*Fig. 2*) können nicht als Zeichen eines Niedergangs gewertet werden. Während bei den Zuwanderern die jüngeren Bevölkerungsgruppen der Studenten und Berufseinsteiger dominieren, sind bei den Abwanderern die Ruheständler überrepräsentiert.

Das übermäßige Wachstum der Hauptstadtregion ist von Autoren wie BASTIÉ (1984) oder BRÜCHER (1992) vor allem auf den zentralistischen Staatsaufbau Frankreichs zurückgeführt worden. Politische Macht und politische Entscheidungsprozesse konzentrieren sich in der Hauptstadt. Präsenz in Paris war und ist notwendig, um an formellen und auch informellen Aushandlungs- und Entscheidungsprozessen teilzuhaben. Die staatsinterventionistisch geprägte Regulationsweise der französischen Wirtschaft und eine enge personelle Verbindung von politischen Eliten und Wirtschaftseliten machten auch für Wirtschaftsunternehmen eine ständige Präsenz in der Hauptstadt erforderlich. Spätestens das auf Paris ausgerichtete Eisenbahnnetz hat der Hauptstadt uneinholbare Lagevorteile im nationalen

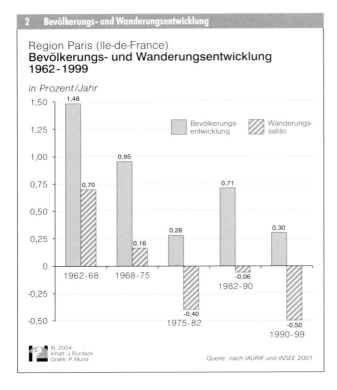

Region Paris (Ile-de-France)
**Bevölkerungs- und Wanderungsentwicklung
1962-1999**

in Prozent/Jahr

Legend: Bevölkerungsentwicklung | Wanderungssaldo

Values: 1962-68: 1,48 / 0,70; 1968-75: 0,95 / 0,16; 1975-82: 0,28 / -0,40; 1982-90: 0,71 / -0,06; 1990-99: 0,30 / -0,50

IfL 2004
Inhalt: J.Burdack
Grafik: P.Mund

Quelle: nach IAURIF und INSEE 2001

Wirtschaftsraum verschafft. Neue Verkehrssysteme wie Autobahnen, Luftverkehr und TGV folgten dem gleichen Netzmuster und verstärken die jetzt „natürlich" erscheinende Lagegunst. Seit den 1980er Jahren speist sich die Wachstumsdynamik der Pariser Region in zunehmendem Maße nicht mehr nur aus dem nationalen Kontext, sondern auch aus der Globalisierung. Paris gilt neben London als wichtigste Global City im westlichen Europa. Die Stadt ist der Hauptanziehungspunkt für ausländische Unternehmen und ausländische Direktinvestitionen in Frankreich. Vor allem der Investitionsboom der späten 1980er Jahre hat die regionale Wirtschaft zunehmend internationalisiert. In Übereinstimmung mit Thesen einer polarisierten Beschäftigtenstruktur in Global Cities ist Paris auch ein Anziehungspunkt für Arbeitsmigranten aus französischen Überseegebieten und dem außereuropäischen Ausland. Ein großer Teil der einfachen und angelernten Tätigkeiten wird von Migranten durchgeführt.

In der Abgrenzung als funktionaler Verflechtungsraum nach dem Konzept der Functional Urban Region (FUR) hat die Pariser Metropolregion eine Einwohnerzahl von 11,75 Mio. Einwohnern (1999) auf einer Fläche von 19.700 km^2 (GEMACA 2001, S. 3). Paris ist damit die nach London (13,2 Mio. Ew.) zweitgrößte FUR im westlichen Europa. Nach dem vom nationalen Amt für Statistik (INSEE) entwickelten Konzept der *aire urbaine* ergibt sich aufgrund anderer Schwellenwerte eine etwas engere Abgrenzung des funktionalen Verflechtungsraums mit 10,56 Mio. Einwohnern (1999). Der Abgrenzungsvorschlag des Verflechtungsraums nach dem FUR-Konzept schließt nahezu den Gesamtraum der Verwaltungsregion Ile-de-France (Pariser Region) mit ein, reicht jedoch im Norden und Westen z.T. bereits über die Grenzen der administrativen Region hinaus.[1] Für die vorliegende Analyse der metropolitanen Peripherie wurde aus forschungspraktischen und datentechnischen Erwägungen auf die weitere Einbeziehung dieses äußersten Randbereichs verzichtet und statt dessen die bereits sehr weiträumige Abgrenzung der Verwaltungsregion Ile-de-France mit 10,95 Mio. (1999) Einwohnern zugrunde gelegt (*Fig. 3*). Innerhalb der so definierten Metropolregion Paris lässt sich das zusammenhängend besiedelte Gebiet der morphologischen Stadt mit einer Fläche von etwa 2.000 km^2

3 Region Paris: Raumkategorien 1999

Raumkategorie		Einwohner in Tsd. Personen	Fläche km^2	Bevölkerungsdichte Einwohner/km^2
1	kompakte Stadt	5 150	530	9 717
2	innere Peripherie	4 050	1 550	2 613
3	äußere Peripherie	1 750	9 943	176
1+2+3	Stadt-Umland-Region	10 950	12 020	911
1+2	morphologische Stadt	9 200	2 070	4 444
2+3	metropolit. Peripherie	5 800	11 508	504
a	Ville de Paris	2 125	105	20 240
b	Petite Couronne	4 040	660	6 121
a+b	„innere Stadt"	6 165	760	8 111
c	„äußere Stadtregion"	4 790	11 271	425

Quelle: nach INSEE 2001

---

[1] Es handelt sich bei den FUR-Flächen außerhalb der administrativen Region überwiegend um sehr dünn besiedelte ländliche Gebiete mit einer Bevölkerungsdichte von nur 99 Ew./km^2.

und 9,2 Mio. Einwohnern bestimmen. Der dichte, geschlossen bebaute Siedlungskern der „kompakten Stadt" reicht weit über die Verwaltungsgrenze der Ville-de-Paris hinaus und umfasst weitere 76 umliegende Gemeinden. Die „äußere Peripherie" umfasst 82 % der Regionsfläche aber nur 16 % der Bevölkerung. Das Aggregationsniveau von verfügbaren statistischen Indikatoren macht es notwendig, neben den gemeindescharfen Abgrenzungen – die Region Paris (Ile-de-France) besteht aus 1.281 Gemeinden – auch auf näherungsweise Abgrenzungen auf der Ebene der *départements* zurückzugreifen. Die vier zentralen *départements* (Ville-de-Paris und drei *départements* der Petite Couronne) bilden danach die „innere Stadt". Die vier randlichen *départements* der Grande Couronne werden als „äußere Stadtregion" oder metropolitane Peripherie bezeichnet (*Fig. 3*).

2 Grundzüge der Entwicklung der metropolitanen Peripherie

Die Bevölkerungszahl der metropolitanen Peripherie ist in den letzten Jahrzehnten beständig angestiegen und erreichte 1999 nahezu 5 Millionen (*Fig. 4*). Die Bevölkerungsentwicklung der inneren Stadt stagniert dagegen bzw. ist leicht rückläufig. Während die innere Stadt bereits seit langem deutliche Wanderungsverluste aufweist, hat die äußere Stadtregion nach hohen Wanderungsgewinnen bis 1975 und immer noch deutlich positiven Salden in den 1980er Jahren in den 1990er Jahren erstmals eine negative Wanderungsbilanz zu verzeichnen. In der metropolitanen Peripherie lassen sich deutlich voneinander abgesetzte bauliche Entwicklungsphasen unterscheiden. Die Bebauung legt sich jedoch nicht in zeitlicher Abfolge um die kompakte Stadt, sondern bildet durch Überlagerungen komplexere Raummuster. Nach BASTIÉ (1984, S. 32ff.) sind vor allem die folgenden Bebauungsphasen von Bedeutung:
- die unkontrollierte Einzelhausbebauung der Zwischenkriegszeit (*lotissements pavillonaires*),
- die Großwohnsiedlungen der 1950er und 1960er Jahre,
- die *villes nouvelles*,
- die Periurbanisation mit „*villages nouveaux*" (Dorferweiterungen) und Streubesiedlung ab der Mitte der 1970er Jahre.

Während sich das städtische Wachstum bis zu Beginn des 20. Jahrhunderts vor allem in Form eines verdichteten Geschosswohnungsbaus vollzog, stellte die Entwicklung der Zwischenkriegszeit einen deutlichen Bruch dar. Durch eine Mietbegrenzung war der private Mietwohnungsbau nicht mehr rentabel und kam zum Erliegen. Eine anhaltende Zuwanderung verstärkte die Wohnungsknappheit, und viele Haushalte konnten der Wohnungsnot nur durch Selbsthilfe entgehen. Sie errichteten Häuser auf parzellierten Ackerflächen im Umland, oftmals ohne Ver- und Entsorgungsleitungen und verkehrliche Infrastruktur. Die *lotissements pavillonaires* nahmen bald große Flächen der metropolitanen Peripherie ein, vor allem entlang der Bahnlinien im Norden, Osten und Südosten. Insgesamt wurden in der Zwischenkriegszeit 13.000 ha mit 250.000 Grundstücken für etwa 700.000 Bewohner mit ungeplanten Einzelhaussiedlungen bebaut (SOULIGNAC 1993, S. 63). Der Anteil der geplanten *cités jardins* (Gartenstädte) fiel demgegenüber mit weniger als 20.000 Wohneinheiten eher gering aus. Bei den Bewohnern der *lotissements pavillonaires* handelte es sich vor allem um untere Einkommens-

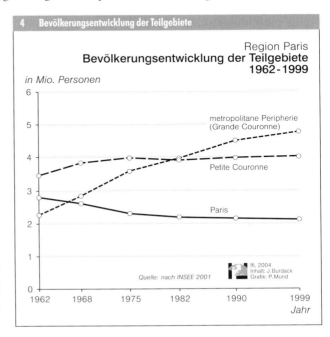

4   Bevölkerungsentwicklung der Teilgebiete

Region Paris
**Bevölkerungsentwicklung der Teilgebiete
1962-1999**

in Mio. Personen

metropolitane Peripherie
(Grande Couronne)

Petite Couronne

Paris

Quelle: nach INSEE 2001

IfL 2004
Inhalt: J. Burdack
Grafik: P. Mund

Jahr

gruppen, die ihre Häuser in einfachster Bauweise errichteten. Die infrastrukturelle Unterversorgung der Einfamilienhausgebiete wurde häufig erst in der Nachkriegszeit durch nachträgliche Erschließungsmaßnahmen ausgeglichen.

In den 1950er und 1960er Jahren erschien der industrialisierte und standardisierte Geschosswohnungsbau als das geeignete Mittel zur Überwindung der Wohnungskrise. Zwischen 1954 und 1974 stellte der soziale Wohnungsbau in Form von *grands ensembles* (Großwohnsiedlungen) das Hauptinstrument der Wohnungsbaupolitik im Pariser Raum dar. Räumliche Voraussetzung für die Realisierung der Großwohnsiedlungen war die Verfügbarkeit von großen Bauarealen zu günstigen Bodenpreisen. Umgesetzt wurden die Wohnungsbauprojekte zunächst deshalb vor allem auf von der Urbanisierung bisher ausgesparten Flächen mit ungünstiger Verkehrsanbindung. Es kam in den 1950er und 1960er Jahren eher zu einer randlichen Verdichtung als zu einer Erweiterung. Ab der zweiten Hälfte 1960er Jahre erfolgte der Bau der *grands ensembles* im rechtlichen Rahmen der ZAC *(zones d'aménagement concertés)* oft in isolierter Lage im städtischen Umland. Konsequenz der Standortwahl war, dass die *grands ensembles* unter schlechter Anbindung an den ÖPNV und einem Mangel an Versorgungseinrichtungen litten. Viele *cités* entwickelten sich in der Folge zu sozialen Brennpunkten mit hoher Arbeitslosigkeit, einem hohen Anteil an ethnischen Minoritäten und Jugendproblemen (Bouyer 2000, S. 168ff.). Mit diesen Erscheinungen ging eine starke soziale Stigmatisierung der *grands ensembles* bzw. ihrer Bewohner einher.

Die Konzeption der *villes nouvelles* (neue Städte) kann als Reaktion auf die zunehmende Kritik an den monofunktionalen Großwohnsiedlungen angesehen werden. In *den villes nouvelles* sollte eine Mischung von Arbeiten und Wohnen mit einem möglichst ausgeglichenen Verhältnis von Arbeitsplätzen und Arbeitssuchenden erreicht werden. Die *villes nouvelles* setzten sich nicht nur aus Geschosswohnungsbauten zusammen, sondern der Anteil der Einfamilienhäuser ist seit dem Ende der 1970er Jahre kontinuierlich gestiegen. Es entstanden z.T. sehr aufgelockerte Bauformen. Insgesamt bestehen 45 % des Wohnungsbestands aus Einfamilienhäusern (MdE 1996). In den 1990er Jahren ist es den fünf neuen Städten gelungen, ein nahezu ausgeglichenes Verhältnis zwischen der Zahl der Arbeitsplätze und der erwerbstätigen Wohnbevölkerung zu erreichen. Trotzdem sind die *villes nouvelles* weiterhin stark an den intraregionalen Pendlerwanderungen beteiligt, und die ausgeglichene Gesamtbilanz setzt sich aus deutlich differenzierten Teilströmen zusammen. So pendeln 67.700 (21,5 %) der Beschäftigten in die Kernstadt Paris (1990), während nur 14.400 in Gegenrichtung zur Arbeit unterwegs sind. Das Bevölkerungswachstum der neuen Städte hat sich stark verlangsamt. In den 1990er Jahren basiert es nur noch auf dem positiven natürlichen Bevölkerungswachstum. Drei der fünf *villes nouvelles* haben negative Wanderungssalden. Diese Entwicklung korreliert mit dem Rückgang der Neubautätigkeit. Nur Marne-la-Vallée, dessen Entwicklung später als die der anderen Städte einsetzte, verzeichnet in den 1990er Jahren signifikante Wanderungsgewinne (+0,6 % pro Jahr) (INSEE 2001).

In den 1970er Jahren vollzog sich ein erneuter Wandel der Bauformen in der metropolitanen Peripherie vom Geschosswohnungsbau zum Einfamilienhaus und parallel dazu vom Mietwohnungsbau zum Wohneigentum. Dieser Umschwung war vor allem Ergebnis von neuen Präferenzen auf dem Wohnungsmarkt, neuer Kosten sparender Bauweisen *(„maison sur catalogue")* und der Umstellung der Wohnungsbauförderung, die ab 1977 eine Bildung von Wohneigentum begünstigte. Außerhalb der *villes nouvelles* schlägt sich die Ausbreitung der neuen Einfamilienhaussiedlungen in Form der Periurbanisation nieder, der französischen Form der dispersen Suburbanisierung. Es entstanden am Rande vieler Dörfer und Kleinstädte sog. *villages nouveaux*, d.h. von Entwicklungs- und Immobiliengesellschaften konzipierte Neubausiedlungen nach einheitlichem Muster. Eine zweite Erscheinungsform der Periurbanisation sind weit gestreute Einzelobjekte privater Bauherrn *(mitages)*. Es dominieren in den Neubausiedlungen Fertighäuser mit funktionaler Ausstattung und schlichtem Erscheinungsbild. Die Periurbanisation weist in der Pariser Region eine Selektivität hinsichtlich der Sozial- und Altersstruktur der Stadt-Umland-Wanderer auf. Junge Familien mit Kindern und Mittelschichthaushalte sind deutlich überrepräsentiert (Steinberg 1991, S. 97f.). Die wohlhabenderen Schichten sind jedoch kaum an der Randwanderung beteiligt. Sie verbleiben nach wie vor in den prestigeträchtigen, innerstädtischen Wohnlagen der noblen Pariser Stadtbezirke (z.B. 8., 16. Arrondissement) oder in den angrenzenden Umlandgemeinden (z.B. Neuilly, Saint Cloud). Statistisch schlägt sich diese Erscheinung u.a. darin nieder, dass der Anteil von statushohen Haushalten *(cadres superieures)* in der Ville-de-Paris über 30 % beträgt, in der metropolitanen Peripherie jedoch nur 16 % ausmacht *(Fig. 5)*. Hier ist

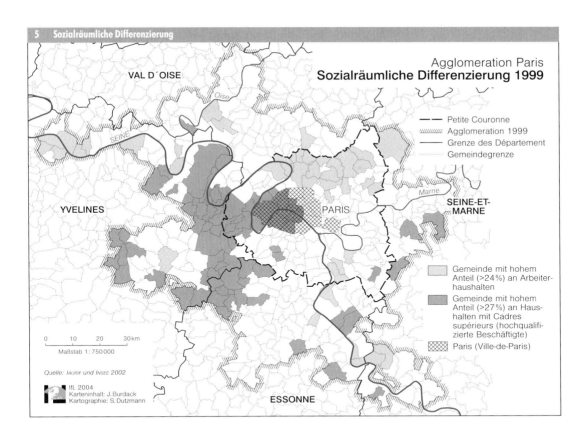

Agglomeration Paris
Sozialräumliche Differenzierung 1999

VAL D´OISE

YVELINES

PARIS

SEINE-ET-MARNE

ESSONNE

- – – Petite Couronne
- Agglomeration 1999
- Grenze des Département
- Gemeindegrenze

Gemeinde mit hohem Anteil (>24%) an Arbeiterhaushalten

Gemeinde mit hohem Anteil (>27%) an Haushalten mit Cadres supérieurs (hochqualifizierte Beschäftigte)

Paris (Ville-de-Paris)

0   10   20   30 km
Maßstab 1 : 750 000

Quelle: *IAURIF* und *INSEE* 2002

IfL 2004
Karteninhalt: J. Burdack
Kartographie: S. Dutzmann

eine deutliche Persistenz von raumbezogenen Images und elitärer Wohnstandortwahl feststellbar. Schon in den Romanen von *Marcel Proust* (1871 - 1925) wird die im Prinzip heute noch gültige ideale Wohnformel der Pariser Bourgeoisie dargelegt: die großbürgerliche Wohnung im Pariser Westen und ein Zweitdomizil auf dem Lande („Combray").

In der metropolitanen Peripherie lassen sich verschiedene siedlungsstrukturelle Zonen unterscheiden, die als Ergebnisse der oben beschriebenen baulichen Entwicklungsphasen aufgefasst werden können *(Fig. 6)*. Die Außenzone der morphologischen Stadt („innere Peripherie") setzt sich vor allem aus den Einzelhaussiedlungen der Zwischenkriegszeit und den Großwohnsiedlungen der 1960er Jahre zusammen. Aus der Bautätigkeit dieser Zeit resultiert die starke Bevölkerungszunahme dieser Zone im Zeitraum 1962 bis 1975. Die *villes nouvelles* wurden dagegen vor allem in den

6 Bevölkerungsentwicklung

Region Paris (Ile-de-France)
Bevölkerungsentwicklung 1962 - 1999
in siedlungsstrukturellen Zonen der metropolitanen Peripherie

Einwohner in Tsd.

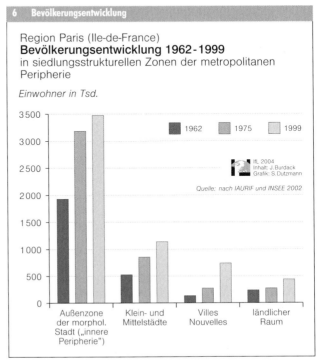

IfL 2004
Inhalt: J. Burdack
Grafik: S. Dutzmann

Quelle: nach IAURIF und INSEE 2002

späten 1970er und den 1980er Jahren errichtet, was sich im starken Wachstum zwischen 1975 und 1999 niederschlägt. Das Wachstum der Klein- und Mittelstädte resultierte in den 1960er Jahren z.T. aus der Randwanderung von Industrie und Arbeitskräften und in der Periode nach 1975 vor allem aus der Periurbanisation und dem damit verbundenen Bau von Einfamilienhaussiedlungen. Die Periurbanisation als Randwanderung von Haushalten auf der Suche nach einem Wohnstandort im Grünen steht auch hinter der Zunahme der Bevölkerung im ländlichen Raum nach 1975. In den 1990er Jahren ist die Neubautätigkeit in der äußeren Stadtregion insgesamt rückläufig.

Zur Entwicklung von Einzelhandels- und Gewerbestandorten gewerblicher Nutzungen in der metropolitanen Peripherie

Im Unterschied zu anderen europäischen Städten folgte der großflächige Einzelhandel in Paris nicht der Randwanderung der Bevölkerung, sondern ging ihr eher voraus. In den späten 1960er und frühen 1970er Jahren wurde die metropolitane Peripherie von Einkaufszentren überzogen, sie wurde eine „*terre des hypermarchés*" (FRANÇOIS 1995; METTON 1989). Die großen regionalen Einkaufszentren an nicht integrierten Standorten, wie *Vélizy 2* oder *Belle Epine*, sowie zahlreiche große *hypermarchés* stammen aus dieser Periode. Ein besonderes Genehmigungsverfahren (*Loi Royer*) bremste jedoch das Einzelhandelswachstum „auf der grünen Wiese". Die stärkste Expansion erfuhr der Einzelhandel in der Peripherie seitdem in den neu entstehenden Stadtzentren der *villes nouvelles*. In den 1960er Jahren kam es als Ergebnis der Randwanderung der Industrie zu einer punktuellen Durchsetzung der metropolitanen Peripherie mit industriellen Großbetrieben, so zum Beispiel Fertigungsanlagen der Automobilhersteller Renault in Flins-sur-Seine und Simca (heute: Peugeot S. A.) in Poissy, von SNECMA und dem EDV-Konzern IBM in Corbeil oder vom Telekommunikationsunternehmen CEG in Marcoussis. Ab den 1970er Jahren erfolgten Gewerbeansiedlungen in der metropolitanen Peripherie ganz überwiegend innerhalb von ausgewiesenen Gewerbegebieten, den *zones industrielles (ZI)* bzw. *zones d'activité économique (ZAE)*. Heute existieren in der äußeren Stadtregion mehr als 300 ZAE mit einer Größe über 10 ha und 19 große ZAE mit einer Fläche von jeweils über 100 ha (z.B. *Paris-Est, ZI Mitry-Mory-Compans, Parc Léonardo da Vinci*).[2] Der Anteil von Transport und Logistik und tertiären Aktivitäten hat in den Gewerbegebieten zu Lasten von Fertigungsfunktionen beständig zugenommen. Viele neuere ZAE versuchen, mit anspruchsvollerer Architektur und Landschaftsgestaltung höher wertige tertiäre Nutzungen und internationale Unternehmen anzusprechen. Die gewerbliche Dynamik in der Peripherie lässt sich auch aus der Entwicklung des Gewerbeneubaus ablesen (*Fig. 7*). In allen drei Nutzungsarten (Büro-, Industrie- und Lagergebäude) lässt sich ein Bauboom zwischen 1986 und 1992 erkennen, der auch in der metropolitanen Peripherie zu einem erheblichen Flächenwachstum und schließlich auch zu einem Überangebot geführt hat. Ein Vergleich der verschiedenen Nutzungstypen macht auch deutlich, dass signifikante Unterschiede der Gewerbeflächenentwicklungen zwischen der inneren Stadt und der äußeren Stadtregion bestehen. Während im Zeitraum 1985 bis 1998 etwa jeweils 2 Drittel der Industriegebäude und Lagernutzflächen in der äußeren Stadtregion erstellt wurden, betrug der Anteil der neu erbauten Büroflächen in der Peripherie nur 37 % (ORIE 1998).

3 Einflussfaktoren peripheren Wachstums
3.1 Regional governance: Rahmenbedingungen und Akteure

Die Entwicklungsplanung für Paris lag lange Zeit in Händen des Zentralstaats. So hatte die Stadt Paris bis vor kurzem auch keinen gewählten Bürgermeister, sondern wurde von einem staatlich eingesetzten Präfekten verwaltet. Die staatliche Regulation konzentrierte sich jedoch hauptsächlich auf die Kernbereiche der Stadtregion, während in der Peripherie „spontane", ungeplante Formen des Wachstums lange Zeit dominierten. Die Entwicklung der metropolitanen Peripherie erhielt in den 1960er Jahren durch staatliche Initiativen eine grundlegend neue Ausrichtung. Im Planungsdokument des Schéma Directeur d'amenagement et d'urbanisme de la Région Parisienne (SDAURP) von 1965 wurden die

---

[2] eigene Auswertung unveröffentlichter Unterlagen des IAURIF und IAURIF (2001)

Leitlinien der künftigen Entwicklung der Metropolregion umrissen. Das Entwicklungskonzept bildete für mehr als 25 Jahre, bis zur Erarbeitung des neuen Stadtentwicklungsschemas in den 1990er Jahren, die Grundlage der Raumentwicklung der Pariser Region und bezog auch die Randbereiche der Agglomeration mit ein. Eine Grundannahme des SDAURP war die eines anhaltend starken Bevölkerungswachstums von 9 Mio. auf 14 Mio. Einwohner bis zum Jahr 2000. Die tatsächliche Einwohnerzahl lag 2000 um 3 Mio. niedriger. Wohn- und Arbeitsmöglichkeiten für die erwarteten zusätzlichen 5 Mio. Einwohner sollten durch geordnetes, kanalisiertes Flächenwachstum im städtischen Umland erfolgen. Ein wichtiges Instrument war dabei der Bau von acht *villes nouvelles* für jeweils mindestens 500.000 Einwohner. Die *villes nouvelles* bildeten die Elemente zweier tangentialer Urbanisierungsachsen, die nördlich und südlich der Stadt entstehen sollten. Ferner war die Anlage eines internationalen Großflughafens, des heutigen Flughafens Roissy-CDG, in der nördlichen Peripherie vorgesehen. Die Bevölkerungsprognosen wurden in den Planfortschreibungen von 1975 auf 12 Mio. Einwohner reduziert und die Zahl der vorgesehenen *villes nouvelles* dementsprechend auf fünf vermindert (Cergy-Pontoise, Evry, Marne-la-Vallée, Saint-Quentin-en-Yvelines, Sénart). Im Gegensatz zu den britischen New Towns, die neben schwedischen und holländischen Siedlungen als Vorbild der neuen Städte dienten, wurden die *villes nouvelles* jedoch angrenzend an den städtischen Siedlungskörper der morphologischen Stadt geplant und nicht in weiterer Entfernung und durch einen Grüngürtel von ihr getrennt. Diese Standortentscheidung hatte weit reichende Folgen für die weitere Entwicklung der Peripherie und führte zu einer dauerhaften Konzentration des Wachstums auf die innere Zone der Pariser Region. Es gelang zwar, die villes nouvelles und andere Wachstumsräume durch Stadtbahnlinien (RER) an die Pariser Innenstadt anzubinden, aber die tangentialen Verkehrsverbindungen der

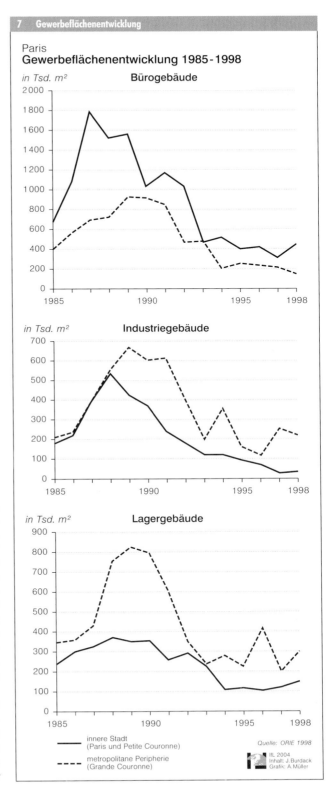

villes nouvelles untereinander wurden nicht hinreichend verwirklicht, so dass sich die tangentialen Urbanisierungsachsen nicht ausbilden konnten. Wenn der SDAURP auch einige wesentliche Grundzüge der Entwicklung der Peripherie bestimmen konnte, so können doch nicht alle relevanten Raumentwicklungen als Planungsergebnisse gewertet werden. Die neuen ökonomischen Pole Massy-Saclay und Roissy waren nicht vorgesehen, und auch die stärkere Wachstumsdynamik der südwestlichen metropolitanen Peripherie gegenüber der nordöstlichen Peripherie entsprach nicht den Intentionen der Planung. In den 1980er Jahren sind die wachstumsrestriktiven Zielsetzungen für die Pariser Metropolregion von zentralstaatlicher Seite deutlich abgeschwächt worden, um die internationale Bedeutung von Paris im Rahmen des entstehenden europäischen Binnenmarkts zu fördern. Die staatliche Genehmigungspflicht (agrément) für Bürobauten wurde 1985 aufgehoben und löste einen Bauboom im spekulativen Büroneubau aus. Dies bewirkte auch einen Entwicklungsschub in der metropolitanen Peripherie.

Unter veränderten demographischen, ökonomischen und politischen Rahmenbedingungen wurde zu Beginn der 1990er Jahre ein neues Entwicklungsschema (SDRIF) konzipiert. Der veränderte politische Rahmen betraf vor allem die Etablierung einer regionalen Verwaltungsebene durch die Dezentralisierungsgesetze der 1980er Jahre. Die regionale Ebene (Région Ile-de-France) war jetzt an der Ausarbeitung des neuen Entwicklungsplans beteiligt. Deutliche Konfliktlinien verliefen zwischen den zentralstaatlichen Vorstellungen (Préfecture), die das randliche Wachstum stark beschneiden wollten, und den Vorstellungen der regionalen Ebene (Conseil Régional), die das Ziel verfolgten, größere Flächen in der metropolitanen Peripherie für bauliche Entwicklung und stärkeres Wirtschaftswachstum zu öffnen. Die Entwicklungsvorstellungen der Region, die sich z.B. im Livre Blanc von 1990 oder der sog. Charte de l'Ile-de-France (1991) artikulieren, betonen die europäische Rolle von Paris und die Bedeutung der internationalen Wettbewerbsfähigkeit gegenüber anderen europäischen Metropolen. Als Konsequenz dieser Positionierung wird die Forderung abgeleitet, die Wachstumsbeschränkungen der Pariser Region aufzuheben und eine Ausweitung der Siedlungsflächen in der Grande Couronne zu ermöglichen. Die Vertreter der zentralstaatlichen Ebene betonten dagegen die Zielsetzung einer stärkeren Verdichtung der existierenden Siedlungsstrukturen („*faire la ville sur la ville*"). Der erzielte Kompromiss sieht ein moderates Wachstum der Peripherie vor (PIERCY 1997, S. 136). Zur Stärkung der Wettbewerbsfähigkeit wird eine polyzentrische Struktur der Stadtregion angestrebt. Neue Zentren (u.a. *centres d'envergure éuropéen, centres réstructurateures*) sollen komplementäre Funktionen im Sinne einer funktionalen Spezialisierung wahrnehmen. Sie sollen sowohl am Stadtrand als auch auf revitalisierten Altstandorten entstehen. Die eher ungeplant entstandenen neuen ökonomischen Pole Massy-Saclay und Roissy wurden jetzt nachträglich in die Planungsdokumente integriert.

Neben den öffentlichen Akteuren der nationalen und der regionalen Ebene ist auch die lokale Akteursebene von Bedeutung für die räumliche Entwicklung der Peripherie. Die Pariser Region ist intern durch eine starke administrative Zersplitterung in 1.281 selbständige Gemeinden gekennzeichnet, von denen 1.157 in der metropolitanen Peripherie liegen (IAURIF 2001). Nach den Dezentralisierungsgesetzen wurde den Gemeinden die Kompetenz für die Bauleitplanung übertragen. Die kommunale Planungshoheit ist durch Abstimmungspflicht mit dem regionalen Entwicklungsplan und den lokalen Entwicklungsplänen (*schéma directeurs locaux*) eingeschränkt. In der Praxis können die Vorgaben jedoch durch geschicktes Agieren der Gemeinden bzw. der Bürgermeister unterlaufen oder abgeschwächt werden. Da die Gewerbesteuer eine der wichtigsten gemeindlichen Einnahmequellen darstellt, sind die Gemeinden in der Regel stark an Gewerbeansiedlungen und Bevölkerungswachstum interessiert. Nur eine begrenzte Zahl der Gemeinden verfügt jedoch über die notwendigen Standortvoraussetzungen, um de facto am Wettbewerb um Gewerbeansiedlungen teilzunehmen und eine Bedeutung als ökonomischer Standort zu erlangen. In einigen Wohngemeinden mit statushöherer Bevölkerung, z.B. auf dem Plateau von Saclay (Essonne), herrschen jedoch auch wachstumskritische Tendenzen vor.

Es ist kaum vorstellbar, dass sich der Zentralstaat, trotz aller Dezentralisierungs- und Regionalisierungstendenzen, aus der Verantwortung für die Entwicklung der Metropolregion Paris zurückzieht. Dazu ist die Pariser Entwicklung für die gesamtstaatliche Entwicklung zu bedeutsam. Vordringliches Mittel der Einflussnahme wird künftig jedoch eher die indirekte Steuerung über die Zuweisung von Finanzmitteln z.B. durch den sog. *contract de région* sein. Im Rahmen des Vertrages stellt der Zentralstaat Mittel zur Durchführung fest umrissener und vertraglich vereinbarter Maßnahmen und Projekte zur Verfügung.

3.2 Einflussfaktoren peripheren Wachstums: wirtschaftliche und soziale Entwicklungen

Die äußere Stadtregion erfuhr in den letzten Jahrzehnten eine enorme Ausweitung ihrer wirtschaftlichen Basis, was sich auch in einem rasanten Beschäftigungszuwachs ausdrückte *(Fig. 8)*. Nahezu der gesamte Beschäftigtenzuwachs der Metropolregion entfiel auf die metropolitane Peripherie. Es wäre jedoch falsch, den Beschäftigtenrückgang der Ville-de-Paris etwa als Zeichen einer Standortkrise zu interpretieren. Es handelt sich eher um die Korrektur einer übermäßigen Verdichtung. Die Arbeitsplatzdichte in der Ville-de-Paris liegt immer noch mehr als doppelt so hoch wie in der äußeren Stadtregion. In der äußeren Stadtregion kommen auf je 1.000 Erwerbstätige (Wohnort) etwa 780 Arbeitsplätze. In der inneren Stadt (Ville-de-Paris und Petite Couronne) dagegen 1.300 und in der Ville-de-Paris selbst beträgt die Quote 1.670. Es pendeln über 1 Mio. Berufstätige täglich zur Arbeit in die Stadt Paris. Die Kernstadt hat einen Saldo von 635.000 Arbeitspendlern (1999). Auch das angrenzende Departement Haut-de-Seine verzeichnet einen Pendlerüberschuss von 159.000. Dem stehen die restlichen beiden Departements der Petite Couronne und die Grande Couronne mit jeweils deutlichen Pendlerdefiziten gegenüber. Die äußere Stadtregion verzeichnet positive Pendlersalden gegenüber den angrenzenden Regionen, aber immer noch einen stark negativen Saldo mit der inneren Stadt (Ville-de-Paris und Petite Couronne). 1990 pendelten 790.000 Erwerbstätige aus der äußeren Stadtregion in die innere Stadt, während es in umgekehrter Richtung nur etwa 200.000 waren. In den 1990er Jahren hat sich der negative Saldo um etwa 80.000 auf rund -510.000 verringert.[3] Der Anteil der äußeren Stadtregion an der Gesamtbeschäftigung stieg erheblich an, von 15 % (1962) über

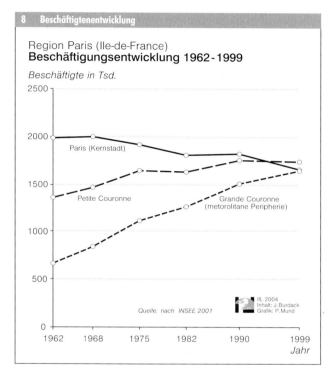

25 % (1975), auf mehr als 30 % (1999). Das Beschäftigtenwachstum verlief dabei in der äußeren Stadtregion nicht nur parallel zum Bevölkerungswachstum, sondern übertraf dieses Wachstum noch.[4]

Deutlich lässt sich auch eine räumliche Arbeitsteilung zwischen den Teilgebieten identifizieren *(Fig. 9)*. Das Branchenprofil der Grande Couronne wird erwartungsgemäß vor allem von industriellen Aktivitäten wie Kraftfahrzeugbau, Maschinenbau, Luftfahrtindustrie, optische und medizinische Geräte, Metallverarbeitung und Elektroindustrie bestimmt. In der Automobilindustrie sind es einige wenige Großstandorte (Flin, Poissy, St.Quentin), die dem hohen Konzentrationsgrad in der Peripherie zugrunde liegen. Überraschender ist dagegen die hohe Konzentration von Forschung und Entwicklung in der metropolitanen Peripherie, die belegt, dass nicht nur nachgeordnete, sondern auch zunehmend hoch qualifizierte Tätigkeiten dezentrale Standorte suchen. Der Kernstadt Paris verbleibt vor allem der breite Komplex höher wertiger Dienstleistungen um Banken, Versicherungen und Finanzinstitutionen. Darüber hinaus weist die hohe Präsenz der Branchen Kultur, Gastronomie und Hotellerie auf die touristische Bedeutung der Ville-de-Paris hin. Historisch bedingt ist die Zentrumsorientierung des prestigeträchtigen Pariser Bekleidungsgewerbes mit dem Schwerpunkt im Sentier-Viertel. Persistent sind auch die Standorte des Druckerei- und Verlagswesens am linken Seine-Ufer. Die starke Präsenz

[3] eigene Berechnungen nach IAURIF 2001
[4] eigene Berechnungen nach IAURIF 2001

von Interessen- und Berufsverbänden (*activités associatives*) ist schließlich wohl vor allem auf die Nähe zu den politischen Machtzentren zurückzuführen. Ergänzend lässt sich feststellen, dass auch die großen Unternehmenszentralen weiterhin zentrumsnahe Lagen bevorzugen. 70 % der ansässigen Firmenhauptsitze liegen im oder am Rande des Hauptgeschäftszentrums (Hyperzentrums) (IAURIF 2000, S. 54). Zu den spektakulärsten Zugewinnen der metropolitanen Peripherie zählen die Verlagerung der Hauptzentrale von Air France zum Flughafen Roissy-CDG und die des Bau- und Mobiltelefonkonzerns Bouygues nach Guyancourt (St. Quentin-en-Yvelines). Einen Indikator für Kontroll- und Kommandofunktionen stellen die *emplois stratégiques* (Beschäftigte in strategischen Funktionen) dar. Der Indikator fasst, auf der Basis der sehr detaillierten französischen Beschäftigtenstatistik, Führungspositionen und hochqualifizierte Beschäftigung aus 12 Wirtschaftsbereichen zusammen (JULIEN 1994). Der Anteil der *emplois stratégiques* an der Gesamtbeschäftigung beträgt in der inneren Stadt 17,4 % (Ville-de-Paris 18 %, Petite Couronne 16,6 %). In der äußeren Stadtregion liegt der Anteil dagegen nur bei 11,1 %.

Die äußere Stadtregion stellt keinen einheitlich strukturierten Raum dar. In Bezug auf die funktionale und sozialräumliche Gliederung ist vor allem die Unterscheidung zwischen einem nordöstlichen und einem südwestlichen Raumsektor von Bedeutung. Deutliche Unterschiede in der industriellen Branchenstruktur betreffen vor allem Automobile sowie Elektrogeräte und Elektronik, die ihre Schwerpunkte im Südwesten haben, und Nahrungsmittel, Haushaltsgeräte, Chemie und Metallverarbeitung mit Schwerpunkten im Nordosten. Im tertiären Sektor sind vor allem die Transport- und Logistikorientierung im Nordosten und die Forschungs- und Entwicklungsorientierung im Südwesten auffällig. Der Führungskräfteanteil an den Beschäftigten liegt im Südwesten um mehr als 6 % über dem des Nordostens, während der Nordostsektor einen deutlich höheren Arbeiteranteil aufweist.

9 Wirtschaftsräumliche Differenzierung der Pariser Region 2002			
Branchen*	Kern-stadt Paris	Petite Couronne	Grand Couronne (metropolit. Peripherie)
Industrie			
Nahrungsmittel	–	o	+
Bekleidung	++	–	––
Druck, Verlagswesen	++	o	–
Pharmazie	–	++	–
Haushaltsgeräte	o	–	+
Kfz.	––	o	++
Flugzeug-, Schiffsbau	––	o	++
mechanische Industrie	––	o	++
Elektrogeräte	––	o	++
Chemie	––	o	++
Metallverarbeitung	––	o	++
Elektronik	––	o	++
Wasser, Gas, Strom	o	+	––
Bauwesen	––	o	+
Tertiärer Sektor			
Autohandel und -reparatur	––	o	++
Großhandel	–	+	o
Einzelhandel	o	–	o
Transportwesen	o	o	o
Banken und Finanzen	++	o	––
Immobilienwirtschaft	+	o	–
Telekommunikation	o	o	–
Wirtschaftsberatung	o	+	–
Wach- u. Reinigungsdienste	o	o	o
Forschung u. Entwicklung	o	o	+
Hotel und Gastronomie	++	–	–
Kultur und Freizeit	+	–	–
Haushaltsdienstleistungen	o	–	o
Bildung	+	o	o
Gesundheit	o	o	o
öffentliche Verwaltung	–	o	o
Berufs- u. Interessenver-bände	++	–	–

Lokalisationskoeffizienten
Regionsdurchschnitt
LQ=100

++ sehr starke Konzentration (LQ>150)
+ starke Konzentration (120>LQ<150)
o keine starke Konzentration (80>LQ<120)
– starkes Defizit (50>LQ<80)
–– sehr starkes Defizit (LQ<50)

Quelle: nach CRCI 2003

*Verwendet wurde eine detaillierte Branchendifferenzierung der Wirtschaft nach 36 Unterabteilungen (NES 36) auf der Basis des emploi salarié von 2002 (CRCI 2003, S. 27ff). Aus den 36 Wirtschaftszweigen wurden diejenigen mit weniger als 25000 Beschäftigten, also etwa 0,5 % der regionalen Beschäftigung, aussortiert. In den 30 berücksichtigten Branchen sind über 97 % der Beschäftigten der Metropolregion tätig.

4 Entwicklung neuer räumlicher Strukturen in der metropolitanen Peripherie
4.1 *Wachstumsstandorte*

Es lassen sich in der äußeren Stadtregion von Paris zahlreiche neue Wachstumsstandorte, also neue räumlich zusammenhängende Nutzungskonzentrationen mit einer Größe von mindestens etwa 1.000 Arbeitsplätzen, identifizieren *(Fig. 10)*. Bei vielen der Wachstumsstandorte handelt es sich im Kern um große ZAE (*zones d'activité économique*) bzw. um mehrere zusammenhängende ZAE und angelagerte Nutzungen, die einen Gesamtstandort bilden. Eine Typisierung der Wachstumsstandorte ist nur bedingt möglich, da es sich häufig um Mischnutzungsstandorte handelt. Auch 80 % der ZAE sind Mischnutzungsgebiete. Es lassen sich hier deshalb höchstens Tendenzaussagen zu dominanten Nutzungen oder Funktionen formulieren. Eine grundlegende Tendenz der letzten 20 Jahre ist ein steigender Anteil von Transport und Logistik und z.T. auch von Büronutzungen zu Lasten der Fertigungsaktivitäten. Bei 15 Wachstumsstandorten dominiert ein technologieorientiertes Profil. Sie liegen ganz über-

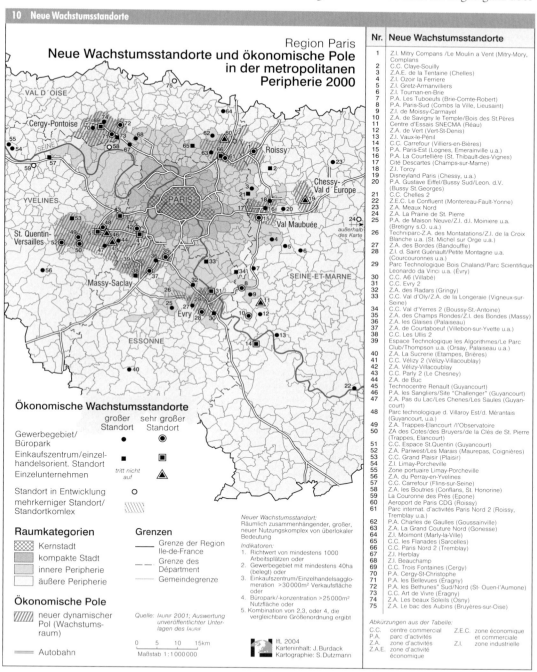

10 Neue Wachstumsstandorte

Region Paris
Neue Wachstumsstandorte und ökonomische Pole in der metropolitanen Peripherie 2000

Nr.	Neue Wachstumsstandorte
1	Z.I. Mitry Compans /Le Moulin a Vent (Mitry-Mory, Complans
2	C.C. Claye-Souilly
3	Z.A.E. de la Tentaine (Chelles)
4	Z.I. Ozoir la Ferriere
5	Z.I. Gretz-Armanvilliers
6	Z.I. Tournan-en-Brie
7	P.A. Les Tuboeufs (Brie-Comte-Robert)
8	P.A. Paris-Sud (Combs la Ville, Lieusaint)
9	Z.I. de Moissy-Carmayel
10	Z.A. de Savigny le Temple/Bois des St.Pères
11	Centre d'Essais SNECMA (Réau)
12	Z.A. de Vert (Vert-St-Denis)
13	Z.I. Vaux-le-Pénil
14	C.C. Carrefour (Villiers-en-Bières)
15	P.A. Paris-Est (Lognes, Emerainville u.a.)
16	P.A. La Courtellière (St. Thibault-des-Vignes)
17	Cité Descartes (Champs-sur-Marne)
18	Z.I. Torcy
19	Disneyland Paris (Chessy, u.a.)
20	P.A. Gustave Eiffel/Bussy Sud/Leon. d.V. (Bussy St.Georges)
21	C.C. Chelles 2
22	Z.E.C. Le Confluent (Montereau-Fault-Yonne)
23	Z.A. Meaux Nord
24	Z.A. La Prairie de St. Pierre
25	P.A. de Maison Neuve/Z.I. d.l. Moiniere u.a. (Bretigny s.O. u.a.)
26	Techniparc-Z.A. des Montatations/Z.I. de la Croix Blanche u.a. (St. Michel sur Orge u.a.)
27	Z.A. des Bordes (Bandouffle)
28	Z.I. d. Saint Guénault/Petite Montagne u.a. (Courcouronnes u.a.)
29	Parc Technologique Bois Chaland/Parc Scientifique Leonardo da Vinci u.a. (Évry)
30	C.C. A6 (Villabé)
31	C.C. Evry 2
32	Z.A. des Radars (Gringy)
33	C.C. Val d'Oly/Z.A. de la Longeraie (Vigneux-sur-Seine)
34	C.C. Val d'Yerres 2 (Boussy-St.-Antoine)
35	Z.A. des Champs Rondes/Z.I. des Bondes (Massy)
36	Z.A. les Glaises (Palaiseau)
37	Z.A. de Courtaboeuf (Villebon-sur-Yvette u.a.)
38	C.C. Les Ullis 2
39	Espace Technologique les Algorithmes/Le Parc Club/Thompson u.a. (Orsay, Palaiseau u.a.)
40	Z.A. La Sucrerie (Etampes, Brières)
41	C.C. Vélizy 2 (Vélizy-Villacoublay)
42	Z.A. Vélizy-Villacoublay
43	C.C. Parly 2 (Le Chesney)
44	Z.A. de Buc
45	Technocentre Renault (Guyancourt)
46	P.A. les Sangliers/Site "Challenger" (Guyancourt)
47	Z.A. Pas du Lac/Les Chenes/Les Saules (Guyancourt)
48	Parc technologique d. Villaroy Est/d. Mérantais (Guyancourt, u.a.)
49	Z.A. Trappes-Elancourt /l'Observatoire
50	ZA des Cotes/des Bruyers/de la Clés de St. Pierre (Trappes, Elancourt)
51	C.C. Espace St.Quentin (Guyancourt)
52	Z.A. Pariwest/Les Marais (Maurepas, Coignières)
53	C.C. Grand Plaisir (Plaisir)
54	Z.I. Limay-Porcheville
55	Zone portuaire Limay-Porcheville
56	Z.A. du Perray-en-Yvelines
57	C.C. Carrefour (Flins-sur-Seine)
58	Z.A. les Boutries (Conflans, St. Honorine)
59	La Couronne des Près (Epone)
60	Aeroport de Paris CDG (Roissy)
61	Parc internat. d'activités Paris Nord 2 (Roissy, Tremblay u.a.)
62	P.A. Charles de Gaulles (Goussainville)
63	Z.A. La Grand Couture Nord (Gonesse)
64	Z.I. Moimont (Marly-la-Ville)
65	C.C. les Flanades (Sarcelles)
66	C.C. Paris Nord 2 (Tremblay)
67	Z.I. Herblay
68	Z.I. Beauchamp
69	C.C. Trois Fontaines (Cergy)
70	P.A. Cergy-St-Christophe
71	P.A. les Bellevues (Éragny)
72	P.A. les Bethunes" Sud/Nord (St- Ouen-l'Aumone)
73	C.C. Art de Vivre (Éragny)
74	Z.A. Les beaux Soleils (Éragny)
75	Z.A. Le bac des Aubins (Bruyères-sur-Oise)

VAL D'OISE

Cergy-Pontoise

SEINE

YVELINES

PARIS

St. Quentin-Versailles

Massy-Saclay

Évry

ESSONNE

Roissy

Chessy-Val d'Europe

Val Maubuée

außerhalb des Karte

SEINE-ET-MARNE

Ökonomische Wachstumsstandorte

	großer Standort	sehr großer Standort
Gewerbegiet/ Büropark	●	◉
Einkaufszentrum/einzelhandelsorient. Standort	■	▣
Einzelunternehmen	*tritt nicht auf*	▲

○ Standort in Entwicklung

▨ mehrkerniger Standort/ Standortkomlex

Raumkategorien

▨ Kernstadt

▨ kompakte Stadt

▨ innere Peripherie

□ äußere Peripherie

Ökonomische Pole

▨ neuer dynamischer Pol (Wachstumsraum)

══ Autobahn

Grenzen

── Grenze der Region Ile-de-France

── Grenze des Département

── Gemeindegrenze

Neuer Wachstumsstandort:
Räumlich zusammenhängender, großer, neuer Nutzungskomplex von überlokaler Bedeutung

Indikatoren:
1. Richtwert von mindestens 1000 Arbeitsplätzen oder
2. Gewerbegebiet mit mindestens 40ha (belegt) oder
3. Einkaufszentrum/Einzelhandelsagglomeration >30000 m² Verkaufsfläche oder
4. Büropark/-konzentration >25000 m² Nutzfläche oder
5. Kombination von 2,3, oder 4, die vergleichbare Größenordnung ergibt

Quelle: IAURIF 2001; Auswertung unveröffentlichter Unterlagen des IAURIF

0 5 10 15km
Maßstab 1:1000000

IfL 2004
Karteninhalt: J.Burdack
Kartographie: S.Dutzmann

Abkürzungen aus der Tabelle:
C.C. centre commercial
P.A. parc d'activités
Z.A. zone d'activités
Z.A.E. zone d'activité économique
Z.E.C. zone économique et commerciale
Z.I. zone industrielle

wiegend im südwestlichen Raumsektor. Bei etwa einem Fünftel der Wachstumsstandorte handelt es sich um Einkaufszentren, bzw. die Wachstumsstandorte haben sich um den Kern eines *centre commercial* herausgebildet. Sieben der *centres commercials* verfügen über eine Verkaufsfläche von mehr als 60.000 m² und werden planerisch als Zentren von regionaler Bedeutung eingestuft. Hierzu gehören *Vélizy 2* mit 98.000 m² und *Parly 2* mit 87.000 m² Verkaufsfläche, die beide bereits in den 1970er Jahren errichtet wurden. Einzelprojekte als Kern von Wachstumsstandorten stellen das bereits erwähnte *Renault Technocentre* in Guyancourt (St. Quentin) mit geplanten 7.000 Beschäftigten und der ebenfalls am Rande der Ville Nouvelle St. Quentin-en-Yvelines gelegene neue Unternehmenssitz von Buygues (*Site Challenger*) dar. 16 große Wachstumsstandorte haben sich um ZAE mit über 100 ha (*SBT = surface bati total*) gebildet. Hierzu gehören u.a. die ZAE Paris-Est mit etwa 9.000 Beschäftigten und einem sektoralen Schwerpunkt im Bereich Großhandel, Logistik und Transport sowie andere logistikorientierte Gewerbegebiete in der östlichen Stadtregion wie der *Parc d'Activités Gustave Eiffel* (Bussy-Saint-Georges) oder die Industriezone *Mitry-Mory-Compans*. Eine stärkere Technologieorientierung und einen höheren Anteil an Büronutzungen weisen dagegen z.B. *Paris-Nord II* in der Nähe des Flughafens Roissy-CDG oder die ZAE *de Courtaboeuf* im Süden[5] der Stadt auf. Das großräumliche Verteilungsmuster der Wachstumsstandorte zeigt eine deutliche Konzentration innerhalb eines Radius von 30 km um das Stadtzentrum. Zum großen Teil liegen sie innerhalb der Randbereiche der morphologischen Stadt (innere Peripherie) oder im angrenzenden Umland. In den Außenbereichen der Metropolregion sind dagegen kaum neue Nutzungs- und Aktivitätskonzentrationen vorhanden, die den Orientierungswert von 1.000 Arbeitsplätzen erreichen. Nach dem Konjunkturabschwung auf dem Immobilienmarkt zu Beginn der 1990er Jahre herrscht ein Überangebot an entwickelten Gewerbeflächen. Die Flächenreserven innerhalb von ZAE liegen bei 2.000 ha, das sind 90 % der Flächenreserven der gesamten Region (IAURIF 2001).

4.2 Dynamische und stagnierende ökonomische Pole

Die ökonomischen Pole[6], die sekundäre Arbeitsplatzkonzentrationen in der metropolitanen Peripherie darstellen, lassen sich in ältere/stagnierende Pole und neue/dynamische Pole (Wachstumsräume) unterteilen *(Fig. 11)*. Die 11 älteren/stagnierenden Pole zeigten zwischen 1975 und 1990 ein leichtes Beschäftigtenwachstum von 0,5 % pro Jahr. In den 1990er Jahren wiesen sie dagegen Beschäftigungsverluste von -0,4 % pro Jahr auf. 1999 waren insgesamt noch 271.100 Arbeitsplätze in den 11 älteren/stagnierenden Polen vorhanden. Die acht neuen/dynamischen ökonomischen Pole, die hier im Mittelpunkt des Interesses stehen, hatten zwischen 1975 und 1990 ein Beschäftigungswachstum von 4,8 % pro Jahr. Zwischen 1990 und 1999 verringerte es sich auf 2,3 %. Insgesamt stieg die Zahl der Arbeitsplätze in den neuen Polen von 243.900 (1975) auf 603.600 (1999) *(Fig. XXI)*.

Bei den älteren/stagnierenden ökonomischen Polen sind nach ihrer funktionalen Struktur vor allem zwei Gruppen zu unterscheiden. Zum einen sind dies industriell orientierte Pole, zum anderen Pole mit hohem Beschäftigtenanteil im Dienstleistungssektor, die hauptsächlich zentralörtliche Funktionen wahrnehmen. In der Regel dominieren in den industriellen Polen einige wenige große Fertigungsbetriebe das lokale Arbeitsplatzangebot. In den randlichen Polen Montereau und Nemours sind dies z.B. Kabelfertigung (*SILEC*) und Glasherstellung. Die Automobilindustrie ist der wichtigste Arbeitgeber in Poissy und Les Mureaux am Unterlauf der Seine. Les Mureaux verfügt darüber hinaus über Luftfahrtindustrie (*Aérospatiale*). Aus der einseitigen Wirtschaftsstruktur der industriell geprägten Pole ergeben sich konjunkturelle und strukturelle Abhängigkeiten. Nemours und Montereau stagnieren, und Poissy und Les Mureaux haben sogar deutlich rückläufige Beschäftigtenzahlen. Unter den Polen mit zentralörtlicher Funktion sind Etampes und Fontainbleau Verwaltungs- und Dienstleistungszentren ohne industrielle Tradition. In Mantes und Meaux dominieren durch die Erosion ihrer altindustriellen Branchen heute ebenfalls zentralörtliche Funktionen als ökonomische Basis. Orly-Rungis formiert sich um die Großeinrichtungen des Flughafens Orly und des Großmarktes von Rungis (*Mar-*

---

[5] Siehe hierzu auch die Beiträge über die neuen ökonomischen Pole Roissy und Massy-Saclay.

[6] Zur Bestimmung der ökonomischen Pole wurde auch auf französische Vorarbeiten zurückgegriffen. So hat BEKOUCHE et al. (1997, S. 13) ökonomische Pole als große Beschäftigtenkonzentrationen mit Pendlerüberschuss (ohne Berücksichtigung der Pendlerverflechtungen mit der Stadt Paris) abgegrenzt. Für die hier definierten ökonomischen Pole wurde ein Schwellenwert von 10.000 Arbeitsplätzen verwendet.

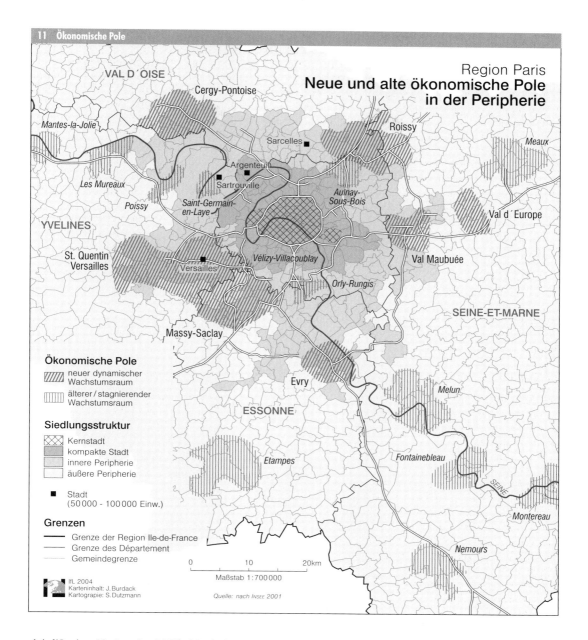

Region Paris
**Neue und alte ökonomische Pole
in der Peripherie**

VAL D´OISE

Cergy-Pontoise

Mantes-la-Jolie

Roissy

Meaux

Sarcelles

Les Mureaux

Argenteuil

Sartrouville

Aulnay-
Sous-Bois

Poissy

Saint-Germain-
en-Laye

Val d´Europe

YVELINES

St. Quentin
Versailles

Vélizy-Villacoublay

Val Maubuée

Versailles

Orly-Rungis

SEINE-ET-MARNE

Massy-Saclay

Ökonomische Pole

///// neuer dynamischer
Wachstumsraum

||||| älterer / stagnierender
Wachstumsraum

Evry

Melun

ESSONNE

Siedlungsstruktur

Kernstadt

kompakte Stadt

innere Peripherie

äußere Peripherie

Etampes

Fontainebleau

SEINE

■ Stadt
(50 000 - 100 000 Einw.)

Grenzen

——— Grenze der Region Ile-de-France

——— Grenze des Département

——— Gemeindegrenze

Montereau

IfL 2004
Karteninhalt: J.Burdack
Kartograpie: S.Dutzmann

0   10   20km

Maßstab 1:700000

Quelle: nach INSEE 2001

Nemours

ché d'Intérêt National – MIN). Nach dem Ausbau in den siebziger Jahren, ist auch hier in den 1990er Jahren ein Rückgang der Beschäftigung zu verzeichnen.

In allen acht neuen/dynamischen Polen[7] übertraf in den letzten Jahrzehnten (1975 - 1999) das Beschäftigtenwachstum das Wachstum der Wohnbevölkerung. Der Beschäftigtenzuwachs ist also nicht

[7] Sechs ökonomische Pole zeichneten sich durch ein starkes Beschäftigtenwachstum von über 50 % im Zeitraum 1975 bis 1990 aus: Cergy-Pontoise, Evry, Roissy, Saclay-Massy, St. Quentin-en-Yvelines und Val Maubuée. Vier der Pole konnten ihre Beschäftigtenzahl im Referenzzeitraum mehr als verdoppeln. In einem weiteren Analyseschritt wurde auch die Entwicklung der 1990er Jahre berücksichtigt, und aufgrund der dynamischen Entwicklung von Val d'Europe und Vélizy-Villacoublay während dieses Zeitraums wurden diese beiden Pole mit in die Gruppe der Wachstumsräume aufgenommen.

Europäische metropolitane Peripherien

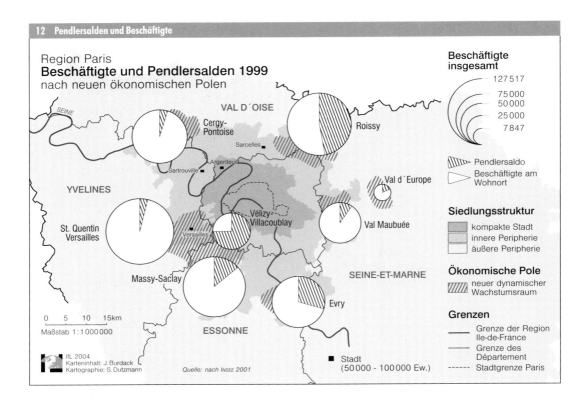

Region Paris
Beschäftigte und Pendlersalden 1999
nach neuen ökonomischen Polen

Beschäftigte insgesamt
127 517
75 000
50 000
25 000
7 847

Pendlersaldo
Beschäftigte am Wohnort

Siedlungsstruktur
kompakte Stadt
innere Peripherie
äußere Peripherie

Ökonomische Pole
neuer dynamischer Wachstumsraum

Grenzen
Grenze der Region Ile-de-France
Grenze des Département
Stadtgrenze Paris

Maßstab 1:1000000
0 5 10 15km

IfL 2004
Karteninhalt: J.Burdack
Kartographie: S.Dutzmann

Quelle: nach INSEE 2001

■ Stadt (50 000 - 100 000 Ew.)

einfach eine Folge eines bevölkerungsinduzierten Wachstums von Nahversorgungseinrichtungen und haushaltsbezogenen Dienstleistungen. Dies lässt sich auch durch die Beschäftigtenstruktur und die funktionalen Spezialisierungen der Wachstumsräume eindeutig belegen. Alle ausgewiesenen neuen ökonomischen Pole verzeichnen einen Beschäftigungsüberschuss (1999), weisen also positive Berufspendlersalden aus. Sie bilden ausgeprägte Arbeitsplatzzentren in der äußeren Stadtregion. Die höchsten Pendlersalden haben Roissy (+53.000) und Vélizy-Villacoublay (+29.000) *(Fig. 12)*. Die Beschäftigtenstruktur lässt deutliche funktionale Spezialisierungen erkennen *(Fig. XXII)*. In Val d'Europe ist die extreme Beschäftigtenkonzentration in haushaltsorientierten Dienstleistungen auf den Hauptarbeitgeber Disneyland-Paris zurückzuführen. Der ökonomische Pol Roissy zeigt eine erwartete Spezialisierung im Transportwesen durch die Leitfunktion des internationalen Flughafens Roissy-CDG. Vélizy-Villacoublay hat eine Branchenkonzentration von über 40 % im industriellen Sektor. Zieht man auch den hohen Führungskräfteanteil *(cadres supérieurs)* von nahezu 40 % mit zur Interpretation heran, so wird deutlich, dass hier nicht Fertigung, sondern strategische Unternehmensfunktionen von Industrieunternehmen dominieren. Die Spezialisierung von Massy-Saclay auf Forschung und Entwicklung bildet sich im hohen Beschäftigtenanteil unternehmensorientierter Dienstleistungen ab und darüber hinaus auch im hohen Führungskräfteanteil. Die Wachstumsräume, die um *villes nouvelles* entstanden sind, zeigen keine so auffälligen Beschäftigtenprofile. Die neuen ökonomischen Pole sollen im Folgenden kurz charakterisiert werden. Da der um den Flughafen entwickelte Wachstumsraum Roissy und der Technologieraum Massy-Saclay noch in gesonderten Beiträgen dargestellt werden, wird hier auf deren Skizzierung verzichtet:

• Der Wachstumsraum *Val d'Europe* ist Teil des vierten und letzten Planungsabschnitts der Ville Nouvelle Marne-la-Vallée. 1992 eröffnete hier 35 km östlich des Pariser Stadtzentrums der Freizeitpark Disneyland-Paris („Magic Kingdom"). Nach anfänglichen Schwierigkeiten und der Ablehnung durch Teile der kulturellen Elite – die Theatermacherin Ariane Mnouchkine bezeichnete das Vorhaben als *„Tchernobyl culturel"* – hat sich die Situation stabilisiert, und die jährliche Zahl der Besucher pendelte sich bei etwa 12 Mio. ein. Disneyland-Paris hat etwa 10.000 Beschäftigte vor Ort, die zumeist in einfachen Dienstleistungen tätig sind. Erweitert wurde der Freizeitpark um ein

Kongress- und Hotelzentrum, ein Multiplex-Kino, Restaurants und Einkaufsmöglichkeiten. Ein zweiter Themenpark mit den Schwerpunkten Kino und audiovisuelle Medien („Walt Disney Studios") wurde 2002 mit 1.500 Beschäftigten eröffnet. Val d'Europe ist aber mehr als nur ein Freizeitpark. Projekte anderer Träger sind fertiggestellt oder in Entwicklung. Das Einkaufszentrum *Centre Commercial International* umfasst in der ersten Ausbaustufe 70.000 m² Verkaufsfläche und 130 Geschäfte. Ein Factory Outlet Center ist ebenfalls bereits in Betrieb („*La Valleé Outlet Shopping Village*"). In Entwicklung ist der Büro- und Gewerbepark „Arlington Business Park" auf 180 ha in Autobahnnähe (A4). Zwei RER-Bahnstationen – Marne-La-Vallée Chessy und Seris-Montévrain – binden Val d'Europe an Paris an. Chessy ist auch ein TGV-Haltepunkt.

- Der ökonomische Pol *Val Maubuée,* der ebenfalls innerhalb von Marne-La-Valée liegt, formiert sich vor allem um die *Cité Déscartes* und den Gewerbepark *Paris-Est. Die Cité Déscartes* ist ein Wissenschaftsstandort auf 100 ha Fläche mit Bildungseinrichtungen im Informatik- und Elektronikbereich sowie 200 Firmen mit 2.500 Beschäftigten (BIRNSTOCK 2000). 1991 wurde hier die Universität Marne-La-Vallée gegründet. Insgesamt sind an den Hochschulen der *Cité Déscartes* etwa 12.000 Studenten eingeschrieben. Die ZAE Paris-Est ist ein logistikorientierter Gewerbepark mit 8.300 Beschäftigten. Die Entwicklung eines städtischen Zentrums ist in Torcy vorgesehen. Eine Realisierung hängt jedoch auch davon ab, ob Torcy durch den geplanten Bau der Bahnverbindung LUTECE nach Roissy-CGD zum Nahverkehrsknotenpunkt wird.

- *Vélizy-Villacoublay* erfuhr bereits in den 1960er Jahren einen Auftrieb durch Ansiedlung von Technologieunternehmen und Firmenhauptverwaltungen. Der hohe Beschäftigtenanteil an Führungskräften verdeutlicht, dass nicht nur Fertigung, sondern auch Verwaltungs-, Forschungs- und Entwicklungsabteilungen von Unternehmen vertreten sind. Mit Unternehmen wie Dassault (Flugzeugteile), Alcatel (Telekommunikation), Thompson (Elektronik) oder Matra hat der Pol eine deutliche Technologieorientierung. Im Zeitraum 1975 bis 1990 fiel das jährliche Wachstum des Pols mit 0,9 % nur gering aus, dagegen beschleunigte es sich in den 1990er Jahren wieder auf 2,45 % pro Jahr.

- *Cergy-Pontoise* hat eine stärkere Ausrichtung auf den industriellen Sektor als die anderen Wachstumsräume. Vor allem die Gemeinde Saint Ouen L'Aumont ist ein Schwerpunkt der Metallverarbeitung. 48 % der berufstätigen Wohnbevölkerung arbeitet in Cergy-Pontoise (1990), was über den Werten der anderen *villes nouvelles* liegt (z.B. Evry 36 %) und eine relativ hohe Eigenständigkeit anzeigt. Große Fertigungsbetriebe umfassen u.a. 3M-France, Sagem, Renault, Peugeot und Thompson.

- *Evry*[8] hat eine breite ökonomische Basis mit Schwerpunkten in Maschinenbau und Elektronik und einer Spezialisierung in Forschung und Entwicklung. Großbetriebe sind SNECMA (Motoren und Turbinen) und IBM (Elektronik). Evry profiliert sich als Zentrum der Biotechnologie und Genforschung im Pariser Raum. Das Projekt eines Wissenschaftszentrums *Genopole* ist in der Entwicklungsphase und soll etwa 50 universitäre und privatwirtschaftliche Forschungseinrichtungen auf einem Gelände vereinen. Angestrebt ist eine Beschäftigtenzahl von 3.000 bis 5.000. 1998 betrug die Zahl der Beschäftigten 900, davon ist etwa die Hälfte wissenschaftliches Forschungspersonal.

- *Saint-Quentin-en-Yvelines* ist nach der Beschäftigtenzahl (125.000) der größte Wachstumsraum in der Pariser Peripherie. Seit den 1990er Jahren hat Saint-Quentin durch eine dynamische Wirtschaftsentwicklung ein positives Pendlersaldo von etwa 5.000 (1999). Verschiedene spektakuläre Firmenansiedlungen wie das *Renault Technocentre* symbolisieren die dynamische Entwicklung in den 1990er Jahren.

5 Perspektiven der Entwicklung

Die Rolle der Peripherie in der intraregionalen Arbeitsteilung hat sich in den letzten Jahrzehnten deutlich gewandelt. Die äußere Stadtregion ist nicht nur durch ein quantitatives, sondern auch zunehmend durch ein qualitatives Arbeitsplatzwachstum geprägt. Dies betrifft vor allem das Bildungswesen

[8] Die Abgrenzung des ökonomischen Pols Evry ist nicht mit der administrativen Abgrenzung der *ville nouvelle* identisch. So wurde die funktional zum Pol gehörende Gemeinde Corbeil-Essonne mit eingeschlossen.

sowie Forschung und Entwicklung. Diese neuen Funktionen ergänzen die Spezialisierung der Peripherie in den Bereichen Transport/Logistik, industrielle Fertigung und großflächiger Einzelhandel. Kontroll- und Steuerungsfunktionen, unternehmensorientierte Dienstleistungen und Firmenhauptsitze verbleiben dagegen weitgehend in der inneren Stadt. In den 1990er Jahren ist in der inneren Stadt eine deutliche Verschiebung beziehungsweise räumliche Ausweitung des „Hyperzentrums" von den westlichen Pariser Stadtbezirken in die angrenzende Bürocity La Défense und andere Bürozentren im Departement Haute-de-Seine erkennbar. Die innere Stadt verfügt auch weiterhin über einen deutlichen, jedoch leicht rückläufigen Arbeitsplatzüberschuss.

Innerhalb der äußeren Stadtregion lässt sich eine funktionsräumliche Zweiteilung feststellen. Im Nordosten herrscht eine Spezialisierung auf Transport und Logistik und ausgewählte Industriebranchen vor. Wachstumsstandorte und ökonomische Pole, in denen sich die Transport/Logistik-Spezialisierung konkretisiert, sind vor allem die Flughäfen Roissy-CDG und Orly, das Güterverkehrszentrum GARONOR, der Großmarkt von Rungis und die logistikorientierte ZAE *Paris-Est*. Die industrielle Fertigung konzentriert sich entlang des Unterlaufs der Seine um Flin, Poissy und Les Mureaux und in Richtung auf den Flughafen Roissy-CDG mit den Standorten Aulnay und St. Denis, die bereits in die innere Stadt hineinreichen. Der Südwesten der äußeren Stadtregion wird von BECKOUCHE et al. (1990) großräumig als *„zone de conception"* bezeichnet, als Zone in der konzeptionelle Aktivitäten wie Entwicklung und Forschung die bestimmenden Tätigkeiten sind. Auch hier handelt es sich keineswegs um flächendeckende Raumprägungen, sondern es existieren großräumig verteilte Aktivitätsknoten in der Form von Wachstumsstandorten und ökonomischen Polen (Vélizy, Saclay, Orsay, Palaiseau, Courtabeuf, St. Quentin, Evry).

Durch die Modernisierung der Peripherie gelang es letztlich, das positiv besetzte Markenimage von Paris auch auf Standorte der äußeren Stadtregion auszudehnen. Vor allem ausländische Investoren und Unternehmen sind in starkem Maße in der äußeren Stadtregion präsent. Standorte hoher Erreichbarkeit in der Peripherie stellen für sie einen guten Kompromiss aus relativ günstigen Standortkosten und positivem Standortimage dar. Die neuen Wachstumsräume, also die Nutzungskonzentrationen, die sich so erfolgreich entwickelt haben, dass sie den Schwellenwert von 1.000 Beschäftigten erreichen konnten, liegen vor allem entlang der Hauptverkehrsachsen an Verkehrsknoten oder an „Eingangstoren" der Stadtregion.

Der enge Wohnungsmarkt in der inneren Stadt mit einem starken Gefälle der Grundstückspreise trieb Haushalte auf der Suche nach einem finanzierbaren Eigenheim in die Peripherie. Der Prozess der Periurbanisation erlangte vor allem nach der Umstellung der Wohnungsbauförderung Ende der 1970er Jahre größere Bedeutung. Attraktiv für Mittelschichthaushalte waren besonders Gebiete im Westen und Südwesten der äußeren Stadtregion. Die Nähe zu einem Pool hochqualifizierter Arbeitskräfte ließ diesen Raumsektor auch zunehmend attraktiv für Forschungseinrichtungen und Betriebe der High-Tech-Branchen werden. In großräumlicher Sicht lässt sich erkennen, dass die Wachstumsstandorte und -räume sich innerhalb eines Umkreises von 30 km um das Stadtzentrum befinden. Standortentscheidungen für die fünf *villes nouvelles* und andere Großprojekte, die auf zentralstaatlicher Ebene gefällt wurden, und der Ausbau der Verkehrsinfrastruktur haben hier eine entscheidende Rolle gespielt. Räumliche Polarisierungen in der Form von Wachstumsstandorten und neuen/dynamischen ökonomischen Polen sind in der Pariser Peripherie deutlich ausgeprägt. Andererseits lassen sich auch weiterhin die überkommenen sektoral-konzentrischen Raummuster identifizieren. Die historische sozialräumliche und funktionale Zweiteilung von Paris in einen eher bürgerlichen Westen und einen proletarischen Osten setzt sich in der äußeren Peripherie in veränderter Form fort, vor allem in der Zweiteilung der äußeren Stadtregion in einen nordöstlichen Sektor (Logistik) und einen südwestlichen Sektor mit höherwertigen Funktionen. Die neuen Wachstumsstandorte und neuen ökonomischen Pole fügen sich mit ihren funktionalen Spezialisierungen weitgehend in diesen vorgegebenen Rahmen ein. Das sektoral-konzentrische Grundmuster der Raumorganisation ist also weiterhin erkennbar, wenn es auch durch neue Polarisierungsmuster modifiziert wird.

Literatur

Bastié, J. (1984): Géographie du Grand Paris. Paris.

Bauer, G. u. J. M. Roux (1976): La rurbanisation ou la ville éparpillée. Paris.

Beaucire, F. u. G. Burgel (Hrsg.) (1992): Les périurbains de Paris. – Villes en parallèle 19. Nanterre.

Beckouche, P. et al. (1990): La métropole parisienne. Système productif et organisation de l'espace. Paris.

Beckouche, P., F. Damette u. E. Vire (1997): Géographie économique de la Région Parisienne. Paris.

Birnstock, M. (2000): Marne-la-Vallée. Neue Stadt – neue Region? Unveröff. Diplomarbeit, TU-Berlin.

Bouyer, J. C. (2000): Les banlieues en France. Territoires et sociétés. Paris.

Brücher, W. (1992): Zentralismus und Raum. Das Beispiel Frankreichs. Stuttgart.

Chenay, C. de (2002): Un véritable pôle économique à Marne-la-Vallée. In: Le Monde, 16.03.02.

Chevalier, H. (1997): Villes nouvelles et localisation des entreprises. In: INSEE (Institut National de la Statistique et des Etudes Economiques) – Regards sur l'Ile-de-France 35, H. 3, S. 18 - 21.

Damette, F. u. J. Scheibling (1992): Le Bassin Parisien. Paris.

Damette, F. u. J. Scheibling (1995): La France. Permanences et mutations. Paris.

DATAR (Délégation à l'Aménagement du Territoire et à l'Action Régionale)/Préfecture d'Ile-de-France (Hrsg.) (1999): Pour une métropolisation raisonnée. Diagnostic socio-économique de l'Ile-de-France et du Bassin parisien. Paris (= La Documentation française).

Dézert, B. (1991): Les nouvelles formes d'activité économique périurbaine. In: Dézert, B., A. Metton u. J. Steinberg: La périurbanisation en France. Paris, S. 111 - 123.

Dézert, B., A. Metton u. J. Steinberg (1991): La périurbanisation en France. Paris.

Die Welt (2002): Büros sind für Euro Disney profitabler als Themenparks. In: Die Welt, 23.03.02.

Fèbvre, M. (1993): Cergy-Pontoise: Une population jeune et familiale, un pôle d'emploi équilibre. In: INSEE (Institut National de la Statistique et des Etudes Economiques) – Regards sur l'Ile-de-France 19, H. 3, S. 2 - 5.

Ferré, T. (1992): Marne-la-Vallée: Une ville nouvelle pas comme les autres. In: INSEE (Institut National de la Statistique et des Etudes Economiques) – Regards sur l'Ile-de-France 17, H. 9, S. 2 - 7.

François, D. (1995): La diffusion des grandes surfaces de 1982 à 1990. In: Repères 16, S. 5 - 8.

GEMACA (Group for European Metropolitan Area Comparative Analysis) (2001): Les métropoles du nord-ouest de l'Europe en chiffre. Paris.

IAURIF (Institut d'Aménagement et d'Urbanisme de la Région d'Ile-de-France) (1993): Les zones d'activités économiques en région d'Ile-de-France. Evolution du marché, situation actuelle et perspectives de développement. Paris.

IAURIF (Institut d'Aménagement et d'Urbanisme de la Région d'Ile-de-France) (1995): Immobilier d'entreprise: Construction et géographie depuis 1985. In: Note rapide sur l'économie 124, H. 10.

IAURIF (Institut d'Aménagement et d'Urbanisme de la Région d'Ile-de-France) (1996): Construction de bureaux : Une forte baisse, de nouvelles stratégies. In: Note rapide sur l'économie 141, H. 10.

IAURIF (Institut d'Aménagement et d'Urbanisme de la Région d'Ile-de-France) (2000): Géographie de l'emploi. Paris.

IAURIF (Institut d'Aménagement et d'Urbanisme de la Région d'Ile-de-France) (2001): Les zones d'activités économiques en région d'Ile-de-France. Paris.

IAURIF (Institut d'Aménagement et d'Urbanisme de la Région d'Ile-de-France) (2002): Les mouvements d'entreprises dans les zones d'activités économiques de la région d'Ile-de-France. Etudes de cas. Paris.

IAURIF (Institut d'Aménagement et d'Urbanisme de la Région d'Ile-de-France) u. Conseil Régional Ile-de-France (1998): L'armature commerciale de l'Ile-de-France. Tome 1: Situation et évolution du grand commerce; Tome 2: Evolution de la réglementation. Paris.

IAURIF (Institut d'Aménagement et d'Urbanisme de la Région d'Ile-de-France) u. INSEE (Institut National de la Statistique et des Etudes Economiques) (2000): Atlas des Franciliens.

Tome 1: Territoire et population. Paris.

IAURIF (Institut d'Aménagement et d'Urbanisme de la Région d'Ile-de-France) u. INSEE (Institut National de la Statistique et des Etudes Economiques) (2001): Atlas des Franciliens. Tome 2 : Logement. Paris.

IAURIF (Institut d'Aménagement et d'Urbanisme de la Région d'Ile-de-France) u. INSEE (Institut National de la Statistique et des Etudes Economiques) (2002): Atlas des Franciliens. Tome 3 : Population et modes de vie. Paris.

INSEE (Institut National de la Statistique et des Etudes Economiques) (1998): Inventaire Communal Ile-de-France 1998. Paris (CD-Rom).

INSEE (Institut National de la Statistique et des Etudes Economiques) (2001): Communes ... Profils. Bases de données. Paris (CD-Rom).

JULIEN, P. (1994): Les fonctions stratégiques dans cinquante villes de France. Paris (= INSEE (Institut National de la Statistique et des Etudes Economiques) Prémière 300).

LIAGRE, M.-O. (1998): Entreprises étrangères: l'Ile-de-France, première région d'accueil. In: INSEE (Institut National de la Statistique et des Etudes Economiques): Ile-de-France Regards 41, H. 9, S. 1 - 4.

LIPIETZ, A. (1995): Avoiding megapolization: The battle of Ile-de-France. In: European Planning Studies 3, H. 2, S. 143 - 154.

MALÉZIEUX, J. (1996): Hautes technologies, nouveaux espaces d'activités, développement local et régional: Apparences et réalités. Réflexions sur les aménagements français. In: Revue Belge de Géographie 120, S. 105 - 111.

METTON, A. (Hrsg.) (1989): Centre-ville et périphérie. Paris (= Bulletin de l'Association de Géographes français).

MdE (Ministère de l'Equipement, du Logement, des Transports et du Tourisme) (Hrsg.) (1996): Atlas statistique des villes nouvelles d'Ile-de-France. Evolutions 1968 - 1993. Paris.

NADAUD, R. (1996): Le centre d'affaires de Saint-Quentin-en-Yvelines: Nouveau pôle d'emploi. In: Cahiers du CREPIF, No. 55, S. 66 - 72.

ORIE (Observatoire régional de l'immobilier d'entreprise en Ile-de-France) (1998): L'immobilier d'entreprise en Ile-de-France 1975 - 1998. Paris.

PIERCY, P. (1997): La France. Le fait régional. Paris.

PIERCY, P. (1999): La Défense: 1958 - 1998, de la banlieue au pôle majeur de la région capitale. In: L'information géographique 1, S. 33 - 36.

PLETSCH, A. (1998): Paris und die Ile-de-France – Räumlicher Wandel im Bevölkerungs- und Wirtschaftsgefüge (mit besonderer Berücksichtigung von Altindustriestandorten). In: Europa Regional, H. 4, S. 2 - 11.

PRETECEILLE, E. (1997): The changing economic and social structures of the Paris region: Recent trends and policy issues. In: KÄLLTORP, O. et al. (Hrsg.): Cities in Transformation – Transformation in Cities. Social and Symbolic Change of Urban Space. Aldershot, S. 65 - 79.

ROBERT, J. (1994): L'Ile-de-France. Paris (= que sais-je? 2773).

SOULIGNAC, F. (1993): La banlieue parisienne. Paris.

STEINBERG, J. (1991): Département de la périphérie parisienne en voie de périurbanisation: La Seine-et-Marne. In: Espace, Population, Sociétés 2 , S. 283 - 291.

Randstad

Marco Bontje

1 Einführung

In europäischen Raumstrukturmodellen
wird die niederländische Metropolregion Randstad allgemein der europäischen
Kernzone oder *Global Integration Zone*
zugerechnet. Unter dieser Zone wird das
Gebiet zwischen London, Paris, Mailand,
München und Hamburg, das so genannte „Pentagon" verstanden, in dem Ende
der 1990er Jahre mehr als 50 % des Brut-
tosozialprodukts der EU-15 realisiert
wurden (CEC 1999; MEHLBYE 2000, S.
755). Diese exponierte Lage im Standortwettbewerb einer globalisierten Ökonomie führte während der letzten Jahrzehnte zu einem großen Entwicklungs-
druck auf die Region, vor allem auf deren Kernstädte. Aufgrund des begrenzten Raumpotenzials für expandierende
Nutzungen verlagerte sich das Wachstum
zunehmend in deren Umland.

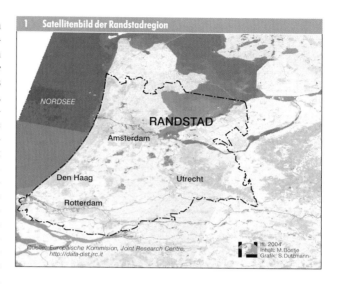

Die wichtigsten städtischen Funktionen sind innerhalb der Randstadregion nicht in einem überragenden Zentrum oder einer *Primate City* konzentriert, sondern über vier Kernstädte und deren Agglo-
merationsräume verteilt (Amsterdam, Rotterdam, Den Haag und Utrecht). Darüber hinaus gibt es
noch eine Reihe von historisch gewachsenen Subzentren. Derartige räumlich differenzierte funktionale Strukturen polyzentrisch aufgebauter Stadtregionen findet man in großen Teilen Nordwest- und
Westeuropas wieder. Vergleichbare Beispiele sind die Rhein-Ruhr-Region, der „Flämische Diamant"
(Brüssel-Antwerpen-Gent-Brügge) in Belgien, das Mittelland in der Schweiz sowie Teile Norditaliens
(BATTEN 1995; DIELEMAN u. FALUDI 1998; KLOOSTERMAN u. MUSTERD 2001). Während viele der monozen-
trisch strukturierten Metropolregionen Europas erst in den letzten Jahrzehnten starke Tendenzen zur
Ausbildung einer mehr polyzentrisch orientierten Struktur erkennen ließen, hat sich der mehrkernige
Aufbau der Randstad über einen sehr langen Zeitraum entwickelt *(Fig. 1)*.

Während einige Raumwissenschaftler, Raumplaner und Politiker die Randstad gern als eine einzige
Metropolregion, ein Städtenetz oder sogar als eine der wichtigsten „Weltstädte" bezeichnen (z.B. HALL
1966; BATTEN 1995; DIELEMAN u. FALUDI 1998; VAN DER BURG u. DE REGT 2000), gibt es auch Modelle,
die die Randstad in zwei oder mehr Subregionen gliedern (z.B. CORTIE et al. 1992; DE SMIDT 1992;
KLOOSTERMAN u. LAMBREGTS 2001). Die beiden größten Städte der Region Amsterdam und Rotterdam
werden auch als separate Weltstädte genannt (TAYLOR 2002). Bei der Analyse empirischer Daten über
funktionale Zusammenhänge innerhalb der Randstad ist jedoch festzustellen, dass die Randstad eher
als Gruppe von nur leicht miteinander verknüpften und sich teilweise überschneidenden Stadtregionen anzusehen ist (BONTJE 2001, S. 236f.). Schon seit Jahrzehnten versuchen vor allem die Raumplaner
auf der nationalen Ebene die Randstad zu einer integrierten Metropolregion zu entwickeln. Dies ist
bisher nicht gelungen. Eine wesentliche Ursache hierfür ist die widersprüchliche Position der Stadt-
verwaltungen zu dieser Problematik. Einerseits möchten die Verwaltungen zwar von einem ausgeprägten Metropolenimage im internationalen Wettbewerb profitieren, andererseits konkurrieren sie
um die wichtigsten wirtschaftlichen Ressourcen, kulturellen und politischen Funktionen. So ist es trotz
der Einsicht in die Notwendigkeit einer integrierten regionalen Strategie von Seiten der wichtigsten
nationalen, regionalen und lokalen Akteure bisher kaum gelungen, entsprechende regionale Organi-

sationskapazitäten aufzubauen (MEIJERS u. ROMEIJN 2003). Die Randstad blieb bisher trotz der planerischen Bemühungen vor allem ein Planungskonzept (VAN AALST u. VAN WEESEP 1999, S. 28). Die kürzlich ins Leben gerufene *Deltametropool*-Initiative (ein Verbund, der um die Entwicklung einer integrierten Politik für die Randstadregion bemüht ist), kann möglicherweise dazu beitragen, diese Situation zu ändern (FRIELING 2000; VAN DER BURG u. DE REGT 2000). Hieran ist eine breite Koalition von Akteuren auf nationaler und regionaler Ebene, Vertreter der Städte, Gemeinden und Provinzen, von Wirtschafts-, Transport- und Umweltverbänden beteiligt.

Auf einer generalisierten Ebene weisen die räumlichen Entwicklungstendenzen der Randstad während der letzten Jahrzehnte ähnliche Charakteristika und Erscheinungen wie die meisten anderen großen Metropolregionen Mittel- und Westeuropas auf. Ab den 1960er Jahren haben sich unter dem Einfluss öffentlicher Planungen und marktgesteuerter Prozesse zahlreiche neue Subzentren in der metropolitanen Peripherie gebildet. Vor allem in den 1990er Jahren haben eine funktionale Anreicherung und Erweiterung der wirtschaftlichen Aktivitäten sowohl den Stadtrand als auch den suburbanen Raum verändert. Dieser Transformationsprozess ist Gegenstand der folgenden Kapitel, in denen die wichtigsten politischen, wirtschaftlichen und soziokulturellen Prozesse, Einflussfaktoren und Akteure dargestellt werden sollen.

2 Grundzüge der metropolitanen Peripherie
2.1 Entwicklung der Randstad und räumliche Gliederung der Region

Die nach unseren Kriterien definierte Randstadregion umfasst die Provinzen Süd-Holland, Utrecht sowie große Teile der Provinzen Nord-Holland und Flevoland. Obwohl die Randstad nur etwa 20 % des Territoriums der Niederlande einnimmt, konzentrieren sich hier mehr als 40 % der Einwohner und über 40 % der Arbeitsplätze. Innerhalb der Region wiederum ist die Konzentration der Einwohner und Arbeitsplätze in den vier größten Städten nur relativ gering. 29 % der Randstadbewohner leben in einer der vier Großstädte Amsterdam, Rotterdam, Den Haag oder Utrecht. Der Anteil der Großstädte bei der Zahl der Arbeitsplätze ist etwas höher, erreicht jedoch nicht mehr als 35 % *(Fig. 2)*.

Auf der Karte der räumlichen Gliederung der Metropolregion Randstadt (siehe Karte im Farbteil) wird die polyzentrische und fragmentierte Struktur der Randstad deutlich. So gibt es nicht weniger als 33 Gemeinden in der Region, die man vollständig oder teilweise als „kompakte Städte" mit einer Dichte von wenigstens 5.000 Ew./km² definieren kann. Dies betrifft nicht nur die historischen Stadtzentren und älteren Stadterweiterungsgebiete des 19. und frühen 20. Jahrhunderts, sondern zum Teil auch Wohnviertel, die in den 1970er und 1980er Jahren im Rahmen der Politik der „dezentralen Konzentration" gebaut wurden. Im Gegensatz zu den anderen in diesem Band dargestellten Metropolregionen ist das kompakte Stadtgebiet der Randstad keine morphologisch zusammenhängende Einheit, es ist vielmehr über mehrere Gebiete verteilt. Das ökonomische Kerngebiet weist eine ähnliche fragmentierte Struktur auf. Korrekterweise ließen sich mehrere dispers verteilte Kerngebiete identifizieren.

Zwar bilden das so bezeichnete ökonomische Kerngebiet, die morphologische Agglomeration und die funktionale Stadtregion zusammen per Definition eine räumliche Einheit als Metropolregion Randstad, doch sind deren einzelne raumstrukturelle Teile partiell nur schwach verbunden. So zeigen etwa die täglichen Pendlerbewegungen als Indikator der funktionalen Verflech-

2 Strukturdaten der Randstadregion						
	Einwohner *in Tsd. Personen* 01.01.2000	Fläche *km²*	Bevölk.- dichte *Ew./km²* 01.01.2000	Arbeits- plätze *in Tsd.* 31.12.2000	Arbeits- platz- zuwachs 2000 *Index (1996=100)*	Arbeits- platz- dichte *Arbeits- plätze/km²* 31.12.2000
Die 4 größten Städte	1 998,7	503,1	3 973	1 142,5	113	2 175
Amsterdam	731,3	165,1	4 429	434,4	116	2 460
Rotterdam	592,7	208,6	2 841	313,4	112	1 466
Den Haag	441,1	67,9	6 494	213,7	107	3 045
Utrecht	233,7	61,4	3 805	181,0	115	2 859
Randstad	*6 890,7*	*6 018,3*	*1 145*	*3 247,6*	*114*	*474*
Niederlande	*15 864,0*	*33 873,3*	*468*	*7 112,6*	*113*	*196*

Quelle: CBS 2000: De bevolking der gemeenten in Nederland per 1. januari 2000; LISA/ETIN Adviseurs, Tilburg and ABF Research, Delft, Bedrijven Monitor 2000 (CD-Rom)

tung die Existenz größtenteils eigenständiger Einzugsbereiche der vier Großstädte. Im Jahr 1997 bewegten sich immerhin noch mehr als 80 % aller täglichen Verkehrsströme innerhalb der einzelnen Stadtregionen. Obwohl zwischen 1987 und 1997 eine leicht steigende Tendenz der täglich zurückgelegten Strecken zu verzeichnen war, haben sich diese räumlichen Muster während der letzten Jahre nicht tief greifend geändert (Bontje 2001, S. 236). Bei der Analyse der Arbeitsmarktverflechtungen können ähnliche Schlussfolgerungen gezogen werden, allerdings mit etwas größeren Teilregionen. Zumeist wird hierbei ein „Nordflügel" mit Amsterdam und Utrecht sowie ein „Südflügel" um Den Haag und Rotterdam unterschieden (Cortie et al. 1992; Louter 1999; Kloosterman u. Lambregts 2001). Atzema (1999) identifiziert sogar vier Arbeitsmarktregionen innerhalb der Randstad: „Randstad-Nord" (mit Amsterdam als Kernstadt), „Randstad-West" (Den Haag), „Randstad-Süd" (Rotterdam) und „Zentral-Niederlande" (Utrecht), wobei sich die Einzugsbereiche der Arbeitsmarktregionen teilweise überschneiden.

Die heutige großräumige Struktur eines polyzentrisch aufgebauten metropolitanen Gebietes ohne herausragende *Primate City* ist erst im Laufe des 19. Jahrhunderts entstanden. Bis etwa 1800 gab es in der Region zwar zahlreiche städtische Zentren, aber Amsterdam war in wirtschaftlicher, politischer und kultureller Hinsicht unbestritten die führende Stadt. Ihre Einwohnerzahl übertraf diejenige der zweitgrößten Stadt Rotterdam um das Vierfache. Auch im internationalen Maßstab war Amsterdam als fünftgrößte Stadt Europas nach London, Paris, Neapel und Wien (1795) ein bedeutendes städtisches Zentrum (Engelsdorp Gastelaars u. Ostendorf 1994). Diese führende Position entstand vor allem während des niederländischen „Goldenen Jahrhunderts" in der zweiten Hälfte des 17. Jahrhunderts. Nach 1800 bildete sich eine gewisse Funktionsteilung mit Rotterdam, Den Haag und Utrecht heraus. Rotterdam wurde zur wichtigsten Hafenstadt des Landes und einer der weltweit größten Umschlagplätze. Für das rasante Wachstum Rotterdams ab etwa 1850 war vor allem die strategische Lage zwischen den englischen Industriestädten und den aufstrebenden Industriegebieten an Rhein und Ruhr ausschlaggebend (De Smidt 1992, S. 106f.). Den Haag wurde 1815 die Verwaltungshauptstadt. Amsterdam konnte seine herausragende Position nur im Finanz-, Kommerz- und Kulturbereich behalten. Nach dem Zweiten Weltkrieg verbesserte Amsterdam seine Bedeutung innerhalb der Randstad insbesondere aufgrund der Nähe zum Flughafen Schiphol, der mit Abstand größte neue ökonomische Pol der Randstadregion.

2.2 Die Entwicklung der metropolitanen Peripherien

Suburbanisierung und Stadterweiterungen bis 1960

Die Industrialisierung und die mit ihr verbundenen Stadterweiterungsprozesse setzten in den Niederlanden, für europäische Verhältnisse, erst relativ spät ein. Zwischen 1860 und 1940 entwickelten sich einige Städte zu Großstädten mit zahlreichen flächenhaften Stadterweiterungen und hohen Bebauungsdichten im Umfeld der historischen Stadtkerne. Gleichzeitig mit der massenhaften Abwanderung ländlicher Bevölkerung in die Städte wuchs das Ausmaß sozioökonomischer Segregation. Innerhalb wie auch außerhalb der Städte entstanden die neuen Viertel der besser verdienenden Schichten. Um die Jahrhundertwende war die Suburbanisierung ein Phänomen der Wohlhabenden. Die beliebtesten Wohnsitze für die höchsten Einkommensgruppen waren die Dünengebiete an der Nordseeküste und die waldigen Gegenden östlich von Amsterdam und Utrecht, während die gehobene Mittelschicht sich in den Randgemeinden im Umland der Großstädte ansiedelte. Wirtschaftswachstum, steigende Einkommen, aber auch die Erweiterung der Eisenbahn- und Straßenbahnnetze trugen erheblich zu diesem frühen Suburbanisierungsprozess bei (Reijndorp et al. 1998, S. 31).

Die Wirtschaftskrise der 1930er Jahre und der Zweite Weltkrieg bremsten den Suburbanisierungsprozess. Die Wohnungsnot der Nachkriegszeit resultierte aus den Verwüstungen des Krieges und den starken Geburtenjahrgängen der Folgejahre. Wohnungsbau wurde zu einer der wichtigsten Prioritäten der niederländischen Stadtentwicklungspolitik. Die Mehrzahl der neuen Wohnviertel, fast ausschließlich Sozialwohnungen, wurde in großflächigen Erweiterungsgebieten an den Rändern der Großstädte und Regionalzentren errichtet. Typisch für diese Stadterweiterungen waren Reihenhäuser und Mehrgeschossbauten in einer grünen Umgebung. Vor dem Hintergrund nur langsam steigender Einkommen beteiligte sich die Mehrheit der Stadtbevölkerung an der Randwanderung in dieser Zeit jedoch nicht (Van Der Cammen u. De Klerk 1996).

1960 - 1985: Geplante und ungeplante Suburbanisierung

Diese Situation änderte sich tief greifend in den 1960er Jahren. Am Anfang dieses Jahrzehnts wurde die staatliche Politik der Lohnzurückhaltung aufgegeben, was in den Folgejahren einen starken Anstieg der Gehälter und eine Partizipation breiter Bevölkerungsschichten am ökonomischen Aufschwung zur Folge hatte. Dies löste eine neue Suburbanisierungswelle aus, deren Träger vor allem die untere Mittelschicht war. Die schnell anwachsende Automobilisierung ermöglichte eine räumliche Trennung von Wohn- und Arbeitsstätten über immer größere Entfernungen. Wie in vielen anderen europäischen Ländern auch wurde das Einfamilienhaus im Grünen für den größten Teil der niederländischen Bevölkerung zum erstrebenswerten Leitbild des Wohnens. So haben die suburbanen Siedlungsprozesse während der 1960er und 1970er Jahre sowohl die Randstad als auch die angrenzenden Regionen verändert. Aus den Großstädten wanderten zwischen 1965 und 1985 insgesamt 543.000 Einwohner bzw. 22 % der Bevölkerung ab. Da die Stadt-Umland-Migranten vorrangig mittleren und höheren Einkommensgruppen angehörten, wurden die Großstädte zunehmend zu Konzentrationsräumen einkommensniedriger Schichten und sozial benachteiligter Gruppen (JOBSE u. MUSTERD 1992, S. 43ff.).

Die niederländische Regierung förderte während dieser Jahrzehnte die Suburbanisierung. Die Dekonzentration der Bevölkerung wurde als bessere Alternative gegenüber einer weiteren kompakten Entwicklung und „Metropolitanisierung" der Großstädte angesehen. Das Leben in der Großstadt wurde in den 1960er Jahren vor allem von Familien mit Kindern mit einem problematischen Wohnumfeld assoziiert (REIJNDORP et al. 1998). Auf der anderen Seite wurden jedoch angesichts ungebremster Suburbanisierungsprozesse auch die Gefahren eines zu großen Verlustes an Natur- und Agrarflächen wahrgenommen. Prognosen, die zwischen 1965 und 2000 ein Wachstum von 12 auf 20 Millionen Einwohnern voraussagten, verstärkten entsprechende Befürchtungen. Die nationale Raumordnungspolitik, die unter diesen vermeintlichen Vorzeichen in den 1960er Jahren erheblich an Bedeutung gewann, versuchte, Alternativen zu den Schreckensszenarien „Metropolenbildung" und *„urban sprawl"* zu entwickeln. Das raumordnungspolitische Leitbild dieser Zeit war das Konzept der „dezentralen Konzentration" (VAN DER WUSTEN u. FALUDI 1992; BONTJE 2001). In einiger Distanz (10 bis 50 Kilometer) von den Großstädten wurden „Wachstumskerne" (*groeikernen*) ausgewiesen, in denen der künftige Wohnungsbau nach den Vorstellungen der Raumordnung konzentriert werden sollte.

Auch eine verstärkte Gewerbesuburbanisierung setzte in den 1960er Jahren ein, als innerhalb der Randstad zahlreiche Unternehmen ihren Standort aus den Zentren der Großstädte an die Peripherie verlagerten. Insbesondere die Regionalzentren waren bevorzugte Ziele der Ansiedlungen. Wichtige Gründe waren die fehlenden Erweiterungsmöglichkeiten und die sich verschlechternde Erreichbarkeit in den Agglomerationen, die niedrigeren Grundstückspreise und günstigeren Gewerbesteuern in den Umlandgemeinden und Regionalzentren. Parallel zu dieser intraregionalen Dekonzentration gab es auch Verlagerungsprozesse zwischen den Regionen. Die Provinzen östlich und südlich der Randstad, Noord-Brabant und Gelderland, erwiesen sich als attraktive Standorte. Insbesondere die industrielle Produktion war von den Dekonzentrationsprozessen betroffen, während die meisten größeren Firmen, vor allem die international orientierten Unternehmen, ihren Hauptsitz in oder nahe bei den Großstädten behielten (DE SMIDT 1992).

1985 - 2001: Neue Wachstumszentren am Stadtrand und in der Peripherie

Nach einer Zeit des Verlustes von Einwohnern und Arbeitsplätzen konnte die Randstad ihre Position als Bevölkerungs- und Arbeitsplatzzentrum der Niederlande ab Mitte der 1980er Jahre wieder festigen. Die Großstädte haben sich vergleichsweise schnell von der Krise der vorangegangenen Jahrzehnte erholen können. Stadterneuerung und die Umnutzung und Umwandlung von ehemaligen Hafen- und Industriegebieten zu Luxuswohngegenden haben die Städte für Teile der mittleren und höheren Einkommensschichten wieder zu attraktiven Wohnstandorten gemacht. Obwohl die Initiative für neue großflächige Revitalisierungsinvestitionen vor allem von den Großstädten selbst ausgegangen ist, hat die niederländische Raumordnungspolitik einiges zu dieser Entwicklung beigetragen. Die Politik der „dezentralen Konzentration" wurde zugunsten einer stärkeren Orientierung auf eine kompakte Stadtentwicklung aufgegeben. So ist vorgesehen, dass ein großer Teil der Wohnungen, die bis 2010 gebaut werden sollen, vor allem innerhalb der Großstädte und Regionalzentren realisiert werden oder sich räumlich an die bestehenden Siedlungskörper anschließen. Dennoch bleibt die Wohnsuburbanisierung ein wichtiger Prozess der Siedlungsentwicklung, und auch in einem für seine Raumplanung international viel beachteten Land wie die Niederlande ist eine effektive Begrenzung der Suburbanisierung nur schwer möglich (BONTJE 2001). Vor allem am Ende der 1990er Jahre, einer Zeit erheblichen ökonomischen Wachstums, wurde im suburbanen Raum wieder kräftig gebaut.

Obwohl die innerstädtischen ökonomischen Standorte sich im Laufe der 1980er und 1990er Jahre sehr dynamisch entwickelt haben, wuchs die Zahl der Arbeitsplätze am stärksten am Stadtrand und im suburbanen Raum. Während in den 1960er und 1970er Jahren vor allem Industrie- und Logistikunternehmen an die Peripherien zogen, entstanden ab Mitte der 1980er Jahre neue Bürostandorte außerhalb der traditionellen Stadtzentren. Wachstumsmotor für die Entstehung neuer ökonomischer Standorte war im Amsterdamer Raum insbesondere der Flughafen Schiphol. Nicht nur der Flughafen selbst, auf dessen Territorium schon mehr als 50.000 Arbeitsplätze konzentriert sind, sondern auch die Standorte im weiteren Umfeld um Schiphol profitierten von der enormen Nachfrage nach flughafennahen Bürostandorten, darunter auch die Amsterdamer Südachse, Amsterdam Südost und Hoofddorp.[1] Außerdem bildeten sich mehrere neue Subzentren um Utrecht. Die Region Utrecht weist innerhalb der Randstad wegen ihrer zentralen Lage innerhalb der Niederlande und ihrer guten Verkehrsanbindung schon seit Jahrzehnten die höchsten Wachstumszahlen an Bevölkerung und Arbeitsplätzen auf. Um die beiden anderen Großstädte Den Haag und Rotterdam waren die Entwicklungen im suburbanen Raum weniger spektakulär, aber auch hier sind neue Subzentren entstanden. Außerdem haben sich einige der ehemaligen planungsinitiierten Wachstumskerne, die im Zusammenhang mit der Politik der „dezentralen Konzentration" entstanden sind, zu bedeutenden Subzentren entwickelt. Die Herausbildung einer noch stärker polyzentrisch orientierten Struktur der Randstad beruhte auf einer Vielzahl politischer und ökonomischer Faktoren.

3 Einflussfaktoren peripheren Wachstums
3.1 Regional governance: Rahmenbedingungen und Akteure

Politisch-administrative Rahmenbedingungen

Die räumliche Entwicklung der Randstad wurde während der letzten Jahrzehnte sehr stark durch staatliche Eingriffe beeinflusst, wobei vor allem die nationale und lokale Ebene eine herausragende Rolle spielten. Das politische System der Niederlande wird im Allgemeinen als „dezentralisierter Einheitsstaat" aufgefasst, bei dem der lokalen Ebene vor allem administrative und exekutive Aufgaben zukommen, die nationale Ebene jedoch die wichtigen politischen Entscheidungen trifft. Der überwiegende Teil der Gemeindefinanzen (mehr als 80 %) wird den Kommunen von der staatlichen Ebene zugewiesen, was starke Abhängigkeiten der lokalen Ebene vom Zentralstaat zur Folge hat. Zumeist sind diese Zahlungen an politische Zielsetzungen gebunden. Trotzdem setzen die meisten Gemeinden innerhalb ihrer begrenzten Möglichkeiten zumeist ihre eigenen Interessen durch. Dies gilt vor allem für die vier größten Städte der Randstad, die in den letzten Jahrzehnten die nationale Raumordnungspolitik in entscheidendem Maße mitbestimmt haben.

Innerhalb dieser politisch-administrativen Struktur ist die regionale Ebene relativ schwach. Zwar gibt es Provinzen als administrative Einheiten, doch ist deren politisches Gewicht gering. Die Verwaltungsgrenzen der Provinzen, sogar ihr Existenzrecht, sind seit den 1970er Jahren mehrmals zur Diskussion gestellt worden. Das wichtigste Argument derartiger Änderungsabsichten war die Nichtübereinstimmung der heutigen Provinzgrenzen mit denen gleichsam „gewachsener" Regionen, die auf siedlungsstrukturellen, verkehrs- und funktionalräumlichen Zusammenhängen beruhen, welche für den Alltag der Bewohner von weitaus größerer Bedeutung waren. Vorschläge für die Schaffung einer „Randstadprovinz", bestehend aus den Provinzen Süd-Holland, Utrecht, Teilen von Nord-Holland und Flevoland wurden jedoch aufgrund von Protesten der betroffenen Provinzen als auch von den Provinzen außerhalb der Randstad, die eine zu große Macht der neuen Randstadprovinz befürchteten, nie umgesetzt. Auch Versuche, „Stadtprovinzen" für die Großstädte Amsterdam, Rotterdam und Den Haag zu schaffen, sind in den 1990er Jahren gescheitert. In Amsterdam und Rotterdam stimmte eine eindrucksvolle Mehrheit von über 90 % der Bevölkerung gegen die Stadtprovinz, vor allem, weil ein Verlust

---

[1] Siehe hierzu M. BONTJE „Der Amsterdamer Südraum – Eine dynamische Wachstumszone" in diesem Band.

eigener städtischer Identität befürchtet wurde (VAN DER VEER 1997). Stattdessen haben sich in den letzten Jahrzehnten zahlreiche freiwillige Zweckverbände von Gemeinden und Provinzen gebildet. Zunehmend beteiligen sich auch nichtstaatliche Organisationen an diesen Verbänden, öffentlich-private Partnerschaften für spezifische Entwicklungsziele gewinnen an Popularität.

Nationale, regionale und lokale Raumplanung
Wegen der hohen Besiedlungsdichte und Konzentration ökonomischer Aktivitäten auf einer vergleichsweise kleinen Fläche hat die Raumordnung und -planung in den Niederlanden, und vor allem in der Randstad, seit der Nachkriegszeit eine große politische und gesellschaftliche Bedeutung. In der niederländischen Raumplanung sind die drei Verwaltungsebenen Nationalstaat, Provinz und Gemeinde einbezogen. Auf der nationalen Ebene wird regelmäßig (im Durchschnitt alle 10 bis 15 Jahre) ein nationaler Raumordnungsbericht erstellt. Die Provinzen versuchen, die nationalen raumordnerischen Ziele regionsspezifisch mit Hilfe von Regionalplänen (*streekplannen*) umzusetzen. Die Gemeinde hat die Aufgabe, regelmäßig einen Flächennutzungsplan (*structuurplan*) und einen Bebauungsplan (*bestemmingsplan*) zu erstellen. Nur der Bebauungsplan ist rechtlich verbindlich, die anderen Pläne gelten als planerische Leitbilder. Die Provinzen sollen sich bei ihren Regionalplänen so weit wie möglich am nationalen Raumordnungsbericht orientieren, die Gemeinden sind gehalten, bei der Planerstellung möglichst den nationalen und regionalen Zielsetzungen zu folgen (European Commission 1997; MASTOP 2001, S. 228).

Die nationale Raumordnungspolitik gibt es erst seit dem Ende der 1950er Jahre. Der erste (1960) und zweite (1966) Raumordnungsbericht zielten vor allem auf eine ausgeglichenere Verteilung von Bevölkerung und Wirtschaftsaktivitäten in den Niederlanden. Die raumordnerischen Ziele bestanden in der Verringerung der ökonomischen und sozialen Disparitäten zwischen der Randstad und den restlichen Regionen des Landes, hauptsächlich durch eine Förderung der wirtschaftlichen Entwicklung in den peripheren Regionen, um auf diese Weise auch eine günstigere Bevölkerungsverteilung zu erreichen (VAN DER WUSTEN u. FALUDI 1992; VAN DER CAMMEN u. DE KLERK 1996). Die Politik der „dezentralen Konzentration" fand auf zwei räumlichen Ebenen statt. Innerhalb der Randstadregion wurden um die vier Großstädte Amsterdam, Rotterdam, Den Haag und Utrecht Wachstumskerne (*groeikernen*) ausgewiesen, in denen ein Großteil des Wohnungsbaus der Randstadregion realisiert werden sollte (BONTJE 2001, S. 118). Auf nationaler Ebene wurden einige öffentliche Einrichtungen aus der Randstad in andere Teile des Landes umgesiedelt, um den Unternehmen die Entscheidung für eine Ansiedlung außerhalb der metropolitanen Regionen zu erleichtern.

In den 1970er Jahren wurde die Politik der flächenhaften Dekonzentration auf nationaler Ebene aufgegeben. Die „dezentrale Konzentration" wurde nun als planerisches Leitbild vor allem innerhalb der Randstadregion verfolgt *(Fig. XII; XXIII)*. Die Wachstumskerne wurden mit Hilfe von großzügigen Subventionen des Nationalstaates vor allem für den Wohnungsbau weiter entwickelt. Gleichzeitig bekam die seit den 1960er Jahren vernachlässigte Stadterneuerung in den Großstädten einen höheren Stellenwert. Großprojekte für neue Stadterweiterungsgebiete gab es in dieser Zeit kaum, eine der wenigen Ausnahmen war die Großsiedlung Bijlmermeer, die zwischen 1965 und 1975 gebaut wurde.

Etwa Mitte der 1980er Jahre gab es eine Umorientierung der niederländischen Raumordnungspolitik (BONTJE 2002), in deren Zusammenhang Konzepten der Vorrang gegeben wurde, die auf eine kompakte Stadtentwicklung zielten. Dies geschah auch aufgrund des wachsenden politischen Drucks von Seiten der Großstädte. Innerhalb der Städte, oft auf ehemaligen Industrie- oder Hafengeländen und am Stadtrand, wurden große Wohnungsbauprojekte, die so genannten *VINEX-locaties*, geplant. Eine ähnliche Politik galt für die Ansiedlung neuer Arbeitsplätze und die Entwicklung von Gewerbestandorten. Man versuchte, eine raumordnerische Hierarchie von Standorten zu erreichen (die so genannte „A-B-C-Standortpolitik") wobei innerstädtische Lagen und Standorte in Bahnhofsnähe gegenüber den Autobahnstandorten bevorzugt wurden.

Der 5. Raumordnungsbericht, erarbeitet zwischen 1997 und 2001, entwickelte das Konzept der Städtenetze. Entsprechend jenem Leitbild sollte die Ausbildung polyzentrischer Städtenetze mit Subzentren durch die Raumordnungspolitik unterstützt werden, wobei jeweils mehrere Großstädte und Regionalzentren zu einer integrierten Region entwickelt werden sollten (BONTJE 2001). Eines der vorgeschlagenen Städtenetze ist die Randstad, allerdings unter dem neuen Namen „Deltametropole". Die Großstädte und ihre zugehörigen Umlandregionen sollten stärker miteinander verknüpft werden, ohne jedoch die noch immer vergleichsweise offene Landschaft in der Mitte der Randstad, das „grüne Herz", aufzugeben (FRIELING 2000; VAN DER BURG u. DE REGT 2000; Ministerie VROM 2001).

Weitere Akteure: Sektorale Planung und öffentlich-private Partnerschaften

Die Raumordnung auf nationalstaatlicher Ebene soll gemäß ihrem politischen Ziel eine koordinierende Funktion für alle politische Entscheidungen und Maßnahmen mit räumlichen Effekten haben. Neben der Raumordnung gibt es verschiedene sektorale Planungsinstrumente, die von anderen Ministerien oder Abteilungen wahrgenommen werden. Vor allem in den 1970er Jahren hatte die querschnittsorientierte Raumordnung einen prioritären Stellenwert in der Regierungspolitik. Seitdem hat die Raumordnung viel von ihrer Bedeutung verloren, der Einfluss anderer Politikbereiche auf die Raumentwicklung hat dagegen zugenommen. So konnte man etwa im 4. Raumordnungsbericht (Ministerie VROM 1988) deutlich den starken Einfluss der Ministerien für Wirtschaft und Verkehr erkennen. Die Randstad sollte als wirtschaftlicher Kernbereich der Niederlande gestärkt werden, ihrer wirtschaftlichen Entwicklung sollten keine planerischen Restriktionen im Wege stehen. Innerhalb der Randstad bildeten die so genannten *Mainports,* der Flughafen Schiphol und der Rotterdamer Seehafen, als Motoren der niederländischen Wirtschaftsentwicklung besondere Themen der Raumplanung. Es wurden mehrere großzügige Infrastrukturprojekte in die Wege geleitet, um die Erreichbarkeit der Randstad und insbesondere der Großstädte und *Mainports* zu verbessern, etwa durch den Bau der so genannten „Betuwelinie" für den Gütertransport auf der Schiene zwischen Rotterdam und dem Rhein-Ruhrgebiet oder die Hochgeschwindigkeitsstrecken Amsterdam-Paris und Amsterdam-Köln. Die Konflikte zwischen den Bestrebungen, einerseits ein möglichst schnelles wirtschaftliches Wachstum zu erreichen und andererseits den offenen Raum so weit wie möglich zu erhalten, waren in den 1990er Jahren von vielen parlamentarischen und gesellschaftlichen Debatten begleitet.

Der Verlust des Einflusses der Planung erstreckt sich unter anderem auch auf die Standortpolitik bei der Einzelhandelsplanung, die bis Anfang der 1990er bei der Ansiedlung des großflächigen Einzelhandels auf der „grünen Wiese" sehr restriktiv gehandhabt wurde. Dies ist ein wichtiger Grund dafür, dass man in der Randstad – im Gegensatz zu anderen Metropolregionen in den westeuropäischen Ländern – noch immer kaum große Einzelhandelskonzentrationen an der metropolitanen Peripherie findet. Die einzige Ausnahme waren lange Zeit die „Möbelboulevards", an denen sich seit den 1980er Jahren große Einrichtungshäuser und Baumärkte ansiedelten. Ab 1993 ist die Standortpolitik in Bezug auf den Einzelhandel deutlich liberaler geworden, vor allem durch den politischen Druck der Gemeinden (EVERS 2001). Die Folgen sind etwa in Amsterdam-Südost sichtbar, wo das *Urban Entertainment Center* „Arena Boulevard" errichtet wurde, oder in Lelystad, wo 2001 das erste niederländische *Factory Outlet Center* eröffnete.

Auch Lobbygruppen und Gelegenheitskoalitionen, die jeweils sehr spezifische Interessen vertreten, haben in den 1990er Jahren wesentlich an Einfluss gewonnen. Gemeinden schließen sich zu Verbänden zusammen, Organisationen wie Unternehmerverbände, Zusammenschlüsse der Transport- und Logistikbranche, Umweltverbände und die so genannte „Autofahrerlobby" treten zunehmend mit eigenen Visionen, Wünschen und Forderungen an die Öffentlichkeit. Auch Public-private-Partnerschaften agieren in wachsendem Maße als raumentwicklungsrelevante Organisationsformen. So ist der Flughafen Schiphol zwar ein privatrechtliches Unternehmen, aber die Gemeinden Amsterdam, Haarlemmermeer und der niederländische Staat haben als Großaktionäre viel Einfluss auf dessen Entwicklung. Vor einigen Jahren ist von staatlichen und privaten Immobilienbesitzern mit Grundbesitz auf dem Flughafengelände oder in dessen Umfeld die Gesellschaft „Amsterdam Airport Area" für die Verwirklichung einer einheitlichen Anwerbestrategie für das Flughafengebiet gegründet worden. Nur wenige Kilometer vom Flughafen entfernt wird die Amsterdamer Südachse zu einem Spitzenstandort für multinationale Unternehmen entwickelt. Hierbei treten insbesondere die Gemeinde Amsterdam und Vertreter der zentralstaatlichen Ebene, der Bahn und der Bank- und Versicherungsgruppen ABN AMRO und ING als relevante Akteure auf.

Die momentan erfolg- und einflussreichste, auf Public-private-Partnerschaftsbeziehungen gründende Institution ist die so genannte „Deltametropole". Aus einer Initiative von Raumwissenschaftlern der Technischen Universität Delft entstand ein Verein, der Großstädte und Regionalzentren, aber auch gesellschaftliche Interessenverbände zu seinen Mitgliedern zählt. Der Verein Deltametropole hat verschiedene Forschungsinstitute beauftragt, eine integrierte Raumentwicklungsstrategie für das gesamte Gebiet der Randstad und das „grüne Herz" zu entwickeln. Diese Initiative war so überzeugend, dass die Deltametropole als eines der Städtenetze in den 5. Raumordnungsbericht aufgenommen wurde.

3.2 Wirtschaftliche und soziale Einflussfaktoren

Die Wohnsuburbanisierung in der Randstad erreichte in den 1960er und frühen 1970er Jahren ihren Höhepunkt. Einige der wichtigsten Gründe waren die schnelle Zunahme der Kaufkraft Anfang der 1960er Jahre und der wachsende Autobesitz, der es immer breiteren Bevölkerungsschichten ermöglichte, ihre Wohnwünsche im Grünen zu verwirklichen. Die starke Position des Sozialwohnungsbaus in der niederländischen Wohnungspolitik hatte zur Folge, dass sich Anfang der 1990er Jahre in Amsterdam nur etwa 10 % des Wohnungsbestandes aus Eigenheimen zusammensetzten, während 10 % der Wohnungen privat vermietet wurden und die restlichen 80 % aus Sozialwohnungen bestanden (JOBSE u. MUSTERD 1992, S. 47). Diejenigen, die ein Eigenheim gegenüber einer Mietwohnung bevorzugten, zogen daher überwiegend in suburbane oder ländliche Orte. Die von der Planung ausgewiesenen Wachstumszentren waren für diese Gruppen nur in sehr begrenztem Maße eine Alternative, weil auch dort mehr Sozialwohnungen als Eigenheime gebaut wurden. Seit Mitte der 1980er Jahre hat sich diese Situation nur leicht entspannt, obwohl in den innerstädtischen Restrukturierungsgebieten und Stadtrandbezirken relativ viele Eigenheime entstanden sind.

Aufgrund des starken ökonomischen Wachstums in den 1990er Jahren erhöhte sich der Druck auf den Wohnungsmarkt vor allem für Eigenheime. Seit der Wirtschaftskrise ab dem Jahre 2001 hat sich daran noch nicht viel geändert. Die Wohnungspreise stiegen ab Mitte der 1990er Jahre sprunghaft an, vor allem in den Stadtregionen von Amsterdam und Utrecht, und zwar nicht nur an den metropolitanen Peripherien, sondern auch in den Kernstädten. Das Wohnen im suburbanen Raum ist immer noch das vorherrschende Leitbild des Wohnens, obwohl das Interesse für innerstädtische Wohnformen im vergangenen Jahrzehnt deutlich zugenommen hat. Die niederländische Bevölkerungsstruktur hat sich seit den 1960er Jahren tiefgreifend verändert. Die Anteile der „Singles" und der Paare ohne Kinder in der Bevölkerung sind stark gestiegen, ebenso wie der Anteil von Bevölkerungsgruppen ausländischer Herkunft. Diese Gruppen bevorzugen im Allgemeinen ein urbanes Wohnumfeld. In der Folge wurde wieder mehr in innerstädtische Wohnlagen investiert (JOBSE u. MUSTERD 1992; BONTJE 2001). Während in den 1960er und 1970er Jahren vor allem die Innenstädte und älteren Stadterweiterungsviertel des 19. Jahrhunderts als Problembezirke galten, sind seit den 1980er Jahren die neueren Stadterweiterungsgebiete von Leerstand, Vernachlässigung und einer Konzentration sozial schwacher Gruppen betroffen.

Der Strukturwandel von einer industriellen zu einer dienstleistungsorientierten Wirtschaft hatte gravierende Folgen für die Großstädte. Deindustrialisierungsprozesse gab es in den 1970er und 1980er Jahren vor allem in Amsterdam und Rotterdam, obwohl die Hafenkomplexe auch heute noch wichtige Arbeitgeber sind und einen beträchtlichen Anteil an der wirtschaftlichen Wertschöpfung beider Städte haben. Der Schiffbau ist fast völlig aus Amsterdam und Rotterdam verschwunden. Traditionelle Industriestädte wie IJmuiden (Stahlwerk), Haarlem (Metallverarbeitung) und Zaandam (Nahrungsmittel) haben viele Arbeitsplätze verloren. In der weniger industriell geprägten Stadt Den Haag wurden viele Stellen bei den staatlichen Behörden, dem wichtigsten lokalen Arbeitgeber, abgebaut. In Leiden und Delft dagegen, wo sich seit den 1950er Jahren Hochtechnologiebranchen angesiedelt haben, konnten sich industrielle Standorte weiterentwickeln (DE SMIDT 1992, S. 115). Die Umlandgemeinden der Großstädte und Regionalzentren waren von diesen wirtschaftlichen Problemen in geringerem Maße betroffen, weil es dort kaum Schwerindustrie gab und die Dekonzentration der Arbeitsplätze bis zum Anfang der 1980er Jahre nur zögerlich eingesetzt hatte. Die intraregionale Dekonzentration ab den 1980er Jahren vollzog sich vor allem im tertiären Sektor und weniger in der industriellen Produktion.

Anfang der 1990er Jahre setzte fast überall in der Randstad ein neues Arbeitsplatzwachstum ein. Die neuen Wachstumsbranchen waren vor allem Finanz- und unternehmensbezogene Dienstleistungen. Innerhalb der Randstad sind deutliche regionale Unterschiede in der Wirtschaftsentwicklung zu erkennen, deren Ansätze sich bereits in den 1980er Jahren gebildet hatten. Der Nordflügel der Randstad mit Amsterdam und Utrecht entwickelt sich wesentlich dynamischer als der Südflügel mit Rotterdam und Den Haag. Teilweise beruhen diese Unterschiede auf traditionellen funktionalen Spezialisierungen der Großstädte, wobei sich der Nordflügel schneller und einfacher an die neuen ökonomischen

Bedingungen des globalisierten Weltmarktes anpassen konnte (Louter 1999; Ministerie EZ 1999). Die Perspektiven dieser Disparitäten zwischen Nord- und Südflügel werden unterschiedlich bewertet: Während das Wirtschaftsministerium mit einem weiterhin schnelleren Wachstum des Nordflügels rechnet (Ministerie EZ 1999), erkennen Kloosterman und Lambregts (2001) eine Annäherung zwischen den beiden Teilen der Randstad. Amsterdam konnte seine Spezialisierung im Bereich der Finanzdienstleistungen fortsetzen. Zwar haben viele Banken ihre Hauptsitze aus der Innenstadt verlagert, aber sie bevorzugen doch Standorte in der räumlichen Nähe zu den wichtigen Finanzinstitutionen wie der Amsterdamer Aktienbörse. So entstanden neue Subzentren am Stadtrand: die Südachse, wo sich gegenwärtig der teuerste Grund und Boden der Niederlande befindet, Teleport und Amsterdam-Südost. Diese Subzentren haben deutlich vom Bau des Autobahnrings um Amsterdam und der Ringlinie der U-Bahn profitiert (Bertolini u. Le Clercq 2002). In Amsterdam und Utrecht befinden sich auch die wichtigsten Konzentrationen von Universitäten und Fachhochschulen der Niederlande. Am Stadtrand von Utrecht hat sich seit den 1970er Jahren im Umfeld des Universitätskomplexes ein Cluster von Einrichtungen und Unternehmen für angewandte Forschung und Produktentwicklung gebildet. Die Universität von Amsterdam ist bestrebt, am östlichen Stadtrand von Amsterdam ähnliche Standorte zu realisieren.

Die Nachbargemeinden von Amsterdam und Utrecht profitieren von diesen Entwicklungen, weil die beiden Großstädte nicht genügend Erweiterungsmöglichkeiten für rasch wachsende Unternehmen bieten und die innerstädtische Erreichbarkeit ungenügend ist. Auf dem Flughafengelände Schiphol sind ab den 1980er Jahren mehrere Bürostandorte entstanden, wo nicht nur Fluggesellschaften und Flughafendienste, sondern auch nationale und europäische Zentralen multinationaler Unternehmen zu finden sind. Weil Schiphol jedoch nicht allen interessierten Unternehmen Flächen anbieten kann, entwickelt sich die in etwa 5 km Entfernung gelegene Stadt Hoofddorp zu einem bedeutenden Bürostandort.

4 Entwicklung neuer räumlicher Strukturen in der Peripherie

Fig. 3 zeigt die neuen ökonomischen Pole, die seit den 1970er Jahren entstanden sind. Die Auswahl dieser Pole gründet in erster Linie auf früheren Forschungen (u.a. De Smidt 1992; Engelsdorp Gastelaars u. Ostendorf 1994; Bontje 2001; Bertolini u. Le Clerq 2002). Hierbei wurden auch alle Wachstumskerne, die im Rahmen der Politik der „dezentralen Konzentration" ausgewiesen wurden, berücksichtigt. Die Pole hatten im Jahre 1996 mindestens 5.000 Arbeitsplätze. Anhand des Arbeitsplatzwachstums zwischen 1996 und 2000 wurden „dynamische" und „stagnierende" Pole unterschieden, wobei die dynamischen Pole ein absolutes Wachstum von mindestens 5.000 Arbeitsplätzen und ein relatives Wachstum von mindestens 20 % aufweisen.[2]

Auffällig ist die Lage aller Pole innerhalb des ökonomischen Kerngebiets. Hieraus lässt sich die Frage ableiten, ob es berechtigt ist, von „peripheren ökonomische Polen" zu sprechen. Die meisten dieser Pole sind jedoch erst seit einigen Jahren Teile des ökonomischen Kerngebiets. Noch vor einigen Jahren erreichten einige Orte den angesetzten Schwellenwert von 700 Arbeitsplätzen pro km² nicht. Andere Städte sind erst vor 25 bis 30 Jahren gegründet worden (Almere und Lelystad) oder sind während der 1970er (Zoetermeer, Nieuwegein, Houten) oder 1980er Jahre (Hoofddorp) aus Dörfern entstanden. Durch die Schwierigkeit der Zuordnung einzelner Pole zum definierten ökonomischen Kerngebiet und die in langen Zeiträumen entstandene mehrkernige, polyzentrische Struktur der Randstad ist die Anwendung von allzu schematischen und stringenten Zentrum-Peripherie-Konzepten problematisch.

Zu den stagnierenden Polen gehören jene „Wachstumskerne" (*groeikernen*), die in relativ weiter Entfernung von den Großstädten errichtet wurden bzw. ausgebaut worden sind. Von Seiten der staat-

---

[2] Die Schwellenwerte wurden deshalb so hoch angesetzt, weil das gesamte Arbeitsplatzwachstum sowohl in den Niederlanden als auch in der Randstad zwischen 1996 und 2000 besonders hoch war *(Fig. 4)*. Obwohl also Gemeinden wie Aalsmeer, Zoetermeer oder Alphen aan den Rijn ein beachtliches Wachstum aufwiesen, werden sie dennoch als „stagnierende Pole" betrachtet, weil sich ihre Entwicklung kaum vom regionalen und nationalen Durchschnitt unterscheidet.

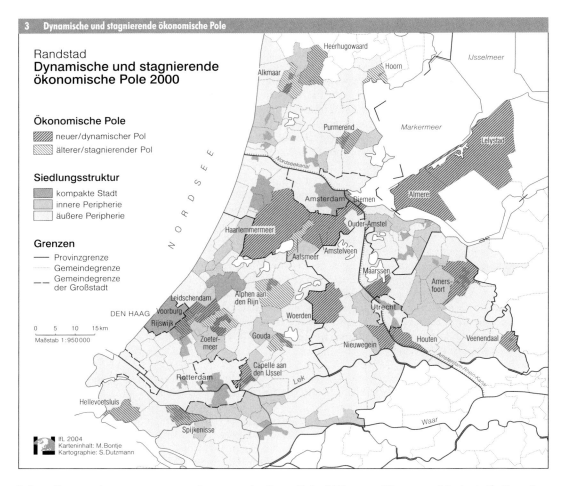

Randstad
**Dynamische und stagnierende
ökonomische Pole 2000**

Ökonomische Pole

▨ neuer/dynamischer Pol
▧ älterer/stagnierender Pol

Siedlungsstruktur

▮ kompakte Stadt
▬ innere Peripherie
▯ äußere Peripherie

Grenzen

── Provinzgrenze
········ Gemeindegrenze
── ── Gemeindegrenze
      der Großstadt

0 5 10 15 km
Maßstab 1:950 000

IfL 2004
Karteninhalt: M. Bontje
Kartographie: S. Dutzmann

lichen Raumordnung war vorgesehen, gerade diese Orte (Alkmaar, Hoorn und Lelystad) über ihre Funktion als suburbane Wohnsiedlungen hinaus zu Zentren eigener Stadtregionen zu entwickeln, um die Gewerbeentwicklung in den jeweiligen Regionen zu aktivieren. Allerdings wurde die Gewerbeansiedlung in weit geringerem Maße subventioniert als der Wohnungsbau. Das Wachstum der gewerblichen Unternehmen und die Entwicklung der Arbeitsplätze blieb daher weit hinter den Erwartungen der Planer zurück und war gegenüber dem schnellen Anstieg der Wohnbevölkerung wesentlich geringer (BONTJE 2002, S. 48). In Alkmaar, Hoorn und Purmerend ist eine deutliche Stagnation der Arbeitsplatzentwicklung erkennbar *(Fig. 4)*. Lediglich Lelystad hat zwischen 1996 und 2000 relativ viele Arbeitsplätze hinzugewinnen können.

Eine zweite Gruppe stagnierender Pole wird durch die Regionalzentren im „grünen Herzen" der Randstadregion gebildet. Diese Zentren (Gouda, Alphen aan den Rijn) waren in den 1960er und 1970er Jahre als Arbeits- und Versorgungszentren für das Gebiet des „grünen Herzens" vorgesehen, eine Zone, die gegen *urban-sprawl*-Prozesse geschützt werden sollte. Der Wohnungsbau sollte sich vorrangig in diesen Zentren konzentrieren. In den 1960er und 1970er Jahren nahm die Bevölkerung wie auch die Beschäftigung in den Regionalzentren stark zu, ab Anfang der 1980er Jahre wurden die Regionalzentren vor dem Hintergrund einer veränderten Raumordnungspolitik in ihren weiteren räumlichen Entwicklungsmöglichkeiten stark eingeschränkt.

Zu den dynamischen Polen gehören fast alle durch die Raumplanung ausgewiesenen Wachstumskerne in Großstadtnähe. Allerdings haben sich jene Kerne hinsichtlich der Beschäftigung in anderer Weise entwickelt, als es von den Raumplanern vorgesehen war. Die Siedlungskerne in Großstadtnähe sollten vorrangig als suburbane Wohngegenden genutzt werden, sie sind mittlerweile jedoch fast alle zu bedeutenden Arbeitsplatzkonzentrationen geworden, die als ökonomische Standorte mit den Groß-städten konkurrieren. So war es für die Gemeinde Haarlemmermeer von Vorteil, dass der Flughafen Schiphol sich auf ihrem Territorium befindet. Hinzu kommen mehrere „ungeplante" suburbane Sied-lungen von Amsterdam (Diemen, Amstelveen, Ouder-Amstel), Utrecht (Maarssen) und Den Haag (Leidschendam). Beide Siedlungstypen weisen äußerst günstige Standortfaktoren auf: eine sehr gute Erreichbarkeit, niedrige Grundstücks- und Baukosten bei gleichzeitig vorhandenen Agglomerations-vorteilen der Großstädte. An den Stadträndern der Großstädte entstehen auch weiterhin konkurrie-rende neue ökonomische Pole, wobei sich vor allem die Amsterdamer Standorte an den Schnittstellen von Autobahnen und Fernbahnhöfen derzeit äußerst dynamisch entwickeln (BERTOLINI u. LE CLERQ 2002). Aalsmeer, Haarlemmermeer, Amstelveen, Teleport (Amsterdam-West), die Amsterdamer Süd-achse, Amsterdam-Südost und Diemen kann man als Teile eines großen zusammenhängenden Wachs-tumsraums betrachten: des Amsterdamer Südraums. Im international beobachteten Trend der Um-wandlung von Flughäfen zu „Flughafenstädten" ist Schiphol eines der herausragendsten und am wei-testen entwickelten Beispiele (BURGHOUWT 2002). Weitere dynamische Pole gibt es an den östlichen und südlichen Rändern der Randstad. So war Amersfoort ab den 1970er Jahren eine derjenigen Städ-te, die als regionale Entwicklungszentren außerhalb der Randstad vorgesehen waren und deren Wachs-

tum stark gefördert wurde. Mittlerweile sind aber die Stadt und Region Amersfoort Teil der sich per-manent erweiternden Randstad. Amersfoort und die anderen beiden peripher gelegenen Pole Vee-nendaal und Gorinchem haben sich vor allem durch eine gute Autobahnanbindung stark entwi-ckelt. Diese Städte können als Verbindungspunk-te der Randstad mit den weiter östlich und süd-lich gelegenen Stadtregionen gelten.

Während der letzten Jahre haben in den dyna-mischen Polen vor allem Finanz-, Versicherungs-, Beratungs- und IT-Dienstleistungen zum Arbeits-platzwachstum beigetragen. In den peripher ge-legenen Polen und an den Standorten um Utrecht spielen auch Transport- und Logistikunternehmen eine bedeutende Rolle. Insgesamt ist die Spezia-lisierung der dynamischen Pole gegenüber den sta-gnierenden Polen oder sonstigen Teilen der Rand-stad wenig ausgeprägt *(Fig. 5)*. Die auffällige Kon-zentration der Branchengruppe „Transport und Kommunikation" ist fast ausschließlich auf die Gemeinde Haarlemmermeer zurückzuführen, wo der Flughafen Schiphol im Jahr 2000 Arbeitge-ber für die Hälfte aller Beschäftigten war. Die ein-zige Branche, die eine strukturelle ökonomische Spezialisierung der dynamischen Pole erkennen lässt, sind die unternehmensbezogenen Dienstleis-tungen. In den Großstädten konzentriert sich vor allem der Bereich „Banken und Finanzen", was in erster Linie der traditionellen Spezialisierung Amsterdams als Finanzzentrum geschuldet ist.

4	Arbeitsplatzwachstum der ökonomischen Pole in der Randstadregion 1996-2000	
Gemeinde/Region	**Arbeitsplatzwachstum 1996-2000**	
	in Prozent	*absolut*
Dynamische Pole		
Almere	48,1	15 379
Houten	43,9	4 692
Diemen	39,1	5 948
Capelle aan den IJssel	38,4	8 874
Haarlemmermeer	36,5	31 203
Nieuwegein	35,0	10 614
Leidschendam	34,3	5 467
Woerden	29,0	5 466
Maarssen	27,9	4 362
Veenendaal	27,0	5 890
Ouder-Amstel	27,0	2 438
Lelystad	23,7	5 201
Amstelveen	22,0	6 848
Amersfoort	21,5	11 410
Stagnierende Pole		
Aalsmeer	18,7	3 031
Hellevoetsluis	18,6	1 282
Zoetermeer	18,2	7 175
Heerhugowaard	16,6	2 517
Alphen aan den Rijn	14,5	3 530
Rijswijk	12,5	4 387
Purmerend	8,9	1 638
Spijkenisse	8,7	1 378
Gouda	8,1	2 304
Alkmaar	6,7	2 818
Hoorn	5,2	1 274
Voorburg	0,3	35
Randstad	*14,3*	*408 022*
Niederlande	*13,1*	*825 216*

Quelle: LISA/ETIN Adviseurs, Tilburg and ABF Research, Delft, Bedrijven Monitor 2000 (CD-Rom)

5 Perspektiven der Entwicklung

Die 2001 einsetzende Weltwirtschaftskrise hat die niederländische Wirtschaft und vor allem die Dyna-mik in der Randstadregion hart getroffen. Dies gilt insbesondere für den Raum um Amsterdam. Die-ser in den 1990er Jahren dynamischste Teil der Randstad wurde ab 2001 eine der leistungsschwächsten

Teilregionen. Der Raum um Amsterdam ist stark international orientiert und reagiert deshalb empfindlich auf Schwankungen der internationalen Wirtschaftsdynamik. Der Rückgang in Dienstleistungsbranchen wie Flughafendienste, Fluggesellschaften, IT-Sektor und Finanzdienstleistungen wird aber generell als nur kurzfristig eingeschätzt. Die herrschende Erwartung ist, dass vor allem der Nordflügel der Randstad (Amsterdam-Schiphol-Utrecht-Amersfoort-Almere und Umgebung) sich mittel- und längerfristig dyna-

5 Wirtschaftsräumliche Spezialisierung in der Randstadregion 2000					
Branchengruppe	Ökonomisches Kerngebiet		Äußere Stadtregion	Neue ökonom. Pole in der metropolitanen Peripherie	
	Großstädte (Gemeinden)	sonst. Kerngebiet	sonstige Functional Urban Region	Dynamische Pole	Stagnierende Pole
Industrie	–				
Bau			+		
Handel, Reparatur	–	–	+		
Hotel, Gastronomie	+			–	–
Transport, Kommunikation		–	–	++	–
Banken, Finanzen	++		–	–	–
unternehmensbezogene Dienste				+	
öffentliche Verwaltung	+		–	–	+
Bildung			–	–	
Gesundheit			–	–	
sonstige Dienste				–	

Lokalisationskoeffizienten	++	sehr starke Konzentration (LQ>150)	Quelle:
Regionsdurchschnitt	+	starke Konzentration (120>LQ<150)	LISA/ETIN Adviseurs,
LQ=100	o	keine starke Konzentration (80>LQ<120)	Tilburg and ABF Research, Delft,
	–	starkes Defizit (50>LQ<80)	Bedrijven Monitor
	––	sehr starkes Defizit (LQ<50)	2000 (CD-Rom)

misch weiterentwickeln werden. Mit etwas mehr Sorgen wird der Südflügel betrachtet, dessen Wirtschaft sich trotz Umstrukturierungsbemühungen noch immer nicht vollständig an die postfordistische Weltökonomie angepasst hat. Diesbezüglich erscheint auch die neueste Kurswende der niederländischen Regierung, die auf einen weiteren Ausbau der *mainports* Rotterdam und Flughafen Schiphol setzt, als beinahe „altmodisch".

Welche Rolle die neue Zentren in der metropolitanen Peripherie in den nächsten Jahren spielen werden, ist momentan nur schwer einzuschätzen. Sollte die niederländische Wirtschaft sich rasch erholen, so ist zu erwarten, dass die neuen Zentren den Wachstumskurs der 1990er Jahre wieder aufnehmen können. Die chancenreichsten Zentren sind dann die Randgemeinden von Amsterdam (Haarlemmermeer, Almere) und Utrecht (Nieuwegein, Maarssen, Houten), sowie die Zentren am östlichen Rand der Randstad, vor allem Amersfoort. Möglicherweise wird die Randstad sich auch etwas weiter nach Osten ausdehnen und eine gemeinsame metropolitane Region mit Arnhem, Nijmegen und Apeldoorn bilden. Wenn aber die nationale Wirtschaftskrise länger als erwartet anhält, dann könnten sich die neuen ökonomischen Pole auch in „Krisenpole" verwandeln. Das Überangebot an Büroflächen, dass wegen der zu optimistischen Wachstumserwartungen ab 2000 entstanden ist, muss zunächst vermarktet werden, bevor an weitere Ausbauprojekte in den neuen Zentren zu denken ist.

Literatur

AALST, I. VAN u. J. VAN WEESEP (1999): De Randstad als metropool. Overzicht van feiten en visies. Utrecht.

ATZEMA, O. (1999): Netwerksteden; net van werksteden. In: DIELEMAN, F. M. u. S. MUSTERD (Hrsg.): Voorbij de compacte stad? Assen, S. 121 - 140.

BATTEN, D. (1995): Network cities, creative agglomerations for the 21st century. In: Urban Studies 32, S. 313 - 327.

BERTOLINI, L. u. F. LE CLERQ (2002): Urban development without more mobility by car? Lessons from Amsterdam, multimodal city. Amsterdam.

BONTJE, M. (2001): The challenge of planned urbanisation. Urbanisation and national urbanisation policy in the Netherlands in a Northwest-European perspective. Amsterdam.

BONTJE, M. (2002): Dezentrale Konzentration; Erfahrungen in der Region Amsterdam, Perspektiven für Berlin-Brandenburg. In: ADELHOF, K., H. PETHE u. M. SCHULZ (Hrsg.): Amsterdam und Berlin

– Konzepte, Strukturen und städtische Quartiere. Berliner Geographische Arbeiten 94, S. 42 - 54.

BURG, A. VAN DER u. A. DE REGT (2000): Randstad Holland; the Delta Metropolis. In: Information zur Raumentwicklung, H. 11/12, S. 691 - 704.

BURGHOUWT, G. (2002): De onweerstaanbare opkomst van de airport city. In: Geografie 11, H. 7, S. 6 - 12.

CAMMEN, H. VAN DER u. L. DE KLERK (1996): Ruimtelijke ordening. De ontwikkelingsgang van de ruimtelijke ordening in Nederland. Utrecht.

CEC (Commission of the European Communities) (1999): European Spatial Development Perspective – Towards balanced and sustainable development of the territory of the EU. Luxemburg.

CORTIE, C., M. DIJST u. W. OSTENDORF (1992): The Randstad a metropolis? In: Tijdschrift voor Economische en Sociale Geografie 83, S. 278 - 288.

DIELEMAN, F. u. A. FALUDI (1998): Polynucleated urban regions in Europe. Theme of the special issue. In: European Planning Studies 6, S. 605 - 621.

ENGELSDORP GASTELAARS, R. VAN u. W. OSTENDORF (1994): Amsterdam. Capital city without capital functions. In: CLOUT, H. (Hrsg.): Europe's cities in the late twentieth century. Utrecht, Amsterdam, S. 85 - 98.

European Commission (1997): The EU compendium of spatial planning systems and policies. Regional development studies 28. Luxemburg.

EVERS, D. V. H. (2001): Einzelhandelsplanung, -politik und -entwicklung in der Region Amsterdam. In: DEBEN, l. u. J. VAN DE VEN (Hrsg.): Berlin und Amsterdam. Globalisierung und Segregation. Amsterdam, S. 78 - 91.

FRIELING, D. (2000): De Deltametropool. Een nieuw planningsconcept. In: Agora 16, S. 4 - 5.

HALL, P. (1966): The world cities. London.

JOBSE, R. B. u. S. MUSTERD (1992): Changes in the residential function of the big cities. In: DIELEMAN, F. M. u. S. MUSTERD (Hrsg.): The Randstad. A research and policy laboratory. Dordrecht, S. 39 - 64.

KLOOSTERMAN, R. u. B. LAMBREGTS (2001): Clustering of economic activities in polycentric urban regions; the case of the Randstad. In: Urban Studies 38, S. 717 - 732.

KLOOSTERMAN, R. u. S. MUSTERD (2001): The polycentric urban region. Towards a research agenda. In: Urban Studies 38, S. 623 - 633.

LOUTER, P. (1999): De economie van stadsgewesten. Heden, verleden en toekomst. Delft.

MASTOP, H. J. M. (2001): Dutch national planning at the turning point. Rethinking institutional arrangements. In: ALTERMAN, R. (Hrsg.): National-level planning in democratic countries. An international comparison of city and regional policy-making. Liverpool, S. 219 - 256.

MEHLBYE, P. (2000): Global integration zones – Neighbouring metropolitan regions in metropolitan clusters. In: Information zur Raumentwicklung, H. 11/12 , S. 755 - 762.

MEIJERS, E. u. A. ROMEIJN (2003): Building regional organizing capacity in polycentric urban regions. In: European Urban and Regional Studies 10, S. 173 - 186.

Ministerie EZ (1999): Nota ruimtelijk-economisch beleid – Dynamiek in netwerken. Den Haag.

Ministerie VROM (1988): Vierde nota over de ruimtelijke ordening. 's-Gravenhage.

Ministerie VROM (2001): Ruimte maken, ruimte delen. Vijfde nota over de ruimtelijke ordening. Den Haag.

REIJNDORP et al. (1998): Buitenwijk. Stedelijkheid op afstand. Rotterdam.

SMIDT, M. DE (1992): A world city paradox. Firms and the urban fabric. In: DIELEMAN, F. M. u. S. MUSTERD (Hrsg.): The Randstad, a research and policy laboratory. Dordrecht, S. 97 - 122.

TAYLOR, P. J. (2002): Amsterdam in a world city network. Loughborough.

VEER, J. VAN DER (1997): Omstreden stadsgrenzen. Een eeuw besluitvorming over annexaties en regionale besturen rond Amsterdam en Eindhoven. Delft.

WUSTEN, H. VAN DER u. A. FALUDI (1992): The Randstad, playground for physical planners. In: DIELEMAN, F. M. u. S. MUSTERD (Hrsg.): The Randstad, a research and policy laboratory. Dordrecht, S. 17 - 38.

Neue ökonomische Pole

Ludwigsfelde/Dahlewitz – Ein industrieller Leuchtturm in der äußeren Peripherie der Stadtregion Berlin

Günter Herfert

1 Einleitung

Der Wachstumsraum Ludwigsfelde/Dahlewitz, einer der neuen dynamischen Pole im prosperierenden südlichen Berliner Umland, gehört zu den wenigen industriellen Leuchttürmen in der ostdeutschen Schrumpfungslandschaft. Während in manchen Regionen Ostdeutschlands bis zu 80 % des Industriepotenzials wegbrachen, gelang hier nach der Wende nicht nur die Revitalisierung eines alten Industriestandortes, der IFA-Werke Ludwigsfelde durch Daimler-Benz, sondern zugleich die Ansiedlung eines weiteren Global Players auf der Grünen Wiese, Rolls-Royce in Dahlewitz. Insbesondere durch diese beiden mit bedeutenden EU- und Bundesmitteln geförderten Großinvestitionen wurde der Landkreis Teltow-Fläming, in dessen berlinnahem Teil sich der Wachstumsraum befindet, der wirtschaftlich erfolgreichste Landkreis in den neuen Ländern.[1]

Der Pol Ludwigsfelde/Dahlewitz besteht aus zwei Standortkonzentrationen am südlichen Berliner Autobahnring (*Fig. 1*). Am Standort Ludwigsfelde sind es sowohl revitalisierte Altstandorte (Industriepark Ost/West) als auch neue große Gewerbeparks (Brandenburg Park und Preußenpark). Zur Standortkonzentration gehört auch das neue Güterverkehrszentrum (GVZ) Berlin Süd in Großbeeren, das über eine neue vierspurige Bundesstraße optimal an das neue Autobahnkleeblatt Ludwigsfelde Ost angebunden wurde. Mit insgesamt über 500 ha neu ausgewiesener Gewerbefläche ist die Standortkonzentration Ludwigsfelde die flächenmäßig extensivste in der Berliner Stadtregion. Im Gegensatz zu Ludwigsfelde ist die Standortkonzentration Dahlewitz eine Neugründung auf der grünen Wiese. Im unmittelbaren Umfeld der Autobahnauffahrt entstanden der Gewerbe- und Industriepark Dahlewitz Süd, u.a. mit Rolls-Royce, ein größerer Hotelkomplex, das Einkaufszentrum SüdringCenter sowie das östlich von Dahlewitz gelegene logistikorientierte Gewerbegebiet von Groß Kienitz.

Neben seiner herausragenden industriellen Bedeutung ist der Pol Ludwigsfelde/Dahlewitz zugleich einer der größten Konzentrationsräume der Logistikbranche im Berliner Umland. So besitzen neben dem GVZ in Großbeeren auch die meisten anderen Gewerbe- und Industriegebiete bedeutende Logistikanteile (HVB 2001, S. 21f.). Das Gewerbegebiet „Am Birkengrund" in Ludwigsfelde wird sogar fast ausschließlich von Logistikern genutzt. Die Ansiedlung der Logistikunternehmen, die vor allem den Berliner Markt beliefern, erfolgte vorrangig aufgrund der günstigen Autobahnverbindung sowohl zu Berlin als auch zu den Wirtschaftsstandorten in den alten Ländern. Vom Wachstumsraum Ludwigsfelde/Dahlewitz ist Berlin sowohl über das Autobahndreieck Drewitz (A115) als auch über das Schönefelder Kreuz (A113) zu erreichen. Eine neue direkte Zufahrt vom Autobahnkleeblatt Ludwigsfelde Ost über die vierspurige Bundesstraße 101n in das Berliner Stadtgebiet ist wegen fehlender Anschlussplanungen und z.Z. geringer Finanzierungschancen auf Berliner Seite noch nicht optimiert. Die günstige Lage im Eisenbahnnetz – teilweise war an einzelnen Standorten bereits ein spezieller Gleisanschluss vorhanden bzw. wurde sogar neu errichtet[2] – wird von den Unternehmen nur aus langfristiger Sicht als potenzieller Standortfaktor gesehen.

---

[1] Nach einem Ranking des Magazins Focus-Money, das 440 deutsche Kreise nach den Kriterien Arbeitslosenquote, wirtschaftliche Investitionen sowie Arbeitsplatz- und Bevölkerungsentwicklung bewertete, kam der Kreis Teltow-Fläming auf den 112. Rang und war damit bester Landkreis in den neuen Bundesländern (SPD Brandenburg 2003).
[2] Die Altindustriestandorte in Ludwigsfelde besaßen bereits einen Gleisanschluss, für das GVZ in Großbeeren wurde er speziell gebaut.

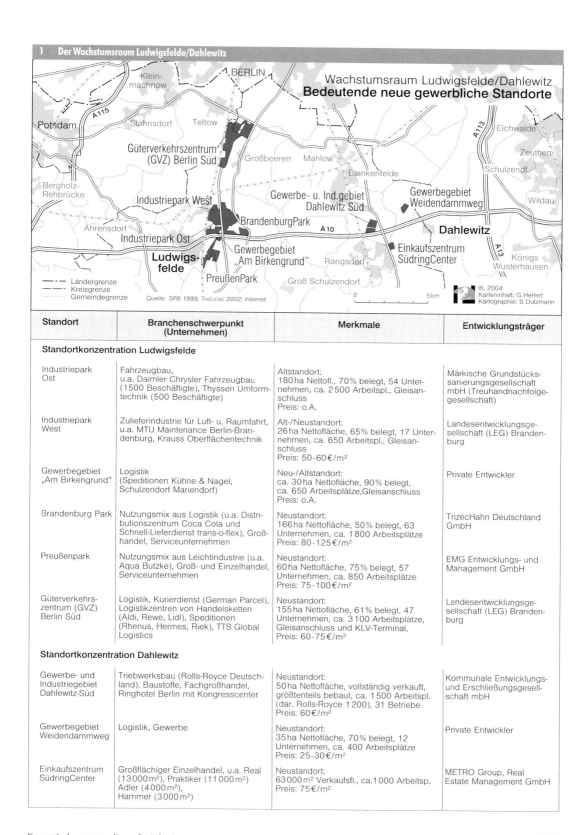

1 Der Wachstumsraum Ludwigsfelde/Dahlewitz

Wachstumsraum Ludwigsfelde/Dahlewitz
Bedeutende neue gewerbliche Standorte

BERLIN
Klein-machnow
Potsdam
A115
Stahnsdorf   Teltow
Güterverkehrszentrum (GVZ) Berlin Süd
Großbeeren   Mahlow
A113   Eichwalde
Zeuthen
Schulzendf.
Bergholz-Rehbrücke
Industriepark West
Gewerbe- u. Ind.gebiet Dahlewitz Süd
Gewerbegebiet Weidendammweg
Wildau
Blankenfelde
Ahrensdorf
BrandenburgPark   A10
Industriepark Ost
Ludwigs-felde
Gewerbegebiet „Am Birkengrund"
PreußenPark
Einkaufszentrum SüdringCenter
Dahlewitz
A13
Königs Wusterhausen
Rangsdorf
Groß Schulzendorf

— · —   Ländergrenze
— — — Kreisgrenze
·······   Gemeindegrenze
Quelle: SPB 1999; THIELICKE 2002; Internet

0   5km

IfL 2004
Karteninhalt: G.Herfert
Kartographie: S.Dutzmann

Standort	Branchenschwerpunkt (Unternehmen)	Merkmale	Entwicklungsträger
Standortkonzentration Ludwigsfelde			
Industriepark Ost	Fahrzeugbau, u.a. Daimler Chrysler Fahrzeugbau (1500 Beschäftigte), Thyssen Umformtechnik (500 Beschäftigte)	Altstandort: 180 ha Nettofl., 70% belegt, 54 Unternehmen, ca. 2500 Arbeitspl., Gleisanschluss Preis: o.A.	Märkische Grundstückssanierungsgesellschaft mbH (Treuhandnachfolgegesellschaft)
Industriepark West	Zulieferindustrie für Luft- u. Raumfahrt, u.a. MTU Maintenance Berlin-Brandenburg, Krauss Oberflächentechnik	Alt-/Neustandort: 26 ha Nettofläche, 65% belegt, 17 Unternehmen, ca. 650 Arbeitspl., Gleisanschluss Preis: 50-60€/m²	Landesentwicklungsgesellschaft (LEG) Brandenburg
Gewerbegebiet „Am Birkengrund"	Logistik (Speditionen Kühne & Nagel, Schulzendorf Mariendorf)	Neu-/Altstandort: ca. 30 ha Nettofläche, 90% belegt, ca. 650 Arbeitsplätze, Gleisanschluss Preis: o.A.	Private Entwickler
Brandenburg Park	Nutzungsmix aus Logistik (u.a. Distributionszentrum Coca Cola und Schnell-Lieferdienst trans-o-flex), Großhandel, Serviceunternehmen	Neustandort: 166 ha Nettofläche, 50% belegt, 63 Unternehmen, ca. 1800 Arbeitsplätze Preis: 80-125€/m²	TrizecHahn Deutschland GmbH
Preußenpark	Nutzungsmix aus Leichtindustrie (u.a. Aqua Butzke), Groß- und Einzelhandel, Serviceunternehmen	Neustandort: 60 ha Nettofläche, 75% belegt, 57 Unternehmen, ca. 850 Arbeitsplätze Preis: 75-100€/m²	EMG Entwicklungs- und Management GmbH
Güterverkehrszentrum (GVZ) Berlin Süd	Logistik, Kurierdienst (German Parcel), Logistikzentren von Handelsketten (Aldi, Rewe, Lidl), Speditionen (Rhenus, Hermes, Riek), TTS Global Logistics	Neustandort: 155 ha Nettofläche, 61% belegt, 47 Unternehmen, ca. 3100 Arbeitsplätze, Gleisanschluss und KLV-Terminal, Preis: 60-75€/m²	Landesentwicklungsgesellschaft (LEG) Brandenburg
Standortkonzentration Dahlewitz			
Gewerbe- und Industriegebiet Dahlewitz-Süd	Triebwerksbau (Rolls-Royce Deutschland), Baustoffe, Fachgroßhandel, Ringhotel Berlin mit Kongresscenter	Neustandort: 50 ha Nettofläche, vollständig verkauft, größtenteils bebaut, ca. 1500 Arbeitspl. (dar. Rolls-Royce 1200), 31 Betriebe Preis: 60€/m²	Kommunale Entwicklungs- und Erschließungsgesellschaft mbH
Gewerbegebiet Weidendammweg	Logistik, Gewerbe	Neustandort: 35 ha Nettofläche, 70% belegt, 12 Unternehmen, ca. 400 Arbeitsplätze Preis: 25-30€/m²	Private Entwickler
Einkaufszentrum SüdringCenter	Großflächiger Einzelhandel, u.a. Real (13000 m²), Praktiker (11000 m²) Adler (4000 m²), Hammer (3000 m²)	Neustandort: 63000 m² Verkaufsfl., ca.1000 Arbeitsp. Preis: 75€/m²	METRO Group, Real Estate Management GmbH

Europäische metropolitane Peripherien

2 Die Entwicklung des Wachstumsraumes

2.1 Entwicklung vor 1990

Der Raum Ludwigsfelde/Dahlewitz war bis Mitte der 1930er Jahre rein ländlich geprägt. Einzig für die Gemeinde Ludwigsfelde, die im Jahre 1933 nur 224 Einwohner zählte, begann 1936 der schnelle Aufstieg zur Industriestadt mit einem dynamischen Bevölkerungswachstum durch die Gründung eines Flugzeugmotorenwerkes mit 5.600 Beschäftigten durch den in Berlin-Marienfelde ansässigen Daimler-Benz-Konzern auf einer Fläche von 375 ha. Die Bevölkerungszahl der Gemeinde stieg mit der Errichtung der Daimler-Benz-Werkssiedlung schnell auf 6.000 Einwohner (*Fig. 2*). Für die Einpendler aus Berlin entstand eine Vorortbahn von Berlin Lichtenrade. Während des Zweiten Weltkrieges arbeiteten hier fast 15.000 Arbeiter, rund 60 % davon waren Zwangsarbeiter (NEUMANN 2002). Im Sommer 1944 wurde das Motorenwerk bei einem Luftangriff weitgehend zerstört. Nach dem Zweiten Weltkrieg erfolgte die Demontage des Rüstungsbetriebes. Die industrielle Entwicklung von Ludwigsfelde setzte sich – mit zeitlicher Unterbrechung – 1952 fort. Auf einem Teilareal

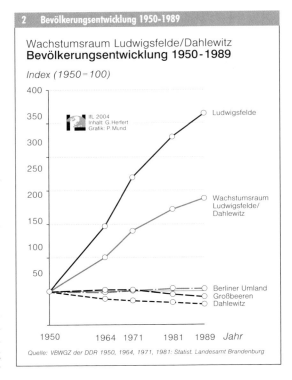

des ehemaligen Daimler-Benz-Werkes entstand der neue „VEB Industriewerke Ludwigsfelde", wo vorrangig Fahrzeuge und Motoren, später auch Düsentriebwerke entwickelt und gebaut wurden. Nach Einstellung der Triebwerksproduktion – verbunden mit dem Ende der zivilen Luftfahrtindustrie der DDR 1959 – wurde die Reparatur von Strahltriebwerken am Standort weitergeführt[3]. Eine neue Ära der industriellen Entwicklung begann 1965 mit der Produktion des LKW W50 im neu errichteten „VEB Automobilwerke Ludwigsfelde". Die übrige Produktion wurde seinerzeit eingestellt, die Triebwerksinstandsetzung in einen eigenständigen Betrieb (VEB Instandsetzungswerk Ludwigsfelde) überführt. Das neue Industriewerk wurde zu einem der größten Hersteller von LKW-Nutzfahrzeugen im damaligen RGW, der Wirtschaftsvereinigung der sozialistischen Länder. Die LKW-Herstellung wuchs bis Ende der 1980er Jahre von jährlich 20.000 bis auf 32.000 Stück, die Beschäftigtenzahl stieg auf fast 10.000. Die Stadt Ludwigsfelde hatte sich, abgeschottet vom ehemaligen Westberliner Einzugsbereich, zu einem bedeutenden Einpendlerzentrum (4.200 Einpendler) im Berliner Südraum entwickelt.

Mit dem industriellen Neuaufbau seit den 1950er Jahren setzte sich in Ludwigsfelde das dynamische Bevölkerungswachstum aus der Vorkriegszeit fort. Durch den Bau des ersten sozialistischen Wohnkomplexes erhöhte sich die Einwohnerzahl von Ludwigsfelde Ende der 1950er Jahre auf über 10.000. In den 1960er und 1970er Jahren folgten die Wohnsiedlungen Ludwigsfelde West und Nord in Plattenbauweise, die auch heute noch 60 % des Gesamtwohnungsbestandes bilden und damit die Physiognomie der Industriestadt prägen. Ende der 1980er Jahre hatte Ludwigsfelde über 22.000 Einwohner. Die Stadt blieb bis zur Wende die einzige Wachstumsinsel im Raum Ludwigsfelde/Dahlewitz. Beim Aufbau der neuen sozialistischen Stadt – Ludwigsfelde hatte 1965 Stadtrecht erhalten – blieb die Schaffung von urbanen Qualitäten jedoch nur zweitrangig. Das geplante Stadtzentrum[4] wurde nie umge-

---

[3] Der Betrieb diente unter strenger Geheimhaltung der Instandsetzung von Triebwerken der Luftstreitkräfte der NVA der DDR.

[4] In Ludwigsfelde arbeitete die Stadtverwaltung noch bis 1993 in einer Baracke, die den Bewachern eines Zwangsarbeitslagers während des Nationalsozialismus gedient hatte.

setzt (Neumann 2002), und auch die Umlandbedeutung der Stadt blieb – außer bei der Arbeitsplatzzentralität – gering.

2.2 Entwicklung nach 1990

Nach der Wende war der monostrukturierte Industriestandort Ludwigsfelde von hoher Arbeitslosigkeit bedroht. Das IFA-Werk wurde zuerst in eine unter Verwaltung der Treuhand stehende Kapitalgesellschaft umgewandelt. Ein Restitutionsanspruch der Daimler-Benz AG hatte aufgrund der Rechtslage im Einigungsvertrag – keine Rückübertragung bei Enteignung zwischen 1945 und 1949 – keinen Erfolg. Anfängliche Hoffnungen auf ein Jointventure mit Daimler-Benz erfüllten sich nicht. Die nachfolgende Privatisierung des IFA-Werkes war mit einer Entflechtung der einzelnen Betriebsteile verbunden:

- Das Montagewerk, der Kern des IFA-Werkes, wurde von der Daimler-Benz AG übernommen. Der erste Mercedes-Großtransporter lief bereits am 8. Februar 1991 vom Band. Im heutigen DaimlerChrysler-Werk arbeiten ca. 1.500 Beschäftigte. Das seinerzeit geplante große Daimler-Benz-Projekt, in der an Ludwigsfelde angrenzenden Gemeinde Ahrensdorf bis 1995 das modernste LKW-Werk Europas zu errichten und zugleich das alte IFA-Werk zu schließen, wurde wegen der schlechten konjunkturellen Entwicklung nicht realisiert (Platt 1995, S. 108). Auf der von der Daimler-Benz AG erworbenen 220 ha großen Fläche wurde dann von der DaimlerChrysler Immobilien GmbH (DCI[5]), einer Tochter der DaimlerChrysler AG, Ende der 1990er Jahre die erste von acht geplanten Wohnsiedlungen gebaut. Geplant war ein Wohnpark mit 2.200 Wohnungen in der Ahrensdorfer Heide. Plan und Wirklichkeit klaffen jedoch gegenwärtig weit auseinander, da die Vermarktung des ersten Bauabschnittes nur schleppend verläuft und eine Weiterführung des Bauprojektes auf Grund der geringen Nachfrage wenig wahrscheinlich ist.
- Im Jahre 1991 übernahm der damalige Daimler-Benz-Konzern von der Treuhand nicht nur die Nutzfahrzeugherstellung in Ludwigsfelde, sondern auch die Luftfahrttechnik Ludwigsfelde GmbH (ehemals VEB Instandsetzungswerk), die heute unter der Bezeichnung MTU Maintenance Berlin-Brandenburg[6] firmiert. Die Rückkehr an den alten Traditionsstandort wurde u.a. mit dem hoch qualifizierten Arbeitskräftepotenzial begründet – zugleich wollte man verhindern, dass BMW Rolls-Royce diesen Standort übernahm. Nach einer drohenden Standortschließung 1995 hat sich der Standort mit 560 Beschäftigten stabilisiert und orientiert sich gegenwärtig neben dem zivilen auch wieder auf den militärischen Triebwerksbau. Dazu wurde im Jahre 2002 speziell ein Entwicklungs- und Konstruktionszentrum mit 50 Ingenieurarbeitsplätzen in Betrieb genommen, weitere 90 Arbeitsplätze sind geplant. Mit der Endmontage, den Testläufen und der Instandsetzung wird hier die Basis für eine vollständige Wertschöpfungskette im Bereich Luftfahrt geschaffen.
- Das ehemalige Presswerk des IFA-Werkes wurde zur ThyssenKrupp Umformtechnik GmbH, eine Tochter der ThyssenKrupp Automotive, wo u.a. Karosseriebleche für die Automobilindustrie produziert werden.
- Zahlreiche kleinere Produktions- und Dienstleistungseinrichtungen des ehemaligen IFA-Werkes gründeten sich im Industriegebiet aus.

Nach der Privatisierung war der Industriestandort Ludwigsfelde zeitweilig gefährdet, als 1998 im alten, modernisierten LKW-Werk marktbedingte Absatzschwierigkeiten auftraten. Erst durch die Genehmigung eines 35%igen Investitionszuschusses durch die EU-Kommission fiel die Entscheidung für die Weiterführung der Produktion in Ludwigsfelde – nur dadurch konnte man sich gegen einen polnischen Standort durchsetzen. Insgesamt investierte DaimlerChrysler für die Werkserweiterung zum Bau eines neuen Fahrzeugtyps (Compact Van) 320 Mio. Euro. Zugleich erhöhte sich die Beschäftig-

---

[5] Die DCI hatte ihren Firmensitz wegen des geringen Gewerbesteuerhebesatzes von 150 % bis 2002 in Ahrensdorf. Mit jährlichen Steuereinnahmen von 23 Mio. DM war die Gemeinde hinsichtlich der Pro-Kopf-Gewerbesteuereinnahmen eine der reichsten Gemeinden Brandenburgs.
[6] Die MTU Maintenance Berlin-Brandenburg ist eine 100%ige Tochter der MTU Aero Engines, Deutschlands führender Triebwerkshersteller, Nummer fünf in der Welt, eine 100%ige Tochter der DaimlerChrysler AG.

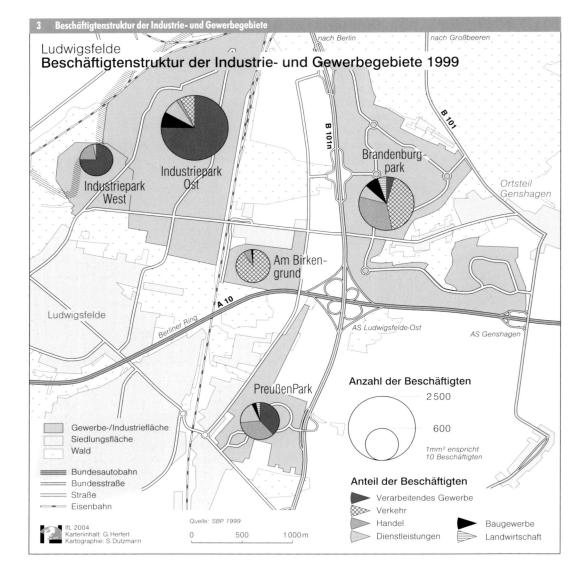

Ludwigsfelde
Beschäftigtenstruktur der Industrie- und Gewerbegebiete 1999

nach Berlin

nach Großbeeren

B 101

B 101n

B 101n

Industriepark
West

Industriepark
Ost

Brandenburg-
park

Ortsteil
Genshagen

Am Birken-
grund

A 10

Ludwigsfelde

Berliner Ring

AS Ludwigsfelde-Ost

AS Genshagen

PreußenPark

Anzahl der Beschäftigten

2 500

600

1mm² enspricht
10 Beschäftigten

Gewerbe-/Industriefläche
Siedlungsfläche
Wald

Bundesautobahn
Bundesstraße
Straße
Eisenbahn

Anteil der Beschäftigten

Verarbeitendes Gewerbe
Verkehr
Handel
Dienstleistungen

Baugewerbe
Landwirtschaft

IfL 2004
Karteninhalt: G. Herfert
Kartographie: S.Dutzmann

Quelle: SBP 1999

0   500   1 000 m

tenzahl um 500 auf ca. 1.700 Arbeitskräfte. Derzeit produziert man aufgrund der unerwartet geringeren Nachfrage im Einschichtsystem 22.000 Fahrzeuge pro Jahr, geplant war im Mehrschichtsystem mehr als das Doppelte.

Neben den vorwiegend industriell geprägten Altstandorten setzte 1992/1993 mit der Grundsteinlegung für den Preußenpark und Brandenburg Park in unmittelbarer Nähe der Autobahn die extensive gewerbliche Flächenentwicklung in Ludwigsfelde ein (*Fig. 3*). Zuvor war unter dem Ansiedlungsdruck der ersten Nachwendephase bereits das logistikorientierte Gewerbegebiet „Am Birkengrund" entstanden. Alle diese Standorte sind heute über die neue vierspurige Bundesstraße und das neue Autobahnkleeblatt Ludwigsfelde Ost optimal an die sechsspurig ausgebaute Autobahn angeschlossen. Insgesamt entstanden hier 2.500 neue Arbeitsplätze in über 100 neuen Betrieben – geplant waren von den vorrangig privaten Entwicklungsträgern einmal 15.000 Arbeitsplätze! In den neuen Gewerbegebieten sind deutliche Branchenschwerpunkte erkennbar: Im Brandenburg Park sind es der Verkehr und der Großhandel, im Preußenpark das verarbeitende Gewerbe sowie der Groß- und Einzelhandel, im Gewerbegebiet „Am Birkengrund" fast ausschließlich die Logistik. Der Brandenburg Park nimmt

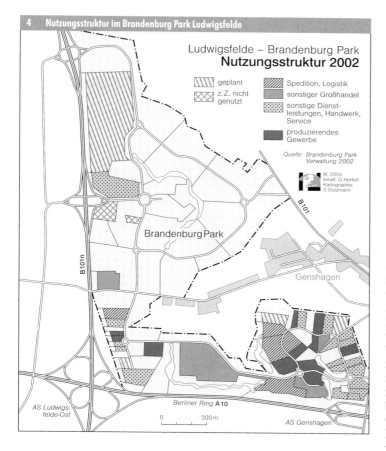

4 Nutzungsstruktur im Brandenburg Park Ludwigsfelde

Ludwigsfelde – Brandenburg Park
Nutzungsstruktur 2002

geplant

z.Z. nicht
genutzt

Spedition, Logistik

sonstiger Großhandel

sonstige Dienst-
leistungen, Handwerk,
Service

produzierendes
Gewerbe

*Quelle: Brandenburg Park
Verwaltung 2002*

IfL 2004
Inhalt: G. Herfert
Kartographie:
S. Dutzmann

Brandenburg Park

B 101

B 101n

Genshagen

AS Ludwigs-
felde-Ost

Berliner Ring **A 10**

0   300 m

AS Genshagen

nicht nur wegen seiner Größe (Bruttofläche 220 ha) sondern insbesondere wegen des Gewerbeparkkonzeptes nach angelsächsischem Vorbild eine Sonderstellung in der äußeren Peripherie der Berliner Stadtregion ein (*Fig. IV; 4*). Durch eine landschaftsgärtnerische Gestaltung mit Grün- und Wasserflächen werden die Betriebe in eine Parklandschaft eingebettet. Die Strategie des kanadischen Developers (TrizecHahn Europe[7]) zielte mittels dieses bewusst abgehobenen Standortimages auf die Ansiedlung von High-Tech-Produktion, Unternehmen mit hohem Forschungs- und Entwicklungsanteil wie auch von Versicherungen und Banken. Auch wenn diese Betriebe weitestgehend ausgeblieben und die Hälfte der Flächen noch nicht verkauft sind, will man trotz z.Z. fehlender Nachfrage am Gewerbeparkkonzept bei vergleichsweise höheren Grundstückspreisen festhalten. Eine Alternative aus der gegenwärtigen Marktlage sieht man in der Ansiedlung eines großen Möbelhauses (Möbel Kraft, 45.000 m[2] Verkaufsfläche) und im Aufbau von Freizeitanlagen. Die bisher 60 ansässigen Firmen prägen die Branchenvielfalt im Brandenburg Park: Neben dem internationalen Großkonzern Coca Cola (Getränkeherstellung und Vertrieb) sind es viele Dienstleistungs-, Produktions-, Logistik- und Einzelhandelsunternehmen.

Das nördlich von Ludwigsfelde gelegene GVZ Berlin Süd in Großbeeren ist mit einer Bruttofläche von 260 ha das größte der drei neuen Güterverkehrszentren im Berliner Umland.[8] Mit dem Bau wurde erst 1995 begonnen, zu einem Zeitpunkt, als der Suburbanisierungsprozess im Berliner Umland bereits wieder an Dynamik verloren hatte und sich viele Logistikbetriebe schon in anderen Gewerbegebieten niedergelassen hatten. Dennoch ist das GVZ Berlin Süd heute aufgrund seiner Lagegunst und optimalen Verkehrsanbindung bereits zu zwei Drittel belegt und hatte im Gegensatz zu den anderen GVZ-Standorten im Berliner Umland in den letzten Jahren einen kontinuierlichen Zuwachs an Unternehmen (*Fig. 5*). Neben den vorwiegend kernstadtorientierten Handelslogistikern Aldi, Rewe und Lidl befinden sich hier auch internationale Speditionsgesellschaften, die den Standort als Drehscheibe für Osteuropa-Transporte nutzen. Mit ca. 3.200 Beschäftigten liegt das GVZ bereits über dem geplanten Arbeitsplatzbesatz. Die letzte größere Neuansiedlung ist der ehemalige Berliner Logistik-

[7] Derzeitige Gesellschafter im Brandenburg Park sind ANDERSEN & Co., Hamburg, und die Azure Developments Group, London, New York.

[8] Die drei GVZ im Berliner Umland – ursprünglich war noch ein Viertes im Norden von Berlin geplant – wurden auf gemeinsamen Beschluss der Landesregierungen von Berlin und Brandenburg errichtet.

dienstleister Rieck (230 Mitarbeiter), der seinen Standort Anfang 2002 nach Großbeeren verlagerte und im GVZ einen hochmodernen Logistikkomplex für 10 Mio. Euro errichtete. Als wesentliche Pluspunkte des neuen Standortes werden von der Rieck-Firmenleitung neben der herausragenden Verkehrsanbindung auch die Erweiterungsmöglichkeiten genannt. Das Bestehen des neu errichteten KLV-Terminals wurde hingegen nur als potenziell langfristiger Standortvorteil erwähnt, aktuell ist er als Standortfaktor unbedeutend. Der Terminal, der 1998 von der Deutschen Bahn AG fertig gestellt wurde, war bereits ein Jahr später wegen fehlender Auslastung wieder geschlossen worden. Bedingt durch die Schließung des Hamburger und Lehrter Umschlagbahnhofes im Zentrum Berlins wurden seit 2003 die Verkehre auch auf das GVZ Großbeeren verteilt und somit zumindest eine Wiederbelebung des KLV-Terminals erreicht. Dennoch wurde der angestrebte verkehrspolitische Effekt der GVZ, die Verlagerung des Güterverkehrs von der Straße auf die Schiene, bisher – wie auch in den GVZ Berlin West und Ost – nicht

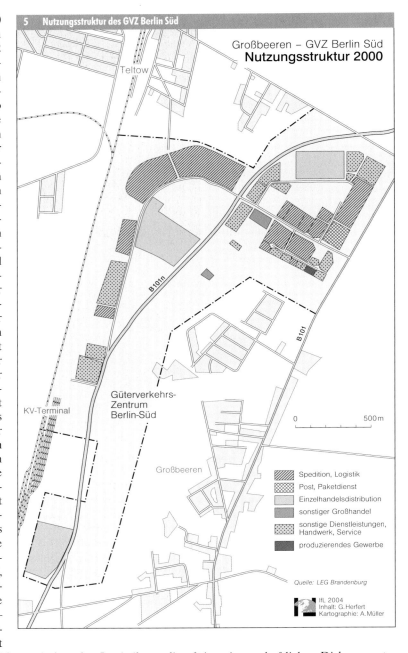

erreicht. Auch Synergieeffekte zwischen den Logistikern, die oft im wissenschaftlichen Diskurs postuliert werden, spielten bei der Ansiedlung der Unternehmen bisher keine Rolle. „Die Synergien, die postuliert werden, haben niemand veranlasst, in das GVZ zu gehen", so Vertreter der Landesentwicklungsgesellschaft Brandenburg, die als Entwicklungsträger der GVZ im Berliner Umland fungiert.

Während in Ludwigsfelde der alte Industriestandort revitalisiert wurde, begann 1991, direkt im Umfeld der Autobahnabfahrt Dahlewitz, der Bau eines neuen industriellen Großbetriebes für den Triebwerksbau durch BMW Rolls-Royce (*Fig. 6*). Bei der Standortwahl spielte die Verbundenheit der Region mit der Luftfahrtindustrie und die Verfügbarkeit qualifizierten Personals eine wesentliche Rolle. Bereits nach zwei Jahren Bauzeit war der Entwicklungs- und Montagestandort für Flugzeugtriebwerke fertig gestellt. Die Neugründung des Unternehmens wurde mit Mitteln des Bundes, der EU und des Landes in Höhe von 110 Mio. Mark gefördert (Ministerium für Wirtschaft des Landes Brandenburg 1999), die Gesamtinvestitionen betrugen 400 Mio. Mark. Im Jahre 2000 verlegte die BMW Rolls-Royce GmbH[9] ihren Hauptsitz von Oberursel nach Dahlewitz, vor allem wegen der Nähe zu Berlin und zum geplanten Großflughafen Berlin-Brandenburg International. Dass es sich hier um keine verlängerte Werkbank des britischen Mutterkonzerns handelt, zeigt der Tatbestand, dass rund die

6 Das neue Rolls-Royce Werk an der A10 in Dahlewitz

Foto: Rolls-Royce Deutschland 2000

Hälfte der 1.200 Beschäftigten im Bereich Forschung und Entwicklung tätig ist. Das hochqualifizierte Personal aus mehr als 30 Nationen ist vielfach erst in die Region zugezogen (NUISSL et al. 2001). Eine Verknüpfung des neuen Rolls-Royce-Standortes mit dem lokalen Arbeitsmarkt fehlt jedoch weitestgehend. Mehr als 95 % der Beschäftigten in Dahlewitz sind Einpendler, die in Berlin oder in nahe gelegenen

7 Pendler- und Beschäftigtenstrukturen im Wachstumsraum Ludwigsfelde/Dahlewitz 1994/1998				
	Ludwigs-felde	Groß-beeren	Dahle-witz	Wachstums-raum
Pendler 1998 (absolut)				
Einpendler	4716	884	2219	7819
Auspendler	5262	1331	562	7155
Pendlersaldo insges.	-546	-447	1657	664
Pendlersalso ohne Berlin/Potsdam	69	-137	1012	944
Pendlerquote 1998				
Einpendlerquote	51,1	76,4	95,6	61,5
Auspendlerquote	53,8	83,0	84,8	59,4
Einpendleranteil aus Teilräumen 1998 *in %*				
Kreis Teltow-Fläming	37,9	27,3	34,7	35,8
Land Brandenburg	20,0	14,9	18,8	19,1
Berlin/Potsdam	37,8	54,3	40,3	40,4
neue Länder	3,0	1,5	1,7	2,4
alte Länder	1,3	2,0	4,5	2,3
insgesamt	*100,0*	*100,0*	*100,0*	*100,0*
Einpendlerentwicklung mit Teilräumen 1994-1998 *in %*				
Kreis Teltow-Fläming	17,6	18,6	30,1	21,9
Land Brandenburg	15,6	12,7	27,0	19,0
Berlin/Potsdam	71,6	73,2	48,0	64,0
neue Länder	-3,1	-4,8	1,8	-1,7
alte Länder	-1,8	0,2	-6,9	-3,2
insgesamt	*100,0*	*100,0*	*100,0*	*100,0*
Entwickl. der wirtschaftl. tätigen Bevölkerung 1994-1998 *in %*				
wirtschaftlich tätige Wohnbevölkerung	6,6	67,8	-5,6	11,2
im Ort arbeitende Wohnbevölkerung	2,8	-1,1	-34,8	1,4
Beschäftigte in der Gemeinde	24,8	60,7	76,3	34,7

Quelle: BFA Nürnberg

[9] Die BMW Rolls-Royce AG entstand 1990 mit Sitz in Oberursel (Produktionsstandort). Nach dem Rückzug von BMW aus dem Triebwerksgeschäft im Jahre 1999 ist die daraus hervorgehende Rolls-Royce Deutschland GmbH eine hundertprozentige Tochter des britischen Antriebstechnikkonzerns Rolls-Royce plc, der mit einem Marktanteil von 32 % weltweit der zweitgrößte Anbieter von Flugzeugturbinen ist.

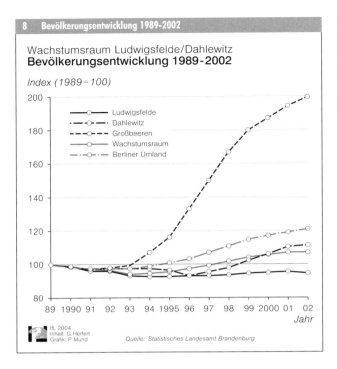

Wachstumsraum Ludwigsfelde/Dahlewitz
Bevölkerungsentwicklung 1989-2002

Index (1989 = 100)

Ludwigsfelde
Dahlewitz
Großbeeren
Wachstumsraum
Berliner Umland

89 1990 91 92 93 94 1995 96 97 98 99 2000 01 02
Jahr

IfL 2004
Inhalt: G. Herfert
Grafik: P. Mund

Quelle: Statistisches Landesamt Brandenburg

Gemeinden wohnen (*Fig. 7*). Die Gemeinde Dahlewitz profitierte folglich nicht wie erwartet von der Ansiedlung des global agierenden Unternehmens. Trotz des sehr dynamischen Beschäftigungswachstums in der Gemeinde schrumpfte die Zahl der wirtschaftlich tätigen Wohnbevölkerung, die Bevölkerungsentwicklung war zeitweilig sogar negativ. Auch hinsichtlich der Gewerbesteuern konnte die Gemeinde vorerst nicht vom Großinvestor profitieren, da Rolls-Royce durch die hohen Startinvestitionen erst später in die Gewinnzone kommt (NUISSL et al. 2001). Da auch die in der Planungsphase von Rolls-Royce avisierte Ansiedlung von Stammpersonal in Dahlewitz nie erfolgte, prägt heute der optische Gegensatz zwischen moderner Industriearchitektur und alten Dorfstrukturen den Standort. NUISSL et al. (2001, S. 281ff.) beschreiben das Erscheinungsbild des Global Players in seiner Märkischen Umgebung mit der Metapher einer „Kathedrale in der Wüste".

Die wirtschaftliche Entwicklung im Berliner Umland, die nicht zur Entstehung des oft postulierten Speckgürtels, sondern nur weniger neuer ökonomischer Pole führte, differenziert sich innerhalb der Wachstumsräume in Form kommunaler Entwicklungspfade weiter. So resultierte in Dahlewitz der Beschäftigtenzuwachs einzig aus dem exorbitanten Anstieg der Einpendlerquote auf 95,6 %, in hohem Maße auch durch Einpendler aus der Kernstadt. Hintergrund für den fehlenden Zuzug von Arbeitskräften dürften die Infrastrukturdefizite in Dahlewitz gewesen sein. Insbesondere die hoch qualifizierten ausländischen Führungskräfte von Rolls Royce bevorzugten bei der Wohnortsuche mehr die Großstadt, die Nähe zu englischsprachigen Schulen und zu einem breiten Kulturangebot. Was aus dem Blickwinkel des Brandenburger Wirtschaftsministeriums zurecht als „Erfolgsstory" der wirtschaftlichen Entwicklung bewertet wird, ist aus kommunaler Sicht eher ernüchternd, da es nicht gelang, aus der Ansiedlung eines industriellen Großbetriebes Vorteile für die eigene kommunale Entwicklung zu erlangen (NUISSL et al. 2001).

Großbeeren ist hingegen ein Wachstumsstandort mit sowohl einem dynamischen Beschäftigten- als auch Bevölkerungszuwachs, was für die Kommunen des Berliner Umlandes eher untypisch ist (*Fig. 8; 9*). Das Arbeitsplatzwachstum war hier sowohl mit einer signifikanten Zunahme der Aus- als auch Einpendlerquote verbunden. Die vorrangig aus Berlin Zuziehenden behielten folglich in hohem Maße ihren Arbeitsplatz in der Kernstadt bei, während gleichzeitig die neuen Arbeitsplätze in hohem Maße von Einpendlern aus Berlin belegt wurden. Das wirtschaftliche Wachstum in der Gemeinde führte somit zu einer zunehmenden wechselseitigen funktionalen Verflechtung mit der Kernstadt.

In Ludwigsfelde ist dieser Trend ebenfalls zu beobachten. Auch hier kam der Einpendlerzuwachs vorrangig aus Berlin. Dennoch besteht hier – im Gegensatz zu den anderen Wachstumsstandorten – ein ausgeprägter eigener Pendlereinzugsbereich, was jedoch weniger auf aktuelle Entwicklungen, sondern eher auf den Erhalt bedeutender resistenter Strukturen zurückzuführen sein dürfte (*Fig. 10*). Durch die positive Wirtschaftsentwicklung blieb die Industriestadt vorerst vor großen Bevölkerungsverlusten bewahrt, was möglicherweise auch auf erste Erfolge bei der Aufwertung der Urbanität der Stadt schließen lässt. Die Stadt, die bisher durch die Autobahn geteilt wurde, ist durch die 330 m lange Aufstelzung der Autobahntrasse optisch stärker zusammen gewachsen. Geplant ist hier auch ein neues Stadtzentrum, das bisher jedoch noch nicht realisiert werden konnte (NEUMANN 2002).

Trotz differenzierter kommunaler Entwicklungspfade zeigt sich im Wachstumsraum Ludwigsfelde/Dahlewitz generell eine Aufwertung der Arbeitsfunktion, verbunden mit einer zunehmenden Pendlerverflechtung mit den Umlandgemeinden wie auch mit dem ökonomischen Kernraum (Berlin und Potsdam). Die z.T. sehr hohen Ein- und Auspendlerquoten wie auch die Tatsache, dass der Einpendlerzuwachs dominant aus dem Raum Berlin/Potsdam kommt, belegten die zunehmende arbeitsräumliche Verflechtung des Wachstumsraumes mit dem Kernraum.

3 Entwicklungsbestimmende Akteure

Der sofortige Wiedereinstieg von Daimler-Benz an seinem alten Standort sowie die Großinvestition von BMW Rolls-Royce wirkte für den Wachstumsraum Ludwigsfelde/Dahlewitz wie ein Magnet. Wesentlich für die Standortentscheidung beider Global Player waren u.a. das qualifizierte Arbeitskräftepotenzial in der Region und die Nähe zu Berlin mit seinem wissenschaftlichen Potenzial sowie seinem Kulturangebot. Entscheidenden Einfluss dürfte jedoch die finanzielle Förderung der Unternehmen gewesen

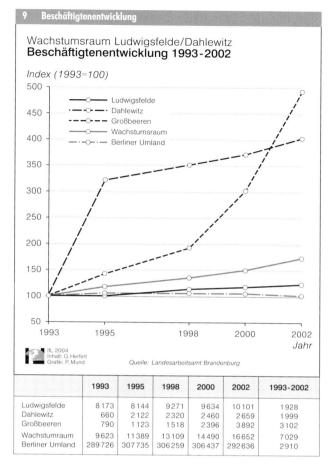

9 Beschäftigtenentwicklung

Wachstumsraum Ludwigsfelde/Dahlewitz
Beschäftigtenentwicklung 1993-2002

Index (1993=100)

- Ludwigsfelde
- Dahlewitz
- Großbeeren
- Wachstumsraum
- Berliner Umland

IfL 2004
Inhalt: G. Herfert
Grafik: P. Mund

Quelle: Landesarbeitsamt Brandenburg

	1993	1995	1998	2000	2002	1993-2002
Ludwigsfelde	8 173	8 144	9 271	9 634	10 101	1 928
Dahlewitz	660	2 122	2 320	2 460	2 659	1 999
Großbeeren	790	1 123	1 518	2 396	3 892	3 102
Wachstumsraum	9 623	11 389	13 109	14 490	16 652	7 029
Berliner Umland	289 726	307 735	306 259	306 437	292 636	2 910

sein. Durch die GA-Förderung mit einem bis zu 35%igen Investitionszuschuss bestehen auch weiterhin für die Unternehmen entscheidende Anreize für eine Ansiedlung, für den Ausbau der Produktionsstandorte wie auch gegen eine Verlagerung ins östliche Europa – wie im Falle des Fahrzeugwerkes von DaimlerChrylser Ende der 1990er Jahre.

Die Landesregierung Brandenburgs hat die Investitionen von Groß- und Mittelbetrieben infolge des Transformationsdruckes mit größtem Nachdruck gefördert. Notwendige Planungen und Genehmigungsverfahren wurden sehr forciert durchgeführt. So vergingen z.B. bei BMW Rolls-Royce zwischen den ersten Kontaktgesprächen im März 1990 und dem Baubeginn keine zwei Jahre – 1993 begann bereits die Inbetriebnahme des ersten Bauabschnittes. Auftretende Konflikte wurden umgehend auf Minister- und Staatssekretärsebene geklärt, eine entsprechende Projektgruppe und mehrere Arbeitsgruppen zur Unterstützung der Ansiedlung von BMW Rolls-Royce wurden eingerichtet (NUISSL et al. 2001). Das große Interesse der Landesregierung an der Ansiedlung des Global Players spiegelt sich auch darin wider, dass man die Einwerbung der Fördermittel für den Investor unterstützte und koordinierte und gleichzeitig die Gemeinde Dahlewitz zur Beschleunigung des Planungsverfahrens für das Gewerbe- und Industriegebiet drängte – man legte angesichts der zu erwartenden 1.000 Arbeitsplätze dem Investor somit einen „roten Teppich". Die Gemeinde Dahlewitz, vertreten insbesondere durch die Aktivitäten des Bürgermeisters, trug ihrerseits dazu bei, dass das Gewerbe- und Industriegebiet so schnell wie möglich entwickelt wurde (NUISSL et al. 2001, S. 273f.). Als Entwicklungsträger für den Standort wurde eine kommunale Entwicklungsgesellschaft gegründet, deren Gesellschafter zu je einem Viertel die Gemeinde und auch der Bürgermeister selbst waren, des Weiteren ein Unternehmer und zwei Banken. Zu den „Kuriositäten" des Gründungsvertrages zählte, dass dieser der Gemeinde

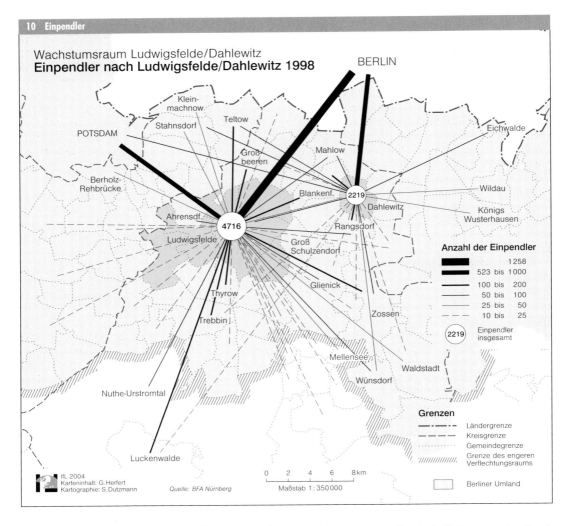

Wachstumsraum Ludwigsfelde/Dahlewitz
Einpendler nach Ludwigsfelde/Dahlewitz 1998

BERLIN

POTSDAM

Klein-
machnow

Stahnsdorf

Teltow

Eichwalde

Groß
beeren

Mahlow

Berholz-
Rehbrücke

Blankenf.

2219

Dahlewitz

Wildau

Ahrensdf.

4716

Rangsdorf

Königs
Wusterhausen

Ludwigsfelde

Groß
Schulzendorf

Anzahl der Einpendler

1 258

523 bis 1 000

Glienick

100 bis 200

Thyrow

50 bis 100

25 bis   50

Trebbin

Zossen

10 bis   25

2219

Einpendler
insgesamt

Mellensee

Waldstadt

Wünsdorf

Grenzen

Nuthe-Urstromtal

Ländergrenze

Kreisgrenze

Gemeindegrenze

Grenze des engeren
Verflechtungsraums

Luckenwalde

IfL 2004
Karteninhalt: G. Herfert
Kartographie: S. Dutzmann

Quelle: BFA Nürnberg

0 2 4 6 8 km

Maßstab 1 : 350 000

Berliner Umland

nie zur Beschlussfassung vorlag, der Bürgermeister als Privatperson selbst beteiligt war und mit seinem Anteil von 25 Prozent alle Entscheidungen selbst nach seiner Abwahl 1993 noch beeinflussen konnte. Die Tätigkeit der Entwicklungsgesellschaft führte zu hohen finanziellen Verlusten der Gemeinde, da fast alle Grundstücke nur zum halben Verkehrswert an die Investoren verkauft wurden und keine Nachfolgeverträge zu laufenden Kosten im Industrie- und Gewerbegebiet mit den Investoren abgeschlossen wurden. Diese lokale Akteursebene kennzeichnet die vergleichsweise chaotische Situation in den ersten Nachwendejahren – die Zeit des wilden Ostens (MATTHIESEN u. NUISSL 2002, S. 43ff.).

Auch für die Entstehung des Brandenburg Parks, des größten und hinsichtlich seiner Nachhaltigkeit einzigartigen Gewerbeparks im Berliner Umland, waren letztlich Aktivitäten des Landes Brandenburg auf höchster Ebene verantwortlich. Nach einem Treffen zwischen dem Ministerpräsidenten des Landes Brandenburg und leitenden Vertretern der Immobiliengesellschaft TrizecHahn (seinerzeit Horsham Properties) kauften die kanadischen Investoren im Jahre 1991 in Erwartung hoher Renditen 200 ha für einen Gewerbepark an der A10, seinerzeit noch mit der Zusage der Landesregierung, dass keinerlei Planungsprobleme beständen und dass sie die einzigen Anbieter im Umfeld wären (Büro Brandenburg Park). Dass sich TrizecHahn Deutschland dann 18 Monate mit der Erstellung eines Bebauungsplanes und mit Ver- und Entsorgungsproblemen des Standortes beschäftigen musste, war für die kanadischen Investoren überraschend, da sie von anderen Rahmenbedingungen ausgegangen waren. „*Die Wasser-, Strom- und Gasleitungen waren auf dem Stand der DDR und nicht auf dem Stand eines Erste-Welt-Landes ... Die Ex-Monopolisten sagten, och ja, wenn Sie 25 Mio. DM mitbringen, dann bauen wir Ihnen alles, wenn Sie nicht zahlen, dann kriegen Sie nichts" (Büro Brandenburg Park)*. Mit der seinerzeit noch eigenständigen 450 Einwohner zählenden Gemeinde Genshagen wurde dann ein Vertrag abgeschlossen, dass dem Developer Planung, Erschließung und Verkauf des Gewerbeparkes zuordnete, der Gemeinde dafür die Pflege der öffentlichen Flächen. Generell wird heute die Zusammenarbeit mit der Stadt Ludwigsfelde – 1997 erfolgte die Eingemeindung von Genshagen – wie auch mit dem Landkreis seitens der Parkverwaltung als unternehmensfreundlich eingeschätzt. Dass bis heute erst die Hälfte der Flächen im Gewerbepark verkauft sind, führt der Developer auf die falsche Flächenausweisungspolitik des Landes Brandenburg Anfang der 1990er Jahre und die vom Land subventionierten Angebote auch für Nicht-Logistiker in den GVZ zurück. Als entscheidendes Moment wird jedoch z.Z. die schwache Konjunktur genannt.

Im Wachstumsraum Ludwigsfelde/Dahlewitz hat neben den kommunalen und privaten Entwicklungsträgern auch das Bundesland Brandenburg mit dem Aufbau des GVZ Berlin West in Großbeeren über die landeseigene Entwicklungsgesellschaft (LEG) Brandenburg direkt in den Wettbewerb um neue Ansiedlungen eingegriffen. Wenngleich erst relativ spät fertig gestellt, ist hier im Gegensatz zum sonstigen Berliner Umland noch eine positive Beschäftigtenentwicklung zu verzeichnen. Dieser Trend wird neben den günstigen Grundstückspreisen vor allem von der 30%igen Investitionsförderung – einschließlich des Grundstückserwerbs – für Logistiker getragen. Darin zeigt sich die landespolitische Bedeutung, die den Güterverkehrszentren in Brandenburg zuerkannt wird. Angesichts der fehlenden Synergieeffekte und der weitestgehend ausbleibenden verkehrspolitischen Effekte ist das jedoch eher eine Option auf die Zukunft.

Analog dem gesamten Berliner Umland blieb der Einfluss der regionalen Planungsebene auf die Entwicklung im Wachstumsraum Ludwigsfelde/Dahlewitz gering. „*Als die erste Welle überdimensionierter Flächenausweisungen kam, gab es keine Planung ... Der Regionalplan ist so spät gekommen, dass er keinerlei Einfluss mehr ausgeübt hat, die Entwicklung weder befördert noch behindert hat ... Dass inzwischen keine neuen Flächen ausgewiesen werden, ist aber kein Zeichen der Stärke der Planung, sondern ein Zeichen fehlender Nachfrage" (Regionalplanung Havelland-Teltow)*. Infolge der z.Z. fehlenden Nachfrage im Wachstumsraum Ludwigsfelde/Dahlewitz verlagert sich in den Kommunen, speziell bei der kommunalen Wirtschaftsförderung, der Schwerpunkt der Aktivitäten von der Vermittlung der Gewerbeflächen mehr zur Gewerbebestandspflege und zum Standortmarketing (SBP 1999). Es ist jedoch bis heute noch nicht gelungen, das Standortmarketing der Gewerbegebiete über die öffentlichkeitswirksame Darstellung der vermarktbaren Flächen hinaus zu entwickeln (THIELICKE 2002, S. 22).

4 Wirtschaftstruktur: Industrieller Leuchtturm in der metropolitanen Peripherie

Der Wirtschaftsraum Ludwigsfelde/Dahlewitz ist mit DaimlerChrysler und Rolls-Royce neben dem Wirtschaftsraum Hennigsdorf/Velten (Bombardier-Standort) *der* industrielle Leuchtturm im Berliner Umland. Mit seinem extrem hohen Lokalisationskoeffizienten im Maschinen- und Fahrzeugbau hebt sich dieser Wachstumsraum signifikant von den anderen ökonomischen Polen im Berliner Umland ab. Ein weiteres ökonomisches Standbein des Wachstumsraumes sind der Groß-/Einzelhandel sowie die Verkehrslogistik. Ansonsten bestehen in den Dienstleistungsbereichen sehr starke Defizite. Auch die unternehmensbezogenen Dienstleistungen haben trotz der industriellen Großbetriebe bisher keinen Entwicklungsschub erfahren (SBP 1999), wenngleich auch hier leichte Beschäftigtenzuwächse zu verzeichnen sind. Trotz Systembruch und Restrukturierung bleibt damit der Wachstumsraum Ludwigsfelde/Dahlewitz mit einem Beschäftigtenanteil im Produktiven Gewerbe von 43 % in hohem Maße industriell strukturiert (*Fig. 11*).

Eine differenziertere Betrachtung der Wirtschaftsstrukturen lässt Ansätze erkennen, dass sich der Wachstumsraum Ludwigsfelde/Dahlewitz – eingebettet in den prosperierenden Berliner Südraum – zu einem Zentrum der Luftfahrttechnologie entwickeln könnte.[10] Ein entsprechendes Netz von Ko-

---

[10] Die Region nimmt hinter Bremen/Hamburg und München in Deutschland bereits den dritten Platz ein (Ministerium für Wirtschaft des Landes Brandenburg 2002).

operationspartnern ist im Aufbau. Den Kern bilden das Entwicklungs-, Erprobungs- und Montagezentrum für Großtriebwerke von Rolls-Royce in Dahlewitz und das Wartungszentrum für Strahltriebwerke der MTU Maintenance Berlin-Brandenburg in Ludwigsfelde, wo derzeit das dritte Entwicklungszentrum der MTU Aero Engines neben dem Hauptsitz in München und dem Werk im US-Bundesstaat Connecticut im Aufbau ist. Damit entsteht auch hier – wie in Dahlewitz – eine Wertschöpfungskette von der Konstruktion bis zur Endmontage. Am Standort Ludwigsfelde befindet sich bereits seit 1992 das Customer Support Center für Kundenservice und Aquisition von Kundenaufträgen für zivile Triebwerke, ein Joint Venture der MTU mit dem kanadischen Triebwerkshersteller Pratt & Whitney. Mit der Krauss Oberflächentechnik GmbH, Stammsitz in Giengen/Baden-Württemberg, erfolgte im Jahre 1997 im Industriepark West die Ansiedlung eines weiteren Kooperationspartners der Luftfahrtindustrie, der 1999 ein oberflächentechnisches Zentrum für die Luft- und Raumfahrtindustrie errichtete, in dem nahezu alle für die Instandsetzung von Trieb-

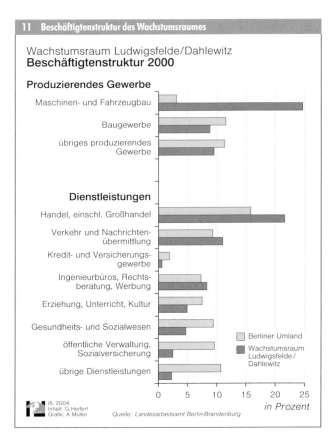

werksteilen erforderlichen Verfahren durchgeführt werden können. Einen wesentlichen Impuls erhielt die Entwicklung dieser Branche durch das im Jahre 2003 mit Fördermitteln des Landes Brandenburg gebaute Technologiezentrum der Luft- und Raumfahrtindustrie in Wildau. Unter den ersten vertraglich gebundenen Mietern ist ein „spin-off" von Rolls-Royce Deutschland. Ein weiterer Meilenstein zum Aufbau der Wachstumsbrache Luftfahrttechnologie ist auch der im Jahre 2003 abgeschlossene Kooperationsvertrag zwischen Rolls-Royce und der BTU Cottbus zum Aufbau eines Kompetenzzentrums Triebwerktechnik.

5 Institutionalisierung als Raumeinheit?

Angesichts der historischen Entwicklung und des kurzzeitigen Nachwendebooms ist es kaum verwunderlich, dass sich der Wachstumsraum Ludwigsfelde/Dahlewitz bisher noch nicht als eigenständige Raumeinheit institutionalisiert hat. Er wird vielmehr von der Immobilienwirtschaft wie auch von der Regionalforschung eher als Teil des stark prosperierenden südlichen Berliner Umlandes wahrgenommen. Eine Einzelbetrachtung und somit Herauslösung aus diesem weitgehend analytischen Konstrukt basiert einzig auf den ähnlichen wirtschaftlichen Strukturen und den Ansätzen einer wirtschaftsräumlichen Verflechtung. Langfristig ist es vorstellbar, dass sich der Wachstumsraum zunehmend als Standort der Luft- und Raumfahrttechnik profiliert und damit an alte Traditionen anknüpft (Ministerium für Wirtschaft des Landes Brandenburg 2002).

Auch aus raumplanerischer Sicht existiert der Wachstumsraum Ludwigsfelde/Dahlewitz nicht als eigenständige Kategorie. Er ist Teil des engeren Verflechtungsraumes Berlin-Brandenburg (LEP e.V.), wobei beide Standorte, Ludwigsfelde wie auch Dahlewitz, als potenzielle Siedlungsbereiche des Typs 1 ausgewiesen und somit für eine weitere Siedlungsentwicklung ausdrücklich vorgesehen sind.

6 Perspektiven der Entwicklung

Der Wachstumsraum Ludwigsfelde/Dahlewitz entwickelte sich in den 1990er Jahren durch die Revitalisierung des industriellen Altstandortes Ludwigsfelde wie auch durch sehr flächenextensive Standortneugründungen auf der grünen Wiese zum wachstumsstärksten dynamischen Pol des Berliner Umlandes. Mit den Ansiedlungen von DaimlerChrysler und Rolls-Royce bildet er *den* industriellen Leuchtturm und zugleich Schwerpunkt der Investitionsförderung in der metropolitanen Peripherie. Mit der dynamischen Entwicklung im Wirtschaftsraum Ludwigsfelde/Dahlewitz verstärkten sich die funktionalen Verflechtungen mit dem ökonomischen Kernraum Berlin/Potsdam, eine zunehmende Eigenständigkeit des Wachstumsraumes war nicht festzustellen. Betrachtet man den gesamten Zeitraum nach dem Systembruch, so kommt man trotz der zeitweiligen Dynamik der Beschäftigtenentwicklung zu dem Fazit, dass sich hier vorrangig ein signifikanter qualitativer Wandel in einem quantitativ eher stabilen als wachsenden Arbeitsmarkt vollzogen hat. Ansätze zu einer Spezialisierung des Wachstumsraumes zum Standort der Luftfahrttechnologie zeigen sich u.a. in bedeutenden innerbetrieblichen Entwicklungskapazitäten im Hochtechnologiebereich (MTU, Rolls-Royce).

Anfang des neuen Jahrhunderts hat sich die Entwicklungsdynamik im Wachstumsraum Ludwigsfelde/Dahlewitz analog dem Trend im Berliner Umland deutlich abgeschwächt. Aufgrund der aktuellen Konjunkturschwäche in Deutschland zeichnen sich auch hier Schrumpfungstendenzen ab. Die Arbeitslosigkeit stieg u.a. in Ludwigsfelde 2001 auf 14 % – im äußeren Entwicklungsraum Brandenburgs liegt sie weit über 20 %. Selbst bei den Global Playern fand ein erster Personalabbau statt. Die Auswirkungen des 11. September führten in der Luftfahrtindustrie nach fünf Rekordjahren in Folge zu einem ersten Umsatzeinbruch. Dennoch ist man bei der MTU Ludwigsfelde zuversichtlich, bis 2010 die angestrebten 1.000 Arbeitsplätze zu erreichen (Geiger 2003). Auch der Fahrzeugbauer DaimlerChrysler beabsichtigt, weitere 300 Mio. Euro in Ludwigsfelde für den Bau eines Kleinlastwagens zu investieren, da kein anderer Standort derart günstige Bedingungen aufweist – hohe Flexibilität, logistische Anbindung, günstige Kostenstruktur, hoher Qualifikationsgrad (Doll 2003). Aussagen zur zukünftigen Arbeitsplatzentwicklung bleiben dennoch sehr restriktiv.

Inwieweit Wunsch und Realität im Wachstumsraum Ludwigsfelde/Dahlewitz übereinstimmen werden, hängt in hohem Maße von der Konjunkturentwicklung ab. Von „Luftschlössern" wie Anfang der 1990er Jahre, als man für Ludwigsfelde bis zu 100.000 Einwohner prognostizierte (Neumann 2002, S. 60), ist man heute weit entfernt. Dementsprechend haben sich bei der lokalen Wirtschaftförderung die Gewichte von der Gewerbeflächenvermarktung zur Gewerbebestandspflege verlagert. Auch große Wohnungsbauvorhaben wie in der Ahrensdorfer Heide stehen vorerst in Warteschleife. Für einen eventuellen zyklischen Aufschwung im Wachstumsraum Ludwigsfelde/Dahlewitz stehen genügend erschlossene wie auch Erweiterungsflächen zur Verfügung. Mittelfristig ist jedoch weniger mit einer expansiven Entwicklung, sondern eher mit einer Stagnation sowohl auf dem Arbeitsmarkt als auch hinsichtlich der demographischen Entwicklung zu rechnen, was angesichts der Schrumpfungsdebatte in Ostdeutschland eher positiv zu bewerten ist. Dieser Trend schließt zugleich eine weitere Profilierung des Wachstumsraumes als Kompetenzzentrum für Luft- und Raumfahrt als auch für Transport ein. Entsprechende Leitlinien zur Wirtschaftförderung werden sowohl von der Landesregierung Brandenburgs als auch von der lokalen Ebene unterstützt.

Literatur

Doll, N. (2003): Sprinter-Werk geplant – DaimlerChrysler investiert für Kleintransporter 300 Millionen Euro in Ludwigsfelde. In: Berliner Morgenpost, 09.01.03.

Geiger, M. (2003): MTK ohne große Hoffnungen für 2003. In: Die Welt, 22.03.03.

HVB (Hypovereinsbank) Expertise GmbH (2001): Immobilienmarktanalyse Lager und Logistik im Raum Berlin. Berlin.

Matthiesen, U. u. H. Nuissl (2002): Suburbanisierung und Transformation. In: Matthiesen, U. (Hrsg.): An den Rändern der deutschen Hauptstadt. Opladen, S. 35 - 46.

Ministerium für Wirtschaft des Landes Brandenburg (1999): BMW Rolls-Royce – Säule der brandenburgischen Wirtschaft. Pressemitteilung vom 09.12.99.

Ministerium für Wirtschaft des Landes Brandenburg (2002): Schönefelder Kreuz – Luftfahrttechnologie am Schnittpunkt der Investitions-Achsen. Magazin 2006, Heft 6. http://www.bis2006.de/archiv/magazine_2006/heft6_ganz_artikel/druckversionen/dv_s94_tercon.html. Abruf: 23.07.04.

NEUMANN, P. (2002): Zur Bedeutung von Urbanität in kleinen Industriestädten – untersucht am Beispiel von Hennigsdorf und Ludwigsfelde im Umland von Berlin. Münstersche Geographische Arbeiten, H. 45. Münster.

NUISSL, H. et al. (2001): Der 'global player' in Otterstedt. In: MATTHIESEN, U. (Hrsg.): An den Rändern der deutschen Hauptstadt. Opladen, S. 273 - 292.

PLATT, G. (1995): Strukturwandel und räumliche Planung in der Region Ludwigsfelde. In: Berliner geographische Studien 40. Berlin, S. 103 - 114.

SBP (Gesellschaft für ökologische und sozialverträgliche Betriebs- und Politikberatung mbH) (1999): Wirtschaftliches Entwicklungskonzept für den Raum Ludwigsfelde. Gutachten im Auftrag der Landesentwicklungsgesellschaft für Städtebau, Wohnen und Verkehr des Landes Brandenburg mbH. Essen/Berlin.

SPD Brandenburg (2003): Brandenburg und Sachsen im Vergleich. http://www.spd-brandenburg.de/aktuelles/04_01-Brandenburg_Sachsen.pdf. Abruf: 19.05.04.

Stadtverwaltung Ludwigsfelde (Hrsg.) (2001): Stadt Ludwigsfelde – ein aufstrebendes Mittelzentrum im Grünen. Ludwigsfelde.

THIELICKE, W. (2002): Ludwigsfelde als Wirtschaftsstandort – eine Standortanalyse. Studienarbeit, Institut für City- und Regionalmanagement Ingolstadt e.V. (unveröffentlicht).

Budaörs-Törökbálint – Ein dynamischer Wachstums-raum am Rand von Budapest

ZOLTÁN DÖVÉNYI und ZOLTÁN KOVÁCS

1 Einführung

Die äußere Peripherie der Metropolregion Budapest hat seit 1990 einen Wandel von einem rückständigen zu einem dynamischen Wirtschaftsraum vollzogen (BURDACK et al. 2004). Im Rahmen der räumlichen Neustrukturierung entstanden in der Agglomeration von Budapest drei neue ökonomische Pole (siehe den Beitrag von DÖVÉNYI u. KOVÁCS in diesem Band). Die historische Vorgeschichte und das wirtschaftliche Profil dieser drei Wachstumsräume weichen grundsätzlich voneinander ab (KOVÁCS et al. 2001). Am dynamischsten entwickelte sich der Pol Budaörs-Törökbálint, gelegen am Ausgangspunkt der Wien-Budapester Autobahn M1, wo in erster Linie haushaltsorientierte Dienstleistungen (Klein- und Großhandel, Gastronomie) dominieren *(Fig. 11)*. Zugleich ist auch das immer stärker werdende Vordringen moderner Industrien und die Entstehung von Büroparks zu beobachten. Buda-örs-Törökbálint ist aber auch ein Raum mit überdurchschnittlicher Wohnsuburbanisierung. Während

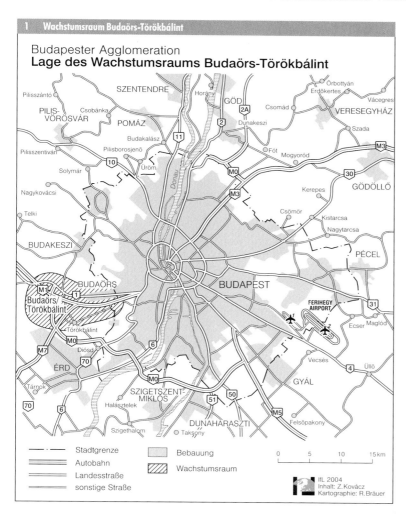

für die Entstehung der drei ökonomischen Pole die Lage in der Metropolregion, deren Markt und gute Erreichbarkeit die grundlegende Rolle gespielt haben, ist die besondere Dynamik von Budaörs-Tö-rökbálint vor allem darauf zurückzuführen, dass dieser Pol über die Autobahn M1 – über die dynamische Region West-Ungarn und Wien – das westliche Tor der ungarischen Hauptstadt zur Europäischen Union ist *(Fig. 1)*.

Administrativ gehört der Pol Budaörs-Török-bálint zum rund um Buda-pest gelegenen Komitat Pest. Er ist zugleich Teil der Budapester Agglomerati-on. Im Jahre 2001 lebten in der Stadt Budaörs 23.893 Einwohner, in Törökbálint, das keinen Stadtstatus[1] besitzt, 10.978 Einwohner.

[1] Der Stadtstatus ist in Ungarn vorrangig an zentrale Funktionen gebunden, weniger an die Einwohner-zahl.

Im Pol insgesamt sind es gegenwärtig ca. 35.000 Personen, mit stark wachsender Tendenz aufgrund der Wohnsuburbanisierung – zwischen 1990 und 2001 lag der positive Wanderungssaldo bei 6.333 Personen. Angesichts des prognostizierten Bevölkerungsrückgangs in Ungarn zählt Budaörs-Törökbálint zu den demographischen Wachstumsregionen.

2 Entwicklung des Wachstumsraumes Budaörs-Törökbálint

Der Raum Budaörs-Törökbálint wurde nach der Wende – ohne besondere Vorgeschichte – der dynamischste Wachstumsraum der Budapester Stadtregion und damit einer der größten Gewinner des politisch-wirtschaftlichen Wandels. Diese Entwicklung erfolgte erst, als die bereits vorhandenen günstigen Verkehrs- und Lagepotenziale durch den Übergang von der Planwirtschaft auf die Marktwirtschaft freigesetzt wurden und dynamisierend auf den Raum wirken konnten.

Zur Zeit der Gründung von Budapest im Jahre 1873 – Vereinigung der drei Städte Buda, Pest und Óbuda – hatten Budaörs 3.500 und Törökbálint 2.000 Einwohner und waren in einem rein agrarischen Raum vor den Toren der Hauptstadt gelegen. Seitdem war infolge von Industrialisierung und Agglomerationsbildung ein deutlicher Bevölkerungszuwachs zu verzeichnen, wenngleich gekoppelt mit Phasen der Stagnation und sogar Schrumpfung.

Im Rahmen der Vorortentwicklung zwischen 1870 und 1910 verdoppelte sich die Einwohnerzahl beider Gemeinden durch interregionale Zuwanderungen, da sich, bedingt durch den Ausbau der Vorortbahnverbindung (HÉV) nach Budapest, die Möglichkeit der Pendelwanderung wesentlich verbesserte. Die erste große Periode der Agglomerationsbildung im Umland von Budapest setzte vor dem Ersten Weltkrieg ein (SÁRFALVI 1991). Sie richtete sich aber vorrangig auf die östlich von Budapest gelegene Ebene, wo ein dichtes Eisen- und Straßenbahnnetz entstand. Die Entwicklung in der westlichen Bergland-Zone rund um Budapest mit Budaörs und Törökbálint verlief hingegen viel langsamer. Auch in der Zwischenkriegszeit war der Bevölkerungszuwachs beider Gemeinden geringer. Im Jahre 1941 erreichte die Bevölkerungszahl von Budaörs fast 10.000 Einwohner, die von Törökbálint überstieg 5.000 Personen. Ethnisch betrachtet bekannten sich 86 % der Bevölkerung von Budaörs (deutsch Wudersch) als Deutsche, in Törökbálint (Großturvall) waren es 54 %. In den Jahren nach dem Zweiten Weltkrieg verringerte sich infolge der Aussiedlung der deutschen Bevölkerung in beiden Gemeinden die Einwohnerzahl deutlich.

Bei der Bildung von Groß-Budapest im Jahre 1950 wurden Budaörs und Törökbálint nicht eingemeindet. Sie konnten ihre Selbständigkeit auch in der sozialistischen Phase bewahren, was während der sozialistischen Planwirtschaft jedoch keine besondere Bedeutung hatte. Beide Gemeinden wurden zunehmend reine Wohngemeinden, bekamen Schlafstadtcharakter und wurden folglich auch nicht von der sozialistischen Industrialisierung und von einer damit verbundenen Infrastrukturentwicklung tangiert – die Zahl der Arbeitsplätze stagnierte. Die Wohnbevölkerung nahm vorwiegend die Dienstleistungen von Budapest in Anspruch. Zielort der Arbeitspendler war überwiegend die Hauptstadt: 1990 waren es 58 % der Erwerbstätigen von Budaörs, in Törökbálint etwa 60 %. Budaörs und Törökbálint waren somit typische Pendlervororte mit Wohnfunktion. Ihre Bevölkerungszahl nahm zwischen 1949 und 1990 infolge der raschen Zuwanderung aus anderen Landesteilen schnell zu, in Budaörs von 7.639 auf 19.832 Personen und in Törökbálint von 5.007 auf 9.459 Personen. Budaörs erlangte 1986 den Stadtstatus.

Trotz günstiger Verkehrslage – unter anderem führt durch den Raum die internationale Eisenbahnlinie Budapest-Wien – konnten die Gemeinden nicht davon profitieren, genauso wenig von der in der zweiten Hälfte der 1960er Jahre zwischen Budapest und dem Balaton erbauten ersten ungarischen Autobahn (M7). Auch die in den 1980er Jahren fertig gestellte Autobahn M1 Richtung Győr-Wien brachte dem Raum keinen wirtschaftlichen Aufschwung. Im Fall Budaörs-Törökbálint blieb die administrative Grenze Budapests wirtschaftlich gesehen eine „harte" Grenze, da die überwiegend unter staatlicher Kontrolle stehenden wirtschaftlichen Aktivitäten sich auf die Großstadt konzentrierten. Die Flächennutzung in Budaörs-Törökbálint blieb bis zur Wende extensiv: Ende der 1960er Jahren war für den direkt an die Hauptstadt angrenzenden Raum die Landwirtschaft charakteristisch (*Fig. XIV*). Bis zur Wende änderten sich diese Relationen nur wenig – einzig am Rand von Budaörs entstand eine ausgedehnte Zone von Wochenendhäusern.

Mit der Umstellung auf die Marktwirtschaft wurde der Raum Budaörs-Törökbálint fast automatisch aufgewertet und er konnte als Budapests „Tor zum Westen" endlich von seiner latenten Lagegunst profitieren. Dabei spielte die Anfang der 1990er Jahre fertig gestellte neue Autobahn M0 eine wichtige Rolle. Das damit entstandene Autobahndreieck M0/M1/M7 sicherte die äußerst günstige Verkehrslage dieses Raumes (WIESSNER 2002). Die Raumstruktur wurde durch die umfangreichen Investitionen grundlegend verändert, dementsprechend die Flächennutzung wesentlich intensiver. Der früher fast ausschließlich von der Wohn- und Agrarfunktion geprägte Raum wurde funktional diversifiziert. Eine besonders wichtige Rolle beim wirtschaftlichen Aufschwung spielte der Dienstleistungssektor, besonders die haushaltsorientierten Dienstleistungen (Einzelhandel, Großhandel, Gastgewerbe), aber auch die auf den hauptstädtischen Absatzmarkt orientierten modernen Industrien und der Ausbau der Bürofunktion. In den letzten Jahren haben sich hier auch Logistikzentren entwickelt.

Heute ist die Beschäftigtenstruktur im Pol Budaörs-Törökbálint stark vom Tertiärsektor geprägt. Im Vergleich zu den anderen Wachstumsräumen der Budapester Agglomeration ist hier der Anteil der Angestellten mit hoher akademischer Ausbildung überdurchschnittlich hoch, zugleich bei den Hilfs- bzw. angelernten Arbeitskräften

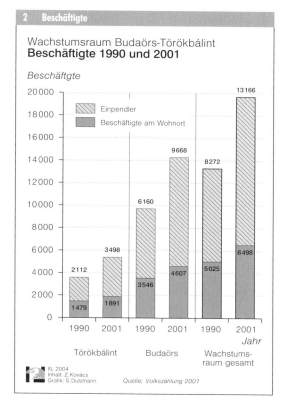

überdurchschnittlich niedrig. Infolge der dynamischen Entwicklung erhöhte sich die Anzahl der Arbeitsplätze im Pol Budaörs-Törökbálint von 1990 bis 2001 um über 6.000 (*Fig. 2*). Die Gesamtzahl der Beschäftigten erreichte im Jahre 2001 fast 20.000, was seit 1991 einem Anstieg von fast 50 % entspricht. Parallel mit dem Anstieg der Beschäftigten nahm auch die Anzahl der Einpendler zu. Im Jahre 2001 waren es 67 % aller Beschäftigten. Der Pol Budaörs-Törökbálint ist damit das bedeutendste Einpendlerzentrum in der Budapester Agglomeration. Von den Einpendlern nach Budaörs kamen sogar mehr als die Hälfte aus Budapest (*Fig. 3*). Somit hat sich im Gegensatz zu Vorwendezeiten eine sehr enge wechselseitige funktionale Verflechtung mit der Hauptstadt entwickelt.

3 Neue Wachstumsstandorte und ihre Wirtschaftsstruktur

Im ökonomischen Pol Budaörs-Törökbálint, der sich aus mehreren Wachstumsschwerpunkten zusammensetzt (*Fig. 4*), nimmt der Standort Budaörs eine dominante Stellung ein. Das betrifft sowohl seine neuen Gewerbeflächen – fast zweieinhalb Mal größer als in Törökbálint – seine traditionellen zentralen Funktionen (ehemalige Kreisstadt) und auch die Anzahl der niedergelassenen Unternehmen, die Höhe der Kapitalinvestitionen und die Beschäftigtenzahlen. Budaörs zählt aufgrund seiner dynamischen wirtschaftlichen Entwicklung heute zu den erfolgreichsten ungarischen Städten (IZSÁK u. PROBÁLD 2003). Dieser Erfolg ist auf zwei Ursachen zurückzuführen: die gute geographische Lage und die unternehmensfreundliche Kommunalpolitik. Letztere betrifft die flexible Grundstückspolitik und die in der Stadtregion Budapest ausgesprochen niedrige Gewerbesteuer (1,7 %). Damit besitzt Budaörs eine große Anziehungskraft für ausländische Unternehmen. Die positive Wirkung der ständig wachsenden Industrie- und Dienstleistungsniederlassungen spiegelt sich auch in der Entwicklung des Kommunalhaushaltes von Budaörs wider. Die Einnahmen stiegen von 1992 bis 2000 von 0,87 Mrd. HUF auf 3,9 Mrd. HUF. Diese dynamische Entwicklung hat auch nach 2000 nicht nachgelassen. Im Jahre 2003 werden die Einnahmen voraussichtlich 7,4 Mrd. HUF (1 Euro = 250 HUF) erreichen. Der überwiegende Teil der Gewerbesteuereinnahmen stammt von nur zwei Dutzend umsatzstarken Unternehmen. Dennoch ist die Stadt auch für die Klein- und Mittelunternehmen attraktiv, da in Budaörs Unternehmen mit einem Jahresumsatz unter 30 Mio. HUF keine Gewerbesteuer zahlen müssen.

3.1 Budaörs

Die neuen Wirtschaftsstandorte in Budaörs sind in der Mehrheit auf der grünen Wiese und ohne Ausnahme entlang der Autobahnachse gelegen. Hier entstand u.a. das größte Einzelhandelszentrum Ungarns, wo fast jede der in Ungarn vertretenen ausländischen Einzelhandelsketten präsent ist. In dem früher locker bebauten Gebiet wurde durch den Bau der neuen Warenhäuser und Einkaufszentren sowie durch die neu angesiedelten Hotels und Restaurants die Flächennutzung extrem intensiviert. Ein weiteres wesentliches Charakteristikum von Budaörs ist der Ausbau der Bürofunktion: Während in Budapest ein Fünftel der Büroflächen leer steht, werden hier, bedingt durch die steigende Nachfrage nach modernen Büroflächen, neue Bürogebäude errichtet. Hier zeigen sich Ansätze einer Edge-City-ähnlichen Entwicklung. Die in Budaörs angesiedelten Unternehmen konzentrieren sich in mehreren, funktionell stark differenzierten Wachstumsschwerpunkten: in Budaörs West, Zentrum und Süd.

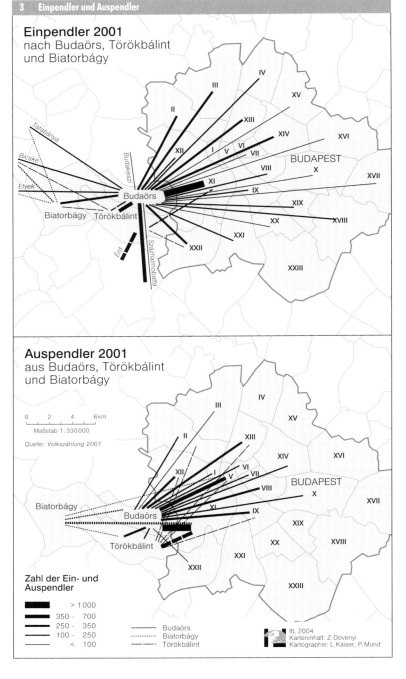

3 Einpendler und Auspendler

Einpendler 2001
nach Budaörs, Törökbálint und Biatorbágy

Auspendler 2001
aus Budaörs, Törökbálint und Biatorbágy

0   2   4   6 km
Maßstab 1 : 330 000
Quelle: Volkszählung 2001

Zahl der Ein- und Auspendler

> 1 000
350 - 700
250 - 350
100 - 250
< 100

——— Budaörs
·········· Biatorbágy
– – – Törökbálint

IfL 2004
Karteninhalt: Z. Dövenyi
Kartographie: L. Kaiser, P. Mund

• Budaörs West
Dieser Wachstumsschwerpunkt liegt westlich der Stadt entlang der Autobahn M1 und besteht aus drei Teilräumen. Der *Budapark*, die erste größere Unternehmenszone in der Budapester Agglomeration,

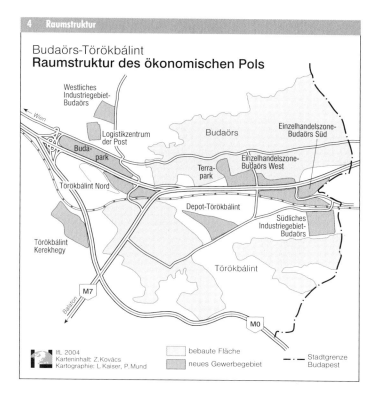

Budaörs-Törökbálint
Raumstruktur des ökonomischen Pols

Westliches
Industriegebiet-
Budaörs

Wien

Logistikzentrum
der Post

Buda-
park

Budaörs

Einzelhandelszone-
Budaörs Süd

Törökbálint Nord

Terra-
park

Einzelhandelszone-
Budaörs West

Depot-Törökbálint

Südliches
Industriegebiet-
Budaörs

Törökbálint
Kerekhegy

Törökbálint

M7

Balaton

M0

IfL 2004
Karteninhalt: Z.Kovács
Kartographie: L.Kaiser, P.Mund

bebaute Fläche

neues Gewerbegebiet

Stadtgrenze
Budapest

entstand direkt an der Autobahn M1 Anfang der 1990 Jahre. Die ersten Unternehmen am Standort waren Metro und Tetra Pak, später folgten Obi und mehrere Logistiker. Die bebaute Fläche des Budaparkes beträgt etwa 30 ha. Nach einer ersten dynamischen Anfangsperiode stagnierte hier die Entwicklung. Weitere 40 ha in Richtung Biatorbágy entlang der Autobahn M1 sind noch unbebaut. Das *westliche Industriegebiet* nördlich des Budaparkes befindet sich auf der Altindustriefläche einer 120 ha großen ehemaligen Waffen- und Maschinenfabrik. Typisch sind hier Klein- und Mittelunternehmen mit industriellen, logistischen und Dienstleistungstätigkeiten. Zwischen dem Budapark und dem Industriegebiet liegt das *Logistikzentrum* der ungarischen Post, das neue Brief- und Paketverteilzentrum mit etwa 1.100 Beschäftigten. Bei der Standortwahl spielte die gute Erreichbarkeit eine entscheidende Rolle: Das Zentrum befindet sich im Knotenpunkt der Autobahnen M1 und M0.

• Budaörs Zentrum

Direkt neben dem neuen Stadtverwaltungszentrum liegen der Terrapark und die westliche Handelszone, zwei Standorte mit hohem Spezialisierungsgrad. Der *Büropark „Terrapark",* wurde von der Terrafinanz GmbH aus München und der deutschen Hypo Bank errichtet. In der ersten Bauphase entstanden vier Blöcke mit insgesamt 60.000 m² Bürofläche, weitere 50.000 m² sind geplant (*Fig. 5*). Unter den Mietern des Büroparks sind u.a. die Firma Pannon GSM und eine der drei ungarischen Mobilkommunikationsgesellschaften, die alleine 15.000 m² für ihr Hauptquartier angemietet hat. Daneben sind hier solche multinationalen Firmen wie Bertelsmann, Carlsberg, British American Tobacco, Roche und Vivendi vertreten. Östlich des Terraparkes befindet sich noch das Atronyx Office Center und Bradmore Media Centre mit insgesamt 15.000 m² Bürofläche. Die Bürofunktion des Terraparkes wurde inzwischen noch durch die

Foto: KOVACS 2002

Wohnfunktion ergänzt. Neben den bisher gebauten 130 Wohnungen sind derzeit 165 weitere Wohneinheiten überwiegend in geschlossenen Wohnparks in Vorbereitung. Des Weiteren ist ein 6 ha großes Freizeitzentrum mit Schwimmbad, Bowling-Centre, Fitness- und Wellnessanlagen, Kinozentrum und verschiedenen gastronomischen Einrichtungen geplant. Südlich des Terraparks, unmittelbar an der Autobahn M1/M7, entstand die *westliche Einzelhandelszone*, die für die Budapester Einwohner schnell mit dem PKW wie auch mit öffentlichen Verkehrsmitteln zu erreichen ist. Als Erstes eröffneten hier 1998 Auchan (10.600 m²)

6   Die Einzelhandelszone Budaörs-Süd

Foto: Kovacs 2002

und 1999 IKEA (20.000 m²) ihre Warenhäuser. Die Gesamtverkaufsfläche aller Einzelhandelseinrichtungen übersteigt 50.000 m². Die östliche Erweiterung der Zone um 18 ha – davon ein Drittel in ausländischem Besitz, zwei Drittel im Besitz der Kommunalverwaltung – ist vorgesehen. Laut Vorstellungen des Kommunalrates soll auf dem Gebiet ein Freizeitpark mit viel Grün, Sportplätzen, städtischer Sporthalle und Schwimmbad entstehen, ergänzt durch einen Konferenz- und Bürokomplex und ein Hotel.

• Budaörs Süd

Dieser sehr junge und zugleich sehr dynamische Wachstumsstandort liegt südlich der Autobahn M1/M7 beiderseits der Bahnlinie Budapest-Wien. Zu diesem Wachstumsstandort zählt *das südliche Industriegebiet*. Teile, die bereits vor der Wende industriell genutzt wurden, sind im Besitz der Lagermax GmbH, einer der größten ungarischen Autoimporteure. In der Nähe hat der Ausbau eines 32 ha großen High-Tech-Zentrums begonnen. Im sog. „Pharmapark" ist die Ansiedlung der Logistikzentren von vier bis fünf pharmazeutischen Unternehmen sowie einer Forschungs- und Entwicklungsabteilung von General Electric geplant. Unter den Neuansiedlungen befindet sich auch die CHS Computerfirma, die neben Computerherstellung auch in der Logistik und im Handel tätig ist. Mittelfristig ist eine Erweiterung des südlichen Industriegebietes zu erwarten. In der *südlichen Einzelhandelszone* – man kann sie auch als Fortsetzung der westlichen sehen – entstanden große Verkaufscenter von Tesco, Kika, Praktiker, Electro-World und Divex-Sport mit einer Verkaufsfläche von ca. 60.000 m². Die Einzelhandelsfunktion wird ergänzt durch ein Hotel und das Logistikzentrum von Porsche (*Fig. 6*).

3.2 Törökbálint

Törökbálint ist im Vergleich zu Budaörs zwar wirtschaftlich zweitrangig, sein Wachstumspotenzial und seine Dynamik sind jedoch ähnlich. Hier befinden sich die Wachstumsschwerpunkte Törökbálint-Depo, Törökbálint-Nord und Törökbálint-Kerekhegy.

• Das logistische Zentrum Törökbálint-Depo

Das erste Logistikzentrum Ungarns, dessen Aufbau bereits 1972 begann, wurde nach dem französischen Muster des Garonor Logistiknetzes entwickelt. Nach der Wende wurde das Zentrum privatisiert und im Juni 1993 eine neue Privatgesellschaft in gemischter Eigentumsform, die Depo Logistisches Zentrum GmbH, gegründet. 60 % der Firma sind im Besitz ungarischer Unternehmen, 40 % gehören ausländischen, überwiegend österreichischen und deutschen Investoren. Die Entwicklung des Depots hat mit dem Ausbau des Autobahnringes M0 eine neue Dynamik erhalten. Zur Zeit beträgt die Beschäftigtenzahl des Zentrums ca. 1.000 Personen.

- Törökbálint Nord

Diese gemischte Industrie- und Handelszone liegt unmittelbar an der Autobahn M1 gegenüber dem Budapark. Die industrielle Produktion hat eine lange Tradition: Hier wurde in den 1970er Jahren die Firma Budatej gegründet, die den hauptstädtischen Markt mit Milchprodukten versorgte. Nach der Wende wurde sie vom deutschen Unternehmen Schöller übernommen. Seit Mitte der 1990er Jahre haben sich zusätzlich pharmazeutische (z.B. Astra Zeneca) und elektrotechnische (z.B. Thorn Lightning) Industrien angesiedelt. Aber auch Freizeitfunktionen entstanden: ein Sportzentrum mit Schwimmbad, Sporthalle und Freiluftsportanlagen. Des Weiteren ist hier das größte Möbelhaus Ungarns, das Max City mit 30.000 m², im Bau und wird voraussichtlich Ende 2004 eröffnet.

- Törökbálint-Kerekhegy

Am westlichen Rande der Siedlung entlang dem Autobahnring M0 liegt das im Jahre 1995 gegründete Handels- und Bürozentrum. Es ist der dynamischste Wachstumsschwerpunkt von Törökbálint, wo neben der Nähe zu den drei Autobahnen M1/M7/M0 die großen, preiswerten Grundstücke wesentlich für die Ansiedlung großer internationaler Handelsketten waren. Auf dem inselartigen Gebiet, das nur mit PKW erreichbar ist, entstanden Einkaufszentren mit insgesamt fast 90.000 m² Verkaufsfläche.

4 Entwicklungsbestimmende Akteure

Infolge der dynamischen Entwicklungsprozesse entstand im Wachstumsraum Budaörs-Törökbálint im letzten Jahrzehnt eine multifunktionale Unternehmenszone, eine Mischung von modernen Industrie- und Bürostandorten sowie großen Einzelhandels- und Freizeiteinrichtungen. Es ist dominant eine Zone von „Grüne-Wiese-Standorten", wo die wichtigsten Akteure private Investoren waren, weniger die betroffenen Kommunen. Ein staatlicher Einfluss auf die Raumentwicklung erfolgte nicht. Der wesentliche Teil der Investitionen im Pol Budaörs-Törökbálint ist ausländischer Herkunft, wenngleich auch das Inlandskapital vertreten ist. Ein deutliches Zeichen dafür ist der hohe Anteil sog. Mischunternehmen im Dienstleistungssektor, Jointventures mit jeweils aus- und inländischer Beteiligung, wo nur ein relativ niedriger Kapitaleinsatz notwendig war. Zu den negativen Wirkungen der Nachwendeentwicklung zählt die rapide Veränderung der Landnutzung. Durch die stark zunehmenden Ein- und Auspendlerströme ist zudem die Luftverschmutzung und Lärmbelästigung in den Siedlungen wesentlich angestiegen. Die Wachstumsdynamik macht nach kommunalen Expertenaussagen auch eine Verbesserung der Anbindung des lokalen Straßennetzes an die Autobahn notwendig. Des Weiteren sind Umgehungsstraßen notwendig, um den Durchgangsverkehr zu verringern. Damit geht die Umwidmung des Agrarlandes in Gewerbeflächen unaufhaltsam weiter. Aktuell fördern die Kommunen weiterhin vorrangig den wirtschaftlichen Ausbau der Wachstumsschwerpunkte, geschützt werden von den Kommunalverwaltungen lediglich die Waldflächen.

5 Perspektiven der Entwicklung

Die einzelnen Wachstumsschwerpunkte des ökonomischen Pols Budaörs-Törökbálint, die jetzt schon vielfach aneinander grenzen, dürften bei anhaltender Dynamik perspektivisch weiter zusammenwachsen und damit zum flächenhaft größten Gewerbepark Ungarns werden. Darauf deuten sowohl die jetzigen als auch die zukünftigen Investitionspläne und Planungsvorstellungen hin. Die Erweiterung des Wachstumsraumes ist verstärkt entlang der Autobahn M1 nach Westen ausgerichtet, da die neuesten Investitionsstandorte bereits heute nicht in Budaörs oder Törökbálint, sondern in der westlich angrenzenden Gemeinde Biatorbágys realisiert werden. Die Entwicklung des Wachstumsraumes dürfte auch durch den Beitritt Ungarns in die EU beschleunigt werden, da nach dem 1. Mai 2004 die ausländischen Unternehmen in Ungarn leichter Immobilien erwerben können. Während Budapest damit weiter in das europäische Zentrennetz integriert wird, öffnen sich für den Wachstumsraum Budaörs-Törökbálint als „Tor zum Westen" der ungarischen Hauptstadt zusätzliche Entwicklungschancen.

Literatur

BURDACK, J., Z. DÖVÉNYI u. Z. KOVÁCS (2004): Am Rand von Budapest – Die metropolitane Peripherie zwischen nachholender Entwicklung und eigenem Weg. In: Petermanns Geographische Mitteilungen 148, H. 3, S. 30 - 39.

ENYEDI, G. (1999): Budapest – Gateway zum südöstlichen Europa. In: Geographische Rundschau 51, H. 10, S. 542 - 547.

IZSÁK, E. u. F. PROBÁLD (2003): Le développement de l'agglomeration de Budapest: l'exemple de Budaörs. In: Revue géographique de l'Est 12, H. 1/2, S. 61 - 68.

KOVÁCS Z., Z. SÁGI u. Z. DÖVÉNYI (2001): A gazdasági átalakulás földrajzi jellemzői a budapesti agglomerációban (Geographische Aspekte der wirtschaftlichen Transformation in der Budapester Agglomeration). In: Földrajzi Értesítő 50, H. 1-4, S. 191 - 217.

SÁRFALVI, B. (1991): Neuere Tendenzen der Agglomeration Budapest. In: Geographische Rundschau 43, H. 12, S. 724 - 730.

WIESSNER, R. (2002): Budapest – die ungarische Hauptstadt im Transformationsprozess. In: Geographie und Schule 24, H. 136, S. 24 - 28.

Die Leningrader Chaussee – Neuer Wachstumsraum an der Peripherie Moskaus?

Robert Rudolph

1 Einleitung

In der äußeren Peripherie der Moskauer Metropolregion lassen sich neben dem boomenden Wohnungsbau Orte finden, an denen insbesondere seit dem Ende der 1990er Jahre dynamische Wachstumsprozesse im gewerblichen Bereich – vor allem im produzierenden Sektor und im Einzelhandel – beobachtet werden können. Innerhalb des Gürtels der an Moskau angrenzenden Kreise (*Raiony*) und Städte verteilen sich diese Gewerbestandorte relativ dispers. Der Moskauer Autobahnring, dessen Sanierung und Ausbau eines der großen städtischen Infrastrukturprojekte der 1990er Jahre gewesen war (mit einem Investitionsumfang von ca. 1 Milliarde US-\$; Argenbright 2003), ist gegenwärtig zweifellos die wichtigste ökonomische Wachstumszone der Moskauer Stadtregion außerhalb der kompakten Stadt. Im Umfeld des Autobahnringes siedeln sich neben einer Vielzahl von Groß- und Einzelhandelsmärkten, Speditions- und Logistikfirmen zunehmend russische und internationale Unternehmen an, die großdimensionierte, komplexe Standortentwicklungen realisieren (Bau- und Möbelmärkte, Verbrauchermärkte, Hypermärkte, Malls). Somit lassen sich am Ende der 1990er Jahre auch an der Peripherie Tendenzen einer zunehmenden Internationalisierung feststellen.

Im folgenden Aufsatz werden neue ökonomische Entwicklungen in der Peripherie der Moskauer Stadtregion auf der Mesoebene städtischer Teilräume anhand der so genannten „Nordwestachse" um die Leningrader Chaussee (*Leningradskoje Schosse*) untersucht (*Fig. XXVIII*). Diese ist eine der Siedlungsachsen, die von der kompakten Stadt ausgehen und sich entlang der überregionalen Verkehrstrassen erstrecken. Die Nordwestachse wird durch einen nicht eindeutig abgrenzbaren Großraum im Umfeld der Fernverkehrsstraße nach St. Petersburg gebildet, zu dem sowohl Moskauer Territorien (Teile des nördlichen und nordwestlichen Stadtbezirks, die Exklave Selenograd, der Großflughafen Scheremetjewo) als auch Städte und Kreise der Moskauer Oblast (Chimki, der Chimkinski Raion, Teile des Solnetschnogorski Raion) gehören. Entlang dieser Magistrale lassen sich seit dem Ende der 1990er Jahre sowohl neue Infrastrukturentwicklungen als auch Gewerbeaktivitäten feststellen, die auf eine Entstehung stärkerer räumlicher Disparitäten ökonomischer Entwicklung innerhalb der metropolitanen Peripherie hindeuten.

Die entstehenden neuen ökonomischen Strukturen innerhalb der Nordwestachse lassen sich typologisch nicht ausschließlich den Green-Field-Entwicklungen zuordnen, obwohl viele der neuen Standorte in der äußeren Peripherie auf bisher nicht besiedelten und erschlossenen Flächen realisiert worden sind. Die großräumige „Achse" umfasst sowohl innerstädtische Baugebiete, Industrie- und Verkehrsflächen, Städte und Siedlungen als auch den internationalen Flughafen. Sie ist somit insgesamt sehr heterogen strukturiert. Ihre Entstehung ist eine Folge der extensiven Flächenentwicklung und Industrialisierung des Moskauer Umlandes seit den 1930er Jahren. Das entscheidende Kriterium für eine eingehende Untersuchung dieses Raumes war die Feststellung spezifischer Investitionsaktivitäten in diesem Teil der äußeren Peripherie. Die Dynamik der Standortentwicklung entlang der Nordwestachse verdient eine besondere Aufmerksamkeit, da sie sich in ihrer Intensität merklich von derjenigen anderer Verdichtungsräume der äußeren Peripherie der Moskauer Region unterscheidet.[1] Wenn auch die ökonomischen Entwicklungen in der äußeren Peripherie im Vergleich zur kompakten Stadt während der 1990er Jahre sehr schwach und eher durch substanzielle Zerfallsprozesse gekennzeichnet waren, so soll anhand dieses Beispiels untersucht werden, welche neu entstehenden Peripheriestrukturen erkennbar sind und wie sich die postsowjetischen Entwicklungen in den Kontext des suburbanen/postsuburbanen Modells einordnen lassen.

---

[1] Nach der russischen Literatur werden für die Systematisierung der Siedlungsstrukturen der Moskauer Region eine Agglomeration I. Ordnung (Stadt Moskau) und sechs Agglomerationen II. Ordnung (die Verdichtungsräume des Umlands) unterschieden (Baburin et al. 1993).

2 Die Entwicklung der Nordwestachse der Moskauer Stadtregion

Die Leningrader Chaussee ist eine Fortsetzung der innerstädtischen Twerer Straße (*Twerskaja uliza*), der traditionsreichen Hauptgeschäftsstraße Moskaus, die während der 1990er Jahre wieder zur höchst bewerteten innerstädtischen Lage für Büro- und Geschäftsfunktionen wurde. Bereits in vorrevolutionärer Zeit war die Twerskaja die erste Adresse Moskaus, an der sich Adelspalais, Geschäftshäuser und die vornehmsten Hotels der Stadt befanden (KARGER 1987). In sowjetischer Zeit wurde die Neugestaltung der Straße zu einem der Prestigeprojekte des sozialistischen Stadtumbaus ab Mitte der 1930er Jahre; sie gab der Straße ihre heutige, im neoklassizistischen Stil der Stalinzeit gewandete Gestalt. Auch außerhalb des Weißrussischen Bahnhofs, bis zu dem die kompakte städtische Bebauung bis in die 1930er Jahre reichte, wurde der Ausbau der Straßenachse fortgesetzt, nunmehr als Leningrader Prospekt (*Leningradski prospekt*) mit einer Breite von über 100 m. Der Leningrader Prospekt ist einer der wichtigsten und längsten stalinzeitlichen Boulevards Moskau, der sehr weit in die innere Peripherie bis zum Eisenbahnring reicht. An diesem Prospekt, der vorwiegend in den 1930er bis 1940er Jahren bebaut wurde, befand sich auch der erste, heute stillgelegte Flughafen der Stadt. Hinter dem Eisenbahnring dominieren entlang der Straße, die hier bereits „Leningrader Chaussee" heißt, Bebauungen späterer Dekaden. Eine Metrolinie begleitet die Achse bis etwa 2 km vor den Autobahnring (MKAD). Beiderseits der Straße entwickelten sich die städtischen Strukturen ab den 1950er Jahren: Wohngebiete, Hafenanlagen am neuen Moskwa-Wolga-Kanal und Industriegebiete, darunter Betriebe der forschungsintensiven Rüstungsindustrie. Die Industrieentwicklung an dieser Achse stand im Zeichen eines der gewaltigen technischen Modernisierungsprojekte der Stalinzeit, der Entwicklung der Luftfahrt. Hier befinden sich unter anderem Konstruktionszentren der Flugzeugindustrie (MiG-Kampfflugzeuge im Stadtteil Sokol).

Außerhalb des Autobahnringes verläuft die Leningrader Chaussee durch den Chimkinski Raion (= Kreis Chimki) und die Stadt Chimki, einem Zentrum der Luft- und Raumfahrtindustrie, das administrativ zur Moskauer Oblast gehört. Chimki ist mit 135.000 Einwohnern (2000) das Verwaltungszentrum des Kreises Chimki (170.000 Ew.; Mosoblkomstat 2001). Unmittelbar östlich der Leningrader Chaussee und nördlich von Chimki befindet sich der 1980 fertig gestellte internationale Flughafen Scheremetjewo. Der Flughafen ist mit seinen beiden Terminals (Scheremetjewo 1 und 2) das wichtigste Luftkreuz nicht nur Russlands, sondern des postsowjetischen Raumes. Die Leningrader Chaussee führt weiter nach Nordwesten zur Stadt Selenograd, einer administrativen Exklave Moskaus. Die Stadt, die 18 km vom Autobahnring entfernt in der Moskauer Oblast liegt, ist ein eigenständiger Stadtbezirk Moskaus mit etwa 208.000 Einwohnern (Mosgorkomstat 2001). Sowohl Chimki als auch Selenograd gelten in der stadtgeographischen und regionalwissenschaftlichen russischen Literatur als „Wissenschaftsstädte" und sind in der so genannten „Union für die Entwicklung der Wissenschaftsstädte", einem Interessenverband der hochspezialisierten ehemals sowjetischen Forschungs- und Technologiezentren organisiert.

Die „Wissenschaftsstädte" stellen eine besondere räumliche Organisationsform der sowjetischen Forschung und Technologie dar. Seit den 1930er Jahren entstanden vor dem Hintergrund der „Stalinschen Industrialisierung" hochspezialisierte Städte, in denen große forschungs- und technologieintensive Produktionsorganisationen, etwa der Luft- und Raumfahrt, der Nuklearforschung, der Elektronik oder Biotechnologie angesiedelt wurden. Ihnen kam eine spezifische Funktion innerhalb des sowjetischen Industrialisierungskonzepts zu, vor allem für die Entwicklung der Rüstungsindustrie. Die politische Führung verfolgte die Strategie, durch die räumliche Konzentration der Investitionen und des Humankapitals am effizientesten das Ziel einer schnellen technischen Entwicklung zu erreichen. Daher wurden neue Städte und Siedlungen gegründet, in denen jene Ressourcen konzentriert wurden. Die Siedlungen bestanden aus großen Forschungs- und Produktionskomplexen mit den zugehörigen Wohnsiedlungen, sie hatten zumeist einen „geschlossen" bzw. „halbgeschlossenen" Status und waren einem speziellen administrativen Regime unterworfen. Die so genannten „städtebildenden" Forschungs- und Produktionsbetriebe bestimmten maßgeblich das gesamte ökonomische und gesellschaftliche Leben der jeweiligen Stadt.[2] Die Siedlungen waren direkt in die Hierarchie der in Moskau angesiedelten

---

[2] In der russischen Stadtgeographie werden derartige Industrieunternehmen, von der die Entwicklung einer Stadt oder Siedlung vollständig abhängt, auch als „städtebildende Unternehmen" (*gradoobrasajuschtscheje predprijatije*) bezeichnet.

Branchenministerien eingebunden und losgelöst von den ökonomischen Zusammenhängen auf regionaler Ebene. Insofern waren sie, wie der russische Geograph KAGANSKI (2001) schreibt, Strukturen des Zentrums innerhalb der Peripherie.

Insbesondere die Moskauer Region entwickelte sich zu einem einzigartigen wissenschafts- und technologieorientierten Konzentrationsraum. Unter dem Einsatz gewaltiger Ressourcen wurden prioritäre Technologiebereiche entwickelt, wobei den rüstungsrelevanten Technologien die höchste Bedeutung zukam. In der Stadt Moskau konzentrierten sich die wichtigsten wissenschaftlichen Organisationen, viele Forschungsinstitute, Konstruktions- und Entwicklungsbüros. In den Städten und Siedlungen der Moskauer Oblast wurden vor allem die großflächigen Versuchsanlagen, Labors und Produktionskomplexe zumeist als Filialen Moskauer Unternehmen und Institute angesiedelt. Die vorhandenen Agglomerationsvorteile begünstigten die Ansiedlung weiterer Institute und forschungs- sowie technologieintensiver Produktionsbetriebe (AGIRRETSCHU 1999; KUSNEZOW 2000). Neben den infrastrukturellen Voraussetzungen, die in der Moskauer Region für derartige Urbanisierungsprozesse auf der Basis staatlicher Technologieinvestitionen gegeben waren, war die Nähe und Erreichbarkeit der Hauptstadt ein wichtiger Grund für die Entstehung einer Vielzahl spezialisierter Technologiezentren in der Moskauer Region. Moskau bot das höchste Lebensniveau im Vergleich zu allen anderen Regionen des Landes, und die technische Elite hatte die Möglichkeit, die besseren Lebens- und Versorgungsbedingungen der Hauptstadt zu nutzen. Andererseits sollten die Unternehmen im Moskauer Gebiet auch für die in Moskau ansässigen Führungskader schnell erreichbar sein (KUSNEZOW 2000).

Bestimmte Schlüsseltechnologien genossen bei der Entwicklung des Forschungs- und Technologiesektors in der Moskauer Region einen strategischen Vorrang. In den 1930er bis 1950er Jahren gehörte insbesondere die Luftfahrt dazu. Chimki war eine der ersten Städte, die im Zusammenhang mit der Entwicklung der Luftfahrt ab dem Ende der 1930er Jahren als Wissenschaftsstadt an der nordwestlichen Peripherie Moskaus entstand. Die Stadt entwickelte sich als „Werkssiedlung" zusammen mit zwei großen Unternehmen der Luft- und Raumfahrt sowie der forschungsintensiven Rüstungstechnik: *Lawotschkin* und *Energomasch*, später kamen weitere Betriebe hinzu.[3] Wie viele dieser Städte unterlag auch Chimki einem gewissen Geheimhaltungsstatus, für Ausländer war der Zugang zu dieser Stadt generell geschlossen. Charakteristisch für die Siedlungsentwicklung derartig monostrukturierter Städte war die starke Abhängigkeit der Siedlung von den größten Betrieben und deren Verfügungsgewalt über alle kommunalen Einrichtungen. Auf den Betriebsflächen befanden sich soziale Einrichtungen, Krankenhäuser, Dienstleistungseinrichtungen, Geschäfte und kommunale Betriebe. Die Unternehmen waren auch für den Wohnungsbau und die kommunale Infrastruktur zuständig.

Obwohl Betriebe des Flugzeugbaus schon seit den 1930er Jahren in Chimki errichtet wurden, erhielt die Nordwestachse ihren stärksten Entwicklungsschub in den 1960er Jahren auf der Grundlage von Forschungs- und Produktionsunternehmen der Mikroelektronik, die insbesondere in Selenograd angesiedelt wurden. Die 1958 gegründete Siedlung wurde in den 1960er Jahren aufgrund eines Regierungsbeschlusses ein Teil Moskaus.[4] Selenograd entstand auf der grünen Wiese als Zentrum der mikroelektronischen und energietechnischen Forschung. Der so genannte Selenogradsko-Chimkinski Komplex ist gemäß der sowjetischen Regionalgeographie die jüngste von drei großräumigen Wissenschafts-, Technologie- und Produktionszonen in der äußeren Peripherie der Stadtregion Moskau (BABURIN et al. 1991).[5]

---

[3] *Lawotschkin* wurde in den 1930er Jahren als Entwicklungs- und Konstruktionszentrum der Luftfahrt gegründet. In den 1960er Jahren wurde das Unternehmen aktiv in die Raumfahrt (Satellitentechnologie) einbezogen und zu einem der größten Unternehmen des militärisch-industriellen Komplexes. *Energomasch* entwickelte sich seit den 1940er Jahren zu einem der wichtigsten Hersteller von Triebwerken und von Komponenten für Trägerraketen, Satelliten und Raumstationen (BOTSCHAROWA u. AFANASJEWA 1997).

[4] Der Grund für die administrative Zuordnung der Stadt zu Moskau war die Möglichkeit der schnellen Gewinnung hoch qualifizierter Arbeitskräfte, da der begünstigte Status als „Moskauer" mit einer Reihe von Vorteilen verbunden war. Dagegen blieben andere eng mit Moskau verbundene und angrenzende Industriestädte (Chimki, Krasnogorsk, Ljuberzy) administrativ Teile der Moskauer Oblast.

[5] Die beiden anderen großräumigen Strukturen sind nach BABURIN et al. (1991) der im Südosten gelegene Ljuberzki-Komplex um die Städte Ljuberzy, Dsershinski und Shukowski sowie der im Nordosten gelegene Mytischtschinsko-Schtschelkowski-Komplex um die Städte Mytischtschi, Koroljow und Schtschelkowo. Beide Zonen sind vor allem in den frühen 1950er Jahren entstanden und eng mit der Luft- und Raumfahrt verbunden.

3 Der Wandel der Wirtschaftsstruktur und funktionale Spezialisierung

3.1 Die Leningrader Chaussee

In den 1990er Jahren entwickelten sich Leningrader Prospekt und Chaussee innerhalb Moskaus zu herausragenden Diffusionsachsen büro- und einzelhandelsorientierter Dienstleistungen und zentraler Geschäftsfunktionen außerhalb der kompakten Stadt (RUDOLPH 2002) *(Fig. 1)*. Im Umfeld der Straße werden neue vielgeschossige Apartmenthäuser gebaut. Die Chaussee wird bei den internationalen Immobilienunternehmen als nördliche Begrenzung des westlichen Sektors gewertet, die langfristig als die perspektivreichste Investitionszone Moskaus gilt.[6] Interesse für neue Büroprojekte gibt es von Seiten der Investoren vor allem im Bereich des alten Flughafens (Aeroport) und an der Leningrader Chaussee im Bereich des Chimkinsker Stausees, der sich noch innerhalb Moskaus befindet. Auch ausländische Unternehmen präferieren bei der Standortsuche die Magistrale. So begann etwa *Siemens* im Jahre 2003 mit der Errichtung des Hauptquartiers seiner russischen Niederlassung am Leningrader Prospekt mit einer projektierten Nutzfläche von 40.000 m^2 (Fertigstellung 2005; JLL 2003). Der Realisierung neuer großdimensionierter Büroprojekte entlang dieser Achse standen bisher vor allem die ungeklärten Eigentumsverhältnisse und die fehlende Planungssicherheit entgegen. Dessen ungeachtet konstituiert sich entlang der Leningrader Chaussee eine spezifische Struktur von Gewerbebetrieben. Die Gewerbenutzungen orientieren sich an den Standortbedingungen einer großen stadtauswärts führenden Straße von überregionaler Bedeutung: Autohäuser, Autowerkstätten, kleinere Supermärkte, Baumärkte, Einrichtungsgeschäfte und Schnellrestaurants. Die neuen Kleinbetriebe nutzen oftmals bestehende Einrichtungen, etwa Institute, Produktionsbetriebe oder Verwaltungsgebäude. Mehr und mehr werden jedoch auch neue Gebäude für Gewerbenutzungen errichtet, vor allem mit zunehmender Nähe zum Autobahnring. Die Leningrader Chaussee hat einen besonderen Stellenwert als Ver-

1 Der Leningrader Prospekt in der Nähe des Autobahnrings

Foto: RUDOLPH 2001

kehrsachse zur Anbindung des internationalen Flughafens und als überregionale Verbindung zur „nördlichen Hauptstadt" St. Petersburg. Sie ist aufgrund der hohen Frequentierung durch den Autoverkehr für entsprechende Gewerbeansiedlungen besonders prädestiniert.

3.2 Chimki

Die tief greifende ökonomische Krise der 1990er Jahre führte zu einer radikalen Änderung der Existenzbedingungen für die Wissenschaftsstädte. Durch den Zusammenbruch der Investitionstätigkeit und den Wegfall der staatlichen Finanzierung sind die technologieorientierten Unternehmen und die mit ihnen verbundenen Siedlungen von existenziellen Krisen betroffen, die bis heute mit schwerwie-

---

[6] Interview mit Hans-Georg Feesche, Aengevelt Immobilien KG Moskau, Oktober 2001 und Michael Lange, Jones Lang LaSalle, Moskau, Juni 2002

genden sozialen Problemen für die ehemals vergleichsweise privilegierten Bewohner verbunden sind. Die staatliche Finanzierung der Wissenschaft, Forschung und Entwicklung schrumpfte im Verlaufe der 1990er Jahre auf ein Bruchteil (5 - 10 %) der während sowjetischer Zeiten bereitgestellten Mittel, dabei verzeichnete der militärisch-industrielle Komplex von allen Branchen den stärksten Produktionsrückgang (KUSNEZOW 2000). Die Abhängigkeit der Produktions- und Forschungsunternehmen von der zentralstaatlichen Administration und das Ausbleiben der staatlichen Investitionen führten vielfach zu deren ökonomischem Niedergang. Auf der anderen Seite entlassen die föderationsstaatlichen Ministerien die rüstungsrelevanten Betriebe nicht aus ihrer administrativen Unterstellung, sie bleiben im Kern Staatsbetriebe, deren Restrukturierung sich als äußerst schwierig erweist. Die Betriebe behalten ihre Mitarbeiter oftmals in einem Zustand „bezahlter Arbeitslosigkeit". Dennoch vollzog sich vielfach ein struktureller Wandel der Betriebe durch die Loslösung der nicht unmittelbar produktionsorientierten Dienstleistungsbereiche mit lokalen Reichweiten durch Kommunalisierung und Privatisierung (Bau- und Transportbetriebe, Versorgungseinrichtungen, soziale Dienste).

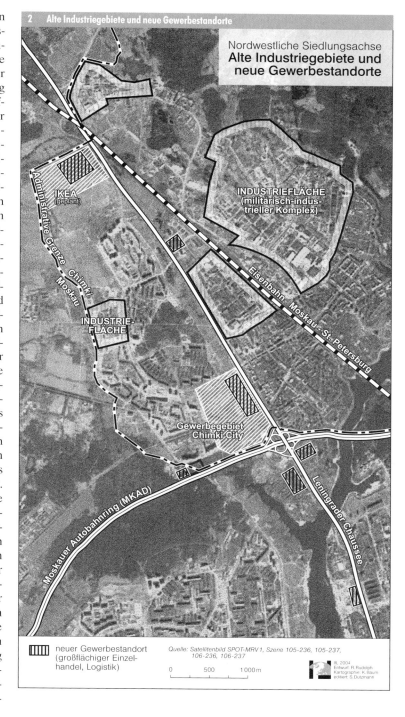

2 Alte Industriegebiete und neue Gewerbestandorte

Nordwestliche Siedlungsachse
Alte Industriegebiete und neue Gewerbestandorte

IKEA (geplant)

INDUSTRIEFLÄCHE (militärisch-industrieller Komplex)

Administrative Grenze Chimki Moskau

Eisenbahn Moskau – St. Petersburg

INDUSTRIE-FLÄCHE

Gewerbegebiet Chimki City

Moskauer Autobahnring (MKAD)

Leningrader Chaussee

neuer Gewerbestandort (großflächiger Einzelhandel, Logistik)

Quelle: Satellitenbild SPOT-MRV1, Szene 105-236, 105-237, 106-236, 106-237

0   500   1 000 m

IfL 2004
Entwurf: R. Rudolph
Kartographie: K. Baum
editiert: S. Dutzmann

Die Betriebe in Chimki waren während der 1990er Jahre von starken Produktions- und Beschäftigungsrückgängen betroffen, doch eröffneten sich für die Unternehmen sehr unterschiedliche Perspektiven, die neben der technologischen Kompetenz maßgeblich von der Fähigkeit und Offenheit des jeweiligen Managements abhängen. Einige technologieorientierte Kernbereiche bleiben derzeit erhalten. So produziert das Unternehmen *Energomasch* Triebwerke für die amerikanische „Atlas"-Rakete.[7] Die langfristigen Perspektiven solcher Unternehmen wie *Lawotschkin* sind jedoch äußerst ungewiss. Auf der östlichen Seite der Leningrader Chaussee befinden sich die ausgedehnten Flächen der großen Industrie- und Forschungskomplexe, die teilweise an neue Unternehmen mit lokaler oder regionaler Reichweiten (Bauunternehmen, Speditionen) verpachtet werden (*Fig. 2*).

In der zweiten Hälfte der 1990er Jahre setzten im Umfeld der Leningrader Chaussee neue Gewerbeentwicklungen ein, wobei sich bis zum Jahre 2002 eine großräumige Standortkonzentration herausbildete. Der Investitionsboom großflächiger Einzelhandelskomplexe erfolgte durch die Ausbreitung großer Möbel- und Einrichtungshäuser im Umfeld des Moskauer Autobahnringes. Die Erschließung der Peripherie durch neue Shopping-Center, Super-, Hyper- und Baumärkte führte zur Entstehung jener „Doppelstruktur" von Low-Level-Standorten, d.h. offenen Märkten, Kioskmärkten und Handelskomplexen mit einem niedrigen Investitionsniveau, sowie neuen investitionsintensiven, an globalen Vorbildern orientierten Gewerbeclustern.[8]

In Chimki entstand im Jahre 2003 neben den bereits vorhandenen Möbel- und Einrichtungshäusern (*Grand*, *Ikea*) mit dem Neubau eines großen Handels- und Freizeitkomplexes (*Grand 2*, projektierte Nutzfläche: 140.000 m²) das größte derartige Center in Russland.[9] Die Standorte von *Grand* und *Grand 2* befinden sich auf dem Gelände der so genannten *Chimki City*, einem Entwicklungsprojekt zur Ansiedlung von Gewerbenutzungen im Dienstleistungssektor (Einzelhandels-, Hotel- und Freizeitnutzungen) auf einer Fläche von etwa 50 ha unmittelbar an der Kreuzung zwischen dem Moskauer Autobahnring und der Leningrader Chaussee. Auch auf der zu Moskau gehörenden Seite des Autobahnrings entstanden zwei große Super- bzw. Cash & Carry- Märkte in Größenordnungen von 20.000 bis 30.000 m² Nutzfläche (*Metro, Ramstore*) (*Fig. 3*).

Die hervorragende geographische Lage von Chimki ist ein wesentlicher Standortfaktor für die Entstehung großflächiger, investitionsintensiver Einzelhandelsstandorte, die ganz entscheidend zur Diversität der lokalen Ökonomie und zum Strukturwandel der Stadt beitragen (*Fig. 4*). Chimki ist fast vollständig umgeben von Territorien, die administrativ zu Moskau gehören, und liegt in unmittelbarer Nähe des internationalen Flughafens. Der Kreis Chimki ist einer der wenigen in der stadtnahen Zone Moskaus, der in bedeutendem Umfang Einpendler aus Moskau und anderen Städten und Kreisen der Moskauer Oblast aufweist.[10]

3.3 Scheremetjewo

Der internationale Flughafen Scheremetjewo erweist sich als eines der wichtigsten Investitionszentren des gesamten äußeren Nordwestraumes der Stadtregion. Mit der Erweiterung des Flughafens, dem Bau einer dritten Start- und Landebahn sowie eines neuen Terminals (Scheremetjewo 3) ist begonnen worden, wobei die schwedische Baugruppe *Skanska AB* als Projektentwickler und Generalübernehmer auftritt. Bis zum Jahre 2010 soll so die Kapazität des Flughafens von derzeit 11 Millionen auf dann 25 bis 30 Millionen Passagiere im Jahr erhöht werden.[11]

Neue Gewerbeentwicklungen finden sich nördlich des Flughafens in Gestalt einiger Gewerbegebiete, die 15 km vom Moskauer Autobahnring und 2 km von der Leningrader Chaussee entfernt auf dem Territorium des Solnetschnogorsker Kreises (*Solnetschnogorski Raion*) liegen. Die so genannte

---

[7] Das Unternehmen *Energomasch* gewann hierbei eine internationale Ausschreibung für die Herstellung der Triebwerke im Umfang von 200 Millionen US-$. Als eines der größten Probleme erwies sich die Zugehörigkeit zum Rüstungsbereich, die mit einem strengen Geheimhaltungsregime verbunden ist und eine internationale Zusammenarbeit außerordentlich erschwert. Offensichtlich konnte die Aussicht, mit Hilfe internationaler Kooperation wichtige Kernbereiche des Unternehmens zu stabilisieren und wieder „echte Gehälter" auszuzahlen, Bedenken hinsichtlich der Offenlegung militärtechnischen Know-Hows zertreuen (LESKOW 2000; SIMAKOW 2000).

[8] Zu den neuen Entwicklungen der Einzelhandelsstandorte am Moskauer Autobahnring siehe den Aufsatz von RUDOLPH und BRADE: „Moskau – neue Entwicklungen in der metropolitanen Peripherie" in diesem Band.

[9] http://www.grandfs.ru. Abruf: 02.03.04

[10] Die Arbeitsbeziehungen zwischen Moskau und den Städten und Kreisen der stadtnahen Zone ist äußerst eng. So pendeln nach offiziellen statistischen Angaben (Mosoblkomstat 2001) von den ca. 46.400 Erwerbstätigen in Chimki ca. 36.700 zur Arbeit nach Moskau, jedoch pendeln auch ca. 28.200 Beschäftigte nach Chimki ein.

[11] JLL 1999; WOSTOK 1999

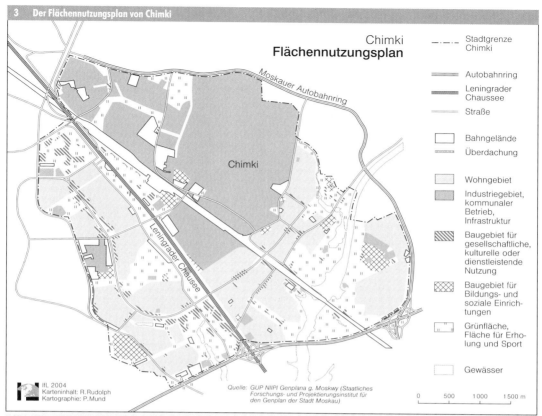

Chimki
Flächennutzungsplan

Moskauer Autobahnring

Chimki

Leningrader Chaussee

IfL 2004
Karteninhalt: R. Rudolph
Kartographie: P. Mund

Quelle: GUP NIIPI Genplana g. Moskwy (Staatliches
Forschungs- und Projektierungsinstitut für
den Genplan der Stadt Moskau)

Legende	
— · —· —	Stadtgrenze Chimki
=====	Autobahnring
=====	Leningrader Chaussee
——	Straße
▢	Bahngelände
▭	Überdachung
▢	Wohngebiet
▨	Industriegebiet, kommunaler Betrieb, Infrastruktur
▨	Baugebiet für gesellschaftliche, kulturelle oder dienstleistende Nutzung
▨	Baugebiet für Bildungs- und soziale Einrichtungen
▢	Grünfläche, Fläche für Erholung und Sport
▢	Gewässer

0   500   1 000   1 500 m

*Neue Baugebiete finden sich vor allem entlang der Leningrader Chaussee, wo neue Handels- und Geschäftszentren geplant sind.
Östlich von Chimki ist eine Umgehungsstraße geplant, die eine bessere Anbindung des Flughafens Scheremetjewo gewährleisten soll.*

„freie ökonomische Zone *Scherrison*" besteht aus drei verschiedenen Territorien mit einer Fläche von insgesamt 123 ha (*Fig. 5*). Die Zone wurde seit 1993 auf ehemals landwirtschaftlichen Flächen geplant und entwickelt. Im Gegensatz zu vielen Gewerbegebieten im Umland von Moskau, die lediglich als Rohbauland zur Verfügung stehen, ist dieses Gebiet technisch vollständig erschlossen. Die steuerlichen Vergünstigungen bestehen in der Befreiung von den lokalen und regionalen Steuern, die etwa 50 % der ursprünglich fälligen Steuern erreichen. Durch die Existenz von Einrichtungen der Zollabfertigung und besondere Verträge mit den baltischen Häfen ist das Gebiet vor allem für Produktion und Logistik geeignet. Bedeutende Investitionen erfolgen jedoch erst seit 1998. Die wichtigste Ansiedlung ist zweifellos ein Produktionsbetrieb von Pepsi-Cola, inzwischen größter

Foto: RUDOLPH 2002

Produktionsbetrieb des Kreises und wichtiger Auftraggeber für lokale Zulieferer. Eine Reihe von Unternehmen im Transport- und Logistikbereich siedelte sich im Gewerbegebiet an, bis zum Jahre 2000 sind hier 600 neue Arbeitsplätze entstanden.[12] Weitere Projekte zur Entwicklung neuer Gewerbegebiete für Produktions-, Lager- und Logistikflächen finden sich an der Leningrader Chaussee sowohl in Chimki als auch im Solnetschnogorsker Kreis. Insgesamt orientieren sich die neuen Gewerbentwicklungen sehr stark an den vorhandenen überregionalen Verkehrsachsen und -knotenpunkten.

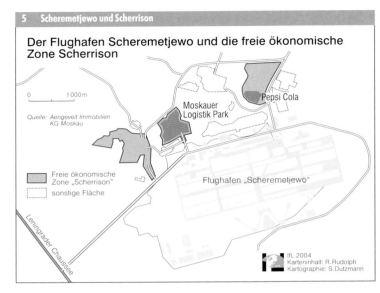

5 Scheremetjewo und Scherrison

Der Flughafen Scheremetjewo und die freie ökonomische Zone Scherrison

Quelle: Aengevelt Immobilien KG Moskau

Freie ökonomische Zone „Scherrison"
sonstige Fläche

Pepsi Cola
Moskauer Logistik Park
Flughafen „Scheremetjewo"
Leningrader Chaussee

IfL 2004
Karteninhalt: R.Rudolph
Kartographie: S.Dutzmann

3.4 Selenograd

In Selenograd entstanden mit dem Zusammenbruch der staatlichen Finanzierung der Technologieentwicklung ähnliche strukturelle Probleme wie in Chimki. Anfang der 1990er Jahre arbeitete etwa die Hälfte der 83.000 Beschäftigten in den Betrieben und Organisationen, die dem spezifischen technologischen Profil der Stadt zugerechnet werden konnten (Elektrotechnik, Mikroelektronik, Nanotechnologien, Informations- und Kommunikationstechnologien) (STEPANOW 1997; Mosgorkomstat 2001).[13] Der Stadt kommt, obwohl auch sie eine vergleichsweise starke Monostruktur im Bereich der Elektronik aufweist, vor allem die vertikale Diversität ihrer Institute und Unternehmen zugute: Neben Einrichtungen der Grundlagen- und angewandten Forschung befinden sich hier Betriebe für die Serienproduktion sowie Hochschulen.[14] Die Planung Selenograds entsprach einem Modell der so genannten „komplexen Entwicklung" eines hoch spezialisierten Standorts innerhalb der sowjetischen Volkswirtschaftsplanung, der Produktionsbetriebe, Forschungsinstitute und Hochschulen umfasste (BABURIN et al. 1991). Darüber hinaus ist Selenograd eine sehr beliebte Wohngegend: Die Stadt ist stark durchgrünt, liegt in relativ sauberer Umgebung und besitzt eine technische Infrastruktur, die Moskauer Standard entspricht (*Fig. XXIX*).

Von 1991 bis 1998 nahm die Zahl der Arbeitsplätze in Selenograd um 14 % ab, während die Wohnbevölkerung im gleichen Zeitraum um 21 % zunahm (Mosgorkomstat 2001). Vor allem in den Technologieunternehmen, Instituten und Hochschulen ging die Beschäftigung während der 1990er Jahre außerordentlich stark zurück. Im Zusammenhang mit der starken Nachfrage nach IT-Spezialisten in den führenden Technologieregionen Europas und Nordamerikas kam es zu einem *brain drain* gut ausgebil-

[12] Interview mit Wadim W. Rjabtschenkow, Administration des Solnetschnogorski Raion (Moskauer Oblast), und Eduard W. Dorochow, OAO *Scherrison*, Solnetschnogorski Raion, Oktober 2000
[13] Derartige Angaben sind insofern problematisch, als sie aufgrund der Beschaffenheit der sowjetischen Statistik keine Rückschlüsse auf die Anzahl der unmittelbar in den F&E-Bereichen tätigen Beschäftigten zulassen.
[14] Zu den wichtigsten Unternehmen und Organisationen in Selenograd zählen etwa das Forschungsinstitut für hochreine Materialien (NIIOSChM), das Forschungsinstitut für Molekularelektronik (NIIME), das Moskauer Institut für Elektronik (MIET), das Forschungsinstitut für physikalische und radiotechnische Messungen, weiterhin große Produktionsunternehmen, darunter Halbleiterproduzenten wie „Angstrem", „Mikron" oder „Pulsar", die heute eigenständige Aktiengesellschaften sind (REICHEL 1997; STEPANOW 1997).

deter Spezialisten ins Ausland (Rossiskije westi 1997). Auf der anderen Seite gelangen auch bedeuten-de Veränderungen in den betrieblichen Strukturen der Institute und Unternehmen. Neben der Tren-nung der dienstleistenden Unternehmensbereiche von den großen betrieblichen Organisationen durch Privatisierung und Kommunalisierung und der Entwicklung eines lokal orientierten kleinbetriebli-chen Sektors entstand eine Vielzahl kleiner technologieorientierter Unternehmen durch Spin-off-Grün-dungen ehemaliger Mitarbeiter der großen Institute. Nach IOFFE und NEFEDOVA (2000, S. 75) ist ein Drittel der neuen Kleinunternehmen mit der Elektronikindustrie verbunden. Insbesondere lassen sich Ansätze von Strukturen erkennen, die auf eine Integration Selenograds in den globalen IT-Markt durch Offshore Software Development (Verlagerung von Dienstleistungen und Produktionsschritten in Niedriglohnländer durch global operierende IT-Firmen) hindeuten.[15] Einige ausländische Direktin-vestitionen international bedeutender Technologieunternehmen wurden im IT- Bereich getätigt, etwa in die Einrichtung von Designzentren für Schaltkreise oder in Anlagen zur Herstellung von Speicher-chips und Compact Disks (ZISK 1994), westliche Unternehmen errichteten eigene Entwicklungslabors. 1999 erfolgte erstmals seit dem Zerfall der Sowjetunion ein messbarer Anstieg der Arbeitskräfte in den technologieorientierten Betrieben.[16] Durch die hohe Konzentration technologieorientierter Be-triebe und Institute bleibt die positive Wirkung der lokalen Agglomerationseffekte auch unter den Bedingungen des schwierigen Strukturwandels bestehen. Im Jahre 2003 wurde durch ein russisches Unternehmen die Serienherstellung von pharmazeutischen Produkten an einer neuen Produktions-stätte in Selenograd aufgenommen, im gleichen Jahr begann die Produktion von Volvo-Lastkraftwa-gen an einem neu entwickelten Standort.[17] Damit deutet sich eine nachhaltige Diversifizierung der lokalen Ökonomie an, die langfristig eine neuartige Ausprägung des lokalen Entwicklungspfades er-möglicht.

4 Akteure und Institutionalisierung als Raumeinheit

Die Nordwestachse hat während der 2. Hälfte des 20. Jahrhunderts eine starke Siedlungsentwicklung erfahren. Die Leningrader Chaussee, der Autobahnring und der internationale Flughafen sind die wichtigsten Infrastrukturelemente dieses Raumes. Die flächenhafte Ausdehnung Moskaus während sowjetischer Zeit ging mit einer mehrmaligen großräumigen Verschiebung der administrativen Stadt-grenze einher. Die Unterstellung immer neuer Territorien der Moskauer Oblast unter die administra-tive Kontrolle Moskaus erfolgte als zentralstaatliche Angelegenheit, wobei die territorialen Einheiten der kommunalen Ebene, die Städte und Kreise, keinen Einfluss auf derartige Entscheidungen hatten. Mit der Dezentralisierung der politischen Entscheidungsstrukturen nach dem Zerfall der Sowjetuni-on setzte ein Wandel der institutionellen Rahmenbedingungen territorialer Körperschaften ein, die den Föderationssubjekten der neu gegründeten Russischen Föderation (in diesem Fall die Stadt Mos-kau und die Moskauer Oblast) sowie den Kommunen (den Städten und Kreisen der Oblast) neue Möglichkeiten einer eigenständigen Entwicklung eröffneten. Die Kommunen bilden heute wichtige Akteursgruppen der Regionalpolitik, doch übt die Administration der Oblast nach wie vor einen au-ßerordentlich starken Einfluss auf lokale Entwicklungen aus. Die Finanzschwäche der Kommunen führt zu starken Abhängigkeiten von den finanziellen Zuweisungen der Gebietsebene (Moskauer Oblast), diese werden vor allem durch Interessenvertreter der jeweiligen Branchenstrukturen (Rüs-tungsunternehmen, Luft- und Raumfahrtkomplex, Erdöl- und Erdgasindustrie, Bauwirtschaft) be-herrscht.

---

[15] Dies zeigt etwa die Präsenz Selenograder Firmen der Softwareentwicklung im Internet. Insgesamt ist der russische Softwaremarkt in quantitativer Hinsicht noch relativ klein, wies aber am Ende der 1990er Jahre jährliche Wachs-tumsraten von 40 - 60 % auf. Die russische Software-Industrie konzentriert sich dabei im Wesentlichen auf drei große Zentren: die Moskauer Region, St. Petersburg und Nowosibirsk (PAPENHEIM 2002).

[16] Interview mit Jelena N. Istratowa, Administration der Stadt Moskau, Abteilungsleiterin der Abt. Ökonomie des Stadtbezirks Selenograd, März 2000

[17] Meldungen der Nachrichtenagentur rufo (www.moskau.ru. Abruf: 21.03.03) und der Webseite der Moskauer Oblast (www.mosoblonline.ru. Abruf: 31.03.03).

Mit der administrativen Föderalisierung des russischen Staates wurde die territoriale „Gefräßigkeit" Moskaus gestoppt. Die derzeitige Situation der territorialen Grenzen und sonstigen administrativen Zuständigkeiten führt heute jedoch zu ausgeprägten Konflikten zwischen der Stadt Moskau und der Moskauer Oblast, die besonders innerhalb der Nordwestachse deutlich werden. So gehört ein Teil der Straßentrasse der Leningrader Chaussee, die sich in der Moskauer Oblast befindet, zu Moskau, was bereits zur Blockade eines Brückenprojekts eines ausländischen Investors von Seiten der Moskauer Baugenehmigungsbehörden geführt hat (POLJAKOWA 2000). Den heftigsten Streit gibt es um die Verfügung über das Territorium des Flughafens Scheremetjewo.[18] Die Konflikte zwischen Moskau und der Moskauer Oblast um das Verfügungsrecht am Grund und Boden wirken sich äußerst negativ auf den Fortgang der Flughafenerweiterung aus (Scheremetjewo 3). Die komplizierte und konfliktträchtige administrative Situation innerhalb des Nordwestraumes trägt wesentlich dazu bei, dass es bisher zu keiner Institutionalisierung gekommen ist. Zwar sind sich die entscheidenden administrativen und ökonomischen Akteure der Standortpotenziale der Nordwestachse bewusst, jedoch werden diese Vorteile vor allem als eine territoriale Ressource angesehen, die es für die eigene Munizipalität (Kreis, Stadt bzw. Stadtbezirk) oder die mit einer bestimmten Industriegruppe oder Branche verbundene Klientel nutzbar zu machen gilt.

Die jeweiligen Administrationen auf der Ebene der Föderationssubjekte (Stadt Moskau, Moskauer Oblast) besitzen einen überragenden Einfluss auf raumbezogene Entscheidungen, da die politischen Akteure in jedem Falle mit einflussreichen ökonomischen Akteursgruppen verbunden sind. Gleichzeitig sind die jeweiligen Administrationen auch an privaten Investitionen beteiligt. Nach STARK (1998) entstehen bei der Entwicklung einer neuen marktwirtschaftlichen Ordnung in den osteuropäischen Transformationsländern hybride Mischungen von öffentlichem und privatem Eigentum, wobei anstelle einer „gemischten Ökonomie" mit klar abgrenzbarem öffentlichem und privatem Sektor die traditionellen Grenzen der verschiedenen Eigentumsformen überschritten und verwischt werden. Entscheidende Ressource bei der Neuverteilung des Eigentums ist hierbei die Persistenz von Organisationsformen, sozialen Bindungen und Netzwerken, auf deren Basis auch unter den Bedingungen schwerwiegender politischer, ökonomischer und sozialer Unsicherheiten koordinierte und effiziente ökonomische Handlungen möglich sind.[19]

So waren die wichtigsten Akteure bei der Entwicklung des Gewerbegebietes *Scherrison* Vertreter der Administration der Moskauer Oblast und des Solnetschnogorsker Kreises, daneben die Hauptverwaltung der Fluggesellschaft *Aeroflot*, ein Bauunternehmen und eine Moskauer Bank. Beiderseits des Autobahnringes, sowohl auf der Seite Moskaus wie auch auf der Seite der Moskauer Oblast, wurden große Territorien als Rohbauland für die Gewerbeentwicklung zur Verfügung gestellt. Die Administration der Moskauer Oblast entwickelte unter dem Namen „Gouverneursring" (*Gubernatorskoje kolzo*) ein spezielles Flächenprogramm für großflächige Einzelhandelsstandorte am MKAD, mit dessen Hilfe einige großflächige Gewerbeansiedlungen realisiert werden konnten.

Die administrative Zugehörigkeit Selenograds zu Moskau erleichterte eine Kompensation des ökonomischen und sozialen Niedergangs sowie der kommunalen Finanzkrise, da die Finanzierung

---

[18] Im Jahre 1995 hatte die Moskauer Stadtduma ein Gesetz über die „territoriale Einteilung der Stadt Moskau" verabschiedet, auf dessen Grundlage der Flughafen Scheremetjewo administrativ der Hauptstadt zugeordnet wurde. Dieses Gesetz wird von der Administration des Moskauer Gebietes gerichtlich angefochten. Vor allem geht es hierbei um die beträchtlichen Steuern und Pachten der auf dem Flughafengelände ansässigen Firmen (PREIS 2002).

[19] STARK (1998) leitet einige grundlegende Annahmen zur Entwicklung postsozialistischer Ordnungssysteme aus der Untersuchung betrieblicher Organisationsformen in Ungarn ab. Beobachtungen der ökonomischen Transformation in Russland lassen ähnliche Interpretationen zu. Dies betrifft etwa die Charakterisierung der Transformation des „Eigentums". Hierbei ginge es weniger um einen Wandel des „öffentlichen Eigentums" zu „privatem Eigentum", sondern um eine Verwischung der Grenzen zwischen öffentlichem und privatem Eigentum, zwischen den organisationalen Grenzen der Unternehmen und den Grenzen von Rechtsprinzipien. Dieses Prinzip der Aneignung ökonomischer Ressourcen wird hier als *recombinant property* bezeichnet. Es schließt eine enge Verknüpfung bzw. eine Verwischung der Grenzen zwischen „öffentlichen" und „privaten" Akteuren ein. SEDAITIS (1998) wies in ihrer Untersuchung von Netzwerkaktivitäten neuer russischer Unternehmen auf die Notwendigkeit einer starken institutionellen „Einbettung" der Unternehmensneugründungen in ein Netzwerk von staatlichen administrativen Akteuren hin, wobei das Maß der Einbindung als „Netzwerk-Kapital" für die Unternehmen anzusehen sei.

der öffentlichen Aufgaben aus dem Moskauer Haushalt erfolgte. Von Seiten der Moskauer Administration wurden an Selenograder Betriebe Aufträge zur Entwicklung von Technologien für die Kommunalwirtschaft vergeben, etwa für die Errichtung neuer Telefonnetzstationen. Die Moskauer Administration unternahm seit Anfang der 1990er Jahre mehrere Versuche, durch besondere rechtliche Regelungen die ökonomische Entwicklung Selenograds zu fördern. Der Versuch der Einrichtung einer „freien ökonomischen Zone" mit einem bestimmten Maß an Steuerbefreiungen blieb zunächst ohne nachhaltige Folgen. Später wurde mit der Zuweisung eines speziellen rechtlichen Status an Selenograd durch die Stadt Moskau, der ähnlich wie im Falle der *Moskwa City* mit bodenrechtlichen Vereinfachungen, Steuer- und Zollvergünstigungen für Unternehmen verbunden ist, der Stadtbezirk gefördert (STEPANOW 1997; OGILKO 2000). Selenograd besitzt zudem eine internationale Reputation als bedeutendes Forschungs- und Entwicklungszentrum, daher profitiert die Stadt von einer umfangreichen technischen Zusammenarbeit auf internationaler Ebene. Im Rahmen der Technologiehilfe der EU für Russland wurde etwa die konzeptionelle Vorbereitung eines Technologie- und Gründerzentrums in Selenograd finanziell unterstützt. Vielfältige Kontakte bestehen auch zwischen den Selenograder Unternehmen und Forschungsinstituten zu Unternehmen und Universitäten des Auslands.

Die Existenz von Wissenschaftsstädten wie Chimki in ihrer spezifischen Form beruhte auf einer engen Verschmelzung politischer und wirtschaftlicher Systeme (vgl. KÜHNE 2001). Unter sowjetischen Bedingungen nahmen die Vertreter der Branchenbürokratien, insbesondere der Rüstungsindustrie, im wirtschaftspolitischen Entscheidungsprozess eine herausragende Machtstellung ein. Sie bestimmten ganz wesentlich die Entwicklung der jeweiligen Stadt. Die Lösung einzelner Teile der großen Forschungs- und Produktionskomplexe und der dazugehörenden Siedlungen aus der starken Abhängigkeit von zentralstaatlichen administrativen Strukturen in nachsowjetischer Zeit führte zu einer Veränderung der bisherigen hierarchischen Kommunikations- und Machtbeziehungen zwischen dem Zentrum (den entsprechenden in Moskau angesiedelten Ministerien) und den Wissenschaftsstädten. Im Zusammenhang mit der Verteilung von Ressourcen (Privatisierung) und der Bildung lokaler Organisationsstrukturen (Entwicklung der kommunalen Selbstverwaltung, Kommunalisierung) entstehen neue Interessengruppen innerhalb der Städte. Die kommunalen Vertreter sind erstmals gehalten, eigene kommunale Interessen zu formulieren und gegebenenfalls im Konflikt mit den Vertretern der Unternehmen durchzusetzen. Gleichzeitig bestehen auf der lokalen Ebene vielfach die „systemischen Verschmelzungen" zwischen „öffentlichen" und „privaten" Akteuren fort. Die Direktoren der großen Produktions- und Forschungskomplexe repräsentieren in vielen Fällen die lokale politische Macht. Die Konfiguration der Macht auf lokaler Ebene orientiert sich vielfach an korporatistischen Strukturen und stellt eine der wichtigsten strukturellen Kontinuitäten der Transformation dar.

Neben der neuen Bedeutung „harter Standortbedingungen" für die ökonomische Entwicklung der ehemals von ihrem regionalen Umfeld unabhängigen Wissenschaftsstädte bildet der subjektive Faktor, d.h. die Fähigkeit und Offenheit der lokalen Administration, ein entscheidendes Kriterium. Die lokalen Akteure in Chimki haben sehr schnell die Lagevorteile der Stadt erkannt und zu nutzen gewusst. Die Standortstrukturen an den Peripherien westeuropäischer Metropolregionen dienten dabei als Leitbild für die Entwicklung eigener Konzepte und Strategien (GRANIN 1997). Der ökonomische Strukturwandel von Chimki ist mit einer zunehmenden Integration der lokalen Ökonomie in regionale Strukturen verbunden. Gerade in Chimki sind durch die erfolgreichen gewerblichen Ansiedlungen neue Akteursgruppen sichtbar geworden, die ökonomische Entwicklungen inzwischen nicht nur auf lokaler Ebene in Bewegung setzen, sondern wichtige Akteure der Region sind.

Das Entwicklungsprojekt *Chimki City* wird durch eine Aktiengesellschaft gesteuert, zu der neben der *Chikon*-Gruppe, einer in Chimki ansässigen Investmentgesellschaft, und einigen lokalen Firmen auch die Administrationen der Stadt Chimki und der Moskauer Oblast gehören.[20] Die *Chikon*-Gruppe ist auch der russische Partner der wohl bisher spektakulärsten ausländischen Einzelhandelsinvestition in der Moskauer Oblast: der Ansiedlung des Möbelhauses *Ikea* (28.000 m^2 Nutzfläche) im nördlichen Teil von Chimki an der Leningrader Chaussee. Die Planungen zur Entwicklung dieses Standortes be-

---

[20] Interview mit Igor P. Gontscharenko, Direktor der *Chikon*-Gruppe, Chimki (Moskauer Oblast), März 2000

gannen bereits 1992, als sich das Unternehmen ein sehr attraktiv gelegenes Baugrundstück an der Chaussee sicherte, doch wurde das entsprechende Projekt wegen der schwierigen ökonomischen, ordnungspolitischen und rechtlichen Rahmenbedingungen zunächst nicht umgesetzt. Erst nach der russischen Finanzkrise des Jahres 1998 begann das Bauvorhaben konkrete Gestalt anzunehmen. *Ikea* hat einen langfristigen Pachtvertrag für 20 ha Grund und Boden abgeschlossen, das Möbelhaus wurde im März 2000 eröffnet. Etwa 450 Arbeitsplätze konnten hier neu geschaffen werden. Längerfristige Planungen sehen jedoch die Weiterentwicklung des Standorts auf einer Fläche von 55 ha vor, wobei das Unternehmen als Projektentwickler auftritt und im so genannten „Mikroraion *Ikea*" neben dem Möbelzentrum Supermärkte, Spezialgeschäfte, Restaurants und ein Kino plant (POLJAKOWA 2000). Eine Besonderheit der Projektentwicklung in Chimki ist die Tatsache, dass die Investoren zunächst mit den lokalen Akteuren, d.h. mit der Administration der Stadt zusammenarbeiteten und erst später mit den Organen der Moskauer Oblast verhandelten. Die Administration von Chimki gewährte Befreiungen von lokalen Steuern, im Gegenzug investierte das Unternehmen in die kommunale Infrastruktur, etwa in den Ausbau der Strom- und Wasserversorgung. Auf diese Weise erfolgte eine direkte Finanzierung kommunaler Aufgaben auf der Grundlage von Absprachen zwischen der Gemeinde und dem Unternehmen.

Die Realisierung des *Ikea*-Projekts war die erste Großinvestition eines bedeutenden internationalen Einzelhandelsunternehmens in der Peripherie der Moskauer Region. Das Projekt rief ein ungewöhnliches Medieninteresse hervor, unter anderem wegen des Konflikts zwischen den Administrationen von Moskau, Chimki und der Moskauer Oblast, bei denen es um die Zuständigkeiten für bestimmte Baugenehmigungsverfahren ging. Vor allem galt die Eröffnung von *Ikea* als eine neue Form des Einzelhandels in Russland, die mit einer konsumorientierten Alltagskultur der Mittelklasse verbunden ist und als solche eine symbolische Dimension erreichte. Die Entwicklung dieses Standorts galt als Pilotprojekt, der unerwartete Erfolg des Möbelhauses führte zur Umsetzung großer Bauvorhaben ausländischer Unternehmen am Autobahnring und innerhalb Moskaus (SELIWANOWA 2000; LUKJANOWA u. CHASBIJEW 2001). Aus der seit 1992 bestehenden Zusammenarbeit zwischen Ikea und der *Chikon*-Gruppe resultierte zudem ein lokal vorhandenes, professionelles Know-how bei der Kooperation mit internationalen Partnern zur Standortentwicklung, das sich auch für nachfolgende Projekte auszahlte.

5 Perspektiven der Entwicklung

Die Territorien der Nordwestachse waren wie die gesamte Peripherie der Moskauer Region während der 1990er Jahre von einem absoluten Rückgang der Zahl der Beschäftigten betroffen, doch Nähe und gute Erreichbarkeit von Moskau trugen wesentlich zur Kompensation des Arbeitsplatzverlustes bei. Die Ausweitung der informellen Ökonomie, der sich außerordentlich schnell entwickelnde Low-Level-Sektor, war eine Voraussetzung für die Konstituierung und Stabilisierung eines neuen ökonomischen Ordnungssystems sowie für die Entstehung einer ökonomischen Diversität auf lokaler und regionaler Ebene. Die neuen großflächigen Einzelhandelskomplexe an der Peripherie, die in Struktur und Gestalt internationalen Vorbildern folgen, repräsentieren eine neue Generation gewerblicher Standorte in der Moskauer Metropolregion, die mit einem funktionalen Wandel und einer Aufwertung der Peripherie verbunden ist.

Der wirtschaftliche Niedergang der „städtebildenden" Unternehmen in Chimki und Selenograd führte notwendigerweise zu ökonomischen Strukturveränderungen. Die Transformation der großen Forschungsinstitute und forschungsintensiven Produktionsorganisationen und die Entstehung kleiner Unternehmen aus deren Teilen ist Ausdruck der spontanen Strukturierung einer neuen postsozialistischen Ökonomie unter den Bedingungen gravierender makroökonomischer und staatlich-institutioneller Defizite. Das besondere Potenzial der Wissenschaftsstädte bei der Herausbildung neuer ökonomischer Strukturen liegt in der vergleichsweise guten institutionellen Infrastruktur, in der Einbindung in vorhandene technologieorientierte Netzwerke und in der technischen Qualifikation der in diesen Städten Beschäftigten. Die nach wie vor existierenden technologieorientierten Aktivitäten sowohl in Chimki als auch in Selenograd führen Entwicklungslinien fort, die durch die sowjetische Erschließungs- und Siedlungspolitik der „Urbanisierung durch Forschung und Technologie" vorgegeben waren.

In der zweiten Hälfte der 1990er Jahre setzte – neben der weiterhin dynamischen Investitionsentwicklung des Stadtzentrums – eine verstärkte Allokation von Dienstleistungsfunktionen und eine schrittweise Zunahme langfristiger Investitionen im Gebiet außerhalb des Zentrums und der kompakten Stadt ein. Damit beginnt das Modell der extremen Zentrum-Peripherie-Disparität allmählich an Schärfe zu verlieren, bei der das Stadtzentrum bzw. die kompakte Stadt der Ort kapitalintensiver Entwicklungen (High-Level-Investitionen), die Peripherie jedoch vor allem durch Deinvestitionsprozesse und einer Ausbreitung von Low-Level-Stand-

6   Das MIET – Forschungsinstitut für Mikroelektronik in Selenograd

Foto: Rudolph 2000

orten gekennzeichnet ist. Der betrachtete Zeitraum ist relativ kurz, dennoch lassen sich nach über einem Jahrzehnt postsowjetischer Transformation die Konturen des Wandels der Peripherie der Moskauer Stadtregion hinreichend deutlich beschreiben. Neben einer starken Deindustrialisierung, einem Niedergang des Forschungs- und Technologiesektors und einem Verlust an qualifizierten Arbeitsplätzen setzte am Ende der 1990er Jahre ein Reindustrialisierungsprozess ein. Auch das starke Wachstum des verbraucherorientierten Dienstleistungssektors und die Ausbreitung neuer kapitalintensiver Standorte vor allem des Einzelhandels seit dem Ende der 1990er Jahre tragen zum Wandel der Peripherie bei.

Seit dem Ende der 1990er Jahre lassen sich an vielen Standorten der Peripherie der Moskauer Stadtregion neue Prozesse kapitalintensiven Wachstums beobachten, vor allem die Entstehung von Standorten des großflächigen Einzelhandels an den Verkehrsachsen und Metrostationen. Insbesondere im Umfeld des Autobahnringes entstehen neue Konzentrationen des großflächigen Einzelhandels. Eine Reihe von Planungen sieht die Entwicklung neuer Gewerbe- und Freizeitparks vor. Einige der neuen Handelseinrichtungen haben die gesamte Moskauer Region als Einzugsgebiet. Die entstehende Aufwertung einiger Territorien an der Peripherie verstärkt wiederum den räumlich differenzierten Investitionsprozess in der Peripherie selbst. Räumliche Polarisierungen innerhalb der Peripherie gewinnen an Bedeutung.

Die neuen ökonomischen Entwicklungen an der Peripherie bringen neuartige räumliche Strukturen hervor, da der weitaus größte Teil des ökonomischen Wachstums an „unverbrauchten" Orten der Stadtregion stattfindet. Dagegen bleiben die alten Industrie- und Gewerbeflächen in der äußeren Peripherie in vielen Fällen Standorte der zentralistisch administrierten Großbetriebe sowjetischen Typs, die sich zumeist in einer ökonomisch äußerst schwierigen Situation befinden. Diese Flächen werden von langfristigen Investitionsentwicklungen kaum berührt und bleiben bevorzugte Ansiedlungsräume neuer Kleinbetriebe mit einem niedrigen Investitionsniveau. Insgesamt sind die ökonomischen Entwicklungen auf den Industrieflächen der Stadtregion jedoch sehr vielschichtig. Teilweise bleiben einige Kerne forschungs- und technologieintensiver Industrien neben der Ausbreitung neuer Produktions-, Distributions- und Transportbetriebe bestehen, wie die Beispiele Chimki und Selenograd zeigen (*Fig. 6*). Neben dem Festhalten an forschungs- und technologieorientierten Entwicklungen deuten sich jedoch auch neue Entwicklungspfade an. So bestimmen in der vormals durch Unternehmen der Luft- und Raumfahrt geprägten Stadt Chimki die großflächigen Einzelhandelskomplexe zunehmend die Struktur der lokalen Ökonomie und führen zu einem Bedeutungsverlust technologieorientierter Entwicklungspfade.

Die Nordwestachse um die Leningrader Chaussee ist eine derjenigen Siedlungsachsen, an denen eine vergleichsweise stärkere ökonomische Entwicklung beobachtet werden kann. Eine besondere Rolle spielt die hierbei vorhandene Infrastruktur, vor allem der internationale Flughafen Scheremetjewo als „globale Schnittstelle" der Stadtregion und die gut ausgebaute Straßenachse zum Flughafen. Im Umfeld des Flughafens finden sich auch großräumige und gut entwickelte Gewerbegebiete für Produktion und Logistik, die dem internationalen Standard entsprechen. Die neuen Gewerbestrukturen entlang dieser Siedlungsachse (großflächiger Einzelhandel, Autohäuser, Produktionsbetriebe, Lager- und Logistikflächen) deuten auf eine großräumige kumulative Entwicklung einzelner Standorte hin, die bisher nicht aufeinander bezogen sind. Gemäß den Einschätzungen von Sachverständigen haben gerade die Orte entlang dieser Achse – Chimki als „Tor nach Moskau", Scheremetjewo und Selenograd – potenziell sehr gute Perspektiven einer ökonomischen Entwicklung, obwohl diese erst ansatzweise vorhanden ist.[21] Denn es finden sich in diesem Raum jene Elemente, die die langfristige Entstehung eines korridorartigen Wachstumsraumes vermuten lassen.

Die neuen ökonomischen Standorte entlang dieser Achse wie auch im Umfeld des Moskauer Autobahnringes deuten auf Angleichungsprozesse global gültiger Leitbilder der Peripherie hin. Teilweise lassen sie sich als „nachholende" bzw. konvergente Entwicklungen interpretieren, wie etwa die Ansiedlungen großflächiger Baumärkte und Möbelhäuser auf der grünen Wiese. Tendenzen einer zunehmend „dezentralen Organisation" der Stadtregion lassen sich bisher kaum feststellen. Eine Einordnung dieser Aufwertungsprozesse in den Diskurs „suburbane/postsuburbane Entwicklungen" erweist sich insofern als problematisch, da die Peripherie der Stadtregion unter den Bedingungen postsowjetischer Regulationsweisen im gewerblichen Sektor vorwiegend durch Zerfalls- und Deinvestitionsprozesse sowie durch die Expansion improvisierter Strukturen mit einem niedrigen Investitionsniveau bestimmt wurde. Die existierenden, vormals hoch spezialisierten Städte des Moskauer Umlandes bilden eher stärkere regionale Verflechtungen aus, wobei die ökonomische Integration dieser Städte vor allem auf der Nähe zur Kernstadt Moskau beruht. Erst seit dem Ende der 1990er Jahre lassen sich auch an der Peripherie einzelne strukturelle Bausteine in Form neuer Gewerbestandorte finden, die sich möglicherweise langfristig zu Kernen einer stärkeren dezentralen Organisation der Stadtregion entwickeln könnten.

Literatur

AGIRRETSCHU, A. A. (1999): Naukograty Rossii: Osobennosti Wosniknowenija i Raswitija (Wissenschaftsstädte in Russland. Besonderheiten der Entstehung und Entwicklung). In: Rossiski Akademii nauk et al. (Hrsg.): Geografija na rubeshe wekow: problemy regionalnowo raswitija. Materialy meshdunarodnoi nautschnoi konferenzii 22. - 25. sentjabrja 1999 goda. Kursk.

ARGENBRIGHT, R. (2003): Platz schaffen für die neue Mittelklasse. Moskaus dritter Verkehrsring. In: Osteuropa, H. 9/10, S. 1386 - 1399.

BABURIN, W. L., W. N. GORLOW u. W. E. SCHUWALOW (1991): Problemy raswitija Moskowskowo nautschno-proiswodstwennowo komplexa (Probleme der Entwicklung des Wissenschafts-Industriekomplexes von Moskau). In: Westnik Moskowskowo uniwersiteta, H. 2, S. 15 - 22.

BABURIN, W. L., W. N. GORLOW u. W. E. SCHUWALOW (1993): Moskowski stolitschny okrug: problemy i puti formirowanija (tschast 2) (Die Moskauer Hauptstadtregion: Entwicklungsprobleme und -wege – 2. Teil). In: Westnik Moskowskowo uniwersiteta, H. 6, S. 16 - 21.

BOTSCHAROWA, JE. u. L. AFANASJEWA (1997): Snakomtes: Chimki-Siti (Lernen Sie Chimki-City kennen). In: Ekonomika i Shisn, 19.06.97.

FISCHER, P. (1999): Prjamyje inostrannyje inwestizii w Rossii (Ausländische Direktinvestitionen in Russland). Moskau.

GRANIN, JU. (1997): Chosjain Raiona Juri Korablin (Der Hausherr des Raions Juri Korablin, Interview mit dem Chef der Administration des Chimkinski Raion). In: Rossiskaja federazija, Nr. 5 (20). S. 1 - 2.

---

[21] FISCHER 1999, S. 434, verschiedene Interviews mit Vertretern der Administrationen Moskaus und der Moskauer Oblast sowie der Städte und Kreise der Moskauer Oblast in den Jahren 2000 - 2002

IOFFE, G. u. T. NEFEDOVA (2000): The Environs of Russian Cities. Lewiston, Queenston, Lampeter.

JLL (Jones Lang LaSalle) (1999): The Moscow Fortnight April 15th - April 30th 1999. Moskau.

JLL (Jones Lang LaSalle) (2003): The Moscow Fortnight September 22nd - October 7th 2003. Moskau.

KAGANSKI, W. (2001): Kulturny landschaft i sowetskoje obitajemoje prostranstwo (Die Kulturlandschaft und der sowjetische Siedlungsraum). Moskau.

KARGER, A. (1987): Sowjetunion. Frankfurt a.M.

KÜHNE, O. (2001): Transformation und kybernetische Systemtheorie. Kybernetisch-systemtheoretische Erklärungsansätze für den Transformationsprozeß in Ostmittel- und Osteuropa. In: Osteuropa, H. 2, S. 148 - 169.

KUSNEZOW, M. I. (2000): Problemy i perspektiwy raswitija naukogradow Moskowskowo regiona (Probleme und Perspektiven der Entwicklung der Wissenschaftsstädte in der Moskauer Region). In: Munizipalny Mir-Informazionno-analititscheski shurnal, Nr. 2, S. 19 - 23.

LESKOW, S. (2000): My tjanem Ameriku wwerch (Wir ziehen Amerika nach oben). In: Iswestija, 16.03.00.

LUKJANOWA, Je. u. A. CHASBIJEW (2001): „Ikea" stroitsja („Ikea" wird gebaut). In: Expert, 19.02.01.

Mosgorkomstat (Moskowski komitet gosudarstwennoi statistiki) (2001): Administratiwnyje okruga g. Moskwy w 2000 godu (Die administrativen Bezirke Moskaus 2000). Moskau.

Moskomsem (Prawitelstwo Moskwy – Moskowski semelny komitet) (1998): Doklad o sostojanii i ispolsowanii semel goroda Moskwy (Bericht über den Zustand und die Nutzung des Bodens der Stadt Moskau). Moskau.

Mosoblkomstat (Moskowski oblastnoi komitet gosudarstwennoi statistiki) (2001): Sozialno-ekonomitscheskoje poloshenije gorodow i raionow Moskowskoi oblasti - 2000 god (Soziale und ökonomische Lage der Städte und Raions des Moskauer Gebietes im Jahre 2000). Moskau.

OGILKO, I. (2000): Stolitschny „offschor" dlja oboronschtschikow (Die hauptstädtische „Offshore"-Zone für die Verteidigungsindustrie). In: Iswestija, 06.04.00.

PAPENHEIM, D. (2002): Regionalentwicklung durch Offshore Development? Moskau als Standort der Softwareindustrie. Marburg (Diplomarbeit am Institut für Geographie der Universität Marburg).

PREIS, S. (2002): Wo liegt Scheremetjewo? Moskau und Umland streiten um Flughafen. In: Moskauer Deutsche Zeitung, Nr. 20 (91).

POLJAKOWA, Ju. (2000): Ikea sela na „jeshi" (Ikea setzte sich in die Nesseln). In: Wedomosti, 10.02.00.

REICHEL, R. (1997): Zur Lage der Mikroelektronik und ausgewählter Anwendungsbereiche in Osteuropa. http://www.iid.de/informationen/me-oe/me_6.html. Abruf: 12.12.02.

Rossiskije westi (1997): Mer Ischtschuk uprawljajet sputnikom (Der Bürgermeister Ischtschuk verwaltet die Satellitenstadt). In: Rossiskije westi, 12.07.97.

RUDOLPH, R. (2002): Die Moskauer Region zwischen Planung und Profit – Postsowjetische Faktoren und Prozesse der Raumentwicklung. In: BRADE, I. (Hrsg.): Die Städte Russlands im Wandel – Raumstrukturelle Veränderungen am Ende des 20. Jahrhunderts. Leipzig (= Beiträge zur Regionalen Geographie 57), S. 224 - 254.

SELIWANOWA, W. (2000): Priswanije warjagow (Die Mission der Waräger). In: Expert, 03.04.00.

SEDAITIS, J. B. (1998): Network Dynamics of New Firm Formation: Developing Russian Commodity Market. In: GRABHER, G. u. D. STARK (Hrsg.): Restructuring Networks in Post-Socialism. Legacies, Linkages and Localities. Oxford. S. 137 - 157.

SIMAKOW, D. (2000): Rossiski dwigatel k amerikanskim raketam (Russische Triebwerke für amerikanische Raketen). In: Expert, 20.03.00.

STARK, D. (1998): Recombinant Property in East European Capitalism. In: GRABHER, G. u. D. STARK (Hrsg.): Restructuring Networks in Post-Socialism. Legacies, Linkages and Localities. Oxford. S. 1 - 32.

STEPANOW, JU. (1997): Selenograd – „kremnijewaja dolina" Rossii (Selenograd – das „Silicon Valley" Russlands). In: Ekonomika i Shisn, Nr. 9.

WOSTOK (1999): Ausbau des Moskauer Flughafens Scheremetjewo, H. 9, S. 7.

www.moskau.ru: Volvo montiert Lastwagen in Rußland. http://www.moskau.ru. Abruf: 21.03.03.

ZISK, K. M. (1994): The Russian Military-Industrial Sector and Conversation: A Comment. In: Post-Soviet Geography, 9, S. 522 - 525.

Massy-Saclay – Ein neuer Technologieraum im Südwesten von Paris

Joachim Burdack und Kerstin Manz

1 Einleitung

Der etwa 20 km südwestlich von Paris um Saclay und Massy gelegene neue ökonomische Pol (*Fig. 1*) kann raumstrukturell als ein mehrkerniger Wachstumsraum mit z.T. dispersen Siedlungsmustern beschrieben werden. Es lassen sich drei Teilgebiete deutlich unterscheiden: das Plateau de Saclay inklusive seiner Randbereiche, das Gebiet um die Stadt Massy und der Siedlungsschwerpunkt Courtaboeuf-Les Ulis (Gauvin 1992, S. 2f.). Die drei Teilgebiete weisen z.T. komplementäre Strukturen auf (Dallet 1998, S. 11). So konzentrieren sich Grundlagenforschung und Bildungseinrichtungen im Plateau de Saclay, technologieorientierte Fertigungsbetriebe sind in hoher Zahl im Bereich von Courtaboeuf-Les Ulis (ZA de Courtaboeuf) vertreten und Massy ist ein wichtiger Verkehrsknotenpunkt und Gewerbestandort. Entsprechend zeigen die drei Teilgebiete deutlich voneinander abweichende Beschäftigtenprofile. Der starke Anteil von Beschäftigten im Handel im Teilgebiet Courtaboeuf-Les Ulis ist durch das Einkaufszentrum *Les Ulis 2* bedingt, und der hohe Anteil Beschäftigter im Elektroniksektor durch den Technologiepark Courtaboeuf. Im Teilgebiet Plateau de Saclay sind vor allem die hohen Beschäftigtenanteile in den unternehmensbezogenen Dienstleistungen und im Bildungswesen bemerkenswert.

Integrierende Faktoren der Teilräume sind vor allem wechselseitige Pendlerverflechtungen, mögliche Synergien der Forschungs-, Ausbildungs- und Produktionseinrichtungen und die Außenwahrnehmung des Gebiets als ein einheitlicher Technologieraum. In diesem Zusammenhang ist auch relevant, dass Massy-Saclay im regionalen Entwicklungskonzept (SDRIF) von 1994 als Forschungs- und Technologiezentrum von europäischer Bedeutung (*centre d´envergure européen*) ausgewiesen wurde. In den Umrissen der drei genannten Teilgebiete mit 20 Gemeinden umfasst Massy-Saclay eine Fläche von 140 km^2 mit 205.000 Einwohnern (1999). Im Zeitraum 1975 bis 1999 stieg die Zahl der Beschäftigten (Arbeitsort) von 65.000 auf 107.000. Der neue ökonomische Pol weist einen deutlichen Pendlerüberschuss von 14.800 Erwerbstätigen (1999) auf. Die Pendlerströme konzentrieren sich dabei im Wesentlichen auf einige

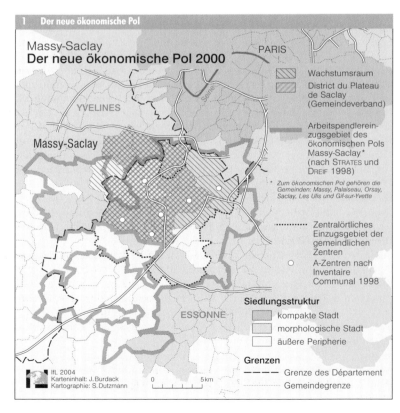

1 Der neue ökonomische Pol

Massy-Saclay
Der neue ökonomische Pol 2000

PARIS

YVELINES

Massy-Saclay

ESSONNE

IfL 2004
Karteninhalt: J.Burdack
Kartographie: S.Dutzmann

0   5km

Wachstumsraum

District du Plateau de Saclay (Gemeindeverband)

Arbeitspendlereinzugsgebiet des ökonomischen Pols Massy-Saclay* (nach Strates und Dreif 1998)

* Zum ökonomischen Pol gehören die Gemeinden: Massy, Palaiseau, Orsay, Saclay, Les Ulis und Gif-sur-Yvette

Zentralörtliches Einzugsgebiet der gemeindlichen Zentren

A-Zentren nach Inventaire Communal 1998

Siedlungsstruktur

kompakte Stadt

morphologische Stadt

äußere Peripherie

Grenzen

Grenze des Département

Gemeindegrenze

wenige Gemeinden: Les Ulis (Pendlerüberschuss 1999: +8.875), Massy (+5.885), Orsay (+5.182), Saclay (+3.299) und Buc (+3.155) (INSEE 2001).

Im Kern des Pols liegt das Plateau de Saclay, eine Hochfläche von etwa 50 km². Neben einigen kleineren Siedlungskernen und Gewerbegebieten herrschen auf dem Plateau vor allem landwirtschaftliche Nutzungen vor. Im Gegensatz dazu bilden die umgebenden Täler im Norden, Osten und Süden (Flusstäler der Yvette und Bièvre) bevölkerungs- und wirtschaftsgeographische Konzentrationspunkte. In den Flusstälern verlaufen auch wichtige regionale und überregionale Verkehrsachsen. Die Täler der Bièvre und Yvette besitzen Erschließungsfunktion für die Plateaurandgemeinden. Während die Regionalbahnlinien (RER) direkte Verbindungen der Gemeinden mit Paris herstellen, sind die Tangentialverbindungen, z.B. von Massy nach Versailles, nur unzureichend ausgebaut. Massy bildet östlich des Plateaus einen wichtigen Verkehrsknotenpunkt. Dort existiert neben dem Regionalbahnhof (RER) und dem Güterbahnhof seit dem Ende der 1980er Jahre ein TGV-Bahnhof für die nord-südlich um Paris verlaufenden Hochgeschwindigkeitsstrecken. Da die Hochfläche des Plateaus selbst über sehr ungünstige Verkehrsanbindungen verfügt – die Erschließung erfolgt nahezu ausschließlich durch privaten Individualverkehr – wird der Standort Massy östlich des Plateaus als wichtige Ergänzung betrachtet. Der Bau des TGV-Bahnhofs in Massy (TGV Atlantique) bedeutet eine Aufwertung des gesamten Südraums. Der erhoffte Entwicklungsschub für Massy-Saclay ist jedoch bisher weitgehend ausgeblieben.

2 Grundzüge der Entwicklung

Die Siedlungsentwicklung um Massy-Saclay vollzog sich im 20. Jahrhundert vor allem entlang der Flusstäler. Eine wichtige Rolle spielte hier der Verlauf der Vorortbahn, der *ligne de Sceaux*, die das Gebiet mit Paris verband. Entlang der Bahnlinie entstand eine Reihe bevorzugter kleinstädtischer Siedlungen wie Palaiseau, Orsay, Gif-sur-Yvette oder St. Rémy-lès-Chevreuse. Die auch als *„ligne intellectuelle"* bezeichnete Bahnlinie brachte bis in die 1970er Jahre vor allem die in den südwestlichen Vororten lebenden Wissenschaftler zu ihren Pariser Arbeitsplätzen. Heute gibt es auch einen signifikanten Gegenstrom von Studenten und Forschern, die zu den Bildungs- und Forschungseinrichtungen von Massy-Saclay pendeln. In den 1960er und 1970er Jahren entstanden in den Gemeinden Massy und Les Ulis Großwohnsiedlungen des sozialen Wohnungsbaus (HLM). In Les Ulis sind 44 % des Wohnungsbestands HLM-Wohnungen.[1] In den anderen Teilgebieten des ökonomischen Pols dominieren dagegen Einfamilienhäuser. Der Pol Massy-Saclay ist bereits seit den 1980er Jahren kein Zuwanderungsgebiet mehr. In den 1990er Jahren betrug der Wanderungssaldo -13.628. Vor allem die Gemeinden mit höherem Anteil von verdichtetem Geschosswohnungsbau wie Massy und Les Ulis verzeichnen deutliche Abwanderungstendenzen. Im Teilgebiet Courtaboeuf-Les Ulis ist der Wandel von Zuwanderung zu Abwanderung in den 1980er Jahren deutlich ausgeprägt (*Fig. XXV*). Diese Entwicklung hängt auch mit der Fertigstellung der Großwohnsiedlung von Les Ulis zusammen. Das Teilgebiet Massy verzeichnet dagegen schon seit längerer Zeit Abwanderungstendenzen. Hier wurden schon in den 1970er Jahren Sozialwohnungen errichtet. Im Bereich des Plateau de Saclay, wo Einzelhausbesiedlung vorherrscht, überwiegt dagegen erst seit den 1990er Jahren eine leichte Abwanderung. Trotz der negativen Wanderungsbilanz stieg die Bevölkerungszahl im ökonomischen Pol Massy-Saclay insgesamt durch Geburtenüberschüsse auch in den 1990er Jahren noch leicht von 202.000 (1990) auf 205.000 (1999) (INSEE 2001).

CASTELLS und HALL (1994, S. 156) führen die Entwicklung von Massy-Saclay zum technologieorientierten Wachstumsraum auf eine Kombination von staatlich initiierter Verlagerung von Bildungs- und Forschungseinrichtungen, marktorientierten, „spontanen" Standortentscheidungen von Hochtechnologiefirmen und Zufälligkeiten zurück. Ergänzen lässt sich, dass die drei genannten Einflussfaktoren jeweils in unterschiedlichen Entwicklungsabschnitten dominierten. Die Ursprünge des neuen ökono-

---

[1] Die Gemeinde Les Ulis wurde 1977 durch Ausgliederung aus den Gemeinden Orsay und Bures sur Yvette gegründet.

mischen Pols lassen sich auf die Ansiedlung von mehreren öffentlichen Forschungs- und Hochschuleinrichtungen seit dem Beginn der 1950er Jahre zurückführen. Ein zufälliges Ereignis, das sich erst in der Rückschau als bedeutsam für die Gebietsentwicklung identifizieren lässt („small event"), war, dass Fréderic Joliot-Curie seinen Wohnsitz in Gif-sur-Yvette hatte und sich für die Einrichtung von Forschungsinstituten in seiner Wohngemeinde stark machte. Einen entscheidenden Anstoß für die Herausbildung eines forschungs- und technologieorientierten Pols im Untersuchungsraum gab in den 1950er Jahren die Ansiedlung des Atomforschungszentrums Centre d'Etudes Nucléaires (CEN) in Saclay. In Nachbarschaft des CEN siedelten sich anschließend das Institut de Physique Nucléaire des CNRS und andere Forschungseinrichtungen an. Es entstand eine starke Präsenz der Atomforschung auf dem Plateau de Saclay. 1954 wurde die naturwissenschaftliche Fakultät der Sorbonne nach Orsay ausgelagert (Université XI de Paris). Weitere Bildungseinrichtungen folgten im Zuge der Dezentralisierung der Hochschulen: 1965 die Ingenieurhochschule Ecole Supérieure d'Optique sowie Anfang der 1970er Jahre die Grandes Ecoles HEC, SUPELEC und Ecole Polytechnique. Die Ansiedlungen erfolgten auf staatlichen Flächenreserven auf dem Plateau. Im Anschluss an die öffentlichen Einrichtungen ließen sich auch private Einrichtungen nieder, so das Technikbildungszentrum von Air France (Igny/Massy), ein weiteres Zentrum des CEN (Orme-des-Mérisiers) und das Rechenzentrum des CNRS (Gif-sur-Yvette). Insgesamt studieren an den Hochschuleinrichtungen z.Z. etwa 20.000 Studenten (CREPIF 1995; DALLET 1998, S. 11).

Die staatlichen Maßnahmen zielten in der frühen Phase der Entwicklung nicht auf die Formierung eines integrierten Wissenschafts- und Technologieclusters in der metropolitanen Peripherie, sondern förderten sein Entstehen *indirekt* durch Verlagerungsdruck auf Forschungs- und Bildungseinrichtungen in Paris. Die Dezentralisierungsbestrebungen zielten, auch vor dem Hintergrund der Unruhen der 1960er Jahre, auf eine Verringerung der Studentenkonzentration in der Innenstadt. Günstige Standortbedingungen boten sich den betroffenen Einrichtungen vor allem im Südwesten der Metropole. Hier waren ausreichende Flächen verfügbar, es bestand eine relativ gute Verkehrsverbindung nach Paris und die landschaftlich reizvolle Lage machte eine Ansiedlung zusätzlich attraktiv. Das Plateau de Saclay und seine Nähe zum Naturpark Chevreuse bieten hochqualifizierten Arbeitskräften ein attraktives Arbeits- und Wohnumfeld. Erst nach der weitgehend ungeplant entstandenen Ballung von Bildungs- und Forschungseinrichtungen um das Plateau de Saclay wurde die Möglichkeit der Schaffung einer Technopole realisiert. Vor allem seit den 1980er Jahren ließen sich zunehmend private Forschungseinrichtungen nieder (z.B. Thompson-CSF, Motorola). Es wurden kleinere Technologieparks eingerichtet, die Ansiedlungsmöglichkeiten für Klein- und Mittelbetriebe boten.

Mögliche Synergien ergeben sich für die Einrichtungen auf dem Plateau de Saclay vor allem mit dem Gewerbe- und Technologiepark Courtaboeuf. Während Forschung und Ausbildung im Plateau de Saclay im Vordergrund stehen, ist der Parc d'Activité de Courtaboeuf auf technologieorientierte Produktion ausgerichtet. Der bereits Ende der 1960er Jahre eingerichtete Gewerbepark erfuhr in den 1970er und 1980er Jahren eine deutliche Umstrukturierung seines Branchenprofils. Logistikeinrichtungen wurden durch technologieorientierte Firmen ersetzt. Der Parc d'Activité de Courtaboeuf gilt heute als der größte Technologiepark Frankreichs mit etwa 950 ansässigen Betrieben und mehr als 22.000 Beschäftigten auf einer Gesamtfläche von 450 ha. 466 Firmen haben mehr als 5 Beschäftigte.[2] Die Branchenstruktur der Betriebe mit mehr als 5 Beschäftigten macht deutlich, dass in dem Technologiepark ein breiter Branchenmix auch von nicht technologiebezogenen Aktivitäten vorhanden ist. Mit 161 Betrieben liegt der Großhandel deutlich an der Spitze. Zum Teil handelt es sich dabei um EDV-Großhandel und Service. Datenverarbeitung ist mit 59 Betrieben die zweitwichtigste Branche, gefolgt von Unternehmensdienstleitungen und Telekommunikation. Großhandel, Datenverarbeitung und Unternehmensdienstleitungen stellen auch die beschäftigungsstärksten Branchen im Gewerbepark dar. Um eine weitere Expansion des Gewerbeparks zu ermöglichen, werden z.Z. Flächen östlich der Autobahn A 10 erschlossen.

Massy, als drittes Teilgebiet, stellt vor allem als Verkehrsknotenpunkt und Gewerbestandort eine Ergänzung dar. Die Stadt verfügte bereits in der ersten Hälfte des 20. Jahrhunderts über eine Bedeu-

---

[2] Eigene Auswertung unveröffentlichter Unterlagen des Parc d'Activité (Stand: Oktober 2001) auf der Basis von 700 Firmen. Die Angaben zu Beschäftigtenzahlen beziehen jedoch z.T. auch Betriebsstandorte außerhalb von Courtaboeuf mit ein.

tung als Bahnknotenpunkt. Der Ausbau als Gewerbestandort erfolgte vor allem seit den siebziger Jahren mit der Ansiedlung internationaler Firmen wie Ericsson, ABB, Alcatel und Schneider. Die Verkehrsfunktion hat sich nach der Einrichtung eines Haltepunkts der Hochgeschwindigkeitsbahn TGV zu Beginn der neunziger Jahre noch verstärkt. Die erhofften Wachstumsimpulse durch den TGV-Bahnhof haben sich bisher jedoch noch kaum realisiert. Erst seit 2002 ist in Bahnhofsnähe ein Bürokomplex *(Central Massy – Pole des Gares)* mit 26.000 m² Nutzfläche in Planung.

3 Wirtschaftsstruktur und funktionale Spezialisierung

Nachdem die Beschäftigtenzahl des ökonomischen Pols in den 1970er und 1980er Jahren mit 3,1 % pro Jahr sehr stark zugenommen hatte, war in den 1990er Jahren nur noch ein geringerer Zuwachs zu verzeichnen (0,8 % pro Jahr). Im Teilgebiet Massy ist in den 1990er Jahren sogar ein leichter Beschäftigungsrückgang zu verzeichnen (-0,4 % pro Jahr) (INSEE 2001). Der ökonomische Pol scheint nach einer stürmischen Expansion jetzt gewisse Wachstumsgrenzen zu erreichen. Die Arbeitsplatzschwerpunkte liegen vor allem in 6 bzw. 7 Gemeinden, die jeweils mehr als 5.000 Arbeitsplätze aufweisen: Massy, Les Ulis, Orsay und Palaiseau, die alle im südöstlichen Gebietsteil liegen, haben jeweils mehr als 10.000 Beschäftigte. Zwei weitere Gemeinden – Buc und Gif-sur-Yvette – erreichen zwischen 5.000 und 10.000 Beschäftigte. Die Beschäftigtenzahl in Saclay fiel in den 1990er Jahren knapp unter 5.000 *(Fig. XXVI)*.

Die Beschäftigtenstruktur des Pols Massy-Saclay weist einige deutliche sektorale Schwerpunkte bzw. Abweichungen vom regionalen Durchschnitt auf. Im industriellen Bereich ist die relativ starke Präsenz von Luftfahrt und Elektronik bzw. Elektrotechnik auffällig. Im tertiären Sektor dominieren Unternehmensdienstleistungen. Hierzu zählen u.a. auch Unternehmensberatung, Forschung und Entwicklung. An den sektoralen Schwerpunkten lässt sich der technologieorientierte Charakter des neuen ökonomischen Pols erkennen. Die herausgehobene Position von Massy-Saclay wird auch in der sozio-professionellen Struktur der Beschäftigten deutlich. Der Anteil der *cadres* (hochqualifizierte Angestellte) liegt mit 31 % um etwa 8 Prozentpunkte über dem regionalen Durchschnitt, während dagegen z.B. die Beschäftigtenanteile der einfachen Angestellten und Arbeiter deutlich unter dem regionalen Durchschnitt liegen.

Massy-Saclay weist eine sehr hohe Konzentration an Hochtechnologie-Firmen auf (DALLET 1998, S. 8), die den Durchschnitt der Ile-de-France erheblich übertrifft: 16 % gegenüber 4,5 %. Wichtige Firmen sind u.a. Thomson CSF, Pfizer, Air Liquide und Matra Défense. Um das Commissariat à l'Energie Atomique (CEA) gruppieren sich Firmen wie Technicatome, CIS-BIO und STMI. In *Fig. 2* sind die wichtigsten öffentlichen und privaten Forschungs- und Bildungseinrichtungen im Pol Massy-Saclay dargestellt. Deutlich erkennbar ist die Konzentration von Forschungs- und Bildungseinrichtungen im südlichen Randbereich des Plateaus, insbesondere in dem so genannten „Secteur de Moulon". Die privaten Forschungs- und Entwicklungszentren der Konzerne Motorola, Thomson, Air liquide u.a. sind dagegen auf die anderen Gemeinden des Distrikts verteilt. Große Gewerbegebiete liegen vor allem in den Teilräumen Massy und Courtaboeuf-Les Ulis. Seit Ende der 1980er Jahre wurden mehrere kleinere Technologieparks (unter 10 ha) für private Unternehmen entwickelt. Sie liegen meist in Nähe der großen Forschungszentren. In diesen Technologieparks haben sich vor allem neu gegründete Betriebe der Hochtechnologie-Industrie (Informatik, Roboter, Elektromechanik, Pharmazie etc.) angesiedelt, deren Tätigkeitsfelder eng mit den öffentlichen Forschungseinrichtungen verknüpft sind, z.T. handelt es sich um Ausgründungen. Es wurden auch mehrere Gründerzentren eingerichtet, die an die großen Hochschulstandorte des Distrikts angegliedert sind und vor allem junge Unternehmen der Hochtechnologiebranche unterstützen.

4 Akteure und die Institutionalisierung als Raumeinheit

Trotz der Bedeutung der staatlich gelenkten Ansiedlung von Forschungseinrichtungen verlief die Entwicklung des neuen ökonomischen Pols weitgehend ohne regionalplanerische Vorgaben oder Zielvorstellungen. Bis in die 1980er Jahre existierte auch auf lokaler Ebene keine übergemeindliche Planung.

Massay-Saclay
Forschungs- und Bildungseinrichtungen

HAUTS-DE-SEINE

YVELINES

Profilbildende Forschungs- und Bildungseinrichtungen

● Einrichtung der höheren Bildung

▼ öffentliche Forschungseinrichtung

■ Forschungszentrum der privaten Wirtschaft

Siedlungsstruktur

kompakte Stadt
innere Peripherie
äußere Peripherie

ESSONNE

Grenzen

--- Grenze des Département
Gemeindegrenze
Wachstumsraum Massay-Saclay
Plateau de Saclay

Quelle: DIPS 1999, S.58

IfL 2004
Karteninhalt: J.Burdack
Kartographie: S.Dutzmann

0   5km
Maßstab 1:200000

Öffentliche Forschungseinrichtungen

CEA-CEN (CEA/Saclay) – Commissariat à l'Energie Atomique
Das größte europäische Nuklearforschungszentrum für Grundlagenforschung und angewandte Nuklearforschung mit 8000 Beschäftigten; Schwerpunkte: neue Werkstoffe, Biologie, Technologieentwicklung, Medizinforschung, Industrieroboter

CEPr – Centre d'Essais des Propulseur
Flugzeugturbinenversuchsgelände mit etwa 800 Beschäftigten

CNRS – Centre National de Recherche Scientifique
Die Délegation Ile-de-France Sud hat ihren Sitz in Gif-sur Ivette und beschäftigt 4000 Wissenschaftler, Ingenieure, Techniker u. sonstiges Personal

IHES – Institut des Hautes Etudes Scientifiques
Forschungsinstitut (Stiftung) für Mathematik und theoretische Physik in Bures sur Yvettes

INRA – Institut National de le Recherche Agronomique
Größtes Forschungszentrum des INRA in Jouy-en Josas mit mehr als 1000 Wissenschaftlern und sonstigen Beschäftigten

ONERA – Office National d'Études et de Recherches Aérospatiales (Palaiseau)
Forschungseinrichtung in Palaiseau hat etwa 300 Beschäftigten; Schwerpunkte: Radar, Optik

Einrichtungen der höheren Bildung

Air France
technisches Bildungszentrum in Igny/Massy

CNEF – Centre National d'Etudes et de Formation de la Police National Bildungszentrum der Police National

École Polytechnique (Palaiseau)
Prestigeträchtige Elitehochschule

ENSIA – École National Supérieure des Industries Agricoles et Alimentaires

ENSTA – École national Superieur de Techniques Avancés
In Palaiseau liegen zwei Forschungseinrichtungen der ENSTA u.a. das Laboratoire d'Optique Appliquée

Faculté de Pharmacie (Massy)

HEC – Hautes Études commerciales
Handelshochschule mit 1900 Studenten in Jouy-en-Josas

Institut et Centre d'Optometrie

INSTN – Institut National des Sciences et techniques Nucléaires
Bestandteil CEA/Saclay

IOTA/ESO – Institut d'Optique Théoretique et Appliquée/École Supérieure d'Optique

IUT – Institut Universitaire de Technologie

Maison de l'Ingenieur
500 Ingenieurstudenten

Supléc – École Supérieure d'Électricité
Elitehochschule in Gif-sur-Yvette

Université Paris-Sud-XI
13000 Studenten auf dem Campus in Orsay

Forschungszentren der privaten Wirtschaft

Air Liquide – Centre de recherche Claude-Delorme
Hauptforschungszentrum von Air Liquide in Loges-en Josas

Thompson-CSF
Zentrale Forschungslabors für Elektronik in Orsay

Motorola
europäisches Forschungszentrum von Motorola für Telekommunikation in Gif-sur-Yvette

Danone
Forschungszentrum von Danone in Palaiseau

Die Institutionalisierung des Gebiets als Raumeinheit setzte erst spät ein. 1988 regte Präsident Mitterand anlässlich eines Besuchs der Ecole Polytechnique eine stärkere Bündelung des Wissenschaftspotenzials im Gebiet um das Plateau de Saclay an. Ziel sollte es danach sein, einen Wissenschaftspol von europäischer Bedeutung zu schaffen.[3] Noch im gleichen Jahr kam es daraufhin zur Gründung des Kommunalverbands District du Plateau de Saclay (DIPS), dem 14 Gemeinden angehörten. Anfang 2002 wurde der DIPS in die interkommunale Struktur der Communauté de Communes du Plateau de

[3] „... centre d'excellence pour attirer les meilleurs étudiants d'Europe et les industries de pointe" (CHENEY 1994).

Saclay (CCPS) umgewandelt und 2003 in eine Communauté d'Agglomeration. Dem neuen Kommunalverband (Communauté d'Agglomeration) gehören jedoch nur noch 9 Gemeinden an. Er soll das Planungsdefizit ausfüllen und eine konzertierte Wirtschaftsförderung ermöglichen. Er verfügt u.a. über Kompetenzen im Bereich von Planung (*urbanisme, schéma directeur local*), Wohnungsbau und Umweltschutz. Entscheidungen werden im Rat des Kommunalverbands (Conseil de District) getroffen, in den jede Mitgliedsgemeinde zwei Vertreter entsendet. Insbesondere bei der Flächenplanung und der Wirtschaftsentwicklung ist der Kommunalverband der wichtigste Akteur im Untersuchungsraum. So ist er maßgeblich an der Ausarbeitung des Gebietsentwicklungsplans Schéma Directeur Local (SDL) von 1992 bzw. 1999 (überarbeitete Fassung) beteiligt. Mit dem *SDL* ist eine aktive Bodenpolitik des Distrikts verbunden, d.h. der Distrikt stellt erschlossenes Bauland sowie Gewerbeparks für die Ansiedlung von Unternehmen bereit (DIPS 1999). Seit 1993 besteht ein Übereinkommen der Distriktgemeinden, eine einheitliche Gewerbesteuer zu erheben, um die Ansiedlungsbedingungen im Kommunalverband diesbezüglich zu harmonisieren. Darüber hinaus existiert ein Entscheidungsgremium des Distrikts, welches nach Kriterien einer Charte d'accueil d'entreprises eine Auswahl der ansiedlungswilligen Unternehmen trifft. Auf diese Weise sollen die Spezialisierung und die Qualität des Wissenschafts- und Hochtechnologie-Pols gewährleistet werden. Im regionalen Entwicklungsplan (SDRIF) wird Massy-Saclay als *centre d'envergure européenne* eingeordnet. Damit wurde dem Gebiet vom Zentralstaat eine überregionale Bedeutung als Forschungs- und Wissenschaftszentrum zugewiesen. Die konkreten Auswirkungen auf die Entwicklung des Pols sind jedoch offen, zumal offiziell keine gezielte Förderung des Gebiets vorgesehen ist. Durch die hochrangige Einordnung als *centre d'envergure européenne* fließen Massy-Saclay inzwischen aber massive staatliche Finanzhilfen für eine Vielzahl von Projekten und Programmen zur Stärkung der wirtschaftlichen Eigendynamik und Synergieeffekte zu (CREPIF 1995, S. 65ff.).

Nach BENKO (1991, S. 136ff.) ist die ökonomische Überlebensfähigkeit eines Technologieraumes vor allem von der Innovationsfähigkeit der angesiedelten Institutionen und Akteure abhängig. Diese Innovationsfähigkeit kann durch lokale Vernetzungen gefördert werden. In den 1990er Jahren wurden zahlreiche Initiativen zur Schaffung von gebietsbezogenen Förder-, Koordinierungs- und Kooperationsstrukturen unternommen, um die „institutionelle Dichte" des Pols zu erhöhen und die Chancen zur Bildung eines kreativen Netzwerks zu verbessern. Eine stichpunktartige Zusammenschau lässt ein eindrucksvolles Netz der „institutionellen Dichte" erkennen:

- ADEZAC (Association pour le développement des entreprises des parcs d'activités de Courtaboeuf et du plateau de Saclay) unterstützt die Entwicklung von Gewerbeparks.
- Die Communauté d'agglomeration du plateau de Saclay (vormals DIPS) ist der Kommunalverband von 9 Gemeinden des Plateaus de Saclay.
- Ile de Science Association ist ein Zusammenschluss von 19 Forschungs- und Bildungseinrichtungen, die ihre Ausbildungs- und Forschungsaktivitäten koordinieren und zur Gebietsentwicklung beitragen wollen.
- An der Fördergesellschaft Optics Valley sind Industrie (Alcatel, Thompson CSF) und öffentliche Forschungseinrichtungen beteiligt. Optics Valley hat sich die Aufgabe gestellt, die Entwicklung der optischen Industrie zu unterstützen. Gefördert werden Ausbildung, Weiterbildung und Forschungsaktivitäten, u.a. organisiert Optics Valley Jobbörsen, Praktika und Werbemaßnahmen.
- Ile de Science Industrie ist ein Zusammenschluss von 70 ortsansässigen Unternehmen zur Förderung des Technologietransfers.
- Paris Pôle Sud wurde von Hochschulen und Hochschuleinrichtungen (4 Universitäten, 2 Grandes Écoles, 3 Forschungsinstitute) gegründet, um den Südraum um das Plateau de Saclay als Wissenschaftsstandort zu stärken.
- Saclay-Scientipôle ist eine Initiative des Kommunalverbandes, der die Entwicklung des Technologiepols durch Beratungs- und Infrastrukturmaßnahmen fördern will. Der Name Saclay-Scientipôle wird zunehmend auch synonym für den Kommunalverband selbst verwendet. Scientipôle initiative ist eine Einrichtung von Saclay-Scientipôle zur Unterstützung von Unternehmensgründungen. Science accueil ist eine Beratungsstelle für ausländische Wissenschaftler. Science ressource soll als „Zentrum der Wissenschaftskultur" bei Jugendlichen das Interesse für Wissenschaft wecken.

5 Perspektiven der Entwicklung

Der Südwestsektor, der sich zwischen Versailles und Evry befindet, ist vor allem in wissenschaftlichen Darstellungen der 1980er Jahre als eine große zusammenhängende Technopole (Cité Scientifique Sud de Paris) charakterisiert worden (BENKO 1991, S. 137ff.; STERNBERG 1995, S. 209ff.). Dabei wurde die Gründung einer Gesellschaft zur Förderung der Entwicklung und Koordinierung von Technologie und Wissenschaft im Jahre 1983 (Association Cité Scientifique) bereits als Beleg für die reale Existenz einer funktional integrierten Technopole gewertet. Es zeigte sich jedoch in der Folge, dass die funktionalen Verflechtungen und institutionellen Bezüge sich nicht über den Gesamtraum erstreckten. Das Raumkonstrukt Cité Scientifique Sud de Paris hat sich in regionalen Diskursen nicht durchgesetzt und ist von anderen Begriffen mit anderen territorialen Bezügen abgelöst worden. In aktuellen Planungsdokumenten und in regionalen Diskursen werden heute mehrere deutlich voneinander abgegrenzte technologieorientierte Räume unterschieden. Zu nennen sind insbesondere die Pole um die *villes nouvelles* St.Quentin-en-Yvelines und Evry, sowie der ökonomische Pol Massy-Saclay. Dem Gebiet um Massy-Saclay wird in den Planungsdokumenten der Region Ile-de-France hohe Bedeutung beigemessen. Das Schéma Directeur (SDRIF) 2015 sieht eine umfassende Nachbesserung der mangelhaften Infrastrukturausstattung vor, sowohl hinsichtlich der Verkehrsverbindungen (RER-Anschluss C6 von Bretigny nach St.-Quentin-en-Yvelines) als auch in Bezug auf eine Aufwertung der städtischen Zentren von Massy, Palaiseau und Orsay. Die Ausweisung als *centre d'envergure européen* ist vor allem eine nachträgliche Bestätigung eines zumindest teilweise „spontan" verlaufenen Wachstumsprozesses. Obwohl die Wachstumsdynamik gemessen am Arbeitsplatzwachstum in den neunziger Jahren deutlich nachgelassen hat, gibt es weiterhin ein qualitatives Wachstum in Form einer Zunahme von Forschungsaktivitäten in Massy-Saclay. Das verlangsamte quantitative Wachstum reflektiert nicht nur die schleppende Wirtschaftsentwicklung der Pariser Region in den 1990er Jahren insgesamt, sondern markiert auch lokale Wachstumsengpässe, wie z.B. die zunehmend wachstumskritische Einstellung von Teilen der Bevölkerung. In den letzten Jahren kommt es verstärkt zu Ansätzen einer – wenn auch zum Teil Top-down initiierten – regionalen Selbstorganisation und zur Ausprägung gebietsbezogener Institutionen.

Die Perspektiven des ökonomischen Pols hängen maßgeblich von der künftigen Gestaltung dreier Problemkomplexe ab:
- Schaffung effizienter gebietsbezogener Institutionen im Sinne einer „institutionellen Dichte" und Förderung des Entstehens von kreativen Milieus,
- Beseitigung von städtebaulichen und raumstrukturellen Defiziten (Fehlen von städtischen Zentren auf dem Plateau und die Probleme der Verkehrsanbindung),
- Konflikte zwischen lokalen Wachstumsbefürwortern und Wachstumsgegnern.

BENKO (1991) stellt fest, dass sich der Wissenschafts- und Forschungspol um das Plateau de Saclay weniger dynamisch entwickelt hat als andere französische Technopolen. In diesem Zusammenhang sind Probleme der lokalen Vernetzung und der fehlenden Ausprägung eines „kreativen Milieus" deutlich in den Mittelpunkt der Aufmerksamkeit der regionalen Akteure gerückt. Viele der im Pol Massy-Saclay-Gebiet ansässigen technologieorientierten Betriebe sind als Partner großer Firmen zwar auf der räumlichen Ebene der Metropolregion Paris vernetzt, aber nicht untereinander auf der lokalen Ebene. Eine Ausnahme scheinen Aktivitäten in der optischen Industrie und optischen Forschung zu bilden, bei denen lokale Einbettungen von Bedeutung sind (DECOSTER u. TABARIES 1991, S. 16ff.). Um Orsay (Plateau de Saclay) sind 7.500 hoch qualifizierte Beschäftigte, 1.000 Wissenschaftler und 1.500 Studenten in diesem Sektor tätig. Einen zweiten wichtigen Focus lokaler Vernetzungen stellt das große Atomforschungszentrum in Saclay (CEN/Saclay) dar. Es hat enge Verbindungen zu anderen Forschungseinrichtungen z.B. zum CNRS, zur Universität Paris XI, der Ecole Polytechnique oder dem SUPLEC (DECOSTER u.TABARIES 1991, S. 14). Das Atomforschungszentrum bemüht sich um die wirtschaftliche Verwertung von Forschungsergebnissen und vergibt jährlich etwa 1.000 Aufträge, davon viele an lokale Firmen. Zahlreiche Auftragnehmer des CEN/Saclay sind im Gewerbepark Courtaboeuf angesiedelt.

Bei der lokalen Vernetzung von Wirtschaft und Wissenschaft ist auch die Struktur der Wissenschaftslandschaft und der Unternehmensmentalität von Bedeutung. So ist es u.a. auf die bisher bestehende Gesetzgebung zurückzuführen, dass es nur wenige Ausgründungen (Spin-off-Effekte) der Hochschulen gibt: Wissenschaftlern öffentlicher Institute war es untersagt, gleichzeitig als freie Unternehmer zu arbeiten. Dieses Gesetz wurde 1998 revidiert. Die mentale Distanz zwischen Wissenschaft und Wirtschaft scheint sich jedoch erst langsam zu verringern. Eine Abschätzung des Erfolgs der Bemühungen um die Entwicklung von kooperativen Strukturen und „institutioneller Dichte" ist nur schwer möglich. Erst ein längerer Zeitraum lässt die Wirkungen solcher Institutionen erkennen. Die zunehmende Profilierung von gebietsbezogenen Einrichtungen kann jedoch als Indikator für ein steigendes Bewusstsein der Zugehörigkeit zu einem Forschungs- und Wissenschaftspol gewertet werden.

Bei den städtebaulichen und raumstrukturellen Problemen stellt sich vor allem die Frage, inwieweit die vorhandenen räumlichen Strukturen einen geeigneten räumlichen Kontext schaffen, um lokale Vernetzungen und die Ausbildung eines kreativen Milieus zu begünstigen. Der ländliche Charakter des Plateaus mit ausgedehnten Freiflächen ist vielfach als Entwicklungsvorteil angeführt worden, denn hier sind potenzielle Flächenreserven vorhanden, die in anderen Technologieregionen fehlen. Die disperse Lage der Forschungsinstitute auf dem Plateau stellt jedoch auch ein Problem der Verkehrsanbindung dar. Wie bereits erwähnt, hatte die Stärkung des Landschaftsschutzes im SDRIF 1994 bremsende Wirkung auf die Erschließung weiterer Siedlungsgebiete auf dem Plateau und damit auf die Entwicklung der Technopole. Das Fehlen urbaner Zentren führt auch zu einem Mangel an Gelegenheiten für informelle Treffen und behindert die Austauschmöglichkeiten und damit die Entwicklung von Synergieeffekten. Die geringe Kommunikation und Interaktion der angesiedelten Institutionen und Unternehmen ist auch auf das Konkurrenzverhalten der Firmen und Sicherheitsbestimmungen aufgrund von Befürchtungen der Industriespionage zurückzuführen (CREPIF 1989). Darüber hinaus zeigen Umfrageergebnisse, dass sich die Nähe zu den Headquarters der Unternehmen (meist in Paris oder La Défense angesiedelt) bremsend auf die eigenverantwortliche Kooperationssuche und den Informationsaustausch der Technologiezentren auswirkt.

Hinsichtlich der weiteren Gebietsentwicklung stehen sich, vereinfacht dargestellt, zwei Akteursgruppen mit gegensätzlichen Vorstellungen gegenüber. Eine verstärkte Wirtschafts- und Siedlungsentwicklung fordern vor allem Vertreter des Kommunalverbands, der Forschungseinrichtungen und der lokalen Wirtschaft. Eine wachstumskritische „No-Growth"-Perspektive, wird – aus unterschiedlichen Motivationen – von der staatlichen Regionalplanungsbehörde DATAR und lokalen Bürger-Umweltschutzgruppen propagiert. Eine Vertreterin der DATAR führte hierzu aus: „Das Plateau de Saclay muss sich qualitativ verstärken und nicht mehr quantitativ ... Die Expansion des Pols muss in Übereinstimmung mit den Beschlüssen des CIAT (Conseil Interministériel de l'Aménagement du Territoire, Anm. d. Verf.) eingeschränkt werden, der vorsieht, dass zwei Drittel der neuen Stellen in öffentlichen Forschungseinrichtungen außerhalb der Ile de France lokalisiert werden sollen" (ROBERT 1996, S. 39 – Übersetz. d. Verf.). Den Standpunkt lokaler Umweltschutzorganisationen umreißt deren Sprecher: „Man muss die Freiflächen bewahren, um ein Pariser Siedlungswachstum in Form der Zersiedlung zu vermeiden ... Um so mehr als Saclay Teil des Grüngürtels ist" (Les Echos 1994, S. 18 – Übersetz. d. Verf.). Die Position der Wachstumskoalition bringt der Direktor der Wissenschaftsorganisation Ile de Science zum Ausdruck, der betont, dass eine zu restriktive Politik die Ausprägung eines Wissenschaftsstandorts von internationaler Bedeutung behindern könnte: „Wenn man das wissenschaftliche Potential in der Ile de France verringert, erhöht man nicht um ein Iota die Fähigkeiten anderer Regionen, ausländische Forscher oder Wissenschaftler anzuziehen. Diese benötigen ein intellektuelles Umfeld, das nur in der Konzentration von Bildungs- und Forschungseinrichtungen herrscht" (CHENEY 1994, S. 11 – Übersetz. d. Verf.).

Der Einfluss der Wachstumskritiker führte dazu, dass der eher expansionsorientierte lokale Entwicklungsplan von 1992 (SDL) überarbeitet wurde und jetzt nur noch ein geringeres Siedlungsflächenwachstum im Süden und Osten des Plateaus de Saclay vorsieht. Im Secteur de Moulon soll ein neues Stadtzentrum entstehen. Im Secteur de la Martinière (Palaiseau) sind weitere Gewerbeflächen in Verbindung mit der Ecole Polytechnique vorgesehen, und am Ostrand des Plateaus sollen zusätzliche Wohn- und Gewerbeflächen entstehen. Es ist absehbar, dass der Widerstand gegen weitere Expansionspläne zunehmen wird. Damit zeichnen sich deutliche Wachstumsgrenzen des neuen ökonomischen Pols ab.

Der neue ökonomische Pol ist heute, wenn auch unter verschiedenen Begriffen (*centre d'envergure européenne, Technopôle Sud, Saclay-Scientipôle*) und „oszillierenden" räumlichen Zuschnitten, mit dem Image eines dynamischen, technologieorientierten Raumes in regionalen Diskursen verankert. Die funktionale Spezialisierung des Pols als Wissenschafts-, Forschungs- und Technologiestandort ist deutlich ausgeprägt. Ein verfestigter, regionaler Entwicklungspfad ist erkennbar. Die endgültige Ausprägung der institutionellen und „territorialen" Form des neuen ökonomischen Pols ist jedoch noch nicht abgeschlossen. Ob sich der Raumbegriff *Saclay-Scientipôle* als Label durchsetzen wird, ist ebenfalls offen. Ebenso offen ist z.B., ob es gelingt, das positive Image des dynamischen Technologieraums Plateau de Saclay auf das Gebiet um Massy auszudehnen. Die regionalplanerisch gewünschte Einbeziehung von Massy stützt sich vor allem auf die potenziellen wirtschaftlichen Auswirkungen der Einbindung von Massy als Haltepunkt der Hochgeschwindigkeitsbahn (TGV). Die *reale Bedeutung* von Massy als Verkehrsknotenpunkt für die Forschungs- und Bildungseinrichtungen auf dem Plateau de Saclay und im Gewerbepark Courtaboeuf ist jedoch eher gering einzuschätzen. In seiner Entwicklungsdynamik bleibt Massy deutlich zurück. Die gebietsbezogenen Einrichtungen, in denen sich die institutionelle Ebene des neuen ökonomischen Pols konkretisiert, beziehen Massy in der Regel nicht mit ein.

Literatur

BENKO, G. (1991): Géographie des technopoles. Paris.

CARMONA, M. (1989): Massy: Un carrefour exceptionnel. In: CREPIF (Centre de recherches et d'études sur Paris et l'Ile-de-France): L'eurotechnopole de l'Ile-de-France-Sud. Paris, S. 23 - 27.

CASTELLS, M. u. P. HALL (1994): Technopoles of the world. London.

CHENEY, C. DE (1994): Inquiets devant les projets d'aménagement du territoire – Les établissements du plateau de Saclay défendent leur pôle scientifique. In: *Le Monde,* 28.5.94, S. 11.

CREPIF (Centre de recherches et d'études sur Paris et l'Ile-de-France) (1989): L'eurotechnopole de l'Ile-de-France-Sud. Paris (= Cahiers du CREPIF 28).

CREPIF (Centre de recherches et d'études sur Paris et l'Ile-de-France) (1993): Métropolisation et périurbanisation. Paris (= Cahiers du CREPIF 42).

CREPIF (Centre de recherches et d'études sur Paris et l'Ile-de-France) (1995): Le Plateau de Saclay: Pôle scientifique européen. Paris (= Cahiers du CREPIF 52).

DALLET, F. (1998): Le Plateau de Saclay: Matière grise et espaces verts. In: Regards sur l'Ile-de-France 40, S. 8 - 12.

DECOSTER, E. u. M. TABARIES (1991): L'agglomeration scientifique Paris sud: Un espace peu structuré, un technopole ou un milieu innovateur? In: Agence pour le développement de Nancy (Hrsg.): Colloque de Recherche sur les Technopoles. Nancy, S. 1 - 24.

DIPS (District du Plateau de Saclay) (1999): Schéma Directeur Local du Plateau de Saclay. Gif-sur-Yvette.

GAUVIN, M. (1992): Plateau de Saclay, recherche et haute technologie. In: Regards sur l'Ile-de-France 18, S. 2 - 5.

IAURIF (Institut d'Aménagement et d'Urbanisme de la Région d'Ile-de-France) (1993): La recherche en Ile-de-France. Paris.

INSEE (Institut National de la Statistique et des Etudes Economiques) (2001): Communes ... Profils. Bases de données. Paris. (CD-Rom).

Les Echos (1994): Malgré le soutien du président Mitterrand le développement du pôle scientifique de Saclay ne fait pas l'unanimité. In: Les Echos, 18.03.94, S. 18.

MALESIEUX, J. (1989): L'aménagement de nouveaux espaces d'activités dans l'agglomeration parisienne. Principes et modalités. In: LAKOTA, A.-M. u. C. MILELLI (Hrsg.): Ile-de-France – un nouveau territoire. Paris, S. 253 - 263.

RAKOTOMALALA, J. (1992): Plateau de Saclay, recherche et haute technologie. In: INSEE (Institut National de la Statistique et des Etudes Economiques): Regards sur l'Ile-de-France 18, H. 12, S. 2 - 6.

ROBERT, M. (1996):Le plateau de Saclay, île de science. In: Les Echos, 23.01.96, S. 39.

SCOTT, A. (1988): New industrial spaces. Flexible production organization and regional development in North America and Western Europe. London.

SOULIGNAC, F. (1993): La banlieue parisienne. Paris.

STERNBERG, R. (1995): Innovative Milieus in Frankreich. Empirischer Befund und politische Steuerung dargestellt an den Beispielen Paris, Grenoble und Sophia-Antipolis. In: Zeitschrift für Wirtschaftsgeographie 39, H. 3/4, S. 199 - 218.

Roissy – Aéroville im Pariser Norden

MIRJAM WITSCHKE

1 Einleitung

Die europäischen Großflughäfen und Drehkreuze des interkontinentalen Flugverkehrs haben in den letzten Jahren einen erheblichen Bedeutungszuwachs erfahren. Im Zeitalter der Globalisierung wandeln sich die Flughäfen von reinen Verkehrsanlagen zu komplexen Knotenpunkten weltweiter Interaktion. Flughäfen haben als „multimodale Verkehrshäfen" zunehmend eine zentrale Position in den regionalen, überregionalen und internationalen Verkehrsnetzen. Einige Flughafenbetreiber verstehen die Knotenpunkte bereits als urbane und wirtschaftliche Zentren und greifen die Idee der „Airport

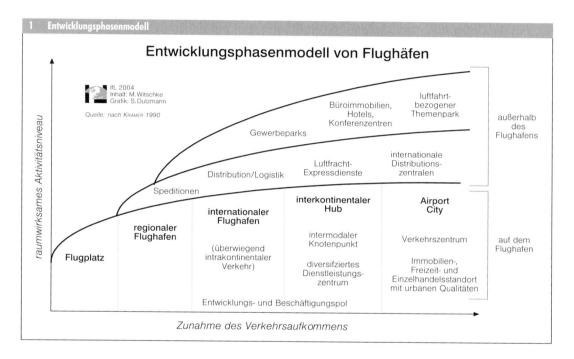

1 Entwicklungsphasenmodell

Entwicklungsphasenmodell von Flughäfen

IfL 2004
Inhalt: M.Witschke
Grafik: S.Dutzmann

Quelle: nach KRAMER 1990

raumwirksames Aktivitätsniveau

luftfahrt-bezogener Themenpark

Büroimmobilien, Hotels, Konferenzzentren

Gewerbeparks

internationale Distributions-zentralen

Luftfracht-Expressdienste

Distribution/Logistik

Speditionen

außerhalb des Flughafens

interkontinentaler Hub

Airport City

internationaler Flughafen

regionaler Flughafen

(überwiegend intrakontinentaler Verkehr)

intermodaler Knotenpunkt

diversifiziertes Dienstleistungs-zentrum

Verkehrszentrum

Immobilien-, Freizeit- und Einzelhandelsstandort mit urbanen Qualitäten

Flugplatz

auf dem Flughafen

Entwicklungs- und Beschäftigungspol

Zunahme des Verkehrsaufkommens

City" als Leitbild für die Flughafenvermarktung auf (*Fig. 1*).[1] Großflughäfen induzieren darüber hinaus auch wirtschaftliches Wachstum in ihrer Umgebung. Unternehmensansiedlungen in nahe gelegenen Gewerbeparks, Distributions- und Umschlagzentren, Hotels sowie Versammlungs- und Konferenzzentren bilden typische Raummuster im Flughafenumfeld.

Der 25 km von der Pariser Kernstadt entfernte internationale Großflughafen Roissy-Charles de Gaulle (CDG) ist Kern eines neuen ökonomischen Pols im Nordosten der Metropolregion. Der Flughafen wurde in den letzten Jahren zum nationalen Drehkreuz und intermodalen Verkehrsknotenpunkt ausgebaut (*Fig. 2*). Gemessen am Passagieraufkommen nimmt er gegenwärtig mit rund 48 Mio. Passagieren den dritten Platz unter den europäischen Flughäfen ein. In seinem unmittelbaren Umfeld konzentrieren sich zwei weitere Großeinrichtungen: Der auf internationale Firmen ausgerichtete Gewer-

---

[1] Besonders offensiv tritt der Flughafenbetreiber Schiphol Airport Group auf, der in den letzten Jahren die Non-Aviation-Tätigkeitsfelder (Shopping, Immobilien) stark ausgeweitet hat und sich mit dem Slogan „Creating Airport Cities" vermarktet.

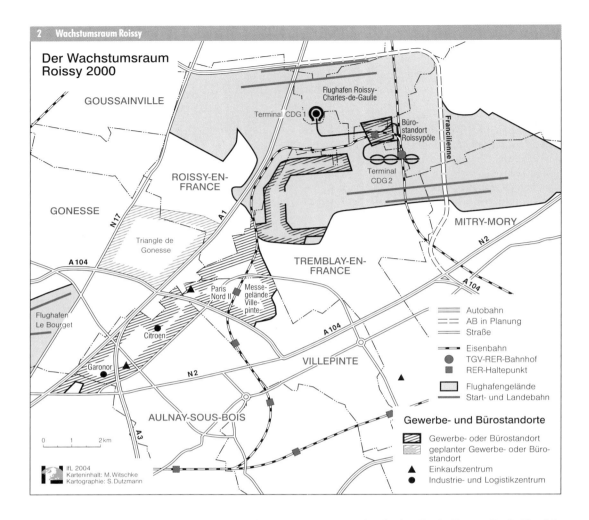

**Der Wachstumsraum
Roissy 2000**

GOUSSAINVILLE

Flughafen Roissy-
Charles-de-Gaulle

Terminal CDG 1

Büro-
standort
Roissypôle

Francilienne

ROISSY-EN-
FRANCE

Terminal
CDG 2

GONESSE

N17

A1

MITRY-MORY

N2

Triangle de
Gonesse

A 104

A 104

TREMBLAY-EN-
FRANCE

A 104

Paris
Nord II

Messe-
gelände
Ville-
pinte

Flughafen
Le Bourget

A 104

Citroen

VILLEPINTE

Garonor

N2

Autobahn
AB in Planung
Straße

Eisenbahn
TGV-RER-Bahnhof
RER-Haltepunkt

Flughafengelände
Start- und Landebahn

AULNAY-SOUS-BOIS

A3

0   1   2 km

Gewerbe- und Bürostandorte

Gewerbe- oder Bürostandort
geplanter Gewerbe- oder Bürostandort
Einkaufszentrum
Industrie- und Logistikzentrum

IfL 2004
Karteninhalt: M. Witschke
Kartographie: S. Dutzmann

bepark Paris Nord 2 und das zweite Ausstellungs- und Messegelände der Ile-de-France Paris Nord 2-Villepinte. Zusammen bestimmen die drei Einrichtungen internationaler Dimension die wirtschaftsräumliche Dynamik, das Image und die Stellung des Teilraums innerhalb der Region. Der Flughafen Roissy-CDG fungiert dabei als lokaler Arbeitsplatzmotor, Standort- und Imagefaktor zugleich und ist für die internationale Wettbewerbsfähigkeit der Metropolregion von zentraler Bedeutung. Mit rund 113.000 Arbeitsplätzen gehört der Flughafen mit seinem Umland zu den wichtigsten ökonomischen Polen in der Peripherie der Pariser Metropolregion (INSEE 2001). Sein Einfluss macht sich über die Region Ile-de-France hinaus bis in die nahe gelegenen Departements Oise und Aisne der Region Picardie bemerkbar, die attraktive Wohnstandorte für Flughafenbeschäftigte darstellen. Der neue ökonomische Pol entwickelt sich jedoch insbesondere im Süden des Flughafens und besonders entlang der „Autobahn des Nordens" A1. So stehen vor allem die Kommunen Tremblay-en-France, Villepinte (Departement Seine-Saint Denis) im Süden und Mitry-Mory (Seine-et-Marne) im Osten sowie Roissy-en-France, Gonesse, Goussainville, Garges-les-Gonesse (Val-d'Oise) im Südwesten des Flughafens unter dem Einfluss einer flughafenbedingten Entwicklungsdynamik.

Der Flughafen entstand inmitten der traditionellen „Kornkammer Frankreichs" Plaine-de-France. Das fruchtbare Plateau, welches sich zwischen den Flüssen Oise und Marne erstreckt und im Norden durch großflächige Waldgebiete (Fôret de Chantilly, Forêt de Compiègne) begrenzt wird, eignete sich aufgrund der dünnen Besiedlung und der topographischen Gegebenheiten hervorragend für das Flughafenprojekt. Der Süden der Plaine-de-France wurde in den 1960er und 1970er Jahren vom Siedlungswachstum des Pariser Agglomerationsraums erfasst. So schließt sich heute im Süden an den Flughafen eine stark urbanisierte Vorortzone mit vornehmlich monofunktionalen Wohnstädten an, die primär auf die Kernstadt Paris ausgerichtet sind. Hierzu zählen neben den Kommunen Aulnay-sous-Bois, Villepinte (Seine-Saint Denis) auch die angrenzenden Kommunen des Departements Val-d'Oise (Sarcelles, Garges-lès-Gonesse) (INSEE 1992, S. 9). Hingegen ist der ländliche Charakter im Norden, Nordosten und Nordwesten des Flughafens – trotz deutlicher Einwohnerzuwächse einiger dörflicher Kommunen in Flughafennähe in den letzten 20 Jahren (z.B. Roissy-en-France, Le Thillay) – weitgehend erhalten geblieben (*Fig. 3*).

Wenngleich in den letzten Jahren ein differenziertes Wirtschaftsgefüge und ein deutlicher Zuwachs an Wirtschaftsaktivitäten mit hoher Wertschöpfung erkennbar sind, nimmt der nordöstliche Teilraum in der intraregionalen Arbeitsteilung der Ile-de-France in erster Linie die Funktion als regionales und überregionales Transport- und Distributionszentrum ein. Dies ist vor allem durch die stark frequentierte Autobahn Autoroute du Nord bedingt, über die – als zentrale Verbindung zu den nordwesteuropäischen Ballungsräumen – ein Großteil der regionalen Im- und Exporte läuft (GAUDRIAULT et al. 1995, S. 43).

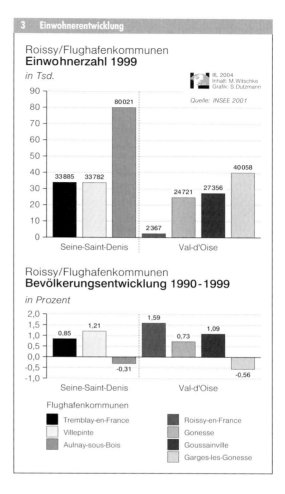

2 Entwicklung des ökonomischen Pols

Mit dem Bau und der Inbetriebnahme des zweiten Pariser Großflughafens Roissy-CDG Mitte der 1970er Jahre auf einer Fläche von über 3.100 ha waren auch Hoffungen auf Wachstumsimpulse für den nordöstlichen Teil der Pariser Region verbunden (LAVERGNE 2000). In den ersten Jahren fungierte der Flughafen als reine Infrastrukturanlage mit relativ geringer ökonomischer Bedeutung für sein lokales Umfeld. Darüber hinaus wurde im regionalen Raumordnungsplan von 1976 der überwiegende Teil der Plaine-de-France als naturräumliche Ausgleichzone ausgewiesen (BLAZY 1994, S. 23). Jegliche Flächenentwicklung war dort bis Mitte der 1990er Jahre erheblich eingeschränkt. Die Entwicklungen im Flughafenumland konzentrierten sich deshalb auf die südlich angrenzenden Kommunen. In erster Linie waren es großflächige Transport- und Lageraktivitäten mit relativ geringer Wertschöpfung, die sich eher aufgrund der Ballung von wichtigen Verkehrsachsen (A1, A3, A104) und der noch niedrigen Bodenpreise im Flughafenumfeld ansiedelten (LECOIN u. BERTHON 1989, S. 20). Im Laufe der 1980er Jahre begann sich die Situation vor allem im Süden des Flughafens zu ändern. Die Flughafenachse entlang der A1 – mit bereits existierenden Lager- und Distributionseinrichtungen wie Garonor – entwickelte sich zum privilegierten Standort für derartige Wirtschaftsaktivitäten (GAUDRIAULT et al. 1995, S. 43f.). Auch im weiteren Flughafenumland entstand nun entlang der Verkehrsachsen eine wachsende Anzahl von Gewerbegebieten unterschiedlicher Größenordnung. Insbesondere mit der zunehmenden Etablierung des Gewerbeparks Paris Nord 2 und des internationalen Ausstellungsgeländes Villepinte in unmittelbarer Nachbarschaft zum Flughafengelände erfuhr das wirtschaftsräumliche Umfeld eine Aufwertung. So gehörte der 385 ha große Gewerbepark Paris Nord 2 in den 1980er Jahren zu den dynamischsten der Ile-de-France (MALÈZIEUX 1989, S. 74ff.). Einen Bedeutungszuwachs verzeichnete der Flughafen Roissy Anfang der 1990er Jahre

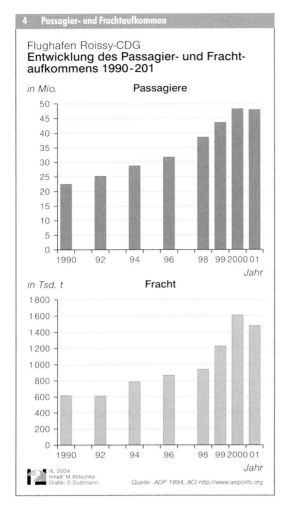

Flughafen Roissy-CDG
Entwicklung des Passagier- und Fracht-aufkommens 1990-201

in Mio.   **Passagiere**

Jahr

in Tsd. t   **Fracht**

Jahr

IfL 2004
Inhalt: M.Witschke
Grafik: S.Dutzmann   *Quelle: ADP 1994, ACI http://www.airports.org*

auch durch die Entscheidung des französischen Staates, die Entwicklung des Flughafens Orly auf 250.000 Flugbewegungen pro Jahr zu beschränken und insbesondere den interkontinentalen Verkehr in Roissy zu konzentrieren. So verlagerte in den 1990er Jahren eine Vielzahl von Fluggesellschaften ihre Aktivitäten zum Flughafen Roissy, was ein schnelles Wachstum des Luftverkehrsaufkommens (ca. 5 - 8 % jährlich) mit sich brachte (ADP 1996a, S. 10f.) (*Fig. 4*).

Darüber hinaus wurde der Flughafen Mitte der 1990er Jahre mit der Einrichtung eines Fernbahnhofs zum intermodalen Knotenpunkt ausgebaut. Die Einbindung in das französische Hochgeschwindigkeitsnetz und das öffentliche Nahverkehrssystem durch den Expresszug RER verbesserte die regionale und nationale Erreichbarkeit erheblich. Als Haltepunkt der europäischen Hochgeschwindigkeitsstrecke „PBKAL" gewann der Flughafen auch im europäischen Maßstab an Zentralität (GAUDRIAULT et al. 1995, S. 43f.).

Neben der wachsenden Bedeutung als Verkehrsknotenpunkt setzt in den 1990er Jahren der Trend zur funktionalen Diversifizierung des Flughafens ein. Wie auch andere europäische Flughafenunternehmen verfolgte der Flughafenbetreiber Aéroports de Paris (ADP) verstärkt eine Strategie zur Ausdehnung der kommerziellen Tätigkeitsfelder insbesondere im Bereich Non-Aviation. So begann Aéroports de Paris Anfang der 1990er Jahre mit der Planung und Realisierung eines umfangreichen Immobilienprogramms auf dem Flughafengelände. Insgesamt entstanden bis 1995 rund 400.000 m² Gewerbefläche, davon 100.000 m² Bürofläche. Während die Gewerbezone *Village Fret* (25.000 m²) der intermodalen Frachtabwicklung dient, ist das Immobilienprojekt *Roissytech* (12.000 m²) aufgrund der hochwertigen Telekommunikationsausstattung der Büro- und Gewerbeflächen auf High-Tech-Betriebe ausgerichtet. Das größte Immobilienprojekt ist der Bürostandort *Roissypôle*, der sich auf der Zentraleinheit zwischen dem Terminal 1 und 2 befindet und durch einen RER-Haltepunkt erschlossen ist. Als „internationales Businessviertel" wurde *Roissypôle* auf einer Fläche von 30 ha geplant und umfasst mehrere Büroimmobilien, u.a. die beiden Bürokomplexe *Le Dôme* (40.000 m²) und *Continental Square* (24.000 m²). Mitte der 1990er Jahre verlagerte Air France ihren Hauptsitz nach Roissy (ADP 1995).

Infolge des starken Angebotsüberhangs auf dem Immobilienmarkt der Ile-de-France ist jedoch insbesondere die Büroraumnachfrage auf dem Flughafen hinter den Erwartungen zurückgeblieben (KNAAP u. VOSSEN 1995)[2]. Erst in den letzten Jahren mit der Wiederbelebung des Immobilienmarktes wurde eine Auslastungsrate der Büroflächen von über 95 % erreicht (ADP 2001). Parallel zum Immobiliensektor ist auch die Entwicklung von Einzelhandel, Gastronomie und Hotellerie in den letzten

[2] Im Vergleich zu anderen flughafenbasierten Bürostandorten wie z.B. Schiphol Airport, Flughafen München oder Frankfurt/Main hat der Bürostandort Roissy-CDG eine deutlich geringere Bedeutung auf dem regionalen Immobilienmarkt.

Jahren forciert worden. Gegenwärtig sind auf dem Flughafengelände fünf Hotelketten unterschiedlicher Komfortklassen vertreten. Dabei hat sich das Hotel- und Gaststättengewerbe auch auf die unmittelbar angrenzenden Kommunen wie z.B. Roissy-en-France ausgeweitet, wo sechs weitere Hotels angesiedelt sind (MEYER 1999, S. 3). Das Einzelhandelsangebot wurde in den letzten Jahren mit den Terminalneubauten stetig erweitert und konzentriert sich vor allem in den Abfertigungshallen des Terminals CDG 2 mit rund 140 Verkaufsstellen und Geschäften (ADP 1999a, S. C-7). Ansätze einer „Shoppingmeile", die auch einen Anziehungsfaktor für die lokale Bevölkerung darstellen würde, sind jedoch bislang nicht erkennbar. Die Bedeutung des Flughafens als lokaler und regionaler Beschäftigungsfaktor nimmt stetig zu. Komplementäre, durch den Flughafenbetrieb induzierte Flughafen- und Luftverkehrsdienste, insbesondere im Bereich der Luftfracht, expandieren auf dem Flughafengelände und in seinem Umfeld. Dabei zeigt sich auch eine wachsende Attraktivität des Flughafenumfelds für luftverkehrsaffine Unternehmen und Unternehmensbereiche. Während anfänglich terrestrische Transport- und Logistikaktivitäten mit relativ geringer Wertschöpfung das wirtschaftsräumliche Umfeld prägten, zeigt sich in den letzten Jahren eine zunehmende Präsenz von internationalen Unternehmensniederlassungen aus dem Bereich Vertrieb und Distribution.

3 Wirtschaftsstruktur und funktionale Spezialisierung

Als bedeutendstes Dienstleistungsunternehmen der nördlichen Teilregion sowie Impulsgeber und Akteur der lokalen Entwicklung kann dem Flughafenbetreiber Aéroports de Paris eine Schlüsselstellung innerhalb des Wachstumsraums zugesprochen werden (ADP 2000). Seit seiner Inbetriebnahme ist der Flughafen durch einen stetigen Arbeitsplatzanstieg[3] gekennzeichnet. Bereits in dem Zeitraum 1982 bis 1990 verzeichnete der Flughafen Roissy eine 60%ige Arbeitsplatzzunahme und gehörte damit zu den wachstumsstärksten Beschäftigungspolen der Ile-de-France (BECKOUCHE et al. 1996, S. 18 u. 104). Heute konzentrieren sich im Flughafenkomplex rund 610 Unternehmen mit 65.000 Arbeitsplätzen (IAURIF 2001).

Die Fluggesellschaften stellen etwa die Hälfte der Arbeitsplätze. Mit 13.000 Arbeitsplätzen ist die Fluggesellschaft Air France bei weitem der größte Arbeitgeber auf dem Flughafen. Der Flughafenbetreiber Aéroports de Paris hat rund 4.200 Beschäftigte. Mit der Einrichtung des europäischen Hub von Federal Express (FedEx) auf dem Flughafen gehört der Luftpost-Expressdienst mit rund 1.000 Arbeitsplätzen ebenfalls zu den profilbestimmenden Unternehmen des Flughafens (IAURIF 2001). Auch die Druckerei der Zeitung „Le Figaro" liegt auf dem Flughafengelände und trägt erheblich zum Luftfrachtaufkommen bei (GAUDRIAULT et al. 1995, S. 42). Die Arbeitsplätze auf dem Flughafengelände sind primär der Kategorie geringe und mittlere Qualifikationen zuzuordnen. Über die Hälfte der Arbeitnehmer sind einfache Angestellte, z.B. im Bereich Lagerung/Fracht, Versand, Wartung, Hotel- und Gaststättengewerbe und sonstige Serviceleistungen. Hingegen liegt der Anteil der Arbeitsplätze der Kategorie „leitende Angestellte und Management" (cadres supérieures) mit 10 % deutlich unter dem regionalen Durchschnitt (Ile-de-France 25 %). Der Flughafen ist im Unterschied zu den anderen neuen ökonomischen Polen einer der wenigen expandierenden Arbeitsorte für Beschäftigte mit geringer und mittlerer Qualifikation (GAUDRIAULT et al. 1995, S. 39).

Neben dem Flughafen wird das wirtschaftsräumliche Profil des neuen ökonomischen Pols Roissy durch zwei weitere Großeinrichtungen, *Paris Nord 2* und das Messegelände *Villepinte*, bestimmt. Der internationale Gewerbepark Paris Nord 2 wurde Mitte der 1970er Jahre gegründet und wird seitdem durch das staatliche Unternehmen AFTRP (Agence foncière et technique de la région parisienne) betrieben. Der sich über 385 ha erstreckende Gewerbepark hat sich vor allem seit den 1980er Jahren zu einem attraktiven Unternehmensstandort entwickelt (MALÉZIEUX 1989). Neben seiner sehr guten verkehrlichen Erreichbarkeit durch einen Nahverkehrsbahnhof (RER), mehrere Autobahnen (A1, A102, A86) und den Knotenpunkt Roissy-CDG in unmittelbarer Nähe, zeichnet sich der Gewerbe-

---

[3] rund 1.000 Beschäftigte pro zusätzliche Million Passagiere/Jahr

park durch hochwertige architektonische und landschaftliche Gestaltung und eine Vielzahl von Serviceangeboten aus. Mehrere Hotels, diverse Restaurants, Sportangebote und ein Einkaufzentrum (80.000 m²) mit einem IKEA-Fachmarkt ergänzen das Angebot (IAURIF 2002). Die 440 angesiedelten Firmen stellen rund 13.000 Arbeitsplätze, von denen – im Gegensatz zum Flughafen – fast die Hälfte höher qualifizierte Arbeitsplätze im Bereich Management und Leitungsfunktionen sind (IUP 1999b, S. 9; IAURIF 1999). Während der Gewerbepark anfänglich keine besondere Branchenspezialisierung aufwies, haben in den letzten Jahren international operierende Unternehmen, insbesondere der High-Tech-Branche, deutlich zugenommen. Rund 80 % der Unternehmen sind im Dienstleistungssektor oder in nichtproduzierenden Unternehmensbereichen wie Vertrieb und Distribution, Groß- und Außenhandel, Wartung/Kundenbetreuung oder F&E tätig. 41% der Betriebe sind ausländischer – überwiegend US-amerikanischer, deutscher und asiatischer – Herkunft (Paris Nord 2 2000, S. 1; IAURIF 2002).

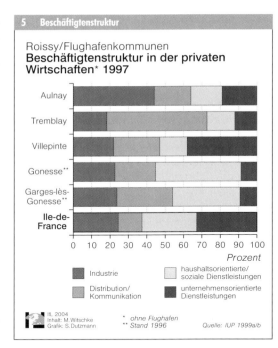

Eine starke internationale Ausrichtung ist auch für den Parc d'Expositions Villepinte kennzeichnend. Das Messegelände ist ausschließlich für internationale Messen und Ausstellungen bestimmt und mit 40 - 50 internationalen Messen, 30.000 Ausstellern und 2 Mio. Besuchern im Jahr der zweitbedeutendste Messestandort der Ile-de-France. Gegenwärtig verfügt das Messegelände über 6 Hallen mit insgesamt 164.000 m² vermietbarer Ausstellungsfläche und 40 Konferenzräume. Im Durchschnitt kommen rund ein Viertel der Besucher und ein Drittel der Aussteller aus dem Ausland (DUBOIS 1996, S. 17ff.).

Auch wenn die drei Großeinrichtungen nicht in einem direkten funktionalen Zusammenhang stehen, scheinen sich doch zunehmend Synergieeffekte zwischen den drei Kernelementen des neuen ökonomischen Pols zu entwickeln. Die komplementäre internationale Ausrichtung aller drei Einrichtungen hat die internationale Dimension des neuen ökonomischen Pols gestärkt. Der Flughafen und das internationale Ausstellungsgelände fungieren z.B. als zusätzliche Imagefaktoren für den Gewerbepark Paris Nord 2. Weitere Großeinrichtungen prägen das wirtschaftsräumliche Umfeld entlang der Achse A1 Roissy–Paris. So ist die Kommune Aulnay-sous-Bois mit dem Produktionsgelände des Automobilherstellers Citroën ein wichtiger Industriestandort (ca. 5.000 Arbeitsplätze). Im unmittelbaren Anschluß befindet sich das für den LKW-Verkehr bestimmte Güterumschlags- und Logistikzentrum *Garonor*, welches mit 400.000 m² Lagerfläche einer der bedeutendsten Umschlagsplätze der Ile-de-France ist (ca. 4.200 Arbeitsplätze). Auch der Flughafen „Le Bourget" mit einem Verkehrsaufkommen von rund 90.700 Passagieren/Jahr ist von Bedeutung für den Geschäftsverkehr (PERRIN 1995, S. 17). Insgesamt liegen rund 2.100 ha Industrie- und Gewerbefläche im Flughafenumland (IAURIF 2002). Die größeren Gewerbegebiete konzentrieren sich auf die flughafennahen Kommunen Mitry-Mory (Industriegebiet 237 ha), Gonesse (92 ha), Garges-les-Gonesse und Goussainville (Kompass France 2002). Deutlich heben sich die Gemeinden Roissy-en-France, Tremblay-en-France und Villepinte ab, die in den letzten Jahrzehnten durch eine außergewöhnliche Dynamik gekennzeichnet waren und ihre Arbeitsplatzzahlen mehr als verdoppeln konnten. Das Wachstum hielt selbst während der wirtschaftlichen Rezession in den 1990er Jahren an, als die Region rückläufige Arbeitsplatzzahlen registrierte (*Fig. 5*). Dies ist vor allem auf die Entwicklung des Flughafens und des Gewerbeparks Paris Nord 2 zurückzuführen (IUP 1999b). Der Einfluss des Flughafens macht sich in fast allen umliegenden Kommunen durch eine starke Präsenz des Sektors Distribution/Kommunikation bemerkbar, der im Wesentlichen den Bereich Transport/Logistik, Groß- und Außenhandel und andere kaufmännische Tätigkeiten umfasst. Dabei weist die Kommune Tremblay-en-France mit 53 % einen besonders hohen Beschäftigtenanteil in diesem Wirtschaftsektor auf (IUP 1999b, S. 12). Nur ein geringer Teil der Unternehmen ist in der Ausübung der Geschäftätigkeit an den Flughafen gebunden. Eine Ansiedlung erfolgte meist aufgrund von wichtigen Verkehrsachsen und -knotenpunkten, die sich im Flughafenumfeld ballen. Die räumliche Nähe zum Flughafen stellt daher für die meisten Unternehmen – insbesondere im weiteren Umfeld – nur einen zusätzlichen Imagefaktor dar.

4 Entwicklungsbestimmende Akteure und Akteursgruppen

Der Großflughafen Roissy-CDG ist eine strategische Infrastrukturanlage von nationaler Bedeutung. Der Zentralstaat setzt den regulativen Rahmen der Flughafenentwicklung und stellt auch den überwiegenden Teil der Mitglieder des Verwaltungsrats von ADP (ADP 1999b, S. 73). Hingegen sind die Region oder die Kommunen – im Gegensatz zu vielen deutschen oder anderen europäischen Flughäfen – nicht direkt in die Trägerschaft des Flughafens eingebunden. In den planerischen Zielvorstellungen der Region nimmt der Flughafen jedoch eine zentrale Rolle ein.

Mit der Aufstellung des Schéma Directeur de la Région Ile-de-France (SDRIF) von 1994 als Rahmenplan und Leitlinie für die zukünftige Entwicklung der Metropolregion wurde dem Wachstumsraum Roissy der Status eines „Zentrums europäischer Bedeutung" (*centre d'envergure européen*) innerhalb der Ile-de-France zugesprochen (DREIF u. Préfecture d'Ile-de-France 1994, S. 109). Damit wird versucht dem Wachstumspotential des Standorts im Regionalplan Rechnung zu tragen. Als Unternehmensstandort und zentrales Eingangstor der Ile-de-France soll der Pol Roissy die internationale Stellung der Ile-de-France stärken. Zum anderen soll Roissy im eher problembelasteten nordöstlichen Teilraum als Ausgleichspol gegenüber den südwestlichen Wachstumszentren fungieren (DREIF u. Mission Roissy 1997, S. 9). Während in den vorherigen Regionalentwicklungsplänen von 1965 und der Fortschreibung von 1976 der Flughafen überwiegend als Verkehrsanlage betrachtet wurde, zeigt sich mit der neuen Planungsgrundlage eine deutliche Umorientierung in der Funktionsbestimmung des Flughafens für sein Umland. Vor allem für den nordöstlichen Teilraum, in dem bislang als „naturräumliche Ausgleichzone" der Ile-de-France kaum Flächenentwicklung möglich war, hatte diese Neuakzentuierung des Flughafens als Entwicklungspol Konsequenzen (BLAZY 1994, S. 24). Um die Rolle von Roissy als internationale Plattform für Transport-, Kommunikations- und Handelsaktivitäten zu stärken, soll für die zur Entwicklung freigegebenen Flächen in unmittelbarer Flughafennähe eine selektive Ansiedlungspolitik erfolgen. International operierende Unternehmen, die den Flughafen zur Ausübung ihrer Wirtschaftsaktivitäten benötigen, haben dabei Priorität (DREIF u. Mission Roissy 1997; DDE 1988).

Neben einer Vielzahl von lokalen Interessengruppen (Umwelt- und Anwohnerverbände etc.) streben auch die Kommunen nach mehr Partizipation an den Entscheidungsprozessen, die den Flughafen und sein Umland betreffen. In den letzten Jahren wurden Initiativen gebildet, die sich um eine koordiniertere Entwicklung des Teilraums bemühen. Der seit 1994 existierende Kommunalverband Roissy-Porte-de-France, bestehend aus 11 Kommunen nördlich des Flughafens, verfolgt das Ziel, einen Ausgleich von positiven und negativen Effekten im Flughafenumfeld zu erreichen. Im Vordergrund stehen dabei Fragen des Gewerbesteueraufkommens und der Lärmbelastung bei den Kommunen in Flughafennähe. Als erste Maßnahme wurde z.B. schrittweise eine einheitliche Gewerbesteuer innerhalb des Kooperationsraums eingeführt (Communauté de Communes Roissy-en-France 1999, S. 4).

Auch der staatliche Flughafenbetreiber ADP tritt verstärkt als Akteur im sozial- und wirtschaftsräumlichen Umfeld auf. ADP ist bestrebt, sich „im Gleichgewicht" mit seinem Umland zu entwickeln, und verfolgt deshalb seit mehreren Jahren eine gezielte Partnerschaftspolitik mit den umliegenden Departements. Eine Vielzahl von projektbezogenen Initiativen sind inzwischen entstanden, die zur besseren Integration des Flughafens in sein lokales Umfeld beitragen sollen. Dazu unterstützt ADP gegenwärtig 38 Projekte unterschiedlicher Größenordnung, wobei bei den meisten Projekten alle drei Flughafendepartements beteiligt sind.[4] Ein wichtiges Projekt ist dabei die gemeinsame Realisierung

---

[4] nach Angaben von Herrn Dugard, Direktor der Abteilung „Coopération Economique et Sociale" von Aéroports de Paris im Rahmen eines Gespräches am 15.06.00

des flughafenbezogenen Gründerzentrums *Aéropôle* durch ADP, die Region und die angrenzenden Departements. Darüber hinaus wurde im Februar 1999 die Organisation *G.I.P.-Roissy Emploi* als öffentliche Interessensgruppe („*Groupement d'Intérêt Public*") unter Beteiligung einer Vielzahl von Akteuren ins Leben gerufen. In Form eines Verwaltungsrates mit 31 Vertretern[5] vereint der gebietsbezogene Interessenverband gegenwärtig alle Instanzen der drei benachbarten Departements, die für Beschäftigungsfragen zuständig sind. Durch gezieltere Ausbildung soll der Zugang zu den flughafenbezogenen Beschäftigungsmöglichkeiten erleichtert werden (VEILLON 2000).

Die Departements beziehen seit einigen Jahren den Flughafen gezielt in ihre Standortvermarktung ein und präsentieren sich im Ausland auf Messen gemeinsam mit dem Unternehmen ADP als „Pol Roissy". Die Übertragung und Ausdehnung des positiven Images des Flughafens ist jedoch auf das unmittelbare kommunale Umfeld begrenzt. Profitieren konnten insbesondere die Kommunen Villepinte und Tremblay, die mit dem Gewerbepark Paris Nord 2 – der noch die Adresse „Roissy-CDG" trägt – über ein „attraktives Auffangbecken" für internationale Unternehmen verfügen. Durch die heterogene, administrative und sozio-ökonomische Ausgangsituation des Flughafenumlands hat sich jedoch eine einheitliche Identität des Wachstumsraums bislang kaum entwickelt. Die geplante Gründung eines gemeinsamen Planungsgremiums „Mission Plaine-de-France" unter staatlicher Federführung könnte in Zukunft jedoch die Kohärenz des Flughafenumlands stärken.

5 Perspektiven der Entwicklung

Der Flughafen hat seit seiner Eröffnung mehrere Entwicklungsphasen durchlaufen. Während sich anfänglich vor allem die Verkehrsfunktion entfaltete, stellt der Flughafen heute einen komplexen Wachstumskern in der Metropolregion dar. Auch das Flughafenumland konnte in den letzten 30 Jahren eine außerordentliche Entwicklung verzeichnen. Ein Großteil der geschaffenen Arbeitsplätze waren jedoch bislang einfache Arbeitsplätze für geringer qualifizierte Beschäftigte. Wachstumsbranchen und Wirtschaftsaktivitäten mit hoher Wertschöpfung sind im regionalen Vergleich bislang noch unterrepräsentiert.

Ansätze einer „Airport City-Bildung" auf dem Flughafengelände und außerhalb sind erkennbar, jedoch im Vergleich zu anderen Flughafenregionen nur gering ausgeprägt. Im Gegensatz zu anderen europäischen Großflughäfen liegt Roissy-CDG nicht in der „natürlichen" Wachstumsachse der Metropolregion, die sich eher über den Südwesten der Ile-de-France erstreckt.[6] Der Flughafenbetreiber ADP verfolgt eine kontinuierliche Diversifizierung und Ausdehnung des Bereichs Non-Aviation (ADP 2001). Auch sollen in naher Zukunft Projekte zur landseitigen Erschließung des Flughafens realisiert werden, wie der Bau einer Expresszugverbindung von dem Pariser Ost-Bahnhof zum Flughafen und die bereits lang geplante Shuttle-Metro zwischen den Terminals.

Neben den Erweiterungsplänen für den Gewerbepark Paris Nord 2 (140 ha) und das Ausstellungsgelände Villepinte (100 ha) bestehen auch Pläne zur Realisierung eines weiteren hochwertigen Gewerbeparks am Standort *Triangle de Gonesse* zwischen N7 und A1 im Süden des Flughafens. Für die erste Erschließungsphase ist eine zentral gelegene Fläche von 200 ha vorgesehen, die ausschließlich für die Ansiedlung hochwertiger Wirtschaftsaktivitäten internationalen Maßstabs bestimmt sein soll (DREIF u. Mission Roissy 1997, S. 15 u. 21). Somit ist zu erwarten, dass die südlichen Flughafenkommunen insbesondere für nationale oder europäischen Distributions- oder Servicezentralen großer Un-

---

[5] Wichtige Beteiligte der Interessengruppe sind die Präfekten der Departements Seine-et-Marne, Seine-Saint Denis, Val-d'Oise, Vertreter der Gebietskörperschaften, sonstige öffentliche Dienste der Wirtschaftsförderung, die lokalen Arbeitsämter, staatliche Regierungsvertreter, Gewerkschaften und die wichtigsten Unternehmen des Flughafens wie ADP, Air France, Servair, Federal Express etc.

[6] Der Flughafen London-Heathrow mit einer starken Konzentration des High-Tech-Sektors im so genannten „Western Corridor" oder auch der Flughafen Amsterdam- Schiphol in der Nähe der sich entwickelnden Dienstlestungsstandorte „Zuidas" oder „Amsterdam- Zuidoost" haben diesbezüglich eine günstigere Position.

ternehmensgruppen an Attraktivität gewinnen und das internationale Profil des neuen ökonomischen Pols weiter gestärkt wird. Insgesamt zeigt sich ein räumlich sehr unausgeglichenes Wachstum mit einer starken Konzentration im südlichen Flughafenumfeld. Eine kohärente und ausgewogenere Entwicklung des Flughafenumlands wird vor allem durch die komplexe administrative Struktur erschwert, die u.a. ein Nebeneinander von kleinen, oft unkoordinierten Gewerbeflächenprojekten mit sich bringt. Zunehmend deutlich wird die Notwendigkeit einer übergeordneten Planung, um die naturräumlichen und wirtschaftlichen Potenziale und Stärken des Raums zu entwickeln.

Literatur

ADP (Aéroports de Paris) (1995): Charles de Gaulle airport – Europe's foremost Transport hub. Paris.

ADP (Aéroports de Paris) (1996a): Aéroport Charles-de-Gaulle. Aménagement des Infrastructures Aéronautiques. Paris.

ADP (Aéroports de Paris) (1996b): Recensement de la population Roissy-CDG. Paris.

ADP (Aéroports de Paris) (1998): Connaître les entreprises et les populations de Roissy-Charles de Gaulle. Paris.

ADP (Aéroports de Paris) (1999a): Mémento 1999. Paris.

ADP (Aéroports de Paris) (1999b): Rapport Annuel 1998. Paris.

ADP (Aéroports de Paris) (2000): Découvrir le programme de coopération économique et sociale de Roissy-Charles-de-Gaulle. Paris.

ADP (Aeroport de Paris) (2001): Rapport Annuel 2000. Paris. BECKOUCHE, P., F. DAMETTE u. E. VIRE (1996): Géographie économique de la région parisienne. Direction Régionale de l'équipement Ile-de-France (DREIF). Paris.

BLAZY, J.-P. (1994): Le Pays de France: Racines historiques et identité géographique. In: CREPIF (Centre de Recherches et d'études sur Paris et l'Ile-de-France) (Hrsg.): Le Pays de France: Quarante ans de Mutations 1953 - 1993. L'Impact de Roissy - Charles-de-Gaulle. Cahiers de CREPIF 46. Paris, S. 17 - 25.

CAVARD, J. C. (1991): Le Val-d'Oise et l'aéroport Roissy-Charles de Gaulle. Etat de Question. Comité d'Expansion Economique du Val-d'Oise (CEEVO). Cergy-Pontoise.

Communauté de Communes Roissy-en-France (1999): L'annuaire des entreprises 1999 - 2000, o.O.

DDE (Direction Départementale d'équipement Val-d'Oise) (1988a): Réflexion préalable pour une politique d'aménagement de l'est du Val-d'Oise. Vol.1. Cergy-Pontoise.

DDE (Direction Départementale d'équipement Val-d'Oise) (Hrsg.) (1988b): Développement économique du secteur est du Val-d'Oise. Cergy-Pontoise.

DREIF (Direction Régionale de l'équipement de l'Ile de France) u. Mission Roissy (1997): Projet d'aménagement du Grand Roissy. Paris.

DREIF (Direction Régionale de l'équipement de l'Ile de France) u. Préfecture d'Ile-de-France (1994): Schéma Directeur. Région Ile-de-France 2015. Paris.

DUBOIS, L. (1996): Les retombées économiques du parc des expositions de Paris Nord Villepinte. Conseil Général de la Seine-Saint Denis. Paris.

GAUDRIAULT, C., E. BERTHON u. H. BLUMENFELD (1995): L'impact économique des aéroports. IAURIF. Paris.

IAURIF (Institut de l'Amenagement et Urbanisme de la Région Ile-de-France) (1999): Etude sur les capacités aéroportuaires alternatives. Commission européenne.

Direction générale VII. Transports. Rapport final. Paris.

IAURIF (Institut de l'Amenagement et Urbanisme de la Région Ile-de-France) (2001): Airport City and regional Embeddedness. Projekt Interreg IIC COFAR-Theme 2.3. Final report. Paris.

IAURIF (Institut de l'Amenagement et Urbanisme de la Région Ile-de-France) (2002): Les mouvements d'entreprises dans les zones d'activités économiques de la région d'Ile-de-France. Étude de cas. Paris.

INSEE (Institut National de la Statistique et des Etudes Economiques) (1992): Espaces locaux et régionaux: Roissy – Plaine de France. In : Regard sur l'Ile-de-France 16, S. 7 - 10.

INSEE (Institut National de la Statistique et des Etudes Economiques) (2001): Communes ... Profils. Bases de données. Paris. (CD-Rom).

IUP (Institut d'Urbanisme de Paris) (1999a): Une analyse géographique du développement économique et social autour du pôle de Roissy. Etude sur les effets d'entraînement économique du pôle de Roissy. Paris.

IUP (Institut d'Urbanisme de Paris) (1999b): Le secteur de Tremblay-en-France: Une forte dichotomie entre développement économique et évolution sociale. Etude sur les effets d'entraînement économique du pôle de Roissy. Paris.

KNAAP, G. A. VAN DER u. P. A. L. M. VOSSEN (1995): The regional economic setting of airportbased office projects. EGI-Onderzoekpublikatie 30. Economisch Geografisch Instituut. Rotterdam.

Kompass France (2001): Kompass Région. Ile-de-France. Paris.

LAVERGNE, X. (2000): Les collectivités face à une équipement aéroportuaire. Le cas Roissy-en-France. Université de Paris-Nord Villetaneuse. Maîtrise de Géographie. Paris.

LECOIN, J. P. u. E. BERTHON (1989): Roissy et le bocage de France, porte d'entrée française en Europe. Paris (Cahiers de l'IAURIF 89), S. 8 - 26.

MALÈZIEUX, J. (1989): Espace dynamique en Ile-de-France. Le parc d'activité de

Paris Nord II. In: LAKOTA, A.-M. (Hrsg.): Emploi, entreprises et équipements en Ile-de-France. Montpellier, S. 74 - 80.

MEYER, J. (FIF-V) (1999): Überbauung AIRail Terminal – Benchmark Studie. Flughafen Frankfurt/Main AG. O.O.

Paris Nord 2 (2000) Observatoire économique. In : La Lettre du Parc international d'activités Paris Nord 2. Liaision 12, S. 1.

PERRIN, M. J. (1995): La plaque-tournante aéroportuaire de Paris. Paris.

VEILLON, E. (2000): La formation professionelle: Clé du développement durable pour le pôle de Roissy. Le Magazine des Décideurs du Pôle de Roissy 8, S. 6 - 7.

Der Amsterdamer Südraum – Eine dynamische Wachstumszone

MARCO BONTJE

1 Einleitung

Innerhalb des Amsterdamer Südraums, einer großräumigen Zone intensiven wirtschaftlichen Wachstums in der Randstadregion, finden sich einige neue ökonomische Pole mit sehr verschiedenartigen funktionalen Spezialisierungen.[1] Während der 1990er Jahre begannen sich die bis dahin vergleichsweise eigenständig entwickelnden ökonomischen Konzentrationsräume in den städtischen Peripherien stärker zu verflechten. Neben der Betrachtung des gesamten Amsterdamer Südraumes sollen jene drei Teilräume, die den wirtschaftlichen Erfolg und das Image der Wachstumszone am stärksten prägen, Gegenstand des folgenden Beitrags sein. Dies betrifft den internationalen Flughafen Schiphol, die „Südachse" und Amsterdam-Südost.

Unter dem Amsterdamer Südraum wird jenes Territorium verstanden, das sich vor allem entlang der Autobahnen A 4, A 9, A 10 (dem Amsterdamer Autobahnring) und der A 2 erstreckt, zwischen Hoofddorp im Südwesten und Amsterdam-Zuidoost im Südosten, sowie ein Gebiet entlang des in nördlicher Richtung nach Amsterdam-Sloterdijk führenden Teilstücks des Autobahnrings. Des Weiteren ist das gesamte Gebiet durch den schienengebundenen Nahverkehr sehr gut erschlossen, sowohl die Amsterdamer Innenstadt als auch die restliche Randstad sind schnell erreichbar. *Fig. 1* zeigt die wichtigsten ökonomischen Zentren innerhalb des Amsterdamer Südraums. Die Entstehung dieser neuen Pole ist hauptsächlich auf zwei langfristige Entwicklungen zurückzuführen:

- das rasante Wachstum und die Bedeutungszunahme des Flughafens Schiphol, zunächst überwiegend in seiner Funktion als Luftverkehrskreuz, später durch die Entwicklung einer breiteren Palette von Funktionen,
- die Ansiedlung neuer ökonomischer Standorte in der Amsterdamer metropolitanen Peripherie infolge des Mangels an geeigneten Flächen und der Erreichbarkeitsprobleme in der Innenstadt bei gleichzeitiger Verbesserung der Infrastruktur am Stadtrand.

Die ökonomischen Pole werden im Wesentlichen durch Transport und Logistik, juristische, EDV-orientierte und Finanzdienstleistungen geprägt. Darüber hinaus haben sich mit der „Schiphol Plaza" und dem „Arena Boulevard" in den letzten Jahren zwei bedeutende Standorte für Konsum, Gastronomie und Entertainment entwickelt.

2 Entwicklung der Wachstumszone und ihrer wichtigsten Teilräume

Der Beginn der Entwicklung des Amsterdamer Südraums zu einer dynamischen und integrierten Wachstumszone ist schwierig zu bestimmen. Sehr lange haben sich die verschiedenen Teilräume weitgehend unabhängig voneinander entwickelt. Erst seit den 1990er Jahren wird aufgrund zunehmender Verflechtungsbeziehungen zwischen den einzelnen Elementen von einer zusammenhängenden, großräumigen Zone gesprochen. Die drei ökonomischen Pole werden daher in ihrer Entwicklung zunächst einzeln dargestellt, die jüngeren Entwicklungen erfordern einen stärker auf den gesamten Raum gerichteten Blick.

2.1 Flughafen Schiphol: die Entwicklung zur „Airport City"

Mit der Trockenlegung des Polders Haarlemmermeer wurden Mitte des 19. Jahrhunderts 180 km² neue Landflächen vor den Toren Amsterdams gewonnen. Diese Flächen wurden zunächst agrarisch genutzt.

---

[1] Siehe auch den Aufsatz von M. BONTJE: „Randstad-Holland" in diesem Band.

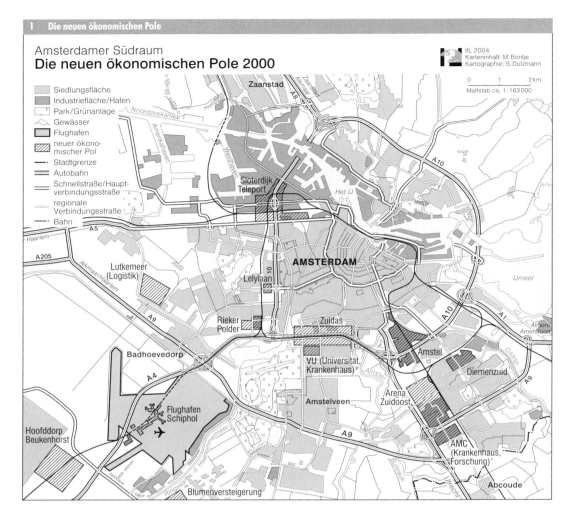

Amsterdamer Südraum
Die neuen ökonomischen Pole 2000

IfL 2004
Karteninhalt: M.Bontje
Kartographie: S.Dutzmann

0　　1　　2km
Maßstab ca. 1:163000

- Siedlungsfläche
- Industriefläche/Hafen
- Park/Grünanlage
- Gewässer
- Flughafen
- neuer ökonomischer Pol
- Stadtgrenze
- Autobahn
- Schnellstraße/Hauptverbindungsstraße
- regionale Verbindungsstraße
- Bahn

Der Flugplatz Schiphol wurde am östlichen Rand des Haarlemmermeers im Jahre 1920 in Betrieb genommen. Schon in der Vorkriegszeit begann sich der Flughafen sehr schnell zu entwickeln und wurde zu einem der modernsten Europas (WEVER u. TER HART 1985). Im II. Weltkrieg wurde Schiphol vollständig zerstört, danach am gleichen Standort wieder aufgebaut. Seit 1967, als einige Kilometer westlich des alten Standorts ein größerer Terminal fertig gestellt wurde, hat das Luftverkehrsaufkommen des Flughafens kontinuierlich zugenommen, nur unterbrochen von den „Ölkrisen" 1973 und 1979. Dieses Wachstum war mit einer Liberalisierung des europäischen Luftverkehrsmarktes verbunden, die die Position Schiphols gegenüber anderen Standorten deutlich verbesserte. Die Liberalisierung führte zu stärkerer Konkurrenz und förderte die Kooperation zwischen den Fluggesellschaften. Die niederländische Fluggesellschaft KLM war einer der Vorreiter bei der Bildung von Allianzen, ihr Heimatflughafen Schiphol sicherte der KLM mit der Vergrößerung des Marktes strategische Vorteile. Schiphol wurde mit der Zunahme des Anteils und der Zahl der Transitpassagiere zu einem der wichtigsten Luftverkehrskreuze im europäischen und interkontinentalen Flugraum (HAKFOORT u. SCHAAFSMA 2001). Die Zunahme des Passagier- und Frachtaufkommens wurde von einem nachhaltigen Wachstum an Arbeitsplätzen begleitet (*Fig. 2; 3*). Nach London-Heathrow, Paris-Roissy-CDG und Frankfurt a.M. avancierte Schiphol in den 1980er Jahren zum viertgrößten Flughafen Europas nach Passagierzahl und Frachtaufkommen, im Jahre 2001 war der Flughafen mit fast 54.000 Arbeitsplätzen die größte Arbeitsplatzkonzentration im Amsterdamer Südraum (O+S Amsterdam 2001; Regioplan 2002).

Zwar ist die Mehrzahl der Arbeitsplätze direkt mit dem Flughafenbetrieb verbunden, jedoch siedelten sich vor allem in den 1990er Jahren auf dem Gelände von Schiphol zunehmend Non-Aviation-Aktivitäten an, d.h. Unternehmen und Gewerbebetriebe, die sich organisatorisch und betrieblich nicht unmittelbar auf den Flughafen beziehen.

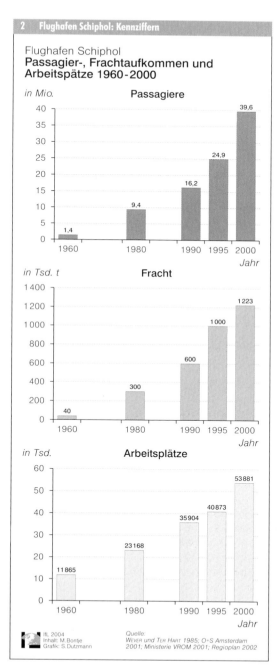

2 **Flughafen Schiphol: Kennziffern**

Flughafen Schiphol
Passagier-, Frachtaufkommen und Arbeitspätze 1960-2000

IfL 2004
Inhalt: M.Bontje
Grafik: S.Dutzmann

Quelle:
WEVER und TER HART 1985; O+S Amsterdam
2001; Ministerie VROM 2001; Regioplan 2002

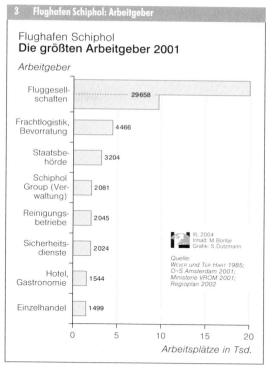

3 **Flughafen Schiphol: Arbeitgeber**

Flughafen Schiphol
Die größten Arbeitgeber 2001

IfL 2004
Inhalt: M.Bontje
Grafik: S.Dutzmann

Quelle:
WEVER und TER HART 1985;
O+S Amsterdam 2001;
Ministerie VROM 2001;
Regioplan 2002

Dieser Prozess der funktionalen Ausweitung von Schiphol begann Mitte der 1980er Jahre mit der Ansiedlung von Hotels, logistischen Einrichtungen, Autovermietungen und einigen Bürogebäuden. Ab 1995 beschleunigte sich die ökonomische Dynamik des gesamten Flughafenstandorts mit der Eröffnung des Einkaufs- und Gastronomiezentrums Schiphol Plaza. Mit der Schiphol Plaza wurde der schon vorhandene Einkaufsbereich für die Passagiere mit einem der allgemeinen Öffentlichkeit zugänglichen Einkaufszentrum erweitert. Das Zentrum bedient daher auch die Bewohner der Region und Bahnreisende. Der Bahnhof mit regionalen, nationalen und internationalen Verbindungen befindet sich gleich unter dem Shopping-Center. Inzwischen hat sich Schiphol mit dem Einkaufszentrum und weiteren Bürokomplexen, Hotels und sonstigen städtischen Funktionen zu einer Flughafenstadt, einer *Airport City*, entwickelt.
Die Flughafenverwaltung wird zunehmend als Entwicklungsgesellschaft tätig. Die „Schiphol Group" verfolgt eine eigene Immobilienpolitik. Sie nimmt über verschiedene Partnerschaften mit politischen und wirtschaftlichen Organisationen und Verbänden einen starken Einfluss auf die Regionalentwicklung und vermarktet das Airport-

Foto: Aviodrome Luchtfotografie - Lelystad

City-Konzept in Europa, Amerika und Australien (HAKFOORT u. SCHAAFSMA 2001; GÜLLER u. GÜLLER 2001; BURGHOUWT 2002). Durch die Ende 2003 vereinbarte Allianz der Fluggesellschaft KLM mit der französischen Allianz sind die langfristigen Perspektiven des Flughafens Schiphol als international bedeutendes Luftverkehrskreuz jedoch unsicherer geworden, da angenommen wird, dass in einigen Jahren ein bedeutender Teil der Luftverkehrsaktivitäten nach Paris verlagert wird. Dies wird von den entscheidenden Akteuren in Schiphol als Anlass gesehen, sich noch stärker als bisher auf die Entwicklung von Non-Aviation-Aktivitäten zu orientieren.

Die maßgeblichen Impulse für die Erschließung und Entwicklung Schiphols zu einem dynamischen Wachstumsraum gingen von gewerblichen Ansiedlungsaktivitäten aus, als Wohnstandort spielt Schiphol bis heute keine Rolle. Die Entwicklung der benachbarten Gemeinde Hoofddorp von einem Bauerndorf zu einer Stadt ist jedoch eng mit dem Wachstum Schiphols verbunden (*Fig. 4a/b*). Hier wohnen viele der in Schiphol Beschäftigten, und viele luftverkehrs- und flughafenorientierte Dienstleistungsunternehmen befinden im Hoofddorper Büropark Beukenhorst. Auch einige multinationale Unternehmen haben ihren Standort in Beukenhorst und koordinieren von hier aus ihre europäischen oder niederländischen Aktivitäten. Im Büropark Beukenhorst konzentrieren sich 14.000 Arbeitsplätze, ein weiteres Wachstum um mindestens 6.000 neue Arbeitsplätze wird für die nächsten Jahre erwartet, wobei die funktionalen Verflechtungen mit dem Flughafen sehr eng sind (BONTJE 2004).

2.2 Die Südachse: das neue Zentrum Amsterdams?

Die Südachse (*Zuidas*), die sich über einen Kilometer beiderseits der Infrastrukturachse erstreckt, die durch die Ringautobahn A 10, die Bahnverbindung Schiphol-Amsterdam Süd und die U-Bahn gebildet wird, wird seit einigen Jahren von der Gemeinde Amsterdam als internationaler Spitzenstandort der Randstad vermarktet. Dieser Status wurde der Südachse erst Mitte der 1990er Jahren zugeschrieben. Zuvor war das Gebiet eine „Restfläche" zwischen den Vierteln Oud-Zuid und Buitenveldert gewesen, die lediglich für Verkehrsinfrastrukturanlagen genutzt wurde. Oud-Zuid wurde im frühen 20. Jahrhundert nach einem Entwurf des niederländischen Architekten Berlage gebaut. Der ursprüngliche Bebauungsplan wurde jedoch nicht vollendet, und am Südrand der neuen Siedlung blieb eine Art „Niemandsland" übrig. 1920 erfolgte die Eingemeindung des Gebietes nach Amsterdam. Nachdem gemäß dem Amsterdamer Stadterweiterungsplan von 1934 der Bau von Buitenveldert zwischen Oud-Zuid und der Nachbargemeinde Amstelveen geplant wurde, blieb das Territorium als Reservefläche für Infrastrukturprojekte im Wesentlichen unbebaut. 1977 wurde das Gebiet für die Anlage der Amsterdamer Ringautobahn genutzt, in den 1980er Jahren für den Bau der Ringbahnlinie (KORTEWEG 1998).

Das Gebiet besitzt eine hervorragende Erreichbarkeit durch Straße und Schiene, 1990 erfolgte die Anbindung an das U-Bahnnetz. Die Interessen von Investoren und Unternehmen richteten sich zunehmend auf diesen Standort. Die benachbarten Siedlungen Oud-Zuid und Buitenveldert wurden traditionell als gehobene Wohngebiete geschätzt. Seit den 1960er Jahren siedeln

5 Neue Bürozentren an der Bahnverbindung Schiphol-Amsterdam Süd

Foto: BONTJE 2003

sich auch in diesen Vierteln zunehmend Büros an (*Fig. 5*). Der Mangel an geeigneten Flächen und die schlechte Erreichbarkeit der Innenstadt, die in der Nachkriegszeit zunächst die Industriebetriebe veranlasst hatte, sich neue Standorte an der Peripherie zu suchen, wird zunehmend auch von Dienstleitungsunternehmen als negativer Faktor bewertet. Das Stadtzentrum verlor allmählich seinen Status als ausschließlicher *Central Business District*. In räumlicher Hinsicht wurde die konzentrische Struktur der Metropolregion Amsterdam stärker durch sektorale Komponenten überprägt, wobei sich der entstehende südliche Sektor mit gehobenen Wohnvierteln, Einkaufsstraßen und Bürovillen von den Grachten im Zentrum bis nach Buitenveldert und Amstelveen erstreckt (ENGELSDORP GASTELAARS u. OSTENDORF 1994; NAGENGAST 1997). Obwohl schon in den 1970er Jahren einige Bürokomplexe an der Autobahn A 10 gebaut wurden und die Amsterdamer Messe (RAI) und die Freie Universität (VU) in den Amsterdamer Süden umsiedelten, war es vor allem die Eröffnung des World Trade Centers 1985, die zum Aufschwung der Südachse und zur Entwicklung des Gebietes zu einem der erfolgreichsten Unternehmensstandorte der Niederlande beitrug. Durch die Kombination von Standort und attraktivem Dienstleistungsangebot für die Nutzer wurde das World Trade Center (72.000 m² Bürofläche, projektierte Fläche von 120.000 m² bis 2004) zu einem der teuersten Bürokomplexe Amsterdams (KORTEWEG 1998).

Die Gemeindeverwaltung Amsterdams hat trotz der neuen ökonomischen Entwicklungen an der metropolitanen Peripherie sehr lange am Leitbild der Innenstadt als Motor der städtischen Ökonomie festgehalten. Gemäß der lokalen und nationalen Politik, nach der vor allem die kompakte Stadt als Geschäftszentrum gefördert werden sollte, wurden Anfang der 1990er Jahre ein neues großdimensioniertes Bürozentrum am Ufer des Flusses IJ im Stadtzentrum geplant, da dieser Bezirk als nationaler und internationaler Spitzenstandort vorgesehen war. Immobilienunternehmer und Projektentwickler bevorzugten jedoch zunehmend die besser erreichbare Südachse. Die Entscheidung einer der größten Banken der Niederlande, ABN Amro, ihren neuen Unternehmenshauptsitz an der Südachse zu realisieren (1992), mag dazu beigetragen haben, dass die Gemeinde Amsterdam 1994 die Entwicklungspläne am Ufer des IJ zugunsten der Südachse aufgab. Zudem ließen internationale Vergleichsstudien zur Standortpolitik und Standortentwicklung in anderen europäischen Stadtregionen die gleichzeitige Entwicklung zweier Spitzenstandorte als unrealistisch erscheinen (DE ROOIJ 1994). 1998 wurde ein Masterplan verabschiedet, nach dem während der nächsten 30 Jahre die Südachse nicht nur zu einer Bürocity, sondern auch zu einem gehobenen Wohn-, Freizeit- und Einkaufsviertel weiterentwickelt werden soll.

2.3 Amsterdam-Südost: Amsterdams Satellitenstadt

Nachdem in den 1950er Jahren die Prognosen davon ausgingen, dass die Stadtfläche Amsterdams für das erwartete Bevölkerungswachstum nicht ausreichen würde, entstanden Pläne für eine neue Stadterweiterung südöstlich von Amsterdam im Polder Bijlmermeer. Die administrative Eingemeindung des Gebietes fand 1966 statt, die Siedlungsentwicklung begann mit der Errichtung der Großwohnsiedlung Bijlmermeer. Die Intention der Amsterdamer Planungspolitik war es, den Suburbanisierungsprozess innerhalb der Stadtgrenzen zu kanalisieren. Die Hochhäuser befanden sich in einem aufgelockerten und grünen

Wohnumfeld, was den suburbanen Wohnwünschen entgegenkommen sollte (ENGELSDORP GASTELAARS u. OSTENDORF 1994; TERHORST u. VAN DE VEN 1999). Die Siedlung Bijlmermeer wurde als „Stadt der Zukunft" bezeichnet, ihre Projektierung und Realisierung orientierte sich an den städtebaulichen Prinzipien Le Corbusiers. Die folgende Entwicklung nahm jedoch eine völlig andere Richtung: Statt der gewünschten Mittelstandsfamilien siedelten sich hier vor allem junge Singles mit niedrigem Einkommen und ethnische Minoritäten insbesondere aus der ehemalige Kolonie Surinam an. So-

6 Neue Büro-, Einkaufs- und Freizeitkomplexe in Amsterdam Südost

Foto: BONTJE 2003

wohl die Bevölkerungsstruktur als das Wohnumfeld erwiesen sich zunehmend als problematisch. Die Siedlung Bijlmermeer wurde zum Inbegriff eines Problemviertels mit einer hohen Konzentration von Arbeitslosigkeit und Kriminalität, einem hohen Maß an Leerstand, Unsicherheit und sozialen Konflikten. Seit 1992 wird das Viertel großzügig saniert, wobei die ursprünglichen städtebaulichen Ideale größtenteils aufgegeben wurden. Ein Großteil der Hochhäuser wurde abgerissen oder zurückgebaut, der Neubau erfolgt vor allem in Form von Reihenhaussiedlungen und kleineren Wohnkomplexen, die räumliche Funktionstrennung soll weitgehend aufgehoben werden (DUKES et al. 2002).

Seit Anfang der 1980er Jahre wird das Viertel auch zunehmend zum Arbeitsort (*Fig. 6*). Diese Entwicklung begann mit dem Universitätskrankenhaus, der Forschungseinrichtung AMC und einem zunächst bescheidenen Büropark. Seit etwa 1995 entwickelt sich dieser Standort sehr dynamisch. Die Hauptgründe hierfür waren der Bau des neuen Stadions „Arena", der mit der Umsiedlung des Fußballvereins Ajax verbunden war, und der Aufschwung des IT-Sektors in den 1990er Jahren. Im Zusammenhang mit dem Stadion ist während der letzten Jahre ein Einkaufs- und Unterhaltungszentrum – der Arena Boulevard – entstanden, u.a. mit einem Multiplex-Kino, einer Konzerthalle und großflächigen Einzelhandelskomplexen. In dessen Nachbarschaft wurde innerhalb weniger Jahre eine neue Bürostadt entwickelt, in der sich vor allem IT-Unternehmen niedergelassen haben. Zwar konzentrieren sich in dem Gebiet schon mehr als 40.000 Arbeitsplätze, jedoch hat diese Entwicklung nur wenig zu einer Verringerung der Arbeitslosigkeit und zur Lösung der sozialen Probleme in der benachbarten Wohnsiedlung Bijlmermeer beitragen können. Die meisten Arbeitsplätze werden durch hoch qualifizierte Pendler aus den Randgemeinden Amsterdams eingenommen. Der Großteil der Bevölkerung der Siedlung Bijlmermeer verfügt jedoch über keine entsprechenden Qualifikationen für eine Beschäftigung in der benachbarten Bürostadt (BRUIJNE 2002). Auch der Arena Boulevard wird eher von Bewohnern anderer Stadtrandviertel Amsterdams oder der Randgemeinden besucht (HULSMAN 2001). Planungen der Gemeinde Amsterdam und des Stadtbezirks Südost sehen vor, die beiden durch eine Bahntrasse getrennten Teilgebiete von Amsterdam-Südost stärker zu einer räumlich-funktionalen Einheit zu integrieren. Dabei sollen das etwas ältere Einkaufszentrum „Amsterdamse Poort" und der Arena Boulevard das neue Stadtteilzentrum bilden. Des Weiteren werden im Stadtteil Südost verschiedene städtebauliche Maßnahmen im Rahmen des EU-Programms URBAN II durchgeführt, die die Lebensbedingungen der Stadtteilbevölkerung verbessern sollen (DUKES et al. 2002; Gemeente Amsterdam 2002).

2.4 Einflussfaktoren für die Entwicklung des gesamten Amsterdamer Südraums

Neben den spezifischen Entwicklungen, die zur gegenwärtigen Ausprägung der drei wichtigsten ökonomischen Teilgebiete des Südraums (Schiphol, Südachse und Südost) führten, gibt es einige Aspekte, die für die gesamte großräumige Wachstumszone von entscheidender Bedeutung waren. Anfang der

1970er Jahre wollte die Gemeinde Amsterdam ein Stadtentwicklungskonzept durchsetzen, nach dem das Stadtzentrum stärker als bisher zu einem Wirtschaftsstandort werden sollte. Aus diesem Grund war ein flächenhafter Abriss von innerstädtischen Wohnvierteln zugunsten von neuen Bürokomplexen und Infrastruktur vorgesehen. Neue Wohnungen sollten vor allem außerhalb der Stadt, in den peripher gelegenen „Wachstumskernen" gebaut werden. Der geplante Kahlschlag in den innerstädtischen Wohnvierteln beschwor jedoch starken Widerstand von Seiten der Amsterdamer Bevölkerung herauf. Infolgedessen war die Gemeinde gezwungen, eine behutsamere Stadterneuerungspolitik zu verfolgen. Die Verlagerung von Unternehmensstandorten an die „autofreundlicheren" Stadtränder beschleunigte sich dadurch (TERHORST u. VAN DE VEN 1999). Während im Jahre 1965 die Innenstadt mit 44 % aller Amsterdamer Arbeitsplätze noch der führende „Wirtschaftsort" der Stadt war, sank dieser Anteil bis 1990 auf 26 % (ENGELSDORP GASTELAARS u. OSTENDORF 1994).

Ein weiterer wichtiger Aspekt war der Ausbau der Infrastruktur am Amsterdamer Stadtrand. In den 1970er und 1980er Jahren wurden sowohl die Autobahnanbindung der Stadtrandsiedlungen als auch deren Erschließung durch den öffentlichen Nah- und Fernverkehr erheblich verbessert. Der Autobahnring A 10 und dessen Verbindungen zum Autobahnnetz (A 4 nach Schiphol und Den Haag, A 9 nach Haarlem, A 2 nach Utrecht und dem Rhein-Ruhrgebiet, A 1 und A 6 nach Amersfoort, Almere und dem Norden und Osten der Niederlande) hatte eine starke Anziehungskraft für die Unternehmen, die sich in dessen Umfeld ansiedelten. Auch die neuen Bahnstrecken am westlichen und südlichen Rand von Amsterdam mit direkten Verbindungen zum Stadtzentrum wie auch nach Schiphol, Den Haag und Utrecht haben die Standorte am Stadtrand stark aufgewertet.

Vor allem in den 1990er Jahren hat sich der Flughafen Schiphol für den gesamten Amsterdamer Südraum als ein großer Standortvorteil erwiesen. Dieser Faktor spielte bei der Ansiedlung der Hauptquartiere international orientierter Unternehmen eine wesentliche Rolle. Zusammen mit der hoch entwickelten Schienen- und Straßenverkehrsinfrastruktur entstand so eine in den Niederlanden einmalige Dichte von Flug-, Bahn- und Straßenverbindungen, die den Amsterdamer Südraum zum höchst bewerteten Standort des Landes werden ließen (BERTOLINI u. LE CLERQ 2002).

Einen nicht unerheblichen Einfluss auf die Wachstumsdynamik des Südraums hatte die nationale Raumordnungs- und Wirtschaftsplanungspolitik. Die dafür zuständige staatliche Planungsbehörde wies 1981, während der letzten Jahre der Politik der „dezentralen Konzentration", die Gemeinde Haarlemmermeer als neuen Wachstumskern aus.[2] Durch den extensiven Wohnungsbau im Rahmen dieser Politik wurde das Dorf Hoofddorp, der zentrale Kern in Haarlemmermeer, zu einer Stadt mit etwa 60.000 Einwohnern. Der Ausbau Hoofddorps setzte sich in den 1990er Jahren fort, nun als ausgewiesener Standort einer Politik der „kompakten Stadtentwicklung" (*VINEX-locatie*).[3] Im Zusammenhang mit der Entwicklung der Wohngebiete konnte sich ab 1990 auch ein bedeutender Bürostandort, Beukenhorst, entwickeln (METZ 1999; BONTJE 2004). Die Neuorientierung der Raumordnungspolitik und die Hinwendung zum Leitbild der „kompakten Stadtentwicklung" begünstigte die Stadtrandbereiche Amsterdams. Die „ABC-Politik", die eine Konzentration neuer Gewerbestandorte in Bahnhofsnähe zu fördern versuchte, führte zu einer Belebung der Investitionsentwicklung und zur Entstehung neuer ökonomischer Pole an den Schnittstellen von Bahnhöfen und Autobahnanschlüssen am Amsterdamer Stadtrand.[4] Gerade für die Entstehung solcher Standorte wie Sloterdijk, die Südachse und Amsterdam-Südost kamen politische Zielsetzungen und Marktpräferenzen zusammen. Mit der Durchsetzung der Politik der „kompakten Stadtentwicklung" wurde der Flughafen Schiphol als einer der beiden *Mainports* der Niederlande (neben dem Seehafen Rotterdam) benannt, was der Flughafenentwick-

[2] Die so genannte Politik der „dezentralen Konzentration" war etwa zwischen 1965 und 1985 das Leitbild der niederländischen Raumordnungspolitik für die Randstadregion. Der suburbane Wohnungsbau wurde in einer festgelegten Anzahl von Dörfern und Kleinstädten konzentriert. Mehr zu dieser Politik im Beitrag „Randstad-Holland – neue Entwicklungen in der metropolitanen Peripherie" in diesem Band.
[3] Ab etwa 1985 wandte sich die niederländische Raumordnungspolitik dem Leitbild der „kompakten Stadt" zu. Neue Wohngebiete und Arbeitsorte sollten nun vorrangig im Innenbereich oder im unmittelbaren Anschluss an große Städte und Regionalzentren gebaut werden.
[4] Die so genannte „ABC-Politik" unterschied drei Standorttypen: A = in Bahnhofsnähe und Innenstadt; B = am Stadtrand in Bahnhofs- und Autobahnnähe; C = außerhalb der Stadt in Autobahnnähe. A-Standorte wurden planerisch gegenüber B-Standorten bevorzugt, C-Standorte sollten eher vermieden werden.

lung und damit dem ökonomischen Aufschwung in diesem Raum einen besonders starken Schub verlieh (Ministerie VROM 1988).

In *Fig. 7* werden die wichtigsten Entwicklungsschritte des Amsterdamer Südraums noch einmal überblicksartig dargestellt.

7	Chronologie wichtiger Entwicklungsschritte im Amsterdamer Südraum
1851	Trockenlegung des Polder Haarlemmermeer
1920	Eröffnung des Flughafens Schiphol
1934	*Amsterdams Uitbreidingsplan* (Amsterdamer Erweiterungsplan), u.a. Planung der südlichen Erweiterungen Nieuw Zuid, Buitenveldert und die westlichen „Gartenstädte"
1966	Eingemeindung von Bijlmermeer nach Amsterdam, Bau der Großwohnsiedlung (bis 1975)
1967	Eröffnung des neuen Flughafenterminals in Schiphol mit 4 Start- und Landebahnen
1970er Jahre	Bau der U-Bahnlinie zwischen Amsterdam-Zentrum und Bijlmermeer
1977	Fertigstellung des Autobahnrings A 10 um Amsterdam
1978	Eröffnung der Bahnlinien Amsterdam-Leiden (Schiphollinie) und des Bahnhofs Schiphol
Anfang der 1980er Jahre	Bau von neuen Bahnlinien und Bahnhöfen am Amsterdamer Stadtrand
1981	Haarlemmermeer wird *groeikern* (Wachstumskern), vor allem Hoofddorp wird stark ausgebaut
1985	Eröffnung des World Trade Centers in der Südachse
1988	4. Nationaler Raumordnungsbericht: Schiphol wird *Mainport*
1990	4. Nationaler Raumordnungsbericht Extra (VINEX): am Stadtrand von Amsterdam und in Haarlemmermeer wird der Bau neuer großzügiger Wohnsiedlungen geplant (*VINEX-locaties*)
Anfang der 1990er Jahre	Bau der U-Bahnlinie nach Amstelveen, Baubeginn des Büroparks Beukenhorst in Hoofddorp
1992	ABN Amro entscheidet sich für ein neues Unternehmenshauptquartier in der "Südachse", in den folgenden Jahren treffen ING und Philips ähnliche Entscheidungen
1994	Die Gemeinde Amsterdam gibt Pläne für eine neue Bürocity im Zentrum (*IJ-Oevers*) auf und beginnt mit den Planungen für die Entwicklung des „internationalen Spitzenstandorts" *Zuidas* (Südachse)
1995	Eröffnung des Einkaufszentrums Schiphol Plaza, Fertigstellung des Rembrandtturms (Bürohochhaus) am Amstelbahnhof
1996	Eröffnung des Stadion Amsterdam Arena, in den folgenden Jahren setzt sich die Entwicklung mit dem Bau des Einkaufs- und Erlebniszentrums Arena Boulevard fort
1997	Fertigstellung der Amsterdamer U-Bahnringlinie (Sloterdijk-Südachse-Südost)
1998	*Masterplan Zuidas:* langfristiger Entwicklungsplan eines neuen Stadtteilzentrums mit etwa 1 Mio. m² Bürofläche, 8 000 Wohnungen sowie Einkaufs- und Freizeitnutzungen
2001	Vereinbarung zwischen der Gemeinde Amsterdam und dem niederländischen Staat zur gemeinsamen Entwicklung der Südachse
2003	In Schiphol wird die 5. Start- und Landebahn gebaut

3 Entwicklungsbestimmende Akteure und Akteursgruppen

Zwei bedeutende „Wachstumskoalitionen" haben die Entwicklung des Amsterdamer Südraums entscheidend beeinflusst. Zum einen wird die Herausbildung neuer ökonomischer Pole in der Metropolregion Amsterdam durch die nationale Politik und die Stadtentwicklungspolitik der Gemeinde Amsterdam begünstigt. Beide Akteure können als „Koalition der kompakten Stadtentwicklung" bezeichnet werden (Terhorst u. van de Ven 1999). Die Intention der Standortpolitik bestand darin, die Verlagerungen von Unternehmen im suburbanen Raum, jedoch noch innerhalb der administrativen Stadtgrenzen zu ermöglichen. Als vorteilhaft erwies sich der Umstand, dass sich die Ringautobahn A 10, in deren Umfeld sich viele Unternehmen ansiedelten, vollständig im Stadtgebiet Amsterdams befindet. Standorte wie die Südachse, Teleport/Sloterdijk oder Amsterdam-Südost fügten sich gut in die kommunale Entwicklungsstrategie und auch in die nationalen raumordnerischen Leitbilder ein. Obwohl seit dem 5. Raumordnungsbericht die „kompakte Stadtentwicklung" nicht länger das zentrale Konzept der Siedlungsentwicklung ist, werden weiterhin Standorte am Stadtrand gegenüber jenen im suburbanen Raum bevorzugt. Die Südachse ist eines der Referenzprojekte des 5. Raumordnungsberichts, zu der sechs Standorte gehören, die zu international orientierten Zentren entwickelt werden sollen (Ministerie VROM 2001).

Eine zweite wichtige Akteurskoalition stellen die Kooperationsstrukturen dar, die mit dem Flughafen Schiphol verbunden sind und sich seit den 1980er Jahren herausbilden (*Fig. 8*). Schiphol wird seit 1958 durch eine Aktiengesellschaft (Schiphol Group NV) betrieben, wobei der niederländische Staat 76 %, die Stadt Amsterdam 22 % und Rotterdam 2 % der Aktienanteile besitzen. Die Entwicklung des Gebietes wird jedoch durch eine eigene Projektentwicklungsgesellschaft (Schiphol Area Development Company) gesteuert, an der die Gemeinden Amsterdam und Haarlemmermeer, die Provinz Nord-Holland, die Nationale Investitionsbank und die Schiphol Group beteiligt sind. Daneben gibt es noch eine eigenständige Immobiliengesellschaft (Schiphol Real Estate) und

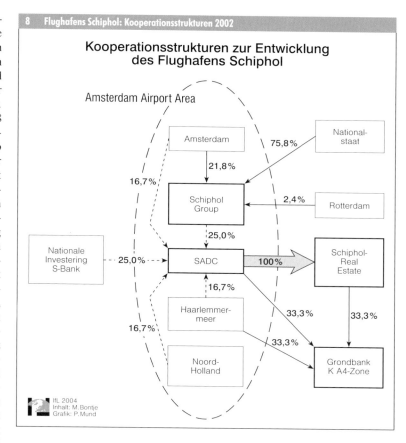

die mit ihr verbundene Bank (Grondbank), die einen Teilbereich von Schiphol an der Autobahn A 4 entwickelt. 2001 ist eine weitere Organisation für die gemeinsame Vermarktung der Flughafenregion, „Amsterdam Airport Area", gegründet worden (GÜLLER u. GÜLLER 2001; HAKFOORT u. SCHAAFSMA 2001).

Teilweise überschneiden sich beide Akteurskoalitionen in personeller und institutioneller Hinsicht. Hieraus ergeben sich für die Akteure spezifische Konfliktsituationen. So ist die Flughafenverwaltung von Schiphol bestrebt, die Entwicklung in Richtung einer „Flughafenstadt" voranzutreiben. Da diese Entwicklung die Gewinne der Unternehmen und Gesellschaften in Schiphol weiter steigern könnte, ist sie insbesondere für die beteiligten Partner, die Gemeinde Amsterdam, die Provinz Nord-Holland und den niederländischen Staat von Vorteil. Allerdings steht diese Strategie im Widerspruch zu den Entwicklungszielen des Leitbildes der „kompakten Stadtentwicklung" und könnte die Entwicklungschancen für die Südachse erheblich beeinträchtigen. Ein weiteres Konfliktfeld betrifft die Beziehungen zwischen dem Flughafen Schiphol und seinem Umland. Die Region hat in den letzten Jahren von der wachsenden Bedeutung Schiphols im internationalen Flugverkehr ökonomisch profitiert. Der Preis der starken Zunahme des Flugverkehrs sind jedoch zunehmende Umweltprobleme, Lärmbelästigung und Luftverschmutzung, höhere Sicherheitsrisiken und ein gesteigertes Verkehrsaufkommen insbesondere durch den Autoverkehr. Die zahlreichen Proteste von Anwohnern und Umweltverbänden mussten im Laufe der Zeit sowohl von den Staats-, Provinz- und Gemeindebehörden als auch vom Schiphol-Management berücksichtigt werden, wodurch die weitere Entwicklung des Flughafens inzwischen an strenge Umweltauflagen gebunden ist. Flughafennahe Bürostandorte wie die Amsterdamer Südachse und Beukenhorst in Hoofddorp wurden in ihren Erweiterungsmöglichkeiten beschränkt. Zwar sind diese Standorte vor allem wegen ihrer Flughafennähe begehrt, aufgrund des Flugbetriebes unterliegen die Bauhöhen und Bauflächen jedoch bestimmten Begrenzungen (BONTJE 2004).

Auch die Randgemeinden wie etwa Haarlemmermeer haben einen nicht geringen Einfluss auf die regionale Entwicklung des Südraums. Diese Kommunen versuchen so viel wie möglich von der Nähe Amsterdams und des Flughafens Schiphol zu profitieren und einen Teil des ökonomischen Wachstums auf ihrem Gemeindegebiet anzusiedeln. Dies führt zwangsläufig zu zwischengemeindlichen Konflikten. Das Vorhaben der Gemeinde Diemen, ein Multiplexkino zu bauen, führte zu Protesten von Seiten der Gemeinde Amsterdam, weil dadurch der Erfolg eines in Amsterdam-Südost gelegenen Kinos gefährdet war. Auf der anderen Seite wehren sich die Randgemeinden auch gegen mögliche negative Folgen von Bauprojekten auf Amsterdamer Gebiet. So hat die Gemeinde Ouder-Amstel gegen den Bau des Stadions Widerstand geleistet, weil sie dadurch große Verkehrs- und Sicherheitsprobleme auf ihrem Gemeindegebiet befürchtete. Für solche Fälle gibt es jedoch keine regionale Institution, die die zwischengemeindlichen Konflikte effektiv regulieren könnte. Seit einigen Jahren existiert ein regionales Beratungsorgan (*Regionaal Overleg Amsterdam – ROA*), das den Gemeinden der Amsterdamer Metropolregion eine Plattform für regelmäßige Konsultationen bietet, jedoch fehlt es der Organisation an Legitimation und an geeigneten Instrumenten, um regionale gegenüber kommunalen Interessen durchsetzen zu können. Auch die Provinz Nord-Holland verfügt über keine zweckmäßige Institution zur regionalen Koordination, die politische und ökonomische Macht der Großstadt Amsterdam ist hierfür einfach zu groß.

Die privaten Unternehmen und Unternehmerverbände haben im Verlauf der letzten Jahre in wachsendem Maße Einfluss auf die Raumplanung, insbesondere auf die Entwicklung von neuen Standorten genommen. Vor allem die international orientierten Großunternehmen wie die Finanz- und Versicherungskonzerne ABN Amro und ING spielen hierbei eine herausragende Rolle. Traditionell ist Amsterdam das Finanzzentrum der Niederlande. Auf die Sicherung entsprechender Standortbedingungen wird daher von Seiten der Gemeinde großer Wert gelegt. ING und ABN Amro sind wichtige Partner bei der Entwicklung der Südachse, wohin beide Gesellschaften ihre Hauptquartiere verlegt haben. Weitere bedeutende Unternehmen oder halböffentliche Einrichtungen, wie NS Vastgoed (der Immobilienbereich der privatisierten niederländischen Bahn), die Messe RAI und die VU-Universität sind hieran ebenso beteiligt. Die Interessen der Wirtschaft der Amsterdamer Metropolregion werden insbesondere durch die Handelskammer (*Kamer van Koophandel*) vertreten, die sich in den vergangenen Jahren bei den lokalen, regionalen und nationalen Behörden immer stärker für die Entwicklung neuer Standorte und einen weiteren Ausbau der Verkehrsinfrastruktur eingesetzt hat.

4 Wirtschaftsstruktur und funktionale Spezialisierung

Die Amsterdamer Metropolregion weist eine räumlich-funktionale Zweiteilung zwischen dem „Norden" und dem „Süden" auf. Während der Norden und Nordwesten der Region vor allem durch Industrie und Hafenwirtschaft geprägt sind, wird die ökonomische Struktur des Amsterdamer Südraums durch Branchen des tertiären Sektors, vor allem von unternehmensbezogenen Dienstleistungen, Finanzdienstleistungen und dem Flughafen dominiert (ING 2001; SEO 2002). Die Standorte konzentrieren sich überwiegend entlang der Ringautobahn A 10. *Fig. 9* weist nur den Teil der betreffenden Städte aus, die sich auf dem Gebiet der Gemeinde Amsterdam befinden. Die Bürostandorte am Amsterdamer Stadtrand haben sich in unterschiedlicher Weise spezialisiert. In Sloterdijk/Teleport und Amsterdam Südost konzentriert sich der IT- und Kommunikationssektor. Hier finden sich vor allem die Niederlassungen großer, international agierender Unternehmen, während die kleineren IT-Firmen zumeist räumlich auf die Innenstadt orientiert sind. Der unternehmensbezogene Dienstleistungssektor, der während der letzten Jahre die größte Wachstumsdynamik im Amsterdamer Südraum aufwies, ist an allen Standorten stark vertreten, eine überdurchschnittliche Konzentration findet sich im Gebiet um den Amstelbahnhof. Die Anwesenheit der zwei größten Krankenhäuser Amsterdams – die Universitätskliniken der VU-Universität und der Universität Amsterdam – lassen die Spezialisierung der Südachse und Amsterdam-Südosts im Gesundheitsbereich besonders prägnant erscheinen. Bei der Südachse wird dies noch mit einer hohen Ausprägung im Bereich Bildung durch den Standort des Universitätskomplexes der VU-Universität ergänzt. Auffällig ist die starke Konzentration der Finanzdienstleistungen an der Südachse und drei weiteren Orten. Offensichtlich ist der ökonomische Pol der Südachse nicht das herausragende Finanzzentrum an der Peripherie der Metropolregion, sondern teilt diese Funktionen mit anderen konkurrierenden Gebieten. Allerdings neigen die Hauptquartiere der Finanzunternehmen zu einer Standortwahl im Bereich der Südachse, während die *back offices* in anderen Vororten oder der Innenstadt liegen. Durch die Anwesenheit der Hauptverwaltungen der nationalen Steuerbehörde in Sloterdijk/Teleport und verschiedener öffentlicher Organisationen am Lelylaan und im Riekerpolder ist auch die öffentliche Verwaltung an einigen peripheren Orten stark vertreten. Der Büropark Bergwijkpark ist in der Tabelle nicht aufgeführt, da er sich außerhalb

9	Wirtschaftsräumliche Differenzierung des Amsterdamer Südraums 2002					
Branchen	**Ökonomische Pole**					
	Sloterdijk/ Teleport	Lelylaan	Rieker- polder	Süd- achse	Amstel	Südost
EDV	+ +	–	–	– –		+ +
Finanzen	+ +		– –	+ +	+ +	+ +
UB-Dienste*	–		+		+ +	
öff. Verwaltung	+ +	+ +	+ +		– –	–
Bildung	– –	+	–	+ +	– –	– –
Gesundheit	– –		–	+ +	– –	+
Arbeitsplätze (Stand 01.01.2002)	22 834	6 728	5 535	23 593	16 351	43 263

Lokalisationskoeffizienten + + sehr starke Konzentration (LQ>150)
Regionsdurchschnitt + starke Konzentration (120>LQ<150)
LQ=100 – starkes Defizit (50>LQ<80)
  – – sehr starkes Defizit (LQ<50)

* *unternehmensbezogene Dienstleistungen* Quelle: O+S 2002

der administrativen Grenze Amsterdams in der Randgemeinde Diemen befindet. In diesem Park konzentrierten sich Anfang 2002 etwa 10.000 Arbeitsplätze.

Drei weitere ökonomische Zentren liegen südwestlich von Amsterdam. Nur wenige Kilometer südlich von Schiphol hat sich der Büropark Beukenhorst in Hoofddorp sehr schnell entwickelt. Viele der Unternehmen und öffentlichen Einrichtungen des Büroparks sind funktional mit Schiphol verbunden, so etwa Reiseunternehmen, Fluggesellschaften, die internationale Abteilung der niederländischen Post, aber auch Zoll-, Steuer- und Immigrationsbehörden. Wie an den Stadtrandstandorten Sloterdijk/Teleport und Südost hatte auch hier der IT-Sektor während der 1990er Jahre einen großen Anteil am Arbeitsplatzwachstum (Gemeente Haarlemmermeer 2000; BONTJE 2004). Ein dritter Wachstumspol befindet sich in Aalsmeer. Seit Jahrzehnten ist die Gemeinde ein herausragender Ort der Blumen- und Pflanzenzucht. Die Blumenversteigerung Aalsmeer ist der weltgrößte Handelsplatz für Blumen und Pflanzen. Mit Handel, Logistik, Zucht und Veredelung und den damit verbundenen Dienstleistungen waren im Jahre 2000 in Aalsmeer etwa 10.000 Personen beschäftigt (Gemeente Haarlemmermeer 2000). Weil ein Großteil der Blumen weltweit exportiert wird, trägt Aalsmeer wesentlich zur Entwicklung des Frachtverkehrs in Schiphol bei.

5 Institutionalisierung als Raumeinheit

Der Amsterdamer Südraum hat sich bisher eher fragmentiert als koordiniert entwickelt. Der gesamte Raum wurde von den Planungsbehörden, Unternehmen und sonstigen Akteuren bisher kaum als ein zusammenhängendes Gebiet wahrgenommen. Diese Situation beginnt sich nunmehr schrittweise zu ändern, da seit dem Ende der 1990er Jahre verschiedene Initiativen entstanden sind, die das Ziel der Integration und Vermarktung der großräumigen Wachstumszone verfolgen. Hauptakteure sind der Flughafen Schiphol und die Gemeinde Amsterdam. Zusammen mit der Gemeinde Haarlemmermeer, der Provinz Nord-Holland, der Fluggesellschaft KLM und dem Projektentwickler KFN haben die Schiphol Area Development Company und die Stadtverwaltung Amsterdam die Gesellschaft „Amsterdam Airport Area" gegründet. Amsterdam Airport Area soll durch eine koordinierte Vermarktung die Erschließung und Entwicklung von neuen Büro- und Industrieflächen auf dem Flughafengelände und in seiner Umgebung fördern. Das Regionalmarketing richtet sich hauptsächlich an international agierende Unternehmen und baut insbesondere auf die Reputation Amsterdams als „Weltstadt" (GÜLLER u. GÜLLER 2001).

In den lokalen, regionalen und nationalen Raumentwicklungsplänen wird der Amsterdamer Südraum noch nicht als eine strukturelle Einheit aufgefasst. Im 5. Raumordnungsbericht (Ministerie VROM 2001) ist der Amsterdamer Südraum Teil der so genannten „Deltametropole". Der Flughafen Schiphol als *Mainport* und die Südachse als Schlüsselprojekt sind Elemente der Deltametropole, aber die Bedeutung der gesamten großräumigen Wachstumszone wird nicht herausgehoben. In den Plänen der Provinz Nord-Holland und der Gemeinde Amsterdam ist von einem „Städtenetz Amsterdam" die Rede, jedoch fehlt auch hier eine integrierte Strategie für den Amsterdamer Südraum (Gemeente Amsterdam 2002; Provincie Noord-Holland 2002). Die Provinz Nord-Holland wäre zwar durch ihren *Streekplan Noord-Holland-Zuid* (Regionalplan Nord-Holland-Süd) die zuständige Instanz für eine integrierte Regionalplanung, doch erstellt die Gemeinde Amsterdam eigene Planungen unabhängig von den Planungsvorstellungen der Provinz, deren raumplanerische Leitbilder von jenen der Amsterdamer abweichen. Eine mögliche regionale Institution, die für diese Konflikte und Koordinationsprobleme Lösungen anbieten könnte, ist das regionale Beratungsorgan ROA. Doch hat dieses Gremium zu wenig politisches Gewicht, um sich gegen die lokalen Interessen durchzusetzen. So bleibt die Bezugsebene der Raumplanung des Amsterdamer Südraums geteilt. Effektive Formen für einen nachhaltigen regionalen Interessensausgleich sind bisher noch nicht gefunden worden.

6 Perspektiven der Entwicklung

Die starke globale Integration der Metropolregion, die ausgeprägte internationale Orientierung und die Präsenz von Branchen wie Bank- und Versicherungswesen, Transport, Kommunikation und unternehmensbezogenen Dienstleistungen waren wichtige Faktoren für das äußerst dynamische ökonomische Wachstum des Amsterdamer Südraums während der 1990er Jahre. In Zeiten globaler Wirtschaftskrisen sind diese Faktoren jedoch auch mit bestimmten Risiken verbunden (ING 2001). So ist auch die IT-Branche in den Niederlanden von der Krise der „*New Economy*" betroffen. Derzeit ist die ökonomische Entwicklung des Amsterdamer Südraums nach einer sehr dynamischen Wachstumsperiode in den 1990er Jahren eher stagnierend. Seit dem Jahr 2001 wird der ökonomische Stillstand etwa in zunehmenden Leerstandsraten der Büroimmobilien sichtbar. Noch am Ende der 1990er Jahre waren viele großflächige Büroprojekte begonnen worden, die erst während der Stagnation auf den Markt kamen. Großunternehmen hatten in Erwartung eines weiteren Wachstums Büroraum über ihren eigentlichen Bedarf angemietet. Seit 2001 werden diese überschüssigen Flächen auf einem nachfrageschwachen Markt angeboten. So waren etwa Bürostandorte wie Sloterdijk/Teleport, Südost und Hoofddorp-Beukenhorst von einem rasch wachsenden Leerstand betroffen.

Langfristig wird ein weiteres Wachstum des Amsterdamer Südraums erwartet, was sich in vielen großzügigen und hochambitionierten Entwicklungsplänen widerspiegelt. Die Südachse gilt als Großprojekt von den Dimensionen eines Amsterdamer „La Defense". In einigen Jahren sollen die Hochgeschwindigkeitszüge nach Paris und Köln von hier und nicht vom Stadtzentrum abfahren. Die vorhandenen Verkehrsanlagen sollen überbaut werden, so dass durch die Südachse die Bebauungslücke am Amsterdamer Südrand geschlossen wird und so zusätzliches Bauland gewonnen werden kann. Der Flughafen Schiphol wurde 2003 durch eine fünfte Startbahn erweitert, Planungen für eine sechste und siebte Startbahn liegen bereits vor. Nach entsprechenden Prognosen werden bis zu einer Million Flugbewegungen pro Jahr im Jahre 2020 erwartet (2001 waren es noch etwa 400.000). Hoofddorp-Beukenhorst soll ausgebaut werden und weitere Büro- und Logistikstandorte in und um Hoofddorp sind in Vorbereitung. Wie diese Entwicklungen jedoch mit der beabsichtigten höheren Wohnqualität, einer nachhaltigen Verkehrsinfrastruktur oder der Erhaltung und Entwicklung von Natur- und Erholungsräumen in Einklang zu bringen sind, ist bisher ungeklärt. Zweifellos wird der Amsterdamer Südraum in den kommenden Jahren sehr dynamische Entwicklungen erleben, doch werden diese wahrscheinlich von vielen Raumkonflikten begleitet.

Literatur

BERTOLINI, L. u. F. LE CLERQ (2002): Urban development without more mobility by car? Lessons from Amsterdam, multimodal city. Amsterdam.

BONTJE, M. (2004): From surburbia to post-suburbia in the Netherlands – potentials and threats for sustainable regional development. In: Journal of Housing and the Built Environment 19, H. 1.

Bruijne, D. (2002): Een perifeer centrum in werkstad Bijlmermeer. In: Rooilijn 35, H. 6, S. 279 - 282.

Burghouwt, G. (2002): De onweerstaanbare opkomst van de airport city. In: Geografie 11, H. 7, S. 6 - 12.

Dukes et al. (2002): De Bijlmer vernieuwt! In: Rooilijn 35, H. 6, S. 264 - 265.

Engelsdorp Gastelaars, R. van u. W. Ostendorf (1994): Amsterdam, capital city without capital functions. In: Clout, H. (Hrsg.): Europe's cities in the late twentieth century. Utrecht/Amsterdam (= Netherlands Geograpical Studies 176), S. 85 - 98.

Gemeente Amsterdam (2002): Kiezen voor stedelijkheid. Ontwerp Structuurplan Amsterdam. Amsterdam.

Gemeente Haarlemmermeer (2000): Werkgelegenheidstelling de Meerlanden 2000.

Güller u. Güller/Airport Regions Conference (2001): From airport to airport city. Barcelona.

Hakfoort, J. u. M. Schaafsma (2001): Planning AirportCity Schiphol. In: Boelens, L. (Hrsg.): Nederland netwerkenland. Een inventarisatie van de nieuwe condities van planologie en stedebouw. Rotterdam, S. 79 - 97.

Hulsman, B. (2001): De Arena Boulevard, een straboulein. In: AGORA 17, H. 2, S. 22 - 23.

ING (2001): Regio in economisch perspectief. Het ondernemersklimaat in Groot-Amsterdam. Amsterdam.

Korteweg, P. (1998): De Amsterdamse Zuidas, van stadsrand tot toplocatie. In: Hauer, J. et al. (Hrsg.): Steden en streken; geografische opstellen voor Gerard Hoekveld. Assen, S. 32 - 44.

Metz, T. (1999): Proeftuin van de Randstad/The Randstad's testing ground. In: Baart, T. (Hrsg.): Bouwlust, the urbanization of a polder. Rotterdam, S. 195 - 215.

Ministerie VROM (1988): Vierde nota over de ruimtelijke ordening. Den Haag.

Ministerie VROM (2001): Ruimte maken, ruimte delen. Vijfde nota over de ruimtelijke ordening. Den Haag.

Nagengast, E. (1997): Over de Zuidas. In: Rooilijn 30, H. 2, S. 73 - 78.

O+S Amsterdam (2001): Amsterdam in cijfers, jaarboek 2001. Amsterdam.

O+S Amsterdam (2002): Monitor werkgelegenheid bedrijfslocaties 2002. Amsterdam.

Provincie Noord-Holland (2002): Ontwerp Streekplan Noord-Holland-Zuid. Haarlem.

Regioplan (2002): Overzicht van de werkgelegenheid op luchthaven Schiphol per 31 oktober 2001. Amsterdam.

Rooij, E. J. de (1994): Ruimte voor het topsegment in Amsterdam? In: Rooilijn 27, H. 2, S. 62 - 67.

SEO (2002): Amsterdamse economische verkenningen voor jaar 2002. Amsterdam.

Terhorst, P. u. J. van de Ven (1999): Stedelijke ontwikkelingspaden, regimes en eigendomsrechten; Brussel en Amsterdam vergeleken. In: Planologisch Nieuws 19, H. 4, S. 223 - 247.

Wever, E. u. H. Ter Hart (1985): Poort van Europa. Atlas van Nederland, deel 11. 's-Gravenhage.

Restrukturierungspole

Berlin Adlershof – Ein neuer ökonomischer Pol in der inneren Peripherie der Stadtregion Berlin

GÜNTER HERFERT

1 Einleitung

Berlin Adlershof, die neue „Stadt der Wissenschaft, Wirtschaft und Medien" in der inneren Peripherie Berlins, ist das weitaus größte der insgesamt fünf Berliner Entwicklungsgebiete[1], die Anfang der 1990er Jahre als städtebauliche Entwicklungsmaßnahmen ausgewiesen wurden (*Fig. 1*). Sie ist „ein Motor für das Wirtschaftswachstum der gesamten Hauptstadtregion" (Wirtschaftssenator W. Branoner in der Berliner Zeitung 2001, S. 32). Ein Jahrzehnt nach dem Beschluss der Berliner Landesregierung zur Revitalisierung der Transformationsbrache – hier war bis 1989 ein bedeutender Forschungs-, Medien- und Militärstandort der DDR – gilt Adlershof aus dem Blickwinkel der Politik trotz mancher Rückschläge als eines der gelungensten Projekte des Wieder-/Neuaufbaus von Wirtschaftsstrukturen in Ostdeutschland. Bisher sind über 1,2 Mrd. Euro in das Großprojekt investiert worden, davon ca. die Hälfte aus öffentlichen Mitteln.

Im Jahre 2002 erhielt Adlershof von der EU den „Award of Excellence for innovative Regions". Die Bewertungsskala des neuen Restrukturierungspols reicht in den Medien von der Vision eines Berliner Silicon Valley (J. Krause, Sprecher BAAG in FABRICIUS 1996, S. 61) bis zur Metapher einer Mondlandschaft (FLECKENSTEIN 2002). Die kriti-

1 Berlin Adlershof – Stadt der Wissenschaft, Wirtschaft und Medien

Blick nach Osten über den Wissenschafts- und Technologiepark und die Medienstadt
Foto: Presse- und Informationsamt des Landes Berlin 2000

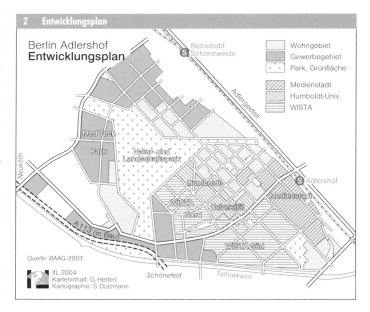

2 Entwicklungsplan

Berlin Adlershof
Entwicklungsplan

Betriebsbf. Schöneweide

Wohngebiet
Gewerbegebiet
Park, Grünfläche
Medienstadt
Humboldt-Univ.
WISTA

Neukölln
Med Tech Park
Natur- und Landschaftspark
Humboldt-Universität
WISTA Nord
A 113 (in Bau)
WISTA Süd
Adlergestell
Adlershof
Medienstadt
Schönefeld
Teltowkanal

Quelle: BAAG 2003

IfL 2004
Karteninhalt: G. Herfert
Kartographie: S. Dutzmann

---

[1] Die Anfang der 1990er Jahre vom Berliner Senat ausgewiesenen Entwicklungsgebiete Wasserstadt Oberhavel, Eldenaer Straße, Biesdorf-Süd, Rummelsburger Bucht und Johannistal/Adlershof haben eine Gesamtfläche von ca. 900 ha. Hier sollten ca. 30.000 Wohnungen und 75.000 Arbeitsplätze geschaffen werden.

schen Stimmen richten sich dabei nicht vorrangig auf die Ziele der Stadtentwicklungspolitik, sondern auf das große finanzielle Risiko der öffentlichen Hand bei der städtebaulichen Entwicklungsmaßnahme in einer Phase, wo die Entwicklung nach der Vereinigungseuphorie weit hinter den Wachstumserwartungen blieb (SIMONS 2003).

Die Entwicklung des Standortes Adlershof in der inneren Peripherie Berlins erfolgte zeitgleich zur Suburbanisierung in der Stadtregion. Angesichts der vielen neuen Gewerbegebiete im Berliner Umland war es seinerzeit eine wirtschaftliche Überlebensfrage für den Standort Adlershof, ein unverwechselbares Standortprofil zu entwickeln (BECKER 1994). Aus diesem Blickwinkel stellt sich die Frage, welche Akteure dieses große Zukunftsprojekt Berlins initiiert haben, welche Motive dahinter standen und inwieweit Adlershof sich zu dem erhofften Wachstumsmotor in Berlin entwickeln konnte.

2 Berlin Adlershof – Stadt der Wissenschaft, Wirtschaft und Medien

Das seit 1991 dynamisch wachsende Entwicklungsgebiet Berlin Adlershof liegt im Südosten Berlins und erstreckt sich über eine Fläche von 420 ha (*Fig. 2; 3*). Es ist ein integrierter Wissenschafts-, Wirtschafts- und Medienstandort, der auf der Grundlage eines einheitlichen städtebaulichen Konzeptes entwickelt wird und heute ca. 9.600 Beschäftigte zählt. Kern des neu entstehenden Stadtteils ist ein Wissenschafts- und Technologiepark (ca. 3.300 Beschäftigte) mit zwölf außeruniversitären Forschungseinrichtungen, mit dem neuen Campus der naturwissenschaftlichen Fakultät der Humboldt-Universität zu Berlin – 2004 waren bereits sechs der insgesamt sieben Institute am Campus – und mit 365 technologieorientierten Unternehmen, davon ca. 200 Neugründungen seit 1991 (*Fig. 4*).

In unmittelbarer Nachbarschaft zum Wissenschafts- und Technologiepark befindet sich die MediaCity Adlershof, Berlins bedeutendster zusammenhängender Medienstandort – der räumliche Schwerpunkt der Medienwirtschaft liegt weiterhin in der kompakten Stadt (KRÄTKE u. BORST 2000). Zum gesamten Entwicklungsgebiet Adlershof zählen außerdem umfangreiche Flächen für Gewerbe und Dienstleistungen. Alle diese Nutzungen gruppieren sich um einen großen Stadtpark. Der Masterplan für den gesamten Entwicklungsbereich entstand 1993 auf Grundlage eines städtebaulichen Wettbewerbs und sieht vor, einen neuen Stadtteil mit urbaner Lebensqualität zu schaffen. Bis 2010 wollten die Planer ein städtebauliches Ensemble aus Wohnquartieren, Läden, Hotels, Restaurants, Kinos, Schulen und einem großen Landschaftspark verwirklichen.

Großräumig ist der Standort Adlershof sehr gut in das Verkehrsnetz eingebunden. Er liegt an einer mehrspurigen Ausfahrtstraße (Adlergestell) zum Berliner Autobahnring und wird ab 2005 einen direkten Autobahnanschluss an die im Bau befindliche Autobahn A 113 (Berliner Innenstadtring A100 – Berliner Autobahnring A10) erhalten und damit auch eine direkte Anbindung zum Flughafen Berlin-Schönefeld haben. Mit dem geplanten Bau des zukünftigen Großflughafens Berlin-Brandenburg International dürfte die Erreichbarkeit des Entwicklungsgebietes weiter aufgewertet werden. Innerstädtisch ist der Standort über den S-Bahnhof Adlershof optimal an das Berliner S-Bahnnetz angeschlossen (ca. 20 min. bis zur Innenstadt). Die kleinräumige Erschließung des Areals ist z.z. jedoch noch mangelhaft (Berliner Zeitung 2002, S. 25; DÖRHAGE 1999, S. 402f.): Geplante Infrastrukturmaßnahmen liefen aufgrund der Finanzprobleme Berlins erst verspätet an (Ausbau des Groß-Berliner Damms) oder sind zeitlich verschoben worden (Aus-

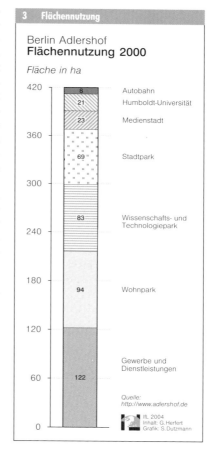

3 Flächennutzung

Berlin Adlershof
Flächennutzung 2000

Fläche in ha

	ha	
	8	Autobahn
	21	Humboldt-Universität
	23	Medienstadt
	69	Stadtpark
	83	Wissenschafts- und Technologiepark
	94	Wohnpark
	122	Gewerbe und Dienstleistungen

Quelle:
http://www.adlershof.de

IfL 2004
Inhalt: G. Herfert
Grafik: S. Dutzmann

bau des S-Bahnhofes Adlershof, Verlängerung der Straßenbahn vom S-Bahnhof Adlershof in den Technologiepark).

3 Die Entwicklung des Restrukturierungspols

3.1 Entwicklung vor 1990

Der Standort Adlershof besitzt eine Tradition sowohl als Wissenschafts-, Wirtschafts- sowie auch als Medienstandort. Hier entstand 1909 mit dem Flugplatz Johannisthal der erste Motorflugplatz Deutschlands, wurde 1912 die Deutsche Versuchsanstalt für Luftfahrt (DLF) gegründet und waren in den 1930er Jahren die Anfänge der Luftfahrtforschung und Luftfahrtindustrie in Deutschland. Zeugen dieser Zeit sind einige noch heute erhaltene denkmalgeschützte Bauwerke (z.B. der Windkanal). Der Flugplatz Johannisthal, der aufgrund des Ausbaus des Flughafens Tempelhof bald seine Bedeutung verlor, wurde 1947 stillgelegt, sein Flugfeld blieb bis heute unbebaut. Dessen Umfeld wurde zu DDR-Zeiten vielfältig genutzt: von der Akademie der Wissenschaften (AdW) der DDR

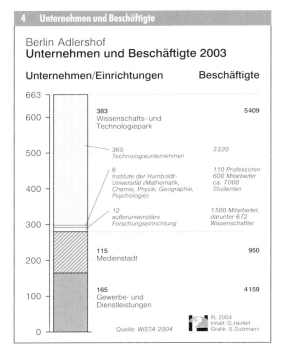

– ihrem größten naturwissenschaftlichen Standort mit ca. 5.500 Mitarbeitern –, von der Nationalen Volksarmee (NVA), vom Wachregiment „Feliks Dzierzynski" des DDR-Ministeriums für Staatssicherheit, vom Deutschen Fernsehfunk (DFF) mit ca. 7.000 Beschäftigten sowie von großen Industriebetrieben (u.a. VEB Kühlautomat Berlin am Groß-Berliner Damm mit 2.800 Beschäftigten). Der industriell geprägte Teil des Standortes gehörte zum Industriegebiet Schöneweide/Johannisthal-Adlershof, einem Schwerpunktraum der Ost-Berliner Industrie. Von den ehemals 25.000 Arbeitsplätzen in den Großbetrieben Kabelwerk Oberspree, Transformatorenwerke Oberschöneweide und Werk für Fernsehelektronik blieben nach der Wende nur 4.000 übrig. Dieses vor der Wende entstandene Raummuster prägt auch heute die Grundstrukturen des Entwicklungsplanes für Adlershof.

3.2 Entwicklung nach 1990

Mit der Wiedervereinigung Berlins entstand in Adlershof eine große Transformationsbrache. Ende 1991 erfolgte die Auflösung der AdW, da sie nicht in die föderale Wissenschaftslandschaft der Bundesrepublik Deutschlands passte. Ebenso beendete der DFF seine Arbeit, die Militärstandorte wurden aufgelöst, die Industriebetriebe unter Treuhandverwaltung gestellt, verkauft oder letztlich geschlossen (z.B. VEB Kühlautomat 1996). Infolge des daraus resultierenden Handlungsdruckes zur Schaffung neuer Arbeitsplätze wie auch zur Schaffung neuer ökonomischer Entwicklungsperspektiven der Stadtentwicklung wurden bereits Anfang der 1990er Jahre für Johannisthal/Adlershof Standortkonzepte entwickelt. Erste Vorstellungen zur separaten Entwicklung eines Forschungs- und Technologiestandortes auf dem alten AdW-Gelände mündeten letztlich in eine integrierte Gesamtstandortentwicklung im Berliner Südosten mit Nutzungsmischung und urbaner Dichte zu einer neuen Stadt der Wissenschaft und Wirtschaft. Später, mit der Entwicklung der Mediencity, wurde der Name – auch aus Marketinggründen – auf Stadt der Wissenschaft, Wirtschaft und Medien erweitert. Damit knüpfte die Planung an vorherige Grundstrukturen an.

[2] Städtebauliche Großprojekte sind europaweit Hoffnungsträger der Stadtpolitik, um die städtische Wirtschaftsbasis zu erneuern. Für die Revitalisierung von kernstädtischen Brachflächen für postindustrielle Nutzungen werden Projekte initiiert, die einer hohen Konzentration finanzieller Ressourcen, starker öffentlich-privater Kooperationen und letztlich der unternehmerischen Verantwortung der Städte bedürfen (s.a. HÄUSSERMANN u. SIMONS 2000).

Zur Absicherung dieses städtebaulichen Großprojektes[2] wurde das gesamte Areal 1993 zur städtebaulichen Entwicklungsmaßnahme erklärt (*Fig. 5*). Damit können durch kommunale Satzung Entwicklungsgebiete ausgewiesen werden, um sie schnell einer Neunutzung zuzuführen. Die Gemeinde hat dabei alle Grundstücke des ausgewiesenen Gebietes zu erwerben, Eigentümer können notfalls enteignet werden. Die durch die Entwicklung des Gebietes aufgewendeten Kosten sollen durch den Wiederverkauf der erworbenen Grundstücke (Einnahmen aus entwicklungsbedingten Wertsteigerungen) refinanziert werden.

Den Kernraum des neuen Stadtteils bildet der Wissenschafts- und Technologiepark. Die geplante räumliche Konzentration von naturwissenschaftlichen Universitätsinstituten, außeruniversitären Forschungseinrichtungen und technologieorientierten Unternehmen zielt auf eine wechselseitige Zusammenarbeit zwischen Wirtschaft und Wissenschaft, um Synergien zur Beschleunigung von Innovationszyklen zu erreichen. Das Konzept von Adlershof baut somit auf drei miteinander verbundenen Säulen auf: der außeruniversitären Forschung, der Universität und den technologieorientierten Wirtschaftsunternehmen.

Der Wissenschafts- und Technologiepark

Die 12 außeruniversitären Forschungseinrichtungen sind im Wesentlichen aus der Evaluierung der AdW, die am 31.12.1991 aufgelöst wurde, hervorgegangen. Hinzugekommen ist zusätzlich Bessy II, ein Hochleistungselektronenbeschleuniger, der vor der Wende noch in Berlin-Wilmersdorf

5	**Wissenschafts-, Wirtschafts- und Medienstadt Adlershof**
	Zur chronologischen Entwicklung seit 1990

1990	Gründung der Entwicklungsgesellschaft Adlershof mbH (später WISTA) zur Entwicklung eines Forschungs- und Technologieparks Adlershof
1991	Errichtung des Innovations- und Gründerzentrums (IGZ) mit 16500 m²
	Akademischer Rat der Humboldt Universität zu Berlin (HUB) stimmt dem Konzept eines naturwissenschaftlichen Campus der HU in Adlershof zu
1992	Der Senat von Berlin beschließt die Planung für das Entwicklungsvorhaben Adlershof/Johannisthal für Wirtschaft und Wissenschaft
1993	Ausweisung des städtebaulichen Entwicklungsgebietes für das Entwicklungsvorhaben Adlershof/Johannisthal von insgesamt 420 ha
	Die BAAG Berlin Adlershof Aufbaugesellschaft mbH wurde für diese städtebauliche Entwicklungsmaßnahme durch den Berliner Senat als treuhänderischer Entwicklungsträger eingesetzt.
	Wissenschaftsrat befürwortet die Schaffung eines Campus Naturwissenschaften in Berlin Adlershof
1994	Gründung der WISTA Management GmbH
1996	Gründung der MediaCity Adlershof GmbH
	Adlershof als Entwicklungsvorhaben höchster Priorität vom Senat bestätigt
1997	Wissenschaftsrat stimmt Gesamtkonzept für Adlershof nachdrücklich zu
	Eröffnung des Internationalen Gründerzentrums (OWZ) mit 4800 m²
	Zentrum für Umwelt-, Bio- und Energietechnologie (12000 m²) eingeweiht
1998	Institut für Informatik – erstes naturwissenschaftliches Institut der HUB in Adlershof
	Zentrum für Photonik und Optische Technologien (18000 m²) eingeweiht
	WISTA-Business-Center eröffnet (24000 m²)
	BESSY II, die neue Hochbrillanz-Synchrotronstrahlungsquelle, fertiggestellt
	Zentrum für Informations- und Medientechnologie (3000 m²) wurde eröffnet
	Berlin Brandenburg Media GmbH kauft das StudioCentrum (6 Studios) in der MediaCity
1999	MediaCity: Spatenstich für Großraumstudio (ca. 5000 m², 60 Mio. DM) der Berlin-Brandenburg Media GmbH (2001 Einweihung)
2001	Eröffnung der Humboldt Graduate School
	Gründung des Zentrums für Mikrosystemtechnik Berlin (ZEMI)
2002/ 2003	Errichtung des Informations- und Kommunikationszentrums Adlershof (Erwin Schrödiger-Zentrum) mit 9700 m² als Herzstück des Campus Adlershof
	Übergabe der neuen Gebäude der Institute für Geographie und Psychologie der HUB
	Dorint Adlershof Berlin eröffnet
	Fertigstellung des Büro- und Einkaufszentrum „Adlershofer Tor" mit 10400 m² Einzelhandelsfläche und 8500 m² Bürofläche
	Baubeginn eines neuen Gesundheitszentrums mit 4300 m²

(BESSY I) geplant war. Dieses wissenschaftliche Potenzial ist entsprechend dem Beschluss des Senats von Berlin durch die Verlagerung der ehemals in der Stadt räumlich zersplitterten mathematisch-naturwissenschaftlichen Institute der Humboldt-Universität nach Adlershof verstärkt worden. Das Institut für Informatik war das erste der sieben Institute, das 1998 den Lehrbetrieb in Adlershof begann, 2003 waren bis auf das Institut für Biologie bereits alle Institute im Campus Adlershof. Die Kosten (550 Mio. DM) für die Neu-/Umbaumaßnahmen der mathematisch-naturwissenschaftlichen Fakultät werden nach dem Hochschulbauförderungsgesetz (HBFG) je zur Hälfte von Bund und Land getragen. Architektonischer und ideeller Mittelpunkt des mathematisch-naturwissenschaftlichen Campus in Adlershof ist ein Informations- und Kommunikationszentrum, das Erwin-Schrödinger-Zentrum, das die naturwissenschaftliche Zentralbibliothek, das Computer- und Medien-Center der Humboldt-Universität sowie Konferenzräume mit modernster Konferenztechnik an einem Ort vereint – und damit auch zur engen Verknüpfung von Universität, Forschungsinstituten und Wirtschaftsunternehmen beitragen soll.

Für die Ansiedlung der technologieorientierten Unternehmen wurden im
Wissenschafts- und Technologiepark
vier moderne Fachzentren analog den
ausgewiesenen Technologiefeldern
Photonik und Optische Technologien
(*Fig. 6*), Material- und Mikrosystem-
technologie, Informations- und Medi-
entechnologie sowie Umwelt-, Bio-
und Energietechnologie errichtet.
Des Weiteren entstanden ein Innova-
tions- und Gründerzentrum (IGZ) für
Existenzgründer und das Internationale Gründerzentrum (OWZ), europaweit das erste seiner Art für Pro-

6   Das Photonik Zentrum – ein spektakuläres architektonisches Ensemble

Foto: Presse- und Informationsamt des Landes Berlin 2000

7   Wissenschafts- und Technologiepark

Berlin Adlershof
**Unternehmens- und Beschäftigtenentwicklung
im Wissenschafts- und Technologiepark
1995-2003**

IfL 2004
Inhalt: G. Herfert
Grafik: P. Mund

Quelle: http://www.adlershof.de

jekte und Unternehmen insbesondere aus Mittel-
und Osteuropa. Damit sollen nachhaltig Aktivitäten internationaler Wirtschaftskooperation in
Berlin durch Firmenansiedlungen vor Ort im
OWZ unterstützt werden. Von den 365 angesiedelten Unternehmen sind 14 % Ausgründungen
aus der ehemaligen Akademie der Wissenschaften, 37 % Neugründungen am Standort und 49 %
Neuansiedlungen bzw. Niederlassungen. DÖRHA-
GE (1999, S. 401) spricht von einem noch heterogenen Spektrum von Firmen, das von den Ausgründungen der Akademie und ihrer Nachfolge-
einrichtungen und noch relativ wenigen innovativen Neugründungen geprägt ist. Wachsende Un-
ternehmens- und Beschäftigtenzahlen sowie Um-
satzsteigerungen, insbesondere durch Neuzugän-
ge, zeugen entgegen der dominierenden Konjunkturschwäche von einer positiven Entwicklung im
Wissenschafts- und Technologiepark (*Fig. 7*). Auch
sind im Gegensatz zum Berliner Büroflächen-
markt von den insgesamt 220.000 m² Nettonutz-
fläche im Wissenschafts- und Technologiepark
über 90 % belegt.

Die MediaCity
Östlich an den Wissenschafts- und Technologiepark angrenzend wächst die MediaCity Adlershof (*Fig.
8*) mit den Schwerpunktbereichen Fernsehen und Veranstaltungen. Noch bis Mitte der 1990er Jahre
dauerte die Abwicklung auf dem ehemaligen DFF-Gelände. Erst 1994 wurde auf dem traditionsreichen Standort durch die Berlin Adlershof Aufbaugesellschaft (BAAG) ein Konzept für die Rekon-
struktion des alten Fernsehproduktionsstandortes erarbeitet. Die Generalinstandsetzung der Infrastruktur zieht sich bis in die Gegenwart. Mit dem Kauf des 52.000 m² großen StudioCentrums, der
Sanierung von sechs Studios und dem Bau eines Großraumstudios (5.000 m²) wurde die Holding Berlin-Brandenburg Media GmbH (BBM[3]), die das Dach für die Film- und Fernseh-Aktivitäten von

---

[3] Unter dem Dach der BBM arbeiten die Bereiche Atelier (STUDIO BERLIN Atelier GmbH), Produktion (STUDIO
BERLIN Produktion GmbH, STUDIO BERLIN Metropol Film und Fernseh GmbH), mobile Übertragungstechnik, Ü-
Wagen (STUDIO BERLIN Mobil GmbH) und Consulting (Media Consult Berlin GmbH) zusammen.

Studio Hamburg am Standort Berlin Adlershof bildet, zum größten Privatinvestor (rund 100 Mio. DM) in der MediaCity. Mit dieser Großinvestition begann der Ausbau der Medienstadt zu einem hochmodernen, innovativen Produktionszentrum. Einen weiteren Entwicklungsschritt stellt der Aufbau des Medientechnologiezentrums mit Innovations- und Gründerzentrum für die audiovisuellen Medien mit Messlaboren und Kongresszentrum sowie mit einer überbetrieblichen Ausbildungsstätte für „Mediengestalter" als neuem Berufsfeld dar. Nach dem Einbruch in der Medienbranche im Jahre 2002 verzeichnet die MEDIA-CITY Adlershof GmbH aktuell wieder steigende Vermietungsaktivitäten am Standort.

Mit der zweiten Medienstadt in der Stadtregion Berlin, dem Standort in Potsdam-Babelsberg, gibt es auf Grund der Spezialisierung auf Fernsehproduktionen wenig Konkurrenzprobleme. Vielmehr wird über das berlin-brandenburgische Netzwerk „newmedia net" ein gemeinsames Marketing der Studiobetriebe angestrebt.

Adlershof – der aktuelle Entwicklungsstand

Nach mehr als 10 Jahren fällt die Bilanz der Entwicklung in der Stadt der Wissenschaft, Wirtschaft und Medien vorwiegend positiv aus. Abgesehen von der geplanten, aber noch fehlenden Nutzungsmischung und dem fehlenden urbanen Ambiente, bewegt sich Adlershof gegen den Trend: Der Standort wächst trotz allgemeiner Konjunkturflaute und dürfte annähernd wieder den Beschäftigtenstand der Vorwendezeit erreicht haben. Auch ist die Insolvenzquote der Firmen mit 2 % sehr gering. Dennoch steht Adlershof am Scheideweg. Die Phase des von der Politik initiierten und vorwiegend von öffentlichen Fördermitteln[4] getragenen Aufbaus von Adlershof ist weitgehend abgeschlossen (SCHARWÄCHTER 2001, S. 4). Adlershof befindet sich – teilweise notgedrungen aufgrund der Finanzkrise Berlins – auf dem Weg zu einem selbsttragenden stabilen Wachstum, einer wirtschaftlichen Eigendynamik.

Da sich im Vergleich zur euphorischen Nachwendephase die Rahmenbedingungen infolge fallender Grundstückspreise und wachsender Vermarktungsprobleme grundsätzlich geändert haben, hatte eine rapide Verschuldung des Landeshaushaltes eingesetzt. Das Finanzierungsdefizit für Adlershof betrug 2001 ca. 250 Mio. Euro (*Fig. 9*). Angesichts dieser veränderten Rahmenbedingungen hat der Berliner Senat 2003 – was generell für

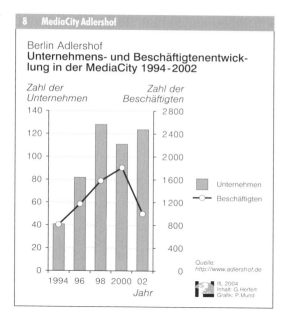

8 MediaCity Adlershof

Berlin Adlershof
Unternehmens- und Beschäftigtenentwicklung in der MediaCity 1994-2002

Quelle: http://www.adlershof.de

IfL 2004
Inhalt: G. Herfert
Grafik: P. Mund

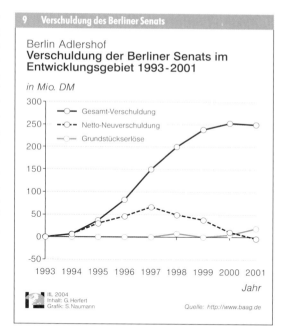

9 Verschuldung des Berliner Senats

Berlin Adlershof
Verschuldung der Berliner Senats im Entwicklungsgebiet 1993-2001

in Mio. DM

IfL 2004
Inhalt: G. Herfert
Grafik: S. Naumann

Quelle: http://www.baag.de

---

[4] Kombination von Fördermitteln auf Landes- und Bundesebene (GA-Mittel und HBGF) und EU-Ebene (KONVER und EFRE)

alle Entwicklungsgebiete[5] gilt – eine Anpassung des Nutzungskonzeptes, eine flächenmäßige Redu-zierung des Entwicklungsgebietes – rund 65 ha werden aus dem Entwicklungsgebiet entlassen – und eine bis 2006 begrenzte Förderung beschlossen. Speziell der Kernbereich, die Wissenschaftsstadt, soll jedoch – auch durch den konzentrierten Einsatz von GA- und EFRE-Mitteln – fortentwickelt werden.

Von einer Vision hat man sich jedoch vorzeitig verabschiedet. Pläne, einen Wohnstandort mit Block-randbebauung zu errichten, sind angesichts riesiger Leerstände in Berlin obsolet. Auch die ursprüng-lichen Schulplanungen (Neubau eines Gymnasiums, einer Gesamtschule, einer Realschule) werden unter dem Druck der leeren öffentlichen Kassen und aufgrund des fehlenden Bedarfes nicht mehr realisiert. Für Eigenheimbauer bleibt zumindest die Möglichkeit, sich am Landschaftspark anzusie-deln – 40 Grundstücke sind bereits verkauft (WISTA 2004, S. 17). Von der Umsetzung des geplanten städtebaulichen Konzeptes, von einer Verknüpfung von Arbeit, Leben, Wohnen und Freizeitgestaltung kann folglich nach mehr als einem Jahrzehnt Neubau- und Sanierungstätigkeit nicht gesprochen wer-den. Wenngleich 2001 ein Hotel fertiggestellt wurde, 2003 das Büro- und Einkaufszentrum „Adlersho-fer Tor" eröffnet und mit dem Bau eines Gesundheitszentrums begonnen wurde, fehlt das urbane Flair noch weitestgehend, eher hat man den Eindruck von einem modernen Technologiepark mit anspre-chender Architektur.

4 Entwicklungsbestimmende Akteure

Die Idee des städtebaulichen Großprojektes Adlershof entwickelte sich nach der Wende durch den gewaltigen politischen und sozialen Handlungsdruck auf den Berliner Senat. Dabei galt es, eine Viel-zahl wissenschafts-, wirtschafts-, stadtentwicklungs- und arbeitsmarktpolitischer Anforderungen in ein Standortkonzept zu integrieren (WILMES et al. 1997). Es waren zuerst die Senatsverwaltungen für Wirt-schaft und Technologie sowie für Wissenschaft und Forschung, die bereits Ende 1990 die landeseigene Entwicklungsgesellschaft Adlershof (EGA, später umbenannt in WISTA) mit dem Zweck gründeten, einen Forschungs- und Technologiepark aufzubauen. Wesentliche Motive bzw. Ziele dieser Senatsres-sorts waren

* die Re- bzw. Neuorientierung der Wirtschaftspolitik,
* der Aufbau eines High-Tech-Standortes,
* die Sicherung des Verbleibs positiv evaluierter AdW-Institute und privatwirtschaftlich ausgegrün-deter Betriebe am Standort,
* der Aufbau eines naturwissenschaftlichen Campus der HUB und
* die Schaffung von Einsatzmöglichkeiten für GA- und EFRE-Mittel (WILMES et al. 1997).

Diesen Ideen standen Vorstellungen der Senatsverwaltung für Stadtentwicklung und Umweltschutz entgegen, die für einen integrierten Gesamtstandort mit Nutzungsmischung – einschließlich eines Technologieclusters – und urbaner Dichte plädierten. Nach Abstimmung zwischen den drei Senats-verwaltungen konnte 1993 die Stadt der Wissenschaft und Wirtschaft als Regierungsprogramm des Berliner Senats proklamiert (HÄUSSERMANN u. SIMONS 2000, S. 61) und der Standort zur städtebau-lichen Entwicklungsmaßnahme erklärt werden. Für die städtebauliche Planung des gesamten Ent-wicklungsgebietes wurde vom Senat ein treuhänderischer Entwicklungsträger, die Berlin Adlers-hof Aufbaugesellschaft GmbH (BAAG), eingesetzt. Diesem privatrechtlichen Entwicklungsträger stand ein Senatslenkungsausschuss vor, der sowohl der Koordinierung der verschiedenen Senats-verwaltungen diente als auch weisungsberechtigt gegenüber dem Entwicklungsträger war. Die Auf-gabe der BAAG reichte von der städtebaulichen Planung über die Erschließung bis zur Einwer-bung von Investoren für das gesamte Entwicklungsgebiet. Zusätzlich wurde speziell für den Wis-senschafts- und Wirtschaftsstandort die landeseigene WISTA Managementgesellschaft als Betrei-bergesellschaft eingesetzt, die für die Entwicklung, Vermarktung und Vermietung des Wissenschafts-

---

[5] Bislang sind in den Entwicklungsgebieten 6.500 Wohnungen und knapp 1 Mio. m² Gewerbeflächen entstanden. Ursprünglich wollte das Land mehr als 30.000 Wohnungen und vier Millionen Quadratmeter Gewerbeflächen schaffen. Die Verluste für das vorzeitige Ende der Entwicklungsgebiete schätzt der Berliner Senat auf 680 Mio. Euro bis 2006.

und Wirtschaftsstandortes (WISTA) zuständig war (SIMONS 2003, S. 62). Sie wurde gesteuert und kontrolliert von einem Aufsichtsrat aus Vertretern der Wirtschaft, des Berliner Senats, der Wissenschaft und der Wirtschaftsförderung.

Diese getrennte Verantwortlichkeit von BAAG und WISTA, die auch zu zeitweiligen Spannungen zwischen beiden Gesellschaften führte (WILMES et al. 1997), war aufgrund der Rahmenbedingungen für den Einsatz verschiedener Fördermittel notwendig. Da GA-Mittel nur zum Aufbau wirtschaftsnaher Infrastruktur verwendet werden dürfen, wäre dies für das gesamte Entwicklungsgebiet wegen der Mischnutzung nicht möglich gewesen. Das Nebeneinander zweier developer, der BAAG und WISTA-MG, war so zwar aus entwicklungsrechtlichen Gründen zeitweilig sinnvoll, hat aber der Außenwirkung des Standortes Berlin Adlershof nicht gut getan (Adlershof aktuell 2003).

Neben den beiden großen Akteuren, der BAAG und der WISTA, gibt es in Adlershof weitere Akteursgruppen, die bestimmte Teilinteressen vertreten:
- Humboldt-Universität zu Berlin als Interessenvertretung der Institute auf dem naturwissenschaftlichen Campus Berlin Adlershof;
- IGAFA e. V. (Initiativgemeinschaft außeruniversitärer Forschungseinrichtungen), Interessenvertretung der 12 außeruniversitären Forschungsinstitute, von denen 9 nach der deutschen Wiedervereinigung aus den Adlershofer Instituten der ehemaligen Akademie der Wissenschaften der DDR hervorgegangen sind;
- der Technologiekreis Adlershof e.V. (TKA), Nachfolger des in den 1990er Jahren gegründeten Technologieforums Adlershof, ist die Interessenvertretung von 40 technologieorientierten Unternehmen am WISTA. Deren Ziel ist es, die Interessen der Wirtschaftsunternehmen hinsichtlich der strukturellen und städtebaulichen Standortentwicklung gegenüber dem Entwicklungsträger sowie den kommunalen und Senatsverwaltungen wahrzunehmen. Darüber hinaus will der TKA die Zusammenarbeit der Betriebe mit den zwölf außeruniversitären Forschungseinrichten sowie den sechs Instituten der Humboldt-Universität am Standort fördern und das Engagement für die Wirtschafts- und Technologiekooperation, für Netzwerke und gemeinsame Projekte unterstützen.
- Die Innovations-Zentrum Berlin Management GmbH (IZBM) ist seit 1986 als Tochterunternehmen der Wirtschaftsförderung Berlin International GmbH für den Aufbau und Betrieb von Berliner Technologie-, Innovations- und Gründerzentren tätig, u.a. für das Innovations- und Gründerzentrum und das Ost-West-Kooperationszentrum in Adlershof;
- MediaCity Adlershof GmbH als Zusammenschluss der Medienunternehmen in der Medienstadt.

Das für die Berliner Planung Neue an der Akteurskonstellation in Adlershof ist, dass die Stadt selbst mittels eines externen, privatrechtlich organisierten Entwicklungsträgers ein Großprojekt initiierte (HÄUSSERMANN u. SIMONS 2000). Die Stadt wurde damit spekulativ am Markt tätig, indem sie finanzielle Vorleistungen erbrachte, um neue Signale für die Stadtentwicklung zu setzen und den privaten Sektor für Investitionen zu gewinnen. Das gesamte finanzielle Risiko für die Durchführung des Großprojektes blieb dabei bei der Stadt selbst, die hoffte, über spätere Einnahmen durch Grundstücksverkäufe die zur Vorfinanzierung der Maßnahmen aufgenommenen Kredite wieder zu tilgen.

Auf die organisatorischen und operativen Defizite der Entwicklung des ersten Jahrzehnts wurde 2001 mit einer Neuausrichtung der Aufgabenfelder der WISTA Management GmbH reagiert. Es erfolgte eine Konzentration auf Kernfunktionen wie Marketing, Akquisition und Vernetzung. Bereits Ende der 1990er Jahre hatte DÖRHAGE (1999, S. 404) den Wandel der WISTA GmbH von einem von „Ost-Mentalität geprägten Flächenvermittler" hin zu einer „professionell arbeitenden Betreibergesellschaft, die sich als Technologiebroker und Innovationsmoderator versteht" gefordert. Auch von den Unternehmen wurde die WISTA Management GmbH weniger als Technologiepark-Manager, sondern eher als Verwalter wahrgenommen (Adlershof aktuell 2001). So gelang es bisher auch nicht, renommierte Unternehmen mit Flagschiff-Funktion für den Standort zu gewinnen (T. Jokiel, Leiter der Abteilung Akquisition, WISTA GmbH). Seit dem 01.01.2004 ist – vor dem Hintergrund der Senatsentscheidung zum Auslaufen der Entwicklungsmaßnahmen bis 2006 – ein neuer Entwicklungsträger, die Adlershof Projekt GmbH, eingesetzt worden. Sie ist eine Tochter der WISTA GmbH und soll die Aufgaben des Betreibers „unter einem Dach" vereinigen und nicht nur die restlichen Entwicklungsaufgaben abschließen, sondern mit der WISTA GmbH auch die Ansiedlung privater Investoren sowie technologieorientierter Dienstleister und Industrieunternehmen unterstützen.

5 Technologiecluster Adlershof?

Aus der Sicht der WISTA GmbH zählt Berlin Adlershof heute zu den größten Wissenschafts- und Technologiezentren der Welt (WISTA 2002, S. 4). Die wissenschaftliche und wirtschaftliche Kompetenz bündelt sich in vier Technologiefeldern (*Fig. 10*). Inwieweit man Adlershof heute schon als Technologiecluster bezeichnen oder nur von einem „mit Forschungseinrichtungen und Gründerzentren angereicherten technologieorientierten Gewerbepark" (KRÄTKE u. BORST 2000, S. 117) sprechen kann, muss noch vertiefend untersucht werden. Zumindest in den 1990er Jahren überwog weitestgehend die Meinung, dass die interne Zusammenarbeit zwischen den Unternehmen und wissenschaftlichen Einrichtungen nur sehr gering ausgeprägt war (u.a. KRÄTKE u. BORST 2000; HOLSTEIN 2000; SZ 1999; HOFFMANN 1999). Die räumliche Nähe von öffentlichen Forschungseinrichtungen und technologieorientierten Unternehmen führte folglich nicht zwangsläufig zu den geplanten Sy-

nergieeffekten zwischen Wissenschaft und Wirtschaft (Hertel-Papier 1998). Dies war in der Umbruchphase nach der Wende auch nicht gleich zu erwarten, 10 Jahre später ist dies jedoch zwingend erforderlich. DÖRHAGE (1999, S. 403) verwies in diesem Zusammenhang auf die Notwendigkeit, von den per se grundlagenorientierten naturwissenschaftlichen Forschungsinstituten auch einen gewissen anwendungsorientierten Forschungsanteil einzufordern, da sonst die Technologiepolitik des Berliner Senats ins Leere stößt. Auch hält er – neben den HU-Instituten – die Ansiedlung einer Fachhochschule für Technik und Wissenschaft wegen der Praxisnähe für sinnvoll.

Mit der Neuprofilierung der WISTA-MG soll gerade das Kooperationsmanagement zu einer zentralen Aufgabe werden. Neuere Analysen (HOLSTEIN 2000; artop 2001) zeigen, dass die Kontakte von Betrieben innerhalb eines Technologiefeldes deutlich gewachsen sind. Im Zentrum für Photonik und optische Technologien kooperieren z.b. mehr als 60 % der Unternehmen mit mehr als drei Partnern am Standort (artop 2001). Dennoch spielen externe Kooperationspartner für die ansässigen Firmen immer noch eine bedeutendere Rolle (artop 2001). Positiv hat sich auch das Beziehungsgeflecht zwischen den Forschungseinrichtungen am Standort Adlershof entwickelt, insbesondere getragen durch die Veranstaltungen der IGAFA. Deren Ziel ist nicht nur die Förderung der Zusammenarbeit und des wissenschaftlichen Erfahrungsaustausches der Adlershofer Forschungseinrichtungen untereinander, sondern auch mit den Hochschulen Berlins und den Wirtschaftsunternehmen.

Das entscheidende Defizit am Standort Adlershof besteht jedoch weiterhin hinsichtlich eines organisierten Erfahrungsaustausches zwischen Forschungseinrichtungen und Unternehmen, obwohl ein vielfältiger informeller Informationsaustausch stattfindet (HOLSTEIN 2000). Generell ist aber ein Trend zunehmender Vernetzungen zwischen Wissenschaft und Wirtschaft erkennbar, dabei insbesondere zwischen Forschungsinstituten und den daraus ausgegründeten Firmen (artop 2001). Zusätzlich zu den zwischenbetrieblichen Verflechtungen findet auch die Organisation von Verbünden aus Wissenschaft und Wirtschaft in bestimmten Technologiebereichen wachsende Bedeutung, so das Kompetenznetz Optische Technologien[6] und das Zentrum für Mikrosystemtechnik (ZEMI[7]).

---

[6] Der OpTec-Berlin-Brandenburg e.V. ist ein Zusammenschluss von ca. 70 Unternehmen, Forschungseinrichtungen und Verbänden mit Geschäftsstelle in Adlershof. Er bündelt nahezu die gesamte Forschungskapazität dieses Technologiefeldes der Region.

[7] Das ZEMI ist eine aus fünf Forschungsinstituten bestehende Arbeitsgemeinschaft, u.a. mit 10 Mio. Euro Anschubfinanzierung durch EU und Berlin. Damit werden Außenstellen der Institute finanziert, die vor allem mit kleineren und mittleren Unternehmen kooperieren.

6 Institutionalisierung als Raumeinheit?

Berlin Adlershof, das bedeutendste städtebauliche Entwicklungsgebiet Berlins, ist wegen seiner Grö-ße, seiner hohen räumlichen Konzentration von naturwissenschaftlichen Forschungs-/Lehreinrichtun-gen und technologieorientierten Betrieben sowie wegen seiner wirtschaftspolitischen Bedeutung ei-ner der herausragenden Entwicklungsstandorte Berlins. Speziell der Wissenschafts- und Technologie-park ist durch sein Profil international in der Wissenschaftsszene gut bekannt (ERDMANN 2003), weni-ger hingegen bei den Scouts der Wirtschaft, die Industrieansiedlungen vorbereiten (RONZHEIMER 2002). Der High-Tech-Standort Berlin Adlershof ist somit noch weit entfernt vom Bekanntheitsgrad eines Silikon Valley (MACKENTHUN 2003).

Nach mehr als 10 Jahren seit dem Entstehen sucht man nach Wegen, Adlershof international besser zu positionieren, durch eine attraktivere Vermarktung des Standortes, eine weitere Profilierung der Technologiefelder, den Aufbau und die Weiterentwicklung von Netzwerken zwischen Wissenschaft und Wirtschaftsbetrieben sowie die Förderung von Unternehmensgründungen. So verstärkte die WIS-TA Management GmbH 2003 ihre Messepräsenz, u.a. präsentierte sich Adlershof erstmals 2003 auf der „Hannover Messe Industrie" mit einem Gemeinschaftsstand mehrerer Unternehmen und Institu-te mit dem Schwerpunkt Mikrosystemtechnik (WISTA 2004, S. 21). Auch fand im Wissenschafts- und Technologiepark die erste Kongress-Fachmesse zur Mikrosystemtechnik statt. Für die Außendarstel-lung aller Einrichtungen und Unternehmen in Adlershof entwickelte die Betreibergesellschaft 2004 ein gemeinsames Corporate Design.

Perspektivisch könnte Adlershof zusammen mit den räumlich benachbarten Technologiestandor-ten, dem Innovationspark Wuhlheide (IPW[8]) und dem Technologie- und Gründerzentrum Spreeknie (TGS[9]) im Südosten Berlins, zu einem Kraftzentrum der wirtschaftlichen Entwicklung für die Stadt (BerliNews 1999) werden. Aus planerischer Sicht ist dieses potenzielle Kraftzentrum Teil einer ange-strebten Technologieachse, die von Adlershof bis nach Wildau (Technologie- und Gründerzentrum und Technische Fachhochschule) reichen soll (Sensut 1997, S. 11). Dieses planerische Konstrukt dürfte durch den Bau des Flughafens BBI realere Formen annehmen.

7 Fazit und Perspektiven der Entwicklung

Die Entwicklung des Standortes Adlershof ist aus der Sicht des Berliner Wirtschaftsstaatsekretärs V. Strauch trotz vieler kritischer Stimmen und noch bestehender Unzulänglichkeiten beim Infrastruk-turausbau eine Erfolgsgeschichte (RONZHEIMER 2002). Das wirtschaftspolitische Projekt Adlershof sym-bolisiert nach dem Präsidenten der HU Berlin J. Mlynek heute das, was Berlin einmal sein will, eine international führende Stadt des Wissens und der wissensnahen Wirtschaft (MLYNEK 2002, S. 16). Mly-nek wie auch der neue Geschäftsführer der WISTA Management GmbH H. Schmitz bewerten die bisherige Entwicklung als Grundlage für einen selbsttragenden Aufschwung. Berlin Adlershof ist ge-genwärtig somit auf dem Weg von der politikgetriebenen Aufbauphase in die wirtschaftsgetriebene Wachstums- und Lebensphase (AMBREE 2002). Diese Statements anlässlich des 10-jährigen Bestehens des Wissenschafts- und Technologieparks erzeugen verstärkt den Eindruck, das dieses selbsttragende Wachstum von den verantwortlichen Akteuren eher herbeigewünscht als real vorhanden ist. Sie dürf-ten vor dem Hintergrund der prekären Finanzsituation Berlins auch als ein Appell an die politisch Verantwortlichen verstanden werden, Adlershof weiter Rückendeckung zu geben.

Löst man sich von den euphorischen Erwartungen der Nachwendejahre, so sind in Adlershof zumindest die Grundlagen für die Entstehung eines Technologie-Clusters gelegt. Nachdem mehr als eine Milliarde Euro Investitionen bisher an den Standort geflossen sind, entstand hier trotz des schrump-fenden Berliner Arbeitsmarktes eine Wachstumsinsel in der inneren Peripherie. Auch wächst der Stand-

---

[8] Auf dem 32 ha großen Areal des IPW mit 40.000 m² Büro- und Produktionsflächen befinden sich ca. 135 Unterneh-men mit 1.500 Beschäftigten.
[9] Im TGS mit ca. 22.000 m² Büro- und Produktionsflächen, 1997 auf dem Gelände des ehemaligen Werkes für Fernsehtechnik errichtet, befinden sich ca. 50 Unternehmen mit 500 Beschäftigten.

ort mit ca. 250 Arbeitsplätzen jährlich zunehmend von innen heraus, und leerstehende Büroflächen, in Berlin sonst Normalität, sind in Adlershof so gut wie nicht vorhanden. Von den geplanten Verkehrsinfrastrukturmaßnahmen in Adlershof und insbesondere vom Bau des Flughafens BBI erhofft man sich einen weiteren Entwicklungsschub. Inwieweit es gelingen wird, das geplante städtebauliche Konzept trotz des Überangebotes auf dem Berliner Wohnungsmarkt in Berlin Adlershof umzusetzen, bleibt jedoch fraglich. Das Entwicklungsziel für Adlershof, die Stadt in der Stadt, eine Mischung von Wissenschaft, Wirtschaft, Medien und Wohnen, bleibt weiterhin bestehen (WISTA 2004).

Berlin Adlershof hat sich – trotz aller Teilerfolge – bis heute als riskante Strategie der Stadtentwicklungspolitik erwiesen. Eine Hauptschwäche der städtebaulichen Entwicklungsmaßnahme lag darin, dass man nicht rechtzeitig auf Änderungen im wirtschaftlichen und sozialen Umfeld reagierte. Eine Alternative zu der Zielstellung des Großprojektes – insbesondere unter dem Blickwinkel der Nachwendezeit – zeigt sich aber selbst heute nicht. Mit dem neuen Entwicklungsträger, der Adlershof Projekt GmbH, versucht der Berliner Senat, den Standort stärker an die Marktbedingungen anzupassen.

Literatur

Adlershof aktuell (2001): Netzwerk Adlershof – Standortuntersuchung von artop ergibt weitverzweigte Kooperationen. In: Adlershof aktuell 3, S. 3.

Adlershof aktuell (2003): Adlershof wird sich durchsetzen. In: Adlershof aktuell 12, S. 4.

AMBREE, P. (2002): 10 Jahre Berlin Adlershof: Von der Vision zum Erfolg. In: Adlershof aktuell 10.

artop (2001): Netzwerk Adlershof. In: Adlershof aktuell 3. http://www.adlershof.de/fileadmin/html/AA-Archiv/aa_03_01.htm. Abruf: 07.07.04.

BAAG (Hrsg.) (2003): Stadt Struktur – Von der Vision zur Realität. Berlin.

BECKER, U. (1994): Der Technologie- und Gewerbepark: Entwicklungstrends und Konkurrenzen. In: Sensut (Hrsg.): Johannisthal – Adlershof, Technologie und Wissenschaftsstadt. Berlin, S. 37f.

Berliner Zeitung (2001): Mehr Firmen in Adlershof. In: Berliner Zeitung, 23.03.01, S. 32.

Berliner Zeitung (2002): Adlershof – Führender Standort für Wissenschaft, Wirtschaft und Medien. In: Berliner Zeitung, 20.09.02, S. 25 (Sonderbeilage).

BerliNews (1999): Berlin-Südost: Kraftzentrum der Wirtschaft. In: BerliNews, 14.10.99.

DÖRHAGE, W. (1999): Wissenschaftsstandort und industrielle Forschung. Defizite und Chancen Berliner Forschungs- und Innovationspolitik am Beispiel des Technologieparkes Adlershof. In: MOMPER, W. et al. (Hrsg.): Berlins zweite Zukunft, Aufbruch in das 21. Jahrhundert. Berlin, S. 391 - 414.

ERDMANN, B. (2003): Teurer Abschied von Illusionen. In: Die Welt, 31.12.03.

FABRICIUS, M. (1996): Ein „Silicon Valley" in Adlershof. In: Berliner Zeitung, 28.12.96, S. 61.

FLECKENSTEIN, M. (2002): Mondlandschaften in Berlin-Adlershof. In: Frankfurter Allgemeine ZEITUNG, 23.08.02.

HÄUSSERMANN, H. u. K. SIMONS (2000): Die Politik der großen Projekte – eine Politik der großen Risiken. In: Archiv für Kommunalwissenschaften I, S. 56 - 71.

Hertel-Papier (1998): Adlershof – ein Konzept für den Wissenschafts- und Wirtschaftsstandort Berlin Adlershof. Bestandsaufnahme und Empfehlung zur gegenwärtigen Entwicklung des WISTA. Im Auftrag des Senators für Wissenschaft, Forschung und Kultur des Landes Berlin, Peter Radunski. Berlin. http://www.berlinews.de/wista/text_010.shtml. Abruf: 05.02.03.

HOFFMANN, H. W. (1999): Zukunft auf Magerrasen. In der Wissenschaftsstadt Berlin Adlershof wird die Geisteslandschaft gedüngt. Trotzdem droht das Tüftlerghetto zu verdorren. In: Berliner Zeitung, 29.05.99.

HOLSTEIN, L. (2000): Berlin Adlershof – Die Stadt für Wissenschaft und Wirtschaft der Zukunft? Eine Analyse regionaler Innovationsnetzwerke der außeruniversitären Forschungseinrichtungen. Diplomarbeit, Geographisches Institut der HU Berlin.

KRÄTKE, S. u. R. BORST (2000): Berlin: Metropole zwischen Boom und Krise. Opladen.

MACKENTHUN, G. (2003): In Adlershof wird Berlin zum Hightech-Standort. In: Die Welt, 13.02.03.

MLYNEK, J. (2002): Ambiente gibt's nicht per Erlass. In: Berliner Zeitung, 19.02.02, S. 16.

RONZHEIMER, M. (2002): WISTA Adlershof nach einem Jahrzehnt des Wandels. In: Berliner Wirtschaft 4. http://www.berlin.ihk24.de/share/bw_archiv/bw2002/0204006a.htm. Abruf: 07.07.04.

SCHARWÄCHTER, R. (2001): Dynamik entfalten. In: WISTA-Jahresbericht 2001, S. 4.

Sensut (Senatverwaltung für Stadtentwicklung, Umweltschutz und Technologie) (1997): Gewerbeflächenentwicklung Berlin. Stadträumliches Konzept. Berlin.

SZ (Süddeutsche Zeitung) (1998): Berlin ist für High-Tech nicht attraktiv. Warum das Technologiezentrum Adlershof kein Silicon Valley wird. In: SZ, 17.11.99.

SIMONS, K. (2003): Politische Steuerung großer Projekte. Berlin Adlershof, Neue Mitte Oberhausen und Euralille im Vergleich. Opladen.

WILMES, M. et al. (1997): Der Forschungs- und Technologiepark Berlin Adlershof – Modell einer neuen Form regionaler Kooperation zwischen Wirtschaft, Wissenschaft und Politik? Arbeitsstelle Politik und Technik, FU Berlin. Berlin.

WISTA Management GmbH (Hrsg.) (2002): WISTA-Jahresbericht 2001. Berlin.

WISTA Management GmbH (Hrsg.) (2003): WISTA-Jahresbericht 2002. Berlin.

WISTA Management GmbH (Hrsg.) (2004): WISTA-Jahresbericht 2003. Berlin.

Der Váci út-Korridor – Ein Restrukturierungspol am Budapester Innenstadtrand

Oliver Fritzsche

1 Einleitung

Der Restrukturierungspol Váci út-Korridor liegt im XIII. Budapester Bezirk und erstreckt sich entlang der Achse der nördlichen Ausfallstraße nach Vác (Váci út). Es handelt sich bei dem Restrukturierungspol um Teile des nördlich der Innenstadt gelegenen ehemaligen Industrie- und Gewerbegebietes Angyalföld.

2 Entwicklung des Restrukturierungspols
2.1 Die Entwicklung der Gebietsstruktur bis 1989

Das Gebiet entlang der Váci út ist seit über 150 Jahren ein intensiv genutztes Gewerbeviertel. Zu Beginn des 19. Jahrhunderts setzte in der Stadt Pest eine rasante Entwicklung ein, welche dazu führte, dass die bis dahin im nördlichen Bereich von Lipótváros (Leopoldstadt – heute V. Bezirk) gelegene Industrie verdrängt wurde. Diese siedelte sich dann im stadtauswärts gelegenen Angyalföld (Engelsfeld – heute XIII. Bezirk) an. Wesentliche Standortfaktoren waren die Lage am flachen Ostufer der Donau sowie die Existenz der alten Waitzener Straße, der Hauptausfallstraße Richtung Norden, zu der ab 1846 die erste Bahnlinie Ungarns nach Vác (Waitzen) parallel verlief. In dieser Außenstadt wurden im 19. Jahrhundert auch Funktionen und Anlagen angesiedelt, die in der Innenstadt nicht erwünscht waren, wie Friedhof, Obdachlosenasyl, Schießpulvermühle und Kasernen. Es entwickelte sich ein stark durchmischter Außenstadtbezirk, wo sowohl Holzwerke, Fabriken, Ackerland und Gärten zu finden waren als auch ärmliche Baracken, kleinbürgerliche Wohnhäuser und Mietskasernen (JUHÁSZ u. ROBOZ 2001). Entlang der Váci út lagen vor allem Produktionsbetriebe, beispielsweise die Láng-Maschinenfabrik, die Schiffs- und Kranfabrik Ganz sowie Betriebe der Leder- und Pelzindustrie und der Pharmazeutischen Industrie. Bereits im Jahre 1896 arbeiteten ca. 7.000 Menschen in den Betrieben entlang der Váci út (damals noch Váczi út) (TÓTH 2001). Von 1945 bis 1970 wurde im besonderen Maße in die sozialistische Großindustrie investiert. Bestehende Fabriken wurden ausgebaut und um angrenzende Flächen erweitert. In den 1950er und 1960er Jahren entstanden in den Seitenstraßen der Váci út auch Wohngebäude, die das Stadtviertel in noch stärkerem Maße als Arbeiterwohnquartier prägten.

2.2 Entwicklungen zum Wachstumsraum nach 1989

Durch die Stilllegung zahlreicher Betriebe Anfang der 1990er Jahre entstand in der inneren Peripherie von Budapest ein ausgedehnter „Rostgürtel" von Gewerbe- und Industriebrachen in städtebaulich attraktiven Lagen (siehe hierzu den Beitrag von DÖVÉNYI u. KOVÁCS in diesem Band). Besonders schnell und tief greifend verlief der Deindustrialisierungsprozess im nördlichen Industriegebiet entlang der Váci út (DEITERS 2001; KISS 2002). Hier lagen viele Betriebe, die den neuen Marktbedingungen aufgrund mangelnder Produktivität, massiver Strukturprobleme und veralteter Produktionstechnik nicht standhalten konnten. So wurde auch die Schiffs- und Kranfabrik Ganz, der größte Arbeitgeber im Untersuchungsgebiet, stillgelegt. Das Werksgelände war auf etwa einem Kilometer Länge zwischen Donau und Váci út angesiedelt und belegte eine Fläche von ca. 50 ha. Heute sind im Restrukturierungspol nur noch wenige Produktionsbetriebe zu finden (KLUCZKA u. ELLGER 1999). Im Jahre 2002 arbeiteten noch ein Instandsetzungsbetrieb für Dieselmotoren in einer Werkhalle der ehemaligen Maschinenfabrik Láng und ein Betonwerk. Die Produktion im Transformatorenwerk „Akkumulátorgyár" ist nahezu stillgelegt, und die Demontage läuft. Am Firmengebäude weisen Werbeplakate auf den Neubau von Wohnungen im unmittelbaren Umfeld hin. Der Industriebau soll ab Ende 2002 zu einem modernen Bürogebäude umgestaltet werden.

Aufgrund der relativen Nähe zur Budapester Innenstadt und der ausgezeichneten verkehrstechnischen Anbindung ist der Nutzungswandel des Váci út-Korridors im Vergleich zu anderen altindustriellen Gebieten in Budapest weit fortgeschritten. Die gewerbliche Produktion wurde durch tertiäre und quartäre Funktionen ersetzt. Heute findet sich hier ein funktioneller Mix aus Handels- und Dienstleistungseinrichtungen. Der schnelle Funktionswandel des Gebiets ist auch darauf zurückzuführen, dass in Budapest eine große Nachfrage nach Dienstleistungsimmobilien bestand, die in der bereits hoch verdichteten Innenstadt nicht befriedigt werden konnte. Viele neue Dienstleistungsunternehmen ließen sich aufgrund des zunehmenden Raummangels in der Innenstadt in den günstig gelegenen angrenzenden Stadtgebieten nieder. Dort boten sich kurzfristig Möglichkeiten, Gebäude anzumieten oder Flächen zur weiteren Entwicklung zu erwerben. Von dieser Ausdehnung entlang von Hauptverkehrsachsen hat die Váci út in besonderem Maße profitiert. Auf ehemaligen Industrieflächen und in kleinerem Maße in sanierten Gebäuden entstanden kleinere und größere Läden, Supermärkte und Warenhäuser sowie einige Büroimmobilien.

Neben der Flächen- und Gebäudeverfügbarkeit ist die infrastrukturelle Anbindung des Gebietes von wesentlicher Bedeutung. Die bereits Anfang der 1970er Jahre geplante Erweiterung des Budapester Metroliniennetzes (KIEHL 1985) wurde zwischen 1977 und 1990 in fünf Bauabschnitten durchgeführt (Metrolinie 3). Bis 1984 wurde das Gebiet bis zur Árpád-Brücke, dem heutigen „Tor" des Restrukturierungspols, erschlossen. Zwischen 1984 und November 1990 entstand dann die Verlängerung zum heutigen Endpunkt in Újpest. Die U-Bahnlinie sollte ursprünglich Industriearbeiter zu ihren Betrieben befördern. Heute nutzen neben den Bewohnern von Angyalföld hauptsächlich die Arbeitnehmer und Kunden der Dienstleistungsbranche die Metro.

3 Wirtschaftsstruktur und funktionale Spezialisierung

Infrastrukturelle Ausstattung allein kann die Entwicklung des Váci út-Korridors zum dynamischsten Handels-, Geschäfts- und Dienstleistungsraum in Budapest nicht erklären. Notwendig als Anstoß von Restrukturierungsprozessen in Altindustriegebieten ist meist die Durchführung eines Pilotprojektes. Dieses Projekt ist oft auslösendes Moment einer funktionalen Spezialisierung und eines veränderten Gebietsimage. Im westlichen Europa setzt man dabei zumeist auf politisch motivierte und von hohen Subventionen begleitete Großprojekte. Im Untersuchungsraum ist der Bau des Einkaufszentrums „Duna Plaza" ein solcher „small event". Das Einkaufszentrum wurde auf einem Teil der Fläche der ehemaligen Schiffs- und Kranfabrik Ganz errichtet (*Fig. 1*).

Das im Herbst 1996 eröffnete „Duna Plaza" war mit einer Gesamtfläche von 82.000 m², einer Einkaufsfläche von 42.000 m², sowie einer vermietbaren Bürofläche von 11.700 m² das bis dahin größte Shopping-, Entertainment- und Businesscenter im östlichen Europa. Diese eher punktuelle Entwicklung hat die gesamte Gebietsstruktur beeinflusst und eine funktionale Spezialisierung in Gang gesetzt. Auch von Seiten der Investoren wird das „Duna Plaza" als Vorzeigeobjekt und wichtiger Grundstein der Gebietsrestrukturierung bezeichnet. So spricht der Präsident des Plaza Centers Europe Ltd. Sammy S. Smucha davon, dass „das Duna Plaza ein Vorzeigeprojekt, eigentlich ein Prestige-Objekt der Region ..." ist.[1] Das Shop-

1 Das Einkaufszentrum Duna Plaza an der Váci út

Foto: Civertan GmbH 2002

[1] Interview der Budapester Zeitung mit Sammy S. Smucha vom 22.05.01

ping-Center gehört wohl zu denen, die dem Gebiet ebenfalls eine spürbare architektonische Aufwertung bringen und mit der Gebietsstruktur verwachsen und diese wesentlich prägen (ERÖ 2002, S. 180). „Duna Plaza" bietet Ladenflächen und Infrastruktur westeuropäischen Standards zu akzeptablen Mietkonditionen. Anschließend an diese erste Großinvestition folgten zahlreiche weitere. Dabei entstanden sowohl reine Büroimmobilien als auch Handels- und Dienstleistungseinrichtungen. In den neuen Büroimmobilien ließen sich zunächst Beratungsdienstleister wie Steuerberater, Wirtschaftsprüfer, Rechtsanwälte und Versicherungen nieder. Seit 2000 kommt es verstärkt zu großflächigeren Ansiedlungen von Back-Offices und Call-Centers von Banken und Versicherungen. In den Erdgeschossen älterer Gebäude hat sich ein kleinteiliger Einzelhandel im Niedrigpreissegment etabliert. Zahlreich vertreten im Gebiet sind auch Autohäuser und Reparaturdienste.

Die sukzessive Schließung von Baulücken und die funktionale Verdichtung entlang der Váci út haben die Entwicklung eines neuen Gebietsimages forciert. Der Váci út-Korridor wird heute in zahlreichen Imagebroschüren, in der Presse und von Seiten der Lokalverwaltung des XIII. Bezirks folgendermaßen beschrieben: „.... one of the most dynamically developing areas of Budapest: Váci út. This region of the city has become the office building and commercial centre of Budapest."[2] Einen wichtigen Beitrag zur weiteren Verbesserung der Gesamtentwicklung entlang der Váci út haben auch zwei staatliche Großprojekte geleistet. Am südlichen Rand des Untersuchungsgebietes, nahe dem Pester Brückenkopf, der Árpád-Brücke, wurden das neue Hauptquartier der Polizei und der Sitz des Ungarischen Pensions- und Rentenfonds errichtet. Diese bilden nun das „Tor" zur Entwicklungsachse.

Kartierungen des Funktionswandels (*Fig. XV; XVI*) zeigen, dass ca. 80 % der Grundstücke und Gebäude nach 1990 eine neue Nutzung erhalten haben. Vor 1990 war nahezu das gesamte Gebiet industriell geprägt. Die Karte der derzeitigen Nutzung zeigt, dass Bürogebäude in Kombination mit Handelseinrichtungen einen deutlichen Schwerpunkt bilden.

Die Grundstücke mit direktem Zugang zur Váci út haben im Gegensatz zu jenen ohne Grundstücksfront zur Váci út nahezu alle eine neue Nutzung erhalten. Durch Baulückenschließungen kommt es zu einer Verdichtung des Gebietes. Für die riesigen Brach- und Entwicklungsflächen auf der der Donau zugewandten Seite existieren bereits seit dem Jahr 2002 Pläne für große Stadtteilprojekte, mit deren Realisierung bisher jedoch noch nicht begonnen wurde.

4 Entwicklungsbestimmende Akteure und aktuelle Konfliktbereiche

Die heutige Gebietsstruktur ist stark von den Investoreninteressen geprägt. Private Investoren haben mit kommerziellen Großprojekten enormen Einfluss auf die Entwicklung. Die Bezirksverwaltung des XIII. Bezirkes ist bestrebt, Investitionen anzuziehen. Genehmigungen für Projekte werden daher relativ unbürokratisch und schnell erteilt. Oft gibt es in diesem Zusammenhang Vereinbarungen über zu leistende Infrastrukturmaßnahmen, wie zum Beispiel Straßenanschlüsse. Die Einflussnahme der hauptstädtischen Zentralverwaltung beschränkt sich auf die Erstellung des Flächennutzungsplanes und einer Stadtbauverordnung. Die Bauleitplanung liegt in den Händen des Bezirkes, wobei Großprojekte durch die Hauptstadt genehmigt werden müssen.

Die wirtschaftlichen und politischen Veränderungen der Nachwendezeit und die Privatisierung großer Teile der Industrie, häufig verbunden mit einer gleichzeitigen Stilllegung, führten zu einem Funktionsverlust technischer Anlagen und Industriebauten. Im westlichen Europa wird oft versucht, die Geschichte und kulturelle Identität eines Restrukturierungsgebietes durch Neunutzung alter Industriearchitektur zu bewahren. In Budapest gab es bis zum Jahr 2000 keine nennenswerten Bestrebungen zum Erhalt von Industriedenkmälern (LUKÁCS 2001). Erst in den letzten Jahren hat man begonnen, sich intensiver mit der Problematik zu beschäftigen. Für viele Objekte entlang der Váci út kommen diese Bestrebungen jedoch zu spät. Auch künftig liegt die Entwicklung eher in der Hand der Investoren, da die öffentlichen Mittel für den Erhalt von Industriedenkmälern sehr knapp bemessen sind.

---

[2] GTC u. CB Richard Ellis (2002)

Ein weiteres Problemfeld ergibt sich aus den hohen Leerstandsraten im Gebiet. Deutlich über 20 % der zur Verfügung stehenden Büroflächen sind nicht vermietet. Die Immobilienunternehmen verzeichneten im ersten Halbjahr 2002 das schlechteste Ergebnis seit Anfang der 1990er Jahre. Viele Projekte entlang der Váci út wurden auf unbestimmte Zeit verschoben. Das Untersuchungsgebiet ist von diesen Entwicklungen jedoch weniger stark betroffen als andere, weniger attraktive Stadtteile, wo Investoren nun weitaus zögerlicher agieren. Auf dem Budapester Büroimmobilienmarkt herrscht ein harter Wettbewerb. Trotz eines Gesamtleerstands von 23,2 % kamen allein im Jahr 2002 etwa 150.000 m² neue Büroflächen auf den Markt (CBRE 2002; JLL 2002). Die Investoren gehen von einem steigenden Büroimmobilienbedarf mit dem EU-Beitritt Ungarn im Jahr 2004 aus. Die Hoffnung auf die Ansiedlung von Regierungsorganisationen und multinationalen Konzernen hat wesentlich zum bestehenden Überangebot beigetragen. Man muss jedoch realistisch einschät-

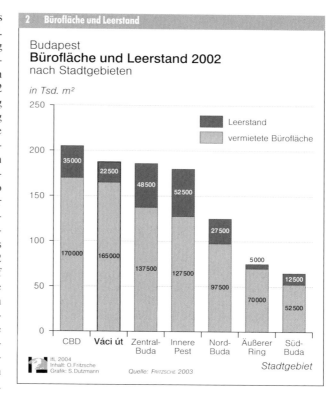

zen, dass ein größerer Teil dieser Einrichtungen bereits in Budapest vertreten ist und sich deren Büroflächenbedarf auch nach einem EU-Beitritt Ungarns nicht signifikant vergrößern wird.

Gewinnerwartungen und tatsächlich erzielbare Erträge liegen momentan weit auseinander. Die hohe Leerstandsquote bei Büroimmobilien wird sich nach Prognosen des Wirtschaftsinstituts Ecostat bis 2005 auf 25 % erhöhen. Das große Angebot hat dazu geführt, dass nur noch erstklassige Lagen nachgefragt werden. Da es sich bei den Büros entlang der Váci út zumeist um qualitativ hochwertige Objekte handelt, hat sich die Miete bei etwa 12 Euro/m² eingependelt. In der Innenstadt liegen die Büromieten bei 17 bis 19 Euro/m². Die Vermieter sind bestrebt, zumindest dieses Mietniveau zu halten, und bieten daher keine weiteren Preisnachlässe, sondern offerieren Extras wie zusätzliche Flächen, mietfreie Monate oder zusätzliche Büroausstattung. Die Vermieter sind bemüht, Langzeitmietverträge abzuschließen, um eine gewisse Rentabilität und Investitionssicherheit zu gewährleisten. Im gesamtstädtischen Gebietsvergleich weisen die Bürohäuser im Váci út-Korridor die geringste Leerstandsquote (DTZ 2002) auf, doch auch hier gibt es einen massiven Wettbewerb um potenzielle Mieter (*Fig. 2*).

In den letzten Jahren ist der Erwartungsdruck hinsichtlich der zu erreichenden Umsätze im „Duna Plaza" weiter gestiegen. Neben diesem konkurrieren jedoch noch 22 weitere Shopping-Center um Kunden in Budapest (ERTH 2002). Ein weiterer Konfliktbereich ist in der administrativen Struktur Budapests begründet. Die Konkurrenz um Investoren zwischen den Bezirken ist enorm groß (siehe hierzu den Beitrag von DÖVÉNYI u. KOVÁCS in diesem Band). Die Einflussmöglichkeiten der Hauptstadt auf ihre Bezirke sind vergleichsweise gering und die zur Verfügung stehenden Steuerungsinstrumentarien, wie Bauverordnungen und Flächennutzungspläne, werden eher als Empfehlungen aufgefasst. Dieser liberale Umgang mit bauordnungsrechtlichen Regeln und Verordnungen mag noch bis Mitte der 1990er Jahre im Interesse einer schnellen Investitionsentwicklung zu rechtfertigen gewesen sein. Die entstehenden Spannungen und die drängende Notwendigkeit, eine nachhaltige und zukunftsorientierte Stadtentwicklung durchzusetzen, erfordern jedoch eine stärker regulierende Stadtentwicklungspolitik.

Da die neuen Dienstleistungsbetriebe zumeist junge, qualifizierte Arbeitnehmer einstellen, läuft die Entwicklung an großen Teilen der alteingesessenen Bevölkerung des Arbeiterbezirks Angyalföld vorbei. Die Privatisierung des Wohnraumes nach der Wende, mit der Möglichkeit für die Bewohner, ihre Wohnungen für einen Bruchteil des Marktwertes zu erwerben, hatte zur Folge, dass ein sozialer Wechsel und eine soziale Entmischung der Bevölkerung im Altbaubestand bis jetzt nur in geringem Maße stattgefunden hat. Die neuen Wohngebiete im Bezirk werden dagegen von solventeren Bevölkerungsgruppen nachgefragt. Dies können sowohl neu hinzugezogene als auch bessergestellte alteingesessene Haushalte sein. Der Funktionswandel in der wirtschaftlichen Gebietsstruktur und die Persistenz alter Wohnstrukturen aufgrund der vorhandenen Eigentumsverhältnisse sowie die vom Markt nachgefragte Entwicklung neuer, hochwertiger Wohnstandorte im Untersuchungsgebiet führt zur Zunahme sozialer Disparitäten.

5 Perspektiven der Entwicklung

Auch in Zukunft wird der Váci út-Korridor einer der dynamischsten Wachstumsräume Budapests bleiben. Die hohe Lagegunst und eine ausgezeichnete verkehrstechnische Anbindung sowie die Verfügbarkeit von Entwicklungsflächen machen das Gebiet für Investitionen weiterhin höchst interessant. Ein Indiz dafür ist, dass trotz Bodenpreisen von ca. 410 Euro/m^2 (DTZ 2002) eine hohe Nachfrage nach Entwicklungsflächen herrscht. Neue Unternehmen werden durch die bereits vorhandenen Betriebe angezogen. Neben der Hauptverwaltung der Budapest Bank (Muttergesellschaft ist die General Electric Capital) siedelte sich in einem eigenen Bürokomplex von 17.000 m^2 das Hauptquartier des Konsumgüterherstellers Unilever an. Die neue Hauptverwaltung der OTP-Bank entsteht in unmittelbarer Nähe zum „Duna Plaza". Die Bezirksverwaltung des XIII. Bezirkes ist bestrebt, durch Umfeldverbesserung weitere Investoren zu gewinnen und das Gebiet baulich zu verdichten. Dabei wird aktiv mit dem Image des Váci út-Korridors als neuem Zentrum von Handel- und Dienstleistungen, insbesondere Banken und Versicherungen, geworben.

Literatur

Barta, Gy. (1999): Industrial restructuring in the Budapest agglomeration. Pécs. Centre for Regional Studies of Hungarian Academy of Sciences (Discussion Papers 30).

Budapesti Városfejlesztési Koncepcio (2001): Budapest, 05.11.01 (= Stadtentwicklungskonzeption Budapest vom 05.11.01).

CB Richard Ellis (CBRE) (Hrsg.) (2002): Budapest Market Index. Budapest.

Deiters, J. (2000): Budapest und Prag – Stadtentwicklungen in der Marktwirtschaft. In: Friedlicher Wandel im Osten Europas (= Osnabrücker Jahrbuch für Frieden und Wissenschaft VII).

Deiters, J. (Hrsg.) (2001): Transformation und Stadtentwicklung in Ostmitteleuropa. Vergleichende Untersuchungen zum Strukturwandel in Budapest und Prag (= OSG-Materialien 49. Osnabrücker Studien zur Geographie).

DTZ (Hrsg.) (2002): Budapest Office Market Update Q 3 2002. Budapest.

Erö, Z. (2002): Retail Projects in the Budapest Region. In: ARL (Hrsg.): Stadt-Umland-Probleme und Entwicklung des großflächigen Einzelhandels in den Ländern Mittel- und Südosteuropas (= ARL Arbeitsmaterial 282), S. 177 - 181.

Erth, G. (2002): „Lage der Einkaufszentren ist entscheidend." In: Budapester Zeitung, 07.10.02.

GTC & CB Richard Ellis (Hrsg.) (2002): Portfoliobroschüre – Center Point. Budapest.

JonesLangLaSalle (JLL) (Hrsg.) (2001): Budapest City Profile. September 2001. Budapest.

JonesLangLaSalle (JLL) (Hrsg.) (2002): Budapest City Profile. März 2002. Budapest.

Juhász, K. u. L. Roboz (2001): Kerületünk hajdan és ma (Unser Bezirk – ehemals und heute). Budapest.

Kiehl, K. (1985): Budapest. In: Friedrichs, J. (Hrsg.): Stadtentwicklungen in West- und Osteuropa. Berlin et al., S. 575 - 745.

KISS, E. (2002): Restructuring in the Industrial Areas of Budapest in the Period of Transition. In: Urban Studies 39, H. 1, S. 69 - 84.

KLUCZKA, G. u. C. ELLGER (Hrsg.) (1999): Budapest und Bukarest. Systemwechsel und stadträumliche Transformation. Berlin (= METAR – Manuskripte zur empirischen, theoretischen und angewandten Regionalforschung 36).

KSH (Hrsg.) (1985 - 2002): Statistische Jahrbücher von Budapest 1985 - 2002. Budapest.

LUKÁCS, A. (2001): Rasches Umdenken ist notwendig. In: Budapester Zeitung, 19.11.01.

TINER, T. (2002): Budapest: Towards the City of Malls? Shopping Centers Constructions and their Effects on Urban Development. Tendencies between 1989 and 2002. In: ARL (Hrsg): Stadt-Umland-Probleme und Entwicklung des großflächigen Einzelhandels in den Ländern Mittel- und Südosteuropas (= ARL Arbeitsmaterial 282), S. 167 - 175.

TÓTH J. (Hrsg.) (2001): Budapest. XIII kerületének Teljes Utcanévlexikono. Budapest.

Moskwa City – Symbol des „neuen Moskau"

Robert Rudolph

1 Einleitung

Das Projekt „Moskwa City" ist das bisher einzige langfristige Entwicklungsvorhaben für den Bau eines großdimensionierten Büro- und Geschäftskomplexes auf einer Altindustriefläche am Rande der kompakten Stadt Moskaus. Anfang der 1990er Jahre, zu einer Zeit, als Büroinvestitionen in Moskau äußerst hohe Renditen erreichten, wurde mit der Realisierung der „City" begonnen. Die Intention des Bauprojekts bestand nicht nur darin, einen Entlastungsstandort für die Innenstadt zu schaffen und dem Mangel an qualitativ hochwertigen und bezahlbaren Büroflächen in Moskau entgegenzuwirken. Moskwa City ist zugleich Programm, es hat eine politische Dimension. Es soll, wie andere Großbauten der Stadtbaugeschichte Moskaus auch, den Aufbruch in eine neue Zeit symbolisieren. Vieles deutet darauf hin, dass international vermittelte Leitbilder einer Global City bei der Planung des Projekts neben ökonomischen und städtebaulichen Überlegungen eine sehr große Rolle gespielt haben (RUDOLPH, MANZ u. BURDACK 2001). Der folgende Aufsatz untersucht die Entwicklung dieses Standorts vor dem Hintergrund der Industrieflächenproblematik der Moskauer Metropolregion.

2 Die Altindustrieflächen der inneren Peripherie[1]

Die innere Peripherie der Moskauer Metropolregion[2] wird im Wesentlichen durch Großwohnsiedlungen, großflächige monostrukturierte Industriegebiete, Straßenachsen mit kompakter Bebauung sowie ausgedehnte Verkehrsflächen geprägt. Trotz der Vorherrschaft der standardisierten Bebauung und der Einförmigkeit des Erscheinungsbildes vieler Stadtteile existieren bedeutende lokale Differenzierungen in der Peripherie, da die Wohn- und Industriegebiete der sowjetischen Zeit auch ältere ländliche Siedlungen und städtische Kerne einschließen, die im Zuge der extensiven Flächenentwicklung Moskaus während der letzten 50 Jahre eingemeindet und baulich überformt wurden. In den Zwischenräumen der Siedlungs- und Industriezonen blieben schwach urbanisierte Territorien, Waldflächen und traditionelle Dörfer erhalten (VENDINA 1994). Die Industrieflächen nehmen innerhalb der administrativen Grenzen Moskaus etwa 162 km² ein, das entspricht 15 % der Gesamtfläche Moskaus (Moskomsem 1998).

Viele Industriegebiete im Randbereich der kompakten Stadt, insbesondere in der Nähe des Eisenbahnrings und am Ufer der Moskwa, entstanden in der zweiten Hälfte des 19. und im beginnenden 20. Jahrhundert. Die roten Backsteinbauten der Fabriken aus vorrevolutionärer Zeit bilden heute den innersten und ältesten Gürtel der Industriegebiete, die gegenwärtig auch noch in Teilen der kompakten Stadt zu finden sind. Der weitaus größte Teil der Industrieflächen ist jedoch ein Resultat der sow-

---

[1] Viele der in diesem Kapitel getroffenen Aussagen beruhen auf Interviews, die in den Jahren 2000, 2001 und 2002 von Robert Rudolph und Isolde Brade mit Vertretern der Administration Moskaus und mit Mitarbeitern von Immobilienunternehmen durchgeführt wurden, so etwa mit Hans-Georg Feesche, Leiter der Niederlassung der Aengevelt Immobilien KG in Moskau, Georgi Kulikow, Moskauer Administration, Bodenkomitee (Moskomsem), Oleg Bajewski, Moskauer Administration, Komitee für Architektur und Städtebau, Igor Presnjakow, Moskauer Administration, Präfektur des Südlichen Stadtbezirks, Leiter der Abteilung für Ökonomie und Investitionen, Pawel Filippow, Moskauer Administration, Präfektur des Südöstlichen Stadtbezirks, Leiter der Abteilung für ökonomische Entwicklung, Michail Tischenko Moskauer Administration, Präfektur des Südwestlichen Stadtbezirks, Leiter der Abteilung für ökonomische Entwicklung, Michael Lange, Managing Director Jones Lang LaSalle Moskau u.a.

[2] Im Folgenden werden die im Aufsatz von RUDOLPH und BRADE „Moskau" (in diesem Band) definierten raumstrukturellen Begriffe entsprechend verwendet. Die Abgrenzung zwischen „kompakter Stadt" und „innerer Peripherie" wird durch den neuen innerstädtischen Autobahnring, den so genannten „3. Ring", definiert, die Abgrenzung zwischen „innerer" und „äußerer" Peripherie durch den äußeren Moskauer Autobahnring (MKAD).

jetischen Stadtentwicklung. Nach der Übernahme der Funktion als Hauptstadt des ersten sozialistischen Staates der Welt wurde Moskau das Zentrum einer Musterregion der sozialistischen Industrialisierung. Dafür wurden sowohl die traditionellen Industriekomplexe ausgebaut als auch – inbesondere ab den 1930er Jahren – neue Großbetriebe der Schwer- und Rüstungsindustrie geschaffen. Auf dem Wege zu einer „Hauptstadt des Weltproletariats", die sehr rasch den Beweis der Stärke und Überlegenheit des Sozialismus zu erbringen hatte, wurden riesige Ressourcen und Mittel in Moskau zum Aufbau von Industriekombinaten und Forschungsinstituten mit nationaler Bedeutung konzentriert.

Die extensive Ausbreitung der Industriezonen führte zu einem enormen Flächenverbrauch bei einer gleichzeitig geringen Intensität ihrer Nutzung. Ende der 1970er Jahre nutzten die Betriebe lediglich etwa 30 - 35 % ihrer Flächen tatsächlich (GLUSCHKOWA 1999). Die Industriegebiete der inneren Peripherie sind räumlich sehr ungleich verteilt. 39 % aller Industrieflächen entfallen auf den südlichen und südöstlichen Stadtbezirk. Hier wurden die großen Kombinate angesiedelt, in denen mitunter jeweils mehr als 70.000 Beschäftigte arbeiteten. Die Ausdehnung einzelner Industriezonen betrug teilweise mehr als 300 ha. Die Großbetriebe waren einst Herzstücke der sowjetischen Industrialisierung, und solche Betriebe wie SIL, ASLK (Fahrzeugbau, Rüstungsindustrie) oder Serp i Molot (Maschinenbau) hatten immer eine sehr hohe Symbolkraft als Errungenschaft der sozialistischen Modernisierung und Industrialisierung.

Die Deindustrialisierung Moskaus während der 1990er Jahre wirkte sich auf die großen Industriekombinate in besonders problematischer Weise aus. Viele der Industriezonen sind seitdem von starken Deinvestitionsprozessen und Zerfallserscheinungen betroffen. Dies ist verbunden mit einem massiven Rückgang der Beschäftigtenzahlen und starken Produktionseinbrüchen. Die (statistisch erfassbare) Abnahme der Beschäftigung betrug während der 1990er Jahre in einigen Betrieben mehr als 50 %, vereinzelt auch mehr als 70 %.[3] Die großen Unternehmen, insbesondere der Rüstungsindustrie, des Maschinen- und Fahrzeugbaus, gehören nach wie vor zumeist dem Russischen Staat. Obwohl viele der Betriebe als ökonomisch tot gelten können, bestehen sie aus politischen Gründen weiter und befinden sich in völliger Abhängigkeit von staatlichen Unterstützungsleistungen. Ihre Liquidierung gilt als politisch nicht opportun, denn die Betriebe sind nicht nur Arbeitsorte, sondern bürokratische Organisationen und soziale Organismen. Die Betriebsflächen und baulichen Anlagen werden jedoch vielfach durch neu entstandene Kleinbetriebe genutzt, deren Mieten oftmals die einzige Einnahmequelle der Großbetriebe darstellen. Viele Beschäftigte sind lediglich formal Angestellte des Betriebes, die ihre tatsächlichen Einkommen aus anderen Tätigkeiten beziehen. Eine Vielzahl von Produktionsbetrieben wurden geschlossen. Anderen Unternehmen gelang eine erfolgreiche Umstrukturierung, eine Diversifizierung ihrer Produktion und eine Revitalisierung. Dies betrifft vor allem Unternehmen der Nahrungs- und Genussmittelindustrie, der pharmazeutischen und der Baumaterialienindustrie.

Die weitere Entwicklung der Industriegebiete der inneren Peripherie erweist sich aus eigentumsrechtlichen Gründen als sehr problematisch, da in vielen Fällen eine weitgehende Unklarheit darüber herrscht, wer über die Flächen, insbesondere der Großbetriebe, die der Russischen Föderation unterstehen, eigentlich verfügt. Die Betriebsflächen werden in Moskau durch die Administration als Eigentum der Stadt behandelt. Bis heute existiert keine genaue und rechtlich gesicherte Abgrenzung des Eigentums an Grund und Boden zwischen der Föderation und der Stadt. Entsprechende Konflikte gibt es daher zwischen den föderationsstaatlichen und städtischen Behörden um die Verfügung dieser Flächen, die eine wichtige Quelle für Privatisierungserlöse, Pachten und Steuern darstellen. Auch bei jenen Flächen, deren Verfügungsrecht geklärt ist, gestaltet sich eine Inwertsetzung durch private Investoren schwierig. Zwar wurde inzwischen ein föderales Bodengesetz verabschiedet, das den Bodenerwerb gewerblicher Flächen auf eine gesamtstaatlich abgesicherte gesetzliche Grundlage stellt, doch ist die rechtliche Ausgestaltung des Mechanismus des Bodenerwerbs in Moskau noch nicht erfolgt. Der Erwerb von Nutzungsrechten an einem Grundstück geschieht bisher durch den Kauf langfristiger Pachtrechte. Ein weiteres schwerwiegendes Problem sind die Altlasten auf den Industrieflächen, für die in der Regel keine rechtliche Entlastung gewährt wird.

---

[3] *SIL* hatte zu sowjetischer Zeit über 70.000 Beschäftigte, im Jahre 2001 waren es noch 22.000, das Unternehmen *Serp i Molot* verringerte seine Beschäftigtenzahlen von 30.000 - 40.000 Beschäftigte auf derzeit 10.000.

Die bodenrechtlichen Probleme haben jedoch nur einen geringen Einfluss auf die Vermietung der Flächen an andere Nutzer durch den jeweiligen Betrieb. Bedeutende Einnahmen erzielen die Industrieunternehmen in erster Linie durch Aktivitäten in nichtproduzierenden Bereichen, etwa durch die Vermietung und Verpachtung ihrer Flächen an Kleinbetriebe. Hier entstehen neue Lager- und Handelsflächen, Baumärkte, Speditionen und Werkstätten. So befindet sich etwa ein Drittel der Kleinbetriebe des südlichen Stadtbezirks auf den Territorien von Großbetrieben, die dem Russischen Staat gehören. Die politischen Rahmenbedingungen und die ungeklärten eigentums- und bodenrechtlichen Verhältnisse tragen somit dazu bei, dass viele der Industrieflächen gewöhnlich Standorte von Low-Level-Investitionen sind, während investitionsintensive Standortentwicklungen vorwiegend neue Flächen auf der grünen Wiese bevorzugen.

Von Seiten der städtischen Administration werden langfristige Planungen für die weitere Nutzung der Industrieflächen entwickelt (*Fig. 1*). Im Jahre 1998 wurde in Moskau eine Kommission für die Restrukturierung der Industrieflächen gegründet. Der Moskauer Generalplan von 1999 sieht eine Gewinnung von Flächenreserven für den Dienstleistungssektor und den Wohnungsbau durch den Rückbau der Industriegebiete innerhalb der kompakten Stadt und in einigen Stadtteilen der inneren Peri-

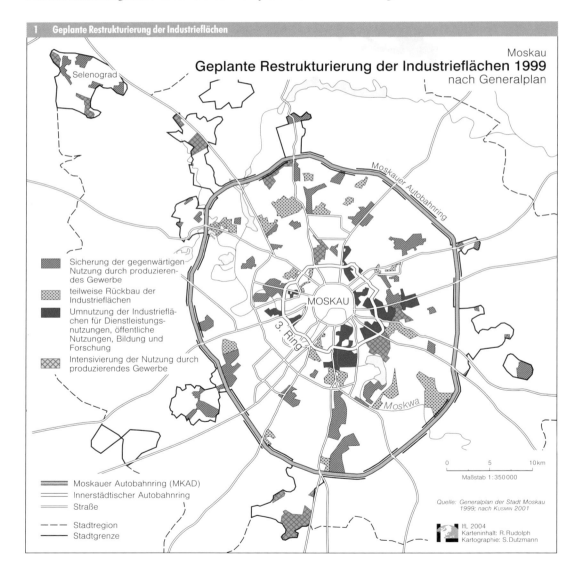

1 Geplante Restrukturierung der Industrieflächen

Moskau
Geplante Restrukturierung der Industrieflächen 1999
nach Generalplan

Selenograd

Moskauer Autobahnring

MOSKAU

3. Ring

Moskwa

Sicherung der gegenwärtigen Nutzung durch produzierendes Gewerbe

teilweise Rückbau der Industrieflächen

Umnutzung der Industrieflächen für Dienstleistungsnutzungen, öffentliche Nutzungen, Bildung und Forschung

Intensivierung der Nutzung durch produzierendes Gewerbe

Moskauer Autobahnring (MKAD)
Innerstädtischer Autobahnring
Straße
Stadtregion
Stadtgrenze

0   5   10km
Maßstab 1:350 000

Quelle: Generalplan der Stadt Moskau 1999; nach KUSMIN 2001

IfL 2004
Karteninhalt: R. Rudolph
Kartographie: S. Dutzmann

pherie vor (Kusmin 2001). Die Stadtbezirke erarbeiten eigene langfristige Konzeptionen für deren weitere Nutzung. Eines der wichtigsten Planvorhaben ist die langfristige Umsiedlung von Produktionsbetrieben aus dem Zentralen Stadtbezirk an die Peripherie und die Umnutzung der Industrieflächen in relativer Nähe zur kompakten Stadt zu Wohn- und Einzelhandelsflächen.[4] Die bisher realisierten Auslagerungen von Industriebetrieben an die Peripherie sind jedoch Einzelfälle, die Flächengewinnung erfolgt in erster Linie durch die Aufgabe von Betrieben und deren Abriss. Mit dem Bau des neuen innerstädtischen Autobahnrings (3. Ring) verfolgt die Moskauer Administration neben der verkehrlichen Entlastung

2 Neues Geschäftszentrum an der Metrostation „Sawelowskaja"

Die ehemalige Textilfabrik an der Metrostation „Sawelowskaja" im nördlichen Stadtbezirk wurde zu einem modernen Gebäudekomplex entwickelt, in dem sich kleinere Firmen der Computerbranche, Büros und Ateliers ansiedeln. Das Geschäftszentrum bietet Büro- und Produktionsflächen an und besteht aus 11 Gebäuden mit einer Gesamtfläche von ca. 30.000 m².
Foto: Brade 2001

des Zentrums und der besseren Anbindung der peripheren Wohngebiete das Ziel, das Investitionspotenzial der angrenzenden Territorien zu erhöhen. Derzeit gibt es Planungen für die Entwicklung verschiedener Handels- und Geschäftszentren sowie Freizeiteinrichtungen entlang des Rings (Kaljanina 1999). Dies bietet der Stadt die Möglichkeit der Umnutzung und Entwicklung von 130 km² untergenutzter Flächen innerhalb des Eisenbahnrings, davon 50 km² Altindustrieflächen. Der 3. Ring ist als potenzieller Ansiedlungsraum für Büro- und Geschäftszentren und als Entlastungszone für das Stadtzentrum vorgesehen.

Erfolgreiche Umnutzungsprojekte von Brown-Field-Flächen, die durch privates Kapital zu neuen Dienstleistungsstandorten entwickelt wurden, sind Ausnahmen und in ihrer Dimension eher kleiner mit einer Nutzfläche bis etwa 30.000 m². Sie befinden sich an infrastrukturell gut erschlossenen Standorten in unmittelbarer Nähe zur kompakten Stadt und betreffen vor allem ehemalige Fabrikanlagen der vorrevolutionären Zeit, die in Wohngebiete integriert und gut erreichbar sind (*Fig. 2*).[5]

3 Moskwa City – Moskaus neues Zentrum am Rande der kompakten Stadt

Das derzeit einzige Beispiel einer großflächigen Brown-Field-Entwicklung ist das Projekt „Moskwa City" im westlichen Randbereich der kompakten Stadt, noch auf der dem Stadtzentrum zugewandten Seite des 3. Rings gelegen (*Fig. 3*). Auf einem Gelände von 110 ha sollen bis zum Jahre 2015 etwa 2,5

---

[4] So sollen etwa die Industriegebiete *SIL, ASLK* und *Serp i Molot* (südlicher und südöstlicher Stadtbezirk) restrukturiert und teilweise umgenutzt werden. Auf den Betriebsflächen von *Serp i Molot* ist ein neues Wohngebiet geplant, zwischen den noch verbleibenden Fabriken und den Wohngebieten soll eine Schutzzone entstehen. Verbindliche Entscheidungen über das Schicksal der Großbetriebe gibt es jedoch noch nicht.
[5] So gibt es in der Nähe der Metrostation „Tulskaja" im Umfeld des zukünftigen 3. Rings ein Industriegebiet (Pawelezker Industriezone) mit 15 Betriebe, von denen sich lediglich fünf in einer ökonomisch stabilen Situation befinden. Auf dem Territorium einer ehemaligen Fabrik für Landwirtschaftsmaschinen wurde ein Bürogebäude mit einer Geschossfläche von 20.000 m² entwickelt, weiterhin wurde eine ehemalige Fabrik für Keramikfliesen für Freizeiteinrichtungen umgenutzt. Eine Brown-Field-Entwicklung ist auch das Büro- und Geschäftszentrum am Spartakowsker Platz in der Nähe der Metrostation „Baumanskaja", dessen Nutzfläche ca. 14.000 m² beträgt. Vorher befand sich auf dem Gelände eine Autowerkstatt.

Millionen m² Nutzfläche für Büros, Geschäfte, öffentliche Verwaltungen, Wohnen, Hotels und Freizeiteinrichtungen entstehen (JLL 1999).[6]

Erste Überlegungen zur Entwicklung eines internationalen Handels- und Ausstellungszentrums am Krasnopresnensker Ufer gab es bereits am Ende der 1970er Jahre auf Initiative des damaligen Ministerpräsidenten der UdSSR Kossygin. Die Pläne wurden während der 1980er Jahre nicht umgesetzt. Erst am Ende der Dekade wurde die Idee der Entwicklung eines Büro- und Geschäftszentrum erneut aufgegriffen. Anfang der 1990er Jahre begann man im westlichen Teil des zentralen Stadtbezirks auf einem Gelände, auf dem sich in 4,5 km Entfernung vom Kreml eine Industriefläche mit einer Asphalt- und einer Betonfabrik so-

wie eine Müllhalde befanden, mit der Realisierung des Projekts unter dem Namen Moskauer Internationales Geschäftszentrum (*Moskowskoi Meshdunarodnoi Delowoi Zentr*) oder *Moskwa City*. Die Stadt führte umfangreiche Abriss-, Entsorgungs- und Erschließungsmaßnahmen durch, die bis heute andauern. Geplant sind infrastrukturelle Vorleistungen durch den städtischen Haushalt im Umfang von insgesamt 2 Mrd. US-$. Neben der technischen Infrastruktur zur Erschließung der Grundstücke gehören dazu auch eine Metroanbindung zum Kiewer Bahnhof, eine Schnellbahnverbindung zum internationalen Flughafen Scheremetjewo und ein neuer Fernbahnhof, der „Eurobahnhof":

Bis 1995 nahm Moskwa City in den städtebaulichen Entwürfen des städtischen Planungsunternehmens *Mosprojekt 2* Gestalt an. Die kühnen Ambitionen der Stadtpolitiker und architektonischen Fantasien der Planer äußerten sich in einer Ansammlung von Bürotürmen, die die Silhouette von Moskau markant verändern würden. Der höchste Turm sollte 645 m erreichen (*Fig. 4*).

Große strategische Investoren blieben zunächst jedoch aus. Zwar gab es Vorverträge mit einigen international orientierten japanischen und koreanischen Unternehmen, gebaut wurde aber bis zur 850-Jahr-Feier Moskaus im Jahre 1997 lediglich eine zweigeschossige geschlossene Fußgängerbrücke mit Boutiquen als eigene Investition der Stadt und der Firma *OAO Siti*, die für das gesamte Projektmanagement zuständig ist. Wichtigster Investor blieb zunächst die Moskauer Administration, die nicht nur die Mittel für die Erschließung und die Errichtung der technischen Infrastruktur bereitstellte, sondern sich auch am Bau des ersten Bürohochhauses auf der östlichen gegenüberliegenden Seite der

[6] Viele der hier getroffenen Aussagen beruhen auf Interviews mit Vertretern der Aktiengesellschaft *OAO Siti*, der Projektentwicklungsgesellschaft von Moskwa City (Konstantin Gaase, Anton Fetisow und Alexander Krutow) im März 2000, November 2001 und Juni 2002.

Moskwa, des „Baschnja 2000" mit 34 Geschossen beteiligte. Im Jahre 1998 wurde der symbolische Grundstein für den Baubeginn der City gelegt. Der Hintergrund hierfür war die Beteiligung der Bankengruppe SBS Agro als Großinvestor (POPOWA 1999). Einen schweren Rückschlag erfuhr das gesamte Projekt mit der russischen Finanzkrise vom August 1998. Der Bankensektor wurde von der Krise stark getroffen, darunter die SBS Agro, ausländische Investoren warteten ab oder stellten ihre Investitionstätigkeit ganz ein.

Die makroökonomischen Folgen der Krise waren im Wesentlichen im Jahre 2000 überwunden,

4 Städtebaulicher Entwurf der Moskwa City

Entwurf: OAO Siti

5 Der erste Büroturm der Moskwa City

Die Büroflächen von 20 000 m² wurden hauptsächlich an russische Banken und Investmentfirmen vermietet, sie wurden nicht auf dem freien Immobilienmarkt angeboten. Die Mieten bewegten sich im Jahre 2002 zwischen 410 und 470 US-$/m²/Jahr.
Foto: RUDOLPH 2000

doch änderten sich die Zusammensetzung der kapitalgebenden Gruppen sowie die planerischen Zielsetzungen in den nachfolgenden Jahren. Die gigantischen Entwürfe der ersten Planungsphase wurden zugunsten kleinerer und flexiblerer Vorhaben aufgegeben. Renommierte ausländische Planungs- und Architekturbüros sollten sich an den Entwürfen beteiligen. Die gesamte Bauphase wurde zeitlich gestreckt. Die derzeit wichtigsten Investoren sind der russische Erdgasmonopolist *Gasprom* und einige Unternehmen der Ölindustrie, die sich in zunehmendem Maße am lukrativen Moskauer Immobilienmarkt beteiligen. Allerdings wurde die Moskwa City als neuer Bürostandort weder von in- noch von ausländischen Investoren bisher angenommen. Die Investitionen erfolgen vor allem in solche Bereiche, die gegenwärtig die höchsten Renditen erwarten lassen: Hotels, kleinere *Shopping Malls*, ein Freizeitzentrum und gemischte Immobilien (*Fig. 5*).

Realisiert wird derzeit die „Park City", der zentrale Teil des Geländes mit einer unterirdischen Passage und einem Metrobahnhof. Vereinbarungen zwischen der Moskauer Administration, der Betreibergesellschaft des internationalen Flughafens Scheremetjewo und dem Ministerium für Transport und Verkehr gibt es ebenfalls für den Bau der Schnellbahnverbindung bis zum Jahre 2007, die von der „City" zum „Platz der drei

Bahnhöfe", einem wichtigen Verkehrsknotenpunkt, und weiter zum Flughafen führt. Längerfristig soll die Schienenverbindung von Moskwa City auch zu den anderen Flughäfen ausgebaut werden.

Bis zum Jahre 2002 blieb das Territorium der Moskwa City ein *no place*, ein schwer erreichbares, von einigen Baugruben zerwühltes Gelände. Um die Entwicklung des Standorts voranzutreiben, begann die Administration mit den Planungen zur Errichtung eines großen Verwaltungskomplexes für den Bürgermeister und seinen Apparat sowie das Stadtparlament (*gorodskaja duma*). Die städtischen Behörden, die sich bisher auf verschiedene Gebäude im Stadtzentrum verteilen, sollen hier konzentriert werden (SHARKOW 2003). Ein erster städtebaulicher Wettbewerb wurde 2002 durchgeführt (BYTSCHKOWA 2002). Auch weiterhin bleibt die städtische Administration der wichtigste Investor. Vor allem um ausländische Investoren für die „City" zu gewinnen, wurde 1999 die restriktive Moskauer Gesetzgebung hinsichtlich des Grund und Bodens geändert und ein spezielles Gesetz erlassen. Entgegen der gängigen Praxis des Erwerbs der Pachtrechte und der Verpachtung des Bodens für einen Zeitraum von 49 Jahren eröffnet das Gesetz die Möglichkeit des Erwerbs der Eigentumsrechte durch den Investor. Moskwa City wurde mit einem speziellen Bodenrecht und einer Reihe von Steuer- und Zollvergünstigungen für Investoren zum Sonderrechtsbezirk innerhalb Moskaus (DMITRIJEW 2000; DP 2001).[7]

4 Akteure und Institutionalisierung

Nach dem Zerfall der Sowjetunion verschob sich die Entscheidungsmacht in Bezug auf städtische Entwicklungsprojekte in Moskau vor dem Hintergrund eines kollabierenden Gesamtstaates zugunsten lokaler Akteure. Moskwa City wurde – entgegen den ursprünglichen Planungen der 1970er Jahre – als Projekt der Moskauer Administration konzipiert. 1991 bestätigte der Stadtrat (*Mossowet*) die städtebauliche Konzeption für das Entwicklungsgebiet, gleichzeitig wurde ein eigenes Finanzierungsmodell geschaffen, da eine Finanzierung aus dem Staatshaushalt nicht mehr zu erwarten war. Ein Jahr später wurde eine privatwirtschaftlich organisierte Entwicklungsgesellschaft gegründet (*OAO Siti*), die die Koordinierung der Investitionsprojekte gewährleisten soll. Diese Aktiengesellschaft übernahm die Pachtrechte für den Grund und Boden. Die eigentlichen Gebäude sollen jedoch durch private Investitionen realisiert werden. So ist bei der Realisierung einiger gegenwärtiger Projekte, wie des Einkaufszentrums „Park City" im zentralen Teil des Gebietes, maßgeblich Investitionskapital der Erdgas- und Erdölgesellschaften beteiligt.

Die Entwicklung des Großprojekts Moskwa City veranschaulicht einige ambivalente Facetten der postsowjetischen Stadtentwicklung Moskaus. Der Gedanke, eine ganze Bürocity am Rande der kompakten Stadt zu entwickeln, erscheint vor dem Hintergrund des krassen Büroflächendefizits, der extrem hohen Büromieten und des einsetzenden Baubooms in der Innenstadt am Anfang der 1990er Jahre als eine logische Folgerung zum Abbau eines funktionalen Mangels.[8] Die Sanierung und Umwandlung der innenstadtnahen Industrieflächen und deren Inwertsetzung für den expandierenden Dienstleistungssektor ist auch erklärtes Ziel des neuen Generalplanes und erscheint als eine sinnvolle Strategie der Flächenrevitalisierung und nachhaltigen Stadtentwicklung. Die Dimensionen und die starke Steuerung des Projekts von Seiten der Administration offenbaren jedoch Intentionen der beteiligten Akteure, die weit über die funktionale Absicht hinausgehen.

Die Moskauer Administration, die mit sehr einflussreichen Finanzgruppen Russlands verbunden ist, dokumentiert mit dem Bau der Moswka City den Weltstadtanspruch Moskaus. Sich als glanzvolle Global City zu präsentieren, legitimiert viele städtebauliche Großprojekte Moskaus, deren Nutzen für die Weiterentwicklung der städtischen Lebensqualität und Infrastruktur unbestritten ist, die jedoch

---

[7] Als „TEOS" (*Territorialnaja jediniza s osobym statusom* = Territoriale Einheit mit besonderem Status) gelten in Moskau lediglich Moskwa City und Selenograd. Das Moskauer Gesetz „Über die territoriale Einheit mit einem besonderen Status" ermöglicht den Erwerb von Bodeneigentumsrecht durch juristische Personen.

[8] Anfang der 1990er Jahre gehörte Moskau zu den Städten mit den höchsten Büromieten weltweit. In guten Lagen innerhalb des Stadtzentrum erreichten die Mieten 800 - 1.000 US-$/m[2] und Jahr. Dem Mieter wurden, auch aufgrund des fehlenden Kapitalmarktes, üblicherweise ein bis zwei Jahresmieten bereits bei Vertragsunterzeichnung abverlangt (RUDOLPH et al. 2001; RUDOLPH 2001).

gleichzeitig eine starke symbolische Aufladung erfahren. Die neuen Großprojekte, die von der Moskauer Administration initiiert und aktiv gefördert werden, sollen den Umbau Moskaus zu einer international wettbewerbsfähigen Geschäfts- und Dienstleistungsmetropole voranbringen und gleichzeitig den Aufbruch in eine neue Zeit symbolisieren. Moskwa City ist Symbol des zukünftigen Moskau als Antithese zum Kreml und als international bedeutender Finanzplatz. Die Pariser Bürocity La Defénse gilt als Vorbild für Moskwa City (POPOWA 1999). Einer anderen Interpretation zufolge sollte sich der Standort zu einem Verbindungsglied zwischen dem Londoner und Tokioter Börsenplatz entwickeln (DP 2001). International vermittelte Leitbilder einer „Metropole von globaler Bedeutung" und deren räumliche Manifestation als „Bürocity" spielten neben ökonomischen Überlegungen eine äußerst wichtige Rolle bei den Planungen (RUDOLPH et al. 2001). Der Verweis auf die Global-City-Funktionen Moskaus und die Verwendung des Leitbildes La Défense zeugen vom Anspruch der führenden Moskauer Politiker, Standort einer Headquarter-Ökonomie zu werden. Bis heute ist Moskwa City ein erstrangiges Prestigeobjekt der Moskauer Administration um den Bürgermeister Luschkow.[9]

5 Perspektiven der Entwicklung

Große Investitionen zur Entwicklung neuer Produktions- und Dienstleistungsstandorte finden bisher vorwiegend an „unverbrauchten" Orten innerhalb der Stadtregion statt. Dagegen bleiben die alten Industrie- und Gewerbeflächen in der metropolitanen Peripherie vielfach Standorte der zentralistisch administrierten Großbetriebe sowjetischen Typs, die sich zumeist in einer ökonomisch äußerst schwierigen Situation befinden. Diese Flächen werden von langfristigen Investitionsentwicklungen kaum berührt und bleiben bevorzugte Ansiedlungsräume neuer Kleinbetriebe mit einem niedrigen Investitionsniveau. Vorwiegend kleinere Fabrikgebäude und Gewerbeobjekte aus der Zeit der vorrevolutionären Industrialisierung in oder in der Nähe der kompakten Stadt werden zu Handels- und Dienstleistungsflächen umgenutzt.

Der Bau von Moskwa City als nachhaltiger Umnutzungsprozess einer alten Industriefläche am Rande der kompakten Stadt ist eine Ausnahme. Die Entwicklungsgeschichte des Standorts, die mit einer starken politischen Steuerung verbunden ist, ist kennzeichnend für die Strategie großer Metropolen, mit Hilfe eines spektakulären Großprojekts sämtliche Kräfte und Ressourcen auf ein sichtbares und zugkräftiges Objekt der Stadterneuerung zu konzentrieren und damit gleichzeitig einen Weltstadtanspruch zu dokumentieren. Hinter seiner Initiierung und Realisierung standen nicht nur ökonomische Überlegungen. Allein die Dimension der „City", deren Einbindung in das funktionale Gefüge der gesamten Stadt und der architektonische Ausdruck der projektierten Gebäude verdeutlichen, dass hier nicht nur ein Entlastungszentrum für Büro-, Geschäfts- und Hotelnutzungen geplant ist. Moskwa City ist ein Prestigeobjekt der Administration und Symbol des „neuen Moskau", die Probleme der riesigen Altindustrieflächen der inneren Peripherie bleiben jedoch bestehen. Typologisch ist der entstehende Büro- und Geschäftskomplex eher eine Cityerweiterung, die sich in den Kontext europäischer innenstadtnaher Bürocities einordnet.

---

[9] Wie sehr die Entwicklung von Moskwa City gesellschaftliche Diskurse aufgreift und Projektionsfläche politischer Leitthemen ist, zeigt die neuerliche Diskussion um den Namen des Geschäftszentrums. Der Vorschlag des Bürgermeisters Luschkow, der Bürocity statt der anglophon klingenden Bezeichnung „City" lieber einen originär russischen Namen zu geben („Weloki Posad", dt. etwa „große Vorstadt"), spiegelt zwar eine Hinwendung zu vermeintlichen „nationalen Wurzeln" wider, ließ sich jedoch nicht durchsetzen (SHARKOW 2003).

Literatur

Bytschkowa, J. (2002): SITI. Kto doschjol do finala? (Die „City": Wer führt sie zu Ende?). In: Argumenty i Fakty, Nr. 44, S. 7.

Dmitrijew, A. (2000): Die Grundlagen der städtischen Bodennutzung in Moskau. http://www.dialit-realty.com/deutsch/regulir_3_11.htm. Abruf: 10.01.03.

DP (Delowoi Peterburg) (2001): Moskwa wsraschtschiwajet delowyje zentry (Moskau zieht Geschäftszentren hoch). In: DP (Delowoi Peterburg), 30.03.01, S. P3.

Gluschkowa, W. G. (1999): Sozialny portret Moskwy na poroge XXI weka (Soziales Porträt Moskaus an der Schwelle zum 21. Jahrhundert). Moskau.

JLL (Jones Lang LaSalle) (1999): The Moscow Fortnight September 1st 1999 - September 15th 1999. Moskau.

Kaljanina, L. (1999): Solotoje kolzo Moskwy (Der goldene Ring Moskaus). In: Expert, 05.04.99, S. 52 - 53.

Kusmin, A. W. (Hrsg.) (2001): Gradostroitelstwo Moskwy: 90-e gody XX weka (Der Städtebau Moskaus in den 90er Jahren des 20. Jahrhunderts). Moskau.

Moskomsem (Prawitelstwo Moskwy – Moskowski semelny komitet) (1998): Doklad o sostojanii i ispolsowanii semel goroda Moskwy (Bericht über den Zustand und die Nutzung des Bodens der Stadt Moskau). Moskau.

Popowa, J. (1999): Manchattengrad. In: Mir sa nedelju, Nr. 7, 09.10.99 - 16.10.99.

Rudolph, R. (2001): Stadtzentren russischer Großstädte im Prozess der Transformation – St. Petersburg und Jekaterinburg. Leipzig (= Beiträge zur Regionalen Geographie, 54).

Rudolph, R., K. Manz u. J. Burdack (2001): Von La Défense nach Moskwa City – Bürocities als Wettbewerbsstrategien europäischer Metropolen. In: Europa Regional, H. 2, S. 58 - 69.

Sharkow, S. (2003): Tekyt inwestizii, krepitsja wlast (Es fließen die Investitionen, die die Administration stärken). In: Nedwishimost Rossii 2003, S. 117 - 122.

Wendina, O. (1994): Moskau: Eine Stadt verändert ihr Gesicht. Köln (= Berichte des Bundesinstitutes für ostwissenschaftliche und internationale Studien 43).

Plaine Saint-Denis – Ein Restrukturierungspol am Stadtrand von Paris

Mirjam Witschke

1 Einleitung

Drei altindustrielle Gebiete in der inneren Peripherie (*petite couronne*) von Paris wurden von der Raumplanung als strategische Restrukturierungszonen hervorgehoben: Das Gebiet Boulogne-Billancourt als ehemaliger Renaultstandort im Südwesten, das altindustrielle Flußtal Seine-Amont zwischen Ivry und Orly im Südosten und die Plaine Saint-Denis im Norden der Ile-de-France. Als industrielles Kerngebiet des Departement Seine-Saint-Denis erlebte die Plaine Saint-Denis in den letzten Jahrzehnten einen dramatischen Niedergang. Heute zeichnet sich das Gebiet jedoch durch eine hohe Wachstumsdynamik und einen markanten Strukturwandel vom schwerindustriellen Produktionszentrum zum Standort für hochwertige Dienstleistungen aus. Die Plaine Saint-Denis ist ein rund 680 ha großes an die Kernstadt Paris angrenzendes Gebiet (*Fig. 1*). Es wird durch die Ringautobahn (*Périphérique*) im Süden, die Seine im Westen und den Kanal Saint-Denis im Osten begrenzt. Administrativ erstreckt sich die Plaine Saint-Denis über das Territorium der drei Kommunen Saint-Denis, Aubervilliers und Saint-Ouen. Das Gebiet ist stark durch öffentlichen Grundbesitz geprägt. Eigentümer sind z.B. die französische Eisenbahngesellschaft SNCF, die Stadt Paris, die Staatskonzerne Electricité de France (EDF) und Gaz de France (GDF), die über 55 % der Gewerbefläche verfügen (Ministère de l'Equipement et du Logement 1996, S. 177). Mit einer steigenden Zahl neuer Büroimmobilien entwickelt sich das zentral gelegene Restrukturierungsgebiet zu einem der dyna-

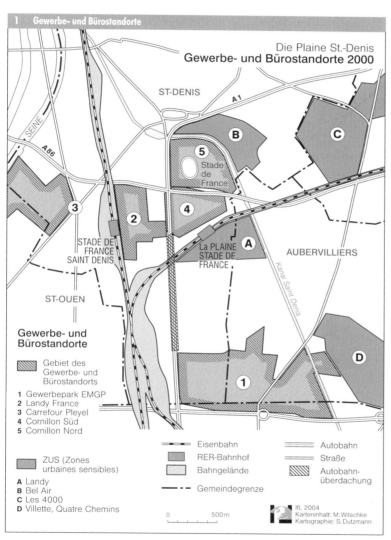

1 Gewerbe- und Bürostandorte

Die Plaine St.-Denis
Gewerbe- und Bürostandorte 2000

ST-DENIS

B

C

5
Stade de France

3

2

4

A

AUBERVILLIERS

STADE DE FRANCE SAINT DENIS

La PLAINE STADE DE FRANCE

Kanal Saint Denis

ST-OUEN

D

1

Gewerbe- und Bürostandorte

Gebiet des Gewerbe- und Bürostandorts

1 Gewerbepark EMGP
2 Landy France
3 Carrefour Pleyel
4 Cornillon Süd
5 Cornillon Nord

ZUS (Zones urbaines sensibles)

A Landy
B Bel Air
C Les 4000
D Villette, Quatre Chemins

Eisenbahn — Autobahn
RER-Bahnhof — Straße
Bahngelände — Autobahnüberdachung
Gemeindegrenze

0   500 m

IfL 2004
Karteninhalt: M.Witschke
Kartographie: S.Dutzmann

2 Bevölkerungsentwicklung der Kommunen			
Kommunen der Plaine-St. Denis	Einwohner 1990	Einwohner 1999	Einwohnerentwicklung 1990-1999 in % pro Jahr
St. Denis	89 988	85 832	-0,52
Aubervilliers	67 557	63 136	-0,75
St. Ouen	42 343	39 722	-0,71
Plaine St. Denis	199 888	188 690	-0,60

Quelle: INSEE 2001

mischsten ökonomischen Pole der Ile-de-France. Während die Einwohnerzahl in den Kommunen noch rückläufig ist (*Fig. 2*), zeigt sich eine Stabilisierung der Arbeitsplatzzahlen (*Fig. 3*).

Die Plaine Saint-Denis wurde anderthalb Jahrhunderte durch industrielle Nutzungen geprägt. Aus der Anpassung an die Bedürfnisse der Industrie resultierte eine Zerschneidung des Territoriums durch Verkehrslinien, die mit dem Bau der Autobahnschneise A1 entlang des *Boulevard Président Wilson* Mitte der 1960er Jahre ihren Höhepunkt erreichte (BACQUÉ 1998). Die Plaine Saint-Denis besteht zu fast drei Vierteln aus gewerblich genutzten Flächen, davon sind ein Drittel Verkehrsanlagen. Ein Großteil der Flächen sind als Stadterneuerungszonen (ZAC) ausgewiesen, auf denen umfangreiche Gewerbe- und Büroimmobilienprojekte realisiert werden. Ein wesentlicher Standortfaktor ist das im Vergleich zu anderen innenstadtnahen Standorten relativ günstige Mietpreisniveau. In den letzten Jahren sind allein in der Gemeinde Saint-Denis rund 225.000 m² neue Büroflächen entstanden (Insignia Bourdais 2001, S. 20).

2 Entwicklung des Restrukturierungspols

Die zwischen den beiden Städten Paris und Saint-Denis gelegene Ebene wurde bis zu Beginn des 19. Jahrhunderts fast ausschließlich landwirtschaftlich genutzt. Aufgrund günstiger Standortvoraussetzungen sowie der Inbetriebnahme wichtiger Transportwege – wie des Kanals St. Denis im Jahre 1821 und der Bahnlinie nach Flandern 1864 – setzt gegen Ende des 19. Jahrhunderts eine rasche Industrieentwicklung ein. Die Identität der Plaine Saint-Denis war über ein Jahrhundert ausschließlich durch die Industrie geprägt. Rund 50.000 Menschen waren in den Gasfabriken, Produktionsstätten der Eisenherstellung und -verarbeitung, der Chemie-, Textil- und Glasindustrie tätig (LOMBARD-JOURDAN 1994, S. 177, AMC 2000). In den 1960er Jahren machten

3 Beschäftigtenentwicklung

Plaine St. Denis/St. Denis
Entwicklung der Zahl der sozialversicherungspflichtig Beschäftigten 1994-2000

IfL 2004
Inhalt: J. Burdack
Grafik: S. Dutzmann

Quelle: nach BERTHO et al. 1996

ten sich erste Abwanderungstendenzen bemerkbar, die durch die einsetzende Strukturkrise der traditionellen Industrien noch verstärkt wurden (IAURIF 1994, S. 1). Der Niedergang des traditionellen Industriestandorts spiegelt sich besonders im Rückgang der Industriebeschäftigung wider: Während 1962 noch 48 % der erwerbstätigen Bevölkerung von Saint-Denis in der Industrie arbeiteten, sank dieser Anteil stetig auf 35 % im Jahre 1974, 26 % im Jahre 1982 und nur noch 18,6 % Anfang der 1990er Jahre (BERTHO 1995, S. 147). Im Zeitraum 1982 bis 1990 gingen 14.000 Arbeitsplätze in der Industrie und im Baugewerbe verloren (INSEE 1994, S. 2). Von den 39 Großbetrieben (> 200 Beschäftigte), die Mitte der 1970er Jahre noch in der Plaine ansässig waren, ist kaum ein Unternehmen verblieben. Eine Ausnahme stellen staatliche Unternehmen dar, die ihre Betriebsgelände für Lager- und Logistikzwecke nutzen. Brachflächen, Altlasten, leer stehende und verfallende Industriegebäude und eine Vielzahl von Verkehrsflächen prägen bis heute das Bild. Mit der wachsenden Anzahl an Industriebrachen – über 200 ha Ende der 1980er

Jahre – sowie dem anhaltenden Verlust an Arbeitsplätzen verstärkte sich der Handlungsdruck auf die lokalen Entscheidungsträger (Mouchel 2001, S. 2). Aus diesem Zwang heraus entstand 1985 die Initiative *Syndicat intercommunal Plaine Renaissance*. Dieser Zusammenschluss zwischen den Gemeinden St. Denis, St. Ouen, Aubervilliers und dem Departement Seine-Saint-Denis versuchte, sich von der industriellen Identität zu lösen, und setzte sich die wirtschaftliche, soziale und städtebauliche Restrukturierung zum Ziel. Die Initiative bewirkte erste Entwicklungsimpulse zur Revitalisierung und erarbeitete gemeinsame Leitvorstellungen für die zukünftige Entwicklung des Restrukturierungsgebiets.

Ein zweiter wichtiger Entwicklungsschritt war der Bau des Nationalstadions für die Fußballweltmeisterschaft 1998 in der Plaine Saint-Denis (*Fig. 4*). Die Entscheidung war neben dem Stadionbau mit enormen staatlichen Investitionen von 3 Mrd. FF (ca. 460 Mio. Euro) in die infrastrukturelle Erschließung und Überdachung der Autobahn A1 verknüpft (AMC 2000). Die Investitionen verbesserten insbesondere die Erreichbarkeit der Plaine innerhalb der Ile-de-France und stärkten somit ihre Standortqualität für Unternehmensansiedlungen. Parallel dazu fiel der Entschluss, die Abteilung Energie-Produktion-Transport des Staatsunternehmens EDF (Electricité de France) mit 2.500 Mitarbeitern von Paris zum Standort Pleyel zu verlagern. Mit der Erholung der Konjunktur und Wiederbelebung des Immobilienmarkts setzt der Wendepunkt in der Entwicklung der Plaine Saint-Denis ein. Verstärktes Investitionsinteresse zeigten zunächst ausländische – meist US-amerikanische – Immobilienkonzerne auf der Suche nach interessanten Spekulationsobjekten u.a. für Pensionsfonds. Der Durchbruch zum Bürostandort vollzog sich nach der Fußballweltmeisterschaft im Juli 1998. Der *„effet coup du monde"* bewirkte vor allem eine Imageverbesserung der Plaine Saint-Denis als Unternehmensstandort und beschleunigt die „Take-off"-Phase.

4 Stade de France

Foto: Witschke 2001

Insbesondere Immobilienunternehmen und Projektentwickler beurteilten die Plaine Saint-Denis als Bürostandort mit starkem Wachstumspotenzial. Die positive Einschätzung in Verbindung mit der anziehenden Wirtschaftsentwicklung Ende der 1990er Jahre führt zu einem raschen Anstieg der Investitionstätigkeit. In dem Zeitraum von Januar 2000 bis Juni 2001 verzeichnet die Plaine Saint-Denis allein im tertiären Sektor ein Investitionsvolumen von 1 Mrd. Euro (Mouchel 2001, S. 11). Darüber hinaus wirken sich Push-Faktoren, wie die zunehmende Engpasssituation und die hohen Preise innerstädtischer und innenstadtnaher Standorte begünstigend auf die Entwicklungsdynamik der Plaine Saint-Denis aus. Größere Flächen und ein deutlich niedrigeres Mietpreisniveau im Vergleich zu den fast dreimal so hohen Mietpreisen in Paris oder La Défense (600 - 900 Euro/m²/Jahr vs. 180 - 270 Euro/m²/Jahr) sind entscheidend für viele Unternehmensverlagerungen. So treten in den letzten Jahren – anstatt der anfänglich spekulativen, eher kurzfristigen Interessenten – zunehmend langfristige Investoren, die eine gewisse Stabilität der Entwicklungsdynamik garantieren. Unternehmensansiedlungen konzentrieren sich insbesondere in der Nähe des Stadions, wo sich in den letzten Jahren z.B. der Hauptsitz von *Védior Bis* (550 Arbeitsplätze), eine der größten französischen Personalvermittlungsfirmen, der Fernsehsender *Canal Plus* (500 Arbeitsplätze) und das nationale Institut für Normung *AFNOR* (600 Arbeitsplätze) niedergelassen haben. Langfristig wird ein Anstieg des Gewerbeflächenangebots auf 1 Mio. m² erwartet (Plaine Commune 2002a). Das Büro- und Gewerbeflächenangebot der Plaine Saint-Denis konzentriert sich vor allem auf die Standorte *Pleyel, Cornillon Nord et Sud, Landy France* und *Boulevard Président Wilson/EMGP-Porte de Paris*.

- *Bürostandort Carrefour Pleyel*

Der etwas abseits liegende Bürostandort ist während des Immobilienbooms der 1980er Jahre entstanden. Zentrum des Standorts ist ein schon Mitte der 1970er Jahre realisierter Büroturm, der 37-stöckige

Tour Pleyel. Mit der Niederlassung des staatlichen Energiekonzerns EDF – der größte Arbeitgeber der Plaine Saint-Denis – Anfang der 1990er Jahre erfuhr der Standort eine Aufwertung. So haben sich einige Banken dort niedergelassen. Auch Siemens France hat seine bereits in den 1970er Jahren gegründete Unternehmensniederlassung sukzessive erweitert. Mit der Ausweisung der ZAC *Pleyel Libération* ist eine Erweiterung des Standorts in Richtung Westen geplant, bei der weitere 135.800 m² Büro- und Gewerbeflächen entstehen sollen (Plaine Commune 2001). Rund um den Bürostandort Pleyel sind einige Banken mit ihrem Hauptsitz wie die *Banque Populaire de la Région Nord de Paris* mit 350 Beschäftigten oder mit Regional- und Zweigstellen vertreten (*Société Générale, Crédit Lyonnais, Banque Nationale de Paris, Caisse d'Épargne, Banque de France*) (Plaine Commune 2002b, S. 17).

- *Stadionviertel: Cornillon Nord et Sud*

Mit dem Stadionbau für die Fußballweltmeisterschaft 1998 wurde das verkehrlich hervorragend erschlossene Umfeld des Stadions neu gestaltet und Gewerbezonen ausgewiesen. Rund um das Stadion (*Cornillon Nord*) entstanden Bürokomplexe, Freizeit- und Einzelhandelseinrichtungen, z.B. das größte Decathlon-Sportgeschäft Europas (140 Beschäftigte), ein Multiplex-Kino und mehrere Hotels. Südlich der Autobahn A 86 entstehen in der Gewerbezone ZAC *Cornillon Sud* weitere Bürogebäude. Insgesamt sollen dort in naher Zukunft 143.710 m² Büro- und Gewerbeflächen realisiert werden. Angesiedelt haben sich bereits namhafte Unternehmen wie Mercedes Benz France, Panasonic France (Distribution), Vedior Bis (Personalvermittlung) und Damier (Büroausstattung) (Plaine Commune 2001).

- *Projekt Landy France*

Der Bürostandort *Landy France* in unmittelbarer Nähe des Nahverkehrsbahnhofs *Stade de France/St. Denis* der RER-Linie D gehört zu den ehrgeizigsten Projekten zur Restrukturierung der Plaine Saint-Denis. Schon in den 1980er Jahren war ein derartiges Projekt angedacht, jedoch wurde es erst Ende der 1990er Jahre in Angriff genommen. Auf einer der größten Baustellen der Ile-de-France mit einem Investitionsvolumen von 460 Mio. Euro entstehen 177.000 m² Bürofläche, 400 - 500 Wohnungen, 42.000 m² Gewerbe- und Geschäftsflächen, Sporteinrichtungen und öffentliche Grünanlagen in zentraler Lage (Saint-Denis Promotion 2002, S. 1). Sieben moderne fünf- bis sechsstöckige Bürokomplexe, die auf ca. 8.000 Arbeitsplätze ausgerichtet sind, werden dort von internationalen Projektentwicklern realisiert (Plaine Commune 2001).

- *Avenue du Président Wilson/Gewerbepark EMGP-Portes de Paris (Fig. 5)*

Die historische Verbindungsstraße zwischen Paris und Saint-Denis – die *Avenue du Président Wilson* – war bis zum Jahre 1997 durch die sechsspurige Autobahn A 1 (*Autoroute du Nord*) in zwei Hälften geteilt. Mit dem Stadionbau wurde die Autobahn überdacht und darauf Grünflächen und Plätze angelegt. Der Boulevard erfuhr dadurch eine erhebliche Aufwertung und seine Attraktivität als Unternehmensadresse nahm zu. So konzentrieren sich entlang der Verkehrsachse – insbesondere im Gewerbepark *EMGP-Portes de Paris* – Unternehmen des audiovisuellen Sektors sowie Unternehmenssitze unterschiedlichster Firmen wie z.B. der Zeitungsverlag *Les Echos*. Der Gewerbepark *Portes de Paris* des ehemaligen Pariser Lagerhausbetreibers EMGP (*Entrepôts et Magazins Généraux de Paris*) ist mit seinen historischen Lagerhäusern und noch relativ moderaten Mietpreisen (ca. 230 - 300 Euro/m² Bürofläche/Jahr) ein wichtiger Anziehungs-

5 Gewerbepark EPMG

Foto: WITSCHKE 2001

punkt der Plaine Saint-Denis. Die Lebensmittellagerhäuser aus dem 19. Jahrhundert wurden zum größten Teil umgebaut und an die heutigen betrieblichen Bedürfnisse angepasst sowie durch Neubauten ergänzt.

Der 43 ha große Gewerbepark mit rund 350 Mietern ist durch eine starke sektorale Spezialisierung gekennzeichnet: Mit der Niederlassung einer Vielzahl von Film- und TV-Studios entwickelte er sich zum bevorzugten Standort des audiovisuellen Sektors. Auch andere Branchen wie die Mode- und Bekleidungsindustrie oder Betriebe der „neuen Ökonomie" entdeckten den Gewerbepark als günstige Alternative zu den teuren Standorten in Paris. So stieg die Beschäftigtenzahl in den 1990er Jahren von 700 (1992) auf 4.500 (1999). Gegenwärtig befinden sich in den individuell anpassbaren Räumlichkeiten neben Büros auch Ton-, Fernseh- und Filmstudios, Call-Center, Show-Rooms und Verkaufslager. Der Gewerbepark ist mit einer hochleistungsfähigen I&T-Infrastruktur ausgestattet und verfügt über ein ausgeprägtes kamerabasiertes Überwachungs- und Sicherheitssystem, welches insbesondere für die Medien- und TV-Branche von Bedeutung ist.[1] Eine Erweiterung des Gewerbeparks ist mit der Restrukturierung der ZAC *Porte d'Aubervilliers* geplant, bei der EMGP 60 % der Flächen besitzt. Auf der Fläche am Rande der Pariser Stadtautobahn sollen in den nächsten Jahren 147.000 m² Büro- und Gewerbeflächen sowie 250 Wohnungen entstehen. Das geplante Einkaufszentrum mit 96.000 m² wird jedoch aufgrund des Protestes der lokalen Einzelhändler nicht umgesetzt (Plaine Commune 2002a).

3 Wirtschaftsstruktur und funktionale Spezialisierung

Während noch Mitte der 1970er Jahre in der Gemeinde Saint-Denis 60 % der privatwirtschaftlich Beschäftigen in Betrieben mit über 100 Arbeitsplätzen tätig waren, arbeitet heute der überwiegende Teil der Beschäftigten (ca. 48 %) in Kleinbetrieben mit einer Größenordnung bis zu 50 Arbeitsplätzen (Mouchel 2001, S. 9). Besonders Kleinbetriebe mit weniger als 10 Beschäftigten haben in den letzten Jahren einen starken Zuwachs verzeichnet und stellen gegenwärtig fast 80 % der Arbeitsplätze auf dem Gebiet des Kommunalverbands Plaine Commune (Plaine Commune 2001, S. 13). Auch die Branchenstruktur hat sich in den letzten Jahrzehnten fast vollständig erneuert. Mit der Abwanderung der Industrie und der Zunahme der Industriebrachen in den 1970er und 1980er Jahren wurde die wirtschaftliche Funktion der Plaine Saint-Denis zunächst durch flächenextensive Nachfolgenutzungen wie Transport, Logistik, Großhandel und Baugewerbe bestimmt. Die Plaine Saint-Denis stellte aufgrund der Verfügbarkeit von Flächen zu moderaten Preisen einen Anziehungspunkt für Branchen wie z.B. Druckerei und Verlagswesen, Textil- und Bekleidungsindustrie und elektronische Medien dar (IAURIF 2002). Dabei ist eine Zunahme von Unternehmenstätigkeiten mit höherer Wertschöpfung festzustellen. Verknüpft mit der Tertiärisierung verschiebt sich die Qualifikationsstruktur der Beschäftigten deutlich zu Gunsten höher qualifizierter Berufsgruppen (Führung und Management). Der überwiegende Teil der heute ansässigen Unternehmen ist in den Funktionsbereichen Geschäftsführung/Verwaltung und Verkauf/Vermarktung tätig (Rousset-Deschamps 2001, S. 48f.).

Der bedeutendste sektorale Schwerpunkt der Plaine Saint-Denis liegt im Bereich Medien/TV- und Filmproduktion. Schon Ende der 1980er Jahre kam es zu einer verstärkten Ansiedlung des audiovisuellen Sektors im Norden von Paris, wo dieser mit den Studios *Éclair* in Epinay-sur-Seine als „Wiege der Filmproduktion" und *Mélièrs* in Montreuil-sous-Bois bereits eine gewisse Tradition hat (Plaine Commune 2001, S. 17). Die Plaine Saint-Denis und ihre unmittelbare Umgebung weist die größte Konzentration von Studios in der Ile-de-France auf und wird als einer der wichtigsten „cinematographischen" Komplexe Frankreichs bezeichnet (Mandelbaum 2000, S. 34). Eine Vielzahl der Unternehmen ist in vor- und nachgelagerten Tätigkeiten spezialisiert (Plaine Commune 2002b, S. 16). Darüber hinaus hat sich die Ansiedlung von Fernseh- und Filmstudios positiv auf die Entwicklung verwandter Wirtschaftsaktivitäten (Werbung, Multimedia, Videodistribution etc.) ausgewirkt. Gegenwärtig befinden sich in dem Gewerbepark der EMGP 20.000 m² Studiofläche, u.a. auch TV-Studios von öffentlichen und privaten Sendern wie z.B. TF1 (Studio 107), die mit modernster Technologie ausgestattet sind. Rund 3.500 Beschäftigte sind in den Gemeinden der Plaine im Mediensektors tätig (Plaine Commune 2002b, S. 16). Weitere Konzentrationspunkte befinden sich entlang der Seine mit den Studios *Ciné Lumière* in

---

[1] Interview mit Herrn Ducet (EMGP) 20.03.02

Aubervilliers, den Studios *Éclair* in Epinay-sur-Seine sowie in Saint-Ouen (*Village de la communication*), Montreuil und Stains. In den letzten Jahren entstanden Initiativen zur Stärkung der internen Verflechtung und von Synergien zwischen den Betrieben und ihrem lokalen Umfeld. Beispielsweise wurden mehrere Ausbildungsgänge an den Universitäten Paris 8 und 13 auf die Medienbranche ausgerichtet. Ferner kam es 1999 zur Gründung des *Pôle audiovisuel cinéma, multimédia du Nord parisien*, einer Initiative der Kommunen Aubervilliers, Epinay, Saint-Denis, Saint-Ouen und Stains sowie privater Akteure zur Förderung der Wettbewerbsfähigkeit durch funktionale Synergieeffekte (Clusterbildung) und gemeinsame Vermarktung des Medienstandorts.

Durch die Umwandlung von Produktionsstandorten einiger Unternehmen zu Forschungsstützpunkten ist auch die Industrieforschung in der Plaine Saint-Denis stark präsent. Die Forschungszentren von *Gaz de France* (730 Beschäftigte), *Rhodia Services* (425 Beschäftigte), *Saint Gobain* (350 Beschäftigte), *EDF-Electricité de France* (500 Beschäftigte) sowie das Wartungs- und Testzentrum *Les Ateliers du TGV Nord* (1.000 Beschäftigte) gehören zu den größten Arbeitgebern der Plaine Saint-Denis (IAURIF 2002*)*. Die Forschungseinrichtungen haben nur eine geringe lokale Einbindung. Durch Unternehmenskantinen und einen Bus-Shuttle-Service für Angestellte entstehen kaum Berührungspunkte im lokalen Raum (IAURIF 1994). Synergieeffekte zeigen sich jedoch zunehmend mit dem wissenschaftlich-universitären Umfeld. Rund 43.000 Studierende und 10.000 Forscher konzentrieren sich in und um den Restrukturierungspol. Neben den Universitäten Paris 8 in Saint-Denis und Paris 13 in Villetaneuse ist in den letzten Jahren die Ansiedlung weiterer Wissenschafts- und Ausbildungseinrichtungen forciert worden (z.B. *Institut Universitaire Technique*, *Conservatoire national des arts et métiers*) (Plaine Commune 2001, S. 20).

4 Entwicklungsbestimmende Akteure und Akteursgruppen

Im Vergleich zu anderen ökonomischen Polen der Ile-de-France wie z.B. dem Bürostandort La Défense oder den *villes nouvelles,* die eher unter staatlicher Planung „Top down" entstanden sind, kann die Umstrukturierung der Plaine Saint-Denis zumindest teilweise eher als ein „Bottom up"-Entwicklungsprozess charakterisiert werden. Im Rahmen der planerischen Schwerpunktsetzung und mit Hilfe der massiven finanziellen Zuwendung des Zentralstaats wurde die Umgestaltung und Revitalisierung vor allem durch lokale Akteure vorangetrieben. Mit der zunehmenden Deindustrialisierung der Ile-de-France ist insbesondere die Wiederbelebung von „Brown-Field"-Standorten zu einer planerischen Herausforderung geworden. Brachflächen sollen nach der Leitvorstellung „*La reconstruction de la ville sur la ville*" Schwerpunkte der städtischen Entwicklung darstellen (BROQUA et al. 2001, S. 11). Seit den 1990er Jahren wurde auch der Plaine Saint-Denis, die bislang in Planungsdokumenten als reine Industriezone ausgewiesen war, mehr Aufmerksamkeit gewidmet. Bereits in dem 1990 veröffentlichten Livre Blanc sur l'Ile-de-France wurde der Plaine eine strategische Bedeutung für die regional ausgewogene Raumentwicklung beigemessen (BROUILLET 1992). Der 1994 verabschiedete regionale Raumordnungsplan SDRIF (Schéma Directeur de la Region Ile-de-France) wies die Plaine Saint-Denis als wirtschaftlichen und urbanen Entwicklungsschwerpunkt aus. Damit wurde sie in den „Planvertrag Staat-Region" aufgenommen. Im Mittelpunkt des Planvertrags 2000 bis 2006 stehen vor allem Verkehrsinfrastrukturprojekte, u.a. die Verlängerung der Metrolinie 12 bis zum Zentrum von Aubervilliers (Plaine Commune 2001, S. 5). Nach den Leitvorstellungen des SDRIF soll die Plaine Saint-Denis zu einem Stadtviertel mit diversifizierter Nutzungsstruktur entwickelt werden.

Der Zentralstaat nimmt eine koordinierende Rolle bei der übergeordneten Entwicklungsplanung ein. Er ist auch der wichtigste Akteur im Hinblick auf die Finanzierung, Koordinierung und Realisierung von Großprojekten, so auch beim Bau des *Stade de France*. Neben den günstigen Standortbedingungen zwischen Paris und Roissy hatte die Entscheidung auch eine strukturpolitische Komponente. Man erhoffte sich durch das Großprojekt vor allem einen Entwicklungsanstoß für die nördliche Banlieue (BACQUÉ 1998, S. 137). Mit dem Stadionbau setzte ein massiver Zufluss von staatlichen Mitteln in der Größenordnung von insgesamt 6 - 7 Mrd. FF (ca. 1 Mrd. Euro) ein, den es ohne das Großprojekt in dieser zeitlich und räumlich konzentrierten Form nicht gegeben hätte (AMC 2000). Wichtige, mit dem Stadionbau verbundene staatlich finanzierte Projekte waren der Aus- und Neubau zweier Nahverkehrsbahnhöfe, die Überdachung der Autobahn A1 sowie eine Fußgängerzone zwischen Bahnhof und

Stadion. Der Wille zur Revitalisierung der Plaine manifestierte sich auch in der Verlagerung und Neuansiedlung von staatlichen Einrichtungen. Das vorgesehene Verwaltungsviertel wurde jedoch nicht
verwirklicht (Ministčre de l'Equipement et du Logement 1996, S. 120).

Ausführendes Organ des Zentralstaats ist vor allem die staatliche Baubehörde für die Ile-de-France
(DREIF), die die Vorbereitungsphase und die Umsetzung des Schéma Directeur fachlich begleitet hat.
So wurde für die Plaine Saint-Denis – wie auch für andere strategische Pole der Ile-de-France – eine
Mission Paris – Plaine Saint-Denis – Le Bourget eingerichtet, die u.a. mit der Erarbeitung von Studien
zur Raumentwicklung und Koordination der Projekte beauftragt wurde (Mission Plaine Saint-Denis
Le Bourget 1995).

Die Mission „fusionierte" Ende der 1990er Jahre mit der *Mission Roissy* zur *Mission Plaine-de-
France*, die nun die Aufgabe hat, ein abgestimmtes Rahmenkonzept für eine kohärente Entwicklung
des gesamten nordöstlichen Teilraums (31 Kommunen der Departements Seine-Saint-Denis und Val-
d'Oise) zu erstellen. Die Mission Plaine-de-France wurde inzwischen durch eine staatliche Planungs-
institution in Form eines *Etablissement public d'aménagement* (EPA) abgelöst. Für die Dauer von 15
Jahren wird die EPA die Revitalisierung der Plaine-de-France federführend übernehmen. Ziel ist es,
die Dynamik der beiden Pole Roissy und Plaine Saint-Denis auf ihr Umland auszuweiten, um eine
ausgewogenere Entwicklung des Teilraums zu erreichen (Mission Plaine Saint-Denis Le Bourget 1995;
Plaine Commune 2001, S. 30).

Mit der Gründung des Syndicat mixte Plaine Renaissance als erste institutionalisierte interkommunale Initiative begann Mitte der 1980er Jahre auf lokaler Ebene eine Reflexion über Entwicklungsperspektiven. Erste Ergebnisse mündeten in einer Charte intercommunale de Développement et Aménagement de la Plaine, die u.a. gemeinsame Entwicklungsvorstellungen und -projekte für verschiedene Themenbereiche beinhaltete (AMC 2000). Leitvorstellungen für die städtebauliche und landschaftliche Gestaltung wurden im Vorfeld der Aktualisierung des regionalen Schéma Directeur durch eine
Gruppe von renommierten Architekten erarbeitet und in einer öffentlichen Debatte diskutiert (AMC
2000). Im Jahre 1991 wurde – u.a. auch aus Gründen der wachsenden Bodenspekulation und externen
Einflussnahme – die Entwicklungsgesellschaft SEM Plaine Développement als Public-private-Partnership[2] gegründet. Sie sollte die Verantwortung für die meisten städtebaulichen Erneuerungsgebiete
(ZAC) und die dafür benötigte Flächenakquisition und -entwicklung übernehmen (Ministére de
l'Equipement et du Logement 1996, S. 134).

Die Stärkung der lokalen Ebene durch interkommunale Initiativen, der Konsens über gemeinsame
Entwicklungsvorstellungen und das bereits existierende städtebauliche und landschaftliche Rahmen-
konzept waren günstige Voraussetzungen für die Ansiedlung des Nationalstadions. Auf der anderen
Seite stärkte die Realisierung des Großprojekts die interne Kohärenz sowie die Verhandlungsposition
der kommunalen Akteure gegenüber anderen öffentlichen und privaten Interessensvertretern. Das
„Stade de France" hat schon im Vorfeld der Weltmeisterschaft die Zusammenarbeit zwischen einer
Vielzahl von lokalen Akteuren gefördert und die Bündelung der Kräfte begünstigt. Eine Schlüssel-
funktion in diesem Prozess hatte die Gemeinde Saint-Denis inne. Die Absicht der Kommune ist es, die
Entwicklung des Restrukturierungspols nicht vollständig dem Marktmechanismus zu überlassen, eine
Funktionsmischung zu erreichen und die Interessen der Investoren mit den Belangen und Bedürfnis-
sen der lokalen Bevölkerung abzuwägen, um soziale Spannungen und eine Verdrängung der traditionellen Bevölkerung zu vermeiden (ROUSSET-DESCHAMPS 2001, S. 53). Der Gemeinde Saint-Denis kann
auch aufgrund ihrer Größe und administrativen Kapazitäten eine federführende Rolle innerhalb der
Communauté de communes Plaine Commune (Saint-Denis, Aubervilliers, Pierrefitte-sur-Seine, Villetaneuse, Epinay-sur-Seine) zugesprochen werden. Der noch junge, aber dynamische Kommunalverband führt die Initiative Plaine Renaissance in einer festeren Struktur fort. Eine erste Maßnahme ist
die Einführung einer einheitlichen lokalen Gewerbesteuer (Plaine Commune 2001, S. 4).

---

[2] Die SEM besteht aus den Kommunen St. Denis, Aubervilliers, dem Staat, vertreten durch den Präfekten der
Region, der CDC (Caisse des dépôts et consignations), dem Chambre de Commerce et Industrie CCI, dem Crédit
foncier de France und der Banque Société Générale.

5 Perspektiven der Entwicklung

Die Plaine Saint-Denis ist noch ein relativ junger Restrukturierungspol, der sich erst in der „Take-off"-Phase befindet. Der Wandel der Plaine Saint-Denis lässt sich in erster Linie durch die günstigen Standortbedingungen und die Entwicklungsanstöße im Rahmen des Stadionbaus erklären. Vor allem die erheblichen staatlichen Investitionen in die Infrastruktur und der Prestigefaktor „Stade-de-France" verbesserten die Voraussetzungen für die Entstehung eines attraktiven Dienstleistungsstandorts. Während das vom industriellen Niedergang gezeichnete Gebiet in den 1980er Jahren wenige und eher negative Schlagzeigen machte, stand es in den 1990er Jahren im Mittelpunkt des Interesses von Politik und Medien. Insbesondere durch die starke Präsenz des Stadionstandorts Plaine Saint-Denis in der Presse wurde eine Aufbruchstimmung kommuniziert („21. Arrondissement"). Die Plaine Saint-Denis wird nun eher mit dem modernen Stadion als mit ihrer industriellen Vergangenheit assoziiert. Neben der historischen Basilika von Saint-Denis ist das Stade-de-France sogar zu einer bedeutenden touristischen Attraktion geworden (BACQUE 1998, S. 127). Das prestigeträchtige Stadion ist somit ein nicht zu unterschätzender Imagefaktor für die Standort- und Immobilienvermarktung und namengebend für eine Vielzahl von Büroprojekten im unmittelbaren Umfeld.[3]

Defizite der Plaine Saint-Denis als Lebensraum bestehen noch in der mangelnden Nahversorgungsinfrastruktur und dem unterentwickelten Gastgewerbe (SAINT SAUVEUR 2002; Le Figaro 2001). Auch das Angebot an adäquatem Wohnraum ist unzureichend. Insbesondere der ältere Wohnraumbestand ist stark sanierungsbedürftig. Ferner ist das Bild der Kriminalität und Unsicherheit immer noch weit verbreitet, was sich langfristig als Entwicklungshemmnis herausstellen kann. Die Beschäftigten der neuen Unternehmen zeigen kaum Interesse, in die Umgebung der Plaine Saint-Denis zu ziehen. Eine wesentliche Herausforderung der Lokalpolitik ist es deshalb, der Entkopplung der Plaine Saint-Denis als „Insel der wirtschaftlichen Prosperität" von ihrem überwiegend sozial schwachen Umfeld entgegenzuwirken und das Auseinanderklaffen von wirtschaftlicher und sozialer Entwicklung zu verhindern.

Literatur

AMC – Le Moniteur Architecture (Hrsg.) (2000): La Plaine Saint-Denis – l'émergence d'une ville plurielle. Februar.

BACQUÉ, M.-H. (1998): Le stade de France à Saint-Denis. Grands équipements et développement urbain. In: Les Annales de la Recherche Urbaine 79, S. 127 - 133.

BERTHO, A. (1995): La Plaine Saint-Denis avant le Grand Stade. In: Les Annales de la Recherche Urbaine 68/69, S. 144 - 153.

BERTHO, A. et al. (1996): Apprentissages collectifs et gestion urbaine: Le cas de la Plaine St. Denis. Yvry sur Seine.

BROQUA, A. de, L. CHAVANE u. A. de VOGUE (2001): Quand la France répare ses villes. In: Le Figaro, 06.12.01, S. 11.

BROUILLET, A. (1992): Plaine Saint-Denis, Plaine d'avenir. In: Cahiers de l'IAURIF 102, S. 91 - 98.

DAVOINE, G. (2000): La Plaine Saint-Denis l'émergence d'une ville plurielle. In: AMC - Le Moniteur Architecture 104, S.102 - 125.

CCIP (Chambre de Commerce et de l'Industrie de Paris) (2002): Fiche consultaire. http://www.ccip.fr/crocis. Abruf: 24.07.02.

IAURIF (Institut d'Aménagement et d'Urbanisme de la Région d'Ile-de-France) (1994): Elements pour un diagnostic environnemental et social de la Plaine Saint-Denis. Paris.

IAURIF (Institut d'Aménagement et d'Urbanisme de la Région d'Ile-de-France) (2002): Les mouvements d'entreprises dans les zones d'activité économique de la région d'Ile-de-France. Etudes de cas. Paris.

---

[3] z.B. „Paristade" (Porte de Paris), „Le Stadium" (ZAC du Cornillon Sud), „Eurostade" (Landy France), „Le Mondial" (ZAC Cornillon Nord)

INSEE (Institut National de La Statistique et des Etudes Economiques) (1994): La Plaine Saint-Denis: Une secteur à la croisée des chemins. In: Regards sur l'Ile-de-France 24, Juni.

INSEE (Institut National de La Statistique et des Etudes Economiques) (1995): La Seine-Saint-Denis: Du tramway au Stade de France. In: Regards sur l'Ile-de-France 30, Dezember.

Insignia Bourdais (2001): Saint-Denis. Le marché des bureaux. La Plaine Saint-Denis nouveau Far West des entreprises parisiennes. In: Le Figaro, 15.10.01, S. 20.

Le Figaro (2001): La Plaine Saint-Denis nouveau. Far des entreprises parisiennes. In: Le Figaro, 25.10.01.

Le Monde (2002): Boulogne-Billancourt veut édifier sur les terrains de Renault le plus beau quartier de la ville. In: Le Monde, 07.06.02.

LOMBARD-JOURDAN, A. (1994): La Plaine Saint-Denis – Deux mille ans d'histoire. Paris.

MANDELBAUM, J. (2000): Une ambitieuse installation cinématographique à Aubervilliers. In: Le Monde, 28.06.00, S. 34.

Ministère de l'Equipement et du Logement (1996): Projets et stratégies urbaines en France – La Plaine Saint-Denis. Rapport final. Paris.

Mission Plaine Saint-Denis Le Bourget (1995): Plaine Saint-Denis et Nord Parisien. Les enjeux d'aménagement de la Plaine. Januar.

Mission Plaine Saint-Denis Le Bourget u. DREIF – Direction Régionale de l'équipement d'Ile-de-France (1995): Plaine Saint-Denis – Le Projet d'aménagement en vue d'un Contrat de Développement Urbain et d'un Contrat Régional d'Aménagement. September.

MOUCHEL, P. (2001): L'espace économique de la Plaine Saint-Denis et de Pleyel: aujourd'hui et demain. Paris (= Études et Prospectives Economiques Plaine Commune).

Plaine Commune (2001): Territoire d'entreprises. Saint-Denis.

Plaine Commune (2002a): Immobilier d'entreprises. 1er juillet - 31 décembre 2001. Januar. Saint-Denis.

Plaine Commune (2002b): Vers un pôle des industries de l'image. In: Le magazine économique, S. 16 - 23.

PLETSCH, A. (1998): Paris und die Ile-de-France – Räumlicher Wandel im Bevölkerungs- und Wirtschaftsgefüge (mit besonderer Berücksichtigung von Altindustriestandorten). In: Europa Regional 6, H. 4, S. 2 - 11.

ROUSSET-DESCHAMPS (2001): Modèle de service et système d'emploi local parisien: Approche des mutations du travail en proche couronne industrielle nord. In: Hommes et Terres du Nord 1, S. 47 - 54.

SAINT SAUVEUR, C. de (2002): L'inquiétude grandissante des salariés de la Plaine Saint-Denis. In: Le Parisien, 24.01.02.

Saint-Denis Promotion (2002): Landy France: Attention travaux. In: La Lettre de Saint-Denis Promotion 29, S. 1.

SEM Plaine Développement (1995): La Plaine Saint-Denis. Document préparatoire au C.D.U. Objectifs et propositions des communes 1995 - 2003. Communes de Saint-Denis et d'Aubervilliers. Dezember.

Resümee

Zur Entwicklung metropolitaner Peripherien in Europa

Joachim Burdack, Günter Herfert und Robert Rudolph

1 Vergleichende Analyse der Ergebnisse

Eine vergleichende Analyse der metropolitanen Peripherien ließ von vornherein sowohl Besonderheiten in deren Entwicklungen während der betrachteten Zeiträume als auch gleichartige Prozessverläufe mit den entsprechenden Strukturen erwarten. Die aktuellen Raumentwicklungen in den Peripherien der untersuchten Metropolregionen sind Folgen raumbezogenen Handelns unter spezifischen Ausgangs- und Rahmenbedingungen (Pfadabhängigkeit und Kontextabhängigkeit). Die jeweiligen Besonderheiten können als Ausdruck spezifischer Pfadabhängigkeiten und Handlungskontexte auf nationaler, regionaler und lokaler Ebene gewertet werden, während die Ausbildung ähnlicher Strukturmuster mit übernational bzw. global wirkenden Prozessen in Verbindung gebracht werden kann.

In vergleichender Perspektive lassen sich die Ergebnisse als Matrix von Übereinstimmungen und Differenzen bzw. konvergenten und divergenten Entwicklungen in Bezug auf die untersuchten Themenbereiche beschreiben (z.B. suburbane/postsuburbane Raummuster, Ausprägungen neuer Wachstumsstandorte und ökonomischer Pole, intraregionale Arbeitsteilung). Von Relevanz für die Untersuchung waren hierbei die einzelnen Komponenten neuer Strukturmuster und die spezifischen Begründungszusammenhänge ihrer Entstehung. Zusammenfassend lässt sich hierzu ausführen *(s.a. Fig. I; III, V; VII; IX; XII):*

- Die größten Entwicklungsunterschiede (Differenzen bzw. divergente Entwicklungen in Bezug auf untersuchte Themenbereiche) treten aktuell nicht – wie ursprünglich erwartet – zwischen den westeuropäischen und den mittel- und osteuropäischen (transformationsbeeinflussten) Metropolen auf, sondern zwischen der Moskauer Stadtregion einerseits und den anderen Untersuchungsstädten andererseits.

- Die westeuropäischen Fallbeispiele Madrid, Paris und Randstad weisen Übereinstimmungen in der Ausprägung neuer postsuburbaner Raummuster und Prozesse auf. Dies betrifft etwa die Ausprägung der neuen Wachstumsstandorte, die funktionale und räumliche Struktur der neuen ökonomischen Pole und die Grundzüge der funktionalen Arbeitsteilung zwischen innerer Stadt und äußerer Stadtregion. Deutliche Unterschiede zeigen sich jedoch hinsichtlich der Entwicklung von Ansätzen einer polyzentrischen Struktur, die sich in der Pariser Region und der Randstad in sehr viel stärkerem Maße herausgebildet haben. Es ist sicherlich kein Zufall, dass die Metropolregionen, in denen „Postsuburbanisierungstendenzen" am weitesten fortgeschritten sind, Paris und die Randstad, innerhalb der europäischen Global Integration Zone (Mehlbye 2000) liegen, also im Raum stärkster weltwirtschaftlicher Verflechtung. In den europäischen Knotenpunkten globaler Vernetzung sind Standortdynamik und Standortneubewertungen durch die Aktivitäten multinationaler Unternehmen und die Entwicklung von Strukturen einer *headquarter economy* besonders ausgeprägt.

- Das rasante Wachstum der Metropolregion Madrid seit den 1960er Jahren legte bereits die Teilung in Bereiche der Industrieentwicklung am südlichen und südöstlichen Stadtrand, Logistikeinrichtungen besonders entlang des nach Osten führenden Corredor de Henares und kleinere exklusive Standorte im Norden der Stadtregion an. Die seit den 1980er Jahren einsetzenden Ausdifferenzierung von Lagen mit höherem und solchen mit niedrigerem Prestige zeichnet diese sektorale Gliederung nach. Während sich der Süden (Gran Sur) in einer Restrukturierungsphase befindet, profilieren sich der Südosten und Osten durch den Ausbau großer Logistikeinrichtungen mit nationaler Bedeutung. Die qualitativ hochstehenden Pole im Nordwesten und im Norden ziehen zunehmend quartäre Funktionen, Einrichtungen des Mediensektors, „saubere" Industrien der Mikroelektronik und Kommunikationstechnologie sowie Forschung und Entwicklung auf sich. Trotz des zunehmenden Gewichts der metropolitanen Peripherie verbleiben jedoch die wichtigsten Kontroll- und Steuerungsfunktionen, unternehmensorientierte Dienstleistungen, Banken und Verwaltungen in der Kernstadt.

Die metropolitane Peripherie Paris ist nicht nur durch ein quantitatives, sondern auch zunehmend durch ein qualitatives Arbeitsplatzwachstum geprägt. Dies betrifft vor allem das Bildungswesen sowie Forschung und Entwicklung. Diese neuen Funktionen ergänzen die Spezialisierung der metropolitanen Peripherie in den Bereichen Transport und Logistik, industrielle Fertigung und großflächiger Einzelhandel. Kontroll- und Steuerungsfunktionen, unternehmensorientierte Dienstleistungen und Firmenhauptsitze verbleiben dagegen weitgehend in der inneren Stadt. Die historische sozialräumliche und funktionale Zweiteilung von Paris in einen eher bürgerlichen Westen und einen proletarischen Osten setzt sich in der äußeren Peripherie in veränderter Form fort, vor allem in der die Zweiteilung der äußeren Stadtregion in einen nordöstlichen Sektor (Logistik) und einen südwestlichen Sektor mit höherwertigen Funktionen. Die neuen Wachstumsstandorte und neuen ökonomischen Pole fügen sich mit ihrer funktionalen Spezialisierungen weitgehend in diesen vorgegebene Rahmen ein. Das sektoral-konzentrische Grundmuster der Raumorganisation ist also weiterhin erkennbar, wenn es auch durch neue Polarisierungsmuster von neuen ökonomischen Polen modifiziert wird. Ansätze einer polyzentrischen Raumstruktur deuten sich an.

- In der Randstad sind ab den 1970er Jahren mehrere neue ökonomische Pole in der metropolitanen Peripherie entstanden. Zweifellos ist der politische Einfluss, vor allem von der nationalen Ebene, auf die Entwicklung der neuen ökonomischen Pole in der Randstad sehr bedeutend (Politik der „gebündelten Konzentration" bis etwa 1985, danach die Politik der „kompakten Stadt"). Trotzdem hat auch in der oft als weitgehend geplant betrachteten Raumstruktur der Niederlanden die gesellschaftliche und marktwirtschaftliche Dynamik eine wichtige Rolle gespielt. Der ökonomisch bedingte, zusätzliche Flächenbedarf konnte in der Randstad nicht innerhalb der Kernstädte realisiert werden. Die neuen ökonomischen Pole entwickeln sich immer mehr zu direkten Konkurrenten der Kernstädte um hochwertige Dienstleistungen und internationale Firmensitze. Im Allgemeinen sind die Wachstumsräume vor allem durch Büroparks gekennzeichnet. Hier haben die Finanz-, Versicherungs-, Beratungs- und EDV-Dienstleistungen in den letzten Jahren am meisten zum Arbeitsplatzwachstum beigetragen, während in einigen randlich gelegenen Polen und um Utrecht auch Transport- und Logistikunternehmen eine bedeutende Rolle spielen.

- Die Stadtentwicklungen im mittleren und östlichen Europa (Berlin, Budapest, Moskau) sind in den 1990er Jahren nicht nur durch wirtschaftliche Restrukturierungsprozesse unter dem Einfluss der Globalisierung geprägt („Strukturbruch"), sondern auch durch den politischen, ökonomischen und sozialen „Systembruch" der Transformation. Die Jahrzehnte während sozialistische Regulationsweise der Stadtentwicklung hatte in Moskau, Budapest und in Ost-Berlin ähnliche Strukturmuster hinterlassen. Ein einheitliches Muster postsozialistischer Entwicklungen lässt sich dagegen in den metropolitanen Peripherien der drei Stadtregionen in den 1990er Jahren nicht feststellen. Alle drei betrachteten Stadtregionen weichen in ihren strukturellen Entwicklungen deutlich voneinander ab. Hierbei unterscheidet sich die Moskauer Peripherie in Bezug auf die untersuchten Themenbereiche noch einmal signifikant von den beiden anderen. Charakteristisch für die transformationsgeprägten Metropolregionen sind hybride Entwicklungsmuster in unterschiedlichen Mischungsverhältnissen: Sie setzen sich zusammen aus (1) in die Gegenwart hereinreichenden unter sozialistischen Bedingungen entstandenen Strukturen, (2) Übergangs- und Transformationsformen und (3) neuen suburbanen/postsuburbanen Raummustern. Die Vorstellung einer Gleichzeitigkeit verschiedener Entwicklungslinien erscheint mittelfristig für die metropolitanen Peripherien in den Transformationsländern plausibler als diejenige einer nachholenden Entwicklung. Unterschiedliche nationale Entwicklungswege als Einflussfaktoren der neuen Konturen peripherer Entwicklungsräume bekommen dabei ein erkennbares Gewicht.

- In der Peripherie der Berliner Metropolregion führte die spezifisch ostdeutsche Transformation mit der schnellen Übernahme eines neuen Regulationssystems und der Schaffung einer einzigartigen Förderlandschaft zu einem forcierten, in hohem Maße künstlich induzierten Wachstumsschub, der Überkapazitäten schuf und infolge fehlender Wirtschaftskraft in der Region schnell wieder an Dynamik verlor. Die Spezifik der Entwicklung im Berliner Umland zeigt sich auch im Nebeneinander von Schrumpfung und Wachstum, in der ostdeutschen Restitutionsproblematik als auch in der Gleichzeitigkeit von Sub- und Reurbanisierungstendenzen. Neue ökonomischen Raumstrukturen entstanden im Berliner Umland nicht in Form eines oft postulierten Speckgürtels sondern neuer ökonomischer Pole. Generell resultieren die neuen ökonomischen Pole sowohl aus Neugründungen auf der „grünen Wiese", als auch aus Restrukturierungen alter Wirtschaftsstandorte. Die Restrukturierungsprozesse in der Stadtregion Berlin führten in den 1990er Jahren zu einer ökonomischen Aufwertung des Umlandes, zugleich verstärkten sich die funktionalen Verflechtungen des Umlandes mit der Kernstadt.

- Die Entwicklung der Budapester Peripherie wurde wesentlich durch die lange vor dem Beginn der politischen Transformation einsetzende ökonomische Liberalisierung, den gradualistischen Transformationspfad Ungarns, die schnelle und fortgeschrittene Integration des Landes in die Weltwirtschaft, die dynamische wirtschaftliche Entwicklung der Metropole und das weitgehende Fehlen einer regionalplanerischen Gestaltung geprägt. Mit dem Entstehen suburbaner Wohngebiete, großflächiger Einzelhandelsstandorte sowie mit Ansätzen zu neuen ökonomischen Polen in der Peripherie treten neue Bausteine suburbaner und postsuburbaner Entwicklungen deutlich in Erscheinung. Durch die kurze Zeitdauer der neuen Wachstumsprozesse sind jedoch nur einige Teilgebiete hiervon betroffen. Weite Bereiche der metropolitanen Peripherie blieben bisher von den Wachstumsimpulsen noch unberührt.

- In der Moskauer Region waren die 1990er Jahre vor allem durch eine räumliche Polarisierung der ökonomischen Entwicklung gekennzeichnet. Neue, international orientierte Standorte, die als Anzeichen einer weltwirtschaftlichen Integration Moskaus gelten können, entwickelten sich vor allem innerhalb der kompakten Stadt. Dem privilegierten Raum steht eine Peripherie gegenüber, die einerseits von vielfältigen Formen des Niedergangs gekennzeichnet ist, andererseits vitale Entwicklungen „improvisierter" ökonomischer Strukturen aufweist, die mit geringem Kapitalaufwand entstanden sind. Diese Standorte reflektieren im Wesentlichen die Investitionsschwäche, den fehlenden Kapitalmarkt und die bisherige makroökonomische Instabilität der Russischen Föderation. Eine fortschreitende Zersiedelung und „wilde" Baulanderschließung kennzeichnen das Siedlungsgeschehen im Moskauer Umland. Erst mit der wirtschaftlichen Konsolidierung der Russischen Föderation am Ende der 1990er Jahre kommt es zu einer Ausbreitung von investitionsintensiven Standorten, vor allem in der Form von großflächigen Einzelhandelskomplexen im Umfeld des Moskauer Autobahnrings. Das Entstehen neuer Standortagglomerationen lässt sich als Anzeichen dafür deuten, dass in Moskau wie auch in Budapest der spezifische Aspekt des postsozialistischen Wandels, der systemische Übergang, an Bedeutung verliert und zunehmend global wirksame ökonomische Mechanismen und global eingebundene Handlungsstrategien die Entwicklung der metropolitanen Peripherien bestimmen.

- Die Konvergenz von Planungsvorstellungen, Instrumentarien und Leitbildern der Stadtentwicklung in den EU-Staaten (z.B. Nachhaltigkeit, Wettbewerbsfähigkeit, Innenentwicklung, Vermeidung sozialer Polarisierung) lässt auch eine Konvergenz der Formen von *regional governance* und der räumlichen Auswirkungen von Planung in den vier EU-Untersuchungsstädten (Berlin, Madrid, Paris, Randstad) erkennen. In Budapest ist mittelfristig eine Orientierung von Raumplanung am „EU-Standard" zu erwarten. Moskau weicht in den Formen der *regional governance* deutlich von den anderen Städten ab.

Die Konturen einer europäischen Entwicklung der metropolitanen Peripherie lassen sich insbesondere in ihrer Differenz zu anderen regionsbezogenen Modellvorstellungen – vor allem nordamerikanischen Entwicklungsmodellen – verdeutlichen:

- Die quantitative und qualitative Ausformung neuer peripherer Wachstumsräume in europäischen Städten bleibt, bei aller Differenzierung der Entwicklung im Einzelnen, deutlich hinter derjenigen US-amerikanischer Städte zurück. Neue ökonomische Pole entstehen in der Regel nicht am äußeren Rand der Peripherie, sondern angrenzend an den Siedlungskörper der morphologischen Stadt.

- Die neuen ökonomischen Pole in der Peripherie europäischer Städte sind im Unterschied zu den amerikanischen Edge Cities kein Gegenentwurf zum traditionellen Stadtzentrum. Das Aufkommen neuer peripherer Wachstumsräume hat in Europa keinen Niedergang der Kernstadt zur Folge. Funktionsverluste der inneren Städte im Bereich der Produktion werden durch Bedeutungsgewinne in den Bereichen Konsum und Repräsentation ausgeglichen. Es kommt zu keiner „Auflösung" der Stadt, sondern zu einer Reorganisation der gesamten Metropolregion mit einer modifizierten intraregionalen Arbeitsteilung zwischen innerer Stadt und metropolitaner Peripherie.

- Das amerikanische Modell des postsuburbanen peripheren Wachstums beruht auf einer mentalen Distanzierung von der Kernstadt. Das europäische postsuburbane Wachstum basiert hingegen auf einer Ausdehnung des positiv besetzten Images der Kernstädte auf ein zunehmend größeres Territorium. Räumlicher Ausdruck dieser unterschiedlichen Entwicklungsmodelle ist die Nähe der neuen Wachstumsräume zur Stadt. Die Mehrzahl befindet sich im Randbereich der morphologischen Stadt, schließt somit direkt an den bestehenden Siedlungskörper an und findet sich nicht – wie in den USA – in großer Distanz zu ihm.

- Die Entwicklung der äußeren Randzonen der metropolitanen Peripherie („äußere Peripherie") verläuft weniger dynamisch, als es die aktuellen Diskurse über neue Tendenzen der Stadtentwicklung (z.B. „postfordistische Stadt", „Stadt der Postmoderne") konstatieren bzw. prognostizieren.
- Die eingeschränkte periphere Entwicklungsdynamik lässt sich – neben der anhaltenden Bedeutung der Innenstadtzentren als dominierende Zentren europäischer Städte – z.T. auf das politisch-planerisch gewollte und geförderte „Umlenken" zentrifugaler Entwicklungstendenzen auf Flächenreserven in den Randbereichen der morphologischen Stadt („innere Peripherie") zurückführen. Die deutlich schwächere Wachstumsdynamik der äußeren Peripherie lässt sich also z.T. dadurch erklären, dass die Entwicklung von Wachstumsräumen auf Restrukturierungsflächen (Restrukturierungspole) der inneren Peripherie (z.B. altindustrielle Standorte, Verkehrs- und Gewerbebrachen) das Nachfragepotenzial für Entwicklungen in der äußeren Peripherie reduziert.
- Insgesamt lässt sich keine eindeutige Stufenfolge von suburbanen zu postsuburbanen Entwicklungen feststellen, sondern eher ein Nebeneinander beider Entwicklungslinien.

2 Die metropolitane Peripherie zu Beginn des 21. Jahrhunderts

Städtische Raummodelle lassen sich als empirisch plausible Abstraktionen einer bereits durch die „Beobachterperspektive" (z.B. gewählter theoretischer Ansatz, Untersuchungsmethodik) gefilter wahrgenommenen Realität interpretieren. Solche modellhaften Vereinfachungen sind nützliche und notwendige Komplexitätsreduzierungen, um Konvergenzen und Divergenzen in vergleichender Perspektive erfassen zu können. Verschiedene Autoren haben Entwürfe postsuburbaner/postmoderner Raummodelle unter besonderer Berücksichtigung der metropolitanen Peripherien vorgelegt, die über traditionelle, zentrumsbezogene Stadtentwicklungskonzepte hinausgehen. Mit Bezug auf nordamerikanische Stadtentwicklungen ist vor allem der aus dem Ansatz eines Postmodern Urbanism hervorgegangene Entwurf von DEAR und FLUSTY (1998, S. 66) zu nennen („Keno capitalism"). Obwohl sich DEAR und FLUSTY auf nordamerikanische Stadtentwicklungen beziehen, ist der Ansatz wegen der provokant formulierten These eines radikalen Bruchs aktueller, postmoderner Stadtentwicklung gegenüber „modernen" Entwicklungen auch für europäische Städte von Relevanz.[1] Das graphisch an das Raster des Brettspiels Keno angelehnte Modell (*Fig. 1*) stellt vor allem einen Gegenentwurf zu Formulierungen der Chicagoer Schule dar (u.a. Burgess-Modell), deren Entwürfe die Vorstellungen der Stadt der „Moderne" nachhaltig geprägt haben. Die räumliche Struktur der Stadt wird in der Chicagoer Schule als zusammenhängendes, kohärentes Ganzes aufgefasst, und Entwicklungen der Peripherie werden vor allem als Reaktionen auf Veränderungen des Stadtzentrums interpretiert. Das Zentrum bestimmt gleichsam die Entwicklung am Stadtrand. Im Gegensatz hierzu argumentieren DEAR und FLUSTY (1998, S. 65), dass im Postmodern Urbanism die Entwicklung des Zentrums von der metropolitanen Peripherie determiniert wird („the urban periphery organizes the center"). Die Distanz zum Stadtzentrum ist kein entscheidendes Standortkriterium mehr. Die Anordnung der Flächennutzungen lässt sich nicht mehr durch Lagebeziehungen innerhalb der Stadt erklären, sondern resultiert aus der „externen Logik" der globalisierten Raum-Ökonomie unter den Bedingungen der Mediengesellschaft: „Urbanizations is occurring on a quasi-random field of opportunities. Capital touches down as if by chance on a parcel of land, ignoring the intervening opportunities ..." (DEAR u. FLUSTY 1998, S. 69). Statt eines zusammenhängenden Stadtkörpers entsteht eine diskontinuierliche Collage von konsumorientierten und produktionsorientierten Landschaftselementen. Nichtlineare, z.T. chaotische Prozesse ersetzen die rationalen, evolutionistischen Vorstellungen der Chicagoer Schule. Die Stadt entwickelt eine schachbrettartige Raumstruktur ohne Bezug auf ein dominierendes Zentrum. Auch die

---

[1] Es kann an dieser Stelle nicht auf die kontroverse Diskussion eingegangen werden, die der Ansatz eines Postmodern Urbanism ausgelöst hat, siehe hierzu u.a. BEAUREGARD (1999) und JACKSON (1999).

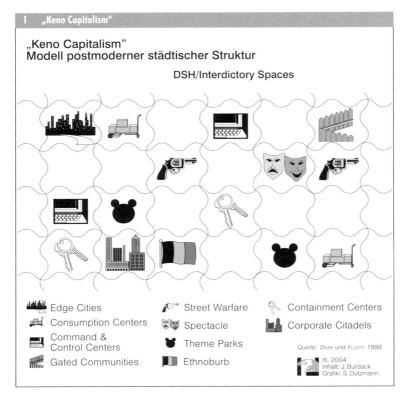

1 „Keno Capitalism"

„Keno Capitalism"
Modell postmoderner städtischer Struktur

DSH/Interdictory Spaces

Edge Cities
Consumption Centers
Command & Control Centers
Gated Communities

Street Warfare
Spectacle
Theme Parks
Ethnoburb

Containment Centers
Corporate Citadels

Quelle: DEAR und FLUSTY 1998

IfL 2004
Inhalt: J.Burdack
Grafik: S.Dutzmann

einzelnen Felder der funktionalen Teilräume sind untereinander ohne direkten Bezug, sondern durch elektronische Medien („*disinformation super highways*") virtuell verbunden. Sozial differenzierte oder funktional spezialisierte Teilräume sind u.a. Edge Cities, von Straßengangs kontrollierte Räume („Street Warfare"), Unternehmenshauptquartiere („Corporate Citadels") und ethnische Wohnviertel („Ethnourbs").

Modellvorstellungen für europäische Stadtregionen sind u.a. von KUNZMANN in mehreren Versionen entwickelt worden. Von besonderem Interesse ist hier sein erweitertes Modell (KUNZMANN 2001), das speziell auf neue Konzentrationsräume („Vorstadträume") der metropolitanen Peripherie eingeht.

Auch KUNZMANN konstatiert wie DEAR und FLUSTY eine Auflösung der zonalen Gliederung der städtischen Raumstruktur. Die Stadtregion wird zu einem funktionalen „Archipel", der sich z.T. aus „Inseln" mit eigenständigem funktionalem Profil zusammensetzt (*Fig. 2*). Während DEAR und FLUSTY jedoch von einer Entwicklung ohne Zentrum ausgehen, lässt sich bei KUNZMANN weiterhin ein dominanter innerstädtischer Zentrumskern identifizieren. Dieser besteht nicht mehr aus einer eng begrenzten „City", sondern setzt sich aus verschiedenen über die innere Stadtregion verteilten zentralen Raumelementen zusammen. Es formiert sich ein aus „Inseln bestehender Kern der Stadtregion ... (der die) ... globalen Aufgaben wahrnimmt, um internationalen Ansprüchen zu genügen" (KUNZMANN 2001, S. 214). Der Kernbereich prägt das globale Image der Stadt und fungiert als „Bühne der Stadtregion". Die Konzentrationsräume in der metropolitanen Peripherie komplettieren „in ihren unterschiedlichen Profilen die Palette der Funktionen, ohne die zentrale Funktionen nicht wahrgenommen werden können" (KUNZMANN 2001, S. 214).

KUNZMANN listet acht unterschiedliche Ausprägungen von peripheren funktionalen Konzentrationsräumen auf. Diese „Vorstadträume" spiegeln sowohl sozialräumliche Polarisierungen als auch funktionale Differenzierungen wider. So bezeichnen „www.Suburbia" und „Arcadia" statushöhere Wohngebietstypen und stehen den Migrantenwohngebieten („Kap der chinesischen Hoffnung") gegenüber. Technologie- und forschungsorientierte Pole werden als „Knowledge City" bezeichnet und logistikorientierte Standorte als „Weltmarkthallen". KUNZMANN beschreibt die funktionalen Konzentrationsräume als ungeplantes Ergebnis einer von *economies of scale* und liberalisierten Märkten bestimmten Weltwirtschaft. Räumliche Cluster resultieren letztlich aus den Erfordernissen der Spezialisierung und funktionalen Differenzierung im globalen Wettbewerb der Metropolen.

Die Ergebnisse der Fallstudien zu den sechs Untersuchungsstädten haben gezeigt, dass sich eine „Dezentrierung des Zentrums" und eine von der metropolitanen Peripherie gesteuerte Stadtentwicklungsdynamik im Sinne von DEAR und FLUSTY in europäischen Städten nicht nachweisen lassen. Kommando- und Steuerungsfunktionen sind nach wie vor ganz oder überwiegend in der inneren Stadtregion/inneren Metropolregion konzentriert, auch wenn sich in der metropolitanen Peripherie einige Standortcluster der Wissensindustrie herausgebildet haben. Weder lassen sich weitergehende „Auflösungen" des Stadtzentrums empirisch nachweisen, noch sind sie mittelfristig zu erwarten. Deutlichere Übereinstimmungen zeigen sich zwischen den Untersuchungsergebnissen und KUNZMANNS Ausführungen. Die Dominanz des mehrkernigen Zentrums ist weiterhin spürbar. Eine intraregionale Arbeitsteilung zwischen innerer Metropolregion und metropolitaner Peripherie ist deutlich ausgeprägt. Funktionale Polarisierungen in Form von neuen ökonomischen Polen oder Restrukturierungspolen bilden sich aus. Stärker als von KUNZMANN ausgeführt, lassen sich jedoch auch sektoral differenzierte Raummuster feststellen. Insgesamt ist in den Untersuchungsstädten eine stärkere Orientierung an „klassischen" sektoralkonzentrischen Raummustern erkennbar als sie im Kunzmann-Schema erscheint.

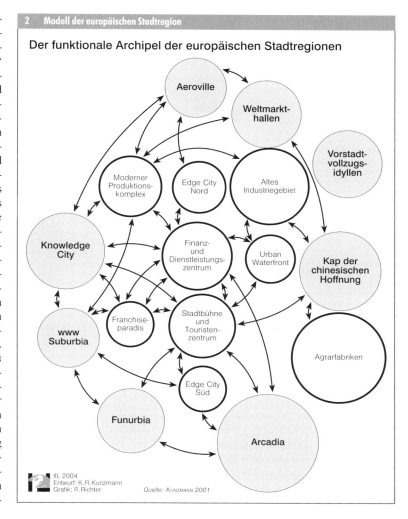

2 Modell der europäischen Stadtregion

Der funktionale Archipel der europäischen Stadtregionen

Aeroville

Weltmarkthallen

Vorstadtvollzugsidyllen

Moderner Produktionskomplex

Edge City Nord

Altes Industriegebiet

Knowledge City

Finanz- und Dienstleistungszentrum

Urban Waterfront

Kap der chinesischen Hoffnung

www Suburbia

Franchiseparadis

Stadtbühne und Touristenzentrum

Agrarfabriken

Edge City Süd

Funurbia

Arcadia

IfL 2004
Entwurf: K.R. Kunzmann
Grafik: R. Richter   Quelle: KUNZMANN 2001

Die Grundzüge der Entwicklungen der Peripherie europäischer Metropolen, wie sie sich anhand der Untersuchungsergebnisse darstellen, sollen abschließend modellhaft in einem Raumschema dargestellt werden (*Fig. 3*). Dieses Schema der europäischen metropolitanen Peripherie zu Beginn des 21. Jahrhunderts stellt eine idealtypisch überhöhte, generalisierte Darstellung auf der Basis empirischer Ergebnisse dar. Es ist also aufgrund der jeweiligen spezifischen Rahmenbedingungen und Entwicklungspfade nicht zu erwarten, dass einzelne Metropolen diesem Schema vollständig entsprechen.

Hinsichtlich der funktionalen Differenzierung zwischen innerer Metropolregion und metropolitaner Peripherie lässt sich ausführen: In der *inneren Metropolregion* konzentrieren sich in einem, häufig aus mehreren Teilgebieten bestehenden Zentrumskern (Hyperzentrum) die zentralen Funktionen wie Headquarter-Funktionen (Unternehmenshauptsitze, strategische Unternehmensfunktionen) und unternehmensorientierte Dienstleistungen (Finanzen, Rechtsberatung, Marketing etc.). Das historische Stadtzentrum bleibt Standort hochrangiger Kultureinrichtungen (Museen, Theater, Oper) und profiliert sich zusätzlich als Raum des gehobenen Konsums (Gastronomie, hochwertiger Einzelhandel) und als Zielgebiet des Städtetourismus. Der Zentrumskern ist die „Bühne der Stadtregion" (KUNZMANN 2001, S. 215). Teilweise erfolgen Erweiterungen des Stadtzentrums in Form von neuen Bürostädten/Bürocities, die z.B. auf altindustriellen Restrukturierungsflächen am Innenstadtrand entstehen. Gentrifizierte Wohngebiete schließen sich z.T. an die zentralen Gebiete an.

Die *metropolitane Periphe-rie* wurde in der suburba-nen Entwicklungsphase vor allem durch Ansied-lung und Ausbreitung großflächigen Einzelhan-dels, haushaltsorientierter Dienstleistungen und in-dustrieller Fertigungsbe-triebe sowie großflächiger Verkehrs- und Ver- und Entsorgungseinrichtungen geprägt. Die Zuwanderung von Mittelschichthaushal-ten wurde zur wichtigsten Quelle der Bevölkerungs-zunahme. Diese Entwick-lungen sind auch weiterhin bedeutsam. Zu Beginn des 21. Jahrhunderts wird die metropolitane Peripherie im Zuge postsuburbaner Entwicklungen darüber hinaus zum Standort von Forschungseinrichtungen, High-Tech-Aktivitäten und Einrichtungen der hö-heren Bildung. Die metro-politane Peripherie erhält dadurch eine wichtige

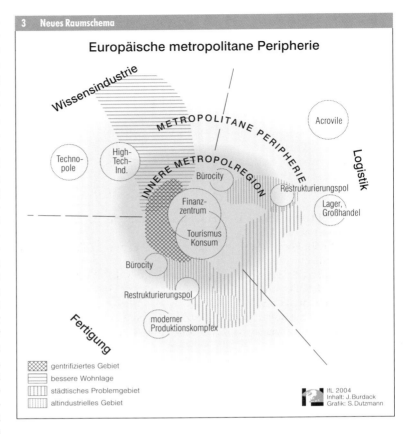

neue Funktion als Standort der „Wissensindustrie". Büronutzungen treten vor allem in der Form von ausgelagerten Routinetätigkeiten, so genannten *back offices* auf (z.B. Datenverarbeitung und *custo-mer support*). Prägend für die Peripherien der transformationsbestimmten Metropolregionen im östli-chen Europa sind – wie bereits oben erwähnt – hybride Entwicklungsmuster, die sich – in unterschied-lichen Mischungsverhältnissen – zusammensetzen aus (1) in die Gegenwart hereinreichenden vorsozi-alistischen und sozialistischen Strukturen, (2) Transformationsformen und (3) neuen suburbanen/post-suburbanen Raummustern.

Die metropolitane Peripherie stellt heute keinen funktional einheitlich strukturierten Raum dar, sondern es lassen sich Teilgebiete (Raumsektoren) unterschiedlicher Spezialisierungen bestimmen. Diese bilden sich auf der Basis von „sortierenden Leitfunktionen" (KUNZMANN 2001) heraus:

- *Zonen/Raumsektoren der Leitfunktion „industrielle Fertigung"* enthalten vor allem die Reste der schrumpfenden „fordistischen", industriellen Basis der Metropole. In den zentraler gelegenen Tei-len liegen häufig restrukturierte altindustrielle Gebiete oder Industriebrachen. Durchsetzt sind die Teilräume außerdem von großflächigen Ver- und Entsorgungseinrichtungen. Es schließen sich schlechtere Wohnlagen an, und vielfältige „Zwischenstadtlandschaften" entstehen.
- *Zonen/Raumsektoren der Leitfunktion „Logistik und Transport"* werden bestimmt durch die Kon-zentration von Großeinrichtungen der Verkehrsinfrastruktur wie Flughäfen und Binnenhäfen, von Güterverkehrszentren, regionalen Distributionszentren, Gewerbeparks mit hohem Lagerflächen-anteil und Großhandel etc.
- *Zonen/Raumsektoren der Leitfunktion „Wissensindustrie"* werden bestimmt durch staatliche und private Forschungseinrichtungen, Universitätsinstitute, hoch qualifizierte konzeptionelle Tätigkei-ten, Büronutzungen und moderne High-Tech-Produktionsstandorte. Die Zone der Wissensindus-trie zeigt häufig eine Überlappung mit den bevorzugten Wohngebieten („www.Suburbia" und „Ar-cadia" nach KUNZMANN).

Die angeführten Zonen/Raumsektoren sind nicht in allen metropolitanen Peripherien deutlich ausgeprägt oder voneinander abgesetzt und decken auch nur Teile der Peripherie ab. Starke Überschneidungen gibt es vor allem zwischen den Zonen/Raumsektoren der „operativen" Leitfunktionen „Logistik" und „industrielle Fertigung". Innerhalb der Zonen/Raumsektoren haben sich funktionale Konzentrationsräume gebildet (neue ökonomische Pole oder Restrukturierungspole). Die ökonomischen Pole sind Arbeitsplatzzentren in der Peripherie und Elemente einer neuen (sekundären) Polyzentrik der Metropolen.

Literatur

BEAUREGARD, R. A. (1999): Break Dancing on Santa Monica Boulevard. In: Urban Geography 20, H. 1, S. 396 - 399.

DEAR, M. u. S. FLUSTY (1998): Postmodern Urbanism. In: Annals of the Association of American Geographers 88, H. 1, S. 50 - 72.

JACKSON, P. (1999): Postmodern urbanism and the Ethnographic Void. In: Urban Geography 20, H. 1, S. 400 - 402.

KUNZMANN, K. R. (2001): Welche Zükünfte in Suburbia? Acht Inseln im Archipel der Stadtregion. In: BRAKE, K., J. S. DANGSCHAT u. G. HERFERT (Hrsg.): Suburbanisierung in Deutschland – Aktuelle Tendenzen. Opladen, S. 213 - 221.

MEHLBYE, P. (2000): Global Integration Zones – Neighbouring Metropolitan Regions in Metropolitan Clusters. In: Informationen zur Raumentwicklung, H. 11/12, S. 755 - 762.

Summary

European metropolitan peripheries

In the last decade there has been a marked shift in focus in research on the urban fringe. The development of the metropolitan periphery is no longer primarily viewed from the perspective of the inner city and interpreted in the context of what might be called a discourse on suburbia, urban sprawl and the demise of the traditional European city. This discourse on suburbia has been partly replaced by a discourse about postsuburbia, that is to say, a perspective that focuses more on the newly emerging spatial structures on the urban fringe itself.

The study examines six metropolitan areas of international importance in different parts of Europe: Berlin, Budapest, Madrid, Moscow, Paris and Randstad Holland. The selection of this metropolitan areas provides a cross-section of European regional settings. It was not intended to produce inventories of metropolitan fringes but to analyse spatial processes through which postsuburban and postsocialist developments take shape and are materialised. Recent development trends on the fringes of European metropolitan areas are analysed using the key concepts of postsuburbia and postsocialist metropolitan periphery:

- Is there a changing spatial division of labour between the inner cities and the outer metropolitan areas with an increasing share of high quality jobs in the metropolitan peripheries?
- Do new settlement patterns emerge that divert from the urban sprawl-notion of suburban development and point towards the emergence of a polycentric urban structure?
- What modes of regional governance shape the postsuburban developments? What is the importance of sub-regional scales?
- Do Eastern European post-socialist metropolitan peripheries replicate western development patterns in the process of transformation?

The six case studies in the chapter on new developments in the metropolitan periphery ("Neue Entwicklungen in der metropolitanen Peripherie") focus on new developments on the level of the outer metropolitan rings as a whole. The following chapters on new economic poles ("Neue ökonomische Pole") and poles of restructuring ("Restrukturierungspole") provide for a shift in the spatial scale of the analysis. Case studies of new spatial clusters of activities on a sub-regional level are presented. While the chapter on new economic poles focuses predominantly on green field developments in the outer metropolitan periphery, the chapter on restructuring poles deals with brown field developments in the inner metropolitan periphery.

Both convergent and divergent lines of development were identified in comparing the development trends in the six metropolitan fringes. Divergent development features of individual cities result from specific paths dependencies and from the operation of local and regional scales. Convergent developments can be interpreted to reflect the operation of processes on a European or global scale.

The western European study areas Madrid, Paris and Randstad show significant similarities in the emergence of postsuburban spatial patterns and processes. This concerns new activity clusters in the form of growth centres and economic poles and also the basic patterns in the division of labour between the inner city and the outer metropolitan region. Divergent developments exist regarding the emergence of polycentric settlement patterns, that are far more pronounced in the Paris and the Randstad Region than in Madrid. It is not by accident that postsuburban tendencies are most advanced in those metropolitan areas that are located within the European Global Integration Zone (GIZ), i.e. in the region of most intense global linkages. It can be assumed that location dynamics and re-evaluation of existing location patterns through the activities of multinational companies and the development of structures of a headquarter economy are most pronounced in the European metropolitan areas with strong global links.

The urban developments of Berlin, Budapest and Moscow in the 1990ies were not only influenced by economic processes of restructuring in connection with globalisation (structural change) but also by the political, economic and social system's change of transformation. The socialist regulation system of urban development left a heritage of similar structural patterns in Moscow, Budapest and also in East-Berlin. However, there was no uniform pattern of postsocialist development in the 1990ies discernible. All three cities show divergent patterns. Especially Moscow's metropolitan periphery differs significantly from that of the other two cities. Typical for the three metropolitan areas that were influenced by transformation processes are hybrid patterns of development that consist of different mixes of (1) relicts of spatial structures that developed under Socialism, (2) transformation phenomena and (3) new suburban/postsuburban spatial patterns. A notion of a simultaneous unfolding of different development lines seems to describe the developments more adequately than that of a replication of western development patterns.

The specific mode of transformation in East Germany with a swift adoption of a new legal framework and a high level of government subsidies for new investments lead to "artificially" induced growth in the Berlin metropolitan periphery in the early 1990ies, which already receded in the second half of the decade. The slow growth of the metropolitan area as a whole and an ample supply of land for development in more central locations reduced the demand for locations in the metropolitan periphery.

The development of the Budapest metropolitan periphery was influenced by the economic liberalisation that started long before the political transformation. Other important determinants are the fast integration of Hungary into the global economy, the dynamic development of the metropolis and the lack of an effective regional planning scheme that facilitated uneven developments in the metropolitan periphery.

The most significant differences in development did not occur – as was expected – between the western European examples on the one hand and the central and Eastern European cities on the other, but between the Moscow metropolitan area and the other five case studies. The Moscow metropolitan area was marked by a spatial polarisation of economic development in the 1990ies. New internationally oriented locations that can be interpreted as indicators of a global integration of Moscow emerge predominantly in the inner city. The metropolitan periphery, on the other hand, shows various forms of decline and some low level investments. The informal low level developments reflect the general lack of capital and the macroeconomic instability in the Russian Federation in the 1990ies. The last couple of years witnessed an increasing number of new shopping centres of international standard along the Moscow beltway (MKAD). These new commercial developments can be interpreted as an indicator that the specific post-socialist aspects of development decrease in importance and that globally oriented economic mechanisms and globally oriented re-scaling processes gain increasing significance.

The convergence of planning measures and planning goals in the EU-metropolitan areas (Berlin, Madrid, Paris, Randstad) that all emphasise sustainable development, competitiveness and the avoidance of social polarisation also leads to a convergence of forms of regional governance. Moscow's regional governance clearly differs from that of the other cities.

All in all, the developments in the European outer metropolitan areas are less dynamic than the discourses on new tendencies of urban development (postfordist city, postmodern urbanism) often suggest. In spite of the differences between the individual European cities, it can be argued that new economic poles or edge city-like structures do not gain the same significance as they have in North American metropolitan areas. The new edge urban structures do not emerge in the outer perimeters of the metropolitan periphery but closer to the morphological city.

The emergence of new economic poles and edge urban structures in the periphery of European metropolitan areas does not lead to a demise of the inner cities. There is no "dissolution" of the traditional city centre but a reorganisation on the scale of the metropolitan areas with a modified division of labour between the inner cities and the metropolitan peripheries. The limited growth of the outer metropolitan areas can be partly explained by the development of economic poles on brown field sites on the fringes of the inner city, often due to political intervention and subsidies. This reduced in turn the demand for peripheral locations.

Résumé

Périphéries des métropoles européennes

Au cours des dix dernières années, un nouveau discours s'est construit en ce qui concerne les zones limitrophes des villes. Le développement de la périphérie n'est maintenant plus considéré principalement du point de vue de la ville-centre et n'est plus interprété dans le contexte d'une possible "désagrégation" de la ville européenne traditionnelle, comme c'était le cas pour l'ancien discours sur la "suburbia". Le nouveau discours sur la "post-suburbia" met au contraire en relief la revalorisation fonctionnelle de la périphérie avec un plus large spectre d'activités qualifiées et la formation de nouveaux regroupements spatiaux d'activités à l'intérieur des structures dispersées des agglomérations.

L' étude prend en considération six métropoles d'envergure internationale dans différentes régions européennes: Berlin, Budapest, Madrid, Moscou, Paris et Randstad Holland. Les études de cas reflètent globalement les principales circonstances et les situations spatiales dans lesquelles les développements actuels de la périphérie métropolitaine s'effectuent en Europe. Le but de ce travail était d'étudier les tendances actuelles de développement dans les banlieues des métropoles européennes avec les périphéries post-suburbaines et post-socialistes des métropoles comme idées directrices. Le centre d'intérêt n'était donc pas l'inventaire des zones limitrophes des métropoles, mais plutôt l'analyse des structures et processus spatiaux dans lesquels des développements post-suburbains et post-socialistes se concrétisent et se matérialisent:

- Une modification de la répartition du travail entre la ville intra-muros et la périphérie de la métropole avec une proportion croissante de postes hautement qualifiés dans la périphérie de la métropole peut-elle être mise en évidence?
- De nouveaux modèles d'agglomérations apparaissent-ils, qui s'écartent des modèles dispersés de suburbanisation et qui signalent l'émergence d'une structure urbaine polycentrique?
- Comment les développements post-suburbains sont-ils influencés par les différentes formes de gestion régionale (regional governance)? Quelle est l'importance de l'échelon sub-régional?
- Les périphéries des métropoles post-socialistes de l'Europe de l'Est suivent-elles les modèles de développement ouest-européens?

Les six études de cas dans le chapitre "Nouveaux développements dans la périphérie des métropoles" présentent dans leur ensemble les développements respectivement post-suburbains et post-socialistes sur le plan des périphéries des métropoles. Un changement de critère se produit dans les deux chapitres suivants. Là, des exemples régionaux de nouvelles concentrations d'exploitations post-suburbaines/post-socialistes sont typiquement étudiés. Le chapitre "Nouveaux pôles économiques" traite des nouvelles structures spatiales de la périphérie extérieure en mettant l'accent sur le développement des green-fields. Dans le chapitre "Pôle de restructuration" ce sont au contraire le développement des brown-fields dans les périphéries intérieures des régions des métropoles qui sont au cœur du sujet.

Des lignes de développement tant convergentes que divergentes peuvent être mises en évidence pour les villes étudiées. Les particularités respectives de chaque ville peuvent être considérées comme l'expression des dépendances spécifiques à une orientation et des conditions générales sur un plan national, régional et local, tandis que le développement de modèles structurels semblables peut être associé aux processus supranationaux et actifs au niveau mondial.

Les exemples des cas ouest-européens de Madrid, Paris et Randstad montrent des concordances nettes dans la manifestation de nouveaux modèles spatiaux et de processus post-suburbains. Cela concerne dans une certaine mesure l'apparition de nouveaux sites d'implantation de croissance, la structure fonctionnelle et spatiale de nouveaux pôles économiques et les traits caractéristiques de la répartition fonctionnelle du travail entre la ville intra-muros et la région urbaine extérieure. Des différences se révèlent toutefois en ce qui concerne le développement des ébauches d'une structure polycentrique, qui se sont formées dans une bien plus grande mesure dans la région de Paris et de Randstad. Ce n'est certainement pas un hasard, si les régions des métropoles dans lesquelles les tendances de post-suburbanisation ont le plus progressé, Paris et Randstad, sont situées à l'intérieur de la zone d'intégration mondiale (GIZ: Global Integration Zone) de l'Europe, c'est-à-dire dans la région de plus forte interpénétration économique mondiale. Dans les carrefours européens du réseau mondial, la dynamique des lieux d'implantation et la revalorisation des lieux d'implantation par le développement d'une économie liée à la concentration des sièges de sociétés internationales (headquarter economy) sont particulièrement marquées.

Les développements urbains en Europe centrale et en Europe de l'Est (Berlin, Budapest, Moscou) dans les années 1990 n'ont pas été seulement marqués par des processus de restructuration économique sous l'influence de la mondialisation ("rupture de structure"), mais aussi par la "rupture du système" politique, économique et social de la transformation. Durant des décennies, le mode de régulation socialiste du développement urbain a laissé derrière lui des modèles de structures similaires à Moscou, à Budapest et en partie aussi à Berlin. Il n'est en revanche pas possible d'établir un modèle unitaire des développements post-socialistes dans les périphéries des métropoles des trois régions urbaines dans les années 1990. Les trois régions urbaines considérées divergent toutes nettement les unes des autres dans leurs développements structurels. La périphérie moscovite se différencie là encore une fois de manière significative des deux autres pour ce qui est des domaines thématiques étudiés.

Des modèles hybrides de développement dans différentes proportions de mélange sont caractéristiques des régions des métropoles marquées par la transformation: ils se composent (1) de structures apparues dans des circonstances socialistes qui pénètrent dans le présent, (2) de formes de transition et de transformation et (3) de nouveaux modèles suburbains/post-suburbains.

Dans la périphérie de la région de la métropole berlinoise , l'art spécifiquement est-allemand de la transformation a conduit, avec la mise en place rapide d'un nouveau système politique législatif et réglementaire de la régulation et une politique d'encouragement productive, à une nouvelle poussée de croissance induite de manière artificielle. La croissance dans la périphérie a entre-temps nettement ralenti dans le contexte d'une dynamique économique défaillante de la métropole et de réserves considérables de surfaces dans des emplacements situés à l'intérieur de la ville.

Le développement de la périphérie de Budapest a été essentiellement marqué par une libéralisation économique mise en œuvre bien avant le début de la transformation politique, la voie gradualiste de transformation de la Hongrie, l'intégration rapide et avancée du pays dans l'économie mondiale, le développement économique dynamique de la métropole et les manques importants d'une organisation planificatrice au niveau régional.

Les plus grandes différences de développements ne se manifestent actuellement pas, comme on s'y attendait initialement, entre les métropoles de l'Europe de l'Ouest et celles de l'Europe centrale et de l'Est, mais entre la région urbaine moscovite d'une part et les autres villes étudiées d'autre part. Dans la région de Moscou, les années 1990 ont avant tout été caractérisées par une polarisation spatiale du développement économique. De nouveaux lieux d'implantation à orientation internationale, qui peuvent être considérés comme le signe d'une intégration stable de Moscou dans l'économie mondiale, se développent avant tout intra-muros. Face à elle se trouve une périphérie, qui est d'une part caractérisée par de multiples formes de déclins, mais qui présente d'autre part des développements de structures économiques "improvisées" créées avec un faible capital. Ces lieux d'implantation reflètent en substance la faiblesse d'investissement, le marché financier défaillant et l'instabilité macro-économique de la Fédération Russe. C'est seulement avec la consolidation économique de la Fédération Russe à la fin des années 1990 que se produit une extension des lieux d'implantation à forts investissements, avant tout sous forme de vastes centres commerciaux dans l'environnement du périphérique autoroutier moscovite. L'apparition de nouveaux groupes de sites d'implantation peut être interprété comme le signe, qu'à Moscou tout comme à Budapest, l'aspect spécifique du changement post-socialiste perd de son importance et que ce sont de plus en plus les mécanismes économiques actifs au niveau mondial qui déterminent le développement de la périphérie des métropoles.

La convergence des conceptions de planifications, des équipements et des modèles de développement urbain dans les états de la CE (par ex. la durabilité, la compétitivité, la prévention d'une polarisation sociale) révèle aussi une convergence des formes de la gestion régionale (regional governance) et des conséquences régionales de la planification dans les quatre villes de la CE (Berlin, Madrid, Paris, Randstad) étudiées. Moscou diverge nettement des autres villes dans les formes de gestion régionale.

Le développement des zones limitrophes extérieures des métropoles s'effectue de manière moins dynamique que ne le constatent les discours actuels sur les nouvelles tendances du développement urbain. La formation quantitative et qualitative de nouveaux pôles périphériques dans les villes européennes restent nettement en retrait par rapport à des villes du même type aux États-Unis. L'apparition de nouveaux espaces de croissance dans les périphéries n'entraîne en Europe aucun déclin de la ville-centre. Il ne se produit pas de "désagrégation" de la ville, mais plutôt une réorganisation de l'ensemble de la région de la métropole avec une répartition interrégionale modifiée du travail entre la ville intra-muros et la périphérie de la métropole. La dynamique limitée du développement de la périphérie peut être aussi en partie attribuée à la promotion du développement de pôles économiques sur des surfaces de restructuration à la zone périphérique intérieure des villes, le potentiel pour des développements dans la périphérie extérieure se trouvant ainsi réduit.

Резюме

Периферия столичных центров Европы

Последнее десятилетие отмечено новым направлением дискурса по вопросу городской периферии. Её развитие не рассматривается более лишь в связи с городским ядром и в контексте возможного «конца» традиционного европейского города, как это трактовалось ранее для городской «субурбии». В рамках анализа процессов развития «постсубурбии», напротив, подчёркивается позитивная функциональная переоценка периферии с насыщением её объектами, требующими высокой многопрофильной квалификации, и отмечается формирование новых территориальных кластеров внутри дисперсной структуры расселения.

В предлагаемом исследовании рассматривается шесть столичных центров международного уровня в различных частях Европы: Берлин, Будапешт, Мадрид, Москва, Париж и конурбация Ранстад (Нидерланды). Ключевые исследования отражают в целом важнейшие условия и пространственные особенности, в которых протекает современное развитие столичной периферии в Европе. Цель работы – исследовать современные тенденции развития на периферии европейских столичных центров – с использованием таких основных понятий, как «постсубурбия» и постсоциалистическая столичная периферия. В центре внимания исследования находилось т.о. не описание столичной периферии вообще, но анализ территориально-пространственных процессов и структур, в которых конкретизируется и материализируется постсубурбанизационное и постсоциалистическое развитие:

- Можно ли констатировать изменившееся разделение труда между внутренней частью города и периферией с возрастанием на территории последней доли работников, занятых высококвалифицированным трудом?
- Возникают ли новые модели расселения, отличающиеся от дисперсных субурбанизационных моделей и указывающие на появление полицентрической структуры?
- Какое влияние на постсубурбанизационное развитие оказывают различные формы региональной власти/подчинённости (*regional governance*)? Какое значение здесь имеет субрегиональный уровень?
- Следуют ли периферийные районы постсоциалистических столичных центров Восточной Европы известным западноевропейским моделям развития?

Шесть ключевых примеров в главе «Новое развитие периферии столичных центров» демонстрируют постсубурбанизационное и соответственно постсоциалистическое развитие на уровне столичной периферии в целом. В двух последующих главах предлагаемого исследования происходит изменение его масштаба. Здесь представлен региональный постсубурбанизационный/постсоциалистический анализ на отдельных примерах. Глава «Новые экономические полюсы роста» рассматривает новые территориально-пространственные структуры внешней периферии с уделением особого внимания развитию на свободных территориях (*Green-Field*). В главе «Полюсы реструктуризации», напротив, в центре внимания находятся коммунально-промышленные территории внутренней периферии столичных регионов (*Brown-Field*).

Можно отметить как конвергентные, так и дивергентные (расходящиеся) линии развития в исследуемых столичных центрах. Соответствующие особенности отдельных конкретных городов могут быть оценены как выражение специфических путей развития и рамочных условий на национальном (государственном), региональном и местном уровне, в то время как формирование схожих структурных моделей может быть связано с межнациональными (международными) и соответственно глобальными процессами.

Представленные в исследовании западноевропейские ключевые примеры – Мадрид, Париж и Ранстад – демонстрируют чёткую согласованность в проявлении новых постсубурбанизационных территориально-пространственных моделей и процессов. Это касается, например, новых «штандортов» роста, функциональной и производственной структуры новых экономических полюсов развития и основных показателей функционального разделения труда между внутренней частью города и внешней частью, включая пригородную зону. В то же время различия проявляются относительно развития полицентрической структуры, намного интенсивней сформировавшейся в регионе Парижа и в Ранстаде. Совершенно неслучайно, что столичные регионы, в которых тенденции постсубурбанизации развиты в наибольшей степени, Париж и Ранстад, находятся в европейской Глобальной зоне интеграции (*Global Integration Zone*), т.е. в пространстве, в котором наиболее интенсивно развиты мировые/глобальные экономические связи. В узлах европейских глобальных связей динамика развития и рост значения «штандортов», в которых размещаются головные представительства ведущих мировых компаний, выражены наиболее сильно.

Городское развитие в странах Центральной и Восточной Европы (Берлин, Будапешт, Москва) характеризовалось в 1990-х гг. не только экономическими процессами реструктуризации под влиянием глобализации («распад структуры»), но и собственно политическим, экономическим и социальным «распадом системы» трансформации. Десятилетия развития социалистической системы оставили после себя в Москве, Будапеште и частично в Берлине схожие структурные модели. В то же время на периферии этих трёх столичных городских регионов, включая их пригородную зону, невозможно установить единую модель постсоциалистического развития в 1990-х гг. Все три рассмотренные городские регионы существенно отличаются друг от друга в своём структурном развитии. При этом московская периферия по кругу вопросов, рассмотренных в предлагаемом исследовании, в свою очередь, сильно отличается от двух других примеров.

Для столичных регионов, находящихся в процессе трансформации, характерны гибридные модели в их различных смешанных проявлениях. Они состоят из (1) сохранившихся в настоящее время, но возникших ещё в социалистический период структур, (2) переходных и трансформационных форм и (3) новых субурбанизационных/постсубурбанизационных территориально-пространственных моделей.

На периферии столичного региона Берлина специфический восточногерманский вариант трансформации с быстрым усвоением новой правовой и политической системы управления и регулирования и мощной политикой стимулирования развития привел к искусственно вызванным сдвигам. Рост на периферии между тем сильно отстал на фоне нехватки экономической динамики столицы и наличия значительных резервов площадей внутри города.

Развитие периферии Будапешта характеризовалось в значительной степени установившейся в стране задолго до политической трансформации экономической либерализацией, постепенным, последовательным характером трансформационной модели Венгрии, быстрой и успешной интеграцией страны в мировую экономику, динамичным экономическим развитием столицы и отсутствием единых планово-планировочных решений для городского региона в целом.

В отличие от первоначальных ожиданий, наибольшие различия в развитии в настоящее время проявляются не между западноевропейскими и центрально- и восточноевропейскими столицами, но между Московским столичным городским регионом, с одной стороны, и другими обследованными столицами, с другой. В Московском регионе 1990-е гг. характеризовались прежде всего территориально-пространственной поляризацией экономического развития. Новые глобально ориентированные «штандорты», которые могут служить индикаторами стабильной интеграции Москвы в мировую экономику, развивались прежде всего в пределах внутренней части города. Этому процессу противостоит периферия, которая, с одной стороны, характеризуется разнообразными формами негативного развития, с другой – демонстрирует развитие «импровизированных», созданных на скорую руку, экономических структур, возникновение которых не требовало крупных капиталовложений. Эти «штандорты» в значительной степени являются отражением слабости инвестиций, отсутствия рынка капиталов и макроэкономической нестабильности в Российской Федерации. Лишь с известной экономической консолидацией Российской Федерации в конце 1990-х гг. распространяются характеризующиеся более интенсивными инвестициями «штандорты», прежде всего в форме крупных по площадным параметрам комплексов розничной торговли в районе Московской кольцевой автодороги (МКАД). Появление таких новых кластеров может быть истолковано как показатель того, что в Москве, как и в Будапеште, теряется значение специфики постсоциалистического развития, а развитие столичной периферии всё более определяется глобально действующими экономическими механизмами.

Конвергенция плановых представлений, инструментария и основных понятий городского развития в странах Евросоюза (напр., таких как устойчивое развитие, конкурентоспособность, предотвращение социальной поляризации населения) позволяют также отметить некоторую конвергенцию форм регионального управления и территориально- пространственного влияния планирования в четырёх представленных в исследовании городах ЕС (Берлин, Мадрид, Париж, конурбация Ранстад). Москва в этом смысле существенно отличается от других городов.

Развитие внешней периферийной зоны столичных центров протекает менее динамично, чем это констатируется в рамках современного дискурса в области новых тенденций городского развития. Количественное и качественное оформление новых периферийных полюсов роста в европейских городах намного отстаёт от аналогичных показателей в городах США. Появление новых периферийных зон роста не привело в Европе к упадку городского ядра. Не происходит «разрушения» города, но наступает реорганизация всего столичного региона с модифицированным внутрирегиональным разделением труда между внутренней частью города и столичной периферией. Ограниченная динамика развития периферии частично вызвана стимулированием развития экономических полюсов роста на реструктурируемых территориях во внутренней части города. В связи с этим уменьшается потенциал развития внешней периферии.

Autoren

Dr. Marco Bontje
Amsterdam Institute for Metropolitan and International Development Studies,
University of Amsterdam
m.a.bontje@uva.nl

Dr. Isolde Brade
Leibniz-Institut für Länderkunde, Leipzig
i_brade@ifl-leipzig.de

Prof. Dr. Joachim Burdack
Leibniz-Institut für Länderkunde, Leipzig
j_burdack@ifl-leipzig.de

Prof. Dr. Zoltán Dövényi
Geographisches Forschungsinstitut,
Ungarische Akademie der Wissenschaften, Budapest
dovenyiz@helka.iif.hu

Dipl.-Geogr. Oliver Fritzsche
o.fritzsche@gmx.net

Dr. Günter Herfert
Leibniz-Institut für Länderkunde, Leipzig
g_herfert@ifl-leipzig.de

Dr. Zoltán Kovács
Geographisches Forschungsinstitut,
Ungarische Akademie der Wissenschaften, Budapest
zkovacs@helka.iif.hu

M.A. Kerstin Manz
k.manz@unesco.org

Dr. Robert Rudolph
F.A. Brockhaus GmbH, Leipzig
robert.rudolph@bifab.de

Dr. Sabine Tzschaschel
Leibniz-Institut für Länderkunde, Leipzig
s_tzschaschel@ifl-leipzig.de

M.A. Mirjam Witschke
Deutsche Kontaktstelle Interreg IIIB NWE
Mirjam.Witschke@mvel.nrw.de

Marco Bontje and Joachim Burdack (2005)
Economic poles in the European metropolitan periphery and sustainable development
Forum IfL, Heft 1, Leipzig

The European Spatial Development Perspective (E.S.D.P.) identifies 'urban sprawl' as one of the major problems working against the concept of a sustainable city. The spreading of people and activities across ever wider areas would lead to increasing travel distances, increasing car-dependence, loss of green space, and loss of social cohesion in metropolitan society. While this is true for 'urban sprawl', it is not necessarily true for a more clustered form of deconcentration: the polycentric urban region. In such polycentric structures, new multifunctional centres might emerge that enhance regional sustainability instead of diminishing it. Such a transformation from 'suburbia' (a largely monofunctional housing area strongly dependent on the central city) to 'postsuburbia' (a multifunctional centre in its own right) could decrease commuting and congestion around the central city, while limiting the loss of green space and increasing the liveliness of out-of-city places. The research project had the following main objective: *To assess the impact of new economic centres in the periphery of European metropolitan regions on sustainable urban growth.*

Five case study locations in three metropolitan regions (Berlin, Budapest, Randstad) were selected for the SWOT analysis. The areas compared are business locations. These locations vary in size and type of business, but their three main similarities are: they are located either in the outskirts or on the edge of a central city in a European metropolitan region; their distance to the centre of the nearest large central city is between 10 and 25 km; their development started in the 1990s or after 2000. They are or were planned, designed and marketed as one comprehensive project. While Beukenhorst, Brandenburg Park, Terrapark and BI-TEP exist of one continuous area, the case study 'work locations Almere Poort' exists of a number of smaller, geographically separate areas, integrated in an overall design for a new city.

At each of the case study locations, attempts were being made to design and use the work location in a more sustainable way than 'average' edge urban or suburban work locations. This included (in varying degrees) dimensions such as intensive and/or multiple land use, encouraging sustainable transport, minimising waste, pollution and energy use, and trying to integrate the work location in its built and natural environment. The results show that a relatively sustainable design, planning and use of 'post-suburban' work locations are indeed possible. Largely the same design and use principles for inner-city 'brown field' sites can also be realised in 'green field' sites outside the cities. However, it has also become clear that the case study locations are rare exceptions to the general design practice of work locations outside the central cities. Moreover, even these 'state of the art' locations still have a long way ahead if they want to become truly sustainable places.

Preisliste über lieferbare Publikationen

(Stand: März 2005)

(Preise in € zzgl. Pauschale für Versand und Verpackung sowie inkl. gesetzliche Umsatzsteuer)

Beiträge zur Regionalen Geographie

Bd. 50: WEIGEL: Qualitative Ausstattungsmerkmale von Funktionalräumen in Ostsachsen (1999)	5,00
Bd. 56: HAASE: Südostpolen zwischen Umbruch und Neuorientierung (2002)	15,00
Bd. 58: BROGIATO, MAYR (Hrsg.): Joseph Partsch. Wissenschaftliche Leistungen und Nachwirkungen in der deutschen und polnischen Geographie (2002)	16,00
Bd. 59: HAASE, WUST: Wandel in ostmitteleuropäischen Grenzregionen (2004)	20,00
Bd. 60: SCHELHAAS, BRUNO (Hrsg): Institutionelle Geographie auf dem Weg in die wissenschafts-politische Systemspaltung: Die Geographische Gesellschaft der DDR bis zur III. Hochschul- und Akademiereform 1968/69 (2004)	20,00

Daten-Fakten-Literatur zur Geographie Europas

H. 6: DROTH, GRIMM: Polen aktuell (2000) (Nachdruck 2001)	2,00
	ab 30 Stck. 1,00
H. 7: KNAPPE: Kaliningrad aktuell (2004)	9,00
H. 8: BRADE et al.: Russland – aktuelle Probleme und Tendenzen (2004)	15,00

Sonderpublikationen

Vergangene Gegenwarten. Facetten aus dem Archiv für Geographie (2001)	5,00
Universitas Antartica. 100 Jahre deutsche Südpolarexpedition 1901-1903 (2001)	5,00
Der nahe Fremde (Strǎinul apropiat) Katalog zur Fotoausstellung von Stephan Drube (2003)	6,50
Brücken, Barrieren und Bilder: Regionen im östlichen Europa. Katalog zur Ausstellung des IfL (2004)	5,00

Landschaften in Deutschland. Werte der deutschen Heimat

Bd. 58: Rudolstadt und das mittlere Saaletal	10,00
Bd. 59: Das östliche Vogtland	10,00
Bd. 60: Das Müritzgebiet	10,00
Bd. 63: Der Schraden	25,50

Europa Regional

Jahrgang 2001 Einzelheft	2,00
Jahrgang 2002 - 2003 Einzelheft	4,00
ab 2004 Einzelheft	6,50
Jahresabonnement	23,00

Der Versand von kostenlosen Publikationen erfolgt nur gegen Vorauszahlung der Verpackungs- und Portokosten ab Päckchenpreis.